国家“十三五”重点图书

当代经济学系列丛书
Contemporary Economics Series
主编 陈昕

（第二版）

货币经济学
理论、实践与政策

田素华 编著

格致出版社
上海三联书店
上海人民出版社

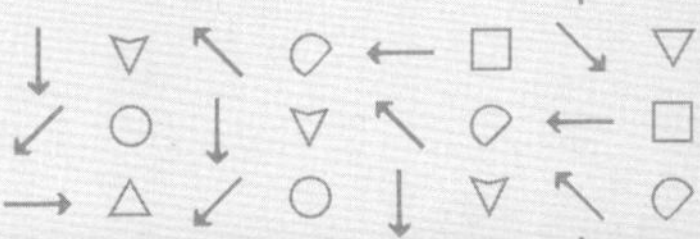

主编的话

上世纪80年代，为了全面地、系统地反映当代经济学的全貌及其进程，总结与挖掘当代经济学已有的和潜在的成果，展示当代经济学新的发展方向，我们决定出版“当代经济学系列丛书”。

“当代经济学系列丛书”是大型的、高层次的、综合性的经济学术理论丛书。它包括三个子系列：(1)当代经济学文库；(2)当代经济学译库；(3)当代经济学教学参考书系。本丛书在学科领域方面，不仅着眼于各传统经济学科的新成果，更注重经济学前沿学科、边缘学科和综合学科的新成就；在选题的采择上，广泛联系海内外学者，努力开掘学术功力深厚、思想新颖独到、作品水平拔尖的著作。“文库”力求达到中国经济学界当前的最高水平；“译库”翻译当代经济学的名人名著；“教学参考书系”主要出版国内外著名高等院校最新的经济学通用教材。

20多年过去了，本丛书先后出版了200多种著作，在很大程度上推动了中国经济学的现代化和国际标准化。这主要体现在两个方面：一是从研究范围、研究内容、研究方法、分析技术等方面完成了中国经济学从传统向现代的转轨；二是培养了整整一代青年经济学人，如今他们大都成长为中国第一线的经济学家，活跃在国内外的学术舞台上。

为了进一步推动中国经济学的发展，我们将继续引进翻译出版国际上经济学的最新研究成果，加强中国经济学家与世界各国经济学家之间的交流；同时，我们更鼓励中国经济学家创建自己的理论体系，在自主的理论框架内消化和吸收世界上最优秀的理论成果，并把它放到中国经济改革发展的实践中进行筛选和检验，进而寻找属于中国的又面向未来世界的经济制度和经济理论，使中国经济学真正立足于世界经济学之林。

我们渴望经济学家支持我们的追求；我们和经济学家一起瞻望中国经济学的未来。

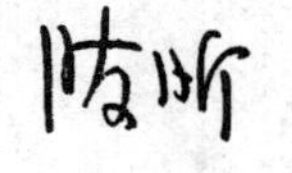

2014年1月1日

第二版修订说明

瑞典银行是世界上第一家中央银行，成立于1656年。在瑞典银行之后有1694年成立的英格兰银行、1800年成立的法兰西银行，后两者分别为英国的中央银行和法国的中央银行。世界上第一家现代意义上的中央银行为1913年成立的美国联邦储备系统（简称美联储）。中央银行也被称为政府的银行、发行的银行和银行的银行，只有当信用货币被普遍使用，以及中央银行专注于货币政策职能时，我们才算是真正进入了现代中央银行时代。

中央银行货币政策以宏观经济变量为目标，从凯恩斯（John Maynard Keynes）的流动性陷阱到弗里德曼（Milton Friedman）的长期货币中性，再到卢卡斯（Jr. Robert Lucas）的理性预期理论，关于货币政策的经济影响一直存在争论。2008年美国金融危机爆发以后，美联储及众多发达经济体的中央银行实施了量化宽松非传统货币政策，货币政策创新工具时有推出。以沃尔克（Paul Volcker）、伯南克（Ben Bernanke）、耶伦（Janet Yellen）等为代表的经济学家强调中央银行的第一要务是稳定金融系统，在通货膨胀低于设定目标时最大化劳动就业和促进经济增长。美国金融危机以来，全球重要经济体的中央银行实践以及由此发表的诸多文献，为货币经济学课程提供了新的专业素材，也敦促我们尽快完成《货币经济学》教材的修订工作。

《货币经济学》第二版增加了数字货币和比特币（bitcoin）内容，丰富了利率市场化和汇率市场化内容，完善了托宾（James Tobin）的多资产货币供给模型，补充了弗里德曼和施瓦茨（Anna Jacobson Schwartz）的货币供给模型、卡甘（Phillip Cagan）的货币供给模型、乔顿（Jerry L. Jordan）的货币供给模型；完善了麦卡勒姆（Bennett McCallum）的货币需求模型，增加了MIU（money in utility）货币需求模型、CIA（cash in advance）货币需求模型。我们增加了量化宽松等非传统货币政策理论和实践、货币政策国际协调哈马达（Koichi Hamada）模型，丰富了弗里德曼货币供应量增长率不变规则和泰勒规则，补充了伯南克规则、耶伦规则以及埃文斯(Charles Evans)规则,同时对信用配给、货币政策数量工具和利率工具选择的普尔(William Poole)模型进行了补充,完善了货币需求计量检验方法,完善了关于货币需求的冲击吸收模型和缓冲存货分析方法。

我们补充了2010年至2019年货币经济学领域的重要文献成果,同时将统计数据更新到2019年12月,增加了中国货币政策的最新实践。我们增加了每章阅读目标和阅读材料,修订补充了每章思考题,并在书末给出了讨论题提示和计算题答案;讨论题和计算题着重于所学内容的应用拓展,选择题和简答题着重于检验和巩固所学基本内容。我们精简了第一版中开放经济下股票资本流动与货币政策实施、外资银行进入与货币政策实施等内容。我们调整了内容结构,将原来的13章调整为现在的12章;将第一版第7章和第8章的部分内容合并成现在的第3章利率和汇率,第一版第7章和第8章的其余内容分别调整到现在的第7章和第11章;新版教材将货币供应量管理内容调整为第10章,放在货币政策工具以后讲解。

在第二版修订过程中,以下人员参与了写作整理等工作:王璇(湖北)、李筱妍、吴慧敏、袁俊轩、王璇(黑龙江)、吴童、张韵怡、胡圣博、史晋星。符学文对第一版中的部分内容给出了修改建议;2010年至2020年复旦大学世界经济系的本科生在“货币经济学”课程教学过程中对教材的修订提出了很多重要的修改建议,在此表示感谢。教材修订版中可能存在的不足之处由作者本人负责,并恳请读者和专家批评指正。

前　言

关于经济活动是否需要政府干预，以及如何实施政府干预的争论，一直没有停止过。以马歇尔(Alfred Marshall)和庇古(Author Pigou)为代表的古典学派经济学家认为，经济活动不会有失业，无须政策干预。以凯恩斯为代表的凯恩斯学派的经济学家认为，经济活动在短期存在非均衡状态，建议使用积极的财政政策进行主动干预。①凯恩斯学派认为，在货币被当作价值贮藏手段持有以后，货币需求的利率弹性在经济萧条时期会变得很大，难以通过货币扩张政策增加有效需求。以弗里德曼为代表的货币学派的经济学家认为，经济活动会自动实现均衡，无须动用货币政策工具管理经济运行。货币学派强调货币供给变化对总产出和国民收入的影响，以及对不同资产相对价格和收益的作用，主张实行与名义收入增长相一致的货币供给稳定增长政策。20 世纪 60 年代以后，出现了新凯恩斯主义和新古典学派，两者强调对经济运行实施有条件的干预。

经济活动需要政府干预的理由很多。理由之一是，市场价格调节过程比较缓慢，政府干预可以缩短经济活动恢复到均衡状态的时间，减少经济波动的社会福利损失。此理由的成立取决于市场自我纠正机制效率与政府经济干预效率比较。理性预期理论在 20 世纪 70 年代以后盛行，致使政府的经济干预遭到了广泛质疑。

政府干预经济的理由之二是，宏观经济与微观经济之间存在显著区别。②宏观经济为微观经济加总，包括众多部门经济和成千上万的企业和家庭。个体经济行为的多样性使得经济均衡过程和达到均衡的时序千差万别，且会相互影响。即使简单地将整个经济活动划分为商品市场和货币(金融)市场两个部分，

① 凯恩斯强调对经济活动做短期分析，"In the long run we are all dead. Economists set themselves too easy, too useless a task if in tempestuous seasons they can only tell us that when the storm is long past, the ocean will be flat again"。

② Woodford, Michael, 1999, *Revolution and Evolution in Twentieth-Century Macroeconomics*, Princeton University, June 1999.

也有这样的问题。个体经济的最优化行为,往往难以达到社会整体所期待的最优状态。这时就需要政府介入,对其所能够及的市场因素加以管理。

政府干预经济的理由之三是,经济体系对大的均衡偏离所作出的反应和对小的均衡偏离所作出的反应并不相同。家庭和企业都会持有(买者和卖者)商品存货和金融存货。如果商品增量需求超过增量供给,商品存货就会下降;当收入超过支出时,金融存货会增加。反之,商品存货会增加,金融存货会下降。只要经济波动能被存货调整吸收,市场上起均衡作用的力量就会占主导地位,并可避免在总产出和就业方面造成不均衡的收敛。因此,当外部冲击对现有的商品存货和金融存货的影响不是太严重时,它们会被经济体系自行吸收,经济体系会自动回复到均衡的路径上来。在存货告竭(或下降太快)时,经济体系会进一步偏离它的均衡路径。

市场自我均衡力量强大的区域被称为"莱琼赫夫沃德(Axel Leijonhufvud)走廊"。外部冲击未将经济体系排出该区域时,市场能自动收敛到均衡水平;当冲击将经济体系移植于"走廊"之外时,有效需求失效会成为主要问题。①在"走廊"之外,当缓冲存货耗尽时,永久性收入预期下降,乘数收缩和收入制约过程开始起作用。在接近充分就业时,因为缓冲存货足以吸收"预期发生的"波动,无须实施财政扩张政策或货币扩张政策来扩大总需求。②在"走廊"之外,当经济体系中的流动性被挤干时,实施财政扩张政策或货币扩张政策对总产出水平就有显著影响;此时,当期收入不能有效增长成了经济顺利运行的制约因素。

在现实经济中,世界各国有的以财政政策为主,有的以货币政策为主,并没有统一的经济管理模式。③但是,我们不能用政府的公共支出代替私人部门的生产活动,政府的公共支出只能充当经济运行的起动作用,一旦大规模非自愿失业造成的浪费被克服过来,就只能采用那些能够有效地和高效率地利用资源的政策。政府政策要做的是,在经济的各个不同部门中正确地分配需求而不是简单地增加需求。

在实践中,无论是短期还是长期,货币政策都会影响国民经济运行。货币政策通过调节利率水平和货币总量规模,引起银行系统经营活动发生变化,通过银行信贷投放和银行信息管理等渠道,使总需求和总供给发生变动,进而引起总产出和物价水平发生均衡调节。④影响货币政策调节经济活动效果的因素很多,包括相对独立的中央银行、市场化程度

---

① Morgan, Brian, 1978, *Monetarists and Keynesians: Their Contribution to Monetary Policy*, The Macmillan Press Ltd.中译本,布赖恩·摩根:《货币学派与凯恩斯学派——它们对货币理论的贡献》,商务印书馆1984年版。

② 弗里德曼认为,只有当面临总需求不足冲击时,才应该实施扩张性货币政策对经济加以管理。"Expansionary monetary policy should only be used if demand shock caused contraction. If supply shock caused contraction(e.g., 1970s), expansionary policy will lead only to inflation."

③ 中央银行的职能包括促进宏观经济稳定和实现金融稳定两个方面,尽可能保证金融系统正常运转,尤其要尽可能防止金融恐慌和金融危机。中央银行特别需要维持一般物价水平稳定,防范和管理通货膨胀(inflation),为宏观经济运行营造有利条件。参见 Ben Bernanke, 2013, *The Federal Reserve and the Financial Crisis*, Princeton University Press。(中文本)本·伯南克:《金融的本质》,中信出版社 2014 年版:第 4 页。Stiglitz, Joseph, 1998, Central Banking in a Democratic Society, *DE ECONOMIST* 146(2)。

④ Greenwald, Bruce, and Joseph E. Stiglitz, 2003, *Towards a New Paradigm of Monetary Economics*, Cambridge University Press.

比较高的银行体系，以及比较发达的金融市场等。

货币政策发挥作用的上述条件表明，在不同国家，货币政策对经济活动的管理会有不同。中国在1979—1984年陆续将商业银行职能从中国人民银行中分离出来，1995年公布了《中国人民银行法》，强调中国人民银行作为中央银行的独立性，并在1992—2003年间陆续将金融市场监管职能从中国人民银行中剥离出来，使得中国人民银行能够集中精力从事货币政策管理工作。此外，四大国有商业银行股份制改造陆续完成，以及众多城市商业银行和新型股份制商业银行成功运行，众多外资银行进入，资本市场全面发展，等等，都为中国人民银行运用货币政策工具，管理国民经济运行提供了必需的市场基础，也为货币经济理论在中国推广和普及提供了肥沃土壤。

本书写作源于作者多年的教学实践。从2002年9月在复旦大学经济学院为本科生讲授货币经济学课程以来，我们一直在寻找一本既有现代货币经济理论和应用讲解，又联系经济实践特别是中国经济实践的货币经济学教材，但始终未能如愿以偿。因此，我们一直没有放弃写作货币经济学教材的努力。希望这本教材能够以中国经济实践为基础，系统地介绍现代货币经济学的基本理论和实践，使学生在课程学习中既能得到货币经济问题的理论训练，又能结合现实经济活动加以运用。

在课堂教学中，作者会根据教学当时的经济事实，列出若干与货币经济学课程相关的现实问题，将学员分成若干个学习小组，要求学员结合课程理论加以讨论。经过多次的教学实践以后，最终确定了目前的这个教材架构。

本书第一版的编写工作完成于作者在美国哥伦比亚大学商学院访学交流期间。在访学交流时，作者参加了斯蒂格利茨(Joseph E.Stiglitz)教授主讲的宏观经济学课程学习，以及蒙代尔(Robert A.Mundell)教授主讲的国际货币经济学课程学习，并就货币经济学课程的有关问题向两位教授进行了请教。在访学交流期间，作者还得到了哥伦比亚大学商学院魏尚进教授、姜纬教授、波尔顿(Patrick Bolton)教授等的学术帮助，复旦大学经济学院华民教授、石磊教授、袁志刚教授、庄起善教授、王健博士对作者整整一年时间的访学交流工作，给予了全方位支持。

在本书第一版编写过程中，以下人员参与了写作整理工作。他们是：郁佳敏、杨烨超、王慧、徐婧、周捷、骆怡、甘冬梅。复旦大学世界经济系历届本科生在参加货币经济学课程学习时，收集整理了大量资料，尤其是关于中国的货币政策实践材料，对本书编写工作的顺利完成有很大帮助。复旦大学经济学院原副院长许少强教授，对将本书列入经济学新视野出版计划给予了全力支持，在此一并表示感谢。但是，书中可能存在的不足之处概由作者本人负责，并恳请各位专家同行批评指正。

田素华
2009年8月28日成稿于纽约哥伦比亚大学
2020年5月31日修订于上海复旦大学

目　录

▶1

导　论

货币与我们日常生活密切相关，极大地方便了经济活动，推动了生产力发展和社会进步。货币也带来了负面影响，比如通货膨胀和通货紧缩。货币经济学研究货币与经济增长之间的关系、货币与通货膨胀之间的关系，以及货币与劳动就业、国际收支、利率、汇率等经济指标之间的关系。通过学习货币经济学，我们可以更好地理解货币现象和货币政策，更为熟练地分析货币政策的经济效应。

通过本章阅读可达到以下三个目标：(1)辨析经济活动中的典型货币现象；(2)掌握货币经济学产生的现实基础和货币理论发展脉络；(3)理解货币政策共识和货币经济学课程的基本内容。

1.1　典型事实

货币是宏观经济活动赖以存在的基础，许多重要的宏观经济指标都与货币紧密地联系在一起。比如，没有货币我们就无法核算一年之中整个社会的产出总量，我们无法将一辆汽车和一件大衣相加，有了货币以后我们就有了可以反映整个经济活动成果的国内生产总值(GDP)、国民生产总值(GNP)。有了货币以后，政府在管理经济方面就能有的放矢。除此之外，货币还与通货膨胀、财政赤字等问题密切相关。

1.1.1　商业周期

国内生产总值有时会有超过10%的增长，有时会有不足1%的增长，甚至会出现负增长。国内生产总值高速增长与微幅(负)增长交替出现的现象，被称为经济周期性波动。经济周期性波动经常表现为繁荣、衰退、危机和复苏等形态。

经济周期性波动给经济生活带来了很多负面影响。经济繁荣时期，工人加班加点，为了满足订单要求被透支体力，身心健康受到严重摧残。经济繁荣往往有经济过热相伴随，资源过度使用，生产设备超负荷运转，包括劳动力在内的生产资源难以获得恢复休养的机会，不利于经济长期持续发展。经济萧条时期，工人没有工作机会，设备闲置，产出水平低下，物资供给严重不足，衣食住行难以保障。宏观经济就像双轮自行车，骑得太快会掉链条，骑得太慢容易失去重心，经济过热和经济过冷都不是理想的经济运行态势，所以，我们希望经济能够持续地平稳增长。

宏观经济为什么会经常大起大落呢？关于这一点有许多解释。比如，马克思（Karl Heinrich Marx）的资本主义再生产经济周期理论，熊彼特（Joseph Alois Schumpeter）的创新经济周期理论，杰文斯（William Stanley Jevons）则把经济周期性波动归因于太阳黑子的周期性变化。有了货币以后，人们开始关心货币对经济周期的影响。对1929—1933年世界经济大萧条原因所作的研究表明，20世纪30年代经济衰退以前，银行信贷投放出现了显著下降。银行信贷投放减少抑制了企业流动性，企业被迫减少生产，投资需求下降，并导致全社会总需求不足，最终引发了生产相对过剩的经济危机。

几乎每次经济危机发生前都会出现货币供应量增长率下降。尽管我们不能证明货币就是导致经济出现萧条的首要因素，但至少有证据表明，经济繁荣时期，货币供应量会持续增加，经济增长速度不断超出资源承载能力；经济萧条时期，货币供应量会持续减少，经济活动不断陷入更深的低迷状态。

图1.1和图1.2分别给出了中国和美国年度货币供应量增长率与名义GDP年增长率以及实际GDP年增长率之间的关系。从图中可以看出，货币供应量增长较快时期，经济增长也相对较快。每次发生经济衰退之前，货币供应量增长率也都有一定程度的下降。货币供应量顺经济周期变化的特征非常明显。

那么，货币供应量变化与经济周期之间是否有必然联系呢？是货币供应量变化引起了经济周期性变化，还是经济周期性变化引起了货币供应量顺周期变化呢？对这类问题的回答，需要研究货币数量变化对经济活动的影响机制，分析货币影响总产出变化的途径。因此，我们会分析货币供应量顺周期变化特征，以及货币流通速度顺周期变化特征，并分析政府实施逆经济风向货币政策的理论依据。

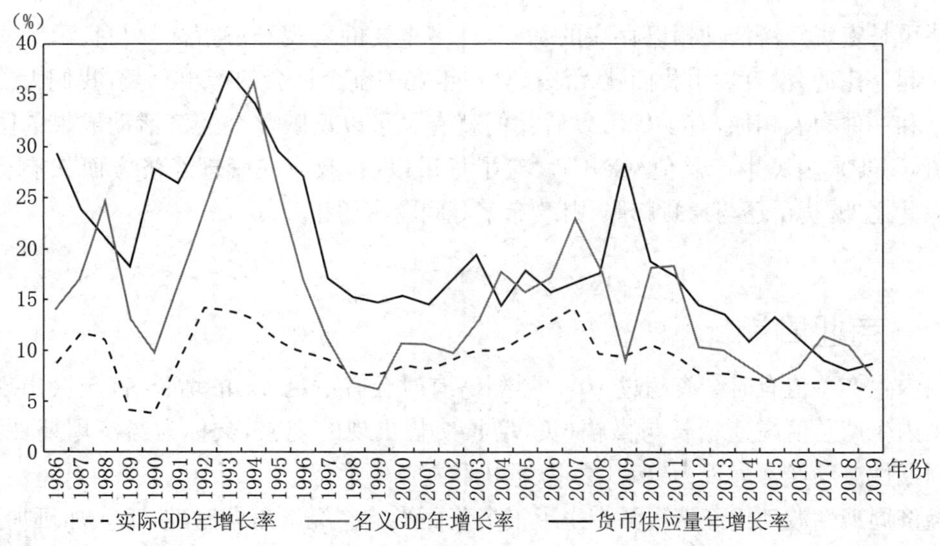

图1.1　中国货币供应量变化与经济周期波动

注：货币范畴包括货币和准货币，相当于广义货币M2。
资料来源：Wind数据库。

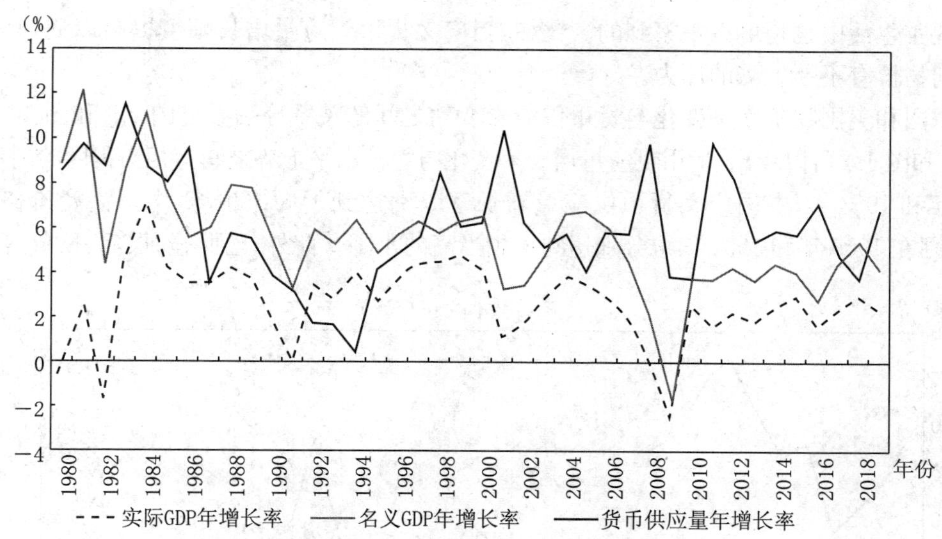

图 1.2 美国货币供应量变化与经济周期波动

注：货币范畴为广义货币 M2。
资料来源：Wind 数据库。

1.1.2 通货膨胀

经济学家把物价水平普遍地持续上涨称为通货膨胀。这里的物价水平指物价总水平(aggregate price level)，多为商品和劳务的加权平均价格。只要物价总水平持续上涨且趋势不可逆转，就可以认为发生了通货膨胀。

为了描述物价水平普遍上涨现象，经济学家给出了物价指数这一统计指标，比如消费价格指数(CPI)、批发价格指数(WPI)等。通货膨胀会给经济生活带来许多影响。对于家庭来说，物价水平普遍上涨会降低货币资产的购买能力，使非货币资产价格上涨，生活成本上升。由于存量财富有限，低收入人群持有的货币资产相对多于高收入人群，通货膨胀发生时，财富从低收入人群向持有大量非货币资产的高收入人群转移。①对于企业来说，在成本先定的情况下，物价上涨可使企业利润出现短期增加，也即通货膨胀会提高资本的收入水平，有助于鼓励企业扩大生产规模，拉动经济走出衰退周期。对于赤字政府来说，通货膨胀可使政府偿还赤字的能力提高，并可从中赚取通货膨胀税收收入。

通货膨胀的反面是通货紧缩。通货紧缩是指物价水平普遍地持续下跌。物价水平持续下跌会提高货币购买能力，但不利于资本收入提高。通货紧缩时期，生产投资的盈利预期下降，企业会减少投资规模，不利于经济走出低谷。因此，通货膨胀和通货紧缩都不是理想的经济运行态势，最好是保持物价水平基本稳定。

为了有效稳定物价水平，必须分析通货膨胀发生机制。米尔顿·弗里德曼关于通货膨胀的著名论断给出了答案，那就是“在任何时空条件下，通货膨胀都是一种货币现象”。②

① 货币的收入需求弹性比较小，低收入人口持有的货币数量占自身收入比重相对多于高收入人口，通货膨胀引起货币购买力缩水时，低收入人口财富相对下降地更明显。参见本书第 4 章第 6 节和第 8 章第 4 节。

② Friedman, Milton, 1968, *Dollars and Deficits*, Prentice Hall.

这在现实生活中也是可以观察到的。比如，当广义货币供应量增长幅度提高以后，我们会感觉到物价有不断上涨的压力。

中国和美国物价水平变化与货币供应量变动之间的关系分别参见图 1.3 和图 1.4。从图 1.3 和图 1.4 可以看出，货币供应量增长率变化与物价水平走势之间有相当程度的同步性。1985 年和 1993 年，中国广义货币供应量增长率分别达到了局部顶峰，中国消费价格指数(CPI)则在 1985 年和 1994 年也分别达到了相当高的水平。此外，巴西、阿根廷、秘鲁等国在

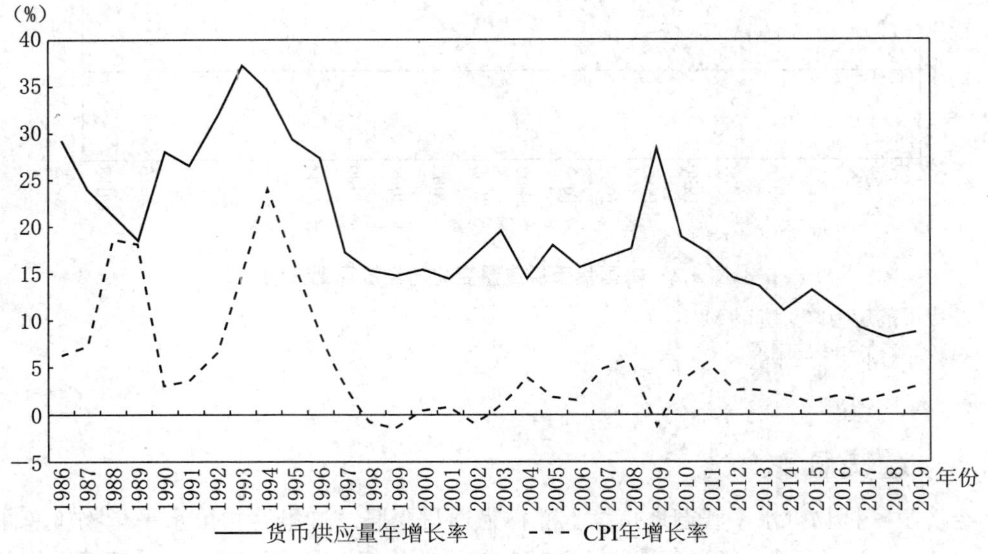

图 1.3　中国货币供应量变化与物价水平变动

注：货币范畴包括货币和准货币，相当于广义货币 M2。
资料来源：Wind 数据库。

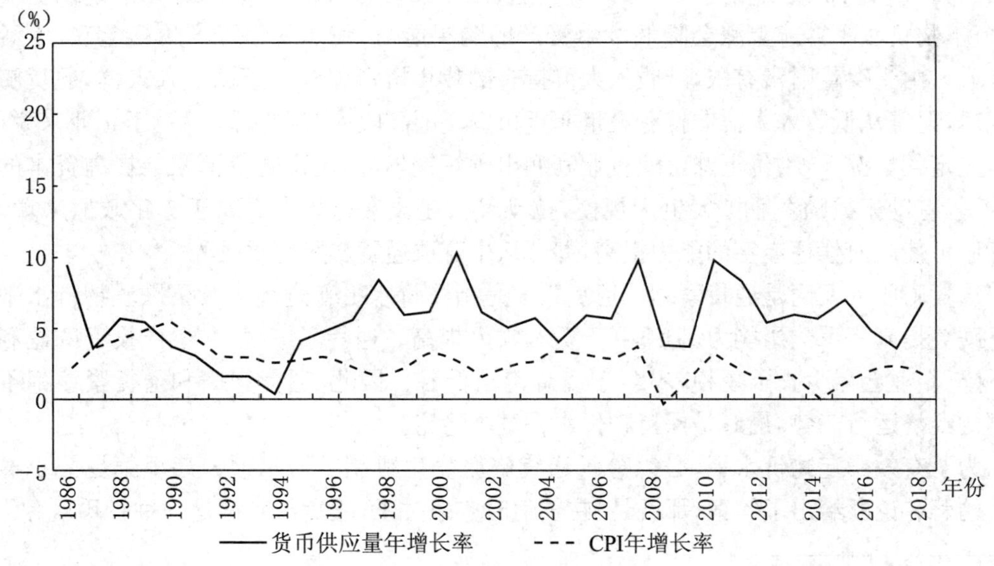

图 1.4　美国货币供应量变化与物价水平变动

注：M2 包括货币和准货币。
资料来源：Wind 数据库。

1989—1999 年经历恶性通货膨胀时，它们的货币供应量增长率也都达到了很高的水平。

在现代经济中，通货膨胀十分普遍。我们会结合通货膨胀现象，分析通货膨胀发生的原因和通货膨胀的危害，讨论货币供应量变化与通货膨胀之间的关系，以及通货膨胀的治理措施。

1.1.3 赤字货币化

货币政策和财政政策是政府部门管理经济活动的基本手段，且货币政策使用频繁程度超过财政政策。当货币供应量增加引起通货膨胀压力时，中央银行会紧缩银根，减少流动性。比如，2007 年第一季度，在 CPI 连续三个月上涨超过 2%以后，由于担心出现通货膨胀，中国人民银行在 2007 年 3 月 20 日宣布将金融机构存款和贷款基准利率分别提高 0.27 个百分点。再比如，美国联邦储备委员会前主席格林斯潘(Alan Greenspan)在 2004 年 6 月至 2006 年 6 月连续 17 次向上调整联邦基金利率，以缓解美国经济过热势头。

1. 货币政策与宏观经济调控

利率是最常使用的货币政策工具。经济生活中利率种类很多，比如债券利率、抵押贷款利率等。不同到期期限的银行存款也有不同利率，而且到期期限越长，银行存款利率越高。高利率会抑制消费，鼓励储蓄，并会影响企业投资。利率预期上升时，投资者会减少股票投资，住房抵押贷款规模会下降，企业对银行贷款需求会减少。

利率与货币供应量密切相关。货币供应量增加后市场利率会先下降，一段时间后物价水平普遍上涨时，市场利率上升(参见图 1.5 和图 1.6)。此外，货币供应量变化时本币对外汇率会发生变动，当中央银行调节存贷款基准利率时，债券利率会随之变化。

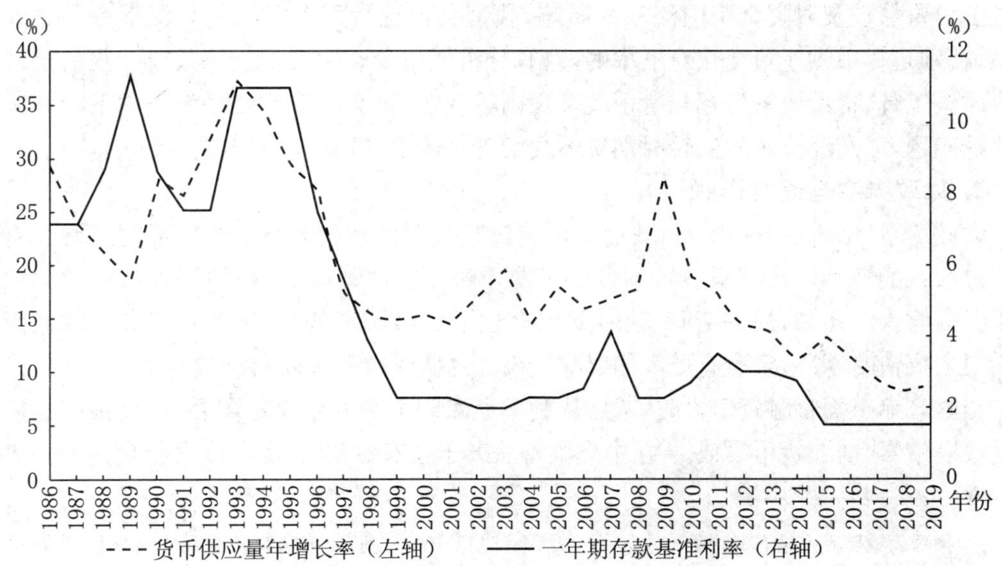

图 1.5 中国货币供应量变化与存款基准利率变动

注：(1) 货币范畴包括货币和准货币，相当于广义货币 M2。
(2) 存款年基准利率没有扣除通货膨胀因素(一年期存款基准利率为当年年末利率)。
资料来源：Wind 数据库。

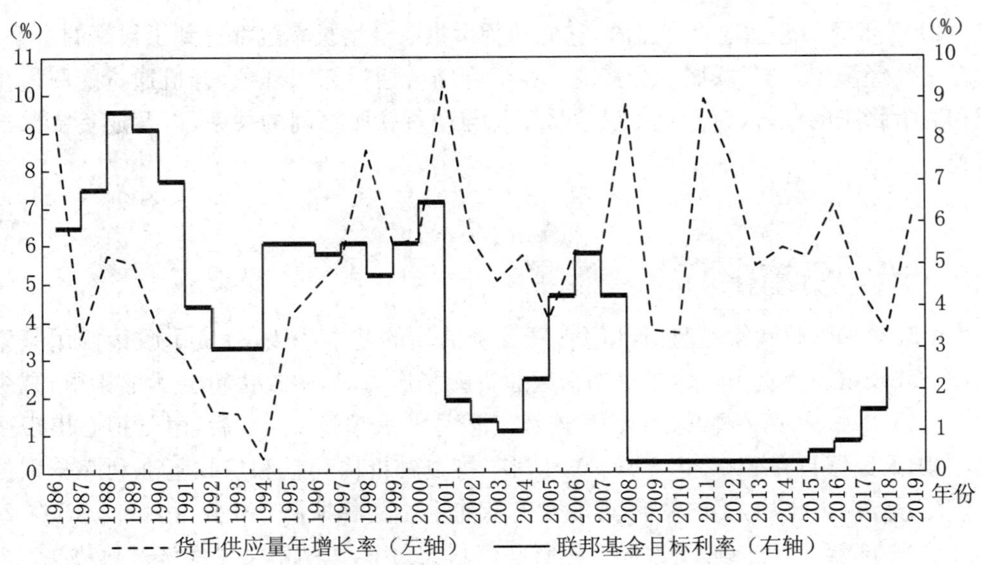

图 1.6　美国货币供应量变化与联邦基金利率变动

注:美联储联邦基金目标利率为当年年末利率,在当年可能会有调整。
资料来源:Wind 数据库。

利率变动对经济活动有显著影响。因此,我们会介绍利率测算方法,讨论引起利率发生变化的因素,特别是货币供应量变动对利率的影响,研究同一主体发行的不同到期期限的债券或者其他信用工具其利率存在差异的原因,以及利率变化引起经济活动发生变化的机制。

货币总量和利率既是中央银行监控经济运行的风向标,也是其管理经济运行的基本工具。我们会讨论货币需求问题和货币供给过程,研究货币供应量管理措施;考虑到汇率对进出口贸易以及对资金跨国流动的影响,我们会讨论货币市场均衡与汇率变动之间的关系,特别是货币供应量变化对汇率的影响,分析汇率变动的宏观经济效应。我们会讨论货币政策工具、货币政策目标和货币政策规则等问题,还会讨论开放经济条件下的货币政策选择问题,以及经济正常运转时期货币政策工具运用与货币政策实施问题。

2. 财政赤字与通货膨胀

财政赤字(budget deficit)指政府支出相对其收入的超过部分。政府部门经常会有支出超过收入的情形。政府部门入不敷出多源于过度的财政开支,且短期难以通过增加税收来获得收入。比如,战争期间,政府支出会远远超出预算范围;发生自然灾害或大面积公共卫生疫情时,要求政府有更大的财政支出。这些都会引起政府财政赤字。

当财政赤字面临融资压力时,考虑到利率上涨和金融市场稳定需要,中央银行会被迫买进政府债券,增加货币投放。①在中央银行从属于政府财政时,赤字政府会直接向中央银

① 面对新冠肺炎疫情,2020 年 3 月 16 日,美联储降息 100 个基点,将联邦基金利率目标区间从 1%—1.25%下调到 0—0.25%。同时,启动规模 7 000 亿美元的量化宽松货币政策,即在未来几个月内至少增加持有5 000 亿美元美国国债,至少增加购买 2 000 亿美元抵押贷款支持证券。3 月 23 日,美联储开启“无上限”的量化宽松货币政策。2020 年 3 月 28 日,时任美国总统特朗普(Donald Trump)签署 2.2 万亿美元经济救助计划;创建5 000 亿美元的纳税人资金池,用于向受危机破坏的企业、州和市政机构提供贷款、贷款担保或投资;为小企业提供 3 500 亿美元贷款,用于支付工资和福利等。参见 2020 年 3 月 13 日同花顺财经。

行透支。这些都是典型的“赤字货币化”。统计数据显示，凡是政府财政赤字年份，货币投放量都会增加(参见图 1.7 和图 1.8)。政府部门的每次财政赤字增加均会伴随物价上涨。

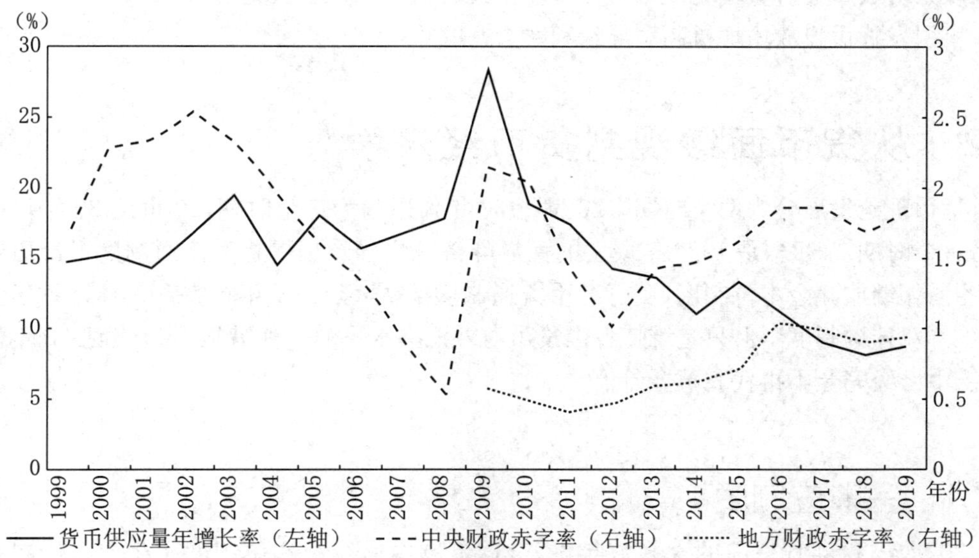

图 1.7　中国货币供应量变化与政府财政赤字

注:(1) 为广义货币 M2 年增长率。

(2) 中央财政赤字和地方财政赤字均为政府当年预期目标,财政赤字率等于政府预期财政赤字除以名义 GDP。

资料来源:Wind 数据库。

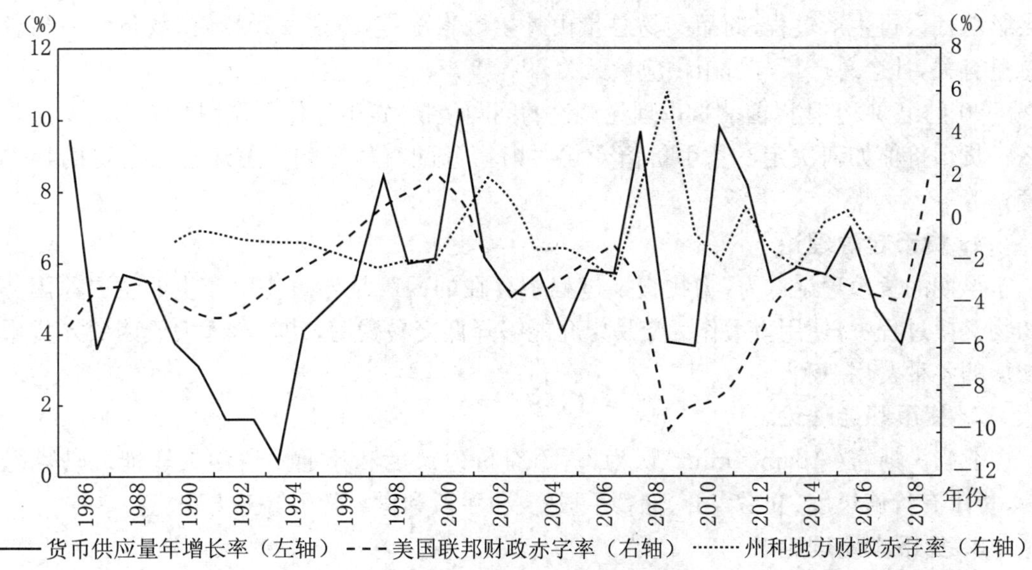

图 1.8　美国货币供应量变化与政府财政赤字

注:(1) 为广义货币 M2 年增长率。

(2) 美国联邦财政赤字率为美国联邦财政赤字盈余占 GDP 比重,州和地方政府财政赤字率等于州和地方政府财政直接支出减去州和地方政府财政收入再除以名义 GDP。

资料来源:Wind 数据库。

物价稳定有助于经济持续增长，理解财政赤字对物价上涨的影响机制有助于管理通货膨胀。因此，我们需要讨论政府财政赤字弥补方式对货币政策的影响，比较货币政策和财政政策对宏观经济管理的效果，讨论政府财政赤字引发通货膨胀的原因，特别是政府财政赤字引发货币投放增加机制和导致利率上升的原因。

1.2 从货币面纱观到货币经济学

货币理论发展分为两个时期。20世纪30年代以前为一个时期，20世纪30年代以后为另一个时期①，标志是1929年爆发的世界经济危机导致金属货币流通制度退出历史舞台，各国相继放弃金本位制度，实行纸币流通制度。②尽管1944年布雷顿森林体系建立后确定了"双挂钩制度"，但只是维持各国货币对外汇率水平的一种措施。20世纪30年代以后，纸币已经完全不再代表黄金价值。

1.2.1 金本位制度

20世纪30年代以前的大多数年份，全球范围内盛行金本位制度。在金本位制度时期，纸币以足额兑换的方式附属于金属货币，货币理论以金属货币为分析对象。早期的货币理论，倾向于把货币问题和经济问题分开，并以法国经济学家萨伊(Jean-Baptiste Say)的"货币面纱观"最具有代表性。"货币面纱观"认为，货币只是覆盖在实物经济上的一层面纱，商品供给所取得的货币可自动形成对商品的需求，商品供给和商品需求能够自动相等，货币只是商品交换过程中的一个中间环节；货币使用只影响经济活动的局部均衡，不会影响社会再生产过程；商品交易总量由外生因素决定，不受货币影响，物价水平与货币总量有关，社会总产量与货币供应量无关。

20世纪30年代以前的货币理论讨论的问题包括：货币起什么作用？货币的本质是什么？货币价值如何决定？货币价值变化对财富分配有何影响？怎样建立稳定的货币制度？等等。

1. 货币起源理论

早期的货币理论认为，物物交换过程中存在的困难是导致货币产生的主要原因。在物物交换过程中，使用货币作为交易媒介能够降低交易费用，其收益远大于因引入货币而增加的各种费用总和。

2. 货币职能理论

亚当·斯密(Adam Smith)认为，货币有价值尺度和流通手段两大职能。马克思认为，货币有价值尺度、交易媒介、储蓄手段、支付手段和世界货币等五大职能。

3. 货币本质理论

在20世纪30年代以前，货币本质理论有金属主义货币论和名目主义货币论等观点。

---

① 马涛：《货币经济学》，河北人民出版社1999年版。

② 20世纪30年代世界经济危机爆发后，英国、日本和美国分别于1931年9月、1931年12月和1933年3月宣布放弃金本位制度，实行纸币流通制度。

金属主义货币论也称货币金属论。金属主义货币论认为：(1)应将货币和货币金属等同，强调货币金属的使用价值；(2)货币是一种商品，其价值由货币材料的价值决定；(3)重视货币的价值尺度和价值贮藏职能；(4)反对铸币减重和不兑换纸币流通。

名目主义货币论认为：(1)货币仅是一种符号，本身不一定是商品，也不一定具有价值；(2)币材的价值不等于货币价值(也称货币国定论)，货币价值由国家规定或在流通中形成，取决于发行者的信用(也称职能价值论)；(3)重视货币的流通手段职能，把流通手段看作货币的本质；(4)要求摆脱金属材料对货币的束缚。

4. 货币价值理论

早期的货币价值理论主要是货币数量说。货币数量说认为：(1)货币只有通过流通才有价值，货币数量决定物价水平；(2)可将货币归结为流通手段，货币贮藏对货币流通数量不具有调节作用；(3)货币数量等同于商品数量。

货币数量说在费雪(Iving Fisher)和马歇尔(Alfred Marshall)那里得到了进一步发展。20世纪初期，费雪在《货币的购买力》一书中提出了"现金交易数量说"①，以马歇尔为代表的英国剑桥学派提出了"现金余额数量说"。现金余额数量说认为，人们在使用货币购买商品和劳务以外，还会持有一定数量的货币，用于价值贮藏。庇古(Arthur C.Pigou)在《货币的价值》一文中给出了剑桥方程式。②剑桥方程式认为，货币需求总量取决于人们对货币边际收益与其他资产边际收益所作的比较。

5. 货币本位理论

在金属货币流通时期，主要国家逐渐形成了货币本位制度。货币本位(standard)是指以什么作为价值尺度。历史上出现过的货币本位制度包括：金银复本位制、银本位制、金本位制度、金汇兑本位制、金块本位制等。实践经验表明，最理想的货币本位制度是金本位制。

典型的金本位制度有三个标准：(1)主币可自由铸造和自由销毁。居民有权把货币金属送到国家铸币厂铸成本位货币，且不受数量限制，铸币厂代为铸造货币时，不收或只收取少量的铸造费；因流通磨损而使重量公差超过限制的主币禁止投入使用，但可向政府指定机构兑换成新币。(2)黄金可自由输出和输入。(3)区分主币和辅币。主币为无限法偿，国家法律赋予主币在一切交易和支付活动中，不论数额大小，出售者和债权人均不得拒收；辅币为有限法偿。在金本位制度下也可以发行纸币，但纸币必须能够足额兑现。③

1.2.2　金本位制崩溃

20世纪30年代以后，纸币流通(信用货币)成为常态，金本位制度退出历史舞台。20世纪30年代以后的货币理论反对将货币问题和经济问题实行两分的研究方法，并形成了新的货币理论，使货币经济学科的创立有了现实可能。

---

① Fisher, Irving, 1911, *The Purchasing Power of Money*, New York: Macmillan.

② Pigou, Arthur C., 1917, The Value of Money, *Quarterly Journal of Economics*, 32:38—56.

③ 纸币本身的价值比较低，一般不以纸币作为本位货币。

瑞典经济学家魏克塞尔(Knut Wicksell)对这种研究方法的发端起了重要作用。①魏克塞尔的观点可以概括为四个方面:(1)反对货币面纱观,认为货币经济不同于实体经济,货币使用会显著影响实体经济运行。(2)自然利率理论。自然利率为借贷资本供给与需求相等时的利率。当货币利率高于自然利率时,企业利润降低,会缩减生产规模,经济活动进入到累积下降过程;当货币利率低于自然利率时,因预期利润增加,企业会扩大生产,使经济活动进入到累积上升过程。(3)为了使经济活动保持均衡运行状态,应设法使货币保持中立。(4)废除金本位制,实行纸币流通制度。

1. 金本位制度退出历史舞台

金本位制度崩溃肇始于第一次世界大战。在战争期间,各国虽然没有公开废除金本位制度,但纷纷对黄金跨国流动实行管制,或是背离黄金储备基础,通过增加货币供应量来维持战争开支。战争结束以后,各国又都希望重建金本位货币体系。但是,世界大战既破坏了各国经济的内部平衡,也破坏了各国经济的外部平衡。巨额的战争开支使各国面临严重财政赤字压力和严重通货膨胀压力。战争也改变了不同国家之间的贸易和投资关系,传统的出口国变成了进口国,传统的债权国变成了债务国。

美国在一战期间从债务国变为最大债权国。截至 1914 年 6 月,美国对外投资 50 亿美元,外国对美国投资 72 亿美元,美国对外净债务为 22 亿美元。到 1919 年,美国对外投资猛增到 97 亿美元,外国对美国投资减少到 33 亿美元,美国拥有 64 亿美元净债权。与此同时,美国在大战期间积累了大量黄金储备,其持有的黄金占世界黄金存量的比重,从 1913 年的 24%增加到了 1923 年的 44%。鉴于其稳固的国际金融地位,美国于 1919 年率先宣布恢复金本位制度,但拒绝完全遵守金本位制度所必需的游戏规则。在黄金大量流入时,美国非但没有增加货币供给,反而以防止通货膨胀为由,减少货币供给,并以高关税保护本国市场,限制外国商品进入。

在美国拒绝承担责任的情况下,英、法、意、日等国于 1922 年在热那亚达成全面恢复金本位制度的协议。为了解决黄金产量不足的问题,各协议国同意以英镑作为储备货币,并把英镑储备存放在伦敦。1925 年,在财政大臣温斯顿·丘吉尔主持下,英国决定把英镑与黄金之间的比价固定在一战前的水平上,以维持市场对英国金融体制的信心。

20 世纪 20 年代,英国的平均失业率接近 10%,其他国家对英国的清偿能力越来越没有信心,并认为恢复金本位制度无助于英国重建经济。1929 年经济危机爆发以后,各国纷纷放弃英镑储备,并增加黄金持有。1931 年 9 月,英国被迫放弃金本位制度,葡萄牙、爱尔兰、埃及、日本等国紧随其后,并采取了相应的行动。②

2. 金本位制度崩溃以后的货币理论

(1) 货币本质和货币职能理论。

20 世纪 30 年代以后,纸币成为流通手段,减少了货币的神秘感,货币本质和职能被归纳为两个方面:第一,商品交换媒介,其中包括货币的价值尺度职能。充当商品交易媒介

---

① (1)Wicksell, Knut, 1983, *Value*, *Capital and Rent*, Translated by S.H. Frowein, Reprinted, New York: Augustus M.Kelley, 1970. (2)Wicksell, Knut, 1934, *Lectures on Political Economy*, London: Routledge.

② 朱文莉:《国际政治经济学》,北京大学出版社 2004 年版,第 139—141 页。

的货币主要为狭义货币 M1。第二,价值贮藏手段。充当价值贮藏手段的货币范畴从 M1 拓展到了广义货币 M2 和 M3。

在现代纸币流通条件下,金属主义货币论好像完全归于失败,因为它否定了纸币流通的可能性。但是,我们不能用纸币流通的事实来否定在很长一段时期内,金属充当了货币的这一历史事实。此外,纸币进入流通也不能说明名目主义货币论就百分之一百的正确,因为名目主义货币论难以说明货币本质和货币发展的历史过程。

(2) 货币供给理论。

在现代经济中,货币供给遵循"四位一体"的运作模式,货币供应系统由存款供给主体、贷款需求主体,以及商业银行和中央银行共同组成。菲利普斯(Chester A.Phillips)最早提出了现代货币供给理论。①菲利普斯研究发现,当银行不持有超额准备金且居民只持有活期存款时,活期存款增加额等于法定准备金增加额乘以法定准备金比率的倒数。

(3) 货币需求理论。

凯恩斯将人们保存货币的动机归纳为交易动机、预防动机和投机动机等三个方面,并给出了货币需求函数。②弗里德曼认为,货币需求取决于持有货币的预期回报率、债券投资预期回报率、股票投资预期回报率、预期通货膨胀率和永久性收入等因素。③

(4) 货币数量变化与宏观经济运行关系理论。

关于货币数量变化对经济影响的分析可追溯到金属货币流通时期。休谟(David Hume)认为,货币数量增加以后,物价上涨从局部开始,经过一段时间以后再引起物价水平普遍上涨。在此期间,劳动就业和产出水平等会有增加。亚当·斯密认为,增加纸币供给时,多余的金银会流往国外,用于进口外国货物,并会促使本国生产发展。费雪认为,当货币数量变化引起物价水平发生变动时,利率、产量和货币流通速度都会随之发生变化;在长期,货币数量变化只会影响物价水平。

在纸币进入流通以后,货币与社会产出、劳动就业和通货膨胀之间的关系变得更为重要。凯恩斯认为,劳动就业决定于企业投资需求。企业投资需求与资本边际效率和利率水平有关,利率由货币供给和货币需求共同决定(参见图 1.9)。要增加劳动就业,就必须鼓励企业增加投资;鼓励企业增加投资的关键是实行扩张性的货币政策,通过增加货币供给使利率相对低于资本边际效率。凯恩斯认为,调节银行存贷款利率,可使储蓄和投资相等,实现经济平稳运行,经济周期性变动缘于资本边际效率的循环变化。资本边际效率受心理预期影响。资本边际效率高于利率时,企业投资意愿增加,反之则反是。利率由货币

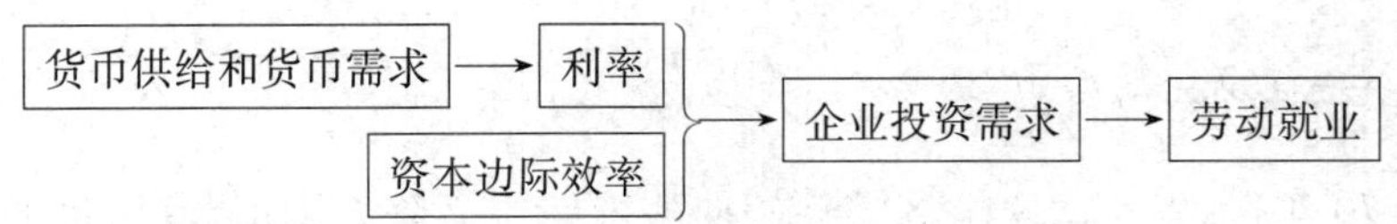

图 1.9 货币因素对劳动就业的影响机制

① Phillips, C.A., 1920, *Bank Credit*, New York: Macmillan.

② 凯恩斯:《就业、利息和货币通论》,商务印书馆 1963 年版。

③ Friedman, M., 1956, "The Quantity Theory of Money: A Restatement", in *The Optimum Quantity of Money*, Milton Friedman(editor), Chicago: Aldine Publishing Company.

数量和流动性偏好等因素决定。希克斯(John R.Hicks)以古典利率理论为基础,提出了LL-IS(货币需求线—投资储蓄线)模型,汉森(Alvin H.Hansen)则进一步将LL-IS模型发展成为IS-LM模型。

弗里德曼认为,经济在长期中存在的"自然失业率"不可能通过增加货币供应量来解决。①魏克塞尔认为,货币利率与自然利率相等时,经济活动处于均衡状态,货币供给变化不会引起经济活动出现调整。②

就货币与物价关系而言,凯恩斯认为:(1)存在大量劳动失业和有其他闲置资源时,货币供应量增加只会使总产出增加,不会造成物价上涨和引发通货膨胀。(2)存在劳动非充分就业且其他资源供应不足时,货币供应量增加会引起半通货膨胀。(3)劳动处于充分就业状态时,货币供应量增加会引起物价上涨,并会引发真正意义上的通货膨胀。货币供应量增加引起物价普遍上涨的情形,只有在劳动充分就业条件下才有可能发生。

弗里德曼认为,货币存量变动会引起物价变化,但两者之间为非线性关系。物价变化既决定于总产出变动,也决定于居民愿意持有的现金余额与收入之间的比例关系。货币供给增加时,人们会调整现金余额持有,引起物价上升和总产出短期增加。从长期来看,货币供应量增加只会引起物价上升。通货膨胀的本质是,流通中的信用货币供应量超过了实际需求量进而引起通货贬值,有需求拉上型通货膨胀、成本推进型通货膨胀和结构性通货膨胀等类型。

(5) 货币政策调节经济的短期与长期争论。

货币政策对总产出的影响取决于经济活动的短期与长期区分。短期和长期的区分方法是看价格是否可以灵活调整。当价格可以灵活调整时就是长期,反之就是短期。在短期,价格调节粘性或刚性。在长期价格可以灵活调整时,货币政策对总产出没有影响,总供给处于充分就业水平,不会有劳动失业。货币学派的经济学家认为价格可以灵活调整,坚持货币中性观点。凯恩斯学派的经济学家则认为,价格不能灵活调整。面对外部冲击时,企业不会削减价格,降低价格出售商品,或者削减劳动工资降低成本,而是改变劳动用工规模。

在长期,价格可以灵活调整。当经济过热时,价格会上涨并引导经济向下调整到长期趋势;当经济衰退时,价格会下跌并引导经济向上调整到长期趋势。在短期,中央银行可以通过实施货币政策,减少对价格调整的依赖,通过总需求管理来抵消供给或需求冲击对经济的负面影响。在货币政策实施时,中央银行需要区分需求冲击与供给冲击。当需求冲击引起经济紧缩调整时,中央银行应该实施扩张性货币政策;当经济紧缩由供给冲击引起时,扩张性货币政策就只会引起通货膨胀,无法促进总产出增加。

1.2.3 货币政策共识

20世纪70年代,发达国家经济"滞胀"使凯恩斯主义陷入困境,其坚持的对宏观经济

① Friedman, M., 1956, "The Quantity Theory of Money: A Restatement", in *The Optimum Quantity of Money*, Milton Friedman(editor), Chicago: Aldine Publishing Company.

② (1)Wicksell, Knut, 1983, *Value, Capital and Rent*, Translated by S.H. Frowein, Reprinted, New York: Augustus M.Kelley, 1970. (2)Wicksell, Knut, 1934, *Lectures on Political Economy*, London: Routledge.

实施政策管理的主张遭到严峻挑战。在此背景下，理性预期学派开始兴起。理性预期学派以理性预期假设为核心，认为预期是基于所有可得信息作出的最佳预测，政府政策无法刺激总产出增加，宏观经济模型无法用于预测政策实施结果。

理性预期概念由美国经济学家穆斯(John Muth)在《理性预期与价格变动理论》一文中首先提出，认为预期不仅是基于过去的经验，而且会考虑所有可获得的信息。20 世纪

表 1.1　货币理论和货币经济学发展脉络

<table>
<tr><th>时期</th><th>代表人物</th><th>观　　点</th><th>著　作</th></tr>
<tr><td rowspan="4">1933 年以前</td><td>大卫・休谟
(David Hume)</td><td>货币数量增加以后，物价上涨先从局部开始，经过一段时间以后再引起物价水平普遍上涨</td><td>《论贸易平衡》(1752)</td></tr>
<tr><td>亚当・斯密
(Adam Smith)</td><td>经济发展由“看不见的手”主导，提倡自由竞争反对政府干预。分工是提高效率的关键。当物物交换发展到以货币为媒介的交换后，商品价值用货币来衡量。货币有价值尺度和流通手段两大职能</td><td>《国民财富的性质与原因研究》(1776)</td></tr>
<tr><td>欧文・费雪
(Irving Fisher)</td><td>当货币数量变化引起物价发生变动时，利率、产量和货币流通速度都会发生变化；在长期，货币数量变化只会影响物价水平</td><td>《货币的购买力》(1911)</td></tr>
<tr><td>庇古
(Arthur C.Pigou)</td><td>货币需求取决于对货币边际收益与其他资产边际收益所作的比较</td><td>《货币的价值》(1917)</td></tr>
<tr><td>1933—1956 年</td><td>凯恩斯
(John M. Keynes)</td><td>将人们持有货币的动机归纳为交易动机、预防动机和投机动机三个方面，并给出了货币需求函数。为解决有效需求不足的问题，应放弃经济自由主义，代之以国家干预的方针和政策</td><td>《就业、利息和货币通论》(1936)</td></tr>
<tr><td rowspan="2">1957—1976 年</td><td>弗里德曼
(Milton Friedman)</td><td>货币供给增加会引起名义收入增加，促使居民调整其愿意持有的货币余额，进而引起物价水平变动</td><td>《美国货币史》(1963)</td></tr>
<tr><td>詹姆斯・托宾
(James Tobin)</td><td>国家可通过货币作用调节经济，实现经济高速增长。货币调节效果超过纯粹的市场调节</td><td>《货币与经济增长》(1965)</td></tr>
<tr><td rowspan="2">1976—2008 年</td><td>罗伯特・卢卡斯
(Robert Lucas)</td><td>当被预测的变量发生变化时，预期的形成方式也会变化；在预期对经济有影响时，计量经济模型中的关系不再保持不变，而用以往数据测算出来的计量经济模型，不能正确评价经济主体对政策实施作出的反应</td><td rowspan="2">《理性预期与经济计量实践》(1981)</td></tr>
<tr><td>托马斯・萨金特
(Thomas Sargent)</td><td>在理性预期背景下，扩张性政策只会导致通货膨胀而无法影响社会总产出水平</td></tr>
<tr><td rowspan="2">2009—2020 年</td><td>本・伯南克
(Ben Bernanke)</td><td>中央银行的首要职能是稳定金融体系。在经济危机时期，中央银行应发挥其“最后贷款人”的作用</td><td>《行动的勇气》(2015)</td></tr>
<tr><td>珍妮特・耶伦
(Janet L. Yellen)</td><td>关注劳动市场就业，将劳动参与率作为美国联邦基金利率决定的重要宏观经济指标</td><td>《二十世纪九十年代的宏观经济经验与教训》(2014)</td></tr>
</table>

70 年代后期，卢卡斯等基于此思想，给出了较为系统的阐述，并逐渐形成理性预期学派。卢卡斯指出，当被预测的变量发生变化时，预期的形成方式（预期与过去信息之间的关系）也会变化；在预期对经济行为有影响时，计量经济模型中的关系不再保持不变，用以往数据测算出来的计量经济模型，不再能正确评价经济政策实施结果。萨金特于 1975 年提出了政策无效性命题，认为在理性预期背景下，扩张性政策只会导致通货膨胀而无法影响总产出。理性预期理论对政策有效性问题的讨论，迫使政策制定者重新思考宏观经济目标的有效控制问题。理性预期学派强调货币中性，主张自由放任的市场经济秩序。

在 2008 年美国金融危机之前，货币经济学家和政策制定者对货币政策理论达成了五点共识。①包括：(1)稳定物价是货币政策的首要目标；(2)保持货币政策可信性；(3)保持货币政策透明性；(4)货币政策要遵从泰勒规则；(5)保持中央银行独立性。

经济学家认为，2008 年爆发的美国金融危机由新自由主义金融政策导致。美联储作为“最后贷款人”在危机期间向金融机构提供短期信贷，平息市场情绪，维持金融系统稳定，并实行量化宽松货币政策恢复经济运行。凯恩斯经济学所倡导的干预经济取得了一定成效，在管理宏观经济时结合使用市场手段与宏观调控，正成为越来越多国家的基本做法。

总体来看，货币经济学经历了早期的货币与实体经济两分法到研究货币对经济影响的发展过程，并争论于货币政策是否能够有效管理宏观经济运行问题。中央银行实践显示，货币政策实施有助于稳定宏观经济。②

1.3 内容安排

本书围绕货币经济的基本问题，分为三个部分讲解，包括：(1)货币理论和货币市场模型；(2)货币政策的经济影响；(3)货币政策实施策略。

在第一部分（第 2—6 章），我们讨论货币发展历程，分析货币形态演进历史，讨论利率和汇率范畴，并基于货币市场模型分析货币供给与货币需求问题。

货币政策的经济影响集中反映在经济增长和通货膨胀两个方面，货币政策的其他经济影响可通过经济增长效应等予以体现，比如货币供应量增加对劳动就业的影响，可以通过货币供应量增加引起的总产出变化来观察。在本书的第二部分（第 7 章和第 8 章），我们

---

① 参见(1)Goodfriend，M.，2007，Had the World Achieved Consensus on Monetary Policy? *Journal of Economic Perspectives*，21(4)：47—68。(2)Mishkin，F.S.，2009，“Will Monetary Policy Become More of a Science?”，in Deutsche Bundesbank，ed.，*Monetary Policy over Fifty Years：Experiences and Lessens*，London：Routledge：81—107。

② 对此，米尔顿·弗里德曼进行了以下的精彩论述：“... Money is only a machine，but it is an extraordinarily efficient machine. Without it，we could not have begun to attain the astounding growth in output and level of living we have experienced in the past two centuries ... But ... when it gets out of order，it throws a monkey wrench into the operation of all the other machines ... Every other major contraction in this country has been either produced by monetary disorder or greatly exacerbated by monetary disorder. Every major inflation has been produced by monetary expansion ...”参见 Friedman，Milton，1968，“Dollars and Deficits；Living with America's Economic Problems”，Englewood Cliff，New Jersey：Prentice Hall。

运用 IS-LM 模型和 AD-AS 模型，讨论货币政策的经济影响机制。

在第三部分(第 9—12 章)，我们讨论中央银行货币政策的实施策略，讨论中央银行实施货币政策所要达到的经济目标，讲解货币政策工具，以及货币供应量管理、开放经济因素对货币政策影响、货币政策规则等问题。

本章小结

本章列举了现实经济中的典型货币现象，讨论了 20 世纪 30 年代前后货币理论的异同和货币经济学发展历程，给出了货币经济学研究的若干重要问题和基本观点，梳理了货币经济学脉络架构和重要共识。

1. 货币是现代经济生活的重要基础，货币与经济周期性波动、通货膨胀、财政赤字等问题密切相关。学习货币经济学，有助于更好地理解货币现象和货币政策对经济的影响。

2. 货币经济学科的发展划分为两个时期：20 世纪 30 年代以前为一个时期，20 世纪 30 年代以后为另一个时期；标志是 1929 年世界经济危机导致的金本位制度崩溃和信用货币流通盛行。20 世纪 30 年代以前关于货币本质的理解有金属主义货币论和名目主义货币论等观点，货币价值论和货币问题“两分”的研究方法。20 世纪 30 年代以后，信用货币流通成为常态，经济学家强调货币与经济相互融合的研究方法，进而为货币经济学科的形成和不断发展奠定了方法论基础。

3. 货币经济学最基本的范畴是信用货币，着重讨论货币经济运行、货币政策实施和货币政策效应等问题，内容涵盖货币供给、货币需求、利率和汇率、货币政策传导机制、货币政策工具和货币政策规则等。

中文关键词

货币　货币经济学　商业周期　通货膨胀　利率　财政赤字　顺周期变动
货币面纱观　金属主义货币论　名目主义货币论　货币供给　货币需求
米尔顿·弗里德曼　约翰·凯恩斯　纳特·魏克塞尔　亚当·斯密　理性预期
本·伯南克　珍妮特·耶伦　货币政策共识

英文关键词

money　monetary economics　business cycle　inflation　interest rate
financial deficit　pro-cyclical change　money veil　metallism　nominalism
money supply　money demand　Milton Friedman　John Maynard Keynes

Knut Wicksell　Adam Smith　rational expectation　Ben Bernanke
Janet L.Yellen　consensus on monetary policy

思考题

1. 经济活动的目的是什么？观察宏观经济有哪些要点？

2. 货币对经济活动有影响吗？结合古典经济学派、凯恩斯学派、新古典经济学派的观点进行讨论。

3. 政府干预经济的理由是什么？

4. 简述货币供应量变动的顺经济周期现象。

5. 列举生活中通货膨胀和通货紧缩的危害性。

6. 为什么要研究财政政策与货币政策之间的关系？

7. 为什么说金本位制度崩溃是现代货币经济学诞生的标志？

8. 简述“货币面纱观”的内容。它是基于什么样的条件得出的结论？

9. 货币本位的内容是什么？

10. 为什么信用货币会划分层次？

11. 信用货币的职能与金属货币的职能有何不同？

12. 比较亚当·斯密、大卫·休谟、魏克塞尔等关于货币数量对经济影响的机制。

13. 信用货币时期的货币供给理论有何特点？

14. 信用货币供给增加会引起通货膨胀吗？结合凯恩斯和弗里德曼的观点加以说明。

15. 简述 20 世纪 30 年代前的货币理论要点。

16. 简述 20 世纪 30 年代后的货币理论要点。

17. 简述货币经济学课程的内容框架和要点。

18. 列举对货币经济学科建立与发展有突出贡献的经济学家，并对其贡献加以评价。

19. 搜集并阅读有关凯恩斯和弗里德曼的著作，就两位经济学家的货币理论贡献进行评述。

20. 列举全球范围内典型的货币现象，并就货币在经济运行中的作用进行讨论。

21. 阅读最新的《中国货币政策执行报告》和《美国货币政策报告》，归纳货币政策实施要点和中美货币政策的异同。

22. “货币面纱观”是指（　　）。（多选）

A. 货币不影响商品供给

B. 货币不影响商品需求

C. 供给可以创造自身需求

D. 货币不影响社会总产出水平

23. 货币经济学科发展的重要基础是（　　）。（多选）

A. 信用货币的广泛使用　　B. 金本位制的崩溃

C. 现代中央银行体系的建立　　D. 政府干预经济活动

24. 现代货币经济学发展的标志是(　　)。(单选)

A. 金本位制度的建立　　B. 金本位制度的崩溃

C. 布雷顿森林体系的建立　　D. 布雷顿森林体系的崩溃

阅读材料

Bernanke, Ben, 2017, "Monetary Policy in a New Era", Brookings Institution.

Greenwald, Bruce, and Joseph E. Stiglitz, 2003, *Towards a New Paradigm of Monetary Economics*, Cambridge University Press.

Morgan, Brian, 1978, *Monetarists and Keynesians: Their Contribution to Monetary Policy*, The Macmillan Press Ltd.中译本,布赖恩·摩根:《货币学派与凯恩斯学派——它们对货币理论的贡献》,商务印书馆1984年版。

Stiglitz, Joseph E., 1991, "Alternative Approaches to Macroeconomics: Methodological Issues and the New Keynesian Economics", NBER Working Paper 3580.

Woodford, Michael, 1999, "Revolution and Evolution in Twentieth-Century Macroeconomics", Princeton University, June 1999.

保罗·沃尔克等:《坚定不移:稳健的货币和好的政府》,中信出版集团2019年版。Paul A. Volcker and Christine Harper, 2018, *Keeping at It: The Quest for Sound Money and Good Government*, New York.

本·伯南克:《金融的本质》,中信出版集团2014年版。Ben Bernanke, 2013, *The Federal Reserve and the Financial Crisis*, Princeton University Press.

▶2

什么是货币

经济学家多从货币产生、货币形态、货币对经济的影响等方面来讨论货币问题，但就同一问题，往往有不同回答。原因在于人们对“什么是货币”这个问题有不同理解。[①]在许多场合，货币被与收入(income)、财富(wealth)等概念混为一谈，认为“货币与财富只是同一概念的不同表达方式而已”。[②]

为了理解货币经济问题，我们必须准确地给出货币的定义。我们定义货币的重要出发点是，保证定义的货币范畴足以对实际经济活动产生影响，并能对运用货币政策促进产出增长和维持物价稳定提供理论指导。如果货币定义不能影响产出和劳动就业，而只影响物价水平，就会欠缺现实意义。鉴于此，我们把货币定义为“在商品和劳务的支付或债务的偿还中被普遍接受的任何东西”。在本章以下部分，我们将集中探讨货币范畴问题，分析货币职能和货币促进经济效率提高的途径，考察货币形态演进规律，并对货币层次划分及货币总量统计方法等问题加以讨论。

通过本章阅读可以达到以下五个目标：(1)辨析并界定货币范畴；(2)掌握货币的基本职能；(3)理解货币形态演进的内在逻辑；(4)掌握货币层次的划分方法；(5)理解货币总量指标和统计方法。

2.1　货币范畴

2.1.1　货币与财富

我们常说：“他很有钱”，这里的“钱”指的是财富，例如银行存款、汽车、房产、股票、债

---

① 圣经中有“The love of money is the root of all evil.”的说法，而英语词典中则给出了这样的定义：“Coin: pieces of stamped metal used in commerce; any currency used in the same way; wealth”。参见 *Chambers 20th Century Dictionary*, 1983, p.814。

② Smith, Adam, 1776, *An Inquiry into the Nature and Causes of the Wealth of Nations*, London: Oxford University Press.

券、艺术品、首饰等。将货币与各种形式的财富物品不加区分时，便会忽视货币的基本特征，无法把握货币经济的本质问题。

在现代汉语中，货币及钱币是“充当所有商品一般等价物的特殊物品，可以购买任何别的商品。”[①]在古汉语中，“货币”一词曾经是两个不同的概念：“货”指珠、贝、金、玉等；“币”则指皮、帛。货在春秋战国时期才取得货币的含义，“货币”一词在唐朝之后才出现。我们平时所说的“钱”，在中国古代是一种农具，形状类似于铲或锄，用于铲地锄草。这种农具在中国的黄河流域被称为货币。

由此可见，货币经济学中的货币范畴不等于全部财富，货币仅仅是全部财富中很小的一个部分，但货币是所有财富中流动性最好的部分，这部分财富最有可能被用于商品和劳务的交换过程以及用于债务偿还。

2.1.2 货币与通货

我们在日常生活中所说的通货（currency），指的是现金（cash），包括纸币和硬币两种形式。我们到便利店购物常常确认是否带足了钱，讲的就是通货。很显然，货币经济学中的货币范畴要远大于通货概念，例如可开列银行支票存款、活期存款等也属于货币范畴，但它们不是通货。

把通货作为货币范畴，强调的是货币的物理属性。在早期经济中，货币采用商品货币形式，并以贵金属为代表。贵金属易于根据需要制成不同分量的铸币。在金属货币时期，人们往往将货币与铸币不加区分。在信用货币时期[②]，将货币界定为通货时，对研究货币经济问题来说，会忽略在交易过程中可以随时支取的银行存款（bank deposits）等货币范畴。

在以货币为媒介的商品交换活动中，人们需要的是商品和劳务，但需要借助货币来完成交易，有时无须实物货币实际转手，在此方面表现最为明显的是支票（check）和借记卡（debit cards）使用。在商品交换过程中，依据支票和借记卡提供的信息，将资金从一个银行账户转移到另一个银行账户，同样可以使交易活动顺利开展。很显然，在交易过程中可以随时支取（call upon）的银行存款（bank deposits）也属于货币范畴。

2.1.3 货币与收入

我们常常用货币来表示收入所得，比如说“他赚了很多钱”。这里的含义是，他通过劳动或者其他手段获得了很丰厚的回报。这里的“钱”与我们所讲的充当交易媒介的货币有很大区别。收入是指某个特定时期收益的流量，而货币是存量概念。[③]某人告诉你，他获得

---

① 《新华词典》，商务印书馆 1998 年版，第 207 页。

② 现代经济中，信用货币包括中央银行发行的通货和商业银行创造的存款货币两个部分。参见本章 2.3 节内容和本书第 4 章内容。

③ 对于货币与收入、通货之间关系的讨论参见 Mishkin，Frederic S.，2007，*The Economics of Money, Banking, and Financial Markets*，Boston：Pearson/Addison Wesley：44—45。

了 1 000 元收入，如果不知道这 1 000 元是一年、一个月还是一天的所得，你就难以判断他究竟是挣得多还是挣得少。

收入可以有多种形式，可以是一件衣服，也可以是一块面包。在中国实行经济体制改革和对外开放以前，甚至在实行改革开放政策以后的很长时期，许多企业在过年或过节时会给员工发放各种物品，比如中秋节时发放月饼。这里的月饼显然不是我们所说的可以充当交易媒介的货币。

以上表明，货币经济学中的货币不是指收入，不等同于财富，也不局限于通货，货币经济学中的货币范畴介于财富和通货之间，它是财富的重要组成部分，并包含了全部通货。

2.2 货币职能

货币产生是为了降低交易成本，提高交易效率。货币产生以后，逐渐具备了许多职能，这些职能促进了社会生产发展。在任何经济社会中货币都有四个最基本的职能：(1)交易媒介；(2)价值尺度；(3)延期支付标准；(4)财富贮藏手段。其中，交易媒介和价值尺度是货币特有的职能。①

2.2.1 交换媒介

1. 货币的交易媒介职能

早期的交换活动主要是物物交换(barter)，买卖双方同时在同一地点提供对方所需要的物品。这种交换活动的顺利完成，需要满足与拟交换物品有关的时间、地点、数量和质量等因素的多重耦合要求(coincidence of wants)。

尽管物物交换过程存在很多困难，但它仍旧有利于劳动分工深化和劳动生产力提高，并会推动商品生产规模不断扩大，进而对商品交换活动提出更高要求。在经济发展过程中，某些特定地区逐渐出现了可以与其他物品直接相交换的一般等价物。

充当一般等价物的物品多具有地域特征。一般等价物的出现促进了社会生产力发展。社会生产力发展带来的剩余物品的增加会强烈要求扩大商品交换范围，并推动市场范围突破传统的村庄和部落，从而延伸到更遥远的地方。在市场范围扩大的过程中，用于特定地区范围内商品交换活动的一般等价物被要求易于搬迁，易于被更广阔的市场识别，其所代表的交换价值能够满足更大规模的交换需要。

在现实经济中，能够满足商品交换范围扩大和交易规模扩大要求的只有极少数的物品，只有那些质地比较稳定，价值比较高的贵金属才能担当此任，这样就出现了在较大区域范围内相对统一的一般等价物。这种能够适合更大交易范围的被普遍接受的一般等价物就是货币。最早的货币基本上都是物理特性和化学特性都比较稳定的贵金属。这些贵金属有许多实际经济用途。所以，货币是劳动分工深化、市场范围扩大、经济发展到一定程度的产物。

---

① 将交易媒介作为货币的特有职能强调的是，货币可以在比较大的范围内被广泛地充当交易媒介，区别于在特定范围内偶尔充当交易媒介的物品。

货币作为交易媒介，可以显著提高经济运行效率。在商品和劳务交易方面花费的时间和其他支付被称作交易成本。降低交易成本的方法有三种：深化劳动分工、建立有组织的交易市场和使用货币作为交易媒介。使用货币作为交易媒介时，可节省商品交易时间，提高经济运行效率，有助于鼓励劳动分工和实行专业化生产。货币出现为经济活动提供了可以被普遍接受的流动性。①不同市场主体对具体物品价值的认知程度会有差异，这会降低商品交换能力。货币有许多被广泛认同的特性，最容易被市场普遍接受，被认为是流动性最好的资产。一个人卖出商品获得货币时，相信自己在今后一定可以凭这些货币买回自己需要的商品，这样就可以从一定程度上克服商品交换过程中的信息约束问题。

现代经济中，几乎每个主权国家或经济体都有自己的货币。作为能有效地发挥交易媒介功能的物品，货币有以下基本特点：(1)易于标准化，能很简单地确认其价值；(2)能够被广泛接受；(3)能够被分割，找零比较方便；(4)易于携带；(5)不易变质。

需要指出的是，即使在以货币作为交易媒介的现代经济中，也经常会有物物交换。在物价大幅度快速上涨过程中，货币价值极不稳定，以至于人们不得不放弃使用货币的交易便利，回到简单的物物交换时代。

在信用货币社会中②，使用物物交换可在一定程度隐瞒商品交易过程。采用存款货币作为交易媒介时，商品交易过程会一览无余地反映在交易双方的银行往来账户上，这时你就必须照章纳税，并接受各种法律监管。当物物交换在避开法律监管方面的收益超过使用信用货币作为交易媒介的收益时，物物交换就会成为被选择的交易方式。当然，使用现钞支付时也可以隐蔽交易过程。

2. 信用与商品交换

(1) 商品交换过程中的信用。

商品交易通常不是一手交钱，一手交货，多由银行或其他金融中介机构为买方提供信用(credit)支持，买方以负债的形式承诺以后偿付，当买方履行债务偿付完成货币转手以后，商品交换过程才真正结束。在这里，货币可以被界定为在债务的最后支付中被普遍接受的任何物品，它并非商品交换过程开始的必要条件。

信用交易对经济活动的影响是显然的。③假如你购买了一辆汽车，在签了购车合同以后，交易商就认为其汽车已经完成出售。汽车厂商在决定下一期的生产计划时，会考虑这个因素，以确定是否让工人加班或增加短期用工需求，信用交易会影响汽车生产企业的原材料需求，也会影响职工收入和消费水平。所有这些都是在汽车实现转手以后发生的。另外，汽车已经记录在你个人名下，你拥有了对汽车的自由处置权利。当然，总有一部分人不兑现债务偿还责任，有些购买合同永远也不会得到履行，汽车厂商会将这些作为坏账(bad debts)进行处理。因此，信用获取能力提高以后，商品交换活动会有明

---

① 货币作为交易媒介可以提高买卖双方对交易的信任程度；后文的信用货币以商业银行或中央银行提供的信用做媒介，如果双方对中央银行和商业银行的信用深信不疑，则会接受对方的信用货币支付。

② 关于信用货币的讨论参见本章2.3节内容。

③ Bain, K., and Peter Howells, 2003, *Monetary Economics: Policy and Its Theoretical Basis*, Palgrave Macmillan.

显发展。

(2) 信用卡与商品交换。

现代经济中,使用信用卡购物是经常的事情。当你使用信用卡购买商品时,每月可能只是支付很小的一部分账单,在年终结束时甚至还有债务没有偿还,但却可以合法拥有和处置商品。商品出售以后,厂商通过信用卡开户银行转移过来的存款获得销售支付。如果不能及时向银行偿付债务,你的商品会被银行处置。很显然,当你的信用卡被接受以后,商品交易就实质地发生了。在此情形下,银行可以通过限制信用卡使用,影响商品交易能力。

债权银行可以将其拥有的对你的债务索偿权出售给其他机构。你可以在其他银行或金融机构以资产抵押方式支付银行债务,你的债务还可以传给下一代,但商品交易过程毕竟是开始了,只是在债务结清以前整个商品交换活动始终不完全。所以,银行提供的信用也应该看作交易媒介。

(3) 信用与个人交易能力。

拥有货币是实现商品交易活动的充分条件,但不是必要条件。你可能因为缺少货币而暂时不能进行商品购买,但只要信誉良好或拥有其他财产,你的交易行为仍将畅通无阻。对于个人而言,交易活动多受财富拥有规模及借款能力影响,受经济学家所说的货币影响的比较少见。

在短期,人们不会因为缺钱而减少对商品的需求。对商品的市场需求与个人拥有的财富水平有关。在微观层面上,人们需要货币的时间其实很短。人们需要货币仅仅是为了完成计划中的交易活动。使用信用卡交易时,只要月底有足够多的货币满足信用卡偿付需要就可以了。所以,影响商品交换过程的是支付资源(spending resources),包括现存财富和其他借入资产。

个人借款(信用获得)能力受其拥有的财富规模影响,但也不全是如此。比如,如果你的父母非常富有,即使你囊空如洗也会获得较好的信用声誉;如果你的项目规划非常合理,也会提高你的信用获取能力。

2.2.2 价值尺度与延期支付标准

货币的价值尺度职能是指货币提供了计算单位,是经济活动中的价值计算工具。我们用货币来计算商品和劳务价值,如同我们用克来称重,用米作为单位来测量距离一样。以货币作为价值计算单位,减少了需要考虑的价格种类,降低了经济活动中的交易成本。

以货币作为价值尺度,简化了商品交换比率的确定方式,不同商品和服务都可以用同一单位(量纲,numéraire)表示,而不论其是否参与了交换活动。如果没有货币作为价值尺度,那么 n 种商品就需要有 $n(n-1)/2$ 个交换比率。由货币充当价值尺度以后,只要使用 n 个交换比率就可以表示 n 种商品之间的交换关系。需要指出的是,在 $n>3$ 即商品种类在 3 种以上时,$n(n-1)/2>n$ 肯定成立。这在现代经济中是显而易见的。

以货币作为价值尺度简化了经济活动中的簿记工作。使用货币作为计量单位,易于比较同一企业在不同时期的盈利或亏损情况，也可以比较同一时期不同企业的盈利水平高低。中国会计制度要求，企业会计记录应使用人民币或美元作为记账单位。

延期支付标准是货币价值尺度职能的延伸，是指使用货币记录债权债务规模。在使用货币以外的其他物品表示债务规模时（比如一辆汽车），需要详细地列明该物品的性能和特征，且在履行债务偿还时，往往难以找到当初表示债务规模的那种物品。而货币却不然。货币价值比较稳定，可以大量节省因为事物变迁给债务合约履行带来的麻烦。

2.2.3 财富贮藏手段

贮藏财富的目的是分离取得收入的时间与花费收入的时间。在选择财富贮藏手段时，人们会在流动性和价值贮藏功能两者之间进行权衡。

流动性（liquidity）是指一种资产转换为交易媒介的难易程度。资产的流动性可以根据交易过程中资产价格变化的特征来判断。在交易过程中，价格变化越小则资产流动性越好。集中和大规模的市场交易都能增加资产的流动性。货币在所有资产中流动性最好，因为它本身就是交易媒介，无需转换为其他任何东西就可以直接用于商品购买。其他资产转换为货币时，都有交易成本。货币作为财富贮藏手段，其流动性明显好于股票、汽车等资产。

然而，货币并不是唯一可以作为财富贮藏手段的物品，股票、债券、土地、房屋、艺术品、珠宝等，都有价值贮藏功能。与货币相比，其他物品往往可以带来更高的投资回报，作为财富贮藏手段的货币几乎没有直接的投资收益。更为重要的是，在面临通货膨胀时货币的实际收益可能为负值。货币作为财富贮藏手段的优劣取决于物价变化程度。货币价值由物价水平决定，相对于商品价格而言会经常波动，购买力无法得到充分保证。在恶性通货膨胀（hyperinflation）时期，货币购买力明显下降，这时人们会争先恐后地调整自己的资产组合而不愿意多持有货币。

准货币概念与货币的财富贮藏职能密切相关。准货币是指被排除在货币定义之外，但又和货币范畴中的某些物品颇为相似的任何东西。比如，没有交换媒介作用，但却有财富贮藏作用的物品。准货币具有如下特点：（1）具有财富贮藏功能。（2）货币与充当财富贮藏手段的其他物品的区别在于流动性不同，可完全流动但不具有交换媒介功能的物品就是准货币；比如，股票不是准货币①，国库券是准货币。

2.3 货币形态

从商品世界中分离出来以后，货币形态经历了从实物货币到金属货币、从金属货币到纸币、再从纸币到电子货币、数字货币的发展过程。

① 股票有价值贮藏功能，但其价值经常变动，难以用不变的价格买卖交易，交易容易程度远不如期限比较短、风险比较小的国库券（也称金边债券）。股票价值贮藏功能与其价格涨跌风险同时存在，其流动性远低于货币和国库券。

2.3.1 实物货币

货币最原始的形态是实物货币。在第一次社会大分工之前，社会生产力还不发达，交换的目的直接以满足某种生活或生产需要为主，因而要求作为交换媒介的货币必须具有价值和使用价值，并主要由自然物来充当货币。这些物品在当时的社会经济中往往最能代表财富，具有特殊的使用价值，比如，盐、毛皮、牲畜、奴隶、贝壳、绢帛、烟草等。

实物货币具有显著的地域特点，相关地区多会选用当地多产且使用较为频繁的物品充当货币。比如，沿海地区多使用海贝和盐作为货币，游牧地区多用牲畜和毛皮作为货币，而农业地区则多用农具、布帛和奴隶等作为货币。早期的货币多脱胎于普通商品，并非理想的货币材料，比如用牲畜充当货币在被分割之后，其价值会大大降低。但是，在简单的商品交换时期，生产力水平较为低下，商品交易规模比较小，这种矛盾并不十分突出，这类商品的货币地位仍旧能够维持。在生产力水平提高以后，商品交易规模不断扩大，实物货币使用已经不能满足交易的要求，由此便产生了新的货币形态。

2.3.2 金属称量货币和铸币

货币的第二种形态是金属称量货币和铸币。第二次社会大分工以后，手工业从农业中分离出来。随着社会生产力进一步发展，商品交易规模日益扩大，由非金属实物充当货币币材面临的矛盾越来越突出，与此同时，金属冶炼技术明显提高并使金属实物在执行货币职能方面的优越性越来越明显。金属具有同质性、材质稳定、易于分割、易于保存（不易变质腐烂）、体积小、蕴含劳动量大（价值大）、便于携带等特征，在商品交换过程中逐渐取得了商品一般等价物的地位，并最终成了通行的货币形态。在历史上，中国很早就确立了金属货币的地位。秦汉时代便以铜制币，明代开始将银确立为货币，中国的银铜复本位制一直延续到了封建社会后期。

金属货币的演化经历了两个过程。第一，由贱金属转变到贵金属。金属货币最初以贱金属为主，比如大多数国家和地区曾经以铜作为货币材料。在社会生产力进一步提高以后，参与交换的商品数量明显增加，迫使币材由铜向金和银等贵金属过渡。19 世纪上半期，世界上的许多国家都实行了金银复本位的货币制度。

第二，从称量货币转变到铸币。金属货币最初以块状形态进入流通，交易时要称重量，估计成色，这就是金属称量货币，比如镑、铢等都属于金属称量货币单位。金属称量货币在使用时很不方便，难以适应商品生产和交换发展需要。第三次社会大分工以后，商业从手工业中分离了出来，一些富有信誉的商人在货币金属上打上印记，以证明货币的成色与价值，于是出现了铸币。由实物转为铸币时，铸币常以原有的实物形态出现，比如斯巴达的枪形铁币，埃及的手钏形金银币，中国的布币和刀币。①

但铸币经常成色不足，一些商人将金属收回后，会以低于铸币面值的成本铸成标准货

---

① 董书城：《中国商品经济史》，安徽教育出版社 1990 年版，第 47—48 页。

币发放，由此产生了铸币税(seigniorage)，即货币面值超过货币生产成本的那部分价值。① 为了管理铸币发行，许多国家将商人的铸币权收归国有，铸币所代表的价值与铸币铸造成本之间的差额则被作为国家的一种公共收入来源。②

随着金属货币产生，历史上所有掌握政权并控制一定地区贸易的君主都愿意发行自己的金属货币，因为发行货币可以获得铸币税。君主通过发行货币可以获得财富，且铸造货币成本与货币面值之间的差距越大，他们所获得的铸币税越高。大量发行贵金属含量少、成本低的货币来获取财富时，会导致货币供应量大于实际经济能够提供的货物，常常会引起物价上涨。

历史上的古罗马实行的金属货币制度包括金、银、铜和青铜。帝国的皇帝们为了强化他们对资源的控制，相继削减铸币尺寸或在铸币中添加贱金属，大量发行贵金属含量不足的铸币，结果是铸币贬值，物价上涨。138—301 年，古罗马军服的价格累计上涨了 166 倍，自 2 世纪中叶至 3 世纪末，小麦价格上涨了 200 倍。③

2.3.3 劣币驱逐良币

在金银复本位时期，流通中的金币或银币的实际价值与名义价值的背离(即成色不足)，会促使人们将那些实际价值高于名义价值的货币(即我们所说的“良币”)收回后熔化重新铸造，让那些实际价值低于名义价值的货币(即我们所说的“劣币”)充斥市场。这种现象叫做“劣币驱逐良币”，也称为“格雷欣法则”(Gresham's Law)。这种现象产生的原因是无论金属货币的成色如何，国家都规定其拥有相同的无限法偿能力。使用成色不足的“劣币”进行交易不会受到惩罚，因而市场上所有人都只使用“劣币”而不使用“良币”。

如果劣币失去了这种无限法偿能力，格雷欣法则就会失效，甚至倒转。这在跨国贸易中最为明显。比如，19 世纪末和 20 世纪初，英国、法国与美国铸造的含银量高的贸易银(trade dollar)能在远东地区流通，而含金量高的杜卡(Ducat)与佛罗林(Florin)成为中世纪欧洲各国的国际贸易支付工具，这都与格雷欣法则相悖，反而是“良币驱逐劣币”。

当劣币流通过于频繁、数量过于巨大时，就会出现“消灭”劣币现象。由于大规模的“劣币驱逐良币”，贵金属会迅速地退出流通，商品交易会受到很大影响，往往会引发社会动乱甚至政治动乱，并要求结束劣币流通和重构社会经济形态。④

① 铸币税收入与通货膨胀有关。弱势货币相对于其他货币往往表现为价值降低，比如美元对人民币贬值。美国大量发行美元以增加铸币税收入时，会导致美元对其他货币疲软，直至美元被其他货币替代，美元发行的铸币税收入也就无从谈起。

② 从生产活动来说，货币是铸币厂(印钞厂)的产品，铸币税理应记入国民生产总值；硬币面值与财政部铸造硬币成本开支之间的差值可以直接构成财政收入；中央银行发行纸币的面值与纸币印刷制作成本之间的差值直接构成中央银行收入并需要上缴国库；中央银行给商业银行贴现贷款收取的利息也可以看做铸币税收入的一部分。

③ 胡海鸥、马晔华：《货币理论与货币政策》，上海人民出版社 2004 年版。

④ 劣币充斥会使市场对现有的货币失去信任，增加交易双方矛盾和冲突。这种冲突和矛盾会上升到对货币发行主体的不信任，引起非常强烈的社会变革要求；适应交易需要，迟早会有新的、能够获得市场信任的货币出现，并取代劣币流通。

除了"劣币驱逐良币"的缺点外，金属称量货币和铸币时代的商品交换扩张非常迅速，需要有足够多的货币供给，而金和银等贵金属又与人们从自然界中提炼金银的能力有关，为此人们不得不付出巨大的劳动，且会降低商品交易效率。在金属货币后期，社会经济迅速发展并催生出了新的货币形态。

2.3.4 纸币形式的信用货币

信用货币，指的是作为商品时的价值不能与其作为货币的价值完全相等的物品；在交易中凭借发行人的信用，被广泛接受①。信用货币有纸币、支票以及电子货币等形式。早期的信用货币以纸张作为币材，随着计算机技术和网络通信技术发展，出现了电子货币。信用货币如同电影票一样，本身只是一个凭证而已。

信用货币数量由政府控制时，容易引起通货膨胀。信用货币需要有相当程度的假设，信用货币没有直接的使用价值。纸币可以分为可兑换成商品货币的纸币和不可兑换成商品货币的纸币两种类型。可兑换成商品货币的纸币是足值商品货币的代表物，例如由银行签发的、可兑换成黄金的银行券。法偿货币(fiat money)是最典型的不可兑现的纸币。除非债务契约明确规定了另一种支付形式，否则债务支付中必须接受法偿货币。

1. 可兑换的信用货币

生产和流通不断扩大以后，贵金属币材数量不再能满足商品流通需要，在远程大宗贸易中携带金属货币很不方便，于是便有了使用信用货币的现实要求，货币交易媒介职能则为信用货币出现提供了可能性。货币作为商品交换媒介，在流通中只起到转瞬即逝的媒介作用，人们更多关心的是使用货币能否购买到价值相当的商品。流通中被磨损的铸币被人们照常接受并服务于流通的事实表明，可以用象征性的货币符号来执行交易媒介职能。

金融中介机构最早发行的银行券是其开出的铸币和金块存款收据。最初，人们只是将银行券当作兑换金银货币的凭证，将金属货币存放于钱铺、银行等处，使用由后者开出的票据进行交易支付，并可以向钱铺、银行提交相应的票据要求兑换成金属货币。当拥有大量金银货币作保证时，银行和钱铺又以这些金属货币作为信用基础发行自己的银行券。

早期的银行券是在一张空白字据上临时填写金额，后来演变为事先印制好的不同面额的钞票。这些银行券可代替金银流通，并可以兑换成金银等贵金属，金额和样式都不固定；后来为了便于流通，统一了样式，但仍旧可以兑换金银。于是，银行券就成为由银行签发的、代替金银货币流通的、可以随时兑现的信用货币。在19世纪后半期，各国可兑换成金币的银行券已有广泛流通，但此时的银行券以金或银为后盾，只是部分代替金属货币进行流通。

银行券为后来不可兑现纸币的出现奠定了基础，同时也引发了由银行发行的票据是否应当有黄金作为支持的争论。通货学派认为，为了防止通货膨胀，应该有100%的黄金

① 随着国民收入水平提高，货币供给应随之增加，以满足市场交易需要。在信用货币时期，这种要求很容易被满足。在金属货币时期，受黄金等贵金属冶炼限制，货币供给经常跟不上经济发展需要，会引起通货紧缩，阻滞经济发展和国民收入增长。参见本书第12章"弗里德曼货币供应量增长率不变规则"内容。

储备。银行学派主张由银行根据需要提供信用,以满足商品交易中的货币需求。

2. 不可兑换的信用货币

典型的不可兑换的信用货币是政府纸币。它是指与银行券同时流通的、以国家政权为后盾,由国家发行的强制流通的纸质货币。与银行券相比,政府纸币具有以国家信用为基础、强制流通,以及不可兑现等特征。①

世界上最早出现的纸币是中国北宋年间的"交子"。当时中国四川地区使用的铁钱,分量重且流通不便,于是一些富商联合发行了所谓的"交子",以替代铁钱流通并负责兑现。后来这些富商经营衰败,出现了兑现困难,因此改为官办。起初官府控制发行数额,维持兑现,但后来因为要弥补国库亏空,发行数额越来越大,以至于"交子"严重贬值。此外,中国在元朝时期发行的"中统元宝钞",开始时一度可以兑现,但很快停止,也属于不可兑现的纸币。西方国家也曾发行过这种政府纸币,如美国在 1862 年开始发行的"绿背钞"(Greenbacks)。

银行券在战争期间一般不能兑现,比如英格兰银行的银行券,在 1797 年拿破仑战争时期变为不可兑现,直到 1821 年才恢复兑现;第一次世界大战期间,又变为不可兑现,1925 年才恢复兑现。战争时期银行券不可兑现的事实,为银行券走向完全不可兑现提供了可能。20 世纪 30 年代,经济危机冲击使得许多国家放弃了金本位制度,银行券不再能兑现金币,被完全纸币化,流通中的货币完全被纸质的不可兑现的信用货币取代。

政府货币作为不可兑现的信用货币,由于它与财政赤字密切相关,容易导致货币流通混乱。20 世纪 30 年代,许多国家的银行券与政府货币合二为一,由中央银行垄断货币发行,并在认识到货币与经济关系的基础上,控制纸币发行数量以达到控制货币供应的目的,这为不可兑现信用货币的正常流通创造了条件。不可兑现信用货币的出现,突破了货币商品形态对经济发展的制约,为政府控制经济提供了一个有力手段。

不可兑现的纸币其数量可由人的意志(比如国家)决定。对于正常运转的经济体,通常会有一个合适的货币数量与之对应。国家虽然拥有发行货币主动权,但经济安全运行需要货币发行数量维持在合理水平。如果发行货币数量不依据国民经济实际需要而定,整个经济运行机制就会被打乱。例如二战前的德国,国民党统治后期的中国,以及南斯拉夫、俄罗斯等国,都经历过货币大量发行引起的恶性通货膨胀。

3. 存款货币

货币随着社会发展而发展,以满足不断变化的社会需求。如果货币供应限制了商品交换,则会有新的货币形态出现。在现代经济中,不可兑换的信用货币逐渐采取了存款货币形态。

纸币和硬币的缺陷是,易于被偷窃,运输费用昂贵,由此人们发明了可相互抵消支付的支票(check)。20 世纪 50 年代以来,由于信用制度发达,银行结算手段改进,现金流通(纸币和铸币)逐渐减少,货币主要采取银行存款形式。银行存款的债权债务转移,成为购买商品时实现支付的基本形式,货币范畴由此得以拓展。货币不再仅仅包括铸币或现钞,还包括可以转让的银行活期存款,甚至还包括不能随时转账的定期存款和储蓄存款等"准

① 不可兑现纸币指发行主体不承诺以不变价格随时满足用纸币兑换黄金等贵金属的要求;纸币持有者可以像购买普通商品那样,按照市场价格购买黄金等贵金属。

货币”(ready money)。

存款货币打破了实体货币观念，将货币由有形货币引向了无形货币。支票转账结算比原有交易方式有较大优势。但是，随着存款货币使用，银行支票结算规模越来越大。为了降低交易成本，银行积极寻找出路。电子计算机普及运用以后，存款货币采用了“电子货币”形态。

4. “良币驱逐劣币”

20世纪90年代和21世纪初期，在拉美地区，本地货币与美元并行流通，由于通货膨胀率居高不下，美元作为“良币”大受欢迎，部分国家甚至实行了美元化改革。

在不可兑现的信用货币时代，货币的“劣”和“良”无法从其本身所含的价值或准备金的充足与否来划分，其本身没有价值，不具备理论意义上的价值贮藏职能，人们不会像对待金属货币一样，把纸币当作“足值”的货币来贮藏。当两种或两种以上的纸币并行流通时，人们考虑更多的是整个社会的接受程度。

货币形态采取不可兑现的信用货币以后，货币发行制度和运行规则等发生了巨大变化，每一种信用货币背后都有经济组织做支持。这些经济组织的市场化水平、经济实力、政治社会等因素都夹杂在其中，“良币驱逐劣币”总是伴随着不可兑现的信用货币的流通和使用。

不管是“劣币驱逐良币”的金属铸币流通规律，还是“良币驱逐劣币”的信用货币流通规律，我们似乎都可以推导出世界货币趋同的内在动力。在现实中，为什么世界货币没有趋同呢？这与世界范围内人们对不同货币的价值判断以及不同国家相对实力地位处在动态变化之中有很大关系。在世界经济没有趋同之前，我们无法预期世界货币的一体化发展方向。

2.3.5 电子货币

1. 电子货币的产生与特征

银行支票极大地节省了远距离大规模交易结算的货币使用成本。但是，运送支票需要时间，处理支票需要向银行支付服务费用。于是，在银行支票的基础上出现了POS(point-to-sale)支付系统，即电子货币。电子货币属于信用货币的一种，具体表现为人们持有的信用卡及其他记账单位。

电子货币也称电子现金或电子钱包。它以计算机通信、金融和商业专用电脑和机器等现代化科技为基石，通过电子信息转账实现流通①，可以代替纸币和银行支票进行交易结算。

电子货币具有以下特点：(1)以电子计算机技术为依托，进行储存、支付和流通；(2)可广泛应用于生产、交换、分配和消费领域；(3)融储蓄、信贷和非现金结算等功能为一体；(4)电子货币使用简便、安全、迅速、可靠；(5)电子货币以银行卡(磁卡、智能卡)、微信二维码等为载体。

---

① BCBS, 1998, *Risk Management for Electronic Banking and Electronic Money Activities*, Basle Committee on Banking Supervision.

电子货币以既有的实体货币(现金或存款)为基础,具备"价值尺度"和"价值贮藏"职能。电子货币与实体货币之间能以1∶1的比率进行转换。作为支付手段,电子货币不能脱离现金或银行存款,只是用电子化方法传递和转移现金或存款,以清偿债权债务实现结算。

电子货币的基本形式是信用卡。信用卡由银行等机构签发,持卡人可在指定的商店或商场记账消费,属于授信凭证。信用卡具有转账结算功能、储蓄功能、汇总功能、消费信贷功能。信用卡通常由塑料磁性卡片制成。持卡人将信用卡交商店在签单上压印卡号,填写金额,签名以后,由商店送银行办理收款。

世界上最早的银行信用卡是美国佛拉特布什国民银行在1946年发行的用于旅游支付的信用卡。这种信用卡只能用于货币支付,不能提供消费信贷,因而不是真正意义上的银行信用卡。真正意义上的银行信用卡最早由美国富兰克林国民银行于1952年发行。继富兰克林国民银行之后,美洲银行从1958年开始发行"美洲银行信用卡",并吸收中小银行参加联营,进而发展成为今天的维萨(Visa)集团。此外,美国西部联合银行协会于1966年发行了"万事达信用卡"。维萨集团和万事达(Master)集团是当今世界上最大的两个国际信用卡组织。

随着电子技术发展,在信用卡的基础上又出现了智能卡、磁条卡、赊账卡、借记卡、IC卡(integrated circuit card,集成电路卡)等多种类型的银行卡。1973年,罗兰·莫雷诺(Roland Mornno)发明了IC卡。1982年,美国组建了电子资金传输系统。随后,英国、德国也相继推出电子传输系统。

信用卡是先消费后付款;借记卡要求持卡人先存款后消费,不能透支,也叫扣款卡。IC卡也叫电子钱包,它是一个装有电子芯片的智能卡(集成电路卡)。IC卡像钱包一样存有现金,使用不受限额控制,也无须授信或授权,可以在任何装有POS终端的场合,可用于购物和消费,消费金额大小取决于内存现金的多少,且在内存现金用完以后可自动将银行账上的存款转入卡内,如同将现金装入钱包一样。

电子货币有利于促进电子商务发展。电子货币以数字信号形式存在,在传递与转移上具有传统货币难以比拟的优势。通过电子货币结算,生产厂商可以在极短时间内以较低的成本收回资金。对顾客而言,由于免除了烦琐的支付手续,可轻松购物,有效地拓宽了市场交易范围。电子货币极大地提高了资金运行效率,降低了交易结算成本。

电子货币同样需要解决防伪和更新问题。传统货币的流通、防伪、更新等,可依赖于物理设置,而对电子货币只能采取技术上的加密算法,或变更认证系统来实现。信用卡和密码被盗窃问题取决于计算机加密技术发展和法律制度完善程度。

2. 电子货币在中国

中国流行的电子货币有四种类型。①

第一,储值卡型电子货币。以磁卡或IC卡形式出现②,发行主体除了商业银行之外,

① 尹龙:《网络金融理论初论》,西南财经大学出版社2003年版。

② IC卡也称智能卡(smart card)、智慧卡(intelligent card)、微电路卡(microcircuit card)或微芯片卡等。它是将微电子芯片嵌入符合ISO7816标准的卡基中,做成卡片形式。IC卡是当前中国电子货币的主要载体之一;中国流行的四种类型电子货币都有IC卡这种载体。

还有电信部门(普通电话卡、IC 电话卡)、IC 企业(上网卡)、商业零售企业(消费卡)、政府机关(内部消费 IC 卡)和学校(校园 IC 卡)等。发行主体在预收客户资金后,发行等值储值卡,使储值卡成为独立于银行存款之外新的"存款账户"。储值卡在客户消费时以扣减的方式支付费用,相当于由存款账户支付货币。

第二,信用卡应用型电子货币。商业银行、信用卡公司等发行主体发行的贷记卡或准贷记卡。持有人可在发行主体规定的信用额度内贷款消费,之后于规定的时间还款。

第三,存款利用型电子货币。有借记卡、电子支票等,用于对银行存款以电子化方式支取现金、转账结算、划拨资金。该类电子化支付方法的使用能减少消费者往返于银行的费用。

第四,现金模拟型电子货币。现金模拟型电子货币有两种。一种是基于互联网网络环境使用的且将代表货币价值的二进制数据保存在微机终端硬盘内的电子现金;另一种是将货币价值保存在 IC 卡内并可脱离银行支付系统流通的电子钱包。该类电子货币具备现金的匿名性,可用于交易支付、并可多次转手,是以代替实体现金为目的而开发的。这些支付工具的共同特点都是将现金或货币无纸化、电子化和数字化,有利于在网络中传输、支付和结算,有利于网络银行使用,有利于实现电子支付和在线支付。

中国电子货币的发展表现在银行卡方面。1993 年,中国政府倡导加速构建电子支付系统,包括发展和推广支付卡。在征得中国人民银行同意以后,商业银行在 1995 年末到 1996 年初开始发行智能卡,发卡范围限于包括 12 个试点城市在内的少数城市。银行赋予其所发行的 IC 卡各种功能,比如透支、储值、电子钱包和存折功能。1996 年,国务院决定成立国家经济信息化(电子化)推动小组,负责制订这一领域的国家战略和计划,以及有关政策和指导方针。1997 年末,银行间交易系统开始在全部 12 个试点城市运行,发卡量超过 7 000 万张,其中包括 130 万张银行 IC 卡。2002 年初,各银行联网通用的"银联卡"出现,以银行卡为代表的电子货币在中国持续取得长足发展。

截至 2018 年末,全国银行卡在用发卡数量 75.97 亿张,其中,借记卡在用发卡数量 69.11 亿张,信用卡和借贷合一卡在用发卡数量共计 6.86 亿张。银行卡跨行支付系统联网商户 2 733 万户,联网 POS 机具 3 414.82 万台,ATM 机具 111.08 万台。2018 年,全国共发生银行卡交易 2 103.59 亿笔,金额 862.10 万亿元。日均 5.76 亿笔,金额 2.36 万亿元。其中,银行卡存现 78.63 亿笔,金额 60.03 万亿元;取现 140.87 亿笔,金额 58.90 万亿元;转账业务 900.73 亿笔,金额 650.42 万亿元;消费业务 983.36 亿笔,金额 92.76 万亿元。①

2.3.6 数字货币

随着计算机计算能力提高、加密技术进步和基于网络的商业发展壮大,电子货币逐渐演化成数字货币。②数字货币用经过加密处理的数字组合来代表现金,不同于传统的电子

① 中国人民银行支付结算司:《2018 年支付体系运行总体情况》,2019 年 3 月 18 日。

② 从理论上来讲,电子货币属于数字货币;电子货币与数字货币的基本区别在于电子货币有塑料卡片或微信二维码等物理载体。支付宝、微信账户中的头寸首先是电子货币,它们都属于广义上的数字货币。

货币，它不需要电子钱包所借助的卡片作为载体，仅表现为一串数字。货币余额可在不同计算机之间转移，整个货币体系可在网络中运行。①

谈到数字货币时就绕不开林登币（Linden Dollar）、Q 币和比特币（Bitcoin）。网络游戏《第二人生》中的林登币仅能用于换取游戏内的虚拟商品及服务；腾讯公司发行的 Q 币除了能够换取中国国内各类虚拟商品和网络服务外，也能在特定场景下换取实物商品；而比特币则能在世界范围内换取虚拟商品、网络服务甚至实物商品和服务。

上面提到的 Q 币，是由腾讯公司发行和管理的，人们愿意兑换和使用 Q 币，是因为相信腾讯公司的信用背书。类似 Q 币这种以发行方信用作为背书的数字货币叫做中心化数字货币（centralized digital currency）；而比特币则不同，比特币没有一家中心机构作为发行方和管理方，比特币的发行和交易由网络中的计算机计算产生和验证。②比特币的信用背书来自所有使用比特币的用户，是一种去中心化的数字货币（de-centralized digital currency）。

比特币诞生于 2009 年，由中本聪在论文"Bitcoin：A Peer-to-Peer Electronic Cash System"中首次提出，是区块链在金融支付领域的首个应用。③随着比特币逐渐受到关注，在社会上掀起了"数字淘金热"。④比特币属于虚拟数字货币，没有政府背书。⑤有政府背书的数字货币属于法定数字货币。相对于流通中的硬币和纸币而言，它以数字的形式存在⑥，由政府批准发行，等同于法偿货币的地位。

加拿大、荷兰、澳大利亚、俄罗斯等国家的央行早已宣布启动数字货币研究。2014 年，中国人民银行成立发行法定数字货币专门研究小组，开始对法定数字货币进行研究，并于 2015 年发行数字货币系列研究报告。2016 年 1 月 20 日，中国人民银行数字货币研讨会在北京召开，与会专家分别就数字货币发行总体框架、国家数字货币、国家发行加密货币等专题进行了研讨和交流。

2018 年 3 月 9 日，中国人民银行前行长周小川在答记者问时指出，央行所进行的数字货币研发英文名为"DC/EP"；其中，DC（Digital Currency）是指数字货币，EP（Electronic Payment）是指电子支付。数字货币既可以以区块链或分布记账技术为基础，也可以以现有的电子支付为基础，其本质是追求零售支付系统的方便性、快捷性和低成本。也就是说，数字货币推行有利于降低交易支付成本，提高支付效率，并借助区块链技术对数字货币的安全性和隐私保护提供保障。推行法定数字货币也会带来新的风险，比如技术安全

---

① 蔡志宏：《数字货币发展状况、可能影响及监管进展》，《金融发展评论》2015 年第 3 期。

② 尽管比特币发行数量有限不会引起物价大幅度上涨，但比特币本身被作为投机操作对象时却会出现自身价格的大起大落，就像被炒作的房地产价格。当比特币用不可兑现的法偿货币标价时，很容易出现类似于商品价格那样的暴涨暴跌。

③ 据说比特币使用开始于偶然的披萨购买，然后逐渐推广并被更多的交易接受。

④ 考虑到比特币金融风险防控、立法安全等机制远没有成熟，以及比特币去中心化的特点对中央银行信用和货币政策的影响还处于探索当中，中国等很多国家都对比特币的使用采取谨慎或限制做法。

⑤ 随着比特币等非国家主权数字货币迅速发展并超越国境被广泛使用，很有可能催生全球性货币；这种货币能够真正地发挥世界货币职能。在监管机制和发行机制成熟后，那些主权货币持续疲弱的国家很可能首先推广使用去中心化的数字货币。

⑥ 以国家信用支持的法偿货币与去中心化的数字货币同时存在时，如果两者之间信用差异很大，也会出现良币驱逐劣币。

性、数字货币价值波动、在数字货币条件下如何实施货币政策等。数字货币已经成为一种趋势。未来的数字货币如何发展,以及如何在数字货币条件下发挥货币职能等,都是值得深入研究的问题。

2.3.7 中美英货币发展历史

1. 中国货币发展史

海贝是中国最早的货币。随着商品交换发展,中国先人开始用铜仿制海贝,并使海贝这种自然货币慢慢地退出了货币舞台。从商朝铜贝出现后到战国时期,中国的货币逐渐形成了铲币、刀币、环钱、楚币(蚁鼻钱)等四大体系。秦统一中国后,秦始皇颁布了中国最早的货币法"以秦币同天下之币",在全国范围内通行秦国圆形方孔半两钱。圆形方孔的秦半两钱在全国通行,结束了中国古代货币形状各异、重量悬殊的杂乱状态。①

刘邦建立汉朝以后,允许民间私铸钱币。元鼎四年,汉武帝收回郡国铸币权,由中央统一铸造五铢钱,对钱币铸造和发行实行统一管理。此后,历代铸币皆由中央直接经管。秦汉以来所铸的钱币,通常在钱文中都明确标明钱的重量,如"半两""五铢"等。唐高祖武德四年,李渊废轻重不一的历代古钱,取"开辟新纪元"之意,统一铸造"开元通宝"钱。此后,中国铜钱不再用钱文标示重量,都以通宝、元宝相称,并一直沿用到辛亥革命后的"民国通宝"。

北宋时,由于铸钱铜料紧缺,政府为弥补铜钱不足,在一些地区铸造铁钱。在四川买一匹罗(丝织品),要付一百三十斤重铁钱。铁钱笨重不便,使得纸币交子在四川地区应运而生。交子不仅是中国最早的纸币,也是世界上最早的纸币。清朝光绪年间,中国开始在国外购买造币机器,用于制造银元、铜元。后来,广东用机器制造无孔当十铜元。清末机制货币的出现,结束了中国由手工铸币的历史,使流通了两千多年的圆形方孔钱寿终正寝。民国时期,以法币、金圆券等作为货币。新中国成立后实行计划经济时期,曾以实物票据代为行使货币部分职能。实行改革开放政策以后,中国一直以人民币作为全国统一货币。

2. 英国货币发展史

英国中央银行(英格兰银行)成立于 1694 年,职责是管理"光荣革命"后混乱疲弱的国家财政体系,当时发行的票据是英镑纸币前身。英国中央银行早期发行的票据没有固定面值,就像支票一样,写多少就表示凭此支付价值多少的黄金,后来慢慢出现了 20 到 1 000 镑之间的固定面额纸币;18 世纪下半叶的黄金短缺,催生了 5 镑、2 镑和 1 镑的小面额纸币。

1928 年,英国首次出现了彩印且有专门图案设计的纸币,称为"A 系列"货币。在头三个系列 A 至 C 中,纸币上的图案是不列颠女神像或历代君主画像。1970 年,英格兰银行开始发行采用新设计理念的 D 系列纸币:正面是女王画像,背面是"对英国历史有着无可

---

① 可参见(1)董书城《中国商品经济史》,安徽教育出版社 1990 年版。(2)Capie, F., and A. Weber, 1985, *A Monetary History of the United Kingdom, 1870—1982*, Volume 1. Data, Sources, and Methods. Boston: Allen & Unwin.(3)弗里德曼、施瓦茨:《美国货币史》,北京大学出版社 2009 年版。

争议贡献的人物"。目前,英国使用的E系列货币也是如此。

3. 美国货币发展史

在英殖民地时期,美国使用英镑作为货币。在西班牙殖民地时期,使用多布隆(银币)作为货币。1775年6月22日,由美国13个殖民地参加的联合政权大陆会议批准发行美国自己的纸币,称为"大陆货币"。1781年以银行券取代大陆货币。

1789年宪法公布后,美国国会授权第一国民银行等两家商业银行发行纸币,1836年停止发行。1862—1864年的国民银行法准许各州指定的银行发行纸币,称为"国民银行券",该券于1935年7月1日起收回不再发行。为防止银币被私运出口,美国曾经发行过"银币券"和"金币券"。1861年爆发南北战争。为了筹措军事费用,美国国会立法授权财政部直接发行不可兑现的纸币,称为联邦券。1913年12月,美国国会通过了联邦储备法案,建立了联邦储备制度。1914年,由12个联邦储备银行发行的联邦储备银行券成为美国的法定货币。

2.4 货币层次

2.4.1 为什么要对货币划分层次

在中央银行体制和现代信用货币制度下,货币供应量是指在某一时点上,流通领域中的现金货币与存款货币之和。在信用货币制度下存款货币种类很多,人们对货币供应量中应包括哪些资产的看法并不一致。20世纪60年代,美国联邦储备银行出于实施货币政策需要,开始对货币供应量划分层次。此后,其他国家也开始效仿,对货币供应量划分层次成为世界各国的普遍做法。

货币层次划分,是按照流动性强弱从外延上确定各个层次货币所包含的具体内容。根据货币交易媒介职能界定的货币称为狭义货币(narrow money)。狭义货币与其他金融资产的区别在于有无利息支付和利息高低,包括:法偿货币(含银行券和铸币)和即期存款(sight deposits)。这里的法偿货币也称为外部货币,由中央银行控制;即期存款也称内部货币,由商业银行发行。与狭义货币相对应的是广义货币(broad money)。

对货币供应量划分层次,目的是考察不同层次的货币供应规模对社会经济的影响,以选定一组与经济发展关系比较密切的货币,作为货币流通管理依据和中央银行货币控制重点。划分货币层次遵循流动性标准,流动性不同的货币在单位时间内流转的次数会有不同。流动性最大的货币(如现金和活期存款)可以直接进入市场,易于引起商品市场上的供求关系发生变化,因而货币性最强。流动性较低的货币如储蓄存款、定期存款等,对商品市场的影响不如现金和活期存款那么直接和迅速。

2.4.2 货币层次划分的国别差异

世界各国对货币层次的划分方法并不一样,就是同一国家在不同时期对货币层次的划分方法往往也不一样。在最先公布货币供应量指标的美国,其最初公布的货币供应量只包括现金和活期存款,后来又包括了定期存款,这样就出现了 M1 和 M2 的概念。

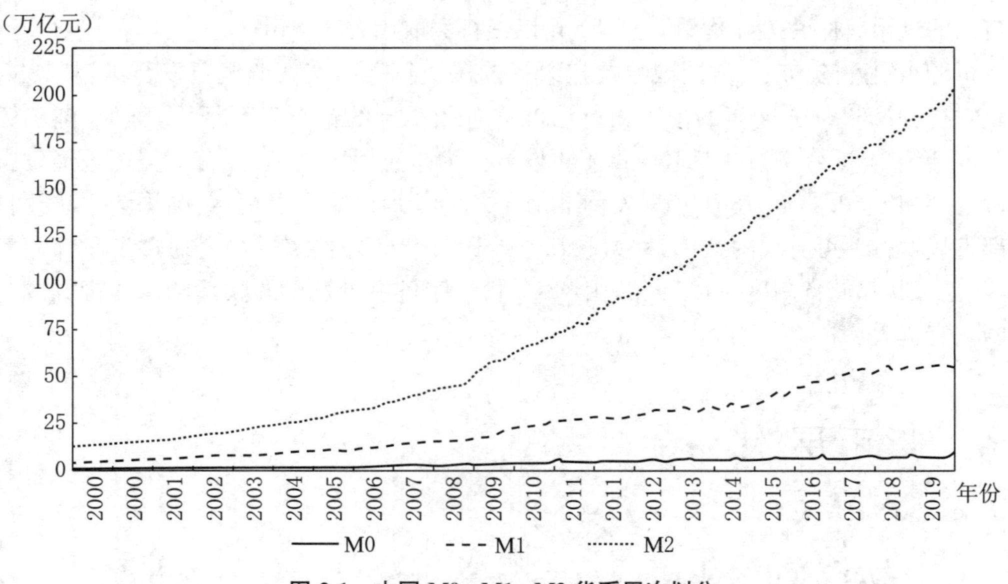

图 2.1 中国 M0、M1、M2 货币层次划分

资料来源:中国人民银行。

虽然世界各国对货币供应量层次的划分很不一致,但有一点是相同的,即货币供应量都包括现金、活期存款和定期存款。金融资产是否应列入货币供应量的层次之中,则是有分歧的。有些国家将部分金融资产列入货币层次中,但为了与货币标志 M 相区别,往往用其他符号来表示。例如,美国用 L 表示 M3 加上社会公众持有的国库券,再加上商业票据和银行承兑票据等资产范畴。①

1. 中国的货币层次划分

在中国,货币当局将全部货币供应量划分为 M0、M1、M2 等部分②,其中:

M0=流通中的现金

M1=M0+单位活期存款+个人持有的信用卡存款

M2=M1+居民储蓄+单位定期存款+其他存款

---

① 各国同一货币层次(比如广义货币 M2)构成中出现差异的原因在于金融市场发展程度不同,比如中国债券回购市场不够发达,回购工具不够丰富,无法将回购工具统计为广义货币范畴。

② 多数情形下广义货币增长率高于狭义货币,狭义货币增长率高于现金货币,但有时会出现相反情形。2015—2018 年,中国的狭义货币增长率持续高于广义货币。原因在于,市场主体的短期支付意愿很强烈,比如估计美元有升值趋势,投资者将定期存款转存为活期,以便利支付;当很多债务要到期偿还时,也会引起定期存款向活期存款转换,导致狭义货币增长率高于广义货币;参见图 2.2。

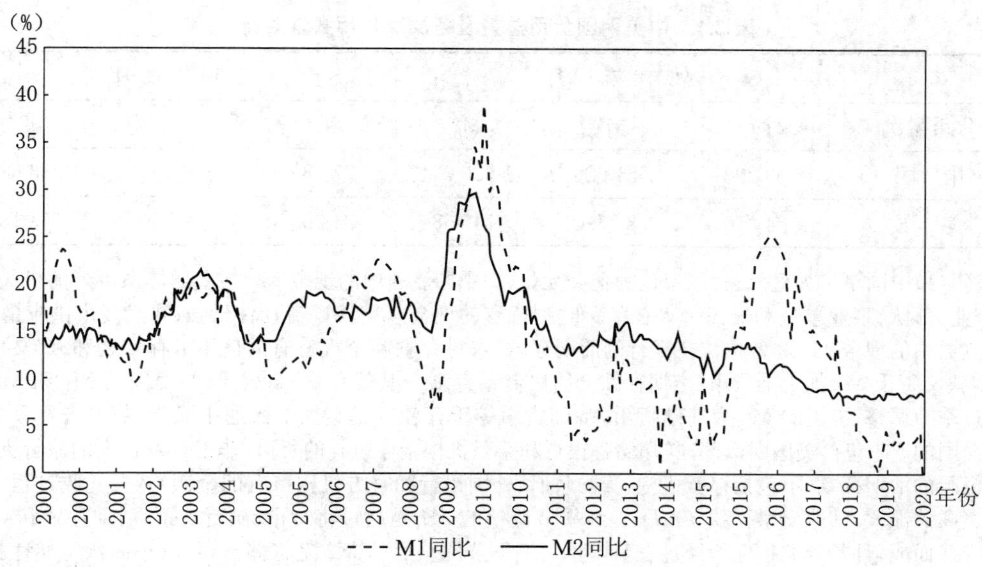

图 2.2　中国的 M1、M2 同比变化

资料来源：中国人民银行。

2. 美国的货币层次划分

在美国，货币当局将全部的货币供应量划分为 M1、M2、M3 和 L 等部分[①]，其中：

M1＝通货＋旅行支票＋活期存款＋其他支票存款

M2＝M1＋其他能够签发支票的资产＋其他能以极小的成本迅速变现因而具有极大流动性的资产＝M1＋小面额定期存款＋储蓄存款和货币市场存款账户＋货币市场互助基金份额(非机构所有)＋隔日回购协定＋合并调整

M3＝M2＋货币市场基金＋大面额定期存款＋回购协议＋欧洲美元＋(为防止重复计算所作的)合并调整

L＝M3＋社会公众持有的国库券＋商业票据＋银行承兑票据

美国货币当局对货币层次划分时做了必要的合并调整，目的是避免双重计算。例如，M2 中的合并调整减去了由货币市场基金持有的短期回购协议，因为这已经被包括在货币市场互助基金的余额之中。

3. 欧元区的货币层次划分

欧洲中央银行在货币统计与货币层次划分方面，较美国有很大的不同，体现了欧元区与美国金融体系在结构上的差异。[②]欧洲中央银行将全部货币划分为狭义货币 M1、中间货币 M2 和广义货币 M3 等层次，具体划分如下：

---

① 美国的广义货币占 GDP 比重远低于中国(参见表 2.1)，原因在于美国金融市场较为发达，财富贮藏工具丰富；中国金融市场相对落后，银行存款是最为重要的财富贮藏方式。较高的国民经济货币化程度容易引起通货膨胀压力；若大量资产以股票、债券等金融资产持有，则易于遭受金融危机冲击。

② 欧洲中央银行。

表 2.1　中美两国货币总量及各层次货币数量对比

货币层次	2018 年 12 月			2019 年 12 月		
	M0	M1	M2	M0	M1	M2
中　国	73 208	551 686	1 826 744	77 189	576 009	1 986 489
美　国	34 010	37 510	143 680	34 260	39 780	153 180

注：(1)中国单位为亿元；美国单位为亿美元。(2)中国流通中的现金 M0 指金融体系以外的机关、团体、企业、部队、事业单位和居民个人在某一时刻持有的现金总量，M0 流动性最强；狭义货币供应量 M1 是指流通中的现金 M0 和各单位在银行的活期存款、农村存款和个人持有的信用卡存款之和；广义货币 M2 由狭义货币 M1 加上准货币(定期存款＋居民储蓄存款＋其他存款)组成。(3)美国的 M1 和 M2 数据经过季节调整；美国的 M0 为基础货币，基础货币等于存款准备金加上流通中通货，数据未经季节调整。美国的 M1 包括美国财政部、联邦储备银行和存款机构金库以外的货币，非银行发行人的旅行支票，商业银行的活期存款(不包括存款机构、美国政府、外国银行和官方机构持有的金额)减去托收过程中产生的美联储浮款，其他支票存款(OCD)。经季节调整的 M1 是通过将货币、旅行支票、活期存款和 OCD 相加构建而成，且各分类指标均经过季节调整。经季节调整后的 M2 是将储蓄存款、小面额定期存款和零售货币基金相加，且分别进行季节调整，再加入到经季节调整后的 M1 得到。

资料来源：中国人民银行、美联储、Wind 数据库。

M1＝流通中的现金＋隔夜存款

M2＝M1＋期限为两年以下的定期存款＋期限在三个月以内的通知存款

M3＝M2＋回购协议＋货币市场基金(MMF)＋货币市场票据＋期限在两年以内的债券

在这些货币层次中，M3 是欧洲中央银行重点监测的货币指标。构成 M3 的回购协议、货币市场基金等货币范畴具有较高的流动性，价格较为稳定，是银行存款的良好替代品。由于 M3 中包括了这些金融工具，即便各类流动性资产之间相互转换，也不会使 M3 的总量发生太大波动，广义货币 M3 比狭义货币 M1 的稳定性要高很多，这极大地方便了欧洲中央银行对货币供应总量的控制。

4. 英国的货币层次划分

英国的货币层次包括 M1、M2 和 M3 等部分，其中：

M1＝流通中的现金和硬币＋英国私人部门的英镑即期存款

M2＝流通中的现金和硬币＋英国私人部门持有的在银行中的 10 万英镑以下的活期存款＋其他存款(一个月内通知银行提取的零售性存款)

M3＝M2＋英国私人部门的英镑定期存款＋英国公有部门的英镑存款

M4＝M3＋大额可转让定期存单

PSL1＝私人部门持有的英镑 M3＋私人持有的国库券＋私人在地方机关及金融机构的存款＋纳税存款证明＋银行承兑汇票

PSL2＝PSL1＋其他流动性资产如国民储蓄证券＋储蓄银行信托＋国民储蓄银行的存款等

可以看出，在不同货币层次划分中，M0 和 M1 的含义都相同，但广义货币范畴有显著差异。[①]除英国用 M4 表示广义货币以及欧元区使用 M3 表示广义货币外，大多数国家(经济体)都使用 M2 表示广义货币。

综合各国情况，货币供应量一般被划分为 M0、M1、M2 和 M3 等层次。之所以将 M0 列为货币供应量的第一层次，是因为现金是流通中最活跃的货币，它构成对消费品的直接需求，是反映消费品市场当期供求状况的重要指标。第二个层次的货币供应量 M1，构成对消费品和投资品的直接需求，是反映消费品和投资品市场当期供求状况的重要指标。

2.5 货币总量统计

对于普通个人来说，没有必要知道货币的准确定义，也没有必要知道经济活动中到底有多少货币，但会区分货币与支出资源(spending resources)之间的关系。从总量层面看，中央银行可能会通过管理利率来控制货币总量。如果中央银行通过调节利率来管理社会支出水平，则没有必要定义和测算总量层面上的货币规模；需要说明货币供应量对宏观经济的影响时，我们就有必要统计货币总量。

2.5.1 市场信息与货币总量统计

1. 信息对称经济中的货币

信息对称时，市场能够自动达到均衡状态，没有不确定性，也不存在纯粹的金融交易活动(所有储蓄都被用于投资)。此时，货币供应外生，货币当局可以决定货币总量规模和货币供应量增长率。[②]我们将货币定义为在商品交换中可以接受的那些物品时，则可以得到式(2.1)。

$$MV_T=P_TT \tag{2.1}$$

其中：M=货币存量；P_TT=用货币完成的全部交易(包括二手品、金融资产以及新制成品交易)，P_T 为交易价格，T 为交易规模；V_T=货币交易流通速度，该变量相对稳定，与金融制度有关，与 M、P_T 和 T 无关，V_T 变化时会引起 P_TT 发生变化。根据式(2.1)，我们可以得到测算货币总量的基本方法：

(1) 区别存款中用于交易的部分和用于储蓄的部分。

(2) 测算(在 V_T 保持不变时)引起 P_TT 发生变化的那些资产数量。

(3) 找到 V_T 变化时规模保持不变的那些资产(assets)并统计其数量。

区别储蓄存款与货币的方法是看其是否有利息收入(interest-bearing deposits)或利息高低，我们可以将“货币”界定为不产生利息收入的存款资产。交易规模(T)与国民收入

① 从流动性来看，微信支付平台、支付宝，以及信用卡和借记卡等账户中的支付头寸应该统计为狭义货币 M1。支付平台上的余额宝、零钱通等理财工具对应的账户不能直接充当交易媒介，这些账户中的头寸统计为广义货币 M2 相对比较合理。

② Bain, K., and Peter Howells, 2003, *Monetary Economics: Policy and Its Theoretical Basis*, New York: Palgrave Macmillan: 28—30.

(Y)及金融资产交易(F)有关,上述式(2.1)可写成式(2.2),其中 P_Y 为一般物价水平,P_F 为金融资产价格。

$$MV = P_Y Y + P_F F \tag{2.2}$$

在现实经济中,$V=GDP/M$,或 $P_Y Y/M$,而不用 $P_T T/M$ 来计算。这是因为,收入或产出(Y)数据较易于统计,而交易规模(T)数据较难准确统计。我们希望用 Y 代替 T 来测算货币总量。但是,用 $P_Y Y$ 代替 $P_T T$ 时,会忽略用于金融资产交易和二手品交易的那部分货币,因此,需要将式(2.2)改写成式(2.3)。

$$M_Y V_Y + M_F V_F + M_{SV} \equiv P_Y Y + P_F F \tag{2.3}$$

其中:M_Y=用于新增产出交易的货币;M_F=用于金融资产交易及二手品交易的货币;M_{SV}=储蓄。$M_{SV}=0$ 且 $P_F F/M_F V_F$ 保持不变时,可以用 V_Y 代替 V_T,P_Y 代替 P_T。在信息对称经济中,不存在纯粹的金融交易活动,即 $M_{SV}=0$ 成立,我们需要的假设为 $P_F F/M_F V_F$ 保持不变。①接下来是测算 $P_Y yY$,方法有两种:

(1) 在 V_Y 保持不变时,预测引起 $P_Y Y$ 变化的资产;

(2) 找到 V_Y 变化时规模保持不变的资产。

在运用上述方法测算货币总量规模时,不需要考虑货币与其他资产之间的关系。当有其他资产转换为货币时,仅影响货币在人们之间的结构调整,对货币总量没有影响。在信息对称经济中,货币对实际变量不产生影响。

2. 信息不对称经济中的货币

在劳动就业和产出水平不能确定时,人们无法在当期消费与未来消费之间作出理性选择,投资与储蓄不再相等,有人多消费,有人少消费。风险与利率发生变化时,会影响支出水平。此时,货币也被用作价值储藏,而不仅仅是支付手段。在信息不对称经济中,信用与消费有一定的关系,在测算货币总量时会碰到以下问题:

(1) 难以区分货币是用作交易还是用作储蓄;

(2) M_{SV}不再等于零;

(3) V_T随 M 变化而变化。货币供给增加时,会引起货币流通速度下降,使得 $P_T T$ 保持不变。此时,决定交易规模的是信用而不是货币存量(money stock)。

(4) 在信息不对称时,M 与 $P_T T$ 之间的关系难以确定,货币供给变为内生②,中央银行难以控制货币供应量,测算货币供应量时需要分析引起 $P_T T$ 发生变化的原因。

(5) 存在货币幻觉时,$P_Y Y$ 与 $P_T T$ 之间的关系难以确定,很难找到流通速度相对稳定的货币范畴。

2.5.2 货币范畴与货币总量统计

在货币的四种职能中,最重要的是交易媒介职能。有交易媒介职能的物品就可以充

① 应用举例。信息对称时假设 $P_F F = a(P_Y Y)$,$M_F V_F = b(M_Y V_Y)$,根据 $M = M_F + M_Y$ 和 $M_F V_F + M_Y V_Y = P_F F + P_Y Y$ 求得 $M = (P_Y Y)(1+a)/(1+b)(b/V_F + 1/V_Y)$;其中 $P_Y Y$=名义 GDP,V_Y=给定的货币收入周转速度,V_F=给定的货币金融交易周转速度;a、b 为常数。

② 关于货币内生的讨论参见本书第 10 章内容。

当价值贮藏手段,执行价值尺度和延期支付标准。货币的职能特征表明,只有那些能够明确地充当交易媒介的物品才属于货币范畴,对货币总量测算应当包括通货、信用卡账户存款和支票账户存款等项目。但是,根据货币职能特征统计货币总量时,会忽略掉那些可部分充当交易媒介的资产,特别是那些流动性不如通货和支票存款的资产,如银行储蓄存款,它可以以较低的成本迅速地转变成为现金。

除了根据货币职能确定货币范畴来统计货币总量以外,也可根据货币总量变动引起的经济效应来统计货币总量。例如,根据货币规模变化与物价上涨之间的关系来统计货币规模,或根据货币总量变化与名义收入之间的关系来统计货币规模,等等。根据货币总量变动效应来统计货币总量时的重要缺陷是,不同时期能够反映货币总量变动效应的经济指标往往会不一致,因此难以比较不同时期的货币规模。

2.5.3 货币总量的官方统计

货币当局采用的货币总量统计方法会考虑整个银行系统中的各种存款,并会分多个层次给出货币总量数据,货币当局也会根据各种资产发挥货币功能的大小来统计货币总量。①假设 i 资产的存量规模为 a_i,则加总的货币总量 D 可以表示成式(2.4)。

$$D=\sum a_i \cdot w_i \tag{2.4}$$

其中:w_i 表示 i 资产充当货币时的权重。由于所有资产都有一定程度的流动性,因而也都具有某种程度的货币特征,根据流动性高低为不同资产赋予不同的权重。假设在一定限制下能据以签发支票的货币市场基金份额可在60%的程度上被作为货币使用,而储蓄存款可在40%的程度上被作为货币使用,则加权的货币总量=M1+0.60×(货币市场基金份额)+0.40×(储蓄存款)。

英格兰银行在统计加总的货币总量时,以三个月期的本地机构存款利率(rate on three-month local authority deposits, 3mLA rate)为基础,资产 i 的利率 i_i 与其比较以后,得到相应的权重 w_i;参见式(2.5)。这个权重会经常变化,在实际处理时多选择利率最高的资产作为参照。②

$$w_i=(3mLA\_rate-i_i)/(3mLA\_rate-0) \tag{2.5}$$

此外,货币当局经常会对已经公布的货币总量(比如M2)数据进行修正。货币当局对最初公布的货币总量数据进行修正的原因有三个方面:(1)在小型存款机构报告存款数据之前,货币当局只能对货币总量进行粗略估计。(2)商业银行存在漏报和错报存款数据的现象。(3)货币总量变化有时会呈现季节性特征,需要按照年份或者季度进行调整。我们可以得出这样的结论:央行最初公布的货币总量(比如M2)数据对于了解短期货币供应量变动并不可靠,这些数据仅可用于观察较长时期(如一年)内的货币供应量变动趋势。

① 统计电子货币数量时可以将信用卡、借记卡等账户中的余额加总得到。

② 如果出现长期利率低于短期利率的利率期限结构倒挂情形,这种权重处理方法就需要调整,比如使用不同资产的到期期限作为权重来处理。

本章小结

本章讨论了货币的范畴、职能、形态、层次和货币总量统计方法，这有助于我们理解货币对经济活动的影响。

1. 在货币经济学中，货币是指在商品和劳务的支付或债务的偿还中被普遍接受的任何东西。货币范畴介于财富和通货之间，它是财富的子集而又包含了全部通货。

2. 货币有四种职能：(1)交易媒介；(2)价值尺度；(3)延期支付标准；(4)财富贮藏手段。交易媒介和价值尺度是货币的特有职能。

3. 货币形态先后经历了实物货币、金属称量货币和铸币、纸质的信用货币、电子货币和数字货币等阶段。货币形态演进受生产力发展和科技进步推动，适应了交易规模不断扩大需要。

4. 由于货币交易媒介职能与价值贮藏职能分离，金属铸币具有"劣币驱逐良币"的流通特征，也称格雷欣法则，不足值的铸币会迫使足值的铸币退出流通。信用货币时期存在良币驱逐劣币现象，最典型的例子是拉美地区曾经的美元化改革。

5. 全部货币按照流动性强弱可划分为狭义货币和广义货币等类型，货币层次划分方法的差异很大。对货币划分层次始于 20 世纪 60 年代的美国，旨在更好地实施货币政策。

6. 只有在宏观经济层面上统计货币总量才有现实意义。在对货币总量统计时，可根据货币范畴、货币职能、货币总量变动的经济效应等，来确定货币总量统计方法。货币当局会公布以一定权重为基础的加总的货币总量，并经常会对已经公布的货币总量数据进行调整。中央银行经常同时公布季度货币总量数据和年度货币总量数据。

中文关键词

货币　财富　收入　流动性　交易媒介　价值尺度　延期支付标准
价值贮藏　实物货币　信用货币　银行学派　通货学派　电子货币
数字货币　格雷欣法则　良币驱逐劣币　铸币税　美元化　货币总量
货币层次　狭义货币　广义货币　加总的货币总量　法偿货币

英文关键词

money　wealth　income　liquidity　medium of transaction　measure of value
standard of deferred payments　store of value　commodity money　credit money
banking school　currency school　electronic money　digital currency
Gresham law　good money drives out bad　seigniorage　dollarization
quantity of money　strata of money　currency(M0)　narrow money(M1)
M2 broad money　aggregate money　fiat money

思考题

1. 简述货币的定义和要点。

2. 界定货币范畴的基本目的是什么?

3. 货币范畴与财富、通货、收入等概念之间的关系如何?

4. 节约交易成本的方法有哪些?结合信用货币的四种基本职能加以说明。

5. 随着经济发展,为什么会出现专门充当交易媒介的货币?说明作为交易媒介的货币的基本特点。

6. 简述货币四种职能之间的关系。

7. 简述货币与准货币之间的区别和联系。

8. 简述货币形态演进的内在动力,展望数字货币发展前景。

9. 信用货币有哪几种形式?简述信用对交易活动的影响。

10. 比较现金货币与支票存款货币之间的优缺点。

11. 什么是电子货币?电子货币有什么特征?

12. 何谓格雷欣法则(Gresham Law)?简述劣币驱逐良币的内在逻辑。

13. 用"良币驱逐劣币"规律来解释拉美地区曾经有过的美元化现象。

14. 为什么要对货币划分层次?货币层次划分的依据是什么?对中国、美国、英国和欧元区的货币层次划分方法进行比较。

15. 简述狭义货币和广义货币的内涵。在怎样的经济条件下 M1 增长率会超过 M2?

16. 简述市场信息对称时的货币总量统计方法。

17. 根据货币职能统计货币总量有哪些缺陷?

18. 为什么要对货币总量进行加权处理?说明不同货币范畴权重设定的依据。

19. 中央银行为什么要经常对已经公布的货币总量数据进行修正?

20. 结合货币定义,分析货币职能演进态势。

21. 从货币有助于降低交易成本出发,举例说明货币产生和发展的过程,展望国际货币合作前景。中国的人民币能够成为地位与美元旗鼓相当的国际货币吗?

22. 从货币定义和货币职能角度分析比特币的货币性质,基于区块链技术分析数字货币的过去、现在和未来,讨论区块链技术去中心化应用对以美元为主导的国际货币体系的影响。

23. 货币的特有职能是指(　　)。(多选)

A. 交易媒介　　　　B. 价值贮藏手段

C. 记账单位　　　　D. 延期支付标准

24. "通货膨胀时期货币是烫手的热土豆",原因是(　　)。(多选)

A. 货币失去了交易媒介功能　　　　B. 货币失去了信用基础

C. 货币在不断贬值　　　　D. 货币失去了价值贮藏功能

25. 作为交换媒介的货币具有下列哪些特点?(　　)(多选)

A. 易于标准化,人们能很简单地确认其价值

B. 必须被广泛接受

C. 易于分割,使得找零比较容易

D. 易于携带,不会变质

26. 下列有关货币职能的说法哪些是正确的?(　　)(多选)

A. 如果交换媒介是美元,那么我们最好是同时以美元作为交换中介和财富的贮藏手段

B. 以不同货币单位执行货币的不同职能

C. 货币作为贮藏手段的一个重要缺陷是,某些类型的货币(比如通货)没有直接的外观收益

D. 企业使用货币作为记账单位,更容易反映企业的盈利与亏损状况

27. 下列关于准货币的说法正确的是(　　)。(多选)

A. 具有财富贮藏手段的物品

B. 可完全流动但不具有交换中介功能的那些资产

C. 某种物品之所以被称作准货币,主要是强调这种物品的财富贮藏功能

D. 国库券是准货币,股票与企业债券不是准货币

28. 原始人类没有货币,最主要的原因是(　　)。(单选)

A. 生产力低下　　B. 劳动分工不充分

C. 缺少交易动机　　D. 没有剩余产品

29. 狭义货币 M1 是指(　　)。(单选)

A. 那些可以用作交换媒介的物品　　B. 足值的商品货币

C. 通货与可开列支票存款　　D. 法偿货币

30. 正常情形下,下列事项中哪一种流动性最好?(　　)(单选)

A. 商品房　　B. 二手车　　C. 洗衣机　　D. 股票

31. 在加总的货币总量中,下列资产的哪一种会得到最大的权数?(　　)(单选)

A. 通货

B. 储蓄存款

C. 政府债券

D. NOW(Negotiable Order of Withdrawal Account)账户

阅读材料

Babaioff, Moshe etc., 2011, “On Bitcoin and Red Balloon”, Microsoft Research, Silicon Valley.

Board of Governor of the Federal Reserve System, Monetary Policy Report, February 7, 2020.

Brunner, Karl, 1968, “Role of Money and Monetary Policy”, FRBSR:8—24.

European Central Bank, “Virtual Currency Schemes”, October, 2012.

Mankiw, N.Gregory, 1987, “The Optimal Collection of Seigniorage: Theory and

Evidence", *Journal of Monetary Economics*, 20:327—341.

Nakamoto, Satoshi, 2008, "Bitcoin: A Peer-to-Peer Electronic Cash System", www.bitcoin.org.

The Economist, "Blockchains: the Great Chain of Being Sure about Things", November 14, 2015.

弗里德曼、施瓦茨:《美国货币史》,北京大学出版社2009年版。

黄奇帆等:《数字加密货币:新兴技术、货币体系与全球秩序——Libra倡议下数字货币的未来》,《探索与争鸣》2019年第11期。

贾丽平:《比特币的理论、实践与影响》,《国际金融研究》2013年第12期。

▶3

利率和汇率

利率和汇率对居民消费、企业投资、政府财政支出、进出口贸易、国际投资等都有影响。利率是货币联系实体经济与虚拟经济的重要纽带,汇率是联系本国经济和世界经济的重要纽带,全面理解利率和汇率对分析货币经济运行规律有重要意义。

本章讨论利率的涵义和测算方法,分析利率风险结构和期限结构,以及利率政策、利率市场化改革等问题;本章还讨论汇率范畴、汇率决定、汇率对经济影响、汇率政策和汇率市场化改革等问题。

通过本章阅读可达到以下五个目标:(1)掌握利率内涵和测算方法;(2)理解利率期限结构和风险结构;(3)熟悉利率政策和利率市场化改革经验;(4)理解汇率对经济运行的影响;(5)熟悉汇率政策和汇率市场化改革实践。

3.1 利率测算

利率是联系当下经济与未来经济的桥梁,反映了货币的时间价值。①利率总是与利息或利息收入联系在一起。威廉·配第认为,利息是由地租引出的派生形态;既然出租土地能够收取地租,那么出借货币也应该收取一定的报酬即利息;利息是“暂时放弃货币使用权获得的报酬”。②亚当·斯密认为,利息是出借人放弃产业资本获利机会得到的报酬,是企业家借用资本必须支付的价格,由资本供求关系决定。马克思以剩余价值在不同资本之间的分割为起点,认为利息是贷出资本从借入资本那里分割来的一部分剩余价值,利息的多少取决于企业利润水平。

在货币经济学中,利率是指投资者持有信用工具的到期收益率。本节将讨论:(1)利率分类,特别是实际利率与名义利率的区别;(2)典型信用工具到期收益率的计算方法;(3)利率的其他测算方法;(4)利率变动与投资风险。

---

① 利率是借出资金的收益、借入资金的成本;影响利率水平的因素有借贷违约风险、借贷期限长短、通货膨胀预期、投资回报的税收负担等。本章分别从利率风险结构和利率期限结构展开讨论,以及从名义利率与费雪效应、所得税与市政债券利率等角度展开讨论。

② 威廉·配第:《货币略论》,商务印书馆 1978 年版,第 126 页。

3.1.1 利率分类

1. 市场利率和法定利率

市场利率是指由资金供求关系和投资风险等因素决定的利率。资金供给大于资金需求时，市场利率下降；资金供给小于资金需求时，市场利率上升。法定利率是指由中央银行或其他政府部门直接规定的利率，也称官方利率，包括中央银行公布的存贷款基准利率，以及中央银行规定金融机构必须遵照执行的其他利率。

2. 短期利率和长期利率

短期利率是指资金借贷期限在1年以内的利率，如同业拆借利率、流动资金贷款利率等；长期利率是指资金借贷期限在1年以上的利率，如固定资产贷款利率等。

3. 固定利率和浮动利率

固定利率是指在整个借贷期限内，不进行调整的利率。在物价稳定的条件下，固定利率具有简便易行、便于借贷双方进行成本收益核算的优点，适合于短期资金借贷关系。当借贷期限比较长，市场有变化且难以预测时，使用固定利率会使借款人或贷款人承担较大的利率变动风险。

浮动利率有两种概念：(1)在利率由市场决定的国家，浮动利率是指金融机构为规避风险，在借贷关系存续期内，随市场变化会定期调整的利率。在国际金融市场上，浮动利率多以LIBOR(伦敦银行间同业拆借利率)为参照指标，规定利率的上下浮动幅度，通常每隔3个月或6个月调整一次。实行浮动利率时，借贷双方所承担的利率风险比较小。(2)在利率由政府管理的经济中，浮动利率是指由金融机构在中央银行或政府部门规定的利率浮动范围内，以法定利率为基础自行确定的利率。

4. 名义利率与实际利率

名义利率(nominal interest rate)是指投资活动的货币增长率，实际利率(real interest rate)表示投资活动的购买力增长率。实际利率越低，借款人愿意借入资金的动力越大，而贷款人愿意贷出资金的动力越小；反之实际利率越高，借款人愿意借入资金的动力越小，而贷款人愿意贷出资金的动力越大。

我们将名义利率用R表示，实际利率用r表示，物价上涨率也即通货膨胀预期用π^e表示，则可得到下列关系：$1+r=(1+R)/(1+\pi^e)$，经过变换整理以后可得式(3.1)。

$$r=\frac{R-\pi^e}{1+\pi^e} \tag{3.1}$$

名义利率在扣除物价上涨因素后，更能反映投资活动的实际回报水平。费雪在1930年提出了费雪等式。费雪等式表明，在通货膨胀率较低的情况下，式(3.1)可近似地写成$R=r+\pi^e$的形式，也即：名义利率R可看作是实际利率加上通货膨胀“噪声”的预期值。例如，1年期利率R为6%的简式贷款，预计年内通货膨胀率π^e为3%时，按照不变价格计算得到的贷款实际利率约为3%。

在有通货膨胀的情况下，通货膨胀率可能高于名义利率而使实际利率为负值。为了保护储户利益和维护社会稳定，中国曾在1988年9月10日至1996年3月31日实行过保值储蓄。[①]保值储蓄旨在使储蓄存款的实际利率大于或等于零。在实行保值储蓄期间，全国各银行、城市和农村信用社以及邮政储蓄等部门，对城乡居民持有的3年期以上的定期存款均予保值。在中国人民银行规定的3年、5年、8年期存款利率基础上，按照物价上升幅度与现行利率的差数，分别予以利息补贴，相应的利率差数称为保值贴补率。3年期储蓄的年利率加上保值贴补率，相当于同期的物价上涨幅度；5年和8年期储蓄的年利率加上保值贴补率，高于同期物价上涨幅度。保值贴补率由中国人民银行总行参照国家统计局公布的零售物价指数，按月度平均计算，全国统一实行，如果出现物价下降到银行规定的3年、5年、8年期存款利率以下时，仍按原规定的储蓄利率计息。储户提前支取时，按实存期限计算利息，不予保值补贴。存款到期后不取，超过的时间按原利率计算，不予补贴。保值储蓄实质是浮动的特种利率储蓄。保值储蓄是通货膨胀期间政府为维护储户利益而采取的政策性措施。

除了通货膨胀因素以外，税收对实际利率也有影响。税收一般按照名义收入计征，税率由税收累进等级决定。名义利率随通货膨胀率上升而上升时，会使纳税人面临更高的纳税等级。为了说明税收因素对利率的影响，我们引入税后实际利率概念。税后实际利率是指在名义利率中扣除通货膨胀因素和税收因素后得到的利率。我们用 t 表示税率，用 R 表示名义利率，π^e 表示通货膨胀预期，r 表示实际利率，则税后实际利率 r_t 可用式(3.2)表示。

$$\begin{aligned} r_t &= R(1-t)-\pi^e=(r+\pi^e)(1-t)-\pi^e \\ &= r(1-t)-\pi^e t \end{aligned} \tag{3.2}$$

假设税率 t 为30%，名义利率 R 为12%，通货膨胀率 π^e 为8%，则税前实际利率 $r=R-\pi^e=12\%-8\%=4\%$，税后实际利率 $r_t=R(1-t)-\pi^e=12\%\times(1-30\%)-8\%=0.4\%$。

3.1.2 到期收益率

利率的载体是借贷合约，也即各种信用工具，如国债、可转让银行存单、商业票据、银行承兑票据、回购协议、抵押贷款、公司债券、银行商业贷款等。根据还本付息时间安排，我们可以将信用工具分成简式贷款、定期定额清偿贷款、息票债券和贴现发行债券等四种类型。

到期收益率(yield to maturity, YTM)是使某一信用工具未来所有支付的现值等于该信用工具当前价值的调节指标。[②]在下文中，我们以简式贷款、定期定额清偿贷款、息票债券和贴现发行债券等信用工具为例，来说明到期收益率的计算方法。[③]

1. 简式贷款

简式贷款是指由贷款人向借款人提供一笔本金，借款人在到期日连本带息予以偿还

① 1991年12月1日至1993年7月10日有中断。参见朱德林、胡维熊：《储蓄理论求索》，上海人民出版社2003年版，第109—111页。

② 某项资产的到期收益率=(投资到期的回报－投资成本)/投资成本×100%。

③ 在银行存款时，我们根据银行公布的利率计算利息收入，假设利率给定。此处的利率测算是基于信贷市场均衡时储蓄和投资相等或资金借贷相等，来讨论利率测算方法。

的信用工具。其特点是到期一次还本付息，比如银行向工商企业发放的短期商业贷款。简式贷款是最基本的信用工具单元，还本付息一次就相当于履行了一个简式贷款合约。所有的信用工具都可以拆分成多个简式贷款的加总形式。

众所周知，货币具有时间价值，即同等金额的货币在不同时期，所代表的价值并不相同，就好比今天的 100 元和 10 年后的 100 元并不等价一样。我们假定简式贷款的贷款本金为 PV，约定 n 年后到期，到期时还本付息金额为 FV，简式贷款的到期收益率为 YTM，根据 $FV=PV(1+YTM)^n$ 我们得到式(3.3)。

$$PV=\frac{FV}{(1+YTM)^n} \tag{3.3}$$

举例来说，到期期限为 1 年的简式贷款，贷出本金 1 000 元，1 年后偿还 1 050 元，则该简式贷款的到期收益率满足：1 000＝1 050/(1＋YTM)，求解得到 YTM＝(1 050－1 000)/1 000＝5%。

2. 定期定额清偿贷款

定期定额清偿贷款是指由贷款人向借款人提供一笔资金，借款人在约定的若干时期内，定期对贷款人进行包括部分本金和利息在内的等额偿付；住房抵押贷款属于典型的定期定额清偿贷款。定期定额清偿贷款规定的每期偿还安排相当于一份简式贷款合约。假设某一典型的定期定额清偿贷款的贷款本金记为 $LOAN$，n 年后到期，借款人每年需向贷款人支付的本金和利息为 FP，[①]则定期定额清偿贷款的到期收益率 YTM 满足式(3.4)。

$$LOAN=\frac{FP}{1+YTM}+\frac{FP}{(1+YTM)^2}+\cdots+\frac{FP}{(1+YTM)^n}=\sum_{t=1}^{n}\frac{FP}{(1+YTM)^t} \tag{3.4}$$

上述式(3.4)表明，我们可以根据定期定额清偿贷款的贷款金额 $LOAN$、年度固定偿付金额 FP、贷款年限 n 等已知变量，求解得到到期收益率 YTM 的数值。

3. 息票债券

息票债券规定，每年向债券持有人支付定额的利息（即息票利息），直至到期，在到期日偿还确定的最后金额（即债券票面值）。息票债券的特点是定期等额付息，到期一次还本。之所以称之为息票债券，是因为息票债券持有人过去常常从债券上剪下所附的息票，送交债券发行人；债券发行人见票后即向债券持有人支付利息。尽管今天的息票债券多为记账式债券，债券持有人已经不必再通过呈递债券息票来领取利息，但息票债券的名称一直沿用至今。息票债券包括政府长期债券、中期债券和公司债券等。假设息票债券 n 年到期，年息票利息为 C，面值为 F，P_b 为息票债券的出售价格，则息票债券的到期收益率 YTM 满足式(3.5)。

$$\begin{aligned}P_b&=\frac{C}{1+YTM}+\frac{C}{(1+YTM)^2}+\cdots+\frac{C}{(1+YTM)^n}+\frac{F}{(1+YTM)^n}\\&=\sum_{t=1}^{n}\frac{C}{(1+i)^t}+\frac{F}{(1+i)^n}\end{aligned} \tag{3.5}$$

① FP 由借贷双方谈判决定，依据是市场利率。

上述式(3.5)表明，已知息票债券的年息票利息 C、债券面值 F、债券距离到期日的年数 n 和息票债券价格 P_b 时，我们可以求出息票债券的到期收益率 YTM。

息票债券的特例是统一公债。统一公债是没有到期日、不偿还本金、永远以固定金额支付利息的永久性债券。假设统一公债的息票利息为 C，出售价格为 P_c，则统一公债的到期收益率 YTM 可以表示为式(3.6)。

$$YTM=\frac{C}{P_c} \tag{3.6}$$

统一公债(consols consolidated annuities, consolidated stock)，是一种没有到期期限的特殊的定息债券。[①]最典型的统一公债是英格兰银行在18世纪发行的英国统一公债(English consols)。在发行时，英格兰银行保证对该公债的投资者永久性地支付固定的利息。直至如今，在伦敦的证券市场上仍然可以买卖这种公债。历史上美国政府为巴拿马运河融资时也曾发行过类似的统一公债。但是，该种债券在发行时含有赎回条款，美国发行的这种统一公债目前已经退出了流通。

4. 贴现债券

贴现债券，又称无息债券，是指债券券面上不附有息票，发行时按规定的折扣率，以低于债券面值的价格出售，到期时按面值偿付的信用工具。贴现债券的发行价格与其面值的差额即为贴现债券利息。美国国债、美国储蓄债券等都属于贴现债券。

假设贴现发行的债券到期期限为1年，面值为 F，以价格 P_d 出售，则贴现债券的到期收益率 YTM 满足式(3.7)。

$$P_d=\frac{F}{1+YTM} \tag{3.7}$$

即 $YTM=(F-P_d)/P_d$。举例来说，面值为100元的1年期贴现债券以90元折价发行时，该贴现债券的到期收益率 $YTM=(100-90)/90=11.1\%$。

5. 现值与利率

假设简式贷款的到期期限为1年，我们将该简式贷款的年收益率称为单利率(用 i 表示)，则 i 为简式贷款的年利息与贷款数额之比。有了单利率概念以后，我们可以求得100元的贷款在 n 年以后的总回报为 $100\times(1+i)^n$。在市场均衡时，n 年以后的回报 $100\times(1+i)^n$ 应与100元贷款的今日价值相等，否则，市场就会在当前消费与 n 年后消费之间作重新安排，直至 n 年以后的 $100\times(1+i)^n$ 的回报与今日的100元贷款的价值相等时为止。由此，我们得到了现值概念。

现值表示 n 年以后的贷款数额在今天的购买力。比如，单利率为 i 时，n 年以后的1元钱在今天的价值 $PV=1/(1+i)^n$。现值概念有很重要的应用：(1)根据现值，我们可以比较不同时期收入的购买能力。比如，由于今天的1元钱能够获得利息收入，因此若干年后的1元钱的价值低于今天的1元。(2)根据现值，我们可以比较不同信用工具的投资价值。把所有未来回报的现值相加，可以计算出单利率为 i 时某个信用工具今天的价值，并

---

① 张亦春：《金融市场学》，高等教育出版社1999年版，第203页。

可对偿付时间不同的各种信用工具(如贴现债券和息票债券)的价值进行比较。

现值概念表明,单利率相当于简式贷款的到期收益率;而到期回报率是使从信用工具上获得的所有回报的现值与其今天的价值相等的指标,是投资选择均衡的结果。①当某种信用工具投资回报的现值高于其当前的市场出售价格时,投资者会竞相持有这种信用工具,使其出售价格(现值)提高,直至该信用工具的出售价格等于其投资回报的现值时为止。因此,虽然不同信用工具到期收益率的计算方法不同,但是求得的到期收益率肯定相等。②

上述信用工具在分类时,均以清偿时间安排为标准:简式贷款和贴现发行债券仅在到期日偿付,定期定额清偿贷款和息票债券在到期日前定期偿付。通过对以上四种信用工具的性质及其各自到期收益率计算方法分析,我们可以得出这样的结论:债券的当期出售价格与利率负相关。利率上升时,债券价格下降,反之则反是。此外,到期收益率是最精确的利率测算指标,本书此后出现的利率一词,在没有特别说明的情况下指的都是到期收益率。

3.1.3 测算利率的其他方法

由于到期收益率的计算方法比较复杂,在实际经济中,经常使用息票债券的当期收益率和贴现债券的贴现收益率两个指标,代替到期收益率来预测利率变化。

1. 息票债券的当期收益率

我们用 i_c 表示息票债券的当期收益率。假设息票债券的出售价格为 P_b,息票债券的年利息为 C,则息票债券的当期收益率可写成式(3.8)。

$$i_c=\frac{C}{P_b} \tag{3.8}$$

当期收益率是息票债券到期收益率的很好的近似指标。债券价格越接近债券面值且到期期限越长时,息票债券的当期收益率就越接近到期收益率。反之,息票债券的价格越偏离面值且到期期限越短时,息票债券的当期收益率就越偏离到期收益率。但是,不论当期收益率对到期收益率的近似程度如何,息票债券的当期收益率总是与其到期收益率同向变动③;息票债券的当期收益率上升时,表明息票债券的到期收益率也在上升,即市场利率在上升。反之则反是。假设息票债券的到期期限为 n 年,面值为 F,我们可将息票债券的出售价格写成式(3.9)。式(3.9)表明,当 $F=P_b$ 且 $n\to+\infty$ 时,$P_b\approx C/YTM$,$i_c=C/P_b\approx YTM$。

$$P_b=\frac{C}{1+YTM}+\frac{C}{(1+YTM)^2}+\cdots+\frac{C}{(1+YTM)^n}+\frac{F}{(1+YTM)^n} \tag{3.9}$$

① 到期收益率就是到期投资回报率,两个概念可以替换使用。本章以下内容将到期收益率 YTM 写成单利率 i 的形式。

② 此处假设四种信用工具可完全相互替代,不考虑期限溢价、违约风险差异等,到期收益率完全相同,只是计算到期收益率方法不同。这里计算得到的到期收益率相当于市场均衡利率(即市场利率)。

③ 当到期收益率上升时,息票债券的市场价格 P_b 下降,当期收益率 C/P_b 上升。

2. 贴现债券的贴现收益率

贴现收益率又称贴现基础上的收益率，可近似地表示贴现发行债券的到期收益率。我们用 i_{db} 表示贴现收益率。假设贴现发行债券的面值为 F，出售价格为 P_d，到期期限为 n 天，则可得到式(3.10)。

$$i_{db}=\frac{F-P_d}{F}\times\frac{360}{n} \tag{3.10}$$

上述式(3.10)表明，贴现债券的贴现收益率低于贴现债券的投资收益率$(F-P_d)/P_d$，因为 $F>P_d$ 且一年多按 365 天计算①；此外，贴现债券的贴现收益率低于贴现债券的到期收益率 $i=[(F-P_d)/P_d]\times(365/n)$，且贴现债券的到期期限越长，贴现收益率对到期收益率的低估幅度越大。②但是，贴现债券的贴现收益率总是与到期收益率按同一方向变动，可根据贴现收益率的变动方向预测利率的变动方向。③

3. 债券的投资回报率

债券的投资回报率，为向债券持有人支付的利息加上债券价格变动之和与债券购买价格之比。债券的投资回报率表示投资者在债券持有期间的收益。我们用 RET 表示投资者在 t 到 $t+1$ 期间持有债券的投资回报率。假设 t 时期债券的出售价格为 P_t，$t+1$ 时期债券的出售价格为 P_{t+1}，债券在 t 到 $t+1$ 期间对投资者支付的利息为 C，则投资回报率可以写成式(3.11)④。

$$RET=\frac{C+P_{t+1}-P_t}{P_t} \tag{3.11}$$

$$RET=i_c+g \tag{3.12}$$

将 C/P_t 表示成当期收益率 i_c，并将$(P_{t+1}-P_t)/P_t$ 表示成资本利得率 g 时，可得式(3.12)。式(3.12)表明，债券的投资回报率由债券当期收益率和债券持有期的资本利得率两个部分组成。持有期末的债券价格(P_{t+1})经常发生变化时，投资回报率与到期收益率(利率)之间有以下关系。

第一，债券的投资回报率不一定等于到期收益率(利率)，只有持有期与到期日一致的债券的投资回报率才与到期回报率相等。⑤第二，利率上升会引起债券价格下跌，到期时间越长的债券，债券价格波动越大，资本利得的损失越大；⑥当利率上升很多，资本利得损失

① 贴现收益率一年按 360 天处理考虑的是年度会计周期，目的是便利计算。

② 贴现债券发行期限越长，发行价格 p_d 越低，到期收益率与贴现收益率之间的差幅越大。

③ 尽管贴现收益率计算方法并不比贴现债券到期收益率简化很多，但分母使用面值 F 代替发行价格 P_d，分子用 360 天代替 365 天，仍可简化数学运算。比如以面值 100 美元或 1 000 美元作为分母，很容易比较计算结果。

④ 此处的投资回报率计算方法适合前文所述所有四种信用工具和其他信用工具，只是求解不同信用工具投资回报率时的利息支付(比如 C)的赋值会有不同。

⑤ 假设 1 年期简式贷款，面值为 FV，出售价格为 PV；持有简式贷款 1 年的投资回报率 $RET=(FV-PV)/PV$；根据 $PV=FV/(1+YTM)$ 可知，$RET=YTM$，即简式贷款持有到期的投资回报率等于到期收益率。

⑥ 这里并不等于说利率上升时短期债券的投资收益率会提高；利率上升时短期债券价格也会下降，持有短期债券的投资收益率会随之减少。

很大时，债券的投资回报率会小于零。第三，利率上升之所以会引起债券价格下降，是因为利率上升时，新发行债券的投资回报率上升，而已发行债券的票面利率大多数固定。为了提高投资收益水平，投资者会抛售存量债券，并引发存量债券价格下降。

在这里，我们应特别注意债券投资的利率风险。利率风险，是指由利率变动引起的投资者资产遭受损失的可能性。利率风险与债券到期期限以及投资者债券持有期限有关。长期债券的价格比短期债券更不稳定①，而对于期限短到与持有期一致的债券来说，不存在利率风险。其中的原因是：该债券的投资回报率等于到期收益率，债券在持有期期末的价值已经固定为面值，在持有期末，利率变动对于债券的价格不再产生影响。②

上述分析表明：(1)投资回报率可用于衡量持有期内债券的投资绩效；(2)只有当持有期与到期日一致时，投资回报率 RET 才等于到期收益率 YTM；(3)持有期短于到期期限时，存在债券价格变动的利率风险，长期债券的利率风险比较大。③

3.2 利率结构

债券种类繁多，其利率千差万别。是什么因素引起债券利率有如此大的差异呢？本节首先讨论发行主体不同而期限相同的债券利率不同的原因，即利率的风险结构；然后，我们讨论发行主体相同而期限不同的债券利率不同的原因，即利率的期限结构。

3.2.1 利率风险结构

利率的风险结构指的是到期期限相同而发行主体不同的债券利率之间的关系。④尽管风险、流动性和所得税等因素在债券的利率决定中有显著影响，但我们仍旧把这些因素与利率之间的关系，统称为利率风险结构。

1. 违约风险

违约风险是指债券发行人不能按时支付事先承诺的利息和本金的可能性。为了分析债券发行主体违约行为对债券利率的影响，我们将所有债券分为有违约风险的债券和无违约风险的债券两种类型。⑤有违约风险债券的利率与无违约风险债券的利率之间的差额，称为风险升水(或称为风险溢价，risk premium)。

在现实经济中，由政府或政府机构发行的债券违约风险最小，由金融机构发行的债券次之，各类非金融性企业发行的债券违约风险比较大。企业债券有较大违约风险的原因有以下几个方面：(1)政治、经济形势发生重大变动；(2)由自然环境因素引起的破坏事件，如水灾、火灾等；(3)公司经营管理不善；(4)公司在市场竞争中失败；(5)公司财务管理出

---

① 利率上升时长期债券价格下降，理性的投资者会提前抛售已经持有的长期债券，以减少投资损失。

② 考虑的是利率变动对债券投资回报的影响；利率变动引起债券投资回报发生变化就认为有利率风险。

③ 投资者债券持有期限受利率变动预期影响；预期利率上升时投资者会缩短债券持有期，预期利率下降时会延长债券持有期。

④ 本节内容参见弗雷德里克·米什金：《货币金融学》，中国人民大学出版社 2005 年版，第 134—136 页。

⑤ 所有债券都有违约风险。我们将违约风险最小的债券标准化为无风险债券，其他债券相对于违约风险最小债券的利率差值就是风险溢价。我们习惯上将政府发行的短期国库券假定为无风险债券。

现失误;等等。

在图 3.1 中,G 表示政府机构债券,C 表示企业债券,政府机构债券和企业债券到期期限相同(比如都为 1 年到期),在期初时,其他条件也都相同。在期初时,政府机构债券和企业债券有相同的市场价格和相同的利率水平。图 3.1 中,B^d 为债券需求线,B^s 为债券供给线,P 为债券价格,i 为债券利率。①在期初时,$P_1^G=P_1^C$, $i_1^G=i_1^C$。当我们把政府机构债券作为无风险债券时,企业债券的风险溢价 $i_1^C-i_1^G=0$。

现假设债券发行企业遭受了重大经营损失,对企业债券的本息支付存在违约的可能性。企业债券相对于政府机构债券而言,预期回报率下降,投资者抛售企业债券,增加对政府机构债券购买。在图 3.1 中表现为政府机构债券需求线向右移动(a 图),企业债券需求线向左移动(b 图)。市场达到新的均衡时,政府机构债券价格为 P_2^G,利率为 i_2^G;企业债券价格为 P_2^C,利率为 i_2^C; $P_2^G>P_2^C$, $i_2^G<i_2^C$。$i_2^C-i_2^G$ 即为企业债券相对于政府机构债券的违约风险溢价。因此,有违约风险债券相对于无违约风险债券,有正的风险升水,其风险升水随违约风险的增大而增加。

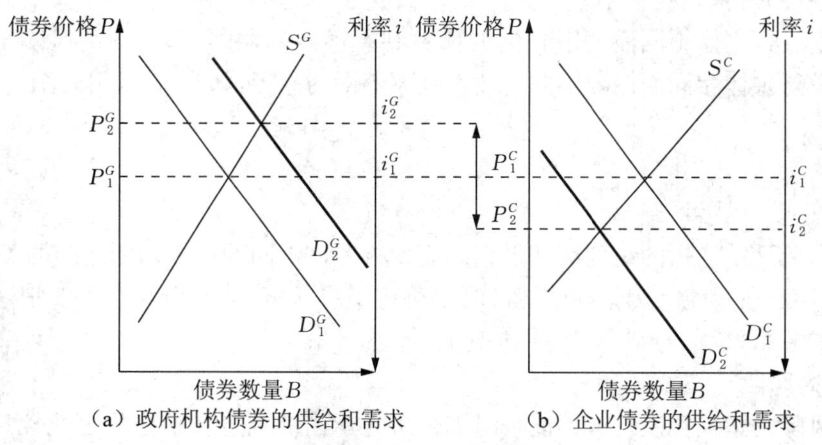

(a) 政府机构债券的供给和需求　　(b) 企业债券的供给和需求

图 3.1　违约风险与债券利率差异

违约风险相对较低的债券被称为投资级债券,其信用评级多在 Baa(或 Bbb)及以上。Baa 级(或 Bbb)以下的债券具有较大的违约风险,被称为垃圾债券。Baa 级债券的违约风险较 Aaa 级债券高,风险升水比较大,Baa 级债券的利率高于 Aaa 级债券。在经济萧条时期,企业债券的违约风险和风险升水增加,企业债券和政府机构债券的利率差额扩大。

2. 流动性风险

流动性是指资产转换为商品交易媒介的难易程度。流动性越好的资产转换为其他资产的交易费用越低。流动性越好的资产,越受投资者欢迎。市场深度和市场广度是影响

① 投资者购买债券构成债券需求;利率上升债券价格下跌时债券需求增加,反之债券需求减少。企业或政府出售债券构成债券供给;债券价格上升利率下降时,企业或政府发行债券筹集资金成本降低,债券供给增加,反之则反是。

资产流动性的重要因素。政府机构债券交易范围广泛，其流动性明显地好于企业债券。

在其他条件都相同时，流动性相对较差的企业债券会以比较低的价格出售，因而利率比较高；流动性比较好的政府机构债券会以较高的价格出售，因而利率比较低。因为流动性不同而引起的企业债券利率相对于政府机构债券利率的差额，被称为流动性升水。需要指出的是，企业债券与政府机构债券之间的利率差额（即风险升水），不仅反映了企业债券的违约风险，也反映了企业债券的流动性水平，风险升水应当被称为“风险和流动性升水”。但为简便起见，我们仍旧称之为“风险升水”。

3. 所得税因素

在美国，市政债券有较高的违约风险，流动性不如美国国债，但市政债券的利率却经常低于美国国债利率。原因是，市政债券的利息免缴联邦所得税，这有利于提高市政债券的预期回报率。由于市政债券可让投资者获得更多的税后收益，因此，即使它的利率低于美国国债，风险较大，流动性较小，投资者还是愿意持有市政债券。

例如，税率 $t=40\%$，美国国债面值为 1 000 美元（售价 1 000 美元），息票利息为 100 美元，尽管债券利率为 10%，但投资者税后收益仅为 6%。市政债券面值为 1 000 美元（售价 1 000 美元），息票利息为 80 美元，利率为 8%，但由于 80 美元的息票利息无需缴税，所以税后所得为 8%。因此，投资者会选择息票利率为 8%的市政债券而不是息票利率为 10%的美国国债。

我们借助图 3.2，对美国市政债券利率低于美国国债利率的事实作进一步分析。假设在期初，市政债券和美国国债的各个方面都相同，两者具有相同的出售价格和利率，即 $P_1^M=P_1^T$ 且 $i_1^M=i_1^T$。现在美国市政债券被赋予税收优惠，其税后预期回报率相对于美国国债有所上升因而更受投资者欢迎，投资者对市政债券的需求增加，其需求线从 D_1^M 向右移动至 D_2^M，均衡价格从 P_1^M 上升至 P_2^M，均衡利率从 i_1^M 下降至 i_2^M。美国国债受欢迎程度降低，需求减少，需求线从 D_1^T 向左移动到 D_2^T，价格从 P_1^T 下降到 P_2^T，利率从 i_1^T 上升到 i_2^T。结果，市政债券利率较低，美国国债利率较高。①

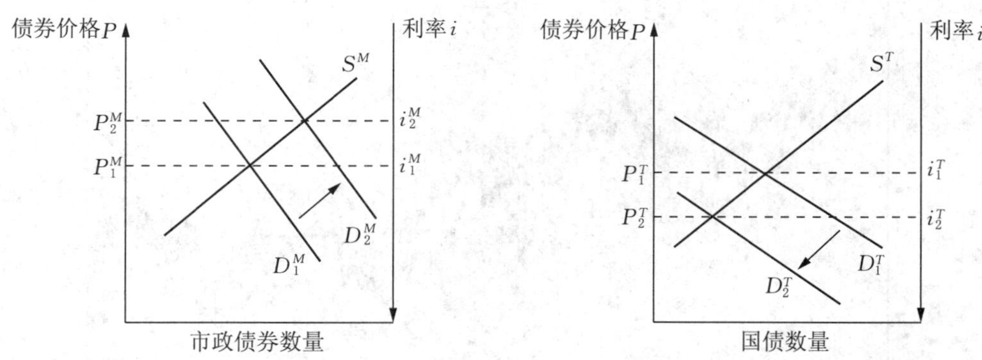

图 3.2 美国市政债券和国债利率

① 假设开始时所有条件都相同，市政债券利率 $i_{(0)}^M$＝国库券利率 i^G；由于市政债券违约风险高于国库券，存在风险溢价 rp，因此市政债券利率提高到 $i_{(1)}^M=i^G+rp$。当国库券需要缴纳利息所得税 tax，市政债券免缴所得税时，市政债券利率下降 x 单位最终变为 $i_{(2)}^M=i^G+rp-x=i^G(1-tax)$。

3.2.2 利率期限结构

尽管是同一发行主体发行的债券，风险、流动性等均相同，也会因为债券到期期限不同而引起债券利率不同，这从利率的风险结构角度是无法解释的。我们将发行主体相同而期限不同的债券利率之间的关系称为利率的期限结构。

把期限不同，但风险、流动性和税收等因素都相同的债券利率连在一起，可得到债券回报率曲线。债券回报率曲线反映了某一时点上，债券到期期限与债券利率之间的关系。债券回报率曲线有向上倾斜、水平及向下倾斜等几种类型。图 3.3 给出了 2019 年 12 月 31 日上海证券交易所中国国债的回报率曲线。该回报率曲线向上倾斜，表明长期利率高于短期利率。从图 3.4 的美国财政债券利率可以看出，不同期限的债券利率呈同涨同落态势。

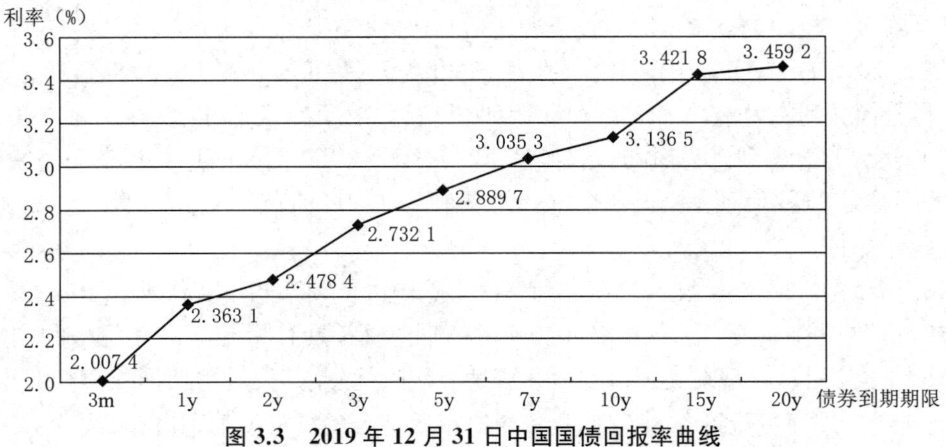

图 3.3 2019 年 12 月 31 日中国国债回报率曲线

注：m 表示月；y 表示年。
资料来源：Wind 资讯。

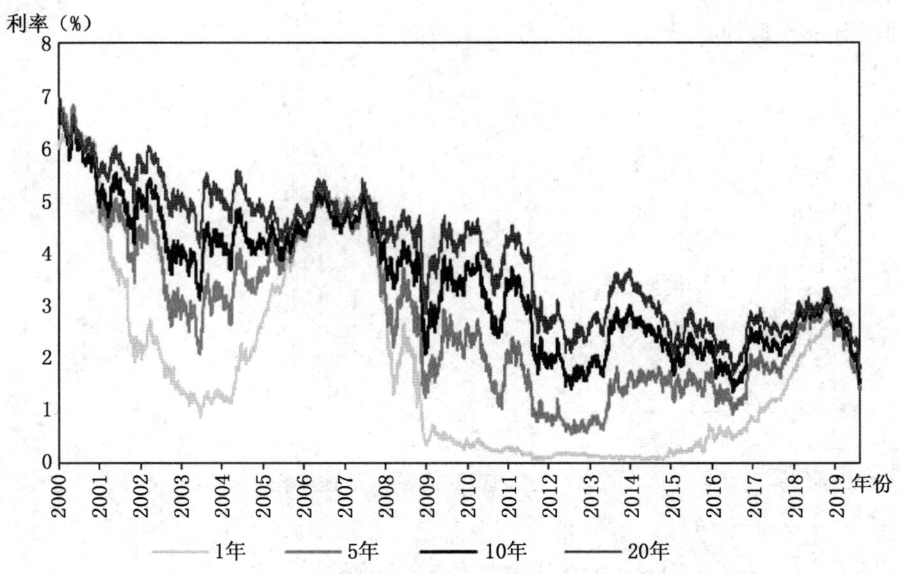

图 3.4 不同期限的美国财政债券利率

资料来源：Board of Governors of the Federal Reserve System.

以债券回报率曲线为基础的利率期限结构理论可用于说明以下问题:(1)债券期限不同时,其利率随时间一起波动的原因;(2)债券回报率曲线主要为向右上倾斜,但有时也会向右下倾斜的原因;(3)债券回报率曲线几乎都是向右上倾斜的原因;(4)如何利用即期利率来预测远期利率变化。在下文中,我们集中讨论关于利率期限结构的三个代表性理论:(1)预期理论;(2)市场分割理论;(3)期限选择和流动性升水理论。

1. 预期理论

关于利率期限结构的预期理论认为,长期债券的利率等于长期债券到期之前,人们对短期利率预期的平均值,短期利率变动会影响长期利率变化。长期债券的利率水平取决于当期的短期利率与预期的未来短期利率之间的关系。

预期理论有以下四点假设:(1)有足够多的投资者对短期利率的未来值持有一致预期;(2)不存在交易成本,所有投资者都可以无成本地进入和退出债券市场;(3)市场机制完善,利率能够被确定在竞争性的均衡水平上;(4)投资者的债券投资目标是持有期收益最大化。预期理论认为,债券持有人并不特别偏好于某种特定期限的债券,当某种债券的预期回报率低于期限不同的另一种债券时,人们将不再持有这种债券,具有不同到期期限的债券是完全替代品。

以上述假定条件为基础,当投资者有一个将持续 n 年期的债券投资计划时,他有两种选择安排:(1)投资 n 年期的长期债券;(2)先投资 1 年期的短期债券,在年底时再选择一个 1 年期债券进行投资,如此循环直至第 n 年底投资结束。当前一种投资安排的收益大于后一种投资安排时,投资者会选择投资长期债券;反之会选择第二种分年度进行的投资安排。

我们用 i_t 表示 1 年期债券在 t 时的利率,用 i^e_{t+s} 表示 1 年期债券在 $t+s$ 时期的利率预期,用 i_{nt} 表示存续期为 n 年的债券在 t 时的利率。当投资者将 1 元人民币投资于存续期为 n 年的长期债券时其预期回报率为式(3.13)。

$$(1+i_{nt})^n-1 \tag{3.13}$$

将式(3.13)展开,并舍去二阶以上小量,可得到投资 n 年期债券的预期回报率为 ni_{nt}。当投资者将 1 元人民币投资于 1 年期债券,反复投资 n 年时其投资活动的预期回报率为式(3.14)。

$$(1+i_t)(1+i^e_{t+1})(1+i^e_{t+2})\cdots(1+i^e_{t+(n-1)})-1 \tag{3.14}$$

将式(3.14)展开,并舍去二阶以上小量,可得到 n 年以后投资者的预期回报率为 $i_t+i^e_{t+1}+i^e_{t+2}+\cdots+i^e_{t+(n-1)}$。由于短期债券和长期债券及所有不同期限的债券都可以相互替代,在债券市场均衡时,得到式(3.15)。

$$ni_{nt}=i_t+i^e_{t+1}+i^e_{t+2}+\cdots+i^e_{t+(n-1)} \tag{3.15}$$

$$i_{nt}=\frac{i_t+i^e_{t+1}+i^e_{t+2}+\cdots+i^e_{t+(n-1)}}{n} \tag{3.16}$$

对式(3.15)加以变换以后，得到式(3.16)。式(3.16)的含义是，n 年期债券的年利率等于该债券到期以前的所有 1 年期债券年利率的平均值。

预期理论可以对债券回报率曲线的一些特征加以解释。第一，对长期利率有时高于短期利率有时低于短期利率的解释。(1)当债券回报率曲线向右上倾斜时，预期理论认为未来的短期利率将上升，未来短期利率预期的平均值高于当期的短期利率，因此长期利率高于短期利率；(2)当债券回报率曲线向右下倾斜时，预期理论认为，未来短期利率的平均值低于当前的短期利率，因此长期利率低于短期利率；(3)当债券回报率曲线呈水平形状时，预期理论认为，未来的短期利率保持不变，长期利率等于短期利率。

第二，对长期利率与短期利率一起波动的解释。预期理论认为，短期利率上升时，短期利率的平均值也会上升，长期利率随之上升。所以，长期利率与短期利率会一起波动。

预期理论还可以用来解释短期利率较低时债券回报率曲线更倾向于向右上倾斜，短期利率较高时债券回报率曲线更有可能向右下倾斜这一事实。预期理论认为，短期利率低于正常水平时，投资者预期其在将来会有很大上升。相对于当期的短期利率而言，未来短期利率预期的平均值比较高，长期利率将大大高出当期的短期利率，债券回报率曲线相对陡直地向右上倾斜；反之则反是。

预期理论的不足之处在于无法解释债券回报率曲线几乎都是向右上倾斜这一事实。因为短期利率既可能上升，也可能下降，以预期理论推理时，典型的债券回报率曲线应为水平形状，而不应该向右上倾斜。

预期理论的政策含义在于：当货币当局出售短期债券，造成短期债券供给增加时，短期债券价格下降而利率上升，这会引起市场抛售长期债券购买短期债券，使长期债券供给也增加，价格下降，长期利率上升。反之，当货币当局出售长期债券引起长期利率上升时，短期利率也会上升。因此，货币当局可通过调节基准利率来管理宏观经济。

2. 市场分割理论

关于利率期限结构的市场分割理论认为，不同期限债券的利率由相应债券的市场供求关系决定，不受其他期限的债券预期回报率影响，短期利率不会影响长期利率，或者相反。

市场分割理论的关键假设是，不同期限的债券不能相互替代。不同期限的债券无法相互替代的原因有以下两点：(1)对投资者而言，债券持有包含了资本收益和损失风险。① 为了规避资本损失风险，短期债券投资者在资本损失发生之前，可将短期债券提前出售；购买长期债券的投资者可将长期债券一直持有到期，最后获得确定的债券面值支付。(2)不同期限的债券流动性不同，短期债券相对于长期债券更具有流动性。投资者有流动性偏好，因而存在“流动性补偿”。投资者愿意对短期债券支付的价格高于长期债券，短期债券利率低于长期债券。②对那些既有负债也有资产的投资者来说，他们可以通过使资产期限与负债期限相等来降低投资风险。因此，投资者会偏好不同期限的债券，债券利率随不同期限债券的供求关系的变动而变动。

---

① 相当于债券价格变化引起的资本利得(capital gain)变动。

② 由于偏好短期债券，投资者愿意出更高的价格购买短期债券。

市场分割理论可以用来解释债券回报率曲线向右上倾斜的原因。市场分割理论表明，债券回报率曲线的不同形状由不同期限债券的供求差异造成。投资者偏好期限较短、风险较小的短期债券，对长期债券的需求相对少于短期债券，长期债券的价格比较低，利率比较高，债券回报率曲线在多数情形下都为向右上倾斜。

市场分割理论也有缺陷：(1)它将不同期限的债券市场完全分割，认为不同期限债券的利率不会相互影响，无法解释不同期限债券的利率随时间一起波动的原因。(2)该理论无法解释"短期利率较低时债券回报率曲线更倾向于向右上倾斜，短期利率较高时债券回报率曲线更有可能向右下倾斜"的原因。在市场分割理论看来，短期利率和长期利率之间没有必然的联系。

市场分割理论表明，货币当局只能通过分别改变短期债券和长期债券的相对供给，方能改变利率期限结构，而不能仅通过改变短期债券相对供给，达到短期利率和长期利率同时调整的目标，或仅通过改变长期债券相对供给，达到长期利率和短期利率同时调整的目标。

3. 期限选择和流动性升水理论

利率期限结构的期限选择和流动性升水理论，是在预期理论和市场分割理论基础上的改进。预期理论对不同期限债券完全替代假设，以及市场分割理论假设"不同期限债券根本不是替代品，持有一种期限债券的预期回报率对另一种期限债券的需求没有任何影响"，这些都与现实经济相差很远。利率的期限选择和流动性升水理论对这些假设进行了修正。

利率期限结构的期限选择理论认为，长期债券利率等于该债券到期之前短期利率预期的平均值加上该种债券随供求关系变化而变化的期限(流动性)升水。其关键性假设包括以下两点：(1)不同期限债券是替代品，即一种债券的预期回报率，可以影响其他期限债券的预期回报率；(2)投资者对不同期限债券有所偏好，不同期限债券是替代品，但不能完全替代。因此，不同期限债券的预期回报率不会相差太大；当能够获得更高的预期回报率时，投资者也愿意购买非偏好期限的债券。

期限选择理论表明，不同期限债券的流动性和风险水平存在一定差异。短期债券比长期债券更具流动性，风险比较小；长期债券流动性比较差，风险比较大。投资者为降低投资风险，愿意多持有短期债券。为了让投资者持有长期债券，必须使长期债券有正值的期限升水，否则会造成短期债券的过度需求和长期债券的过度供给，使短期债券价格上升利率下降，长期债券价格下跌利率上升，直至期限升水大到足以补偿长期债券相对于短期债券的流动性差异时为止。期限选择理论可以写成式(3.17)。

$$i_{nt}=\frac{i_t+i_{t+1}^e+i_{t+2}^e+\cdots+i_{t+(n-1)}^e}{n}+k_{nt} \tag{3.17}$$

在式(3.17)中，n 为长期债券的到期期限(以年表示)，t 为时间下标，i_t 表示在 t 时期短期债券年度利率，i_{t+1}^e 表示在 $t+1$ 时期预期的短期债券年度利率，i_{t+2}^e 和 $i_{t+(n-1)}^e$ 等变量的含义同此类似。i_{nt} 表示期限为 n 年的长期债券在 t 时期的年度利率，k_{nt} 是为 t 时期、到期期限为 n 年的债券期限升水。

流动性升水理论与期限选择理论密切相关。流动性升水理论认为，必须向持有长期债券的投资者支付正值的期限(流动性)升水,补偿他们持有长期债券时的流动性风险,期限较长的债券利率也比较高。[①]流动性升水理论的表达式与期限选择理论相同,即式(3.17)。流动性升水理论认为,期限升水 k_{nt} 总为正值,且随债券期限 n 的延长而增加。

期限选择和流动性升水理论认为,长期利率等于期限(流动性)升水与债券到期日之前短期利率预期的平均值之和加上期限升水,是对预期理论和市场分割理论的综合。期限选择和流动性升水理论可以解释不同期限债券的利率随时间一起波动的原因。上述式(3.17)表明,未来短期利率预期上升时,长期利率会随之上升。

期限选择和流动性升水理论可以解释"短期利率比较低时,债券回报率曲线更倾向于向右上倾斜;短期利率比较高时,债券回报率曲线更有可能向右下倾斜"的现象。短期利率较低时,投资者预期未来利率会回升至某一正常水平,与当前的短期利率相比,短期利率预期的平均值升高;此外,由于有正的期限(流动性)升水,长期利率会显著高于当前的短期利率。以上两个因素使债券回报率曲线在短期利率比较低时,会陡直地向右上倾斜。

对于典型的债券回报率曲线总是向右上倾斜的事实,期限选择和流动性升水理论也给出了解释。[②]期限选择和流动性升水理论认为,因为投资者偏好短期债券,债券期限延长时期限升水增加,即使未来短期利率预期的平均值保持不变,长期利率也高于短期利率,从而使债券回报率曲线向右上倾斜。在现实经济中,债券回报率曲线偶尔也会向右下倾斜。期限选择和流动性升水理论的解释是,当未来短期利率预期大幅度下降时,短期利率预期的平均值会远低于当前的短期利率,即使加上正值的期限升水,长期利率当期值仍然会低于短期利率当期值,出现债券回报率曲线向右下倾斜。

4. 中国债券市场回报率曲线

在经济结构转型和中美贸易摩擦背景下,2019 年中国货币政策转向更为宽松。[③]2019 年 1 月至 12 月,中国人民银行三次降低存款准备金率。[④]2019 年 1 月和 9 月全面下调金融机构存款准备金率共 1.5 个百分点;自 2019 年 5 月起分三次定向下调服务县域的农商行存款准备金率 2—3.5 个百分点至农信社档次,自 2019 年 6 月和 10 月起分两次下调仅在本省经营的城商行存款准备金率 1 个百分点。

图 3.5 显示,2019 年 1—6 月,中国国债回报率曲线整体向左上平移;2019 年 7—12 月,中国国债回报率曲线整体向右下平移。1 年期国债收益率从 2019 年 6 月 28 日的 2.642 9 下降到 2019 年 9 月 30 日的 2.564 8,再下降到 2019 年 12 月 31 日的 2.363 1;反映了不同期限国债在一定程度上可以相互替代的特点。

---

① 期限升水除了与债券到期期限有关外,还会随经济周期发生变动。在经济衰退时期,投资者对长期投资持悲观预期,不愿意持有长期债券,期限升水会上升;在经济繁荣时期投资者对长期债券需求增加,长期债券价格提高,期限升水下降。

② 尽管期限选择和流动性升水理论可同时解释回报率曲线四种情形,但预期理论和市场分割理论在刻画不同期限债券可以完全替代情形和完全不能替代情形时,给出的结论和政策涵义更为明确,因此同时讨论三种利率期限结构理论既可加以对照,也可以更深刻地揭示特定情形下的利率期限结构特点。

③ 中国人民银行货币政策分析小组:《2019 年第四季度中国货币政策执行报告》,2020 年 2 月 19 日。

④ 存款准备金是指商业银行吸收的存款不能全部用作贷款投放,必须将存款中的一定比例作为准备金(reserve)持有,缓解可能的存款集中提取压力。准备金占存款的比率称为存款准备金率,分为法定准备金率和超额准备金率两种。参见本书第 4 章和第 9 章。

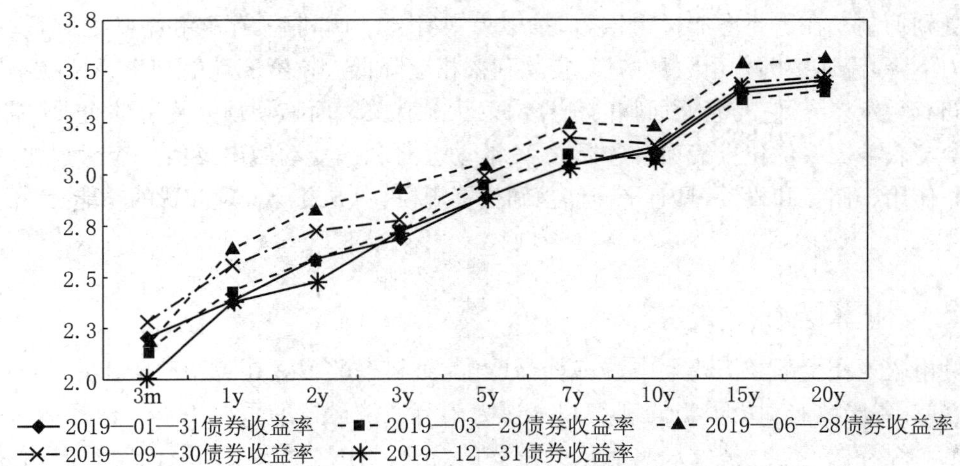

图 3.5　2019 年的中国国债回报率曲线

注：m 表示月，y 表示年。
资料来源：Wind 数据库。

3.3　利率政策与利率市场化

3.3.1　利率对经济的影响

利率最终由实际经济中的利润决定。市场利率取决于借贷资金供求关系，又反过来通过借贷资金供求关系影响储蓄和投资。利率变动会影响市场主体的投资动机和对消费活动的跨期选择。家庭部门的基本生活消费，受利率变动影响比较小，全部收入中扣除基本生活消费后的剩余部分，是用于储蓄还是用于提高消费水平，在很大程度上取决于市场利率高低。在短期，利率提高会使消费减少。在长期，提高利率可增加社会消费基金总量。原因是，减少的那部分消费变成储蓄存款时会带来利息收入，并成为增加远期消费的物质基础。

利率对储蓄总量有显著影响，提高利率会增加储蓄总量。在其他条件保持不变时，利率提高会缩减即期消费，增加储蓄。降低利率时，一般会引起储蓄总量减少。利率不仅影响储蓄率，而且会影响金融资产需求和储蓄分配。金融资产需求的利率弹性，既与国民收入水平有关，也与国民收入分配结构（比如劳动收入占比）有关。国民收入分配结构变动会引起储蓄结构变动，同时会导致金融资产需求的利率弹性发生变动。国民收入分配结构变动，会直接影响居民金融资产持有量及构成。银行体系在用利率手段动员、集中和分配社会储蓄、促进储蓄的增长方面有重要作用。调整中央银行基准利率，可以影响商业银行的可贷资金数量，影响商业银行的存贷款利率，进而影响金融市场上货币资金的供求状况，使市场利率发生变动，并对经济活动产生调节作用。

利率变动会影响企业的投资决策和投资规模。在需要紧缩货币供给时，中央银行会提高利率，引起存款利率提高，使存款吸引力增加，一部分货币退出流通过程；利率提高时，会加大商业银行从中央银行的资金借入成本，促使商业银行收缩信贷，企业贷款需求也会受到抑制。在需要增加货币供给时，中央银行会下调利率，存款利率随之降低，存款吸引力下降，流通中的货币数量增加，贷款利率相应降低。投资变动的利率弹性在不同企业之间有一定差异，它与企业面临的预算约束状况有关。面临硬预算约束的企业，需要根据成本与收益关系优化投资项目选择，投资活动会对利率变动做出灵活反应。因此，利率可同时作用于储蓄和投资，具有平衡储蓄和投资规模、引导资源合理配置的功能。

3.3.2 利率政策

货币政策在全部经济政策中占有重要地位，而利率政策又在货币政策中占有重要地位。因此，各国政府和货币当局都将利率视为调节经济运行的重要工具。选择适当的利率政策对经济稳定与经济发展具有极为重要的意义。在利率政策的取向问题上，有两种主张：(1)鼓励投资的低利率政策；(2)鼓励储蓄的高利率政策。

1. 低利率政策

低利率政策是指运用行政法规，或硬性规定存贷款利率上限，或直接规定存贷款利率，将利率维持在较低水平(一般都在均衡利率水平之下)，以鼓励企业投资，促进经济发展。低利率政策主张以利率缺乏自动平衡功能和投资决定储蓄理论为基础。凯恩斯学派认为，投资能自行产生储蓄，是投资决定储蓄，而不是相反，利率政策的支点应放在刺激投资方面。

低利率政策可降低银行信用获得成本，为产业部门提供廉价资金，刺激投资需求，促进经济发展。当低利率政策所引起的投资增加能较快地形成社会生产力时，可使有效供给显著增加，并能填补由于低利率政策引起的总需求扩大而造成的供求缺口。低利率政策促进经济发展的机制包括三个方面。

第一，低利率能够刺激投资增加，使闲置资源或潜在的生产能力得到充分利用，从而提高国民收入水平。

第二，在资源充分利用的情况下，低利率政策可刺激企业投资需求增加，进而拉动价格上涨，引起国民收入分配偏向资本要素，进而会有储蓄增加。其条件是，物价上涨率高于名义工资增长率；实际工资增长率低于劳动生产率增长率。伴随通货膨胀的低利率政策使收入分配向资本所有者倾斜，作为利润占有者的资本所有者的储蓄倾向高于工资所得者。①只要投资活动能够增加国民收入，并通过伴随通货膨胀的低利率政策将收入从工人转向资本所有者和从私人部门转向公共部门，社会总储蓄和投资在低利率政策下就能不断增加。

第三，低利率可以提高银行信贷投放效率。银行贷款利率提高到一定水平时，会强化道德风险和逆向选择②，即使存在超额贷款需求，银行也不会提高利率，宁愿以较低的利率

---

① 考虑名义工资刚性特点，低利率伴随通货膨胀上升时实际工资下降，全部收入中有较高储蓄倾向的资本所有者所得比重提高，社会储蓄总量因此增加。

② 逆向选择和道德风险均源于银行与借款人之间的信息不对称。逆向选择是指由于信息不对称，银行根据所有潜在借款人的平均信用水平确定贷款利率，使贷款利率高于低风险借款人愿意接受的水平，违约风险低的借款人会退出，剩下的为高违约风险借款人；为了补偿借款风险，银行不得不进一步提高贷款利率，进而将更多的低风险借款人挤出信贷市场；也即逆向选择指高利率挤出了低风险借款人。道德风险是指借款人拿到银行贷款后，从事借贷合同以外的高风险项目，增加了银行贷款偿还风险。详细讨论参见本书第7章内容。

实行信贷配给。实行适度的低利率政策可以改善相互提供担保的贷款者的整体资产质量①,降低融资成本,增加企业净资产;低利率可以与出口鼓励相结合,提高商品国际竞争能力,促进经济增长。实行低利率政策时,政府可借助信贷配给手段鼓励向高科技产业增加投资。

在各国经济发展史上,推行低利率政策较为成功的要算日本。在日本,低利率政策实施的以下两个方面的消极作用得到了较好抑制:②(1)低利率政策容易造成居民储蓄欲望减退和实际储蓄减少。在日本,政府部门提倡和鼓励储蓄,国民有勤俭节约传统,加上金融部门能提供优质服务,尽管利率长期被限制在较低水平,但日本国民储蓄形势一直比较好。(2)长期实施低利率政策时,政府需要增加货币供给,以弥补由低利率政策引发的储蓄减弱和投资过剩带来的资金供给不足;而储蓄减少又会引起居民消费增加。在此情况下,无论是增加货币供给还是减少储蓄和增加消费,都会触发物价上涨,引起通货膨胀。这是许多国家经济在起飞时期遇到过的棘手问题。然而,日本较好地解决了这道难题。

2. 高利率政策

高利率政策是指货币当局将名义利率置于物价上涨率之上,使实际利率明显大于零,且利率经常高于均衡水平。麦金农(Ronald McKinnon)和肖等认为③,低利率对经济活动有严重的扭曲作用,会阻碍储蓄投资形成和资金合理分配,从而抑制经济增长。因为:(1)低利率鼓励提前消费,会减少储蓄,这会导致银行系统吸收存款下降进而不得不减少贷款投放,迫使借款人更多地依赖自筹资金,造成银行资金流量减少。(2)低利率会导致资本对劳动替代。(3)低利率会导致信贷配给④,而信贷配给意味着较低的资源配置效率;当国内资本市场处于混乱状态且本币对外汇率难以预测时,外国金融资本流入难以发挥积极作用。(4)存款实际收益率为负时,企业富余资金收益降低,积累流动资产难度增加。

实施高利率政策,可抑制经济过热和改善国际收支。在经济起飞时期,容易出现投资膨胀和物价上涨甚至通货膨胀。在此条件下执行高利率政策,可抑制投资过热和物价上涨。麦金农和肖的“金融抑制理论”认为,发展中国家经济落后的症结在于金融发展受到了抑制:(1)利率管制导致实际利率为负值,抑制了居民储蓄,刺激了资本需求,使资本短缺问题更为严重;(2)只有少数企业可通过正常市场获得资本,大量企业只有通过黑市获得高价资本;(3)金融抑制限制了金融机构的业务活动,束缚了金融市场形成和发展,降低了储蓄水平,阻碍了储蓄向投资的转化过程。

为了克服低利率对经济活动的影响,应通过金融深化,提高实际利率水平。⑤高利率能够促进储蓄增加,提高资源配置效率:(1)储蓄往往具有较高的利率弹性,高利率能够促进储蓄增长;(2)高利率能够防止市场用稀缺资本替代廉价劳动;(3)高利率可以防止企业浪

① 利率较低时资产现值上升。比如利率较低时股票和债券价格均上涨,有助于提高企业资产总价值。

② 丁孜山:《各类利率政策的比较研究》,《内蒙古财经学院学报》1997年第3期。

③ McKinnon, Ronald, 1990, “Financial Repression and the Productivity of Capital: Empirical Findings on Interest Rates and Exchange Rates”, Asian Development Bank, DSP, July.

④ 信贷配给是指银行对贷款申请加以限制,不予以充分满足。参见本书第7章7.3节内容。

⑤ 金融抑制时利率低于均衡利率甚至低于通货膨胀率,并伴随很严重的资金短缺;金融深化的重要内容是实行利率市场化,从金融抑制到金融深化的重要做法之一是放松对利率管制;金融深化后受到抑制的利率会显著上升。

费和闲置生产能力;(4)高利率能够发出资本短缺信号,促进储蓄资源有效利用;(5)高利率可强化金融市场竞争,缩小存贷利差,避免信贷配给带来的资源低效率使用问题。

3.3.3 利率管理与利率市场化的前提条件

低利率政策刺激投资扩张时受到时滞限制和产业发展瓶颈限制。时滞越长,瓶颈越细,因投资需求增加而带动的价格上涨就越严重。高利率政策的提出是基于这样一个事实:发展中国家储蓄不足,资本短缺,除了劳动力资源闲置外,没有其他可以利用的资源。但高利率在增加储蓄的同时,并不必然能使增加的储蓄导入到投资领域。高利率会造成投资需求限制,储蓄和投资渠道沟通会受到阻碍,从而影响经济和金融发展。高利率政策和低利率政策在促进经济发展时,都要具备一定的条件。

在经济运行过程中,利率政策既不能损害储蓄,也不能损害投资,而应有效地沟通储蓄和投资之间的联系,使储蓄和投资相互适应。为此,必须建立适合本国国情的利率管理体制,使各种利率能够真实地反映资金期限、成本、风险状况和供求关系。

利率管理体制是经济管理体制的重要组成部分,它规定了金融管理当局或中央银行的利率管理权限、范围和程度。各国采取的利率管理体制可以分为三种类型:国家集中管理、市场自由决定,以及国家管理与市场决定相结合。大多数国家在相当长的时间内采取了国家管理与市场决定相结合的利率管理体制,但国家管理的程度和方式各有不同。实践经验表明,利率市场化必须具备一定的前提条件。

第一,宏观经济稳定。利率市场化意味着放松直至取消对利率的行政管制,使利率在市场供求关系的基础上形成并发挥作用。①在利率市场化之前,需要保持好财政收支基本平衡,控制好货币供应量增长速度,以创造稳定的宏观经济环境。在宏观经济不稳定时进行利率市场化改革,很可能导致实际利率不稳定,引发经济剧烈波动,加剧金融脆弱性,甚至引发经济衰退。

第二,金融稳定机制完善。利率市场化要有完善的微观市场基础,要求宏观金融调控机制完善,银行经营机制完善,以及宏观金融从直接管理向间接管理转变。只有在金融市场基础健全时,才可以为金融深化打下基础,从而进行金融工具创新,以消化高利率的负面影响。只有在金融市场基础健全时,才可能先从非信贷市场放开利率,从而实现利率市场化。缺乏金融市场基础时,金融机构很难应对利率市场化改革导致的成本上涨压力。②

第三,资金商品化,资金市场供求大致平衡。利率市场化往往伴随着高利率形成;高利率会加重企业负担,抑制社会投资需求,进而阻碍经济增长。公平竞争的金融市场机制有助于打破垄断,使交易双方平等地讨价还价,最终形成能够真正反映供求关系的均衡利率。当金融市场存在垄断时,利率市场化不仅不能形成由市场供求双方共同决定的均衡利率,反而容易形成过高的贷款利率,不利于实现资源合理配置。

第四,经济体制改革顺序合理,企业和银行已经形成市场竞争主体地位。只有真正地

---

① 江春、刘春华:《发展中国家的利率市场化:理论、经验及启示》,《国际金融研究》2007年第10期。

② 许健:《利率自由化的约束及其实践》,《金融研究》2003年第8期。

作为市场竞争主体时，企业才会对利率变动做出及时反应。麦金农指出，应该先进行市场主体改革，再进行价格体系改革，在利率市场化改革之前，应该先完成企业体制改革和银行体制改革。①

第五，金融监管体制完善。在利率市场化过程中，利率管制在逐步放开。若没有完善的监管手段，利率波动容易引发市场机制无法调节的问题。例如，高利率出现时，会引发国内储蓄结构变动，引起资金无序流动，使部分金融机构清偿能力减弱。在利率市场化之前，必须制定金融监管标准，进行严格的银行监督，以弥补改革政策设计的不足，缓和短期冲击，防止利率非理性波动，保障利率市场化改革顺利进行。②

3.3.4 利率市场化改革路径

在利率市场化之初，需要对本国利率体系和利率结构进行评估，并加以改善，包括：(1)减少利息补贴。(2)精简和监测金融机构资金成本计算。(3)减少和统一各类金融机构的流动资金需求，引入优惠利率或基本贷款利率制度。(4)使用间接货币控制工具而非直接信贷控制。③

在确定利率市场化的顺序时，不仅要区分贷款和存款交易，还要区分批发和零售交易。在进行利率市场化改革时，首先放开复杂实体之间批发交易利率，然后是贷款利率，最后是存款利率。以保障银行的盈利能力，让公众和企业有时间来适应利率市场化。

监测金融机构利润率是衡量利率市场化对银行盈利能力影响的有用工具。例如，在泰国，中央银行和银行家协会同意建立最低的零售贷款利率，将贷款利率与存款利率挂钩，为小额借款人提供基准，并增强其议价能力。在马来西亚向全面利率市场化过渡期间，所有的利率都固定在每家银行宣布的基准贷款利率上，并与银行的融资成本挂钩。

为了避免金融机构之间不稳定的存款流动，谨慎的做法是不要等到所有贷款利率完全放开之后再开始放开某些类型的存款利率，如通常由大公司和机构投资者持有的大额定期存款。日本、美国和大多数西欧国家，在利率市场化早期阶段就放开了“批发”存款利率；韩国在改革初期也放开了批发存款和大面额回购协议利率。

值得注意的是，如果利率市场化的速度太快，改革可能会失去动力并且会出现新的扭曲，但速度太慢也会导致改革计划失败。要使利率市场化走上正轨，货币当局和负责实体部门结构改革的政府机构之间需要密切合作。④

---

① McKinnon, Ronald I., 1991, *The Order of Economic Liberalization: Financial Control in the Transition to a Market Economy*.《经济市场化的次序——向市场经济过渡时期的金融控制》，周庭煜、尹翔硕等译，上海三联书店、上海人民出版社 1997 年版。

② 许健：《利率自由化的约束及其实践》，《金融研究》2003 年第 8 期。

③ Leite, Sérgio Pereira, and V. Sundararajan, 1990, "Issues in Interest Rate Management and Liberalization", *Staff Papers*, 37(4): 735—752.

④ Mehran, Hassanali, and B. Laurens, 2005, *Interest rates: An approach to liberalization. Correct Hardware Design and Verification Methods*, Springer Berlin Heidelberg: 222—237.

3.3.5 利率市场化改革实践

1. 发达国家的渐进式改革

从20世纪70年代开始，西方国家逐步放松了利率管制，利率更多地由市场自身决定，并于20世纪80年代先后完成了利率市场化改革。①

美国在联邦储备体系建立起来之后，对利率实行严格管制。1933年《联邦储备法》中的"Q条例"禁止商业银行对活期存款支付利息，并对定期存款和储蓄存款规定利率最高限额。从20世纪60年代开始，随着美国通货膨胀率走高和市场利率上升，Q条例的弊端不断显现，包括：(1)尽管Q条例的利率最高上限不断调整，但仍然追不上通货膨胀率，导致"负利率"越来越严重；(2)货币市场互助基金和资本市场迅速发展，吸引大批资金从银行流出，导致了严重的"金融脱媒"现象。于是，美联储逐渐放松了对部分存款的利率限制。1970年6月，美联储根据国内经济发展和资金供求情况，首先将10万美元以上、3个月以内短期大额存单利率市场化，之后又将90天以上的大额存款利率管制予以取消。1973年，美联储放松了所有大额存单的利率管制，并取消了1 000万美元以上、期限5年以上的定期存款利率上限。1980年，允许所有金融机构开设可转让支付命令账户。1980年8月，美国政府制订了《解除存款机构管制与货币管理法案》，决定自1980年3月31日起，按照从大额定期存款向小额定期存款、储蓄存款逐步推进的思路，用6年时间逐步取消Q条例。此后，又于1982年10月通过了《加恩—圣杰曼吸收存款机构法》(Gem-St Gemain Depository Institutions Act)，详细规定了解除Q条例的步骤，利率市场化进程大大加速。1986年1月，美国所有存款利率和大部分贷款利率的限制被取消，实现了利率市场自由决定。

英国从18世纪初期到1971年，长期实行集中控制型的利率管理体制。英格兰银行控制再贴现利率，商业银行通过它们之间的利率卡特尔协议，将存贷款利率随再贴现利率同步变动。1971年，英格兰银行宣布取消再贴现率，同时要求商业银行和贴现行取消利率卡特尔协议。1972年10月，英格兰银行决定以最低贷款利率取代贴现率，且最低贷款利率作为商业银行制定利率基准。1981年8月，英格兰银行宣布取消每周公布最低贷款利率的做法，英国的利率管理体制正式走上了完全市场化的道路。

在1916年以前，日本政府对金融机构不加以利率管制，大银行之间在展开一段时间的高利率竞争之后，自动地形成了一些约束银行行为的利率协定。1918年，日本出现了附有制裁规定的、成文的存款利率协定。1947年日本政府颁布了《临时利率调整法》，不仅规定了存款利率上限，还对债券发行利率、长期贷款优惠利率等直接加以限制。20世纪70年代，日本金融界开始了以回避利率限制为内容的金融自由化革命，金融当局也不得不逐步放松利率管制，利率开始走向市场化。

首先是1977年国债交易利率实现由市场决定，第二年发行的中长期国债利率也被放开。接着，日本银行于1978年先后允许银行拆借利率弹性化和银行间票据买卖自由化。然后，又将自由利率由大额金融交易导入小额金融交易。1979年，日本政府批准商业银行

① 康书生、鲍静海：《货币银行学》，河北人民出版社2003年版，第87—89页。

发行大额可转让存单,允许存单发行利率由发行金融机构和购买者自由协商决定,不受《临时利率调整法》限制。1984年,日本大藏省发表了《金融自由化与日元国际化的现状及展望》,拉开了日本全面利率市场化序幕。在存款利率方面,降低了大额可转让存单发行标准。在贷款利率方面,由以前在日本银行规定利率的基础上加小幅利差,改为在筹集资金的基础利率之上加1%;基础利率是对活期存款、定期存款、可转让存款、拆借资金四种资金利率的加权平均。由于后两种资金利率已经放开,因此贷款利率部分实现了市场化。[①]1991年,日本银行停止对银行借贷行为实施"窗口"指导。1993年,日本的定期存款利率和流动性存款利率实现市场化。1994年,日本的利率决定完全市场化。

2. 拉美国家的激进式改革

智利和阿根廷是激进式利率市场化改革的代表。智利分三个阶段进行利率市场化改革。一是放松阶段(1973年9月—1975年3月)。政府放松对利率控制,允许私人设立金融公司,提高利率管制上限。二是实施阶段(1975年4月—1976年6月)。政府大量减少开支,紧缩需求和深化结构改革,实行银行私有化,全部取消对银行存贷款利率限制,并实行大幅度的货币贬值。三是深化阶段(1976年6月—1979年6月)。继续实行货币贬值,放宽对外资流动管制。智利改革遵照了新自由主义经济学的标准模式,利率市场化与银行私有化、汇率改革、资本项目开放等几乎在同一时间段推进。由于利率放开后金融监管机制建设不力,加上银行改制后公司治理机制不健全,智利出现了超高利率。与此同时,改革导致外资过度流入和比索对外升值,出口部门竞争力严重衰退。1982年6月,智利政府不得不宣布比索大幅贬值,导致智利银行体系处于"实际破产"状态;政府不得不重新国有化银行以进行挽救,利率也不得不重新回到管制状态。

阿根廷在1975年取消了除存款利率外其他所有利率的管制限制,1976年又放宽对储蓄存款利率管制,并于1977年6月颁布《金融法》,全面放开存款利率限制,进而实现了利率市场化和自由化改革。在20世纪80年代,阿根廷爆发了金融危机,多家金融机构被破产清算,为了解决这个问题,在20世纪90年代阿根廷政府又不得不放弃利率自由化政策,重新进行利率监管。[②]

3.3.6 中国的利率市场化改革

自1949年以来,中国的利率基本上属于管制类型。[③]新中国成立初期,中国的利率由国务院统一制定,中国人民银行统一管理。在此期间,为了稳定市场和促进工农业生产,一直实行低利率政策,其特点是档次少、水平低、利差小、管理权限集中;直到实行经济体制改革与开放政策之后,这种局面才有所改变。20世纪70年代末,中国开始推行改革开

① 胡新智、袁江:《渐进式改革:中国利率市场化的理性选择——利率市场化的国际经验及其对中国的启示》,《国际经济评论》2011年第6期。

② 陈燕:《利率市场化改革的两种模式及对我国的启示》,《福建论坛(人文社会科学版)》2016第10期。

③ 对中国利率市场化改革问题的详细分析参见(1)中国人民银行《稳定推行利率市场化报告》,2005年1月31日。(2)谢平、焦瑾璞:《中国货币政策争论》,中国金融出版社2002年版。(3)薛万祥:《中国货币调控模式选择与制度设计》,上海财经大学出版社1998年版。

放政策，利率体制改革问题也被提上了议事日程。

1. 银行间同业拆借市场利率先行放开

银行间同业拆借市场利率是整个金融市场利率的基础，中国的利率市场化改革选择了以同业拆借利率为突破口。1986 年 1 月 7 日，国务院颁布了《中华人民共和国银行管理暂行条例》，明确规定专业银行资金可以相互拆借，资金拆借期限和利率由借贷双方协商议定。此后，同业拆借业务在全国迅速展开。

1988 年 10 月 5 日，中国人民银行下发《关于加强利率管理工作的暂行规定》，首次以部门规章的形式对利率管理进行专门规范，初步明确了中国人民银行对利率管理的主体地位和管理范围。1990 年，中国人民银行下发《利率管理暂行规定》，对中国人民银行利率管理的职责范围进行了全面界定，并明确了中国人民银行各级机构在利率管理中的职责。此时，中国人民银行对利率管理的范围覆盖了几乎所有资金价格和计息规则。在完善利率管理制度的同时，通过适度扩大金融机构存贷款利率浮动幅度和下放利率浮动权的形式，中国货币当局对利率管理体制改革进行了积极尝试。

针对同业拆借市场发展初期市场主体风险意识薄弱等问题，1990 年 3 月出台《同业拆借管理试行办法》，首次系统地制订了同业拆借市场运行规则，并确定对拆借利率实行上限管理原则，以规范同业拆借市场发展、防范风险。1993 年，《国务院关于金融体制改革的决定》，提出了利率市场化改革的基本设想。

1995 年 11 月 30 日，根据国务院有关金融市场建设的指示精神，中国人民银行撤销了各商业银行组建的融资中心等同业拆借机构。从 1996 年 1 月 1 日起，所有同业拆借业务均通过全国统一的同业拆借市场网络办理，生成了中国银行间拆借市场利率(CHIBOR)。1996 年 6 月 1 日，中国人民银行在《关于取消同业拆借利率上限管理的通知》中明确指出，银行间同业拆借市场利率由拆借双方根据资金供求自主确定。银行间同业拆借利率正式放开，标志着中国的利率市场化改革迈出了具有开创意义的一步。

1996 年随着统一的银行间市场的建立，中国的利率管理体制改革迈上了新的台阶。金融机构间的批发业务利率逐步放开，中国人民银行管理的利率范围不断缩小，利率管理种类不断简化；中国人民银行针对不同性质资金和不同行业制定的差别利率政策逐步减少。1998—1999 年，中国人民银行连续三次扩大金融机构对中小企业贷款利率的浮动幅度，并统一了不同期限档次利率浮动政策。

2007 年 1 月，上海银行间同业拆放利率(SHIBOR)正式建立。SHIBOR 借鉴了伦敦银行间同业拆借利率(LIBOR)等国际货币市场基准利率，是由信用等级较高的银行组成报价团自主报出的人民币同业拆借利率计算确定的算术平均利率。SHIBOR 的建立，标志着中国货币市场基准利率培育工作全面启动。SHIBOR 的建设有利于促进金融机构提高自主定价能力，指导货币市场产品定价，推进利率市场化。①

2. 放开债券市场利率

债券市场是金融市场的重要组成部分，放开债券市场利率是推进中国利率市场化改革的重要步骤。1991 年，中国的国债发行开始采用承购包销这种具有市场特征的发行方

① 中国人民货币政策分析小组:《2007 年第四季度中国货币政策执行报告》，第 19—20 页。

式。1996年，中国国家财政部门通过证券交易所市场平台实现了国债市场化发行，全年共市场化发行国债1952亿元。此外，国债发行采取了利率招标、收益率招标、划款期招标等方式，同时根据市场供求状况和发行数量，采取了单一价格招标或多种价格招标。这是中国债券发行利率市场化的开端，为以后的债券利率市场化改革积累了经验。

1997年6月5日，中国人民银行下发了《关于银行间债券回购业务有关问题的通知》，决定利用全国统一的同业拆借市场开办银行间债券回购业务。借鉴银行同业拆借利率市场化改革经验，银行间债券回购利率和现券交易价格同步放开，由交易双方协商确定。随着银行间市场债券回购、现券交易规模不断扩大，其短期头寸融资特征日益明显，短期回购利率成为中央银行判断存款类金融机构头寸状况的重要指标，为中央银行开展公开市场操作奠定了基础；银行间债券回购与现券交易利率放开，增强了市场价格发现能力，为进一步放开银行间市场国债和政策性金融债的发行利率创造了条件。

在1998年以前，中国的政策性金融债的发行利率以行政方式确定，在定价方面难以同时满足发行人、投资人双方的利益要求，商业银行购买政策性金融债的积极性不高。1998年，鉴于银行间拆借利率、债券回购利率和现券交易利率已实现市场化，政策性银行金融债券市场化发行条件已经成熟。1998年9月，国家开发银行首次通过中国人民银行债券发行系统以公开招标方式发行金融债券，随后中国进出口银行也以市场化方式发行金融债券。1999年，中国财政部首次在银行间债券市场实现以利率招标的方式发行国债。

3. 存贷款利率市场化

(1) 推进境内外币利率市场化。

从1984年开始，中国人民银行授权中国银行公布境内外币存贷款利率。2000年，中国人民银行改革了外币利率管理体制，放开了境内外币贷款利率和300万美元(或等值其他外币)以上的大额存款利率，300万美元(或等值其他外币)以下的小额外币存款利率由中国人民银行对外公布。2002年3月，中国人民银行统一了中外资金融机构外币利率管理政策，将境内外资金融机构对境内中国居民的小额外币存款，纳入中国人民银行现行小额外币存款利率管理范围，实现了中外资金融机构在外币利率政策上的公平待遇。

2003年7月，在中国境内的英镑、瑞士法郎、加拿大元的小额存款利率放开，由各商业银行自行确定并公布。小额外币存款利率由原来国家制定并公布的7种减少到境内美元、欧元、港币和日元等4种。2003年11月，小额外币存款利率下限放开。商业银行可根据国际金融市场利率变化，在不超过中国人民银行公布的利率上限的前提下，自主确定小额外币存款利率。2004年11月，中国人民银行在调整境内小额外币存款利率的同时，决定放开1年期以上小额外币存款利率。随着境内外币存贷款利率逐步放开，中国商业银行均制定了外币存贷款利率管理办法，建立了外币利率定价机制。各家银行还根据自身情况，完善了外币贷款利率的分级授权管理制度，在国际市场利率的基础上，各商业银行总行规定了其分行的外币贷款利率的最低加点幅度和浮动权限。

(2) 人民币贷款利率市场化。

1987年1月，中国人民银行首次进行了人民币贷款利率市场化尝试。1999年3月2日，中国人民银行修订并下发了《人民币利率管理规定》，强调了利率杠杆对国民经济的调节作用，简化了利率管理种类，明确了中国人民银行利率管理和金融机构自定利率的范围，使利率管理体制改革的成果以规范的形式明确下来。

2003—2004年，中国人民银行在推进人民币贷款利率市场化方面迈出了重要的三步。第一步是2003年8月，中国人民银行在推进农村信用社改革试点时，允许试点地区农村信用社的贷款利率上浮不超过贷款基准利率的2倍。第二步是2004年1月1日，中国人民银行决定将商业银行、城市信用社的贷款利率浮动区间上限扩大到贷款基准利率的1.7倍，农村信用社贷款利率的浮动区间上限扩大到贷款基准利率的2倍，金融机构贷款利率的浮动区间下限保持为贷款基准利率的0.9倍不变，同时明确贷款利率浮动区间不再根据企业所有制性质和规模大小分别制定。第三步是2004年10月29日，中国人民银行报经国务院批准，决定不再设定金融机构(不含城乡信用社)人民币贷款利率上限。考虑到城乡信用社竞争机制尚不完善，经营管理能力有待提高，容易出现贷款利率“一浮到顶”的情况，仍对城乡信用社人民币贷款利率实行上限管理，但其贷款利率浮动上限扩大为基准利率的2.3倍。所有金融机构的人民币贷款利率下浮幅度保持不变，下限仍旧为基准利率的0.9倍。至此，中国金融机构人民币贷款利率基本过渡到上限放开，实行下限管理的阶段。与此同时，贷款利率浮动报备制度初步建立，各商业银行和城乡信用社需要通过报备系统，定期向中国人民银行反馈贷款利率的浮动情况。

2012年6月和7月，中国人民银行决定将金融机构贷款利率浮动区间下限接连调整为基准利率的0.8倍和0.7倍。2013年7月，中国人民银行取消金融机构贷款利率下限，由金融机构根据商业原则自主确定贷款利率水平，同时对城乡信用社的贷款利率不再设立上限。2013年9月，金融机构市场利率定价自律机制建立。市场利率定价自律机制是由金融机构组成的市场定价自律和协调机制，旨在符合国家有关利率管理规定的前提下，对金融机构自主确定的货币市场、信贷市场等金融市场利率进行自律管理，维护市场正当竞争秩序，促进市场规范健康发展。2013年10月，贷款基础利率(LPR)集中报价和发布机制正式运行。贷款基础利率(LPR)是商业银行对其最优质客户执行的贷款利率，其他贷款利率可在此基础上加减点生成。作为贷款利率市场化的配套机制，这两项机制对进一步推进利率市场化改革具有如下重要意义：(1)激励金融机构强化财务约束，实现科学合理定价；(2)通过建立信贷市场基础利率，为金融机构信贷产品市场化定价提供参考；(3)强化定价自律管理，维护公平有序的市场竞争秩序。①

(3) 人民币存款利率市场化。

1999年10月，中国人民银行批准中资商业银行法人对中资保险公司法人试办5年期以上(不含5年期)、3 000万元以上的长期大额协议存款业务，利率由双方协商确定。这是中国对存款利率市场化改革的有益尝试。2002年2月和12月，协议存款试点的存款人范围扩大到全国社会保障基金理事会和已完成养老保险个人账户基金改革试点的省级社会保险经办机构。2003年11月，国家邮政局邮政储汇局获准与商业银行和农村信用社开办邮政储蓄协议存款。放开长期大额协议存款利率为中国实施存款利率市场化改革积累了经验，同时培育了商业银行的存款定价意识，健全了存款利率管理有关制度。

① 中国人民货币政策分析小组：《2013年第四季度中国货币政策执行报告》，第12—13页。

表 3.1 中国金融机构人民币存款基准利率

调整时间	活期	定期					
		3 个月	6 个月	1 年	2 年	3 年	5 年
1990 年 4 月 15 日	2.88	6.30	7.74	10.08	10.98	11.88	13.68
1990 年 8 月 21 日	2.16	4.32	6.48	8.64	9.36	10.08	11.52
1991 年 4 月 21 日	1.80	3.24	5.40	7.56	7.92	8.28	9.00
1993 年 5 月 15 日	2.16	4.86	7.20	9.18	9.90	10.80	12.06
1993 年 7 月 11 日	3.15	6.66	9.00	10.98	11.70	12.24	13.86
1996 年 5 月 1 日	2.97	4.86	7.20	9.18	9.90	10.80	12.06
1996 年 8 月 23 日	1.98	3.33	5.40	7.47	7.92	8.28	9.00
1997 年 10 月 23 日	1.71	2.88	4.14	5.67	5.94	6.21	6.66
1998 年 3 月 25 日	1.71	2.88	4.14	5.22	5.58	6.21	6.66
1998 年 7 月 1 日	1.44	2.79	3.96	4.77	4.86	4.95	5.22
1998 年 12 月 7 日	1.44	2.79	3.33	3.78	3.96	4.14	4.50
1999 年 6 月 10 日	0.99	1.98	2.16	2.25	2.43	2.70	2.88
2002 年 2 月 21 日	0.72	1.71	1.89	1.98	2.25	2.52	2.79
2004 年 10 月 29 日	0.72	1.71	2.07	2.25	2.70	3.24	3.60
2006 年 8 月 19 日	0.72	1.80	2.25	2.52	3.06	3.69	4.14
2007 年 3 月 18 日	0.72	1.98	2.43	2.79	3.33	3.96	4.41
2007 年 5 月 19 日	0.72	2.07	2.61	3.06	3.69	4.41	4.95
2007 年 7 月 21 日	0.81	2.34	2.88	3.33	3.96	4.68	5.22
2007 年 8 月 22 日	0.81	2.61	3.15	3.60	4.23	4.95	5.49
2007 年 9 月 15 日	0.81	2.88	3.42	3.87	4.50	5.22	5.76
2007 年 12 月 21 日	0.72	3.33	3.78	4.14	4.68	5.40	5.85
2008 年 10 月 9 日	0.72	3.15	3.51	3.87	4.41	5.13	5.58
2008 年 10 月 30 日	0.72	2.88	3.24	3.60	4.14	4.77	5.13
2008 年 11 月 27 日	0.36	1.98	2.25	2.52	3.06	3.60	3.87
2008 年 12 月 23 日	0.36	1.71	1.98	2.25	2.79	3.33	3.60
2010 年 10 月 20 日	0.36	1.91	2.20	2.50	3.25	3.85	4.20
2010 年 12 月 26 日	0.36	2.25	2.50	2.75	3.55	4.15	4.55
2011 年 2 月 9 日	0.40	2.60	2.80	3.00	3.90	4.50	5.00
2011 年 4 月 6 日	0.50	2.85	3.05	3.25	4.15	4.75	5.25
2011 年 7 月 7 日	0.50	3.10	3.30	3.50	4.40	5.00	5.50
2012 年 6 月 8 日	0.40	2.85	3.05	3.25	4.10	4.65	5.10
2012 年 7 月 6 日	0.35	2.60	2.80	3.00	3.75	4.25	4.75

注:(1)5 年期定期存款利率只公布到 2012 年,之后停止公布。(2)2015 年 10 月放开存款基准利率。(3)单位为年利率百分比。

资料来源:中国人民银行。

经过改革试验以后，中国选择的“先长期大额，后短期小额”“存款利率向下浮动，管住上限”的存款利率市场化改革思路更加明确和清晰。2004 年 10 月 29 日，中国人民银行报经国务院批准，决定允许金融机构人民币存款利率下浮；即所有存款类金融机构对其吸收的人民币存款利率，可在不超过各档次存款基准利率的范围内浮动，但存款利率不能上浮。至此，人民币存款利率实行下浮制度，实现了“放开下限，管住上限”的既定目标。

2014 年 11 月，紧跟贷款利率市场化步伐，中国人民银行决定将金融机构人民币存款利率浮动区间上限从基准利率的 1.1 倍扩大至 1.2 倍，并对基准利率期限档次作适当简并，扩大金融机构的定价空间。2015 年 3 月和 5 月，人民币存款利率浮动区间上限扩大至基准利率的 1.3 倍和 1.5 倍。2015 年 6 月，中国人民银行发布《大额存单管理暂行办法》，允许金融机构面向企业和个人发行市场化定价的大额存单。大额存单指的是由存款类金融机构面向非金融机构投资人发行的记账式大额存款凭证，它的推出有利于培养金融机构的自主定价能力和健全市场化利率形成机制。①

2015 年 8 月，中国人民银行决定放开 1 年期以上（不含 1 年期）定期存款利率上限；10 月，对商业银行和农村合作金融机构等不再设置存款利率上限，金融机构可参考存款基准利率自主决定存款利率，存款利率管制基本上全面放开。自 2015 年 10 月 24 日起，中国人民银行决定对商业银行和农村合作金融机构等不再设置存款利率浮动上限。

经过多次调整，中国存款利率水平及其结构目前（2019 年）可分为 11 个种类，几十个档次；中国的贷款利率则可分为基准贷款利率、法定贷款利率、浮动贷款利率、优惠贷款利率及行业差别贷款利率、加贴息贷款利率等。经过近 30 年改革，中国基本上实现了重要利率的市场化（存款利率、贷款利率、国债发行利率、债券回购利率、同业拆借利率），建立了 SHIBOR、LPR、市场定价自律和协调机制等推动利率市场化的配套机制，使金融市场能有序、高效运行。中国利率市场化改革的进一步设想是：继续培育由 SHIBOR 和 LPR 等构成的金融市场基准利率体系，促使其能更好地反映市场利率情况；继续探索构建利率走廊机制，疏导利率传导渠道，健全中央银行利率调控体系；进一步丰富金融产品，推动金融市场向纵深发展。

3.4 汇率与经济运行

汇率给出了两个主权国家货币之间的比价关系。汇率变化会对进出口贸易、居民消费、企业投资和政府经济政策等产生深刻影响。

3.4.1 货币兑换

绝大多数主权国家都有自己的货币。拥有本国货币的国家多用法律明文规定，在本国境内禁止外币流通，或在国家限制的范围内才能使用外币进行交易。

在国际经济交往中，涉及贸易、投资、跨境旅游、求学等各种活动。外国居民或机构在

① 中国人民货币政策分析小组：《2015 年第三季度中国货币政策执行报告》，第 15—17 页。

本国从事商务活动时,必须使用本国规定的货币进行交易。这就涉及本国货币和外国货币之间的兑换问题。在进出口贸易中,本国企业多使用本国货币来评价经营成本和收益,外国的贸易伙伴则多使用外国货币来评价经营成本和收益,这时也要涉及不同货币之间的兑换问题。在货币兑换过程中,就必然会碰到不同货币之间的兑换比率问题。

3.4.2 汇率范畴

汇率是指用一种货币表示的另一种货币的价格。汇率有两种表示方法:(1)直接标价法;(2)间接标价法。汇率直接标价法,是指将1单位的外币表示成若干单位本币的汇率表示方法。汇率间接标价法,是指将1单位的本币表示成若干单位外币的汇率表示方法。对中国居民来说,用人民币表示美元价格就是直接标价方法。比如,中国人民银行授权中国外汇交易中心公布的2020年3月6日银行间外汇市场人民币汇率中间价为1美元=6.933 7元人民币。直接标价法也称美元标价法,间接标价法也称欧洲标价法。

按照交易方法不同,可将汇率分为即期汇率和远期汇率两种类型。即期汇率与外汇即期交易相联系,即外汇交易合约签订以后,要求在两个工作日之内或更短时间进行交割,交割时使用的汇率为即期汇率。远期汇率与远期外汇交易相联系。外汇交易合约签订以后,要求在未来某一特定时期交割,在交割时使用的汇率为远期汇率。

两种货币之间的汇率经常会发生变动。当本币D兑换外币F的数量增加时,我们就说本币D对外币F有了升值;反之,本币D对外币F出现了贬值。当本币D对外币F出现升值时,在直接标价方法下,即用本币表示外币价格时,汇率数值变小,在间接标价方法下,即用外币F表示本币D价格时,汇率数值变大。汇率变动分官方汇价法定调整和市场估值变动两种。

汇率变化时,会对涉外经济活动产生明显影响。要理解汇率变化与经济运行之间的关系,首先需要掌握实际汇率概念。我们在金融机构公布的数据中看到的汇率多为名义汇率;实际汇率是指经过两国价格水平调整以后的名义汇率,其表达形式参见式(3.18)。

$$e=E\frac{P^*}{P} \tag{3.18}$$

在式(3.18)中,e 为实际汇率,E 为名义汇率(直接标价方法),P^* 为以外币表示的国外价格水平,P 为以本币表示的本国价格水平。在实际汇率表达式中,除了名义汇率外,还引入了两个国家的物价水平。这就意味着实际汇率不但是货币层面上的概念,同时也是实体经济层面上的概念。假设有D和F两个国家,且不存在交易成本。现在的问题是一定数量的F国商品在D国能换到多少D国商品。

我们首先将F国商品在该国市场上卖掉,商品的出售价格为 P^*,因而可得到 P^* 单位的F国货币。根据名义汇率,我们可以将 P^* 单位的F国货币在外汇市场上换得 EP^* 单位的D国货币。当D国商品价格为 P 时,用 EP^* 单位的D国货币能够交换得到的D国商品为 EP^*/P,这就是实际汇率表达式。实际汇率是两国商品之间的兑换比率。两国之间的商品交换是实体经济层面上的活动,这种交换需要通过两国之间的货币兑换来实现。实际汇率是指一定数量的外国商品可以交换得到的本国商品数量。实际汇率上升

(本币实际汇率贬值)意味着,同样多的外国商品能够换得的国内商品变多或者说本国商品相较外国商品变得便宜。实际汇率降低(本币实际汇率升值)时,说明同样单位的外国商品可以交换得到的本国商品数量变少,本国商品相对变贵。

3.4.3 汇率决定

汇率水平形成于外汇交易市场。外汇交易市场是有组织的场外交易场所。在外汇交易市场中,以银行为主导的数百家外汇交易商,按照约定的交易程序,不断地购买和出售以不同货币计值的各种银行存款和其他金融工具。汇率水平由货币买卖双方经过充分竞争后确定,反映了市场对不同货币的供求关系。

需要指出的是,相同的货币会同时在多个外汇市场上交易,但各个外汇市场上公布的相同的两种货币的比价经常不一样。比如,2009 年 1 月 15 日,纽约外汇市场上公布的英镑对美元的比价为 1 英镑=1.466 2 美元(money.cnn.com),同时伦敦外汇市场上公布的英镑对美元的比价为 1 英镑=1.464 4 美元(markets.ft.com)。造成上述差异的原因除了汇率数据公布的时点有差异以外,两个市场上的货币交易成本差异和选择的汇率范畴(中间价、开盘价或收盘价)差异也与此有关,但最关键的是各种货币交易难以在世界范围内获得完全套利。

3.4.4 汇率对经济影响

汇率对经济运行的影响集中在国际贸易和国际资本流动两个方面。我们首先分析汇率变化对国际贸易的影响。举例来说,当人民币对美元汇率从 7.5 上升到 7.8 时,人民币对美元发生了贬值,中国人购买美国商品时所需支付的人民币价格上升,同时美国人在购买中国商品时所需支付的美元价格下降。于是,本币贬值可以使外国对本国出口商品的需求上升,同时使本国对外国商品的进口需求下降,一国货币对外贬值时,会促进本国出口增加,同时抑制本国进口增加;反之,当人民币对美元汇率从 7.5 下降到 7.2 时,中国人购买美国商品时需要支付的人民币价格下降,中国对美国商品的需求会增加,同时,美国人购买中国商品时所需支付的美元价格上升,美国对中国商品的需求会减少。因此,货币对外升值会使进口增加,出口减少。比如,在 20 世纪 90 年代日元升值美元贬值过程中,日本国际收支中的旅游支出在 1988 年 1 年出现了 157.63 亿美元的赤字,比 1986 年日本旅游业国际收支赤字的 86.63 亿美元高出了 82%。

汇率变化影响经济运行的第二个渠道是国际资本流动。当货币预期对外升值时,投资者就有动力将外国货币兑换成本国货币,资本流入本国。相反,当本国货币预期对外贬值时,投资者会将本币兑换成外币到国外投资,资本流出本国。

鉴于汇率变化对经济运行的种种影响,几乎所有的国家都十分重视汇率政策问题。1986 年年初,日元升值倾向仍然持续。正当此时,原油价格意外下降,于是日元更加看涨。1986 年 1 月末还是 l 美元=191.40 日元,2 月 19 日就变为 l 美元=177.40 日元。3 月 19 日,日元汇率为 l 美元=174.30 日元,超过了战后最高值 1978 年的 l 美元=175.50 日元的水平。这一天，日本银行自“广场协议”以来首次进行逆向干预。[①]但美国却与此相反，贝克财政部长发表讲话，表示听任事实上的美元贬值，导致美元对日元进一步下跌。1986 年 5 月 4 日和 5 月 5 日，第 12 次西方主要国家首脑会议在东京召开。发表的《经济宣言》声称：为改善通货和贸易的不平衡及实现无通货膨胀增长，各国即着手进行政策协调，为稳定汇率而对各国经济政策实行相互监督，决定召开研究国际通货制度的七国集团财政部长(G7)会议。

进入 1987 年，美元对日元再次出现贬值。这是因为美国国内经济景气被预测有下降的可能性，以及对伊朗的武器销售收入被挪用为支持尼加拉瓜反政府武装等秘密暴露，导致里根政权出现动摇；而且，1986 年底发表的 1986 年 11 月份的美国贸易赤字达到 192 亿美元。1987 年 2 月 22 日，在巴黎召开 G7 会议，即“卢浮宫会议”。会上一致同意将美元对日元汇率稳定在当时的水平上。1987 年 4 月 7 日，在华盛顿召开的 G5 会议和 G7 会议，只是重复了“卢浮官决议”，并没有出台新的政策。这被认为是允许美元继续对外贬值的信号，于是 1987 年 4 月 9 日，美元兑换比率降低到了 1 美元＝144.20 日元的水平。到这时起，美国货币当局才开始警惕美元对外过度贬值会导致市场对美元丧失信心并会引起物价上升。但因日本的“1987 年度经济预算”中并没打算扩大内需和日美贸易摩擦难以解决，市场仍旧继续抛售美元。1987 年 4 月 27 日，美元对日元的比价突破了 140 日元大关。

3.5 汇率政策

汇率政策分为固定汇率和浮动汇率两种基本形式。浮动汇率是指汇率水平由外汇市场的供求关系决定。但是，固定汇率并非意味着汇率水平保持不变。实行固定汇率政策的国家经常会根据本国经济的发展需要，对设定的固定汇率水平进行调整。

3.5.1 汇率市场化

对所有国家(经济体)而言，选择正确的汇率政策以及如何实施汇率市场化，已成为应对全球化的关键任务之一。

1. 汇率市场化的前提条件

第一，宏观经济稳定。汇率从固定到浮动的过程必定对市场产生重大影响，若宏观经济不稳定，极有可能导致经济剧烈波动；这些影响包括汇率预期变化引起的资本短期大规模流进流出。

第二，金融市场充分发展。为了保障合理、均衡的汇率水平能够在较为高效率的外汇市场中形成，汇率制度由固定转向浮动应该在金融市场充分发展之后进行；金融市场充分发展包括金融基础设施发达、金融机构富有竞争力、金融监管制度健全、金融工具丰富等。

第三，利率市场化协调推进。利率是本币资金价格，汇率是以本币表示的外币价格或用外币表示的本币价格。利率调整会引起市场对本国经济竞争力预期发生变化，进而对

① 对日元升值历史的分析参见竹内宏：《日本现代经济发展史》，中信出版社 1993 年版，第 313—315 页。

本币对外汇率产生影响。在完全竞争的市场环境下，两国的利率水平能够决定汇率。在汇率市场化之前，必须考虑利率市场化问题。

第四，及时消除金融脆弱性。金融市场处于脆弱状态时，汇率市场化改革会给市场带来难以承受的冲击，极易引起市场震荡；比如银行体系存在大量不良贷款、资本充足率较低时，汇率市场化改革会恶化本币对外贬值预期，引发资本流出，激化金融体系风险。

2. 汇率市场化改革的路径

在汇率市场化改革中，采取循序渐进的方法是必要的。汇率市场化改革需要采取以下几个步骤。

第一，统一汇率。统一汇率对减少通货膨胀，消除出口贸易和进口贸易的复杂补贴，促进出口贸易发展以及激励参与生产活动而不是金融投机活动非常重要。①统一汇率有助于建立对银行和金融体系信心，阻止资本外逃。在内部和外部条件不利于汇率市场化改革时，必须首先统一汇率，减少基于汇率多轨的市场投机活动。

第二，提升外汇市场服务能力。在受限制的有管理汇率被自由化的市场汇率取代之后，进口商和投资者都能够在市场汇率下接受商业银行提供的服务。

第三，经常账户实现自由兑换。经常账户交易率先实现货币自由兑换，进出口贸易的障碍逐步消除，汇率变动能有效引导进出口贸易发展。

最后，资本账户自由兑换。停止运用资本流动管制方法对新兴产业和政府资助项目保护，通过贸易政策和金融工具即透明和明确的税收和补贴实施，改善产业政策实施和引导政府资助项目。

3.5.2 汇率市场化改革实践

1. 人民币汇率制度历史沿革

1948 年 12 月 1 日，中国人民银行成立，并开始发行人民币。人民币对西方国家货币的汇率于 1949 年 1 月 18 日首先在天津产生。1950 年全国财经工作会议以后，于同年 7 月 8 日开始实行全国统一的人民币汇率，由中国人民银行公布。1979 年 3 月 13 日，国务院批准设立国家外汇管理局，统一管理国家外汇，并负责对外公布人民币汇率数据。人民币汇率制度大体上经历了以下几个时期的演变过程。②

(1) 运用“物价对比法”决定汇率与汇率变动频繁时期(1949—1952 年)。

1949—1952 年，由于没有规定含金量，人民币对外汇率无法按两国货币的黄金平价关系确定，而是以“物价对比法”作为基础来计算，即人民币汇率制定的依据是物价水平。这一阶段人民币汇率的特点是：(1)汇率安排采取钉住美元浮动的方法；(2)汇率依照国内和国外物价相对水平变动予以调整；(3)人民币币值随国民经济恢复与好转而不断提高。

---

① Mirziyoev, Sh. M., 2017, “The Decree of the President of Uzbekistan ‘Strategy of Actions along Five Priority Directions of the Development of Uzbekistan’”, *Narodnoe Slovo*, February 8.

② 参见：(1)赵长茂《现代金融通论》，中国财政经济出版社 2002 年版，第 254—259 页。(2)李方《资本流动下汇率制度安排与资本管理：新兴国家货币危机与我国金融改革开放》，中国对外经济贸易出版社 2003 年版，第 116—118 页。

在1950年3月全国财经工作会议前，人民币汇率实行机动调整，变动频繁且出现了大幅贬值。在此阶段，人民币汇率共调整过52次，由1949年的1美元折合80元旧人民币，调整到1950年3月13日的1美元折合42 000元旧人民币，相差525倍。1950年3月—1952年底，人民币对美元汇率转为持续升值，由1美元折合42 000元旧人民币，调整至1952年12月的1美元折合26 170元旧人民币。

(2) 实行固定汇率制与汇率基本稳定时期(1953—1980年)。

1953—1973年，人民币汇率有以下三个特点：(1)强调稳定性，进行汇率“压制”和高估；(2)汇率政策采取与主要国家货币挂钩的办法，只有当某种外币出现贬值或升值时，才调整人民币对该国货币的汇率；(3)汇率对进出口贸易的调节功能基本消失。

在1953—1973年的20年间，人民币汇率逐步偏离了其国际价值，即偏离了人民币在国际市场上的购买力平价水平。由于美国非法冻结中国在外资金，中国在此期间的对外支付较少使用美元。

1973年2月以后，布雷顿森林体系崩溃，西方国家普遍实行浮动汇率制度，发展中国家大多数采取钉住汇率制度。中国由原来的钉住美元改为钉住一篮子货币。具体的安排是，选择与中国外贸有密切关系的若干货币组成一篮子货币，以这些货币加权平均汇率的变动，作为人民币汇价调整参照物。1973—1980年，选用的货币和权重曾多次调整。通过调整和计算，人民币汇价始终稳定在各国货币对外汇率的中间偏上水平。人民币对美元的年平均汇率由1972年的1美元折合2.24元人民币，一直上调到了1980年的l美元折合1.50元人民币。

(3) 汇率双轨制时期(1981—1993年)。

1979年8月，中国国务院颁发了《关于大力发展对外贸易增加外汇收入若干问题的规定》，决定从1981年1月1日起继续保留人民币的公开牌价，用于非贸易收支；此外，另行规定适用于进出口贸易结算和外贸单位经济效益核算的汇率，即贸易外汇内部结算价格(简称内部结算价)。内部结算价为1美元＝2.8元人民币；这一数值根据1978年全国平均出口换汇成本2.53元再加上10％的利润计算得到。

内部结算价的实行带来了新的问题。首先是外贸亏损增加。其次，内部结算价和公开牌价的使用范围在某些方面难以划分清楚，增加了外汇管理困难。与此同时，国际货币基金组织和国外厂商出现了对中国不利的舆论和政策反应。基于此，取消了内部结算价，恢复单一汇率制度，开始于1981年的人民币双重官方汇率制度于1984年底正式结束。1985年1月1日，中国取消对外贸易内部结算价，人民币官方汇率由双重汇率变为单一汇率；当时的汇率为1美元＝2.809 7元人民币。

中国于1979年实行外汇留成制度；考虑外汇调剂转让的客观需要，从1986年起办理外汇调剂业务。1988年以后，先后在全国设立外汇调剂中心①，外汇调剂量猛增，继而形成了以外汇调剂市场外汇供求关系为基础的外汇调剂价格，中国也因此出现了官方汇率和外汇调剂价格并存的新的双重汇率制度。这一时期，人民币官方汇率经历了几次较大幅度的贬值；1993年12月31日，官方汇率1美元＝5.80元人民币。外汇调剂价在人民币

① 1985年在深圳设立第一个外汇调剂中心。

贬值趋势中时高时低，最低时为5.5元，最高时突破10元；1993年12月31日，外汇调剂价为1美元=8.7元人民币。

表3.2　人民币汇率制度演进历史

时　　间	汇　率　制　度
1981—1984年	汇率双轨制:内部结算价与官方汇率并存
1985—1993年	新汇率双轨制:官方汇率与市场调剂汇率并存
1994年1月—2005年7月	汇率并轨，以市场供求为基础的、单一的、有管理的浮动汇率制度
2005年7月—2008年9月	以市场供求为基础、参考一篮子货币进行调节、有管理的浮动汇率制度
2008年9月—2010年6月	钉住美元的固定汇率制度
2010年6月—2015年8月	重回有管理的浮动汇率制度
2015年8月11日—2015年12月	调整中间报价机制，即参考前日收盘价
2016年1月—2017年4月	2016年1月，在中间价报价机制中引入一篮子货币汇率变化；2017年1月，一篮子货币种类由原先的13种增加至24种；2017年2月，一篮子货币的参考时段由报价前的24小时调整为前日收盘后到报价前的15小时
2017年5月—2017年12月	中间价报价机制中引入“逆周期因子”
2018年1月—2018年7月	“逆周期因子”回归中性
2018年8月	重启“逆周期因子”

资料来源:(1)1994年之前的汇率双轨制根据吴念鲁等《人民币汇率研究》(中国金融出版社2002年版)整理得到。(2)1994年之后的人民币汇率制度参考中国人民银行和中国外汇交易中心的公开资料整理得到。

(4)官方汇率与市场汇率并轨和实行强制结售汇(1994年1月1日—2005年7月20日)。

为了适应社会主义市场经济体制改革和扩大对外开放需要，中国人民银行于1993年12月28日发布的《关于进一步改革外汇管理体制的公告》规定，自1994年1月1日起，实行人民币汇率并轨，即由原来的官方汇率和外汇调剂价格双重汇率并存，统一为单一汇率。实行汇率并轨以后，人民币汇率实行以市场供求为基础的、单一的、有管理的浮动汇率制度。由中国人民银行根据前一日银行间外汇交易市场形成的价格，每日公布人民币对美元交易的中间价，参照国际外汇市场变化，同时公布人民币对其他货币汇率。各外汇指定银行以此为依据，在中国人民银行规定的浮动幅度范围内自行挂牌，对客户买卖外汇。在稳定境内通货的前提下，通过银行间外汇买卖和向外汇交易市场吞吐外汇，中国货币当局得以保持各银行挂牌汇率的基本一致和相对稳定。在新的人民币汇率制度实行初期，1美元约折合8.70元人民币，不久就稳定在了1美元折合8.28元人民币的水平上，并维持了大约10年。

1995年4月1日，中国人民银行开始公布同业市场人民币兑美元、日元和港元三种货币的基准汇率，人民币兑其他货币的汇率由外汇指定银行根据国际外汇市场行情自行制定。为了保证银行间外汇交易市场正常运行，中国还实施了强制性结售汇制度，并从 1996 年 7 月 1 日起将外资企业也纳入结售汇体系中。为了防止外汇指定银行囤结外汇，扰乱外汇市场秩序，货币当局还规定了各指定银行外汇头寸的上下限。为了保持汇率稳定，中央银行规定外汇指定银行与客户之间的汇率波动幅度不得超过 0.5%（上下限为 0.25%）。在这种汇率管理体制下，人民币汇率波动范围相当小；1994—1997 年，人民币对美元汇率波动幅度一直不超过 0.5%。

表 3.3 人民币对美元汇率变化与中国对外经济活动

年份	年末名义汇率（人民币/美元）	名义有效汇率（NEER）	实际有效汇率（REER）	出口金额（亿美元）	进口金额（亿美元）	FDI 流入（亿美元）	FDI 流出（亿美元）
2006	7.809	89.878	85.572	9 689.80	7 914.60	630.21	211.60
2007	7.305	91.137	88.926	12 204.60	9 561.16	747.68	265.10
2008	6.835	97.158	97.104	14 306.90	11 325.67	923.95	559.10
2009	6.828	101.990	100.405	12 016.10	10 059.23	900.33	565.30
2010	6.623	100.000	100.000	15 777.54	13 962.44	1 057.35	688.10
2011	6.301	100.131	102.690	18 983.81	17 434.84	1 160.11	746.50
2012	6.290	105.129	108.443	20 487.14	18 184.05	1 117.16	878.00
2013	6.102	110.680	115.297	22 090.04	19 499.89	1 175.86	1 078.40
2014	6.119	114.099	118.985	23 422.93	19 592.35	1 195.62	1 231.20
2015	6.492	124.959	131.627	22 734.68	16 795.64	1 262.67	1 456.70
2016	6.950	116.854	124.260	20 976.31	15 879.26	1 260.01	1 961.50

资料来源：(1)年末名义汇率、名义有效汇率、实际有效汇率数据来自国际货币基金组织(IMF Statistical Databases)。(2)外商直接投资(FDI)流出数据来自中国国家商务部。(3)其他数据来自中国国家统计局。

(5)“7·21”汇改与钉住一篮子货币(2005 年 7 月 21 日—2015 年 8 月 10 日)。

2005 年 7 月 21 日，中国对人民币汇率制度再次进行了调整，开始实行以市场供求为基础、参考一篮子货币进行调节、有管理的浮动汇率制度，并根据对汇率合理均衡水平测算，确定人民币对美元升值 2%。

2005 年 7 月 21 日中国宣布进行汇率制度改革以后，银行间外汇市场上美元对人民币的交易价在央行公布的美元交易中间价上下 0.3%的幅度内浮动；非美元货币对人民币的交易价在央行公布的该货币交易中间价上下 1.5%的幅度内浮动。2005 年下半年，中国进一步调整了银行间即期外汇市场上人民币兑其他货币汇价的浮动区间；2007 年 5 月 21 日起银行间即期外汇市场人民币兑美元汇率交易价浮动幅度由 3‰扩大至 5‰。

中国央行在 2005 年调整汇率政策的目的是：让人民币兑美元汇率的浮动范围扩大，使人民币汇率更加适应市场，以增强人民币的汇率弹性，提高中国宏观经济运行的灵活性。2005 年的人民币汇率制度改革具有两个特点：(1)从原来实际钉住美元的汇率制度更改为参考一篮子货币来调节汇率。篮子货币的选择着重考虑与中国经济关系比较密切的国家和地区，主要是考虑在中国对外贸易、外债、外商直接投资等活动中占较大比重的国家和地区的货币，由此组成货币篮子，并分别赋予其在篮子中的权重。(2)重在改革人民币汇率形成机制。(3)在保持了主体汇率制度不变的基础上，进行的局部但又很关键的改革，对防范单一钉住美元的汇率风险、完善汇率形成机制、维护中国对外经贸环境稳定、促进中国国际收支基本平衡以及经济稳健发展等方面，有非常积极的意义。2005 年 7 月 21 日汇改成为人民币长期升值过程的开端；到 2008 年 7 月，人民币对美元累计升值 21%。

2008 年 9 月受美国金融危机影响，中国人民银行将人民币汇率固定为 1 美元＝6.83 元人民币，即实行人民币钉住美元的固定汇率制度以维持汇率稳定。2008 年 6 月—2010 年 6 月，人民币对美元汇率大体上在 6.82—6.86 之间窄幅波动。2010 年 6 月，中国人民银行决定“进一步推进人民币汇率形成机制改革，增强人民币汇率弹性”，即重新实行有管理的浮动汇率制度①，并于 2012 年 4 月将其波动区间由 0.5%扩大至 1%，2014 年 3 月进一步扩大至 2%。外汇指定银行为客户提供当日美元最高现汇卖出价与最低现汇买入价之差不得超过当日汇率中间价的幅度由 2%扩大至 3%。

(6)“8·11”汇改与人民币对美元中间价调整(2014—2019 年)。

2015 年 8 月 11 日，中国人民银行发布关于完善人民币兑美元汇率中间价报价的声明。自 2015 年 8 月 11 日起，做市商在每日银行间外汇市场开盘前向中国外汇交易中心提供的报价应参考上日银行间外汇市场的收盘汇率，并结合上一日国际主要货币汇率变化和外汇供求情况进行微调。当日，人民币汇率从 6.12 贬值至 6.4。②

2016 年 1 月中国人民银行在中间价报价机制中引入一篮子货币汇率变化。2017 年 1 月，将一篮子货币种类由原先的 13 种增加至 24 种，并相应调低几种主要货币权重。2017 年 2 月，中间价对一篮子货币的参考时段由报价前的 24 小时调整为前日收盘后到报价前的 15 小时。2017 年 5 月，在中间价报价机制中引入“逆周期因子”，以对冲市场上的羊群效应，人民币中间价报价机制为“中间价＝前日收盘价＋一篮子货币汇率变化＋逆周期因子”。2018 年 1 月，“逆周期因子”回归中性，即在中间价报价机制中，暂停使用“逆周期因子”。2018 年 8 月，对人民币中间价报价陆续主动调整了“逆周期系数”，即重启“逆周期因子”。③

2. 韩国汇率自由化改革

1998 年 6 月，韩国政府发布《外汇交易自由化方案》，确定了分两阶段实现外汇交易自由化的计划，目的是改进韩国外汇制度、便利资本跨境流动和提升韩国私营部门海外投资的便利性。1998 年 9 月，新的韩国外汇交易法案(Foreign Exchange Transaction Act)获得通过。1999 年 4 月 1 日，第一轮改革正式启动，重点是放松对外汇交易和金融机构及企业海外活动限制：(1)资本项下监管放松，除法律法规明确限制外其他不予限制；(2)外汇经营机构监管规则修改；(3)完善风险防范措施。

2001 年 1 月 1 日，韩国财政金融部启动了第二轮外汇自由化改革，包括：(1)放松强制结售汇制度(Alleviating obligatory repatriation of overseas claims)；(2)对居民离境携带

① 2010 年 6 月后人民币对美元出现单边升值且一直延续到 2013 年底和 2014 年。2013 年 12 月 31 日，最高升值至 6.05 元人民币兑换 1 美元，与 2005 年 7 月 21 日汇改前的汇率相比升值约 37%。

② 赵志君：《人民币汇率改革历程及其基本经验》，《改革》2018 年第 7 期。

③ 根据中国人民银行(www.pbc.gov.cn)和中国外汇交易中心(www.chinamoney.com.cn)资料整理得到。

的外汇额度上限放宽;(3)放松外汇购售监管;(4)放松存款和信托管制;(5)大幅放松外债和韩元借款上限;(6)证券投资进一步自由化;(7)允许海外收购房地产;(8)增加外汇交易品种;(9)公司总部和分支机构内部财务结算措施改进。①

3. 波兰汇率自由化改革

波兰的汇率制度改革选择了"渐进模式"。1990年1—5月,波兰实行了单一钉住美元的汇率制度,以抑制当时非常严重的通货膨胀。1991年5—10月,为了防止实际有效汇率过快上升,波兰实行了短暂的"钉住一篮子货币"的汇率制度。1991年10月—1995年5月,为了提高出口商品竞争力,促进国际收支平衡,波兰实行了"爬行钉住一篮子货币"的汇率制度。

1995年5月—1998年,波兰实行了"爬行钉住一篮子货币加区间浮动"的汇率制度,并通过不断扩大爬行区间(从±7%扩大至±15%)的办法,逐渐增加汇率决定的市场因素,以建立适应市场经济发展要求的外汇市场和汇率制度,逐步提高汇率制度的灵活性和汇率弹性。2000年4月,为了解决货币政策与汇率政策的目标冲突,建立真正适应市场经济要求的汇率制度,波兰政府放弃了对外汇市场干预,放弃了"爬行区间浮动",实现完全自由浮动的汇率制度。

纵观全过程,波兰利用篮子汇率作为渐进式改革的过渡形式,通过兹罗提钉住和爬行钉住一篮子货币,并不断扩大爬行区间,最后较为平稳地完成了由钉住汇率制度向自由浮动汇率制度的转变。

本章小结

利率是货币联系实体经济与虚拟经济的重要纽带,汇率是联系本国经济和外国经济的重要纽带,全面理解利率和汇率问题对分析货币经济运行有重要意义。本章讨论利率内涵和测算方法,对利率风险结构和期限结构,以及利率政策、利率市场化改革等问题做了讨论;本章讨论了汇率范畴、汇率决定、汇率对经济影响、汇率政策和汇率市场化改革等问题。

1. 投资和储蓄达到均衡时,可以得到市场均衡利率。利率的现实载体是各种信用工具。根据对还本付息时间安排的不同,全部信用工具分为简式贷款、定期定额清偿贷款、息票债券和贴现发行债券等类型。信用工具的到期收益率是衡量利率最精确的指标。

2. 信用工具不同时,计算到期收益率的方法也不同。为了简化利率计算工作,在对利率估算要求不很高时,可用息票债券的当期收益率和贴现债券的贴现收益率这两个指标来预测利率的变动方向。

3. 债券投资回报率是指投资者在债券持有期间的收益,等于投资者在持有债券期间所得利息支付和持有期间与债券价格变动有关的资本利得两个部分之和对债券购买价格的比率。债券价格经常变化,债券投资回报率可能为负数,很少与到期回报率相等,用投

① 贾锡照、宋新伟:《韩国汇率自由化改革进程及对我国的启示》,《东方企业文化》2013年第3期。

资回报率来估算市场均衡利率水平和市场利率变动方向时，要满足非常严格的条件。

4. 利率种类很多。在名义利率基础上扣除通货膨胀因素以后，可得到实际利率；进一步扣除税收因素以后，可得到税后实际利率。

5. 发行主体不同而期限相同的债券利率之间的关系称为利率风险结构，发行主体相同而到期期限不同的债券利率之间的关系称为利率期限结构。利率风险结构主要与债券违约风险、流动性风险等因素有关。利率期限结构可用预期理论、市场分割理论、期限选择和流动性升水理论等加以解释。

6. 利率政策与利率管理体系有关。在对利率实施政府管理的经济中，有低利率政策和高利率政策两种类型。低利率政策旨在鼓励企业的投资活动，高利率政策旨在鼓励家庭的储蓄行为。在条件成熟时，最好将利率水平交由市场决定。

7. 汇率是指两国种货币之间的兑换比率，有直接标价方法和间接标价方法。汇率变动对国际贸易和国际资本流动有显著影响；汇率变动是货币因素影响经济运行的重要机制。实施正确的汇率市场化政策是积极应对经济全球化挑战的关键。汇率市场化实施条件包括：宏观经济相对稳定、金融市场充分发展、利率市场化协调推进等。实施汇率市场化首先要统一汇率形成机制，按照先经常项目、再资本项目的顺序实施货币对外自由兑换。

中文关键词

信用工具　到期收益率　利率　资本利得　现值　名义利率　实际利率
投资回报率　利率风险　费雪效应　利率风险结构　回报率曲线　利率期限结构
预期理论　市场分割理论　风险溢价　期限选择与流动性升水理论　金融抑制
贷款基准利率　利率市场化　汇率　直接标价　间接标价　即期汇率
远期汇率　汇率市场化

英文关键词

credit instruments　yield to maturity　interest rate　capital gain　present value
nominal interest rate　real interest rate　investment return rate
risk of interest rate　Fisher effect　risk structure of interest rate　yield curve
term structure of interest rate　prospect theory　market segmentation theory
risk premium　term selection and Liquidity Theory　financial depression
loan prime rate　interest rate marketization　exchange rate　direct quotation
indirect quotation　spot exchange rate　forward exchange rate
exchange rate marketization

思考题

1. 利率可以分为哪些类型？说明这些分类的依据。

2. 在通货膨胀时期，利率会发生怎样的变化？试用费雪等式进行分析。

3. 按照本金和利息支付时间和支付方式安排，比较简式贷款、定期定额清偿贷款、息票债券与贴现债券的区别和联系。现值有哪些基本应用？

4. 说明可以用息票债券当期收益率和贴现债券贴现收益率，来预测到期回报率变化趋势的理由和方法。

5. 债券投资回报率是否等于到期收益率？说明理由。

6. 为什么国债利率通常要低于企业债券利率？

7. 基于利率期限结构的预期理论、市场分割理论、期限选择和流动性升水理论，比较短期债券与长期债券可完全替代、完全不能替代、不完全替代三种情形下，政府调节利率的不同做法。

8. 如果利率期限结构的期限选择和流动性升水理论正确，当债券回报率曲线呈水平形状时，预测今后一段时期的利率走势。经济持续繁荣时期，债券回报率曲线往往向右上倾斜。试用利率期限结构的预期理论加以解释。

9. 比较低利率政策和高利率政策的实施效果，分析利率市场化改革的必然性。结合中国和国际经验，列举成功实施利率市场化改革的前提条件。

10. 汇率的直接标价与间接标价有何不同。汇率标价方法对分析本币对外升值和贬值有何影响？比较即期汇率和远期汇率的区别和联系。说明在同一时间上海外汇市场和纽约外汇市场报出的美元与人民币的即期汇率存在差异的原因。

11. 何谓实际汇率？实际汇率与商品国际竞争力之间是什么关系？

12. 简述汇率市场化的必要性和前提条件。

13. 利用利率风险结构理论，分析经济衰退时期企业债券与国债的利率差异，解释金融危机时期投资者大量持有国库券等短期国债的“flight to quality”现象，给出政策应对建议。

14. 长期利率低于短期利率被称为利率期限结构倒挂，请列举美国长短期利率历次倒挂的事实，讨论利率期限结构倒挂成因和经济后果。

15. 简评人民币汇率制度改革历程，说明其对中国对外经济发展的适应性，分析人民币汇率市场化改革对中国经济的影响，总结人民币汇率市场化改革经验。

16. 银行向企业发放一笔简式贷款，贷款额为100万元，期限为4年，到期偿还120万元，则简式贷款的到期收益率为多少？

17. 某息票债券面值为120元，市场出售价格为115元，10年到期，年息为8元，到期一次还本。请给出该债券的到期收益率和当期收益率。

18. 某息票债券面值为100元，市场价格等于面值，10年到期，年息9元，通货膨胀率为3%，则实际利率为多少？

19. 某3年期债券，面值为100元，票面利率为7%，到期一次还本付息。当市场利率为9%时，该债券的出售价格为多少？

20. 假设关于利率期限结构的预期理论是正确的,且今后5年内1年期债券的利率分别为:4%,5%,5 %,6%,6%。画出债券回报率曲线。假设加入流动性偏好因素,即人们更加偏好短期债券,那么债券回报率曲线会发生怎样变化?

21. 假设美国财政部国库券收益率如下:1年到期债券年利率2.0%,1年后1年期债券年利率为2.2%;2年到期债券年利率2.1%,2年后1年期债券年利率为2.2%;3年到期债券年利率为2.3%。问:(1)利率期限结构是否成立?(2)是否有套利机会?请给出套利策略并计算套利收益。

22. 1年期利率为3%,两年期利率5%;当中央银行将1年期利率提高50个基点(0.5%)以后,两年期利率变为多少?(假设下一年的1年期年利率预期为4%,并保持不变。)

23. 下列指标中计量利率最精确的指标是(　　)。(单选)

A. 到期回报率　　B. 投资回报率
C. 资本利得率　　D. 当期收益率

24. 利率上升会引起债券的投资回报率(　　)。(单选)

A. 上升　　B. 下降　　C. 不变　　D. 难以确定

25. 真实利率是指(　　)。(单选)

A. 货币增长率　　B. 购买力增长率
C. 投资者的当期收益率　　D. 税前真实收益率

26. 在利率不断提高的过程中,规避债券投资利率风险的措施有(　　)。(多选)

A. 增加对股票市场指数基金投资　　B. 增加银行存款持有
C. 持有债券直至该债券到期　　D. 卖空股票市场指数

27. 市政债券和国库券的到期期限相同,但是市政债券的年利率低于国库券的年利率,原因是市政债券与国库券相比,(　　)。(单选)

A. 违约风险比较小　　B. 利息收入的税率比较低
C. 有较好的流动性　　D. 市政债券真实利率比较高

28. 债券回报率曲线接近水平趋势时,表明通货膨胀预期(　　)。(单选)

A. 上涨　　B. 下降　　C. 不变　　D. 难以确定

29. 对本国商品消费偏好增加的同时,本国对进口商品征收更高的进口关税,本国货币对外将(　　)。(单选)

A. 贬值　　B. 升值
C. 先贬值后升值　　D. 难以确定

阅读材料

Balassa, Bela, 1964, The Purchasing Power Parity Doctrine: A Reappraisal. *Journal of Political Economy*, 72(6):584—596.

Benzoni, Luca, etc., 2018, "Why does the yield-curve slope predict recessions",

Chicago Fed Letter 404.

Clark, John, 2017, "China's Evolving Managed Float", Federal Reserve Bank of New York Staff Reports.

Das, Sonali, 2019, "China's Evolving Exchange Rate Regime", IMF Working Paper WP/19/50.

Engstrom, Eric C. and Steven A. Sharpe, 2018, "The Near-Term Forward Yield Spread as a Leading Indicator: A Less Distorted Mirror", Finance and Economics Discussion Series Divisions of Research & Statistics and Monetary Affairs Federal Reserve Board, Washington, D.C..

Heller, H. Robert, and Mohsin S. Khan, 1979, "The Demand for Money and the Term Structure of Interest Rates", *Journal of Political Economy*, 87(1):109—129.

Mundell, Robert, 1963, "Inflation and Real Interest", *Journal of Political Economy*, 71(3): 280—283.

Ohlin, Bertil, 1937, "Some Notes on the Stockholm Theory of Savings and Investment I", *Economic Journal*, 47(185):53—69.

Robertson, D.H., 1937, "Alternative Theories of the Rate of Interest", *Economic Journal*, 47(186):428—434.

Samuelson, Paul A., 1964, "Theoretical Notes on Trade Problems", *Review of Economics and Statistics*, 4(2):145—154.

丁志杰等:《人民币汇率市场化改革四十年——进程、经验与展望》,《管理世界》2018年第10期。

余永定等:《论人民币汇率形成机制改革的推进方向》,《国际金融研究》2016年第11期。

张克菲:《美债收益率曲线倒挂会带来危机吗?》,《上证研报》2019年第15期。

▶4

货币供给

中央银行实施货币政策时，首先要确定能够被调控的货币对象。中央银行经常调控的货币对象有三种，分别为：现金货币(M0)、狭义货币(M1)和广义货币(M2)。理解货币供给过程需要回答这样几个问题：(1)谁在控制货币供给？(2)引起货币供应量变化的因素有哪些？(3)货币当局如何加强货币供应量控制？

中央银行调控的货币对象包括由纸币和硬币组成的通货，也包括银行中的存款，即相当于广义货币，并以银行存款为主。在货币供给过程中，强调银行存款有两个原因。第一，货币数量变化是商业银行、存款主体、借款主体和中央银行共同作用的结果；如果商业银行从贷款和存款业务中不能获得收益，客户不愿意申请贷款和持有存款，货币数量就不会发生变化。第二，中央银行管理货币和信用增长时会面临困难。这不只是调整中央银行行为的简单问题，而是要调整那些对中央银行目标漠不关心的经济主体(包括商业银行、存款主体和贷款主体等)的行为。

我们需要熟悉商业银行和中央银行的资产负债表，需要了解商业银行之间的资金流动，以及商业银行与中央银行之间的资金流动，及其对存款数量变化和银行体系中流动性变化的影响。本章讨论以下四个问题：(1)银行资产负债表变化对存量货币的影响。(2)基础货币、货币乘数与货币数量之间的关系。(3)存款主体对货币乘数的影响。(4)银行借贷对货币乘数的影响。本章内容集中在以下四个方面：(1)货币供给系统；(2)简单多倍存款创造模型；(3)基础货币模型；(4)资金流量模型。

通过本章阅读可以达到以下六个目标。(1)掌握信用货币供给的四位一体系统和运作机制；(2)理解简单多倍存款创造模型和基础货币模型；(3)运用T型账户分析信用货币供给过程；(4)理解货币乘数和基础货币范畴并基于基础货币模型计算货币供应量；(5)运用基础货币模型分析金融恐慌问题；(6)理解货币供给的资金流量模型。

4.1 货币供给系统

4.1.1 信用货币

现代货币采取信用货币形式。信用货币包括现金货币和存款货币，它们分别以政府信誉和商业银行信誉作为保证，通过信用程序发行和创造得到。现金货币的普遍可接受由国家法律赋予，国家通过法律强制要求流通使用。存款货币的普遍可接受通过商业银行拥有的良好信誉获得。尽管商业银行存款并没有被指定为法定货币，但人们仍旧愿意接受，且随着结算制度发展，存款货币数量有加速增加的趋势。存款货币广泛使用，使商业银行能以派生存款的形式创造和收缩货币总量，并成为影响货币总量变动的重要原因，使货币供应过程成为很值得研究的问题。

在实物货币与金属货币流通时期，货币数量形成于自发过程，一般不会发生货币数量过多或过少情形。即使偶有发生，也会因经济活动中的自动调节机制(如储藏货币可以发挥"蓄水池"与"排水沟"作用)而得到解决。这样，也就没有必要专门讨论货币供给问题。在信用货币流通时期，信用货币本身所具有的价值与它所代表的价值极不相符，要使它被社会普遍接受，就必须依照国家权威，打上权力烙印。在由国家控制的中央银行创立以后，货币发行也就自然而然地成了中央银行特权。中央银行的货币发行权垄断，为货币供给理论创立提供了现实基础。中央银行面临着适宜的货币发行规模决定问题：发行过少，满足不了经济发展的货币需要，会出现"货币饥荒"，阻碍生产和流通；发行过多，超过客观需要量时，会引发通货膨胀。中央银行需要对货币总量进行及时调节。随着经济发展，货币供应量必须做出相应的增减变化。在中央银行垄断了货币发行权以后，对货币供给问题进行讨论具有更加明显的现实意义。

货币供应量是指在某一时点上特定的经济体系中，政府、企事业单位、社会公众等非银行经济单位所持有的货币存量。在中央银行体系下，非银行经济单位所持有的货币存量大部分来自银行系统的存款创造。这些货币存量大都是货币持有单位对银行体系的债权，是银行体系负债的重要组成部分。在中央银行体系下，中央银行会采取多种措施，调节银行体系存款创造过程，使货币供应量与非银行经济单位的货币需求规模相适应。

货币供应量是一个静态的存量概念。在经济活动中，我们更关心货币流量概念。货币流量是指，货币存量与货币流通速度的乘积。

4.1.2 货币供给主体

货币供给是指形成货币供应量的过程。货币供应量是货币供给的结果，货币供给是货币供应量的形成原因。货币供给过程受许多因素影响，货币供给理论着重研究货币供给影响因素，以及货币供应量决定问题。由于认为货币供应量是属于中央银行可以完全控制的外生变量，在很长一段时间内，经济学家着重研究货币需求理论，而对货币供给问题研究较少。直到20世纪60年代，随着货币主义兴起和货币政策受到重视，货币供给理论才日益丰富起来。

在中央银行体制及当代信用货币制度下，货币由中央银行和商业银行组成的银行体系所创造，并向企业和社会公众提供以后形成。货币供应过程涉及中央银行、商业银行（吸收存款机构）、存款人（机构）与借款人（机构）等四个主体。

1. 中央银行

中央银行是指监督银行体系（金融体系）运行，负责执行货币政策的政府机构。中央银行在货币供给过程中起核心作用。

(1) 中央银行的职能。

中央银行是专门的金融管理机构，它代表国家管理金融系统运行，以及制定和执行金融方针政策。中央银行作为政府的银行，是金融体系的核心和最高管理机构，享有国家法律赋予的发行货币的权力。中央银行根据政府管理经济要求，对商业银行和非银行金融机构进行业务管理和调节，以确保信用规模和货币供给适应经济发展需要。中央银行很少直接对企事业单位和个人办理日常存贷款业务，主要是面向商业银行和非银行金融机构，通过制定宏观金融政策、货币政策和信贷政策，运用经济手段，管理和监督商业银行和非银行金融机构的业务活动，使之适应国家经济政策要求。

中央银行不以盈利为目的。中央银行以金融调控为己任，以稳定货币价值、促进经济发展为宗旨。中央银行的日常活动分为四个方面：(1)向社会提供可靠的、良好的信用工具，为社会公众创造灵活方便的支付手段。(2)制定和实施货币政策，通过对货币供给实行总量调节，保持货币价值基本稳定，防止通货膨胀或通货匮乏，使社会总需求与总供给保持大体平衡，以促进经济稳定发展。(3)履行国家管理金融职责，对金融业和金融市场实行监督管理，提高金融系统运行效率，维护金融信誉。(4)作为政府的银行和国家金融体系代表，负责调节国际金融关系，管理国家对外金融活动。

中央银行通过影响商业银行的经营行为来实施货币政策，调节货币供给过程；负责在银行之间调拨资金，通过清算支票帮助商业银行解决由支票存款变化引起的债权债务关系，并制定银行经营规则，监管银行运行。中央银行负责创造广义现金货币（包括现金通货、银行准备金等），商业银行存款货币创造依赖于中央银行的广义现金货币发行。

中央银行凭借国家授权并以国家信用为基础垄断广义现金货币发行，信用对象是商业银行。中央银行调节货币供应量的手段有贴现窗口贷款和公开市场操作等。①中央银行调节法定准备金比率②和贴现贷款利率可影响货币供应量规模。从技术上讲，中央银行的货币供给可不受任何因素限制，可以借助其资产调节实现负债变化，进而创造货币。不过，这取决于两个条件：第一，法律赋予它发行货币的权力；第二，货币价值一旦形成，必须

① 贴现窗口贷款包括贴现贷款和再贷款等，是中央银行管理存款准备金，实施货币政策的重要工具。详细讨论参见本书第11章。

② 存款准备金是商业银行吸收的全部存款中扣除发放贷款后的部分。参见本章4.2节内容。

保持稳定。因此,现代货币制度的正常运转完全依靠政府或中央银行信用管理来获得和维持。

货币供应系统以中央银行体制下的整个银行体系为主体。中央银行是负责货币发行的银行、银行的银行及政府的银行。中央银行发行的货币,首先经由负债转换成为商业银行资产,并由商业银行通过贷款进入流通过程。

表 4.1　中央银行起源及发展历程

中央银行	成立日期	中央银行起源及发展历程
瑞典中央银行	1656 年	瑞典中央银行是世界上最早成立的中央银行,在战争期间为政府提供贷款,并于 1688 年对政府财政基金进行统一管理
英格兰银行	1694 年	英法战争需要巨额开支,威廉·佩特森(William Paterson)等集资 120 万英镑建立英格兰银行,并向英国国王提供贷款,同时获得钞票发行权。英格兰银行起初属于商业银行,1946 年《英格兰银行法》宣布英格兰银行国有化
法兰西银行	1800 年	法国大革命使法国经济陷入萧条,1800 年拿破仑·波拿巴建立法兰西银行,负责纸币发行
日本银行	1882 年	1882 年明治政府成立日本中央银行,即日本银行,具备独立的货币发行权。1998 年,日本政府制定并实施《新日本银行法》,强化日本银行的独立性
美国联邦储备体系	1914 年	1907 年,纽约第三大信托投资公司可尼克波克宣布破产,金融恐慌和挤兑风潮席卷美国,摩根带头几家金融机构共同出资救助面临挤兑风险的金融机构,充当"最后贷款人"职能。美国国会于 1913 年通过《联邦储备法案》,1914 年正式成立美国联邦储备体系,即美国的中央银行
中国人民银行	1948 年	1948 年 12 月以华北银行为基础,合并北海银行、西北农民银行,在河北省石家庄市组建中国人民银行,并发行人民币。1983 年国务院宣布由中国人民银行专门行使中央银行职能。1995 年 3 月,全国人民代表大会通过《中华人民共和国中国人民银行法》,以立法形式确立中国人民银行的中央银行地位
德意志联邦银行	1957 年	1957 年 6 月,德国颁布《德意志联邦银行法》,通过合并、改组州中央银行建立起统一的德国中央银行;负责制定并实施货币政策和履行金融监管职能;在履行职能时可以不听命于联邦政府,享有较高的独立性
欧洲中央银行	1998 年	1992 年,《马斯特里赫特条约》规定 1998 年 7 月 1 日成立欧洲中央银行,负责制定和执行货币政策。欧洲中央银行的前身是 1994 年成立的欧洲货币管理局

注:瑞典银行在早期以商业业务为主,1897 年才独占货币发行权,这一时间远晚于英格兰银行。
资料来源:根据公开资料整理;参考资料包括本·伯南克《行动的勇气》、中国人民银行等。

(2) 中央银行的组织构成。

中央银行系统多由总行和支行组成。美国的中央银行由 12 家联邦储备银行(纽约、芝加哥、波士顿等)和位于华盛顿特区的联邦储备体系理事会组成。在美国,联邦储备系统负责制定并实施货币政策。联邦储备系统的核心机构是联邦储备委员会。该委员会属于联邦政府编制，由 7 名成员组成，总统提名，经参议院批准后上任，任期为 14 年。①联邦公开市场委员会(Federal Open Market Committee，FOMC)是联邦储备系统中另一重要机构，由 12 名成员组成，包括：联邦储备委员会全部 7 名成员、纽约联邦储备银行行长 1 名，其他四个名额由另外 11 家联邦储备银行行长轮流担任。该委员会设主席 1 名，副主席 1 名。其他联邦储备银行行长都可以参加联邦公开市场委员会会议，但没有投票权。

表 4.2　美联储组织架构

项　目	内　容
联储机构组成	联邦储备体系理事会、联邦公开市场委员会；12 家联邦储备银行、约 3 000 家会员银行；3 个咨询委员会
联邦储备银行	纽约、波士顿、费城、克利夫兰、里士满、亚特兰大、芝加哥、圣路易斯、明尼阿波利斯、堪萨斯、达拉斯、旧金山

英国于 1997 年 5 月 6 日对其金融监管体系进行重大改革，英格兰银行从此获得制定和实施货币政策独立权，对制定英国官方利率负有法律责任，负责实行以钉住通货膨胀为目标的货币政策。英格兰银行由货币政策委员会和金融服务管理局组成。货币政策委员会有 9 名成员：英格兰银行行长 1 名和副行长 2 名；英格兰银行行长在征求财政大臣意见后再任命 2 名委员，其中 1 名是英格兰银行货币政策分析负责人，另 1 名是英格兰银行货币政策操作负责人；财政大臣任命 4 名委员，这 4 名委员必须具有与委员会职责相关的知识与经历。

欧洲中央银行可以追溯到 1988 年，欧洲理事会确定逐步实现经济和货币联盟以后，成员国就开始在货币政策领域尝试开展合作。随着《马斯特里赫特条约》确立欧洲中央银

表 4.3　中国商业银行系统及其资产规模

资　产	资产总额(万亿元)		占比(%)		同比增长(%)	
	2019 年	2014 年	2019 年	2014 年	2019 年	2014 年
银行业金融机构	282.5	172.3	100	100	8.1	13.87
商业银行(2019 年)	232.3	134.8	82.2	78.24	9.1	13.5
5 家国有商业银行	110.6	71.0	39.1	41.21	8.2	8.25
12 家股份制商业银行	50.8	31.4	18.0	18.21	10.2	16.50
133 家城市商业银行	37.3	18.08	13.2	10.49	8.5	19.15
131 家农村商业银行	37.2*	22.12*	13.2	12.83*	7.6	35.3
其他金融机构	46.6	29.74	16.5	17.26	5.6	20.63

注：(1) * 表示为农村金融机构数据；(2)其他金融机构包括政策性银行与国家开发银行、48 家外资银行、非银行金融机构、邮政储蓄银行。

资料来源：中国银监会。

① 美国总统提名并征得国会参议院同意后，可任命联邦储备委员会理事及该委员会的主席和副主席。委员会理事上任后，总统没有权力罢免这些理事，除非取得国会 2/3 成员的投票通过才可以。美国总统的 4 年任期内最多只有两名执行委员任期结束，需要由总统重新提名新人选。

行的地位,1998 年 6 月 1 日,欧洲货币局完成历史使命进入清算阶段,欧洲中央银行体系走到了前台。欧洲中央银行从 1999 年 1 月开始负责欧元区货币政策。欧洲中央银行决策机构是行长委员会(Governing Council)。它由执行委员会(The Executive Board)的 6 名委员和欧元区 19 个国家的中央银行行长共同组成。①

2. 商业银行

商业银行(以下有时简称银行),是指从私人和其他机构处接受存款并发放贷款的金融中介机构,包括储蓄贷款协会、信用社、互助储蓄银行和通常意义上的商业银行等。

商业银行服务对象为非银行系统中的经济单位。除自有资金以外,商业银行资金主要来自吸收工商企业及社会公众的活期存款、储蓄存款、定期存款。它也从中央银行贴现窗口、同业拆借市场及国内外金融市场上获得资金。商业银行的资金运用主要是对那些需要资金的工商企业及社会公众提供贷款。

3. 存款人和借款人

存款人是指持有银行存款的个人和机构。借款人是指从银行借款的个人和机构,或发行债券由银行购买的机构。存款人从资金供给角度影响货币供应量,借款人从资金需求角度影响货币供应量。②只有当工商企业和其他社会公众有货币需求时,银行才有可能向他们供应货币。工商企业和其他社会公众的货币需求受利率水平、储蓄倾向、投资意愿、宏观经济环境等因素影响,他们持有的现金与存款比例变动也影响货币供应量。利率、货币需求及公众希望持有的现金与银行存款比率对货币供给有显著影响表明,货币供应量是由中央银行、商业银行和社会公众等共同决定的动态指标。

4.1.3 中国中央银行体系

中国人民银行是中国的中央银行。中国人民银行在国务院领导下,负责制定和执行货币政策,防范和化解金融风险,维护金融稳定。中国的中央银行由 9 家大区银行和位于北京的中国人民银行总行组成。

表 4.4 中国人民银行 9 家跨省分行和辖区

分行	管辖范围	分行	管辖范围
天津分行	天津、河北、山西、内蒙古	武汉分行	江西、湖北、湖南
沈阳分行	辽宁、吉林、黑龙江	广州分行	广东、广西、海南
上海分行	上海、浙江、福建	成都分行	四川、贵州、云南、西藏
南京分行	江苏、安徽	西安分行	陕西、甘肃、青海、宁夏、新疆
济南分行	山东、河南		

注:1998 年中国人民银行设立 9 个大区分行。

① 执行委员会由欧洲中央银行行长、副行长和其他四名成员组成,负责货币政策执行和欧洲央行的日常运作。执行委员会成员的任期为 8 年,不可连任。

② 存款人将资金存入银行有助于增加银行的存款准备金,成为银行发放贷款的基础;借款人从银行申请贷款,有助于银行贷款投放,支持多倍存款创造。

货币政策委员会是中国人民银行制定货币政策的咨询议事机构，其职责是，在分析宏观经济形势的基础上，依据国家宏观调控目标，讨论货币政策制定和调整，以及货币政策控制目标、货币政策工具运用、货币政策措施、货币政策与其他宏观经济政策协调等重大事项，并提出建议。中国人民银行的货币政策委员会由下列人员组成：中国人民银行行长；中国人民银行副行长两人；国家计划委员会（现为国家发展与改革委员会）副主任一人；国家经济贸易委员会（现为国家商务部）副主任一人；财政部副部长一人；国家外汇管理局局长；中国证券监督管理委员会主席；国有独资商业银行行长两人；金融专家一人。①

中国人民银行货币政策委员会工作程序包括四个方面：(1)实行例会制度，在每个季度的第一个月中旬召开例会。货币政策委员会主席或者 1/3 以上委员联名，可以提议召开临时会议。(2)货币政策委员会会议有 2/3 以上委员出席方可举行。(3)货币政策委员会委员提出的货币政策议案，经出席会议的 2/3 以上委员表决通过，形成货币政策委员会建议书。(4)由中国人民银行报请国务院批准货币供应量、利率、汇率或其他重要事项。

中国人民银行成立于 1948 年，2003 年中国中央银行体系完全建立。中国人民银行的历史，可以追溯到第二次国内革命战争时期。1931 年 11 月 7 日，在江西瑞金召开的“全国苏维埃第一次代表大会”，通过决议成立“中共苏维埃共和国国家银行”（简称苏维埃国家银行），并发行货币。1948 年 12 月 1 日，中国人民银行在河北省石家庄市成立。华北人民政府当天发出布告，由中国人民银行发行的人民币在华北、华东、西北三区统一流通，所有公私款项收付及一切交易，均以人民币为本位货币。1949 年 2 月，中国人民银行由石家庄迁入北平。1949 年 9 月，中国人民政治协商会议通过《中华人民共和国中央人民政府组织法》，把中国人民银行列为政务院直属单位，接受财政经济委员会指导。

1979 年 1 月，为了加强对农村经济扶植，恢复了中国农业银行。同年 3 月，把中国银行从中国人民银行中分离出来，作为外汇专业银行，承办外贸信贷业务。1979 年 4 月，中国人民银行发出《关于恢复保险业务和加强保险机构的通知》，分设中国人民保险公司。1979 年，国务院把中国人民建设银行作为国务院总局级的经济实体，将预算内的基本建设投资改为建设银行贷款，责成建设银行负责发放和管理基本建设贷款。1981 年，由中国人民建设银行直接领导的中国投资银行成立。它是中国政府指定的向国外筹集建设资金和办理投资信贷的专业银行，负责办理世界银行贷款。

1983 年 9 月 17 日，《关于中国人民银行专门行使中央银行职能的决定》指出：中国人民银行是国务院领导下管理金融事业的国家机关，不对企业、个人办理信贷业务，着力于研究和做好金融宏观决策工作，以加强信贷资金管理，保持人民币币值稳定。在中国人民银行成为中央银行之后，过去兼营的城市工商信贷和储蓄业务由 1984 年 1 月 1 日成立的中国工商银行办理。1985 年 11 月，国务院决定将中国人民建设银行的全部资金纳入中国人民银行综合信贷计划之内。至此，以中央银行为领导、专业银行为主体、多种金融机构并存的新型金融体系在中国正式形成。

---

① 中国人民银行行长、国家外汇管理局局长、中国证券监督管理委员会主席为货币政策委员会的当然委员，货币政策委员会中的其他委员人选，由中国人民银行提名或者由中国人民银行协商有关部门提名，报请国务院任命。

表 4.5 中国商业银行体系的变迁

时　间	重 要 事 件
1948 年 12 月 1 日	中国人民银行成立
1979 年 1 月	中国农业银行成立
1979 年 3 月	设立国家外汇管理局
1979—1984 年	建设银行逐步从财政部门的附属地位中分离出来
1984 年	新设中国工商银行
2003 年	成立中国银监会
2005 年 10 月 27 日	建行在四大国有银行中率先上市
2006 年 7 月 5 日	中国银行 A 股上市
2006 年 10 月 27 日	中国工商银行 A 股和 H 股同时上市
2007 年 5 月 15 日	交通银行 A 股上市交易
2010 年 7 月 15 日	农业银行 A 股上市,次日 H 股上市

在对资金业务完成分离后,中国人民银行开始对由其负责实施的金融监管职能进行调整。中国货币当局对金融监管职能的调整开始于 1992 年 10 月,完成于 2003 年 12 月。1992 年 10 月,国务院证券委员会(简称国务院证券委)和中国证券监督管理委员会(简称中国证监会)宣告成立。国务院证券委是国家对证券市场进行统一宏观管理的主管机构,中国证监会是国务院证券委的监管执行机构。

1993 年 12 月,国务院做出了《关于金融体制改革的决定》,赋予中国人民银行的职能有:制定和实施货币政策,保持货币币值稳定;对金融机构实行监管,保证金融体系安全、有效运行。中国人民银行分支机构作为总行派出机构,其基本职责是:金融监督管理、调查统计分析、横向头寸调剂、经理国库、发行基金调拨、外汇管理和联行清算。同期,还建立了国家开发银行、中国农业发展银行和中国进出口信贷银行等政策性银行,实行政策性金融和商业性金融分离,割断政策性贷款与基础货币之间的直接联系,以确保中国人民银行调控基础货币的主动权。1995 年 3 月 18 日,全国人民代表大会通过了《中华人民共和国中国人民银行法》,以国家立法的形式确立了中国人民银行作为中央银行的地位。

1998 年 5 月 16 日,中共中央金融工作委员会(简称金融工委)正式成立。1998 年 8 月 3 日,中国人民银行印发《关于国家外汇管理局金融机构外汇业务监督职能划入中国人民银行的通知》,宣布由国家外汇管理局管检司承担的对金融机构外汇业务市场准入的审批、对金融机构外币资产质量和风险监管业务,按金融机构类别分别移交给中国人民银行有关司局。对保险公司、证券公司的外汇业务市场准入审批及外币资产质量和风险监管业务仍由国家外汇管理局办理。在此之后,中国保险监督管理委员会(简称中国保监会)于 1998 年 11 月 18 日宣布成立。中国保监会是全国商业保险主管部门,为国务院直属事业单位,根据国务院授权履行行政管理职能。

2003 年 3 月,按照《关于深化行政管理体制和机构改革的意见》和国务院机构改革方案,中国人民银行对商业银行、金融资产管理公司、信托投资公司及其他存款类金融机构的监管职能被进一步分离出来，并和中央金融工委的相关职能进行整合，成立了中国银行业监督管理委员会。[①]2003 年 12 月 27 日，第十届全国人民代表大会常务委员会第六次会议审议通过了《中华人民共和国中国人民银行法(修正案)》，将中国人民银行新的职能正式表述为“制定和执行货币政策、维护金融稳定、提供金融服务。……中国人民银行为国务院组成部门，是中华人民共和国的中央银行，是在国务院领导下制定和执行货币政策、维护金融稳定、提供金融服务的宏观调控部门。”

4.2 多倍存款创造

4.2.1 中央银行的资产负债管理

中央银行多通过其自身的业务操作来调节商业银行和其他金融机构的资产负债规模和结构，进而达到宏观调控目标。中央银行在实施管理职能时，其资产负债表会发生变化。简化的中央银行资产负债表如下：

中央银行

资产	负债
政府债券	流通中的通货
中央银行向银行提供的贴现贷款	存款准备金
中央银行持有的外汇储备	政府存款
中央银行向政府提供的贷款	

1. 中央银行负债

中央银行负债包括流通中的通货和存款准备金等。流通中的通货指社会公众(银行之外)持有的通货数量，是货币供应量的重要组成部分。通货的票面上印有“中央银行”字样，是中央银行对持有人的负债凭证。流通中的通货是被认可的交易媒介，由国家强制执行流通职能。

存款准备金(简称准备金)包括商业银行在中央银行的存款加上商业银行持有的通货(贮存在银行金库中的库存现金)。所有商业银行都必须在中央银行开设存款账户，商业银行可在任何时候对自己在中央银行的存款要求中央银行支付。存款准备金上升会导致贷款水平上升，引起货币供应量增加。存款准备金包括法定准备金和超额准备金两种形式。法定准备金是中央银行要求商业银行持有的准备金，超额准备金是指商业银行在法定准备金之外自愿持有的准备金。中央银行对商业银行的准备金存款不支付利息或支付很低的利息。

---

① 2018 年 3 月，将中国银行业监督管理委员会和中国保险业监督管理委员会的职责整合，组建中国银行保险监督管理委员会，作为国务院直属事业单位。金融监管机构与中国人民银行之间为平行关系；中国人民银行对金融监管机构没有直接管理权限。

中央银行负债被称为中央银行的货币性负债,中央银行负债变化直接影响货币供应量规模。中央银行的货币性负债不等于全部基础货币。基础货币等于中央银行的货币性负债加上财政部的货币性负债。

2. 中央银行资产

中央银行资产由其持有的政府债券和发放的贴现贷款等组成。中央银行持有的政府债券来自财政部。中央银行通过购买政府债券可以向银行体系提供存款准备金,中央银行持有的政府债券增加,会导致货币供应量增加。

中央银行向银行发放的贷款称为贴现贷款。中央银行发放贴现贷款时,可增加银行的准备金规模,向银行提供贴现贷款是中央银行增加货币供给的重要渠道。中央银行向银行提供贴现贷款时的利率称为贴现率。

中央银行资产负债表中资产项目变动会引起负债栏中的存款准备金项目发生变动,从而引起货币供应量变动。中央银行负债没有成本,或者成本很低,而其资产(政府债券和贴现贷款)能赚取利息收入。其赚取的利息收入大部分上缴国家财政,其余部分用于资助"经济政策研究"等公益性活动。

3. 美国联邦储备体系资产负债表和中国人民银行资产负债表对比

美国联邦储备体系的资产负债表参见表 4.6 和表 4.7。美国货币当局持有的资产中,证券是最重要的项目,并以美国政府及其机构发行的证券为主,也包括部分银行承兑票据。资产项目中的贴现贷款是美联储对商业银行提供的贷款。资产方中的特别提款权(Special Drawing Rights, SDRs)项目由国际货币基金组织对各国政府发行,用以清算国家之间债务,属于国际储备资产。铸币是资产方中数额最小的项目,由美联储持有的财政部通货(主要是铸币)组成。资产方中的待收现金项目产生于美联储的支票清算过程。[①]当支票交由美联储清算时,美联储会向出票银行(签发支票银行)提出票据,对该银行扣除相当于该支票金额的该银行在美联储的存款准备金。在收取这些资金之前,该支票上的金额属于待收现金项目,构成美联储的资产。其他联邦储备资产,包括以外币计值的存款和债券以及一些实物。

表 4.6 美国联邦储备体系资产负债表(2007) 单位:亿美元

资 产		负 债	
政府证券:联邦政府和机构证券以及银行承兑汇票	8 213	流通中的联邦储备银行券	7 762
		银行存款(存款准备金)	330
贴现贷款	22	财政部存款	51
黄金和 SDR 凭证账户	132	外国和其他存款	219
铸币	10	待付现金项目	44
待收现金项目	32	其他联邦储备负债和资本项目	397
其他联邦储备资产	394		
总计	8 803	总计	8 803

注:为 2007 年 12 月底数据。
资料来源:美联储。

① 关于待收现金项目的详细讨论参见本书第 10 章。

表 4.7 美国联邦储备体系资产负债表(2019) 单位:亿美元

资产		负债	
黄金	110.37	联邦储备券	19 570.34
特别提款权	52.00	逆回购协议	2 534.90
铸币	16.61	存款	21 125.80
证券、回购协议和贷款	40 979.36	递延可用现金项目	1.67
证券持有	37 511.89	其他债权及累计未发放现金红利	26.04
财政部证券	23 288.62	其他资产和应计股利	41.61
联邦机构证券	23.47	实收资本	316.97
抵押担保证券	14 199.80	盈余公积	68.25
待收现金项目	1.03	待付现金项目	
银行不动产	22.07		
中央银行流动性互换	37.29		
外币资产	205.71		
其他资产	231.46	其他资本账户	0
总资产	41 655.91	总计	41 655.91

注:(1)由于四舍五入,各分项加总可能与总计不相等;为 2019 年 12 月底数据。(2)其他资产包括回购协议、贷款、持有证券的未摊销溢价、持有证券的未摊销损失、对 Maiden Lane LIC 净投资额、银行房产、中央银行流动性互换等。

资料来源:美联储。

表 4.8 中国人民银行资产负债表(2007) 单位:亿元

资产		负债	
国外资产	124 825.18	储备货币	101 545.40
外汇	115 168.71	货币发行	32 971.58
货币黄金	337.24	金融性公司存款	68 415.86
其他国外资产	9 319.23	其他存款性公司	68 094.84
对政府债权	16 317.71	其他金融性公司	321.02
其中:中央政府	16 317.71	非金融性公司存款	157.96
对存款性公司债权	7 862.8	活期存款	157.96
对其他金融性公司债权	12 972.34	债券发行	34 469.13
对非金融性公司债权	63.59	国外负债	947.28
其他资产	7 089.18	政府存款	17 121.10
		自有资金	219.75
		其他负债	14 837.14
总资产	169 139.80	总负债	169 139.80

注:为 2007 年 12 月底数据;负债方的债券发行指中国人民银行发行的金融票据。

资料来源:中国人民银行。

表 4.9 中国人民银行资产负债表(2019) 单位:亿元

资产		负债	
国外资产	218 638.72	储备货币	324 174.95
外汇	212 317.26	货币发行	82 859.05
货币黄金	2 855.63	金融性公司存款	226 023.86
其他国外资产	3 465.84	其他存款性公司存款	226 023.86
对政府债权	15 250.24	其他金融性公司存款	
其中:中央政府	15 250.24	非金融机构存款	15 292.04
对存款性公司债权	117 748.86	不计入储备货币的金融性公司存款	4 574.4
对其他金融性公司债权	4 623.39	债券发行	1 020
对非金融性公司债权		国外负债	841.77
其他资产	14 869.26	政府存款	32 415.13
		自有资金	219.75
		其他负债	7 884.49
总资产	371 130.48	总负债	371 130.48

注:为 2019 年 12 月底数据;负债方的债券发行指中国人民银行发行的金融票据。
资料来源:中国人民银行。

在美国货币当局资产负债表的负债方,联邦储备券(由美联储发行的在非银行部门流通的通货)和商业银行存款是最主要的负债项目。存款准备金由商业银行在美联储的存款加上银行持有的通货(保存在银行金库中,常被称为库存现金)组成。存款准备金是银行资产,却是美联储负债。财政部存款是美国财政部放于美联储的存款。外国和其他存款,包括外国政府、外国中央银行、国际机构以及美国政府机构在美联储存款。待付现金项目与资产项目方的待收现金项目一样,产生于美联储的支票清算过程。当支票提交清算时,美联储不会立即贷记给提交支票的银行。相反,它承诺在某一事先安排的时间期限内贷记给该银行,通常不超过 2 天。这些承诺就构成了待付现金项目,并构成美联储负债。

中国货币当局资产负债表中的负债由金融性公司存款和货币发行(构成流通中的通货),以及债券发行和政府存款等构成。金融性公司存款包括商业银行和其他类型金融机构的法定准备金和超额准备金。中国人民银行资产由外汇储备和对存款性公司债权(中央银行对商业银行和其他金融机构贷款)等构成,外汇储备在中国人民银行资产项目中占有很大比重。

4.2.2 商业银行的资产负债管理

表 4.10 和表 4.11 给出了 2007 年 12 月和 2019 年 12 月美国商业银行资产负债表的简化形式。表 4.11 表明,商业银行资产以商业贷款为主。在美国,商业贷款占银行资产的比重约为 72%。商业银行还持有各种债券。债券总额占银行全部资产的比重约为 22%。银

行资金主要来自支票存款(即活期存款)和非交易性存款,此两项占商业银行负债的比重约为69%。

表4.10 美国全部商业银行资产负债(2007) 单位:%

资产(资金运用)		债务(资金来源)	
准备金	3	支票存款	6
应收现金项目+银行同业存款	4	非交易性存款	
证券		小额定期存款+储蓄存款	42
联邦政府及其机构	10	大额定期存款	21
州和地方政府及其他	12	借款	24
贷款		银行资本	7
工商业	13		
房地产	33		
消费者	7		
其他	9		
其他资产(如实物资本)	9		
合计	100	合计	100

注:为2007年12月底相应项目占资产或负债总额的百分比。
资料来源:美联储。

表4.11 美国全部商业银行资产负债(2019) 单位:亿美元

资　产		负　债	
银行信贷	138 379	存款	132 266
信贷证券	38 213	借款	19 886
信贷贷款和租赁	100 165	外国办事处相关净额	−917
现金资产	17 894	其他负债	6 486
交易资产	7 437		
商业银行贷款	8.0		
其他资产	14 893		
总资产	177 572	总负债	157 722

注:(1)数据经过季节调整;由于四舍五入,各分项加总可能与总计不相等。(2)为2019年12月底数据。
资料来源:美联储。

中国存款性公司的资产负债表结构和美国类似(参见表4.12和表4.13),资产方主要是国外资产、储备资产和对各类机构或者组织个人的债权,负债方主要是对非金融机构及住户的负债,即非金融机构及住户存款,尤其是个人存款和单位活期存款占比较大。

商业银行属于负债经营,通过吸收存款发放贷款(贷款期限通常长于存款期限)赚取利润，或通过购买长期债券赚取利润。商业银行必须对存款保留一定比率的准备金，以应付存款部门提取存款需要。

4.2.3 通货发行过程

中国人民银行的人民币发行管理分发行库和业务库两个部门。发行库是保管发行基金的金库。发行基金是中国人民银行代替国家保管的待发行的货币，是调剂市场货币流通的准备基金。发行基金来自两个方面：(1)中国人民银行总行所属印制企业按计划印制解缴的尚未投放使用的人民币；(2)商业银行业务库缴存的回笼款。

业务库是商业银行为办理日常现金收付业务而建立的金库。发行库中的现钞既不是中央银行资产，也不是中央银行负债，它还没有进入流通，与货币供给无关。业务库中的人民币现钞记为中央银行资产负债表库存现金项目，不属于流通中货币，是中央银行负债，属于商业银行资产。

表 4.12 中国存款性公司资产负债表(2007) 单位：亿元

资产		负债	
国外资产	19 912.16	对非金融机构及住户负债	372 905.12
储备资产	70 503.51	纳入广义货币的存款	358 760.33
准备金存款	67 907.16	单位活期存款	122 026.89
库存现金	2 596.35	单位定期存款	64 117.33
对政府债权	29 011.18	个人存款	172 616.11
对中央银行债权	38 633.40	不纳入广义货币的存款	10 477.85
对其他存款性公司债权	56 316.51	可转让存款	3 837.04
对其他金融机构债权	12 755.16	其他存款	6 640.81
对非金融机构债权	234 912.88	其他负债	3 666.94
对其他居民部门债权	50 747.47	对中央银行的负债	7 159.64
其他资产	28 410.74	对其他存款性公司负债	21 137.64
		对其他金融性公司负债	37 054.18
		国外负债	6 039.15
		债券发行	33 564.64
		实收资本	18 424.78
		其他负债	44 917.86
总资产	541 203.01	总负债	541 203.01

注：(1)为 2007 年 12 月底数据；(2)存款性公司包括中资银行、外资商业银行、城市信用社、农村信用社、财务公司。

资料来源：中国人民银行。

表 4.13 中国存款性公司资产负债表(2019) 单位:亿元

资产		负债	
国外资产	63 618.27	对非金融机构及住户负债	1 798 147.07
储备资产	236 958.41	纳入广义货币的存款	1 681 467.55
准备金存款	231 288.83	单位活期存款	498 819.68
库存现金	5 669.58	单位定期存款	363 486.04
对政府债权	307 280.67	个人存款	819 161.84
对中央银行债权		不纳入广义货币的存款	48 194.51
对其他存款性公司债权	296 766.19	可转让存款	15 660.48
对其他金融机构债权	246 493.07	其他存款	32 534.03
对非金融机构债权	1 085 249.79	其他负债	68 485.01
对其他居民部门债权	546 351.35	对中央银行的负债	98 826.22
其他资产	110 002.47	对其他存款性公司负债	114 185.41
		对其他金融性公司负债	198 935.37
		国外负债	16 815.85
		债券发行	280 399.31
		实收资本	64 575.78
		其他负债	320 835.22
总资产	2 892 720.22	总负债	2 892 720.22

注:为 2019 年 12 月底数据;存款性公司包括中资银行、外资商业银行、城市信用社、农村信用社、财务公司。

资料来源:中国人民银行。

中央银行货币发行通道包括再贴现、再贷款、购买证券、购买金银和外汇等。中央银行通过这些业务将货币投入流通,并通过相同渠道逆向组织货币回流。人民币发行程序是指人民币发行步骤和方法,属于人民币发行制度的重要组成部分。人民币发行分为四个步骤:

(1) 提出人民币发行计划,确定年度货币供应量。每年由中国人民银行总行根据国家经济和社会发展计划,提出货币发行和回笼建议,报国务院审批后组织实施,包括票币设计、印制和储备。(2)国务院批准中国人民银行报批的货币供应量计划。(3)发行基金调拨。发行基金由设置发行库的各级人民银行保管,总行统一掌管,发行基金的动用权属于总库。(4)商业银行业务库日常现金收付。人民币发行通过商业银行现金收付实现。商业银行将中国人民银行发行库的发行基金调入业务库后,再从业务库通过现金出纳支付

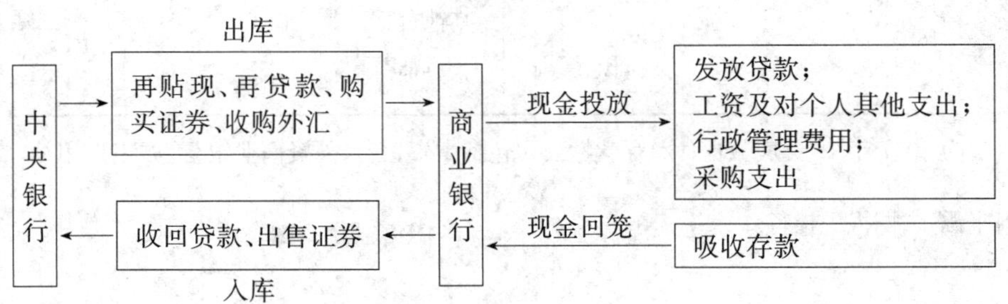

图 4.1 中央银行通货发行机制

给单位和个人。该过程称为“现金投放”。商业银行每日都会从市场回收现金，当业务库中的库存货币超过规定限额时，超出部分送交发行库保管。该过程称为“现金归行”。货币从发行库到业务库的过程叫“出库”，即货币发行；货币从业务库回到发行库的过程叫“入库”，即货币回笼。

4.2.4 多倍存款创造过程

当中央银行向商业银行增加供应1元准备金时，银行存款增加的数额数倍于1元，这一过程被称为多倍存款创造。为了便于说明商业银行信用货币创造过程，我们假定：(1)银行体系由中央银行及多家商业银行组成；(2)活期存款(即支票存款)的法定准备金比率为10%；(3)存款准备金由商业银行持有的库存现金及商业银行在中央银行存款两个部分组成；(4)非银行部门不持有现金(即流通中通货持有为0)，所有货币形式的收入均存入银行体系，形成支票存款；(5)存款准备金利率为零或远低于市场利率，商业银行仅持有法定准备金，超额准备金用于发放贷款或证券投资。

1. 中央银行向银行提供准备金

(1) 向银行发放贷款。

中央银行向银行发放贴现贷款，可增加银行准备金。假设中央银行向中国商业银行发放100元的贴现贷款，通过T型账户可以看出①，中国商业银行在中央银行的存款准备金增加了100元。

中国商业银行

资　产		负　债	
存款准备金	+100元	从中央银行获得的贴现贷款	+100元

中央银行

资　产		负　债	
对中国商业银行发放的贴现贷款	+100元	存款准备金	+100元

(2) 购买政府债券。

中央银行在证券市场上公开买卖政府债券称为公开市场操作。②假设中央银行从中国商业银行处购买了价值100元的政府债券，并支付由中央银行签发的支票。中央银行购买政府债券创造存款准备金的过程如下：

---

① T型账户仅记录资产负债表的变化项目，省略其他项目。运用T型账户可以分析中央银行货币政策实施后，中央银行、商业银行、私人部门的资产负债结构变动。

② 中央银行一般不以企业债券作为公开市场操作对象。详细讨论参见本书第9章。

中国商业银行

资　产		负　债	
政府债券	－100 元		
存款准备金	＋100 元		

中央银行

资　产		负　债	
政府债券	＋100 元	存款准备金	＋100 元

从 T 型账户可以看出：(1)中国商业银行将支票存入中央银行，该银行在中央银行的存款准备金增加 100 元。(2)中央银行通过公开市场操作，控制了存款准备金规模，持有的政府债券增加 100 元，中央银行负债方的存款准备金也增加 100 元。

2. 存款准备金增加与银行存款创造

假设中央银行从中国商业银行那里购买 100 元政府债券，则该银行存款准备金会增加 100 元。该银行的支票存款数量没有发生变动，法定准备金要求也未发生变化，超额准备金增加 100 元。由于超额准备金没有利息，因此该银行会选择向借款人发放有一定利息要求的 100 元贷款。借款人获得 100 元贷款以后，将贷款存入其在中国商业银行开立的支票账户，银行支票存款增加 100 元，货币供应量也增加 100 元，出现了货币创造。

中国商业银行

资　产		负　债	
政府债券	－100 元		
存款准备金	＋100 元		
贷款	＋100 元	支票存款	＋100 元

假设社会公众不持有现金，从中国商业银行存款账户中签发的支票都存入其他银行(如银行 A)。假设银行 A 及其他银行在期初都没有超额准备金，中央银行对支票存款规定的法定准备金比率为 10%，且所有银行都不持有超额准备金。当 100 元存入银行 A 以后，银行 A 的 T 型账户发生如下变化：

银行 A

资　产		负　债	
存款准备金	＋100 元	支票存款	＋100 元

银行 A 有 100－100×10%＝90 元的超额准备金，会选择对借款人发放贷款 90 元。借款人动用 90 元贷款以后，A 银行的资产负债表发生如下变化：

银行 A

资产		负债	
存款准备金	+10 元	支票存款	+100 元
贷款	+90 元		

当获得 90 元贷款的借款人花费了贷款，其交易对象将这笔资金存入银行 B 以后，银行 B 的资产负债表有如下变化：

银行 B

资产		负债	
存款准备金	+90 元	支票存款	+90 元

至此，银行体系中的支票存款共增加 100 元+90 元=190 元。银行 B 有超额准备金 90－90×10%=81 元。银行 B 会对借款人发放贷款 81 元。当借款人用贷款购买物品，其交易对象将支票存入另一家银行 C 时，银行 C 的支票存款会增加 81 元。此时，银行 B 的资产负债表发生如下变化：

银行 B

资产		负债	
存款准备金	+9 元	支票存款	+90 元
贷款	+81 元		

至此，包括银行 C、银行 B 和银行 A 在内的银行体系共创造支票存款 100+90+81=271 元，即货币供应量增加 271 元。如果所有银行都将超额储备金全额发放贷款，银行系统中的支票存款会进一步增加。最初由中央银行实施公开市场购买操作引起的 100 元超额准备金增加会使银行系统中的支票存款总额增加 1 000 元(100÷10%=1 000 元)。

假设商业银行在超额准备金增加以后，没有发放贷款而是购买证券，则银行系统中的存款会同样增加 1 000 元。比如，银行 A 用超额准备金购买 90 元证券而没有发放贷款，假设银行向证券卖主开出了 90 元的支票，则银行 A 的资产负债表有如下变化：

银行 A

资产		负债	
存款准备金	+10 元	支票存款	+100 元
证券	+90 元		

证券卖主将支票存入银行 B 时，银行 B 的支票存款增加 90 元，银行 B 的资产负债表有如下变化：

银行 B

资　产		负　债	
存款准备金	+90 元	支票存款	+90 元

因此，当银行发放贷款或购买证券时，超额准备金增加 100 元都会引起整个银行系统中的存款总额增加 1 000 元（100÷10％＝1 000 元）。

表 4.14　银行存款增加过程

银　　行	存款增加(元)	贷款增加(元)	准备金增加(元)
中国商业银行	0	100.00	0
A	100.00	90.00	10.00
B	90.00	81.00	9.00
C	81.00	72.90	8.10
D	72.90	65.61	7.29
E	65.61	59.05	6.56
…	…	…	…
所有银行合计	1 000	1 000	100.00

注：法定准备金比率为 10％，超额准备金增加 100 元。

(3) 简单存款创造乘数与多倍存款扩张公式。

存款准备金增加 1 元引起的银行存款增加数额称为简单存款创造乘数。简单存款创造乘数＝1÷法定储备金比率。在上例中，简单存款创造乘数为 10。假设 ΔD＝银行体系中支票存款总量变动，r_D＝法定准备金比率，ΔR＝银行超额准备金规模变动，则简单多倍存款创造关系可写成式(4.1)。

$$\Delta D=\Delta R\times\frac{1}{r_D} \tag{4.1}$$

3. 存款多倍收缩

当中央银行从商业银行撤出存款准备金时，银行存款规模会出现多倍收缩。假设中央银行向中国商业银行出售收回 100 元贴现贷款（期初所有商业银行都不持有超额准备金），中国商业银行的存款准备金因此减少 100 元。对中国商业银行而言，存款准备金减少 100 元时其存款规模并没有变化，因此需要补充法定准备金。假定中央银行对存款规定的法定准备金比率为 10％，中国商业银行通过出售证券或收回 100 元贷款补充法定准备金缺口。出售证券时中国商业银行收到由银行 A 签发的 100 元支票，并将之存入中央银行，中国商业银行的准备金增加 100 元，存款准备金缺口为 0。

中国商业银行

资产		负债	
存款准备金	－100元	贴现贷款	－100元
贷款或证券	－100元		
存款准备金	＋100元		

银行A

资产		负债	
存款准备金	－100元	支票存款	－100元

银行A有100元支票存款被提取后，法定准备金出现90元缺口(－100－(－100×10％)＝－90元)。银行A同样会出售证券或收回贷款，补足法定准备金。

银行A

资产		负债	
存款准备金	－100元	支票存款	－100元
存款准备金	＋90元		
贷款或证券	－90元		

假设银行A出售90元证券或收回90元贷款，收到由银行B开出的支票90元，并将支票存入中央银行；此时银行B中的支票存款减少90元，存款准备金减少90元。

银行B

资产		负债	
存款准备金	－90元	支票存款	－90元

银行B的法定准备金有81元缺口(－90－(－90×10％)＝－81元)，也需出售证券或收回贷款(81元)，并将出售证券或收回贷款后收到的支票存入中央银行，补充法定准备金缺口。银行体系中的支票存款将最终减少：－100元＋(－90元)＋(－81元)＋(－72.9元)＋(－65.61元)＋(－59.05元)＋……＝－1 000元。

4. 存款多倍创造公式推导

多倍存款创造公式可以直接使用代数方法推导得到。假定银行不持有超额准备金，法定准备金 RR(Regal Reserve)等于存款准备金总额 R，即 $RR=R$。此外，法定准备金总额等于法定准备金比率 r_D 乘以支票存款总额 D，即 $RR=r_D\times D=R$，由此得到式(4.2)。对式(4.2)两边取全微分后得到式(4.3)。

$$D=\frac{1}{r_D}\times R \tag{4.2}$$

$$\Delta D=\frac{1}{r_D}\times \Delta R \tag{4.3}$$

上述式(4.3)就是多倍存款创造方程，与式(4.1)相同。对式(4.3)的推导提供了考察多倍存款创造过程的另一种方法。它直接把银行体系当作整体，而不是对相关银行逐个进行考察。对银行体系来说，当所有银行都不存在超额准备金或法定准备金缺口时，存款创造过程或存款收缩过程停止；也即，当法定准备金总额等于存款准备金总额时，银行存款创造处于均衡状态。用 $r_D \times D$ 替换 RR，可得到等式 $R = r_D \times D$。这个等式告诉我们，为使法定准备金总额等于存款准备金总额，支票存款应该达到怎样的规模；给定的银行体系存款准备金水平决定了银行体系运营均衡(这时 $ER=0$)时的支票存款规模；一定水平的存款准备金支持的支票存款规模给定。将银行体系作为整体时，银行系统(由中国商业银行、银行 A、B、C、D……等全部商业银行和中央银行组成)中的存款准备金增加 100 元会引起银行系统资产负债表发生如下变化。

银行体系

资　产		负　债	
证券	－100 元	支票存款	＋1 000 元
存款准备金	＋100 元		
贷款	＋1 000 元		

上述表明，我们可对存款多倍创造公式进行更为严格的推导。我们将每次支票存款增加的数值加总以后，可以得到银行系统整体的存款增加总和。

$$\Delta D = \Delta R + \Delta R \times (1 - r_D) + \Delta R(1 - r_D)(1 - r_D) + \Delta R(1 - r_D)(1 - r_D)(1 - r_D) + \cdots \tag{4.4}$$

在式(4.4)中，ΔR＝银行系统整体的存款准备金增加，r_D＝中央银行要求的法定准备金比率。将式(4.4)变换以后可得 $\Delta D = \Delta R[1 + (1 - r_D) + (1 - r_D)^2 + (1 - r_D)^3 + \cdots]$；当银行系统中的商业银行家数 n 趋向无穷时，可以得到式(4.5)。

$$\Delta D = \Delta R \times \frac{1 \times [1 - (1 - r_D)^n]}{1 - (1 - r_D)} = \Delta R \times \frac{1}{r_D} \tag{4.5}$$

5. 对简单多倍存款创造模型的评价

简单多倍存款创造模型刻画了银行体系信用货币的创造机制，为信用货币投放管理提供了依据。但是，多倍存款创造模型的不足之处同样非常明显。[①]简单多倍存款创造模型假设银行将全部超额准备金都用于购买证券或发放贷款，这并不符合事实。如果银行只是将部分超额准备金用于购买债券或发放贷款，则存款多倍创造过程会发生变化。

简单多倍存款创造模型夸大了中央银行对货币供应量的控制能力。简单多倍存款创造模型认为，中央银行通过设定法定准备金比率和存款准备金水平，可以对银行支票存款规模加以完全控制。但是，银行持有超额准备金决策，非银行部门持有通货决策，以及借款人从银行申请贷款决策等，都会影响货币供给，影响货币供给的因素有多个方面，包括：

① 参见 Mishkin，Frederic S.，2007，*The Economics of Money*，*Banking*，*and Financial Markets*，Boston：Pearson/Addison Wesley：371。

(1)中央银行对法定准备金比率(r_D)和存款准备金(R)调节。(2)非银行部门通货数量持有决策。(3)商业银行贷款业务或购买证券决策。(4)借款人贷款决策。

4.3 基础货币模型

4.3.1 货币乘数与基础货币模型

基础货币(MB)也称高能货币,等于非银行部门的通货持有(C)加上银行存款准备金总额(R)。基础货币 $MB=C+R$。

货币乘数是指基础货币转化为货币供应量的倍数。货币乘数反映了基础货币之外的其他因素对货币供应量的影响。这些因素包括:(1)存款人通货与支票存款持有行为。(2)中央银行对银行法定准备金比率规定。(3)商业银行超额准备金持有行为。引入货币乘数 m 以后,货币供应量 M 可以写成 $M=MB\times m$ 的形式。

为了计算狭义货币 M1 的货币乘数,我们在货币供给模型中引入存款人因素与商业银行因素。假定中央银行对支票存款规定的法定准备金比率为 r_D;非银行部门持有的通货(C)与支票存款(D)同比例增长,即通货比率 C/D 保持不变;银行持有的超额准备金 ER 与支票存款 D 同比例增长,即超额准备金比率 ER/D 保持不变。引入存款人通货持有比率(C/D)和商业银行超额准备金持有比率(ER/D)后,银行存款准备金总额 R 等于法定准备金 RR 加上超额准备金 ER,即 $R=RR+ER$。法定准备金总量 RR=法定准备金比率(r_D)乘以支票存款数量 D,即 $RR=r_D\times D$。所以,$R=r_D\times D+ER$。

基础货币等于通货 C 加上存款准备金 R,基础货币 MB 可以写成 $MB=C+R=r_D\times D+ER+C$ 的形式。我们通过以下步骤求解支票存款 D 与基础货币 MB 之间的关系。将 MB 写成如下形式:$MB=(r_D\times D)+(ER/D)\times D+(C/D)\times D=[r_D+ER/D+C/D]\times D$。狭义货币 M1 的供应量 $M_1=D+C$,也即 $M_1=C+D=D+(C/D)\times D=[1+(C/D)]\times D$。由此得到狭义货币乘数 m_1,即式(4.6)。式(4.6)表明,狭义货币乘数 m_1 与 C/D、r_D、ER/D 等因素有关。

$$m_1=\frac{1+(C/D)}{r_D+(ER/D)+(C/D)} \tag{4.6}$$

广义货币 M2 的供应量 $M_2=D+C+T+MMF$,其中:C=非银行部门持有的通货,D=银行支票存款,T=银行定期存款,MMF=货币市场互助基金份额和货币市场存款账户金额,加上隔日回购协议和隔日欧洲美元(以美国为例)。假设 C/D、T/D、MMF/D 保持相对稳定,因此有式(4.7):

$$\begin{aligned} M_2 &=D+(C/D+T/D+MMF/D)\times D \\ &=(1+C/D+T/D+MMF/D)\times D \end{aligned} \tag{4.7}$$

将 $D=[1/(r_D+ER/D+C/D)]\times MB$ 代入变换后得到广义货币乘数 m_2,即式(4.8)。由于 $T/D>0$ 以及 $MMF/D>0$,因此广义货币乘数 m_2 大于狭义货币乘数 m_1。

原因是：定期存款或货币市场共同基金份额的法定准备金比率小于支票存款的法定准备金比率（此处假设为0），较少的准备金就能支持同样数额的存款扩张。

$$m_2=\frac{1+(C/D)+(T/D)+(MMF/D)}{r_D+(ER/D)+(C/D)} \tag{4.8}$$

上述式(4.8)表明，C/D、ER/D、r_D、T/D、MMF/D 等都会影响货币乘数m_2 变动。法定准备金比率 r_D 提高会减少存款扩张倍数，使货币乘数 m_2 减小。C/D 提高意味着存款人将支票存款转换为通货，而通货没有多倍存款扩张能力；C/D 提高时，货币乘数 m_2 减小。超额准备金比率 ER/D 提高，意味着银行在用较少的存款准备金来支持存款扩张，ER/D 提高时货币乘数 m_2 减小。

T/D 或 MMF/D 的上升都会导致货币乘数 m_2 增大，原因是定期存款和货币市场共同基金份额的法定准备金比率在此处被设定为零，比支票存款法定准备金比率要小很多，定期存款和货币市场共同基金份额比支票存款支持了更多倍的存款扩张。于是，当支票存款向定期存款或货币市场共同基金转换时，T/D 上升或者 MMF/D 上升，意味着存款多倍扩张水平提高，货币乘数 m_2 增大。也就是说：货币乘数 m_2 与法定准备金比率 r_D、通货存款比率 C/D、超额准备金比率 ER/D 负向相关；货币乘数 m_2 与定期存款比率 T/D、货币市场基金比率 MMF/D 正向相关。

我们将基础货币写成两个部分：一部分中央银行可以完全控制，另一部分中央银行不能完全控制。不能完全控制的部分为基础货币中由中央银行贴现贷款创造的数额 DL，基础货币中的其余部分称作非借入的基础货币 MB_n，与中央银行公开市场操作有关。非借入的基础货币 MB_n 等于基础货币 MB 减去贴现贷款 DL，参见式(4.9)。我们使用等式 $MB=MB_n+DL$ 将广义货币供给模型写成式(4.10)。

$$MB_n=MB-DL \tag{4.9}$$

$$M_2=m_2\times MB=m_2\times(MB_n+DL) \tag{4.10}$$

在式(4.10)中，中央银行公开市场购买会使银行非借入基础货币增加，公开市场出售会减少非借入基础货币规模。由公开市场购买引起的 MB_n 增加会增大用来支持通货和存款扩张的基础货币数额，引起货币供应量增加。减少 MB_n 的公开市场出售会减少用来支持通货和存款扩张的基础货币数额，引起货币供应量减少。货币供给规模与非借入的基础货币 MB_n 正向相关。在非借入的基础货币 MB_n 保持不变时，商业银行从中央银行获得贴现贷款相当于持有更多的存款准备金，可支持更多的贷款投放。贴现贷款 DL 增加时会引起货币供应量增加。反之则反是。

我们以狭义货币 M1 为例，给出完整的基础货币模型。假设银行存款准备金为 R（其中：法定准备金为 RR，超额准备金为 ER），非银行部门持有的通货为 C，银行支票存款为 D，基础货币为 MB，狭义货币供应量为 M_1，狭义货币乘数为 m_1，也即 $R=RR+ER$，$M_1=C+D$，$MB=C+RR+ER$。因此有式(4.11)和式(4.12)。

$$\frac{M_1}{MB}=\frac{C+D}{C+RR+ER}=\frac{C/D+1}{C/D+r_D+ER/D}=m_1 \tag{4.11}$$

$$M_1 = m_1 \times MB \tag{4.12}$$

上述式(4.11)和式(4.12)为关于货币供给的基础货币模型，其中基础货币 MB 等于非借入的基础货币 MB_n 加上贴现贷款 DL，即 $MB = MB_n + DL$。

4.3.2 拓展的基础货币模型

1. 存款人行为与通货比率变化

影响人们对通货或支票存款需求的因素有四个方面：(1)个人财富；(2)通货或支票存款相对于替代性资产的预期回报率；(3)相对于替代性资产而言，与通货或支票存款相关联的风险水平；(4)相对于替代性资产而言，通货或支票存款的流动性。我们着重分析个人财富水平对通货比率的影响，以及通货或支票存款的预期回报率变化对通货比率的影响。

(1) 财富水平与通货比率。

通货是必需品资产，被低收入者广泛持有。人们对通货需求的增长比率往往低于财富的增加比率。支票存款属于奢侈品资产，财富越多时支票存款在全部财富中所占比重越高。随着财富增加，人们对支票存款的持有会有更多增加，持有的通货数量相对于支票存款有所下降。通货比率 C/D 与收入水平或财富规模反向相关。收入越高(财富越多)时，人们持有通货越少，通货比率 C/D 越低，反之越高。

(2) 预期回报率与通货比率。

支票存款相对于通货和其他资产的预期回报率，是非银行部门对持有通货或持有支票存款决策时考虑的第二个因素。影响支票存款相对预期回报率的因素也会影响通货比率 C/D。

第一，支票存款利率与通货比率。

通货没有利息，银行通常会向支票存款支付利息。利率上升时，人们愿意持有的支票存款增加，通货比率 C/D 下降。通货比率 C/D 与支票存款利率负向相关。当银行根据竞争需要调整支票存款利率时，利率波动加剧，通货比率 C/D 会上升。

第二，银行恐慌与通货比率。

银行恐慌是指多家银行同时倒闭的现象。当银行无法及时足额地偿付存款人的存款时，会出现多家银行连锁倒闭。在银行恐慌期间，存款人遭受重大损失的可能性增加，银行存款的预期回报率可能为负值，存款人会加速从银行提取通货，减少支票存款持有。在银行恐慌期间，通货比率 C/D 会大幅度上升。

第三，非正式经济活动与通货比率。

非法经济活动为非正式经济活动的重要形式。在非法经济活动中，使用通货的好处要多于支票存款。使用支票存款结算时，在银行中会有交易记录。法律允许检查部门调阅银行档案，查找犯罪事实，使非法经济活动容易被查证。当非法经济活动数量明显上升时，通货相对于支票存款的使用频率上升，通货比率 C/D 上升。非法经济活动数量与通货比率 C/D 正向相关。在现实经济中，毒品交易、黑市、赌博、放高利贷、盗窃物买卖、雇用非法劳工等非法经济活动增加时，通货比率 C/D 会显著上升。[①]

未经申报且未获得法律允许的经济活动称为地下经济。地下经济也属于非正式经济活动。使用通货进行地下经济交易时，可规避政府的税收管理。当所得税税率上升时，通过现金交易来逃避税收的动力增加，通货比率 C/D 上升。由于所得税多采用累进形式（税率随收入水平提高而增加），在通货膨胀时期名义收入提高时，人们逃避税收的动机增加。因此，地下经济活动增加时，通货比率 C/D 会上升。

2. 超额准备金比率的影响因素

我们从银行持有超额准备金的成本与收益出发，讨论影响超额准备金比率 ER/D 的因素。持有超额准备金的成本越高，超额准备金比率 ER/D 越低；持有超额准备金的收益提高时，超额准备金比率 ER/D 上升。影响银行持有超额准备金的收益和成本的因素有市场利率和存款外流预期等。

(1) 市场利率与超额准备金比率。

超额准备金比率 ER/D 与市场利率 i 反向相关。市场利率 i 可用于反映银行发放贷款或持有证券的收益水平。超额准备金没有利息或利息很低，发放贷款所得利息或证券持有收益构成银行持有超额准备金的机会成本。市场利率上升时，超额准备金比率 ER/D 会下降。

(2) 存款外流预期与超额准备金比率。

银行持有超额准备金的目的是为存款外流所造成的损失提供保障。在有存款外流时，持有超额准备金可避免银行被迫向其他银行借款，也可避免银行被迫向中央银行借款，以及可避免被迫收回或出售贷款。存款外流概率有增加可能时，银行会增加超额准备金持有，超额准备金比率 ER/D 上升。因此，超额准备金比率 ER/D 与银行存款外流预期正向相关。

3. 拓展的基础货币模型

我们通过引入影响通货比率 C/D 的因素，以及影响超额准备金比率 ER/D 的因素，对基础货币模型作进一步拓展。

(1) 通货比率 C/D 的影响因素。

前述分析表明，非银行部门的通货存款比率 C/D 可以写成式(4.13)。在式(4.13)中，Y/P＝实际国民收入，T/Y＝税收与国民收入比率，P_C/P_K＝用现金购买的商品价格与用支票购买的商品价格之比，i_D＝支票存款利率，U＝影响非银行部门现金存款比率 C/D 的其他因素。

$$C/D=f(Y/P,\ T/Y,\ P_C/P_K,\ i_D,\ U) \tag{4.13}$$

① 此处的非正式经济活动(informal economy)，包括非法经济活动和地下经济活动等。地下经济也被称为灰色经济(grey economy)、平行经济(parallel economy)。测度非正式经济规模的方法是，比较现金交易量或电力消费量与官方统计数字之间的差异，当现金使用或电力消费量超过官方统计数据时，表明非正式经济活动在全部经济中的比重上升。据希莱德(Friedrich Schneider)统计，在2000年，发展中国家的非正式经济占其正式经济GDP的比重约为41%。在津巴布韦，这一数字高达60%；在巴西和土耳其，有将近50%的非农业人口在从事非正式经济。在OECD国家，非正式经济的比例约为18%。非正式经济活动在增加劳动就业的同时，也降低了经济活动的劳动生产率水平。据统计，当巴西和土耳其将非正式经济转为正式经济时，其GDP可增加1.5个百分点。

(2) 银行超额准备金持有决策。

超额准备金比率 ER/D 与贷款利率 r_L 有关,设 $ER/D=f(r_L)$。银行超额准备金持有取决于对贷款收益和流动性风险的权衡,银行持有的超额准备金与利率负向相关。

图 4.2 表明,银行持有的准备金首先必须满足法定准备金比率要求,银行多倍存款创造规模不会超过法定准备金与法定准备金比率倒数的乘积。在图 4.2 中,D_E 为银行可以创造的支票存款最大规模。

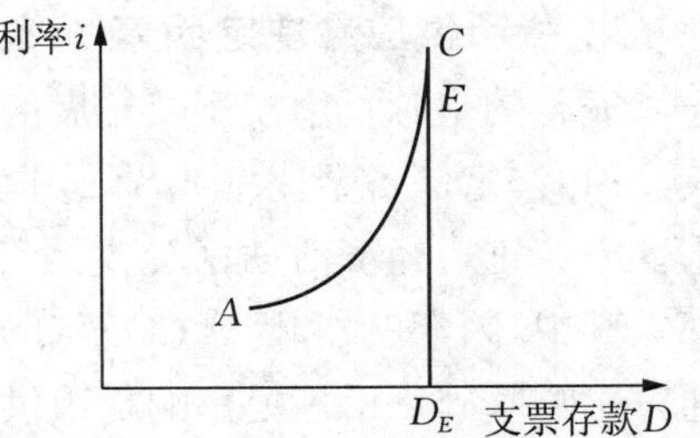

图 4.2 利率变化与银行的超额准备金持有

(3) 定期存款与活期存款的法定准备金差异。

将法定准备金比率 r_D 写成活期存款法定准备金比率 r_{DD} 和定期存款法定准备金比率 r_{TD} 两个部分,并假设银行定期存款 T 与活期存款 D 的比率为 T/D,则基础货币 MB 可写成式(4.14)。由此可得狭义货币乘数 m_1,参见式(4.16)。

$$MB=r_{DD}\times D+r_{TD}\times(T/D)\times D+(ER/D)\times D+(C/D)\times D \tag{4.14}$$

$$\frac{M_1}{MB}=\frac{C+D}{r_{DD}\times D+r_{TD}\times(T/D)\times D+(ER/D)\times D+(C/D)\times D}=m_1 \tag{4.15}$$

$$m_1=\frac{1+(C/D)}{r_{DD}+r_{TD}(T/D)+(ER/D)+(C/D)} \tag{4.16}$$

$$M_1=m_1\times MB \tag{4.17}$$

其中:$C/D=f(Y/P,\ T/Y,\ P_C/P_K,\ i_D,\ U)$,$ER/D=f(r_L)$,这就是拓展的狭义货币基础货币模型。由此可看出,在定期存款法定准备金比率由 0 变为 r_{TD} 时,狭义货币乘数 m_1 变小。

4.3.3 货币供应量变动

以下分析以狭义货币 M1 为例。引入非借入基础货币 MB_n 和贴现贷款 DL 以后,我们可将基础货币模型写成式(4.18)。式(4.18)表明,从中央银行借入的贴现贷款 DL 对货币供应量有显著影响。贴现贷款 DL 上升时,银行存款准备金增加,基础货币上升,可以支持更多的存款扩张,货币供应量增加。货币供应量与商业银行从中央银行借入的贴现贷款规模 DL 正向相关。

$$M=m\times(MB_n+DL) \tag{4.18}$$

非借入的基础货币 MB_n 的规模大小与中央银行公开市场操作有关。非借入的基础货币 MB_n 变动会引起货币供应量发生变化。中央银行实施公开市场购买时,会导致银行非借入的基础货币增加,货币供应量上升。货币供应量变动与中央银行公开市场出售活动反向相关,与中央银行公开市场购买活动同向相关。

我们可将基础货币模型写成 $M=m\times(MB_n+DL)=m\times(C+R)=m\times(C+RR+ER)$ 的形式，其中：M = 货币供给 = $C+D$；m = 货币乘数 = $(1+C/D)/(r_D+C/D+ER/D)$；MB_n = 非借入基础货币；DL = 中央银行贴现贷款。由此可看出，影响货币供应量变动的因素包括表 4.15 中列出的所有内容。

1. 货币供应量决定因素

完整的基础货币模型及拓展的基础货币模型表明，狭义货币 M1 供应量受以下因素影响。(1)法定储备金比率 r_D；(2)非借入基础货币 MB_n；(3)贴现贷款利率；(4)社会财富水平；(5)非正式经济活动；(6)支票存款利率；(7)银行恐慌；(8)存款外流预期；(9)贷款利率。其中，因素(1)和因素(4)至(9)通过影响货币乘数影响货币供给，因素(2)和因素(3)通过影响基础货币规模影响货币供给；参见表 4.15。

表 4.15　影响狭义货币 M1 规模变动的因素

变　量	变量变动方向	狭义货币供给变化	原　　因
非借入基础货币 MB_n	↑	↑	支持存款和通货扩张的基础货币增加
中央银行贴现贷款 DL	↑	↑	支持存款扩张的基础货币增加
法定准备金比率 r_D	↑	↓	多倍存款扩张减少
超额准备金比率 ER/D	↑	↓	支持存款和通货扩张的准备金减少
通货存款比率 C/D	↑	↓	总体存款扩张减少

(1) 支票存款法定准备金比率。

支票存款法定准备金比率上升时，对同样规模的支票存款法定准备金要求增加，相同水平的准备金无法支持原有的支票存款数量，引起银行收缩贷款规模(或出售证券)，存款和货币供应量下降。因此，货币供应量与法定准备金比率负向相关。

(2) 非借入基础货币。

中央银行实施公开市场购买时，支持通货和支票存款扩张的基础货币增加，货币供应量增加；反之，货币供应量下降。因此，货币供应量与非借入的基础货币规模正向变化。

(3) 贴现贷款利率。

贴现贷款利率上升时，商业银行从中央银行的借款成本上升，贴现贷款数量减少，支持通货和支票存款扩张的基础货币减少，货币供应量下降；反之，货币供应量上升。因此，货币供应量与贴现贷款利率负向相关。

(4) 财富水平。

财富水平上升时，人们对支票存款需求增加多于对通货需求增加，通货存款比率下降，存款人所持资产由不能支持多倍存款扩张的通货向支票存款转移，货币供应量增加。反之，货币供应量下降。因此，货币供应量与财富水平正向相关。

(5) 非正式经济活动。

非正式经济活动增加时，非银行部门持有的资产由支票存款向通货转移，通货比率上升且多倍存款扩张下降，货币供应量减少。非正式经济活动减少时，货币供应量增加。因此，货币供应量与非正式经济活动负向相关。

(6) 支票存款利率。

支票存款利率上升时，持有通货的相对预期回报率下降，非银行部门持有的资产由通货向支票存款转移,通货比率下降,多倍存款扩张增加,货币供应量增加。当支票存款利率下降时,通货比率上升,货币供应量减少。因此,货币供应量与支票存款利率正向相关。

(7) 银行恐慌。

发生银行恐慌时,存款遭受损失概率增加,持有通货的预期回报率相对上升,非银行部门持有的资产由支票存款向通货转移,通货比率上升,多倍存款扩张下降,货币供应量下降。银行恐慌消失以后,通货比率下降,货币供应量上升。因此,在银行恐慌期间,货币供应量下降;银行恐慌消失以后,货币供应量增加。

(8) 存款外流预期。

银行担心存款挤提发生的可能性增加时,对存款外流预期增加,银行会增加超额准备金持有,超额准备金比率上升,银行用于支持支票存款扩张的准备金减少,支票存款水平和货币供应量下降。反之,存款外流预期下降时,银行超额准备金比率下降,货币供应量上升。因此,货币供应量与存款外流预期负向相关。

(9) 贷款利率。

贷款利率上升时,银行持有超额准备金的机会成本上升,银行超额准备金比率下降,支持支票存款扩张的准备金增加,货币供应量增加。此外,贷款利率上升时,银行从中央银行申请贴现贷款的收益上升,银行从中央银行申请贴现贷款发放商业贷款,可增加银行利润。市场利率上升时,银行申请的贴现贷款规模会上升,货币供应量增加;反之则反是。因此,货币供应量与贷款利率正向相关。

2. 各种决定货币供给因素的相互作用

(1) 与非银行部门有关的因素。

与非银行部门资产持有决策有关的通货比率 C/D 会影响货币供给,而通货比率又同时受财富水平、非正式经济活动、支票存款利率及银行恐慌等影响。

(2) 与银行有关的因素。

银行超额准备金比率 ER/D 会影响货币供应量变化,而超额准备金比率同时受存款外流预期、支票存款利率等影响。

(3) 非银行部门因素与银行部门因素之间的相互作用。

非银行部门的资产持有行为会影响银行存款外流预期,银行部门的行为会引发银行恐慌从而影响通货比率 C/D。此外,市场利率对 ER/D 有影响,而非银行部门的行为对市场利率也有影响。

(4) 与中央银行有关的货币供给决定因素。

在所有 9 个因素中,法定准备金比率 r_D、非借入基础货币 MB_n、贴现贷款利率等,均与中央银行货币政策实施有关。在正常情况下,中央银行公开市场操作是引起 MB_n 变化,进而引起货币供应量发生变化的主要原因。

4.3.4 对银行恐慌的解释

银行恐慌(bank panic)是指多家银行同时倒闭的现象。当社会公众对银行普遍缺乏信心时,就会出现银行恐慌。银行恐慌具有巨大破坏作用,它使银行货币创造过程中断,会破坏货币政策传导机制①,妨碍货币政策正常实施,影响政府宏观经济政策效能,不利于宏观经济目标实现。银行恐慌和金融危机具有密切联系。金融危机具有很强的隐蔽性和突发性,会危及经济发展,破坏社会稳定。

银行恐慌会在多家银行同时发生,具有同时性和规模大的特点。银行恐慌发生时,货币供应量显著地大幅下降。这是因为:(1)商业银行面对存款挤兑预期,提高超额准备金持有水平,引起货币创造减少。(2)存款人为了防止银行存款不能兑现,争先恐后地从银行提取存款,使货币创造减少。

银行恐慌往往从个别银行开始,很快蔓延到多家银行。银行恐慌多发端于存款人对个别银行的存款挤提(run on)行为。当预期银行出现问题或对银行缺乏信心时,存款人会担心存款安全性。为了避免银行存款可能遭遇的损失,不论对某家银行可能倒闭的怀疑有无根据,存款人都会立即到银行提取存款。由于银行支取存款实行先来先取的排队原则,加上信息不对称,恐慌情绪会在更多的存款人中间蔓延。

当获知有存款人为保证存款安全从银行提取现金时,其他存款人也会对银行的稳健性产生怀疑,引发"羊群效应",越来越多的存款人加入对银行存款挤提的队伍中。存款人提款越多,银行持有的准备金就会越显不足,也就越有可能倒闭,并诱使更多的存款人加入提款行列。这一过程被称为银行存款挤兑。

银行业务具有"存短贷长"特点,在存款人同时提取存款时,银行会因流动性持有不足最终不能满足所有存款人的全部存款提取要求。对单家银行存款人来说,参与银行提款符合他们的最大利益。但作为存款人整体来说,存款人集中提款会引发银行倒闭,且会使其存款得不到足额偿付。

银行之间的资产和负债关联会导致金融系统变成一个脆弱网络,存款人对单家银行的存款挤兑,会通过银行风险敞口在银行系统内被放大。②存款人对单家银行的存款挤提会引发存款人对其他银行的存款挤提。一家银行倒闭会引起另一家银行存款人怀疑他们的银行也可能倒闭,于是他们立即开始从第二家银行中提取存款,存款人对银行的挤兑范围迅速扩大。

在存款人到银行挤提存款的过程中,单家银行的自我保护行为会增加银行危机爆发的可能性。单家银行面临存款挤兑时,会通过出售资产、收回贷款等措施获取流动性。多家银行的流动性争夺,会引起银行多倍存款收缩,使其他银行也面临倒闭风险。在无其他因素干预时,存款人银行挤提和银行流动性争夺,最终会引发多家银行同时倒闭,爆发银行恐慌。

信息不对称和市场主体对银行系统缺乏信心,是银行恐慌爆发的根本原因。恢复存款人对单家银行信心和提高单家银行对银行系统信心是阻止银行恐慌的关键。基础货币模型表明,阻止银行恐慌有助于维持正常的货币供给过程。发生银行恐慌时,存款人将存款提取成通货(现金),通货比率上升,存款多倍扩张下降,货币供给下降。发生银行恐慌时,存款外流预期增加,银行持有更多的超额准备金,加上银行之间流动性争夺引起超额

① 货币政策传导机制是指货币政策影响宏观经济运行的过程。详细讨论参见本书第7章内容。

② 资产期限长于负债期限时就有风险敞口。比如银行存款期限平均为3年,贷款期限平均为5年,存款人集中提取存款时,银行将不得不出售贷款或提前收回贷款,进而引起贷款损失。

准备金比率进一步上升，支持存款多倍扩张的准备金数量急速减少，货币供应量明显下降，引发银行体系陷入流动性不足的困境，那些经营正常的银行面临的存款挤提压力增加或被迫倒闭。降低非银行部门通货持有比率和银行超额准备金持有比率，可以在一定程度上阻止银行恐慌发生。在实际经济中，管理银行恐慌的措施有以下几个方面。

1. 基本思路

（1）鼓励同业拆借。同业拆借是银行恐慌时期银行之间实施相互救助的手段。阻止银行恐慌发生对所有银行都有好处，因此应鼓励所有银行团结一致，通过向困难银行提供拆借资金使其度过存款挤提浪潮。这种方式快速有效，借入资金银行仅需要按照同业拆借利率支付利息费用。

（2）最后贷款人制度。保证银行系统稳定，需要中央银行充当最后贷款人。①在银行面临存款挤提时，由中央银行向银行系统提供准备金支持。中央银行可通过公开市场购买，向银行系统增加发放非借入基础货币，同时允许商业银行获得更多的贴现贷款。美国联邦储备体系就是针对1907年的银行恐慌设立的；美国联邦储备体系设立的出发点之一是，充当银行恐慌时期银行最后贷款人。

（3）提供存款保险。存款保险公司承诺当银行发生倒闭时，银行存款可获得全额赔偿，这样存款人就不会因担心银行倒闭而挤提银行存款。具体的运作是，由政府发起设立的存款保险公司负责为所有商业银行一定数额以内的储蓄账户提供保险，所有商业银行都必须向存款保险公司缴纳银行保险基金。当发生银行倒闭时，由该基金向银行存款人提供赔偿。美国联邦存款保险公司（FDIC）就是为了应付大萧条时期的银行恐慌于1934年1月1日设立并开始运作的；美国联邦存款保险公司通常运用偿付法，以及资产购买和资产接管方法处置问题银行。

2. 具体措施

由于各国国情不同，有些国家将最后贷款人、银行监管机构和存款保险等职能都集中于中央银行。对银行恐慌的救助措施具体有以下几个方面。

（1）贷款挽救。第一，直接贷款援助。这种贷款利率通常比较高。第二，设立特别机构和专项基金间接提供财务援助。典型的例子是原联邦德国的“科利银行”和比利时的“银行信用保证局”。前者是由原德国联邦银行牵头并出资30%设立的特别机构；后者是由比利时所有银行共同出资，财政和银行业共同管理的10亿比利时法郎的专项基金。第三，临时组织大银行集资救援，比如1992年日本的樱花银行、富山银行、东海银行、三和银行等商业银行联合，共同挽救陷入困境的太平洋银行，为其提供1 100亿日元的10年期低息贷款，以帮助其渡过危机。在英国，一般由伦敦的4大清算银行提供救援。这些集资救助都在监管当局授意下进行。

（2）担保。由中央银行或政府出面购买问题银行的资产，或收购问题银行并清偿其全部债务。

（3）并购。组织运营正常的银行兼并或收购陷入危机银行，由运营正常的银行接管问

① 央行最后贷款人功能首先由白芝浩（Walter Bagehot）提出，与之对应的是白芝浩原则（Bagehot’s Dictum）。白芝浩在《伦巴第街》中提出以下原则：金融危机时期，银行应当慷慨放贷，但只放给经营稳健、拥有优质抵押品的公司，且要以足够高的、能吓走非急用钱者的利率来放贷。

题银行的部分或全部负债，并购买它的部分或全部资产。

(4) 设立过渡银行。由于危机银行在持续经营状态下的价值大于立即破产清算时的价值，监管当局通过设立过渡银行全面承接危机银行业务，可保证后者能在继续经营的前提下得到有效处理。1987 年美国联邦存款保险公司得到授权，通过设立过渡银行来处理危机银行。过渡银行的期限为两年，它必须在此期间处理完所有的接管资产，而后结束其使命。1998 年 7 月日本在"金融重建总计划"中推出了过渡银行设想。过渡银行由存款保险机构设置，其期限原则上为 1 年，如有必要，还可以延期两次，每次 1 年。在此期间过渡银行通过并购、转让股权或经营权，以及把不良债权出售给清理回收机构等方式，处理危机银行；如果始终无法找到买家，则对危机银行实行破产清算。

(5) 设立专门的危机银行处理机构。美国为处理 20 世纪 80 年代陷入危机的全国性储贷机构，于 1989 年专门设立储贷资产托管公司(Resolution Trust Corporation)，负责接管和处置由联邦储贷保险公司承保而倒闭的储贷机构资产。储贷资产托管公司自 1989 年 8 月成立至 1995 年 12 月 31 日结束运作止，共接管储贷机构 747 家，接管资产账面价值 4 560 亿美元。储贷资产托管公司将这些资产剥离、重组后出售，共收回资金 3 950 亿美元，资产收复率 86.62%。与此同时，储贷资产托管公司还使 1 460 家有问题的储贷机构恢复了正常经营。

4.4 资金流量模型

资金流量(flow of funds, FoF)模型着重从货币存量变化的角度来讨论货币供给问题。资金流量模型考虑银行对非银行部门的贷款流量，以贷款发放以后和贷款偿还以后银行系统中的贷款和存款变化为分析重点。因为是集中讨论新增贷款流量及其存款创造能力，资金流量模型也被称作"信用匹配"分析方法。①

假设货币流量用 ΔM 表示，新增贷款分别用 ΔL_p(银行给非银行私人部门的新增贷款)和 ΔL_g(银行给政府等公共部门的新增贷款，这里的公共部门包括政府和中央银行)表示。我们把货币供应量写成式(4.19)。其中：M＝货币存量，C_p＝非银行部门持有的通货(银行券＋铸币)，D_p＝非银行部门持有的银行存款。将式(4.19)写成式(4.20)的流量形式。

$$M \equiv C_p + D_p \tag{4.19}$$

$$\Delta M \equiv \Delta C_p + \Delta D_p \tag{4.20}$$

银行资产负债表的构成表明，贷款(资产项)变化会引起存款(负债项)变化，贷款与存款会同步变动。在银行资产负债表的资产方，贷款可以分解成对私人部门的贷款 ΔL_p 和给公共部门的贷款 ΔL_g。

$$\Delta D_p \equiv \Delta L_p + \Delta L_g \tag{4.21}$$

① 参见 Bain, K., and Peter Howells, 2003, *Monetary Economics: Policy and Its Theoretical Basis*, New York: Palgrave Macmillan: 64—66。

公共部门的借款需求(public sector's borrowing requirement, PSBR)可以通过向非银行私人部门发行通货、出售政府债券来满足。商业银行对公共部门提供的贷款是公共部门多种融资方法中的一种,具有货币特征及短期特征,它往往是公共部门在其他融资方法用尽以后的最后一种融资方法。因此,可以得到公共部门新增借款表达式。

$$PSBR + \Delta ext \equiv \Delta C_p + \Delta G_p + \Delta L_g \tag{4.22}$$

其中:ΔC_p=中央银行新发行的通货总量,ΔG_p=政府面向全部公众的债券出售额,Δext=用本国货币表示的外汇净流量。Δext 可以为正也可以为负。$\Delta ext>0$,表示公共部门用本币买入外汇资产,这会增加公共部门的借款需求;$\Delta ext<0$,表示政府部门卖出外汇资产获得本币,这会减少政府部门对本币的借款需求。将式(4.22)代入式(4.21),得到银行存款发生变化的影响因素。

$$\Delta D_p \equiv \Delta L_p + PSBR + \Delta ext - \Delta G_p - \Delta C_p \tag{4.23}$$

把式(4.23)代入式(4.20),则可得到影响货币存量变化的全部因素。在代入时,ΔC_p 被抵消掉,因此得到式(4.24)。此即为关于货币供给的资金流量模型。

$$\Delta M \equiv PSBR + \Delta ext - \Delta G_p + \Delta L_p \tag{4.24}$$

资金流量模型表明,货币存量变化并非仅与非银行部门对银行部门的借款行为有关,还与中央银行通货发行、政府部门债券发行以及政府部门对外汇市场干预有关。需要说明的是,关于货币供给的资金流量模型对于分析货币供应量变化很有作用。资金流量模型强调非银行部门信用需求对货币供给影响,基础货币模型强调存款准备金变化对货币供给影响。

在现实经济中,如果中央银行能够直接控制基础货币数量,且银行对准备金偏好和公众对现金偏好比较稳定,则使用基础货币模型控制货币供给比较适合;如果中央银行更关注货币供应量增长,试图通过新增信用需求来影响货币供应量增长率,则资金流量模型更为适用。

本章小结

本章分析了信用货币供给系统,从简单多倍存款创造过程出发,运用基础货币模型和资金流量模型,讨论了信用货币供应过程。

1. 信用货币供给有四个参与者,分别是中央银行、商业银行、存款机构、贷款机构。基础货币也称高能货币,包括非银行部门持有的通货和银行部门持有的存款准备金。超额准备金增加会引起银行体系多倍存款扩张。在简单多倍存款创造模型中,假设银行不持有超额准备金,非银行部门不持有通货,银行存款增加的倍数(简单存款创造乘数)等于法定准备金比率的倒数。

2. 基础货币模型运用货币乘数与基础货币概念,从银行信贷供给的存款准备金约束角度解释信用货币供给过程。货币乘数为基础货币增加 1 个单位时,货币供应量变动数额。基础货币模型表明，货币供应量与法定准备金比率 r_D、通货存款比率 C/D 以及超额准备金比率 ER/D 负向相关，与中央银行贴现贷款 DL 以及由中央银行公开市场操作决定的非借入基础货币 MB_n 正向相关。基础货币模型考虑了信用货币供给过程中所有参与主体的行为：中央银行通过设定法定准备金比率、贴现贷款利率以及实施公开市场操作等影响货币供给；存款机构通过通货存款比率决策影响货币供给；银行通过超额准备金比率和从中央银行借入贴现贷款决策影响货币供给；借款机构通过借贷决策影响货币供给。

3. 银行恐慌是指多家银行同时倒闭的现象。银行恐慌发生时，非银行部门持有的通货增加，银行部门持有的超额准备金上升，进而引发多倍存款收缩，使货币供给过程中断。鼓励银行之间开展同业拆借业务，由中央银行充当最后贷款人，以及建立存款保险制度等，可从一定程度上阻止银行恐慌发生。

4. 货币供给的资金流量模型从银行信贷需求角度，说明信用货币供给过程。资金流量模型认为，非银行部门信用需求对信用货币供给有决定性影响，影响货币供给的因素包括公共部门持有的外汇储备、债券发行、现金货币投放等。

中文关键词

中央银行　商业银行　信用货币　多倍存款创造　公开市场操作
法定准备金比率　T型账户　超额准备金　贴现贷款　货币乘数　基础货币
基础货币模型　非借入基础货币　银行恐慌　羊群效应　最后贷款人
资金流量模型　白芝浩原则

英文关键词

central bank　commercial bank　credit money　multiple deposit creation
open market operation　required reserve ratio　T-style account　extra reserve
discount loan　money multiplier　base money　base money model
non-borrowed based money　bank panic　herd behavior　last resort
flow of fund model　Bagehot's dictum

思考题

1. 简述货币供给中的货币内涵，比较货币存量和货币供给之间的联系和区别。

2. 简述中央银行职能，说明美国联邦储备体系的机构组成，比较美联储、欧洲央行、英格兰银行和中国人民银行的机构设置异同和运行特征。

3. 简述中国货币供给体系的基本特点,说明中国现代货币供给系统的形成历程。

4. 何谓流通中的通货? 它与库存现金有何联系? 简述中央银行货币性负债的内涵,列举中央银行资产负债表的资产方构成和负债方构成。

5. 何谓贴现贷款? 何谓存款准备金? 说明存款准备金的分类和构成。

6. 说明中央银行外汇储备的来源。

7. 简述商业银行的业务特点及其对货币供给的影响。说明T型账户在分析货币供给时的应用。

8. 简述信用货币供给过程。当中央银行从非银行部门那里购买10亿元债券,且同时降低法定准备金比率0.5%,这会对货币供应量产生什么影响?

9. 简述简单多倍存款创造模型的假设前提、内在机理和基本结论,说明简单多边存款创造模型的意义和不足之处。

10. 比较存款多倍创造与存款多倍收缩时商业银行资产负债表的动态变化特征。

11. 何谓基础货币? 说明基础货币与存款准备金之间的联系和区别。

12. 比较狭义货币乘数和广义货币乘数,说明货币乘数的影响因素。

13. 比较存款人通货比率(C/D)和商业银行超额准备金比率(ER/D)的影响因素。

14. 基于基础货币模型,分析市场利率上升对货币供应量的影响以及税收负担提高对货币供应量的影响。毒品犯罪率提高时货币供应量会如何变化? 存款保险制度实施对货币供应量有何影响。

15. 在经济萧条时期,银行部门的超额准备金比率剧烈上升。这会对正常的货币供给过程产生什么影响? 为什么利率顺周期变动(利率在经济周期扩张时上升,在萧条时下降)会导致货币供应量顺周期变动?

16. 分析流动性争夺和存款挤提的成因,说明银行危机发生过程。银行倒闭时,为什么需要政府参与银行系统管理? 政府对银行系统进行管理时,有哪些具体措施? 请对这些措施加以评价。

17. 运用货币供给的资金流量模型,分析企业银行借款增加、政府财政赤字增加,以及央行外汇储备增加对货币供给的影响。说明简单多倍存款创造模型、基础货币模型、资金流量模型的联系和区别。

18. 中央银行具有"发行的银行""银行的银行"和"政府的银行"等基本职能。结合美联储和中国人民银行的发展变化,讨论中央银行职能演进的内在逻辑。

19. 比较2019年12月中国人民银行和美联储资产负债表构成特点,分析两者差异和形成原因。

20. 比较2007年12月和2019年12月中国商业银行资产负债表的结构特点,结合2007年12月美国商业银行资产负债表特点,分析这些差异的形成原因,并对照2007年12月的经济事实,说明2019年和2020年中国经济面临的挑战。

21. 结合国际范围内典型的银行倒闭事件,说明银行危机发生过程,比较银行危机救助措施,说明其合理性和实施条件。

22. 举例说明商业银行对中小型企业贷款意愿不足对货币供应量的影响,并给出对策建议。

23. 当中国人民银行出售200万元债券给中国建设银行时，银行系统中的存款准备金和基础货币会发生什么变化？请使用T型账户加以说明。

24. 假设支票存款的法定准备金比率为10%，银行不持有超额准备金，非银行部门持有的通货数量保持不变。当中央银行通过向银行部门出售价值500万元债券来减少存款准备金时，银行体系在均衡时的T型账户会是怎样？支票存款会发生什么变化？

25. 在活期存款的法定准备金比率大于零且定期存款法定准备金率为零的前提下，中央银行决定对活期存款和定期存款规定同样的法定准备金比率，广义货币M2的乘数会发生什么变化？（假设货币体系以外的经济主体持有的通货规模为C，商业银行持有的超额存款准备金为ER，货币市场基金规模为MMF，活期存款规模为D，定期存款规模为T，中央银行规定的活期存款法定准备金比率为r_D。）

26. 如果中国人民银行从中国工商银行那里买入1 000万元人民币债券，但中国工商银行将新增存款的10%作为超额储备金持有，则银行体系中的存款总共将增加多少？请用T型账户分三种情形加以说明。假设存款的法定准备金比率为10%。

27. 一家银行拥有300万元的超额准备金，它与一家企业签署贷款协议，将这笔准备金贷给该企业，并在该企业的支票账户上增加300万元，要求该企业承诺在以后三年归还本金并支付利息。如果存款的法定准备金率为20%，这家银行还有多少超额准备金？它应该发放另一笔贷款以减少超额准备金吗？为什么？

28. 如果你决定比平常少持有100元现金并将其存入你在开户银行的支票账户，而其他条件保持不变，你的行为会对银行支票存款产生什么影响？假设支票存款的法定准备金比率为10%，银行不持有超额准备金。请用T型账户进行说明。

29. 假设商业银行系统中法定准备金比率为10%，通货总量C=4 000亿元，活期存款D=8 000亿元，超额准备金ER=8亿元。当中央银行将商业银行法定准备金比率要求从10%提高到20%以后，狭义货币供应量会怎样变化？请用T型账户分析整个银行体系的变化过程。

30. 考虑银行Ⅰ的资产负债数据如下表所示。在银行Ⅰ的准备金中，600万元是放在中央银行的法定清算头寸。其他统计数据为：D=交易性存款=20 000亿元，R=存款准备金=2 000亿元，$C/D=0.2$=现金与交易性存款的比率，$N/D=2.0$=非交易性存款与交易性存款的比率，$MMF/D=1.6$=货币市场基金与交易性存款的比率，$q=0.08=8\%$=交易性存款的法定准备金率=RR/D=法定准备金与交易性存款的比率，$RCB/D=0.02=2\%$=法定清算头寸与交易性存款的比率。

银行Ⅰ的资产负债表 单位：百万元

资产		负债和所有者权益	
准备金	30	交易性存款	300
证券	140	非交易性存款	140
贷款	280	所有者权益	10
总资产	450	总负债和所有者权益	450

(1)计算基础货币 MB、狭义货币 M1 和广义货币 M2。银行Ⅰ有超额准备金吗？经济体系中会有超额准备金吗？(2)计算 M1 乘数和 M2 乘数。(3)假设中央银行将交易性存款的法定准备金率提高到 0.18＝18%，银行Ⅰ的资产负债表会发生什么变化？它是持有超额准备金，还是会缺少准备金？计算新的 M1 乘数和 M2 乘数，MB、M1、M2、N、D、C、MMF、RCB、R 会有什么变化？(4)假设中央银行没有按照(3)中那样提高法定准备金比率，而是在公开市场上出售了 1 500 亿元国债，其中向银行Ⅰ的客户出售了 300 万元。银行Ⅰ的资产负债表会发生什么变化？它是持有超额准备金，还是会缺少准备金？计算新的 M1 乘数和 M2 乘数，MB、M1、M2、N、D、C、MMF、RCB、R 会有什么变化？

31. 以下说法不正确的是(　　)。(单选)

A. 货币供应量是指在某一时点上特定经济体系中，政府、企事业单位、居民等非银行部门所持有的货币存量

B. 货币供应量是货币持有部门对金融体系的债权

C. 货币流量是指一定时期内，货币流通速度与货币存量的乘积

D. 商业银行以派生存款的形式创造和收缩货币供应

32. 在现代经济中，信用货币供给涉及的四位一体结构是指(　　)。(单选)

A. 中央银行、商业银行、存款主体、贷款主体

B. 财政部、商业银行、存款主体、贷款主体

C. 中央银行、证券公司、存款主体、贷款主体

D. 财政部、证券公司、投资主体、融资主体

33. 下列项目中，属于中央银行负债的有(　　)。(单选)

A. 中央银行的外汇储备　　B. 中央银行对专业银行的贷款

C. 流通中的通货　　D. 中央银行对财政贷款

34. 关于存款准备金的下列说法不正确的是(　　)。(单选)

A. 存款准备金是中央银行资产、商业银行负债

B. 存款准备金是中央银行负债、商业银行资产

C. 存款准备金规模可以通过中央银行公开市场操作、中期借贷便利来调节

D. 存款准备金由商业银行库存现金和商业银行在中央银行的存款两个部分组成

35. 下列哪个因素一般不会影响银行超额准备金规模？(　　)(单选)

A. 公众的流动性偏好　　B. 利率

C. 借入资金的难易程度　　D. 借入资金的成本

36. 下列因素中，使商业银行持有较高超额准备金的是(　　)。(单选)

A. 市场利率上升　　B. 经济处于上升周期

C. 中央银行贷款条件苛刻　　D. 同业拆借市场利率稳定

37. 如果通货比率开始上升，这意味着地下经济有何发展？(　　)(单选)

A. 不变　　B. 减弱　　C. 增强　　D. 无法确定

38. 下列因素中，使公众偏好持有通货或活期存款的是(　　)。(单选)

A. 定期存款利率上升　　B. 国库券利率上升

C. 公众流动性偏好下降　　D. 活期存款利率上升

39. 市场利率提高以后，以下说法不正确的是（　　）。（单选）

A. 通货存款比率下降　　B. 银行的超额准备金比率下降

C. 货币供应量增加　　D. 基础货币减少

40. 假设中国人民银行从中国工商银行那里购买了 1 000 元证券，银行体系中所有银行在所有时期都不持有超额准备金，法定准备金比率为 20%，则银行体系中存款总量增加（　　）。（单选）

A. 1 000 元　　B. 2 000 元　　C. 5 000 元　　D. 8 000 元

41. 基础货币模型标明，下列措施可有效阻止银行恐慌发生的是（　　）。（单选）

A. 稳定存款人信心使通货存款比率提高

B. 稳定商业银行信心使超额准备金比率提高

C. 稳定商业银行信心使法定准备金比率提高

D. 给问题银行提供贴现贷款

42. 发生金融危机时，可采取下列哪些措施对金融机构进行救助？（　　）（多选）

A. 金融机构自救　　B. 中央银行充当最后贷款人

C. 降低银行法定资本金比率要求　　D. 管理银行流动性争夺行为

阅读材料

Amadeo, Kimberly, 2019, "What Was the Bank Bailout Bill——Cost, Impact, How It Passed", Some Comments.

Berger, Allen N., William C. Hunter, and Stephen G. Timme, 1993, "The Efficiency of Financial Institutions: A Review and Preview of Research Past, Present, and Future", *Journal of Banking and Finance*, 17:221—249.

Bordo, Michael D., 2007, "A Brief History of Central Banks", Federal Reserve Bank of Cleveland Staff Reports(December 2007).

Chatterjee, Satyajit, 2001, "Why does Countercyclical Monetary Policy Matter", *Business Review* Q2 2001.

Noulas, Athanasios G., Subhash C. Ray, and Stephen M. Miller, 1990, "Returns to Scale and Input Substitution for Large U.S. Banks", *Journal of Money, Credit and Banking*, 22(1):94—108.

Noulas, Athanasios G., Stephen M. Miller, and Subhash C. Ray, 1990, "Regularity Conditions and Scope Estimates: The Case of Large-Sized U.S. Banks", *Journal of Financial Services Research*, 235—248.

The Economist, 2017, "Battle of three centuries", April 29th 2017.

于泽：《我国 M2 顺周期性的原因分析——货币供给内生性的视角》，《管理世界》2008 年第 12 期。

周小川：《金融危机中关于救助问题的争论》，《金融研究》2012 年第 9 期。

附录 4A 弗里德曼—施瓦茨货币供给模型

弗里德曼和施瓦茨在《美国货币史:1867—1960》一书中,通过对近百年美国货币史的实证研究,给出了弗里德曼—施瓦茨货币供给模型。[①]根据定义,基础货币(MB)等于非银行部门持有的通货(C)加上银行存款准备金(R),狭义货币(M)等于非银行部门持有的通货加上活期存款(D)。由此可以得到式(4A.1)。

$$\frac{M}{MB}=\frac{C+D}{C+R} \tag{4A.1}$$

$$\frac{C+D}{C+R}=\frac{1+\frac{D}{C}}{1+\frac{R}{C}}=\frac{1+\frac{D}{C}}{1+\left(\frac{D}{C}\times\frac{R}{D}\right)}=\frac{\frac{D}{R}\left(1+\frac{D}{C}\right)}{\frac{D}{R}+\frac{D}{C}} \tag{4A.2}$$

把式(4A.1)右边分子分母同除以 C,再同乘以 D/R,则式(4A.1)右边变为式(4A.2)。把式(4A.2)代入式(4A.1),可得式(4A.3)。如果把货币存量表示为基础货币和货币乘数的乘积,即 $M=MB\times m$。从式(4A.3)可以得到货币乘数 m;参见式(4A.4)。

$$M=MB\times\frac{\frac{D}{R}\left(1+\frac{D}{C}\right)}{\frac{D}{R}+\frac{D}{C}} \tag{4A.3}$$

$$m=\frac{\frac{D}{R}\left(1+\frac{D}{C}\right)}{\frac{D}{R}+\frac{D}{C}} \tag{4A.4}$$

从式(4A.3)可以看出,货币供应量由三个因素决定,即基础货币(MB)、银行存款与准备金之比(D/R)、存款与通货之比(D/C)。弗里德曼和施瓦茨将此三个因素称为"货币存量的直接决定因素",也即:

(1) 基础货币由中央银行决定,它对货币供应量的影响最为直接,当后两个因素保持不变时,基础货币增加会使货币供应量发生相同比率的增加。

(2) 存款准备金比率由银行体系决定。当其他因素保持不变时,D/R 越大意味着一定数量的准备金可以支持更多的存款,货币供应量与 D/R 同向变动。

(3) 存款和通货的比率由公众决定。当其他因素不变时,D/C 越大意味着公众持有的通货越少。相应地,基础货币中的存款准备金越多,银行能够创造的派生存款越多,因此货币供应量与 D/C 同向变动。

① 米尔顿·弗里德曼、安娜·施瓦茨:《美国货币史:1867—1960》,北京大学出版社 2009 年版。

附录 4B　卡甘货币供给模型

卡甘(Cagan, 1965)在研究美国货币存量决定因素后，提出了卡甘货币供给模型(简称卡根模型)。①卡甘模型从狭义货币 M 与基础货币 MB 的比值开始。基础货币 $MB=C+R$，其中 C 为流通中通货，R 为银行存款准备金。

$$\frac{M}{MB}=\frac{M}{C+R} \tag{4B.1}$$

$$\frac{M}{C+R}=\frac{1}{C/M+R/M} \tag{4B.2}$$

把式(4B.1)右边的分子分母同除以 M，得到式(4B.2)。对 R/M 进行变形，利用 $M=C+D$ 得到式(4B.3)。其中，D 为银行支票存款。把式(4B.3)代入式(4B.2)，得到式(4B.4)。把式(4B.4)代入式(4B.1)，得到卡甘货币供给模型即式(4B.5)。

$$\frac{R}{M}=\frac{R}{D}\times\frac{D}{M}=\frac{R}{D}\times\left(1-\frac{C}{M}\right) \tag{4B.3}$$

$$\frac{M}{C+R}=\frac{1}{C/M+R/M}=\frac{1}{C/M+R/D-(R/D)(C/M)} \tag{4B.4}$$

$$M=\frac{MB}{C/M+R/D-(R/D)(C/M)} \tag{4B.5}$$

与弗里德曼—施瓦茨模型相比，卡甘用 R/D 代替了 D/R，用 C/M 代替了 D/C。卡甘认为，他的模型更能反映真实情况，且更为清晰。在弗里德曼—施瓦茨模型中，只考虑 D/R 和 D/C 对货币供应量影响，忽略了它们对货币乘数影响。在卡甘模型中，通货比率(C/M)和准备金比率(R/D)都小于 1。当其中一个比率保持不变，另一个比率增加时，货币乘数会减少。卡甘模型明确给出了货币乘数与通货比率之间的反向变动关系，以及货币乘数与准备金比率之间的反向变动关系。

附录 4C　乔顿货币供给模型

乔顿(Jordan, 1969)发展了弗里德曼—施瓦茨货币供给模型和卡甘货币供给模型。乔顿把银行存款进行分类，推导出了更为复杂的货币供给模型。该模型被大多数经济学家认可，被看作货币供给一般模型。②在乔顿模型中，货币供应量定义为狭义货币，包括通货和活期存款，它与弗里德曼—施瓦茨货币供给模型、卡甘货币供给模型相同。

乔顿把银行总存款定义为私人部门活期存款＋私人部门定期存款＋政府部门的商业

① Cagan, Phillip, 1965, "Determinants and Effects of Changes in the Stock of Money, 1875—1960", New York: *National Bureau of Economic Research*:8—15.

② Jordan, Jerry L., 1969, "Elements of Money Stock Determination", *Federal Reserve Bank of St. Louis Review*, 51(1):10—19.

银行存款，存款准备金表示为式(4C.1)。

$$R=r(D+T+G) \tag{4C.1}$$

在式(4C.1)中，R 为银行存款准备金总额，r 为存款准备金比率，D 为私人部门活期存款，T 为私人部门定期存款，G 为政府部门的银行存款。假设 $C=kD$，$T=tD$，$G=gD$，则乔顿模型中的货币乘数可表示为式(4C.2)。

$$m=\frac{C+D}{C+R}=\frac{C+D}{C+r(D+T+G)}=\frac{kD+D}{kD+r(D+tD+gD)}=\frac{1+k}{r(1+t+g)+k} \tag{4C.2}$$

上述式(4C.2)就是乔顿货币供应乘数。货币乘数由公众通货比率(k)、存款准备金率(r)、定期存款比率(t)和政府存款比率(g)共同决定。货币乘数与存款准备金率、定期存款比率和政府存款比率反向变动。通货比率对货币乘数的影响比较复杂。当银行存款准备金 R 小于私人部门活期存款 D 时，$r(1+t+g)$ 小于 1。对 m 求 k 的偏导数可以得知，货币乘数与通货比率也为反向变动关系。

附录 4D　基础货币模型应用举例

中国人民银行将商业银行法定准备金比率从 19%提高到 20%以后，货币供应量会怎样变化？假设起初所有商业银行都不持有超额准备金。请用 T 型账户分析整个银行体系的变化过程。求解准确的货币供应量变化还需要知道哪些参数？如果法定准备金比率调整以前，银行存款总额为 500 亿元，超额准备金为 5 亿元，非银行部门持有的通货为 100 亿元，法定准备金比率提高到 20%以后，货币供应量会变化多少？

4D.1　货币供应量会怎样变化?

央行上调法定准备金比率，会造成商业银行的存款准备金缺口，商业银行需要通过收回贷款或卖出证券来上缴新增的存款准备金要求。

1. 收回贷款

假设商业银行 i 的存款额为 D_i，则银行体系商业银行的存款总额为 ΣD_i（记作 D）。中国人民银行将商业银行法定准备金比率从 19%提高到 20%以后，商业银行有 $1\%D_i$ 的准备金缺口，而银行体系中商业银行共有 $1\%D$ 的存款准备金缺口。

(1) 假设公众归还贷款后手中不持有通货。

① 商业银行向非银行部门收回贷款，非银行部门用存款归还贷款。

商业银行会通过收回 $1\%D_i$ 的贷款来补足存款准备金缺口。首先，非银行部门通过减少在银行 B 的存款，来偿还其在银行 A 的贷款 $1\%D_A$。

非银行部门

资　产		负　债	
存款	$-1\%D_A$	贷款	$-1\%D_A$

银行 A

资产		负债	
贷款	$-1\%D_A$		
存款准备金	$+1\%D_A$		

银行 B

资产		负债	
存款准备金	$-1\%D_A$	存款	$-1\%D_A$

这时，银行 A 的准备金缺口被补齐，而银行 B 的准备金缺口 $=1\%D_B+[1\%D_A-(1\%D_A\times20\%)]=1\%D_B+0.8\%D_A$。所以，银行 B 会收回 $1\%D_B+0.8\%D_A$ 的贷款，非银行部门用其在银行 C 的存款归还。此时，银行 B 准备金缺口被补齐，而银行 C 准备金缺口 $=1\%D_C+[1\%D_B+0.8\%D_A-(1\%D_B+0.8\%D_A)\times20\%]=1\%D_C+0.8\%D_B+0.64\%D_A$。所以，银行 C 会收回 $1\%D_C+0.8\%D_B+0.64\%D_A$ 的贷款，非银行部门用其在银行 D 的存款归还。

银行 B

资产		负债	
存款准备金	$+(1\%D_B+0.8\%D_A)$		
贷款	$-(1\%D_B+0.8\%D_A)$		

银行 C

资产		负债	
存款准备金	$-(1\%D_B+0.8\%D_A)$	存款	$-(1\%D_B+0.8\%D_A)$

商业银行的贷款收回过程和非银行部门的贷款归还过程会一直进行下去，直到整个银行系统中所有商业银行的存款准备金缺口都被补齐才会结束。所以，这一过程中银行系统的存款 D 会减少 $1\%D_A+(1\%D_B+0.8\%D_A)+(1\%D_C+0.8\%D_B+0.64\%D_A)+\cdots$。也就是说，单家银行的存款准备金缺口为 $1\%D_i$，整个银行系统的存款准备金缺口为 $1\%D$，所有银行都在非银行部门不持有通货的情况下经历了简单存款多倍收缩过程。我们套用简单多倍存款创造模型：$\Delta D=\Delta R\times(1/r)=-1\%D\times(1/20\%)=-0.05D$。

其中，ΔD = 银行支票存款总量变动，r = 法定准备金比率，ΔR = 银行准备金规模变动。所以，央行将商业银行法定准备金比率要求从 19% 提高到 20% 以后，若银行体系原有存款总额为 D，则银行体系中的存款会减少 $0.05D$。

② 商业银行向非银行部门收回贷款，非银行部门用持有的通货归还贷款。

商业银行 i 会通过收回 $1\%D_i$ 的贷款来补足法定准备金缺口。整个银行体系共收回 $1\%D$ 的贷款，非银行部门持有通货相应减少 $1\%D$。

非银行部门

资产		负债	
通货	$-1\%D$	贷款	$-1\%D$

商业银行部门

资产		负债
贷款	$-1\%D$	
存款准备金	$+1\%D$	

当商业银行向非银行部门收回贷款，非银行部门用持有的通货归还贷款时，货币供应量没有发生变化。非银行部门并没有通过存款减少来偿还贷款，存款多倍收缩过程没有发生。这一过程体现为由非银行部门持有的通货转变为中国人民银行持有的存款准备金。

(2) 假设公众归还贷款前后按固定比例 a 持有通货，则 $C/D=a$。

在提高存款准备金比率之前，有如下关系：

$$R_1=r_1\times D$$

$$M_1=C+D=aD+D=(1+a)D$$

提高存款准备金比率之后，有如下关系：

$$R_2=r_2\times D'$$

$$M_1{}'=C'+D'=aD'+D'=(1+a)D'$$

因为存入央行的存款准备金不发生变化，所以 $R_1=R_2$，得 $D'=(r_1\times D)/r_2$。所以，$\Delta M=M_1'-M_1=(1+a)D'-(1+a)D=(1+a)(r_1\times D/r_2-D)$，代入 $r_1=19\%$，$r_2=20\%$，得 $\Delta M=-0.05(1+a)D$。

2. 卖出证券

在商业银行以卖出证券的方式补足法定准备金缺口的情况下，思考货币供应量变化的思路和银行回收贷款一致。

(1) 假设公众购买证券后手中不持有通货。

① 商业银行向非银行部门卖出证券，非银行部门用存款进行购买。

商业银行 i 会通过卖出 $1\%D_i$ 的证券来补足法定准备金缺口。首先，非银行部门通过减少在银行 B 的存款，来购买银行 A 出售的 $1\%D_A$ 证券。

非银行部门

资产		负债
存款	$-1\%D_A$	
证券	$+1\%D_A$	

银行 A

资产		负债
证券	$-1\%D_A$	
存款准备金	$+1\%D_A$	

这时，银行 A 的存款准备缺口已经被补齐，而银行 B 的存款准备金缺口$=1\%D_B+[1\%D_A-(1\%D_A\times20\%)]=1\%D_B+0.8\%D_A$。所以，银行 B 会出售$1\%D_B+0.8\%D_A$的证券，非银行部门用其在银行 C 的存款购买。

后续过程与商业银行收回贷款时非银行部门用存款归还一样，此处不再赘述。央行将商业银行法定准备金比率从 19%提高到 20%以后，若银行体系原有存款总额为 D，则银行体系中的存款会减少 $0.05D$。

② 商业银行向非银行部门出售证券，非银行部门用其持有的通货购买。

商业银行 i 会通过出售 $1\%D_i$ 的证券来补足准备金缺口。整个银行体系共出售 $1\%D$ 的证券，非银行部门持有的通货因购买证券相应减少 $1\%D$。

非银行部门

资产		负债
通货	−1%D	
证券	+1%D	

商业银行部门

资产		负债
证券	$-1\%D$	
存款准备金	$+1\%D$	

当商业银行向非银行部门卖出证券，非银行部门用持有的通货购买时，货币供应量不发生变化。非银行部门并没有通过存款减少来购买证券，存款多倍收缩过程不会发生。这一过程体现为由非银行部门持有的通货转变为了中国人民银行持有的存款准备金。这与商业银行收回贷款时非银行部门用通货归还情况一样。

(2) 假设公众购买证券后，按固定比例 a 持有通货，则 $C/D=a$。

分析思路与公众归还贷款后按固定比例 a 持有通货一致，$\Delta M=-0.05(1+a)D$。

4D.2 求解准确的货币供应量变化还需要知道哪些参数？

根据基础货币模型，$M_1=m_1\times MB$。其中，MB 为基础货币，基础货币由非银行部门持有的通货(C)和银行存款准备金(R)组成，银行存款准备金(R)又由法定准备金(RR)和超额准备金(ER)组成，即 $MB=C+RR+ER$。为了求解支票存款 D 与基础货币 MB 之间的关系，假设法定准备金比率为 r_D，则有：

$$MB=r_D\times D+(ER/D)\times D+(C/D)\times D=(r_D+ER/D+C/D)\times D$$

m_1 为狭义货币乘数。狭义货币由非银行部门中的通货(C)和支票存款组成，即 $M_1=C+D$，该式可写成$(1+C/D)\times D$。结合 MB 与 D 的关系，可得狭义货币乘数：

$$m_1=\frac{C/D+1}{C/D+r_D+ER/D}$$

所以，要求解准确的货币供应量变化，就需要知道狭义货币因 r_D 上升变化了多少。需要考虑的变量有银行体系中的存款 D，非银行部门持有的通货 C，或非银行部门持有的通货与存款比率 C/D。由于假设起初所有商业银行都不持有超额准备金，所以不考虑超额准备金 ER。

4D.3 法定准备金比率调整以前，银行存款总额为 500 亿元，超额准备金为 5 亿元，非银行部门持有的通货为 100 亿元。在法定准备金比率提高到 20%以后，货币供应量会变化多少？

由上述数据可知，银行体系的存款总额 $D=500$ 亿元，超额准备金 $ER=5$ 亿元，非银行部门持有通货 $C=100$ 亿元，将数据代入可得基础货币 $MB_{(0)}$ 和货币供应量 $M_{1(0)}$：

$$MB_{(0)}=C+R=C+r_{DD}\times D+ER=100+19\%\times 500+5=200\text{ 亿元}$$

$$M_{1(0)}=C+D=100+500=600\text{ 亿元}$$

当法定准备金比率由 19%提高至 20%时，由于银行支票存款总额没有发生变动，法定准备金总额要求由 95 亿元增加至 100 亿元，短期内银行将以 5 亿元超额准备金弥补，此时银行系统中的准备金总额 R 保持不变，货币供应量也保持不变，相当于银行体系中的超额准备金比率 ER/D 降低为 0。

$$M_{1(1)}=\frac{1+C/D}{r_D+C/D}MB_{(0)}=600$$

若银行超额准备持有决策不变即保持 ER/D 不变，则需通过贷款收回或/和证券出售补足准备金缺口，在此过程中会造成支票存款下降。由上述数据可知，银行初始超额准备金比率为 5/500=1%，总准备金比率为 1%+19%=20%；提高法定准备金比率至 20%的同时维持超额准备金比率不变，等同于将总准备金比率由 20%提高至 20%+1%=21%。这一操作等价于在没有超额准备金的条件下将法定准备金比率由 20%提高至 21%。由前文 T 型账户分析可知，银行体系中的存款准备金总额 R 保持不变，基础货币 $MB=C+R$ 也保持不变。代入数据后得到货币供应量 $M_{1(1)}$：

$$M_{1(1)}=\frac{1+C/D}{r_D+C/D+ER/D}MB_{(0)}=\frac{1+100/500}{20\%+100/500+5/500}\times 200\approx 585.37$$

由此可得货币供应量减少约 14.63 亿元。因此，当引入居民通货持有以及银行超额准备金持有时，货币供应量的降低幅度较居民通货持有量保持不变以及银行不持有超额准备金时要小，即居民的通货持有决策以及银行的超额准备金持有决策会对央行的货币政策实施效果产生影响。

▶5

货币需求

在讨论货币需求时，经济学家着重研究利率对货币需求的影响。货币需求理论是在传统货币数量理论基础上发展起来的。传统货币数量理论给出了货币数量与价格水平之间的关系，包括早期货币数量理论和近代货币数量理论等。早期货币数量理论以休谟的最为著名。近代货币数量理论有“现金交易数量说”和“现金余额数量说”。前者的代表人物是费雪，后者的代表人物是马歇尔和庇古。

从货币功能出发考察货币需求是经济学家最常用的做法。如果将货币定义为在商品和服务交换过程中被普遍接受的任何东西，货币需求就是为了满足各种交换活动的间接需求，货币微观需求与宏观需求就会有不同涵义。在商品交换过程中，货币需求具有短期特点，经济学家多从总量层面（宏观）考察货币需求。如果货币需求函数相对稳定，比如货币需求是关于真实收入（real income）、物价水平和利率的稳定函数，货币当局就可以通过控制货币总量来管理总需求。但是，没有微观基础的货币需求函数一直受到广泛质疑。

货币需求理论以凯恩斯的货币需求动机理论为核心。经济学家（比如托宾）认为，凯恩斯的货币需求理论缺乏微观基础，不符合追求效用最大化的微观主体的经济选择行为，最好是运用实证研究方法来确定货币需求函数，运用实证研究方法得到的货币需求函数有很好的微观基础。

本章从货币需求理论发展历史出发，讨论费雪的现金交易货币数量理论、剑桥的现金余额货币数量理论、凯恩斯的货币需求理论。本章讨论了从凯恩斯货币需求理论发展得到的货币交易需求平方根理论、货币预防需求立方根理论、货币投机需求资产选择理论，以及现金先行模型（cash in advance）；我们会讨论货币学派的货币需求理论，并从一般均衡理论出发，讨论货币需求理论的微观基础，包括交易成本权衡货币需求理论、基于微观主体效用函数的货币需求理论（money in utility）。

通过本章阅读可以达到以下七个目标：(1)掌握货币需求函数分析要点和货币需求理论发展脉络；(2)掌握现金交易货币数量论；(3)掌握现金余额货币数量论；(4)理解流动性偏好与货币需求理论；(5)运用货币需求平方根理论、立方根理论和资产选择理论，分析货币需求影响因素；(6)理解永久性收入与现代货币数量理论；(7)掌握基于微观主体行为的货币需求理论。

5.1 现金交易货币数量理论

关于货币需求理论，经济学家习惯上从货币数量理论(monetary quantity theory, QTM)开始。货币数量理论可以追溯到18世纪，该理论被认为是重商主义财富观的产物。古典经济学家在19世纪末20世纪初发展起来的货币数量理论，是探讨总收入的名义价值如何决定的理论。该理论回答了对应于既定数量的总收入需要持有的货币数量问题，认为利率对货币需求没有影响。货币数量理论的核心观点是，货币数量增加会引起物价水平等比例上涨，在长期对实际收入没有影响。

货币数量理论的早期代表是大卫·休谟。他认为，货币出现是因为交换需要。在经济发展早期，人们只用自己田地上的出产物来满足自身需要，或满足于粗糙的生产工具，因而不需要交换；随着生活水平提高，从最初的邻里之间互通有无到各种商业应运而生，货币随之出现，但货币只是一种交换工具。休谟认为，商品增加时物价会下降，货币增加时物价会上涨，商品减少或货币减少则会引起相反的结果。

休谟以后的货币数量理论认为，物价水平虽然会随着货币供应数量增加而出现上涨，但不会出现等比例上涨，且货币存量增加引起物价上涨要在货币供应量增加以后经过一段时间才会出现。货币数量理论并不是真正意义上的货币需求理论，该理论只是说明了货币在商品交换过程中的使用情况，并不涉及居民持有货币规模的决策问题。

从货币数量理论出发研究货币需求问题有三个理由。第一，货币数量理论特别强调货币存量变化与物价水平变化之间的关系，而这个问题是货币理论中经济学家争论的一个核心问题。第二，在休谟货币数量理论以后的经济学家或是反对货币数量理论，或是货币数量理论的继承者。第三，运用货币数量等式很容易比较各种货币需求理论的不同观点。

5.1.1 货币交易方程式

在所有货币数量理论中，费雪(Fisher, 1911)货币数量理论最为有名；费雪货币数量理论也称为现金交易货币数量论。①欧文·费雪1911年在《货币购买力》一书中对古典货币数量理论作了比较清晰的阐述，给出了信息对称条件下，货币与收入之间的关系，即货币交易方程式(见式(5.1))。②

$$MV_T \equiv P_T T \tag{5.1}$$

在式(5.1)中，M=货币存量；$P_T T$=有货币参加的全部商品和服务交易数量；V_T=货币交易流通速度。假设V_T、T和M全部为外生变量，且取相应的常数，货币当局可以随

① Fisher, Irving, 1911, *The Purchasing Power of Money*, New York: Macmillan, Reprinted(1963) New York: Augustus M. Kelley.

② (1)Bain, K., and Peter Howells, 2003, *Monetary Economics: Policy and Its Theoretical Basis*, New York: Palgrave Macmillan:96—99;(2)Mishkin, Frederic S., 2007, *The Economics of Money, Banking, and Financial Markets*, Boston: Pearson/Addison Wesley:517—519.

意控制货币存量 M 的规模，货币供应量与价格水平之间因此存在有明确的因果关系。

$$M\bar{V}_T \equiv P_T\bar{T} \tag{5.2}$$

1. 货币交易方程式讨论

(1) 交易量 T 与国民收入 Y 区分。

上述式(5.2)表明，货币存量外生增加会引起物价成比例上升，对实际收入没有影响，货币对经济活动的影响具有中性特点。原因是，包括劳动等要素在内的全部资源已经被充分使用。①货币交易方程式认为，货币只是在实际经济之上增加的一个变量，对实际经济运行毫无影响。费雪的货币数量理论将交易活动区分为两个部分：(1)与国民收入有关的货币交易；(2)与金融资产买卖有关的货币交易。

$$MV = P_Y Y + P_F F \tag{5.3}$$

在式(5.3)中，Y＝国民收入，F＝金融资产交易规模，P_Y＝商品和服务的价格水平；P_F＝金融资产的价格水平。如果这种区分能够成立，在金融交易仅是为了追逐实际财富的条件下，我们就能得到 T 由实际部门决定且与 M 毫不相干的结论；也就是说在不存在纯粹的金融交易活动时，我们可认为 T 由实际部门决定并与 M 的变化毫不相干。②然而，即使在18世纪，这样的假设前提也难以成立，而现代金融市场上存在大量投机活动，做出这样的假设显然不符合实际情况。在费雪时代，这个问题可以忽略不计，讨论费雪货币数量理论的文献多不考虑金融资产交易问题，在建立交易方程式时多使用国民收入 Y 而不是交易规模 T。这样，货币交易方程式就可以写成名义收入、货币数量及货币收入流通速度之间的关系；此即费雪货币数量理论表达式。③

$$M \times V = P \times Y \tag{5.4}$$

货币交易方程式表明：货币数量乘以在给定年份中货币被使用的次数等于名义收入(该年度中花费在商品和服务上的全部支出)。货币交易方程式仅是一个恒等式，它没有说明货币供应量变动时，名义收入是否会作同方向变动。把货币交易方程式转化为名义收入如何决定理论，需要了解影响货币流通速度变化的诸多因素。

费雪货币数量理论认为，当货币流通速度相当稳定时，货币交易方程式就转化成了货币数量理论。该理论认为，名义收入仅决定于货币数量变动，当货币供应量增加时，$M \times V$ 也随之增加，并会引起名义收入 $P \times Y$ 与之同步变化。

在工资和价格完全弹性时，正常年份中总产出总是维持在充分就业水平上，货币交易方程式中的 Y 保持不变。货币数量理论提供了对价格水平变动的一个解释：价格水平变动仅源于货币数量变动。

(2) 现金货币与存款货币区分。

在早期，经济学家着重强调货币(M)的交易媒介职能，M 仅指通货，M 相当于现代经济学中的现金货币，但现代经济中的货币已经拓展到银行存款等范畴。在现代经济中货

① 上述模型意味着货币部门与实际经济之间存在明确分工。

② 金融交易完全服务于实体经济时，Y 变化引起 T 变化，金融交易不受货币供应量影响。

③ 在下文中，除特别说明外，我们对货币交易流通速度和货币收入流通速度不作区分，认为 $T=Y$。

币交易方程式需要写成以下形式。

$$M_C\overline{V}_C+M_D\overline{V}_D=P\overline{T} \tag{5.5}$$

在式(5.5)中,C=通货,D=银行存款(活期存款或可开列支票存款);M_C=现金货币,M_D=存款货币,P=价格水平,$\overline{T}$ 为交易量;$\overline{V}_C$ 表示现金货币周转速度,$\overline{V}_D$ 表示存款货币周转速度。可以看出,M_C/M_D 的变动会引起物价 P 发生变化。但是,在其他条件保持不变时,M_C/M_D 也不会发生变化。比如,M_C 增加会引起物价上升,实际利率下降,银行贷款需求增加;为了吸收存款,银行提高存款利率,进而引起 M_D 增加和名义利率上升,直至名义利率上涨到使实际利率恢复到初始水平。存款利率提高以后 M_C 需求下降,M_D 需求增加,M_C/M_D 恢复到均衡水平。

(3) 货币流通速度 $\dot{V}$ 的影响因素。

货币流通速度,也称货币周转率,表示 1 单位货币每年用来购买商品和服务的规模。货币流通速度等于总支出除以货币数量。

$$V=\frac{P\times Y}{M} \tag{5.6}$$

在式(5.6)中,V 表示货币流通速度,P 表示价格水平①,Y 表示总产出,M 表示货币总量且货币总量等于货币供给,$P\times Y$ 可以近似地表示名义 GDP。V 通常被作为常数处理,但它会受金融制度影响,并特别受收入分配方式和支付方式影响。由于金融制度变化缓慢,因此 V 变化也很缓慢,且 V 的变动方向可以预测。

从货币转为有收益的资产,取决于经济主体的交易频率和需要完成的交易数量。如果花费很少,他们平均持有的货币数量就会很少。经济主体持有货币数量越多,货币流通速度越慢。货币流通速度大小主要取决于以下四个因素。

(1) 收入获得频率。经济主体收入获取很多,且收入获得频率很高时,他们会持有较少的货币余额,货币流通速度越快。

(2) 支出方式和支出时间。货币流通速度由影响经济主体交易方式的制度决定。使用转账或信用卡进行商品交易时,货币流通速度上升;如果购买时使用现金更为方便,货币流通速度会下降。

(3) 产业垂直一体化程度。有些交易活动发生在企业内部,这些交易活动不需要货币支付。企业内部多为垂直分工,交易活动在同一企业内部的不同部门分别被记录,除了要求对交易余额进行结算以外,很少会有货币转手问题。产业垂直一体化程度越高,货币流通速度 V 越大。

(4) 信用普及程度。越容易获得信用,交易活动就越容易发生,交易过程当中需要的货币就越少,货币流通速度会明显加快。②

总产出 Y 由实际经济决定。总产出 Y 受资源规模、生产技术和劳动技能等因素影响,在短期中变化不会很大。从本质上看,货币数量理论的基础是经济长期均衡假设。

---

① 这里的价格 P 用 GDP 平减指数(deflator)或 CPI 等物价指标刻画。

② 货币流通速度,也称 1 单位货币在一年时间内的周转次数。信用越普及交易活动越容易开展,我们为交易目的持有的货币数量越少,完成相同规模交易时,货币周转速度越快。

2. 现金交易货币数量理论的不足与改进

在费雪货币数量理论中用 Y 代替 T，意味着实际收入构成了交易活动的全部内容，可以忽略金融资产交易，这违背了货币数量理论的最初宗旨。对费雪货币数量理论加以修正后，可以得到剑桥学派的货币数量理论，以及关于货币需求的资产组合模型。此外，为什么经济主体希望将他们的真实资源的一部分以货币形式持有呢？这一问题在费雪货币数量理论中没有提到。

5.1.2 从现金交易货币数量理论到货币需求函数

费雪货币数量理论揭示了总收入与货币数量之间的关系，由此可得到相应的货币需求函数。我们将式(5.3)重新写成以下形式。

$$MV_Y = P_Y Y \tag{5.7}$$

去除下标并对式(5.7)两边同时除以 V 以后得到：$M=1/V\times PY$。货币市场均衡时，人们持有的货币数量 M 等于货币需求量 M^d，因此可用 M^d 代替等式中的 M。再用 K 代替 $1/V$，则式(5.7)可重新写成式(5.8)。

$$M^d = K\times PY \tag{5.8}$$

这就是根据费雪货币数量理论得到的货币需求方程。费雪货币数量理论表明，货币需求为收入的函数，利率对货币需求没有影响。货币需求决定于：(1)名义收入 PY 引致的交易水平变化；(2)影响交易方式和决定货币流通速度 V 的因素。

5.1.3 对现金交易货币数量理论的拓展

货币供应量外生是费雪货币数量理论的核心假设前提，将供应量内生与货币数量理论联系起来讨论，没有任何意义。①如果货币当局不能控制货币供给，经济活动变化引起银行贷款需求变化时，货币供应量就会发生变动。

以上内容讨论的是货币存量与价格水平之间的关系，对物价变化比率进行讨论有时更有现实意义。在长期，货币流通速度和收入可看作常数，费雪货币数量理论的核心观点可以修正为：货币供应量增长率决定通货膨胀率。

5.2 现金余额货币数量理论

在费雪发展他的货币数量理论的同时，马歇尔和庇古(1923)等剑桥大学的经济学家也在研究货币需求理论，他们探讨了人们意愿持有的货币数量问题。剑桥学派的货币需求理论试图将货币数量理论推广到同时包括货币需求与货币供给的综合分析形式，被称

---

① 货币供应量内生于经济活动时，中央银行就不能有效控制货币供应量，对我们运用货币政策管理经济活动而言，讨论货币需求就会失去现实意义。

为剑桥现金余额货币数量理论。剑桥现金余额货币数量理论认为,货币供应量变化时,货币需求也会发生变化。货币供应量增加会破坏货币市场均衡,引起货币需求增加,直到货币需求与货币供给相等时为止。

5.2.1 价值贮藏功能与货币需求

剑桥学派现金余额货币数量理论认为,人们总是希望将财富的一部分以货币形式持有,并将货币需求函数写成式(5.9),即剑桥方程式。在式(5.9)中,M^d = 货币需求,W = 财富存量(存量资源)。k = 剑桥 k,表示货币存量与资源存量之间的关系,P = 物价水平。货币需求取决于:(1)持有货币的便利和安全感;(2)对未来预期与资源总量;(3)持有货币的机会成本。①

$$M^d/P=kW \tag{5.9}$$

$$M^d=kPW \tag{5.10}$$

持有货币的便利来自货币的交易媒介功能和价值贮藏功能,剑桥 k 为常数,经过变换以后可得到与费雪货币数量理论相同的政策含义。将剑桥方程式写成式(5.10);产出由存量资源生产。假设存量资源占交易活动 $\overline{T}$ 的比率为 c 且保持不变;参见式(5.11)。经过变换以后,得到式(5.12)和式(5.13)。

$$W=c\overline{T} \tag{5.11}$$

$$M^d=kPc\overline{T} \tag{5.12}$$

$$M^d\times 1/ck=P\overline{T} \tag{5.13}$$

在上述式(5.13)中,c 和 k 为常数,可将 ck 的倒数定义为费雪货币数量理论中的货币流通速度 $\overline{V}$,即 $\overline{V}=1/ck$,并得到式(5.14)。再假设货币市场处于均衡状态,即货币需求 M^d = 货币供给 $M^s=M$,则可得到式(5.15)。

$$M^d\times\overline{V}=P\overline{T} \tag{5.14}$$

$$M\overline{V}=P\overline{T} \tag{5.15}$$

上述式(5.15)与货币交易方程式式(5.1)非常相似。剑桥学派的经济学家认为,持有货币是由于货币具有以下两种功能。第一,可作为交易媒介。货币需求与交易水平有关,由交易活动引起的货币需求(交易层面)与名义收入成正相关关系。第二,可用于财富贮藏。由财富贮藏引起的货币需求也与名义收入成正相关关系。因此,个人持有的货币数量不仅受其是否使用信用卡购物等因素影响,也受利率等其他因素影响。

5.2.2 现金余额货币数量理论与现金交易货币数量理论的区别

货币数量理论的上述两种表达形式看上去十分相似。在两种表达形式中,货币都是

① Bain, K., and Peter Howells, 2003, *Monetary Economics: Policy and Its Theoretical Basis*, New York: Palgrave Macmillan:101—103.

外生变量，货币供给增加会引起物价上涨。相对于财富规模 W 和交易规模 T 来说，货币需求函数较为稳定。但是，费雪货币数量理论与剑桥学派货币数量理论还是有显著区别。

第一，剑桥学派货币数量理论运用了边际分析方法。剑桥学派认为，持有货币时需要考虑与债券利率有关的机会成本，因而将新古典模型的边际分析方法拓展到了货币市场。①

第二，费雪认为货币流动速度不受利率影响。在费雪货币数量理论中，影响货币流通速度 V 的因素仅是剑桥学派货币数量理论中那些影响剑桥 k 的因素的一部分。在剑桥学派货币数量理论中，持有货币的机会成本对 k 有潜在影响，更加强调短期因素作用。②剑桥学派货币需求理论允许个人选择意愿持有的货币数量，考虑了短期内 k 发生变动的可能性。如果其他资产的回报率和预期回报率发生了改变，k 也会发生变化。③就货币需求来说，费雪强调经济制度与交易技术因素，排除了利率对货币需求的任何可能影响。剑桥学派强调的是个人选择问题，没有排除利率对货币需求影响。

第三，对货币流通速度 V 的讨论。古典经济学家关于名义收入由货币供给决定的判断，建立在他们将货币流通速度 PY/M 视为常数的基础之上。那么，货币流通速度是常数吗？

经济学家通常将货币流通速度写成 GDP/M1 或 GDP/M2 的形式，计算得到与狭义货币 M1 和广义货币 M2 相对应的货币流通速度。经验研究表明，M1 和 M2 的流通速度变动并不一致，有时前者波动幅度大于后者，有时正好相反。④经济萧条时期，M1 和 M2 的流通速度都会显著下降。此外，即使在短期，货币流通速度变动也相当剧烈，不能将货币流通速度看作常数。为了解释货币流通速度的不稳定事实，经济学家将重点转向了影响货币需求的其他因素。凯恩斯通过对此问题的研究，提出了货币需求流动性偏好理论。

5.3 流动性偏好与货币需求

凯恩斯于 1936 年在《就业、利息和货币通论》一书中，放弃了将货币流通速度看作常量的观点，发展了一种突出强调利率重要性的货币需求理论。凯恩斯的货币需求理论也称为流动性偏好理论。⑤流动性偏好理论认为，人们对货币需求出于三个动机。(1)交易动

---

① 剑桥学派货币数量理论是弗里德曼和托宾资产组合模型的基础。

② 剑桥 k 决定于资产选择行为，所有影响货币流通速度 V 的因素都会影响资产配置，进而影响剑桥 k 的取值。因此，剑桥 k 的变化程度会超过货币周转速度 V。我们将 V 写成 ck，是基于剑桥现金余额数量理论得到的结果。

③ 更重要的是，它强调利率的潜在影响。1923 年凯恩斯在《货币改革法》中指出，当货币存量水平保持不变时，通货膨胀预期对物价水平也有影响。在《货币论》中，凯恩斯指出，证券价格预期变化会引起名义利率发生变化。因此，凯恩斯的价格方程包括了货币存量因素。在那里，持有货币的机会成本被认为处于至关重要的地位。

④ 由于广义货币期限长于狭义货币，利率变化对 M2 收益的影响超过 M1，广义货币持有变动超过狭义货币且周转速度波动高于狭义货币。

⑤ (1)Bain, K., and Peter Howells, 2003, *Monetary Economics: Policy and Its Theoretical Basis*, New York: Palgrave Macmillan:103—113.(2)Mishkin, Frederic S., 2007, *The Economics of Money, Banking, and Financial Markets*, Boston: Pearson/Addison Wesley:521—524.

机;(2)谨慎动机或预防动机;(3)投机动机。在凯恩斯的分析框架中,商品交易规模 T 用国民产出 Y 代替,且 Y 是内生变量,由实际经济和货币部门共同决定。

凯恩斯在对货币需求作分析时涉及的金融资产包括两种:货币和无限期的固定利率债券(公债,consol)。在凯恩斯模型中,作为储蓄供给主体的家庭,既不拥有企业,也不进行实物资产投资,仅在有限的资产中进行选择。凯恩斯将家庭储蓄界定为当期可支配收入与当期消费支出之间的差额。家庭对实物资产购买构成了消费支出的一个部分,家庭储蓄以货币或其他金融资产持有。企业部门从事长期投资活动,并通过向家庭部门出售固定利率长期债券筹集投资所需资金,债券市场是联结货币市场与商品市场的有效纽带。

5.3.1 货币需求动机

货币交易需求与收入正向相关,取决于消费支出计划。但在不确定的世界中,消费支出计划实施起来比较困难。事后的消费和储蓄可能不同于事前计划,事后的交易用货币需求也可能不同于计划水平。当计划储蓄低于计划投资时收入会上升,并会引起实际储蓄和消费支出高于预计水平,用于消费支出的货币数量就会增加。①同样,如果计划投资低于计划储蓄,实际消费支出就会低于计划消费水平,为了交易目的持有的货币会出现多余。

持有较少货币的成本可能会高于持有较多货币的成本。人们会出于预防目的持有更多货币(precautionary balances)。人们意愿持有的预防性货币数量取决于其对未来交易水平预期,并与收入水平正向相关。

货币预防需求和货币交易需求都与收入水平 Y 正向相关,可将货币预防需求与货币交易需求用式(5.16)表示。在式(5.16)中,L_1 = 与交易动机和预防动机有关的货币需求(也称为积极货币余额,active money balance),Y = 名义收入;k = 常数,表示实际货币余额与名义收入之间的关系。

$$L_1 = kY \tag{5.16}$$

图 5.1 给出了积极货币余额与收入水平之间的关系 $L_1(Y)$。利率在此处的作用并不十分明显,利率变化只是引起 $L_1(Y)$ 线发生移动的众多因素中的一个。

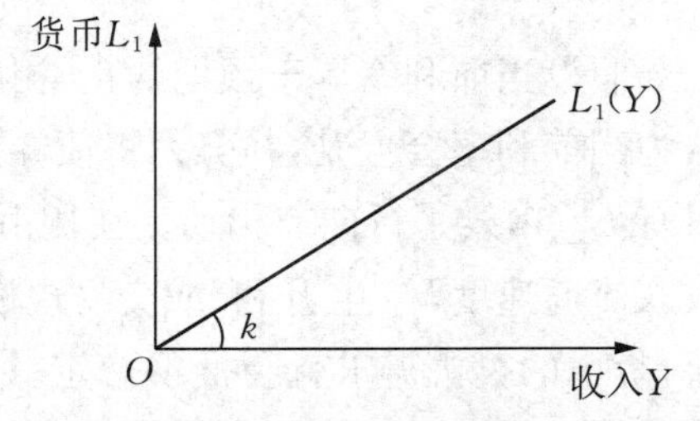

图 5.1 交易性货币需求与预防性货币需求

货币具有财富贮藏功能,人们为此持有货币被称为货币需求的投机动机。货币需求的投机动机表明,货币需求与利率负向相关但两者之间的关系并不稳定。为了理解货币需求与利率之间的关系,我们需要考虑家庭储蓄在货币和债券之间的选择问题。假设货币没有利息支付也没有风险,债券则完全相反。②在决定是否持有债券时,需要比较债券利息收入与资本

① 计划投资超过计划储蓄时,企业生产规模扩大,产出增加,居民收入增加。

② 凯恩斯在《就业、利息与货币通论》中将此债券设定为统一公债。统一公债到期时间很长(比如超过 30 年)。统一公债的投资收益包括定期利息支付和出售价格两个部分。利率下降时,统一公债价格上涨,反之下降。

损失风险之间的关系。对于永远没有到期的债券来说，这完全取决于债券当期利率与未来发行债券利率之间的比较。

对任何人而言，正常利率是他愿意按照目前比例同时持有货币和债券的利率，此利率水平使其在货币与债券之间没有任何调整动机。在特定时期每一个人（投资者）对可能的利率水平都有自己的判断。当认为当前利率低于正常（normal）水平时，他会预期利率上升，债券价格将下跌，从而出售债券持有货币。①当他认为当前利率高于正常利率时，他会购买债券。

投资者对当前利率水平的判断往往不能达成一致意见。某些人会认为，当前利率低于正常水平；而其他人会认为，当前利率高于正常水平。这样，有人会将债券换成货币，也有人会将货币换成债券，而有一些人则不调整其持有的货币与债券比例。对市场整体而言，当前利率低于市场预期的平均水平时，抛售债券会超过抛售货币，引起债券价格下跌，利率上升，直至恢复到均衡水平为止。另一种情形是，当人们对正常利率的预期保持不变且当前利率下降时，相信当前利率偏低的人数会增加，会有更多的人增加货币持有。综上，利率下降会引起货币投机需求增加。假设货币与债券市场开始处于均衡状态。货币供给增加会引起利率下降②，进而引起货币需求增加。也就是说，一部分新增的货币供给被用作了投机需求。我们将货币投机需求（L_2）写成式（5.17）。

$$L_2=f(i) \tag{5.17}$$

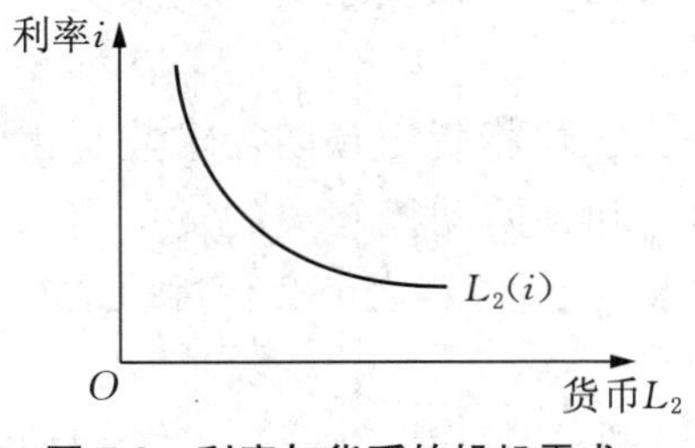

图 5.2　利率与货币的投机需求

在式（5.17）中，i＝利率；利率与货币投机需求负向相关（参见图 5.2）。在投机性货币需求问题中，比利率与货币需求负向相关关系更为重要的是货币投机需求的稳定性。虽然每个人对正常的利率水平都有自己的判断，但其所作的判断会受到别人对正常利率水平所作判断的影响。③虽然他认为利率没有理由上升，但是他知道，当很多人认为利率将上升时，债券抛售会增加，债券价格会下降。

假设当前利率等于预期的正常利率，且预期的正常利率有上升趋势。此时，有许多人认为当前利率会上升，并努力将债券换成货币。由于当前利率没有发生变化，在图 5.2 中只有 $L_2(i)$线平行向右移动。在货币供应量没有变化时，投机性货币需求增加会引起货币收入流通速度 V_Y 上升和/或交易规模 PY 下降。如果市场对正常利率的判断经常发生变化，货币的投机需求就会很不稳定。但是，即使不存在上述的不稳定情形，货币供应量与货币投机需求之间也并非互相独立的关系。货币供应量增加会引起利率下降，使当前利

---

① 利率上升时，债券价格下跌会引起持有债券的资本利得下降，对于已经持有债券的投资者而言，在利息收益率维持不变时会面临投资损失，基于投资回报率下降预期，投资者会减少债券持有。

② 这里的利率为名义利率。货币供应量增加后产生超额货币持有，投资者会用货币超额持有部分购买债券，引起债券价格上升和利率下降。货币供应量增加对利率的影响分为流动性效应、收入增加效应、物价上涨效应、通货膨胀预期效应。详细分析参见本书第 7 章内容。

③ 凯恩斯的《就业、利息与货币通论》中将人们预期的市场利率变化与选美投票进行对比，强调人们会在别人认为债券价格下跌时卖出债券，反之则买入债券。

率低于正常利率(向低于正常利率的方向变化),进而引起货币投机需求增加。

5.3.2 凯恩斯的货币需求函数

人们需要持有的是一定数量的实际货币余额 M^d/P(以不变价格表示的货币数量),这一数额与实际收入 Y 和利率 i 有关。包括货币交易动机、预防动机和投机动机的凯恩斯货币需求等式,被称为流动性偏好函数。在式(5.18)中,用 M 代替 M^d,重新整理后可得到货币流通速度。

$$\frac{M^d}{P}=f(\underset{-}{i},\underset{+}{Y}) \tag{5.18}$$

$$V=\frac{PY}{M}=\frac{Y}{f(i,Y)} \tag{5.19}$$

由于货币需求与利率水平负向相关,利率上升时 $f(i,Y)$ 下降,在名义收入保持不变时货币流通速度加快。原因是,利率上升会使人们在既定的收入水平上持有较少的实际货币余额,为了维持货币市场均衡,货币流通速度必须上升。这一推理过程表明:利率剧烈波动会引起货币流通速度剧烈波动。由式(5.19),我们可以得到经过修正的货币交易方程式。

$$\overline{M}V_Y=PY \tag{5.20}$$

在式(5.20)中,V_Y=货币收入流通速度,$\overline{M}$=货币当局事先控制的货币供应量。货币供应量增加会引起利率下降,进而导致货币投机需求增加和 V_Y 下降。这会弱化方程左边 M 增加的收入效应及其他影响。①那么,V_Y 会下降多少呢?由于我们无法确知人们心目中的正常利率水平,因此难以作出估计。但是,当利率下降时,V_Y 可能会大幅度下降,当很少有人认为利率还会下降时,货币需求的利率弹性可能会很大。

因此,货币流通速度会随人们对未来正常利率的预期变化而变化。对未来正常利率的不确定预期,会导致货币流通速度出现不稳定变化。凯恩斯的货币需求理论的重要含义在于,它认为货币流通速度并非常量,而与波动剧烈的利率正向相关。

5.3.3 对凯恩斯货币需求理论的评价

凯恩斯的货币需求理论有两个特点。第一,以名义货币余额为分析对象。第二,着重分析货币市场短期均衡。因为这些,货币需求具有很高的利率弹性(特别在利率下降时期),货币需求函数可能很不稳定。毫不奇怪,该理论受到了很多批评。这些批评有以下几个方面。

1. 投资者对有价证券的选择问题

对凯恩斯货币需求理论的第一个批评集中在有价证券的选择方面。凯恩斯货币需求

① 投机性货币需求与利率 i 有关,同收入 Y 没有直接联系,影响商品购买需求的是交易性货币需求和预防性货币需求;当增加的货币供应量被作为投机性货币持有后,市场并没有增加对商品的购买需求,货币供应量增加的收入增加效应会弱化。

理论认为，对利率预期会引起人们全部持有货币或全部持有债券。预期利率上升时（债券价格下降），人们会把所持债券全部换成货币。反之，预期利率下降时，人们会把货币全部换成债券，以赚取预期的资本利得。但是，理性的经济行为强调多样化持有资产，要求投资者同时持有货币和债券。在微观层面上，人们绝不会因为担心债券价格下降而将债券全部换成货币（或者反之）。

对凯恩斯货币需求理论的上述批评，引起了人们对流动性陷阱在现实经济中是否存在的质疑。流动性陷阱是指货币存量增加被人们全部作为投机动机持有的极端情形。在有流动性陷阱时，货币供应量增加对利率毫无影响，对总需求也没有影响。流动性陷阱理论表明，经济活动中存在一个最低的利率水平。该利率如此之低以至于每个人都认为利率将肯定上升，债券价格会下跌，没有人愿意持有债券。①在每个人都将债券换成货币时，会出现资产结构悖论。不可能每个人都持有货币而没有人持有债券，必须有人持有存量债券。

其实，债券市场会一直处于均衡状态（在交易成本和储存成本都很低时）。从总量来看，人们将债券全部换成货币是不可能的。对利率下降预期会导致债券需求增加，债券价格上涨和利率下降，并会引起人们对债券持有进一步调整。调整的结果是，人们持有的债券数量保持不变。这样，货币的投机需求理论就解释了谁会持有货币而不是持有多少货币的问题。现实情形是，由于人们对正常利率有不同看法，一些人会全部持有债券，另一些人会全部持有货币，利率下降引起的是货币需求净增加。如果利率下降时，人们偏好货币甚于债券，凯恩斯的货币需求函数就可以产生一些正确的宏观经济结论。

2. 回归预期假设

对凯恩斯货币需求理论的第二个批评是回归预期假设，以及与此相关的经济主体对正常利率预期形成机制的问题。在现实经济中，许多预期都具有发散特点，比如物价变化引起人们相信价格将按照同一方向继续变动。这样，凯恩斯对利率变动的回归预期假设就有可能缺乏现实依据。更为重要的是，凯恩斯货币需求理论没有解释人们形成正常利率预期的机制，没有办法解释引起正常利率发生变动的原因。

可是，外生的预期假设很重要，这有助于解释为什么市场参与者只是猜测其他市场参与者对利率变化的反应。在凯恩斯这里，对市场预测的不确定性是导致货币需求函数不稳定的核心问题。如果我们知道市场参与者对正常利率观点的形成过程（机制），我们就可以准确地预测市场变化特点，货币需求中的投机因素就会消失。

对正常利率水平形成机制的批评忽略了凯恩斯货币需求理论适用的世界（一个充满不确定性、失衡的世界）。在凯恩斯的世界中，无法对所有可能的结果给定一个有意义的概率数值。因为恐慌和动荡，预期会突然改变，而预期又不能被正式地模型化为一个内生变量。这样，关于利率预期变化就会引起货币需求变化（和对债券需求变化），并会引起货币需求线发生移动。

进一步讲，在一个市场心理十分复杂的世界中，市场变化取决于人们对他人行为的

---

① 这里指名义利率。考虑到违约风险等因素，正常利率不可能等于0或小于0。当市场利率接近于0时，投资者认为市场利率显著低于正常利率，市场利率肯定会上升，债券价格偏高并肯定会下跌，因此大量持有货币。这时投机性货币需求大幅度增加，投资者甚至会减少购买商品用的交易性货币和预防性货币持有。

猜测。比如，当大多数人认为利率会下降时，将会引起利率持续下降(发散预期)。然而，每个人都会意识到在某一水平上，人们将开始出售债券以实现他们的资本利得。但在大多数情形下，这个利率水平会低于当前利率。每个人都希望在市场反转以前卖出债券，尽管这样会引起债券价格停止上涨，利率停止下跌。实际上，利率变化本身会引起市场对利率未来变化产生预期。基于正常利率的回归预期，可以给出说明相互作用的市场中宏观经济结果的简洁方法，批评该理论缺乏微观基础将会误解该理论所期望达到的目的。

3. 两种资产和一种利率假设

对凯恩斯货币需求理论的第三种批评是，该理论仅限于两种资产，只考虑一种利率。在现实经济中，有大量的价值确定的资产，这些资产的价值变化多与利率变动无关。人们不希望持有债券时，可能会持有这些资产，而不是持有货币。在凯恩斯货币需求理论中，凯恩斯选择的两种资产是全部金融资产中的两种极端情形，并不是为了对实际金融市场进行描述，仅是作为重要论题的一种分类方法。凯恩斯的两种资产模型部分来自对企业和家庭的分类方法。按照这个观点，在货币和债券之间包括其他金融资产时并不会改变问题的分析结论。

对凯恩斯货币需求理论还有很多批评。对凯恩斯货币需求理论的批评引起货币需求理论有了多个方面的发展，其中包括鲍莫尔(Baumol)和托宾关于货币交易需求的平方根理论、惠伦(Whalen)关于货币预防需求的立方根理论和托宾建立在资产选择理论基础上的货币投机需求理论。

5.4 利率与交易性货币需求

第二次世界大战以后，经济学家不断运用新的理论来解释凯恩斯提出的三个货币持有动机，发展凯恩斯货币需求理论。在货币需求理论中，利率被认为是关键因素，研究焦点也因此集中在如何更好地理解利率对货币需求的影响方面。①

鲍莫尔和托宾运用存货模型(Baumol，1952；Tobin，1956)研究发现②，即使是交易目的的货币需求对利率变化也很敏感。在关于货币交易需求的存货理论模型中，用于交易目的的货币余额被暂时以证券形式持有③，这些证券在购买商品和劳务时可以很快转换成货币。货币需求与利率负向相关，与货币和债券相互转换的交易成本正向相关(交易成本包括中介费用、交通成本和不便利性)。该模型认为，利率和交易成本的信息明确无疑，据此可求解货币与有收益资产之间的最佳转换频率，计算出最佳交易性货币持有数量。该模型假设市场主体的收入获取很稳定，并在相应时期期末用完所有收入。

---

① Bain, K., and Peter Howells, 2003, *Monetary Economics: Policy and Its Theoretical Basis*, New York: Palgrave Macmillan:113—117.

② (1)Baumol, William A., 1952, "The Transactions Demand for Cash: An Inventory Theoretic Approach", *Quarterly Journal of Economics*, 66:545—556; (2)Tobin, James, 1956, "The Interest Elasticity of the Transactions Demand for Cash", *Review of Economics and Statistics*, 38:241—247.

③ 此处的证券属于现金替代品，可以是债券，也可以理解成有利息支付的银行存款。

5.4.1 现金持有决策

假设某居民(李某)在一个月里将月初收到的1 000元收入,全部花费到确定发生的一系列交易上,且这些交易的规模可任意划分。

假设该居民在月初将1 000元收入以现金形式持有。据此假设,可知其平均货币持有额为500元(月初余额1 000元加月末余额0元除以2)。

在下一个月初,该居民又收到1 000元并以现金形式持有,货币余额减少以同样的形式进行。这一过程每月重复一次,在这一年里他所持有的平均货币余额为500元。因为他的年名义收入为12 000元,平均货币持有额为500元,所以,货币流通速度($V=PY/M$)为12 000元/500元=24。

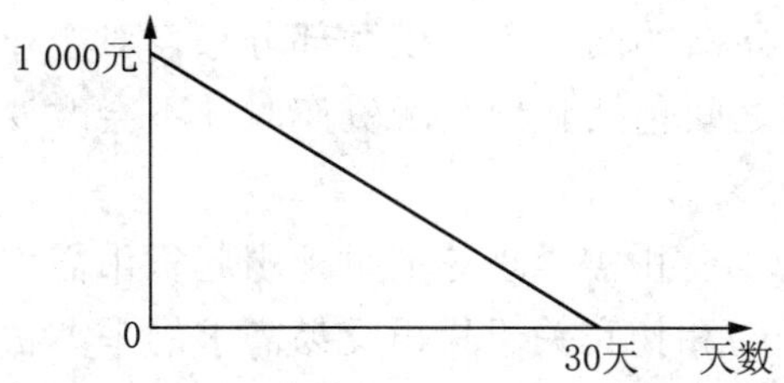

图5.3 在月初将月收入全部以现金持有

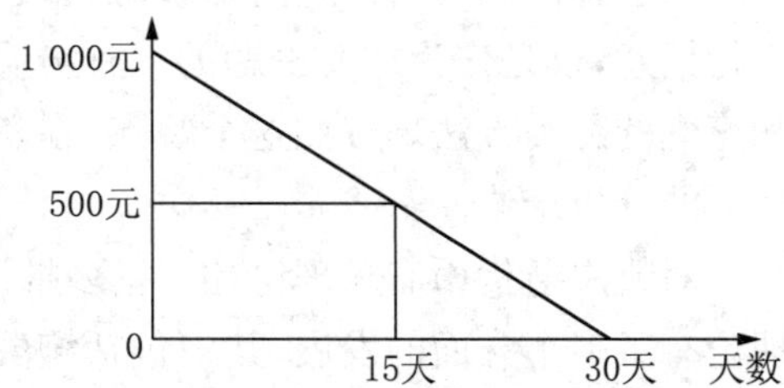

图5.4 在月初将月收入的一半以现金持有,另一半以债券持有

假设该居民在月初持有现金500元,其余以债券形式持有。为了满足交易支付需要,在月中该居民将债券变成现金。该居民月平均持有货币250元[=(500+0)/2=250],货币流通速度为12×1 000元/250=48,翻了1倍。如果债券月息为1%,则该居民每月可获得2.5元的利息收入(=1/2×500元×1%=2.5元)。

持有债券面临两个交易成本:(1)买卖债券时必须支付佣金,随着持有的平均现金余额不断减少,他需要更加频繁地买卖证券,佣金等证券交易费用支出会不断增加;(2)由于现金持有不断减少,他不得不多次联系证券公司,花费的时间等隐性交易成本随之增加。因此,该居民持有的现金数量取决于债券投资回报与债券交易成本权衡。利率提高时,他会增加债券持有量。

5.4.2 交易性货币需求模型

以上述分析为基础,假定李某每隔一定时期收到一笔收入,并在这段时间里将收入全部花费。在这里,没有利息的货币之所以被持有,是因为其能用来完成各种交易。假设购买金融资产的交易成本为a,将货币变为债券再由债券变回货币的交易成本为$2a$。该债券的月收益率为i_b。李某每月收入Y=1 000元,资产交易总次数为n。收入在一个月中被平均消费,周消费量为250元。

在第一周,持有货币250元和750元债券。在第二、三、四周分别将250元债券变现,用于消费支出。这样共有四次债券交易。在月初李某拥有的债券资产为750元。

$$\left(\frac{n-1}{n}\right)Y=\left(\frac{4-1}{4}\right)\times 1\,000=750 \tag{5.21}$$

为了说明李某持有债券的月度收益,我们需要知道其月度平均债券持有量。假设李某每周消费支出相等,则其债券持有量月平均为$Y(n-1)/2n$。在我们的例子中,第一周持有债券750元,第二周为500元,第三周为250元,第四周为0元,平均为(750+0)/2=375元。持有债券的月度收益(R)为式(5.22)。①再考虑交易费用。如果a为每次债券交易时的固定费用,n次债券交易的总费用为na,则李某持有债券的月度净收益(π)为式(5.23)。

$$R=\frac{1}{2}\left(\frac{n-1}{n}\right)\cdot Y\cdot i_b \tag{5.22}$$

$$\pi=\frac{1}{2}\left(\frac{n-1}{n}\right)\cdot Y\cdot i_b-na \tag{5.23}$$

根据式(5.23)求解使收益最大的资产交易次数n^*。②对式(5.23)求解π对n的偏导数$\partial\pi/\partial n$,并令其等于0,即$\frac{\partial\pi}{\partial n}=\left(\frac{Y\cdot i_b}{2}\right)\cdot n^{-2}-a=0$,得到最佳债券交易次数。

$$n^*=\sqrt{\frac{Y\cdot i_b}{2a}} \tag{5.24}$$

利用式(5.24)可求解李某最优现金持有余额(M_T)。假设每周支出平滑发生,每周平均持有的货币余额为每周开始时所持货币余额的一半($Y/(2n)$)。则:

$$M_T=\frac{1}{2}\times\frac{Y}{n^*}=\frac{Y}{2}/\sqrt{\frac{Y\cdot i_b}{2a}}=\sqrt{\frac{Y\cdot a}{2i_b}} \tag{5.25}$$

因此,货币交易需求与利率负相关,与收入正相关;货币交易需求与利率之间存在平方根关系。但是,在收入Y增加时,货币交易需求增加幅度小于Y增加幅度,货币在交易过程中有规模经济效应。当货币供应量增加时,为了使经济恢复均衡(假如只有货币交易需求),收入增加幅度必须超过货币供应量增加幅度。

持有货币的规模经济大小取决于交易成本的特点。如果交易成本包括可变因素,比如不再固定为a,而是为每次债券交易数量(E)的线形函数,即交易成本为$a+bE$,那么:$a+bE=na+2\cdot[(n-1)/n]Y\cdot b$,③因而得到式(5.26),最佳货币持有数量为式(5.27)。

$$\pi=\frac{1}{2}\left(\frac{n-1}{n}\right)\cdot Y\cdot i_b-\left[na+2\cdot\left(\frac{n-1}{n}\right)Y\cdot b\right] \tag{5.26}$$

① 持有债券月度收益等于月平均债券持有量乘以月利率。月平均债券持有量$Y(n-1)/2n$等于月初债券持有量$Y(n-1)/n$加上月末债券持有量0再除以2。

② 在这里,收入Y越高时债券交易次数n^*越大。高收入人群的时间机会成本很高,他们会减少债券交易次数;这个因素可以用交易成本a来刻画,同这里收入提高后债券交易次数增加并不矛盾。

③ 这里的E等于期初买入债券数量加上累积的卖出债券数量。

$$M'_T=\sqrt{\left(\frac{Y\cdot a}{2}\right)\cdot\left(\frac{1}{i_b-4b}\right)} \tag{5.27}$$

引入可变的债券交易费用 bE 后，明显地减少了货币在商品交易中的规模经济效应。当债券交易成本成比例上升时，货币在商品交易中的规模经济效应消失。①鲍莫尔和托宾的交易性货币需求模型表明：(1)货币交易需求的收入弹性在 0.5(固定交易费用)②与 1.0(可变交易费用)之间。(2)货币交易需求的利率弹性在－0.5(固定交易费用)与－2.0(可变交易费用)之间。③(3)物价上涨时，货币持有余额会以相同幅度增加。

货币交易需求平方根理论发表以后受到了广泛关注，但经济学家对模型中的确定数量关系有不同看法。布伦纳(K.Brunner)和梅尔泽(A.H.Meltzer)认为，货币需求对交易量的弹性是一个在一定范围内波动的变量，并非固定不变；交易量变小时货币需求因交易量变小而减少的程度小于交易量变化程度；交易量变大时货币需求因交易量变大而增加的程度要大于交易量变化程度。米勒(M.H.Miller)和奥尔(D.Orr)对企业货币需求检验后发现④，现金需求对交易量的弹性为 1/3—2/3，甚至会在更大的范围内变动。

鲍莫尔和托宾关于货币交易需求的分析表明，利率降低时用作交易目的的货币持有量增加，货币交易需求与利率负向相关。鲍莫尔—托宾关于货币交易需求分析的基本出发点是，持有货币可以降低交易费用，但持有货币有机会成本，持有其他资产可以获得利息收入。需要指出的是，如果考虑时间成本的话，居民从资产配置中获得的收益会远小于资产配置成本，理性的居民不会在债券与货币之间频繁换手，货币交易需求与利率及交易成本之间的关系比鲍莫尔和托宾论证的关系要复杂得多。

5.5 不确定性与预防性货币需求

惠伦(Whalen，1966)在论证预防性货币需求与利率之间的关系时，提出了预防性货币需求立方根模型。⑤对于预防性货币需求，居民面临与货币交易需求类似的取舍选择。利率上升时持有预防性货币的机会成本增加，货币持有下降。预防性货币需求与利率负向相关。

---

① 货币交易的规模经济效应是指，收入增加 1 个单位时交易性货币需求增加小于 1 个单位，货币周转速度加快。

② $\ln M_T=\ln\left(\frac{Y\cdot a}{2i_b}\right)^{1/2}$，$\ln M_T=\frac{1}{2}\ln Y+\frac{1}{2}\ln a-\frac{1}{2}\ln 2-\frac{1}{2}\ln i_b$，因此可得到：$\Delta\ln M_T=\frac{1}{2}\Delta\ln Y$，$\Delta\ln M_T=-\frac{1}{2}\Delta\ln i_b$；$\frac{\Delta M_T/M_T}{\Delta Y/Y}=\frac{1}{2}$，$\frac{\Delta M_T/M_T}{\Delta i_b/i_b}=-\frac{1}{2}$。

③ 我们使用的利率以百分比为单位，对货币需求的利率弹性没有使用半弹性形式。这里的交易性货币需求利率弹性－2.0 是在考虑了其他影响交易性货币需求因素后得到。这些因素我们没有写出来。

④ Miller, M.H., and D.Orr, 1966, "A Model of the Demand for Money by Firms", *Quarterly Journal of Economics*, 80(3):413—435.

⑤ Whalen, E.L., 1966, "A Rationalization of the Precautionary Demand for Cash", *Quarterly Journal of Economics*, 80(2):314—324.

5.5.1 预防性货币需求的影响因素

凯恩斯认为，预防性货币需求取决于收入水平，与利率无关。惠伦认为，预防性货币需求既与收入有关，也与利率有关，预防性货币需求来自不确定性，我们无法保证货币收入和货币支出同事前预料的完全一致，不能排除临时需要现金的可能。我们持有的货币数量通常大于将要进行的支出量，超过部分为预防性货币需求。①

预防性货币需求取决于货币持有成本，以及收入和支出状况。为预防性需求而持有货币的成本包括两个方面：②(1)非流动性成本(cost of illiquidity)；③(2)持有预防性货币需求的机会成本。"非流动性成本"是指低估货币需要而持有较少货币带来的损失。持有预防性货币的机会成本是指为持有这些货币而放弃的利息收益。非流动性成本和机会成本构成了持有预防性货币的总成本。

收入和支出状况是影响预防性货币需求的又一因素。在收入和支出的差额(净支出)超过持有的预防性货币时，我们会把非货币资产转换成货币。净支出的概率分布受到收入数额、支出数额及支出频率影响。收入和支出数额上升时，净支出分布的标准差上升，需要我们增加预防性货币持有以减小货币持有不足概率。

5.5.2 预防性货币需求模型

假设流动性持有不足导致的损失为 b，李某在期初决定持有现金 M 元作为预防性货币。市场利率为 i 时，持有 M 元预防性货币的机会成本为 $M \cdot i$。净支出 X(支出减去收入)大于预防性货币持有数量 M 的概率为 P，预防性货币持有成本 TC 可以表示为式(5.28)。

$$TC=M\times i+P\times b \tag{5.28}$$

李某在期初持有的 M 元是否能满足预防性货币需求，不仅取决于 M 的大小，也取决于净支出 X。由于无法保证货币支出和收入完全一致，也不能排除发生不测事件导致货币需求增加，因此 X 是随机变量。假定 X 的均值为 0(即平均收入等于平均支出)，方差为 σ^2。未来净支出 X 的不确定性 σ^2 越大，因预防性货币持有不足而使李某遭受损失的可能性越大。M 越大，李某遭受预防性货币持有不足而遭受损失的可能性越小。出现预防性

---

① 除了持有预防性货币外，还有四种方法来应付这些意外情况：(1)削减计划支出应付出现的意外开支；(2)变卖资产，如债券甚至实物资本；(3)借款；(4)不进行支付。

② 关于货币需求存货模型修正包括考虑收入和支出不确定性。修正后的模型引入了净支出超过货币持有的可能性，假设货币需求变动取决于这种可能性大小。这意味着货币持有量与利率负向相关，并直接受交易费用影响。Miller 和 Orr(1966, 1968)在模型中引入了阈值，强调在阈值上下时人们才会在货币与债券之间换手。Milbourne(1986)利用米勒—奥尔的分析框架考察了金融创新对货币需求影响。参见：(1)Miller, M., and D.Orr, 1966, "A Model of the Demand for Money by Firms", *Quarterly Journal of Economics* 80(3)：413—435；(2)Miller, M., and D.Orr, 1968, "A Model of the Demand for Money by Firms: Extensions of Analytical Results", *Journal of Finance*, 23(5)：735—759；(3)Milbourne, Ross, 1986, "Financial Innovation and the Demand for Liquid Assets", *Journal of Money, Credit and Banking*, 18(4)：506—511。

③ 相对于预防性货币需求而言，流动性不足成本是指持有预防性货币数量较少时需要补充货币的代价。

货币持有不足的概率取决于 σ^2/M^2 的大小。用概率论中的切比雪夫(Tchebycheff)不等式表示就是①:未来的净支出 X 与其均值 0 之间的偏差大于预防性货币余额 M(即预防性货币持有不足)的概率 P 满足式(5.29)。

$$P\{|X-0|\geqslant M\}\leqslant\sigma^2/M^2 \tag{5.29}$$

假设李某为风险规避者,在估算净支出超过预防性货币持有数量的可能性时,最保守的估计等于其对预防性货币需求的最优估计。为了稳健起见,将预防性货币持有不足的概率(即 $P\{X>M\}$)估计为 σ^2/M^2,因预防性货币持有不足而遭受的非流动性损失写成 $\sigma^2/M^2\cdot b$ 的形式。在作预防性货币需求持有决策时,李某需要选择一个 M,使预防性货币持有成本最小,也即使得式(5.30)最小。对式(5.30)求 $\partial TC/\partial M$ 并令其等于 0,得到式(5.31);整理后得到式(5.32)。

$$TC=M\cdot i+\sigma^2/M^2\cdot b \tag{5.30}$$

$$\frac{\partial TC}{\partial M}=i-\frac{2\sigma^2}{M^3}\cdot b=0 \tag{5.31}$$

$$M=\sqrt[3]{\frac{2\sigma^2\cdot b}{i}} \tag{5.32}$$

因为 $\frac{\partial^2 TC}{\partial M^2}=\frac{6\sigma^2}{M^4}\cdot b>0$,所以 $M=\sqrt[3]{\frac{2\sigma^2\cdot b}{i}}$ 为最优预防性货币需求。式(5.32)表明,最优预防性货币需求与净支出方差 σ^2 及出现流动性不足时变卖非流动性资产可能遭受的损失 b 的立方根同向变动,而与利率 i 反向变动。预防性货币需求的利率弹性为 $-1/3$。

惠伦的立方根模型认为,价格上升 1 倍时交易需要的货币数量上升 1 倍,且收入和支出规模变化相同,净支出的标准差为原来的两倍。价格上升 1 倍后,非流动性损失上升 1 倍。在净支出满足均值为 0(即平均收入等于平均支出)和方差为 σ^2 的分布时,价格上升后预防性货币需求会同比例上升②。

5.6 资产配置与投机性货币需求

凯恩斯的投机性货币需求分析实际上排除了人们同时持有债券和货币作为财富贮藏的可能性。③托宾发展了投机性货币需求理论。他认为,在资产选择时,人们不仅会考虑一种资产相对于另一种资产的预期回报率,还会考虑每种资产的风险水平。即使债券预期回报率超过货币预期回报率,在货币持有风险小于债券时,人们仍旧愿意持有货币。

① 切比雪夫不等式假设随机变量 X 的数学期望 $E(X)$ 和方差 $D(X)$ 都存在,对任意常数 $\varepsilon>0$,有 $P(|X-E(X)|\geqslant\varepsilon)\leqslant D(X)/\varepsilon^2$,或 $P(|X-E(X)|<\varepsilon)\geqslant 1-D(X)/\varepsilon^2$。

② 当价格上升 x 倍即 $P_1=xP_0$ 时,$\sigma_1=x\sigma_0$,$b_1=xb_0$,由此得到 $M_1=xM_0$,预防性货币需求增加 x 倍。

③ 资产多样化理论分析了投资者资产选择行为,凯恩斯货币需求理论假设有两种资产,投资者根据回归预期进行资产选择,没有考虑资产之间的相关程度和投资者风险偏好因素。

托宾(Tobin, 1958; 1969)在凯恩斯投机性货币需求模型的基础上,引入股票和实物资产。①托宾投机性货币需求模型与凯恩斯投机性货币需求理论一样,也认为利率与货币需求之间存在反向相关关系。托宾给出的投机性货币需求函数很稳定,这一点与凯恩斯投机性货币需求理论不同。

5.6.1 资产组合理论

假设你突然获得一笔巨额资产,那么你的做法可能是:第一,拿出部分资产用于消费;第二,将部分资产用于投资,比如投资金币、土地、国库券或股票;第三,在只购买一种资产还是同时购买几种资产之间进行权衡。资产组合理论给出了资产选择标准,指出了资产多样化的好处。

1. 资产需求的决定因素

在面临是否购置并持有某种资产、购置该种资产还是购置别种资产等选择时,必须考虑下列几个因素。第一,财富规模,即个人拥有的包括所有资产在内的全部资源。第二,预期回报率,即一种资产相对于替代性资产的预期回报率。第三,风险,即一种资产相对于替代性资产的投资回报的不确定程度。第四,流动性,指相对于替代性资产的变现难易程度。

(1) 财富规模。

当财富增加时,我们对资产的需求数量也会增加,且对某些资产需求的增加幅度会大于其他资产。资产需求的财富弹性描述了资产需求数量变化对财富变动反应程度大小。资产需求的财富弹性表示在其他条件保持不变时,财富规模每变动一个百分点所引起的资产需求数量变动百分比。

根据资产需求的财富弹性大小,可以将全部资产区分为必需品资产和奢侈品资产两种类型。需求数量很稳定,财富增加时需求量增加的百分比小于财富增长百分比,即需求的财富弹性小于1的资产,称作必需品资产。需求的财富弹性大于1,即财富增加时,需求数量增加幅度超过财富增加幅度的资产,称作奢侈品资产。普通股股票和各种债券属于奢侈品资产,通货和支票账户属于必需品资产。财富增加时人们对奢侈品资产需求数量增加幅度大于对必需品资产需求数量增加幅度。

(2) 预期回报率。

预期回报率是投资者持有资产时可获得的投资收益。在其他因素保持不变的条件下,一项资产相对于替代性资产的预期回报率增加时,投资者对该资产的需求数量也会增加。

(3) 资产风险。

资产投资风险或投资回报的不确定程度会影响人们对该资产的需求。风险规避型的投资者属于大多数,即在其他因素相同时,投资者宁愿持有风险较小的资产。在其他因素

① 参见(1)Tobin, James, 1958,"Liquidity Preference as Behavior towards Risk", *Review of Economics Studies*, 25:65—86。(2)Tobin, James, 1969,"A General Equilibrium Approach to Monetary Theory", *Journal of Money, Credit, and Banking*, 1(1):15—29。

保持不变的条件下，一种资产相对于替代性资产的风险增加时，投资者对它的需求量会减少。

(4) 资产流动性。

影响资产需求的另一因素是资产的流动性，即不需要花费很大成本就能转化为货币的难易程度。如果某项资产的交易市场具有一定的广度和深度，也即拥有众多的买者和卖者，则该项资产具有比较好的流动性。在其他因素保持不变时，资产的流动性越强，其需求量越大。

2. 资产多样化的好处

投资者持有多样化资产有很多好处。在式(5.33)中，投资者的全部资产由1和2两种资产构成，a_1 和 a_2 分别为1和2两种资产在全部资产中所占比重，σ_P 为投资者所持有的全部资产的投资回报率标准差(相当于投资风险)，σ_1 和 σ_2 分别为资产1和资产2的投资回报率标准差，ρ_{12} 为资产1和资产2的投资回报率之间的相关系数($-1\leqslant\rho_{12}\geqslant+1$)。

$$\sigma_P^2=a_1^2\sigma_1^2+a_2^2\sigma_2^2+2a_1a_2\rho_{12}\sigma_1\sigma_2 \tag{5.33}$$

从式(5.33)可以看出，两种资产的投资回报率完全负相关($\rho_{12}=-1$)时，投资者同时持有两种资产可以充分地降低投资风险。当 $\rho_{12}=0$ 时，由于 σ_1，σ_2 和 σ_P 均大于零，所以 $\sigma_P^2=a_1^2\sigma_1^2+a_2\sigma_2^2<(a_1\sigma_1+a_2\sigma_2)^2$。当两种资产的投资回报率变动完全一致($\rho=1$)时，$\sigma_P^2=a_1^2\sigma_1^2+a_2^2\sigma_2^2+2a_1a_2\rho_{12}\sigma_1\sigma_2=(a_1\sigma_1+a_2\sigma_2)^2$，投资者不能利用多样化资产持有策略来降低投资风险。因此，当 ρ_{12} 越小时，σ_P^2 越小于$(a_1\sigma_1+a_2\sigma_2)^2$，同时持有多种资产对降低整体投资风险的效果越明显。投资者持有多样化资产的好处包括：(1)可以降低整体投资风险，有利于鼓励风险规避型投资者参与投资活动。(2)不同资产的投资回报率发生同向变动的可能性越小，持有多样化资产降低整体投资风险的效果越明显。

3. 系统性风险

所有资产的投资风险都可以分解为系统性风险和非系统性风险两个部分，即资产持有风险＝系统性风险＋非系统性风险。非系统性风险为某项资产本身所特有、可以通过持有多样化资产予以消除。非系统性风险与该项资产的投资回报中不随其他资产投资回报一起变化的那个部分相关。非系统性风险对投资组合的整体风险不起作用。经过充分多样化的投资组合的风险，完全来自该投资组合中各种资产的系统性风险。

某项资产的系统性风险可用贝塔值(β)来衡量。β 较大的资产其系统性风险也比较大。假设由市场上全部资产构成的投资组合只存在系统性风险，当市场价值发生波动时，β 等于2的资产其波动会两倍于由市场上全部资产构成的投资组合。因为系统性风险不能靠持有资产的多样化来消除，在其他因素保持不变时，β 较高的资产其需求量也会比较小。

4. 风险升水

资本资产定价模型(CAPM)给出了资产预期回报率与无风险利率(即不存在任何违约可能的资产的投资回报率)之间的差额大小。资本资产定阶模型给出的资产风险升水可以用式(5.34)求得。在式(5.34)中：R^e＝该项资产的预期回报率；R_f＝无风险利率；β＝该项资产的贝塔值；R_m^e 为由市场上所有资产构成的投资组合的预期回报率。

$$R^e - R_f = \beta(R^e_m - R_f) \tag{5.34}$$

在式(5.34)中，当 β 等于 0 时，该项资产的系统性风险为 0，风险升水为 0。当 β 为 1 时，该资产的系统性风险与整个市场相同，其风险升水与市场一致，为 $R^e_m - R_f$。当 β 等于 2 时，该项资产的风险升水是市场的两倍。对于充分多样化的投资组合而言，某项资产对投资组合风险的贡献大小，要看以 β 计量的该项资产的系统性风险大小。对于 β 很高的资产，只有当其预期回报率较其他资产高时，投资者才愿意持有。

套利定价理论(APT)认为，不能用多样化来消除的风险来自多个方面。套利定价理论给出的某项资产的风险升水可用式(5.35)求得。

$$\begin{aligned} \text{风险升水} &= R^e - R_f \\ &= \beta_1(R^e_{factor1} - R_f) + \beta_2(R^e_{factor2} - R_f) + \cdots + \beta_k(R^e_{factork} - R_f) \end{aligned} \tag{5.35}$$

在式(5.35)中，$R^e_{factor1}$ 和 $R^e_{factor2}$ 分别为与因素 1 和因素 2 对应的投资活动预期回报率，R_f 为无风险投资回报率，β_1、β_2、β_k 为相应的系数。套利定价理论表明，某项资产的风险升水与各种因素对应的风险升水有关，且随着该资产对各种因素的敏感性程度提高而增大。资本资产定价模型与套利定价理论都认为，某项资产的系统性风险越大，其风险升水也越大。

5.6.2 投机性货币需求模型

为了考察投资者资产组合行为对货币需求的影响，我们需要集中讨论人们对货币和债券的选择问题。①假设货币具有完全流动性，利率为 0；投资者为风险厌恶。投资者对货币和债券的选择，取决于债券投资收益，以及由债券和货币组成的资产组合的风险水平。

给定财富水平，我们来计算利率变化对债券利息收入和债券资本利得的影响，以及利率变化对债券和货币组合的影响。假设资本利得为随机变量，是均值为 μ 的正态分布。持有债券的总收益也是均值为 μ 的正态分布。风险与收益之间的权衡关系参见图 5.5。在图 5.5 中，RK = 投资者所持资产的风险水平，OB_1 = 投资者持有的债券数量，OW = 投资者拥有的财富总量，i_b = 由债券和货币共同组成的资产组合的预期收益，I_1 为投资者无差异曲线。在图 5.5 的上半部分，从原点出发的射线表示给定利率水平时，由债券和货币构成的不同资产组合对应的风险与收益关系，称为预算约束线；位于原点时完全持有货币，满足资产组合条件(收益为 0，风险也为 0)。随着资产组合中债券比例增加，投资者资产组合的风险与收益随之上升。

由货币和债券组成的所有可能的资产组合参见图 5.5 的下半部分。投资者持有的资产组合的全部价值 OW 为固定值，债券持有比例从原点沿纵轴向下逐渐增加。从原点出发的射线表示投资者持有的资产组合与风险之间的对应关系，极端的情形是在原点 0 和 W 点。在原点，投资者全部持有货币；在 W 点，投资者全部持有债券，对应的风险水平分

① Bain, K., and Peter Howells, 2003, *Monetary Economics: Policy and Its Theoretical Basis*, New York: Palgrave Macmillan: 117—121.

别为 0 和 RK_1。从图 5.5 的上半部分可以看到，利率为 i_1 时，全部由债券组成的资产组合的预期收益为 i_{b1}。①一个同时包含货币和债券的资产组合 P（包括 OB_1 债券和 B_1W 货币），风险为 RK_2，预期收益为 i_{b2}；利率上升到 i_2 时，资产组合 P 的风险保持不变，预期收益上升到 i_{b3}。

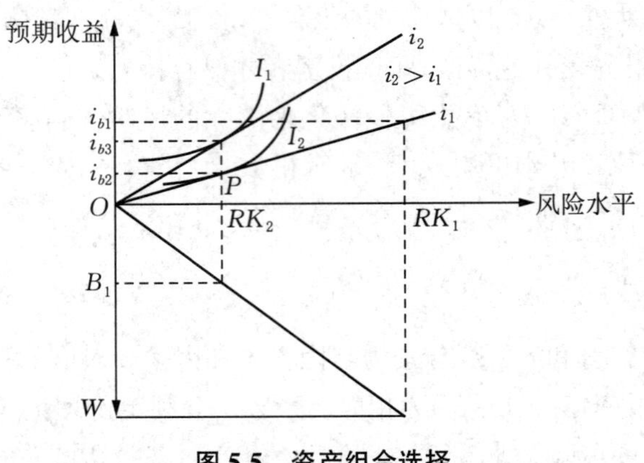

图 5.5　资产组合选择

为了考察投资者最优资产组合选择问题，以及利率对资产选择的影响，我们需要分析市场主体在收益和风险之间的权衡问题。我们使用图 5.5 上半部分的无差异曲线进行分析。此曲线给出了风险规避型市场主体的资产选择过程。当我们将效用函数从 I_2 移动到 I_1 时，效用增加；在 I_1 上，同样的风险可以带来比 I_2 更高的预期收益。效用最大化点为无差异曲线与预算线的切点（如图 5.6 中的 P 点和 Q 点）。这决定了与资产组合有关的风险选择，也决定了投资者全部资产在债券（OB_1）与货币（B_1W）之间的配置比例。

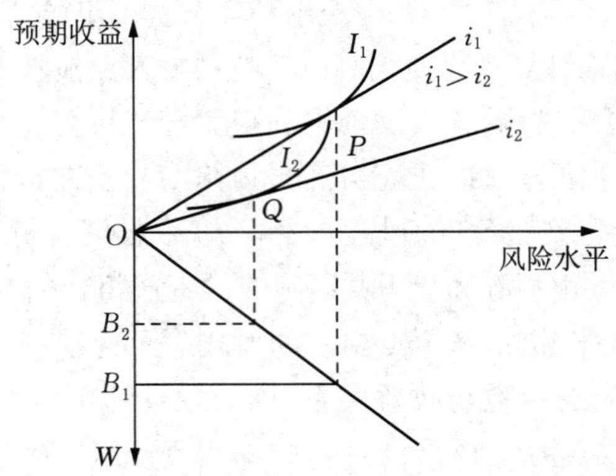

图 5.6　利率下降对投资者资产选择的影响

现在，我们来考察货币存量外生增加对投资者资产选择的影响。货币供应量增加以后，人们会使用超额持有的货币购买债券，引起债券价格上升，利率下降：即给定债券数量时投资收益下降。在图 5.6 中，预算约束线从 i_1 移动到 i_2（$i_1>i_2$），投资者效用最大化的点在 Q 位置。在 Q 位置上，投资者对债券和货币的选择，取决于利率下降的收入效应与

① 此处假设利率从 i_1 上升到 i_2 时，债券投资风险不发生变化。

替代效应的相对大小。就收入效应而言，对应于相同的风险水平，投资收益明显下降。为了维持原有的投资收益，投资者需要持有更多的债券。

替代效应所起的作用相反。因为接受额外风险时，投资收益只有很小增加，这使选择高风险债券投资很不合算。在图5.6中，假设替代效应超过收入效应①，利率下降导致债券持有下降，货币需求增加。这样，增加的部分货币供给被居民作为投机性货币需求持有，并降低了货币供应量增加对名义收入的影响。②

在上述分析中，如果人们对持有债券的风险态度发生变化，货币需求就会发生变动。为了说明利率变化对投机性货币需求的影响，假设人们以货币 M 和债券 B 的形式持有财富 W，$W=M+B$，持有货币的比例为 $a_M=M/W$，持有债券的比例为 $a_B=B/W$，则 $a_M+a_B=1$。持有货币的收益为0，持有债券可按照市场利率 i 取得利息收入 $i_B(i_B=i)$。债券投资收益率 i_e 与现行利率 i 可能一致，也可能不一致。在不一致的情况下，会发生资本损益 g。债券投资收益率 $i_e=i_B+g$。假设投资者持有的资产组合的预期收益为 $E(R)$，债券的资本损益预期 $g^e=0$，标准差为式 σ_g；③货币没有利息收入($i_M=0$)，由货币和债券构成的资产组合收益 R 和预期收益 $E(R)$ 参见式(5.36)和式(5.37)。

$$R=\frac{i_M\cdot M+B(i_B+g)}{W}=a_B(i_B+g) \tag{5.36}$$

$$E(R)=\frac{i_M\cdot M+B(i_B+g^e)}{W}=a_B\cdot i_B \tag{5.37}$$

投资者持有的资产组合方差 $\sigma_R^2=E[R-E(R)]^2=a_B^2\sigma_g^2$，资产组合的风险取决于风险资产收益的方差(或标准差)和风险资产(债券)持有比例。投资者的目标是资产组合的效用最大化，其效用函数为式(5.38)。

$$U^e=U^e(E(R),\ \sigma_R^2)=E(R)-\frac{1}{2}A\sigma_R^2 \tag{5.38}$$

这是一组向上凸的无差异曲线(A 为投资者风险厌恶系数)。根据前述资产组合收益与风险的表达式，可以求解得到投资者最优的货币持有决策，即图5.5和图5.6中无差异曲线与预算约束线的切点。④

从图5.6可以看出，当对应于每一风险水平的债券预期回报上升时，预算约束线的斜率增大，比如从 i_2 位置向上旋转到 i_1，效用最大化时债券和货币的组合点向上移动，投资者持有的债券数量增加，持有的货币数量减少。因此，投机性货币需求与利率成反向变动关系；利率上升时，投资者不会将货币全部换成债券持有。

① 假设投资者是在风险给定下实现收益最大化，或者收益一定时实现风险最小化，此时利率变化的替代效应超过收入效应。

② 由于微观经济主体的行动结果取决于收入效应和替代效应的相对大小，且存在风险偏好者，因此认为货币需求有较高的利率弹性是没有根据的。

③ 为了分析问题方便，这里假设市场利率的标准差为0。

④ 求解 $U^e=a_Bi_B-(1/2)Aa_B^2\sigma_g^2$ 最大化，得到 $a_B=i_B/(A\sigma_g^2)$，$a_M=1-i_B/(A\sigma_g^2)$。在债券利率为0或负利率时完全有可能出现投资者仅持有货币而不持有债券情形。关键在于债券利率不可能为0或小于0。

5.7 现代货币数量理论

现代货币数量理论以弗里德曼的货币需求函数为核心内容。①与凯恩斯货币需求理论不同的是，现代货币数量理论不再具体分析持有货币动机，而是笼统地认为影响其他资产需求的因素也会影响货币需求。②

5.7.1 现代货币数量理论的前提

现代货币数量理论将货币需求主体分为家庭和企业两种类型，集中讨论家庭财富持有行为，按照投资者资产选择方法分析货币需求问题。从投资者资产选择角度来看，影响货币需求的因素包括四个方面：(1)家庭部门的预算约束；(2)商品价格及其替代品和互补品价格；(3)其他决定货币效用的因素；这些效用决定于货币交易过程，属于货币本身特有职能；(4)家庭成员的品位和偏好。

这里的财富包括人力资本和非人力资本。人力资本的流动性低于非人力资本，人们只能买卖人力资本使用权，而不是人力资本本身。人力资本和非人力资本的流动性差异表明，财富构成会影响货币需求。人力资本相对于非人力资本增加时，会降低财富总量的流动性，引起人们持有更多的流动性资产，货币需求因此增加。考虑到财富总量在实践中难以测度，弗里德曼将财产存量和收入流量相联系，将真实财富存量 W 写成 $W=y/r$，其中 y＝真实收入流量，r＝加权平均收益率。假定人们持有的财富有五种形式：货币 M、债券 B、股票 E、非人力实物商品 Q 和人力资本 H。

5.7.2 弗里德曼的货币需求函数

资产需求理论表明，货币需求与资源(财富)规模及其他资产相对于货币的预期回报率等因素有关。弗里德曼的货币需求函数参见式(5.39)。

$$\frac{M^d}{P}=f\left[Y_P,\ w;\ i_m,\ i_b,\ i_e,\ \frac{1}{P}\cdot\frac{\mathrm{d}P^e}{\mathrm{d}t},\ \mu\right] \tag{5.39}$$

在式(5.39)中，P＝物价水平，M^d＝货币需求。M^d/P 为真实货币余额，物价水平变动会引起货币实际价值发生变化，货币需求与 P 正向相关。

---

① 货币主义(Monetarism)一词首先由 Brunner(1968)提出并有 12 种定义(Mayer, 1978)。我们采用货币主义的狭义定义，即认为“货币存量改变是名义收入变化的主要原因”。参见(1)Brunner, Karl, 1968, “The Role of Money and Monetary Policy”, *Federal Reserve Bank of ST Louis Review*, 50, July:8—24。(2)Mayer, Thomas, 1978, “Money and the Great Depression: A Critique of Professor Temin's Thesis”, *Explorations in Economic History*, 15:127—145。(3)Mayer, Thomas, 1978, *The Structure of Monetarism*, W.W. Norton & Company。

② (1)Bain, K., and Peter Howells, 2003, *Monetary Economics: Policy and Its Theoretical Basis*, New York: Palgrave Macmillan: 121—125。(2)Mishkin, Frederic S., 2007, *The Economics of Money, Banking, and Financial Markets*, Boston: Pearson/Addison Wesley: 528—532.

Y_P＝永久性收入。Y_P 是财富替代变量，为过去和当前收入的加权平均，也可看成是由人力资本和非人力财富产生的所有现金流现值的加权平均。①货币需求 M^d 与 Y_P 正向相关。

w＝非人力财富与人力财富的比值。货币需求与 w 负向相关。

i_m＝货币收益率。货币需求与 i_m 正向相关。居民持有货币的预期回报率受两个因素影响：(1)银行对属于货币范畴的存款提供的服务；(2)货币的利息收入。比如，银行对属于货币范畴的支票存款支付利息。利息提高时货币预期回报率也提高。

i_b＝债券收益率。i_b 包括投资债券的资本利得和利息收入两个部分，$i_b = r_b - (\mathrm{d}r_b/\mathrm{d}t)(1/r_b)$，其中 r_b 为债券利率，$(1/r_b)(\mathrm{d}r_b/\mathrm{d}t)$ 为债券利率的预期变动率；货币需求与 i_b 负向相关。

i_e＝股票收益率。i_e 与利率变化引起的股票价格变动以及与通货膨胀引起的股票价格变动有关；$i_e = r_e + (\mathrm{d}P_e/\mathrm{d}t)(1/P_e) - (\mathrm{d}r_e/\mathrm{d}t)(1/r_e)$，其中 r_e 为利率，$(\mathrm{d}P_e/\mathrm{d}t)(1/P_e)$ 为股票价格变化率；$(\mathrm{d}r_e/\mathrm{d}t)(1/r_e)$ 为利率的预期变化率。货币需求与 i_e 负向相关。

$(\mathrm{d}P^e/\mathrm{d}t)(1/P)$＝通货膨胀率预期。相当于实物资产（不动产）的投资收益率，与货币需求负向相关。货币需求与价格水平正向相关，但与通货膨胀预期变化负向相关。

μ＝其他影响货币效用的变量集合。包括个人的品位与偏好；货币需求与 μ 可能正向相关，也可能负向相关。

上述表达式从最终财富所有者角度得到。对商业企业来说，货币是资本货物，提供生产性服务，我们也应考虑企业的货币需求。企业货币持有数量受多种因素影响，包括货币持有成本、货币替代成本以及货币持有提供的产品价值等。其中，货币持有成本和最终财富所有者持有非人力财富的表达形式相近，式(5.39)中的 r_b、r_e、P 和 $(1/P)/(\mathrm{d}P/\mathrm{d}t)$ 也可表示商业企业持有货币的机会成本；货币替代成本即节约货币持有量的方式如缩短支付周期等，但无合适变量可被写入企业货币需求函数；货币提供的产品价值取决于生产函数，可将 μ 解释为影响生产技术的因素。所以式(5.39)既可以作为最终财富所有者的货币需求函数，也适用于商业企业。作为商业企业货币需求函数时，只需对变量 μ 的含义加以适当扩展解释，其余变量含义相同。②

上述等式中的收益率都为预期变量。经过一系列变换以后可以发现，弗里德曼的货币需求函数实际上是货币数量理论的重新表述。把式(5.39)两边同时乘以 $1/Y_P$ 并将式(5.39)右边余下部分用参数 g 表示，得到式(5.40)。弗里德曼认为，不同资产之间可以相互替代，当债券收益率 i_b 上升时，货币收益率 i_m 也会上升，债券收益率 i_b 不影响货币需求。同样，股票收益率 i_e 等也不影响货币需求。因此，参数 g 可以看成常数。当真实货币余额相对于(5.40)式右边那些变量比较稳定时，我们用 K 来表示这些变量的集合，并把式(5.40)写成式(5.41)。

---

① 永久性收入 Y_P 比较稳定。经济繁荣时收入 Y 高于正常水平，永久性收入 Y_P 低于收入 Y，经济衰退时刚好相反。

② Friedman，Milton，1956，*Studies in the Quantity Theory of Money*，Chicago：University of Chicago Press.

$$\frac{M^d}{P \cdot Y_P}=g\left[1, i_m, i_b, i_e, \frac{1}{P} \cdot \frac{\mathrm{d}P^e}{\mathrm{d}t}, w; \mu\right] \tag{5.40}$$

$$M^d=KPY_P \tag{5.41}$$

把 K 定义为货币流通速度 V 的倒数($K=1/V$),并将式(5.41)写成 $M^dV=PY_P$。货币市场均衡时 $M^d=M^s=M$,因此有 $MV=PY_P$。这与费雪货币数量理论看上去十分相似。但是,这里的 $1/K$ 与费雪货币数量理论中的 V 有很大区别。在费雪那里决定 V 大小的因素只是弗里德曼货币需求函数中 μ 的一个因素。在式(5.41)中,如果货币供应量外生,因果关系从左到右决定,且货币需求是 K 的稳定函数,Y_P 代表潜在总产出,弗里德曼的货币需求函数就可以看成货币数量理论的重新表述,价格水平变化可以用货币存量变化来解释。在这里,我们可以像费雪货币数量理论那样,对等式两边取变化率,得到货币供应增长太快时会引发通货膨胀的论断。除上述以外,弗里德曼的货币需求函数还有以下特点。

第一,永久性收入是货币需求的决定性因素,货币需求不随经济周期波动而波动。弗里德曼对美国货币历史研究发现,经济繁荣时期货币流通速度 V 有上升趋势,经济萧条时期货币流通速度 V 有下降趋势。引入永久性收入概念以后,可对货币流通速度的顺周期变化从新的角度加以解释。弗里德曼货币需求函数表明,经济繁荣收入上升时,人们仍旧按照永久性收入来决定货币需求。此时永久性收入低于当期收入,相对于当期收入而言,货币持有相对不足,货币流通速度 V 上升。经济衰退时期永久性收入高于当前收入,相对于当期收入而言,货币持有相对较多,货币流通速度 V 下降。

第二,弗里德曼货币需求函数可以同时刻画家庭和企业的货币持有行为,仅需要根据家庭和企业的行为略作改动。弗里德曼认为,影响企业货币需求的不是永久性收入。企业可以在资本市场上借贷,可对以生产性资本形式存在的资产总量加以调节,影响企业货币需求的因素有交易总量、净增加值、净值水平等因素。此外,人力资本和非人力资本的区分与企业的货币需求无关,银行贷款利率高低对企业货币需求的影响更为显著。

5.8 市场交易与货币需求

继弗里德曼现代货币数量理论以后,关于货币需求的实证研究文献大量出现,①比如,后凯恩斯主义对内生货币的研究,以及研究货币需求的缓冲存货(buffer stock)方法。由于缓冲存货方法是用经验证据来验证货币需求理论的最好方法,我们在下一章会详细讨论。除此之外,有很多文献基于微观主体的经济行为来分析交易性货币需求。麦卡勒姆(McCallum)认为,运用货币进行交易可以节省购物时间,节省下来的购物时间可用于获取收入或获得其他效用。②

---

① Bain, K., and Peter Howells, 2003, *Monetary Economics: Policy and Its Theoretical Basis*, New York: Palgrave Macmillan: 126—127.

② McCallum, Bennett T., 1989, *Monetary Economics: Theory and Policy*, Macmillan Publishing Company.

在麦卡勒姆等(McCallum and Goodfriend，1987)的模型中，代表性个人在消费商品和闲暇时最大化其当期和将来收入，会在当前持有一定水平的债券和货币；①个人可通过出售劳动获得更多收入，并可以在资本市场上买卖债券重新安排消费支出。麦卡勒姆将个人效用函数写成式(5.42)。

$$u(c_t,\ l_t)+\beta u(c_{t+1},\ l_{t+1})+\beta^2 u(c_{t+2},\ l_{t+2})+\cdots \tag{5.42}$$

其中 c_t 和 l_t 分别表示 t 时期个人的消费和闲暇，β 表示折现因子。u 为效用函数，一阶导数为正，二阶导数为负。产出函数 $y_t=f(k_{t-1})$，其中 y_t 表示 t 时期的产出，k_{t-1} 表示 $t-1$ 期期末的资本存量。假设劳动供给缺乏弹性。购物需要耗费时间 s_t，闲暇 $l_t=1-s_t$。购买商品数量增加时，购物所需时间也增加，且购物所需时间与个人持有的实际货币余额 m_t 负向相关。购物时间写成式(5.43)。

$$s_t=g(c_t,\ m_t) \tag{5.43}$$

上式中，$m_t=M_t/P_t$，其中 M_t 表示 t 时期期末名义货币存量，P_t 表示物价水平。除了资本和货币，个人还持有债券。在 t 期花费 $1/(1+r_t)$ 购买债券，在 $t+1$ 期获得 1 单位的货币收益。B_t 表示 t 期购买的债券数量，实际债券持有量 $b_t=B_t/P_t$。综合上述分析，得到 t 期的预算约束方程。

$$f(k_{t-1})+v_t\geqslant c_t+k_t-k_{t-1}+m_t-(1+\pi_t)^{-1}m_t+(1+r_t)b_t-(1+\pi_t)^{-1}b_{t-1} \tag{5.44}$$

其中 v_t 和 π_t 分别表示 t 时期政府对个人的净转移支付和通货膨胀率，而 $\pi_t=(P_t-P_{t-1})/P_{t-1}$。为了找到最佳货币持有量，使式(5.42)中的跨期效用最大化，构建拉格朗日函数；ϕ_t 和 λ_t 分别是约束条件式(5.43)和式(5.44)的拉格朗日乘子，由此可求出以下一阶条件。

$$u_1(c_t,\ 1-s_t)-\phi_t g_1(c_t,\ m_t)-\lambda_t=0 \tag{5.45}$$

$$-u_2(c_t,\ 1-s_t)+\phi_t=0 \tag{5.46}$$

$$\phi_t g_2(c_t,\ m_t)-\lambda_t+\beta\lambda_{t+1}(1+\pi_{t+1})^{-1}=0 \tag{5.47}$$

$$-\lambda_t+\beta\lambda_{t+1}[f'(k_t)+1]=0 \tag{5.48}$$

$$-\lambda_t(1+r_t)^{-1}+\beta\lambda_{t+1}(1+\pi_{t+1})^{-1}=0 \tag{5.49}$$

对上述 5 个式子进行变形，消去 $\beta\lambda_{t+1}(1+\pi_{t+1})^{-1}$，$\phi_t$ 和 λ_t，可得到式(5.50)。

$$\begin{aligned}&-u_2(c_t,\ 1-s_t)g_2(c_t,\ m_t)\\&=[u_1(c_t,\ 1-s_t)_t-u_2(c_t,\ 1-s_t)g_2(c_t,\ m_t)][1-(1+r_t)^{-1}]=0\end{aligned} \tag{5.50}$$

用式(5.43)代替 s_t，上式中只包含 c_t、m_t 和 r_t，可以写为 $h(m_t,\ c_t,\ r_t)=0$。根据此

① (1)McCallum，Bennett T.，and M.S. Goodfriend，1987，*Demand for Money*：*Theoretical Studies*，In：The New Palgrave：A Dictionary of Economics. Stockman：775—781.(2)McCallum，Bennett T.，and M.S. Goodfriend，1987，“Money：Theoretical Analysis of the Demand for Money”，*NBER Working Paper* W2157.

式解出 m_t，则可以得到货币需求函数。

$$M_t/P_t=L(c_t,\ r_t) \tag{5.51}$$

上式表明，实际货币余额与交易总量 c_t、利率 r_t 有关。交易总量 c_t 上升时，货币需求也上升。需要指出的是，此模型忽略了两个重要因素：(1)加总问题。单个个人的财富总量和偏好会不同。(2)企业决策问题。如果考虑企业决策，式(5.42)应改写为净收入的贴现值；式(5.43)关于购物时间的假设，也要改写为交易总量和实际货币持有量。

基于市场微观交易行为的货币需求理论认为，货币需求与财产继承、非人力资本、当期及未来的劳动工资，以及利率和通货膨胀率等因素有关；真实收入对货币需求影响并不明显，货币需求更受潜在收入影响。

5.9 货币效用函数

斯德劳斯基(Miguel Sidrauski)将效用函数与货币需求结合，给出了引入货币因素的效用函数(money in the utility, MIU)。①在这个函数中，效用获得不仅仅来自消费，也来自货币持有。货币在所有资产中，流动性最好；持有货币可以减少交易费用，节省交易时间，满足即时消费需要，从而增加效用。假设最基础的经济单位为家庭，其 t 时期的福利由效用函数式(5.52)表示。其中，c_t 表示 t 时期的真实消费，m_t 表示 t 期人均货币持有量。总效用 W 写成式(5.53)。

$$U_t=U(c_t,\ m_t) \tag{5.52}$$

$$W=\int_0^{\infty}[U(c_t,\ m_t)]\mathrm{e}^{-\delta t}\,\mathrm{d}t \tag{5.53}$$

在式(5.53)中 $\delta>0$，为主观时间偏好率。该式表明，货币边际效用为正时，即使不使用货币购买商品，持有货币也会增加效用。该效用函数受到存量约束和流量约束。存量约束表现为非人力财富 a_t，即总财富中的物质财富部分，等于资本存量 k_t 和实际现金余额 m_t 之和；参见式(5.54)。流量约束表现为收入约束，等于消费和储蓄之和；参见式(5.55)。

$$a_t=k_t+m_t \tag{5.54}$$

$$y(k_t)+v_t=c_t+s_t \tag{5.55}$$

在式(5.55)中，$y(k_t)$ 为资本存量 k_t 的总产出，v_t 表示从政府那里获得的净转移支付。两者相加后得到总收入；c_t 为实际消费，s_t 为实际总储蓄。将 c_t 和 s_t 细化并适当变换后，可得到流量约束式(5.56)。

$$y(k_t)+v_t=c_t+(\pi_t+n)m_t+m_t+(u+n)k_t+k_t \tag{5.56}$$

其中，π_t 为预期价格变化率，n 为家庭人口数量增长率，u 为资本折旧率。该式表明总收入相当于总消费和总储蓄的加总；总储蓄由货币持有量和资本存量以及其新增部分

① Sidrauski, Miguel, 1967, "Rational Choice and Patterns of Growth in a Monetary Economy", *American Economic Review*, 57(2):534—544.

构成。对于货币持有量 m_t 来说，新增部分包含预期价格变化，以及由于人口增长为保证人均货币持有而必须增加的货币持有；对于资本存量 k_t 来说，新增部分包含折旧部分的补充和人口增长引致的资本存量增加。把式(5.54)代入式(5.56)，可得式(5.57)。

$$y(k_t)+v_t=a_t+(\pi_t+n)m_t+(u+n)k_t+c_t \tag{5.57}$$

上述式(5.57)将非人力财富引入流量约束条件。该式表明总收入相当于总财富(非人力)和总储蓄的新增部分以及总消费的加总。式(5.54)和式(5.57)分别为存量约束和流量约束。运用拉格朗日乘数求解最大化问题，生成新函数 L。

$$\begin{aligned} L=\int_{t=0}^{\infty}\{&U(c_t,\ m_t)+\lambda_t[y(k_t)+v_t-(\pi_t+n)m_t-(u+n)k_t-c_t-a_t] \\ &+q_t[a_t-k_t-m_t]\}\mathrm{e}^{-\delta t}\,\mathrm{d}t \end{aligned} \tag{5.58}$$

在式(5.58)中 λ_t 是流量约束条件式(5.57)的拉格朗日乘数，q_t 是存量约束条件式(5.54)的拉格朗日乘数。通过对 c_t，m_t 和 k_t 分别求偏导数，可得一阶条件。

$$U_c(c_t,\ m_t)=\lambda_t \tag{5.59}$$

$$U_m(c_t,\ m_t)=\lambda_t(\pi_t+r_t+n) \tag{5.60}$$

$$y'(k_t)-(u+n)=r_t \tag{5.61}$$

$$\frac{\dot{\lambda}_t}{\lambda_t}=\delta-r_t \tag{5.62}$$

其中 $r_t=q_t/\lambda_t$。从式(5.59)可以看出，货币持有量不变时消费每增加一单位，效用将增加 λ_t；式(5.60)表明，消费保持不变时人均货币持有量每增加一单位，效用将增加 $\lambda_t(\pi_t+r_t+n)$；式(5.61)表明，资本边际产出为 $r_t+(u+n)$；式(5.62)中 $\dot{\lambda}_t=(\mathrm{d}\lambda_t/\mathrm{d}_t)$，表示单位时间内 λ_t 的变化为 $\delta\lambda_t-q_t$。将式(5.62)代入式(5.61)，可得式(5.63)。在稳态条件下 $\dot{\lambda}_t=0$，可得式(5.64)。

$$\dot{\lambda}_t=\lambda_t[\delta+(u+n)-y'(k_t)] \tag{5.63}$$

$$y'(k_t)=\delta+(u+n) \tag{5.64}$$

从上述式(5.64)可以看出，资本边际产出即实际利率由个人主观时间偏好、资本折旧率和人口增长率决定，货币增长和通货膨胀对利率、人均资本存量和人均消费没有影响，货币具有超中性特点，原因在于斯德劳斯基模型的消费函数受主观时间偏好率、通货膨胀率、人口增长率和货币数量等因素影响。接下来求解货币需求函数。我们将式(5.59)至式(5.61)中的 λ_t 和 r_t 消去，得到式(5.65)。式(5.65)刻画了个人资产选择规则，由此可推出货币需求函数。假定个人效用函数为式(5.66)，并将式(5.65)写成式(5.67)。

$$U_c(c_t,\ m_t)[y'(k_t)+\pi_t-u]-U_m(c_t,\ m_t)=0 \tag{5.65}$$

$$U(c_t,\ m_t)=\ln(c_t)+\ln(m_t) \tag{5.66}$$

$$m_t=[y'(k_t)+\pi_t-u]^{-1}c_t \tag{5.67}$$

在式(5.67)中，资本边际产出相当于实际利率 r_t，因此货币需求函数可以写成式

(5.68)。式(5.68)说明,货币需求受利率、价格变动率、资本折旧率等影响。利率与货币需求负向相关。资本边际产出越高,人们会将更多财富分配给资本,减少货币持有;价格变动率相当于实物资产(不动产)的投资收益率,与货币需求负向相关;资本折旧率与货币需求正向相关。①

$$m_t=(r_t+\pi_t-u)^{-1}c_t \tag{5.68}$$

基于斯德劳斯基的MIU模型可进行货币超中性讨论。Brock(1974)给出了货币效用模型的离散版本,并将闲暇引入,即 Sidrauski-Brock 模型。②Fischer(1979)部分否定了货币超中性结论,认为在长期货币超中性,在短期,通货膨胀对资本存量会有影响;③Danthine(1987)则认同斯德劳斯基的观点,接受货币超中性结论。④

5.10 现金先行模型

现金先行模型(cash in advance),从交易媒介角度分析持有货币的原因,强调货币的交易媒介职能。Clower(1967)假设商品必须用货币购买,商品购买量受上一期持有的货币数量约束,当期获得的货币只能在下一期用于消费或投资,即除了预算约束外,还存在现金先期约束。⑤Lucas(1980)在随机禀赋模型中证明了货币均衡存在性;⑥Svensson(1985)将资产纳入现金先行模型,讨论资产定价问题;⑦Lucas 和 Stokey(1987)扩展商品范围,从现金商品扩展到信用商品即可赊欠的商品。⑧引入市场开放次序的现金先行模型假设存在商品和货币两个市场,个人在两个市场之间配置货币资产。商品市场首先开放时个人必须在上一期选择持有现金余额,以满足消费需求;资产市场首先开放时个人可以在购买商品前观测资产市场变动,调整投资组合。现金先行模型假设市场主体的效用函数为式(5.69)。

$$\sum_{t=0}^{\infty}\beta^t u(c_t) \tag{5.69}$$

在式(5.69)中 $0<\beta<1$ 为贴现率,$u(c_t)$为效用函数,c_t 包括对消费品和资产的购买。

---

① 本杰明·弗里德曼、弗兰克·哈恩:《货币经济学手册》,经济科学出版社 2002 年版。

② Brock, W.A, 1974, "Money and Growth: The Case of Long Run Perfect Foresight", *International Economic Review*, 15(3):750—777.

③ Fischer, Stanley, 1979, "Capital Accumulation on the Transition Path in a Monetary Optimizing Model", *Econometrica*, 47(6):1433—1439.

④ Danthine, Jean-Pierre, John B. Donaldson, and Lance Smith, 1987, "On the Super Neutrality of Money in a Stochastic Dynamic Macroeconomic Model", *Journal of Monetary Economics*, 20(3):475—499.

⑤ Clower, R. W., 1967, "A Reconsideration of the Micro-foundations of Monetary Theory", *Western Economic Journal*, 6(1):1—8.

⑥ Lucas, R.E.Jr., 1980, "Equilibrium in a Pure Currency Economy", *Economic Inquiry*, 18(2):203—220.

⑦ Svensson, Lars E.O., 1985, "Money and Asset Prices in a Cash-in-Advance Economy", *Journal of Political Economy*, 93(5):919—944.

⑧ Lucas, Robert E. Jr., and Nancy L. Stokey, 1987, "Money and Interest in a Cash-in-Advance Economy", *Econometrica*, 55(3):491—513.

假定商品市场首先开放，市场主体必须在上一期选择现金余额。现金先期约束满足式(5.70)。在式(5.70)中 P 是总价格水平，c 为实际消费，M_{t-1}为市场主体在 $t-1$ 期决定的在 t 期持有的货币余额，T_t 为当期收到的一次性转移支付。式(5.70)可变换成式(5.71)。

$$P_t c_t \leqslant M_{t-1} + T_t \tag{5.70}$$

$$c_t \leqslant \frac{M_{t-1}}{P_t} + \frac{T_t}{P_t} = \frac{m_{t-1}}{1+\pi_t} + \tau_t \tag{5.71}$$

在式(5.71)中，$m_{t-1} = M_{t-1}/P_{t-1}$，$\pi_t = (P_t/P_{t-1}) - 1$ 是通货膨胀率，$\tau_t = T_t/P_t$。货币先行约束表明，t 期的生产收入不能用来在 t 期购买商品。市场主体的预算约束为式(5.72)。

$$P_t w_t \equiv P_t f(k_{t-1}) + (1-\delta) P_t k_{t-1} + M_{t-1} + T_t + (1+i_{t-1}) B_{t-1} \geqslant P_t c_t + P_t k_t + M_t + B_t \tag{5.72}$$

其中 w_t 为 t 期市场主体拥有的实际资源，包括 t 期由上期资本投资获得的收入 $P_t f(k_{t-1})$、折旧后的资本存量 $(1-\delta)P_t k_{t-1}$、持有的货币 M_{t-1}、政府转移支付 T_t 以及持有 B_{t-1}数量的债券获得的收入，δ 为资本折旧率。这些资源用来购买消费品、资本、债券以及将在 $t+1$ 期的货币持有 M_t。将式(5.72)除以 t 期的物价水平 P_t，将式(5.72)写成由实际变量表示的预算约束，即式(5.73)。其中 m 和 b 是实际现金和债券持有量。由此类推，可得 $t+1$ 期的预算约束式(5.74)。

$$w_t \equiv f(k_{t-1}) + (1-\delta) k_{t-1} + \tau_t + \frac{m_{t-1} + (1+i_{t-1}) b_{t-1}}{1+\pi_t} \geqslant c_t + m_t + b_t + k_t \tag{5.73}$$

$$w_{t+1} \equiv f(k_t) + (1-\delta) k_t + \tau_{t+1} + (1+r_t) a_t - \left(\frac{i_t}{1+\pi_{t+1}}\right) m_t \tag{5.74}$$

在式(5.74)中，$a_t \equiv m_t + b_t$ 是市场主体持有的金融资产，包括货币和债券；$1+r_t = (1+i_t)/(1+\pi_{t+1})$。式(5.74)表明当名义利率为正时，持有货币存在成本 $i_t/(1+\pi_{t+1})$。上述式(5.71)基于货物市场先于资本市场开放得到。Lucas(1982)假设资本市场先于货物市场开放①，意味着市场主体进入 t 期的金融财富可以用来购买债券 B_t 或购买消费品，此时现金约束条件为式(5.75)。

$$c_t \leqslant \frac{m_{t-1}}{1+\pi_t} + \tau_t - b_t \tag{5.75}$$

如果资产市场首先开放，在持有货币存在正的机会成本时，市场主体会仅持有满足消费需要的货币数量，以降低货币持有成本。为了分析市场主体的决策问题，定义值函数为式(5.76)，约束条件为式(5.71)、式(5.72)和式(5.73)，整理后得到式(5.77)。

$$V(w_t, m_{t-1}) = {}_{c_t, k_t, b_t, m_t} \max\{u(c_t) + \beta V(w_{t+1}, m_t)\} \tag{5.76}$$

① Lucas, R.E.Jr., 1982., "Interest Rates and Currency Prices in a Two-Country World", *Journal of Monetary Economics*, 10(2):335—359.

$$\frac{\lambda_t}{P_t}=\sum_{i=1}^{\infty}\beta^i\frac{\partial V(w_{t+i},\ m_{t+i-1})}{\partial M_{t+i-1}} \tag{5.77}$$

其中，λ_t 是预算约束的拉格朗日乘数。式(5.77)表示货币的现期价值 λ_t/P_t 等于所有未来时期内货币边际效用的贴现值。货币的未来收益体现为使用货币获得的流动性服务。如果流动性服务没有价值($\mu_t=V_m=0$，其中 μ_t 是现金先期约束的拉格朗日乘数)，也即不存在现金先期约束，则货币也没有价值，人们将不持有货币。①当名义利率为正时，现金先期约束达到均衡，即 $c_t=M_{t-1}/P_t+\tau_t$。由于转移支付 $\tau_t=(M_t-M_{t-1})/P_t$，由此可得到货币需求函数 $m_t=c_t$；此时货币的消费流通速度 $P_tc_t/M_t=1$。

由现金先行模型得到的货币需求函数也有微观基础。对凯恩斯货币需求理论的批评是其缺少微观基础，而那些有微观基础的货币需求理论只是给出了微观的货币需求函数，却留下了加总问题。从对货币经济运行实施管理和政策实施的角度来看，我们更需要预测货币需求。当中央银行在货币供应量与利率之间选择货币政策操作目标时，货币需求函数的形式和稳定性至关重要。基于这些原因，我们需要对货币需求进行实证检验。

本章小结

本章讨论了货币需求的决定因素，给出了那些非常有代表性的货币需求理论。

1. 从费雪的现金交易货币数量理论得到的货币需求函数表明，货币需求同实际收入正向相关且对利率变化不敏感，货币流通速度是常数。剑桥学派的现金余额货币数量理论认为货币需求同实际收入正向相关，但剑桥学派并没有排除利率对货币需求的影响。

2. 凯恩斯通过分析居民持有货币的三种动机，发展了剑桥学派的货币需求理论。在流动性偏好理论中，凯恩斯认为货币交易需求和预防性需求与收入正向相关，货币投机性需求不仅对当前利率敏感，且对利率预期也很敏感，货币流通速度并不稳定。凯恩斯货币需求理论特别强调利率的重要性，指出货币需求函数存在不稳定的可能性。批评意见认为，凯恩斯货币需求理论过分关注短期，缺乏微观基础。后来的许多货币需求理论都试图从微观主体行为出发，拓展和修正凯恩斯货币需求理论。这些研究包括将利率引入的交易性货币需求模型和预防性货币需求模型，以及结合资产选择理论的投机性货币需求模型。

3. 弗里德曼从资产需求理论出发，提出了现代货币数量理论。现代货币数量理论认为，货币需求是永久性收入的函数，货币需求函数比较稳定且对利率变化不敏感；货币流通速度可以预测，货币数量变动是决定总支出发生变化的主要因素。麦卡勒姆等从市场主体的微观交易行为入手，分析了影响货币需求的消费、闲暇、劳动供给等因素。斯德劳斯基和克洛尔(Clower)等从动态优化角度出发，基于预算约束假设或现金先期约束条件，研究市场主体跨期决策问题。这些方法不仅可用于研究货币需求函数，也可用于分析货币数量增长和通货膨胀等问题。

---

① 该部分详细推导参见 Carl E. Walsh，2010，*Monetary Theory and Policy*，Cambridge：The MIT Press。

4. 现有货币需求理论仍旧面临微观基础缺乏问题和基于微观主体行为的货币需求加总问题。弗里德曼认为，货币需求函数的形式只能通过实证检验来确定。在弗里德曼以后，对货币需求问题的研究，强调微观主体决策，逐渐从理论研究转到了实证检验方面。

中文关键词

现金交易货币数量理论　现金余额货币数量理论　交易方程式　货币交易流通速度　货币收入流通速度　货币流通速度　货币交易动机　货币预防动机　货币投机动机　真实货币余额　流动性偏好理论　流动性陷阱　永久性收入　平方根理论　立方根理论　资产组合模型　风险溢价　交易成本　货币效用函数　现金先行模型

英文关键词

MQT of cash transaction　MQT of cash balance　transaction equation　transaction velocity of money　income velocity of money　velocity of money　money transaction motive　money precaution motive　money speculation motive　real money balance　liquidity preference theory　liquidity trap　permanent income　square root theory　cube root theory　portfolio model　risk premium　transaction cost　money in utility　cash in advance

思考题

1. 简述货币需求理论的研究要点及其重要性。

2. 简述货币需求理论发展脉络，说明货币需求理论与货币数量论之间的关系。

3. 简述货币交易方程式与费雪现金交易货币数量理论之间的区别和联系。

4. 影响货币流通速度的因素有哪些？

5. 如何从费雪的货币数量理论得到货币需求函数？对费雪货币数量理论进行评价。

6. 基于价值贮藏功能推导剑桥学派现金余额货币数量理论，并与费雪现金交易货币数量理论进行比较。

7. 简述凯恩斯流动性偏好理论的假设前提和基本内容，比较货币需求的交易动机、预防动机和投资动机，推导凯恩斯货币需求函数并进行评价。

8. 说明积极货币需求余额和消极货币需求余额之间的区别。

9. 联系交易性货币需求的成本与收益关系，推导货币交易需求平方根理论。

10. 说明持有预防性货币的成本,推导货币预防需求立方根理论。

11. 基于资产选择理论推导托宾的投机性货币需求函数。

12. 简述弗里德曼货币需求函数的假设前提和基本内容,说明弗里德曼货币需求函数同传统货币数量理论有哪些不同?

13. 比较凯恩斯货币需求理论和弗里德曼货币需求理论的不同。为什么弗里德曼认为货币需求不受利率影响,而凯恩斯认为货币需求受利率影响?

14. 凯恩斯货币需求理论与弗里德曼货币需求理论分别是如何解释货币流通速度顺周期变化现象的?对二者加以比较。

15. 比较基于交易成本权衡的货币需求函数、基于效用函数得到的货币需求函数,以及由现金先行模型得到的货币需求函数三者之间的区别和联系。

16. 在凯恩斯投机性货币需求分析中,如果的正常利率预期下降,货币需求会发生什么变化?为什么?

17. 比较利率变化对交易性货币需求、预防性货币需求和投机性货币需求的不同影响,分别给出相应的货币需求利率弹性,说明凯恩斯在交易性货币需求函数和预防性货币需求函数中省略利率因素的合理性。

18. 结合货币需求理论发展脉络和中央银行货币政策实践,论述货币需求函数稳定的重要意义。

19. 货币供给 M 每年以 10%的速度增长,名义 GDP 即 PY 每年以 20%的速度增长。数据如下(单位:10 亿元人民币)。计算每年的货币流通速度,分析货币流通速度变化规律。剑桥 k 为什么比费雪现金交易货币数量理论中的货币流通速度 V 更容易发生变动?

	2017 年	2018 年	2019 年
M	100	110	121
PY	1 000	1 200	1 440

20. 李某每天花 40 元(一年按 360 天计算),每次使用自动取款机(ATM)的取款费用为 1 元,年名义利率为 10%;当现金丢失概率为 10%时,李某最好多少天到 ATM 上取款一次?鲍勃的平均货币持有量是多少?货币年周转速度是多少?

21. 经济体系中财富总量 W 为 200 万亿元。假设全部财富由债券和货币构成,其中货币利率 i_M 和价值变动风险均等于 0;债券票面率 i_b 等于市场利率 i,且 $i_B=i=5\%$;债券价格变化率 g 的期望值为 0,标准差为 50%。如果市场主体的平均风险厌恶系数 A 等于 4。请问市场主体会持有多少债券?市场利率提高到 6%以后,市场主体持有的债券数量会如何变化?为什么?

22. 认为货币需求与利率有关的有(　　)。(多选)

A. 费雪现金交易货币数量理论　　B. 剑桥学派现金余额货币数量理论

C. 弗里德曼的现代货币数量理论　　D. 凯恩斯的流动性偏好理论

23. 国民收入上升时,货币需求会(　　)。(单选)

A. 增加　　B. 下降　　C. 保持不变　　D. 难以确定

24. 收入水平提高,(　　)。(多选)

A. 人们愿意持有更多的货币作为价值贮藏手段,货币需求增加

B. 人们希望增加货币持有来完成更多的交易,货币需求增加

C. 均衡利率上升

D. 所有资产的需求都会增加

25. 利率上升时人们会增加债券持有而减少货币需求,理由是(　　)。(多选)

A. 持有货币的机会成本增加　　B. 利率会向一个均衡水平收敛

C. 债券价格将上升　　D. 人们具有理性预期能力

26. 市场利率上升时,货币需求会(　　)。(单选)

A. 增加　　B. 下降　　C. 保持不变　　D. 难以确定

27. 货币周转速度顺经济周期变化是指(　　)。(单选)

A. 经济繁荣时期,单位货币可以完成的交易数额下降

B. 经济衰退时期,单位货币可以完成的交易数额下降

C. 经济越发达,货币周转速度越快

D. 经济波动增加时,货币周转速度波动会随之增加

28. ATM 蓬勃发展时,货币周转速度将(　　)。(单选)

A. 上升　　B. 下降　　B. 保持不变　　D. 无法确定

29. 第三方支付蓬勃发展将引起经济体系中货币周转速度(　　)。(单选)

A. 上升　　B. 下降　　C. 保持不变　　D. 无法确定

阅读材料

Baumol, William A., 1952, "The Transactions Demand for Cash: An Inventory Theoretic Approach", *Quarterly Journal of Economics*, 66:545—556.

European Central Bank, 2011, "The Supply of Money-bank Behavior and the Implications for Monetary Analysis", ECB Monthly Bulletin October 2011.

Friedman, Milton, 1970, "Controls on Interest Rates Paid by Banks", *Journal of Money, Credit, and Banking*, 2(1):15—32.

Kilroe, Liam, 2019, "Is Money Demand Stable?", Norwich Economic Papers, University of East Anglia.

McCallum, Bennett T., and M.S. Goodfriend, 1987, "Money: Theoretical Analysis of the Demand for Money", NBER Working Paper W2157.

Miller, Merton H., and Daniel Orr, 1966, "A Model of the Demand for Money by Firms", *The Quarterly Journal of Economics*, 80(3):413—435.

Tobin, James, 1956, "The Interest Elasticity of the Transactions Demand for Cash", *Review of Economics and Statistics*, 38:241—247.

夏斌、廖强:《货币供应量已不宜作为当前我国货币政策的中介目标》,《经济研究》2001 年第 8 期。

▶6

货币需求检验

从20世纪50年代后期开始，对货币需求问题的研究集中到了实证检验方面。货币需求实证检验涉及货币范畴确定、计量分析方法运用、数据获取等许多问题。实证研究的目的是希望获得稳定的货币需求函数，为实施货币政策提供证据。

本章讨论货币需求理论与货币需求实证研究结果之间的差异。[①]我们重点讨论货币需求检验需要考虑的问题、检验货币需求的计量分析方法运用，比较货币需求实证检验结果。我们基于20世纪70年代和80年代美国和英国货币需求函数特点，分析金融创新、货币替代、制度变迁等因素对货币需求稳定的影响，并从计量经济学角度对20世纪70年代和80年代货币需求函数的不稳定给出解释。本章从对货币需求实证检验结果出发，给出了货币需求冲击吸收模型和缓冲存货模型。

通过本章阅读可以达到以下四个目标：(1)掌握货币需求检验的变量选择和数据处理方法；(2)理解货币需求实证检验共识，解释货币需求实证检验结果；(3)基于金融创新、制度变迁、货币替代、流动性陷阱等范畴，解释货币需求函数的不稳定性；(4)运用缓冲存货模型分析货币需求变化。

6.1 基本方法和要点

在货币供给外生前提下，运用货币政策管理宏观经济时，必须对货币需求问题作深入研究，并至少要对以下问题给出明确回答：(1)货币需求的利率弹性大小。(2)货币需求函数是否稳定。对货币需求进行实证检验的逻辑起点是：根据货币需求理论确定应包括在实证检验方程中的所有独立变量。货币需求理论表明，待检验的货币需求方程中至少应包括以下解释变量。(1)非货币资产的收益率，包括通货膨胀率；(2)货币自身利率；(3)货币与非货币资产之间的转换成本；(4)当期收入、财富规模和永久性收入；(5)收入变动方差；(6)利率的预期变化；(7)物价指数。

---

① 对货币需求实证问题的讨论参见：(1)Bain, Keith, and Peter Howells, 2003, *Monetary Economics: Policy and Its Theoretical Basis*, Palgrave Macmillan：131—168。(2) Mishkin, Frederic S., 2007, *The Economics of Money, Banking, and Financial Markets*, Boston: Pearson/Addison Wesley：532—533。

按照这些变量建立实证检验方程时，会面临许多困难。我们需要对拟包括在实证检验方程中的变量的形式加以选择，比如要面对货币的不同定义。在此方面现有理论几乎毫无帮助。为此，我们只能从规范的角度进行选择：变量的哪种形式用于实证检验比较好，就选择哪种形式。但这意味着我们不是在问货币需求函数是否稳定问题，而是在问：我们如何才能建立在特定时期看上去比较稳定的货币需求函数。

6.1.1 变量选择问题

1. 没有统一的货币定义

对于统一的货币定义问题①，已有货币需求理论几乎毫无帮助。持有货币的交易动机对应的是狭义货币定义（通货加上活期存款）；当考虑投机性货币需求，或考虑能产生服务流的货币需求时，仅限于狭义货币定义就存在一定问题。在后两种情况下，货币定义取决于实证检验的结果。

当选择了我们认为最适合的货币定义以后，必须尽可能地将这个定义与官方公布货币数量时使用的货币定义接近。官方统计货币数量时使用的货币定义经常变化，不同国家使用的货币定义也多种多样。官方使用的货币定义经常会被金融创新活动搞得很复杂。金融创新不但改变了金融机构的作用，而且改变了人们对各种金融资产的态度。因此，关于货币需求的实证研究文献首先考虑的是数据可获得问题，以及货币定义的一致性问题，而不考虑在理论上是否合理。大多数的实证研究文献使用通货加上银行活期存款或银行短期存款来表示货币供应总量。

如果使用比官方公布货币数量时的货币定义更为广泛的货币范畴，问题就会更加复杂。比如，被作为货币的那些资产部分有利息支付，部分没有利息支付；某些货币范畴与利率变化正向相关，另一些货币范畴与利率变化负向相关。无利息支付的货币范畴可能与收入存在明显关系，有利息支付的货币范畴则可能与收入之间的关系相距很远。在做实证检验时，处理货币定义问题的基本方法是，使用分类指数方法替代传统的总量方法，对不同存款资产所取的权重由有关存款相对于利率显示出来的流动性程度来决定。实证研究表明，使用分类指数方法得到的货币范畴比非加权的总量货币范畴有更好的统计吻合，包含分类指数的货币需求函数看上去更为稳定。

2. 收入与财富范畴选择

在对货币需求问题做实证研究时，如果选择狭义货币定义，则意味着我们集中讨论的是货币交易媒介作用。按此思路，我们应选择 GDP 或最终总消费作为解释变量。但是，货币需求是存量，GDP 和最终消费属于流量范畴。另外，在大多数货币需求理论中，货币需求指的是资产需求而不是交易需求，货币持有受存量财富影响。所以，在对货币需求函数作实证研究时，应选择存量财富作为解释变量而不是 GDP。

解决此问题的困难是，难以获得财富存量数据。在英国，曾经有过一些关于金融资产的统计数据，但金融资产范畴比货币需求理论中涉及的财富概念要狭窄很多。在美国，也

① 某些凯恩斯主义者强调区分货币与准货币（near-money）的困难，这样就需要给出更为广泛的货币定义，比如根据流动性大小，将那些能很好地作为狭义货币替代品的资产也列入货币范畴。

有对私人部门非人力财富(即实际财富)、金融财富等资产的统计数据。但是,由于货币加总问题,广义资产规模也难以测算,特别是加总家庭和企业财富时存在重复计算问题。

由于缺少存量财富统计数据,在实证研究中经常会使用永久性收入指标来替代。这里的永久性收入包括从人力财富和非人力财富中获得的全部财富增加值。但是,我们无法直接观察到永久性收入数据。在适应性预期的假设下,它更多地是用当期或过去收入数据的加权平均值来表示。

消费与永久性收入(而非实际测得的收入)的变化比较一致,有些关于货币需求的实证研究文献用消费支出水平作为财富的代理变量。另外一个尝试是,在实证研究时同时包括财富和收入变量,并将居民消费支出作为收入的替代变量。

3. 利率选择问题

不同金融资产的收益率会同时变动,在对货币需求做实证研究时,对非货币金融资产收益率使用同一种利率没有任何问题。但是,我们应选择何种利率呢? 从理论上讲,应该选择最能替代货币的资产的利率,因为它可以很好地表示持有货币的机会成本。可是,最佳的替代资产会随货币定义的变化而发生变化,当金融创新引起流动性资产广泛出现时,即使货币定义保持不变,有关货币最佳替代资产的选择也会随时间变化而发生变化。从理论角度来看,短期债券更接近于货币的替代品。短期债券的利率可以看作是持有货币的机会成本。但选择最合适的利率来替代持有货币的机会成本时,需要掌握详细的金融知识。

非货币资产利率的绝对变化是否能够表示持有货币的机会成本变化,取决于货币本身的利率特点。当银行存款不支付利息时,货币本身的显性利率为 0,非货币资产利率的绝对变化就可用于表示持有货币的机会成本变化。一种中间情形是,银行存款有利息,但利息很低,并且具有黏性特征。这种状况 1971 年以前在英国一直存在。当存款按照市场情况支付利息时,持有货币的机会成本也发生了变化。理论与经验研究表明,在对货币需求作实证检验时,货币自身利率应该用存款利率的加权平均值来表示。

货币自身利率与银行贷款利率之间的差幅也会影响货币需求。当存款透支(overdraft)利率与存款利率相等时,存款透支需求会变得很大。①当存款透支利率与存款利率差幅为 0 时,人们将不愿意持有银行存款,这会引起货币需求发生变化。②因此,在对货币需求做实证研究时,对利率选择最终还是取决于数据的可得性。

4. 解释变量可能会彼此相关

在做实证研究时,如果两个解释变量高度相关,就应省略其中的一个变量。可是,这又会引起其他问题。③比如,我们将货币需求函数写成式(6.1)。

---

① Sprenkle, C., and M. H. Miller, 1980, "The Precautionary Demand for Broad and Narrow Money", *Economica* 47:407—421.

② 银行卡使用超过账户里面的余额产生的透支部分需要向银行支付利息,对应的利率就是存款透支利率。存款透支利率类似于贷款利率,相当于消费信贷利率。

③ 独立变量是指该变量独立于整个经济系统,相关性是指两个变量之间变动的一致程度,一般用相关系数刻画。省略高度相关的其他解释变量,尽管可以解决多重共线性问题,但会引起由缺失变量导致的计量回归结果有偏估计,比如当残差项与其中的某个解释变量相关,会引起该解释变量的系数被高估或低估问题。弗里德曼在做货币需求实证检验时,尽可能放入所有可以解释货币需求的因素,理由是任何两个变量之间不可能完全相关。

$$\frac{M_d}{P}=\beta_0+\beta_1 y-\beta_2 i+v \tag{6.1}$$

在式(6.1)中,M_d＝名义货币需求量,P＝物价指数;y＝真实收入;i＝利率;v＝随机变量。上述式(6.1)仅是直接将货币需求表示成收入和利率的函数形式。[①]为了满足实证检验需要,我们将式(6.1)写成计量方程的形式。在式(6.2)中,$m_t=M_t/P_t$ 表示实际货币供应量,t 表示时间。为了平滑数据,对有关变量取自然对数并作线性化处理[②],将参数估计成弹性形式,并将计量方程写成式(6.3)。

$$m_t=\beta_0+\beta_1 y_t+\beta_2 i_t+v_t \tag{6.2}$$

$$\ln m_t=\beta_0+\beta_1 \ln y_t+\beta_2 \ln i_t+v_t \tag{6.3}$$

如果同一变量在不同时期的数值相互影响(前一期真实货币供应量在方程中用 $\beta_3 \ln m_{t-1}$ 表示),则说明该变量存在时间滞后调整要求,独立变量变化引起的新均衡调整并非瞬间完成。当滞后调整时间很短时,存在相互依存关系的变量的滞后值对计量方程估计结果的影响不会很大。在式(6.3)中没有包含货币需求变量的滞后变量以及其他变量的滞后变量。

我们还需要满足以下四项计量分析要求:(1)参数之间的关系与理论分析一致;(2)参数 β_0 是常数;(3)解释变量(y_t 和 i_t)可用于预测货币需求数量的绝大部分;(4)v 被证明是随机变量,且不能包括那些被忽略掉的与货币需求有关的因素。

如果计量检验证明 v 不是随机变量,收入和利率仅能解释 m_t 变化的部分原因,以及 m_t 的部分变化需要由 v_t 来解释,那么,就表明我们的计量方程中忽略掉了一些影响货币需求变化的重要变量。可能的原因是,这些变量与 y 或 i 有很高的相关性,而有意被忽略掉了。

另一个事实是,名义利率与通货膨胀预期之间存在明显的正向相关关系。名义利率与通货膨胀预期之间存在的高度相关性,使我们难以分离它们对货币需求的特定影响。出于此原因,弗里德曼的货币需求方程同时包含了这两个变量。

5. 一些变量难以测算

在计量方程中,有些变量根本无法测算,比如资产转换成本。[③]资产转换成本与特定环境有关并因人而异,对资产转换成本进行测算的难度很大。通常的做法是,假设资产转换成本变化比较缓慢,在货币需求方程中对资产转换成本不加考虑。

对一些变量的预期值做事后测算也有很多问题。最好的做法是利用当前可获得的信息,估计这些变量的未来数值(需要对最佳预测模型作出判断)。这些预测值可以以理性预期假设为根据进入货币需求方程。更理想的做法是用代理变量作为这些变量的预期值,或者采用其他计量处理方法(比如用虚拟变量或趋势项)。

---

① 在实证检验时我们使用名义利率。

② 在实证检验时,我们会取利率的百分比单位,直接将利率作为解释变量进入回归方程。比如一年期国库券利率为 4%,实证检验时经常直接将利率取 4 进入回归分析。

③ 资产转换成本包括中介机构手续费以及资产转换过程中需要花费的时间精力,这些时间精力可以为我们赚取收入或带来闲暇。这些代价也应该记入资产转换成本,但难以准确计算。

6.1.2 获取货币需求数量

我们可以观察到的是正在持有的货币数量，而不是需要持有的货币数量。货币市场失衡时我们会增加或减少货币持有，这时观察到的货币数量并不能表示实际的货币需求数量。如果货币市场处于均衡状态，而且货币供应量外生，上述问题就不再成为问题。①在图 6.1 中，货币供应量为 M_{s_0} 且利率为 i_0 时，货币供应量等于货币需求量，即 $M_d=M_s=OA$；当货币供应量增加到 M_{s_1}，利率下降为 i_1，货币市场均衡在瞬间移动到 Y 位置时，$M_s=M_d=OB$。随着货币供应量进一步增加，利率进一步下降到 i_2，均衡位置移动到 Z 点，$M_s=M_d=OC$。因此，我们可以认为，在货币需求线保持不变货币供应线向右移动时，货币需求量会沿着货币需求线增加。②

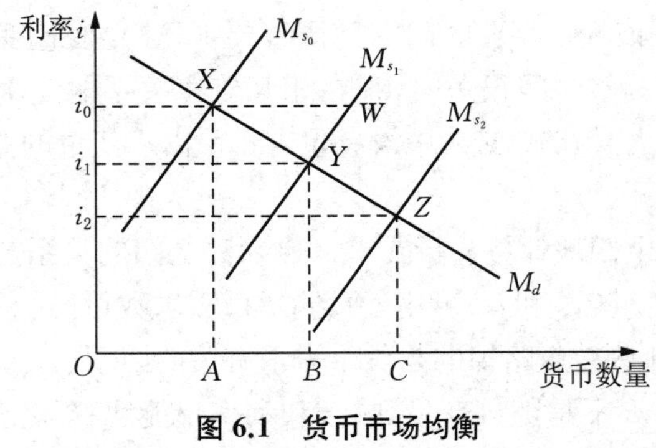

图 6.1 货币市场均衡

图 6.1 成立的条件是，货币供应量变化对货币需求没有直接影响，货币需求变化也不影响货币供给。在上述条件满足时，我们就能得到稳定的货币需求函数。

6.1.3 货币供给内生问题

假设货币供给内生，有一组因素既影响货币供给也影响货币需求，货币需求线和货币供给线同时发生移动(参见图 6.2)。

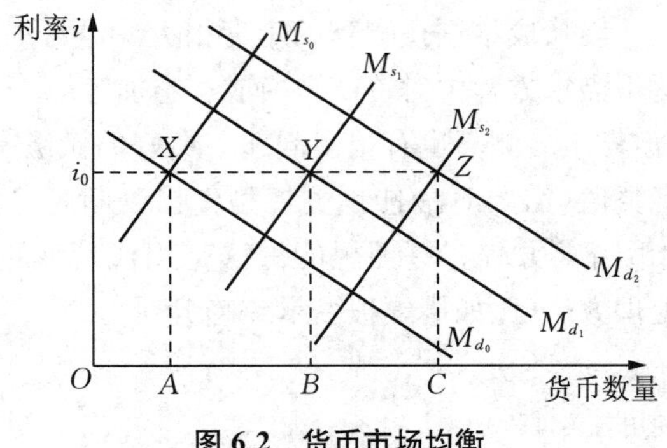

图 6.2 货币市场均衡

① 计量分析时，我们假设货币市场处于均衡状态，用货币存量替代货币需求量。

② 此处是利率下降引起货币需求增加，而不是货币供应量增加引起货币需求增加。

在图 6.2 中，我们继续假设货币市场处于均衡状态，但与图 6.1 不同的是，点 X、Y 和 Z 不在同一条货币需求线上。当货币供应量从 M_{s_0} 增加到 M_{s_1} 时，货币需求线从 M_{d_0} 移动到 M_{d_1}，市场均衡位置为 Y 点；市场均衡时，货币供应量为 OB，利率为 i_0。也就是说，在图 6.1 中，当货币供应量从 M_{s_0} 增加到 M_{s_1} 时，由于货币供给受货币需求变化影响，市场上新的均衡点不是 Y 点而是 W 点。这样，我们就需要考虑图 6.2 中市场均衡位置从 X 点移动到 Y 点的速度以及移动路径问题。①

6.1.4 检验时期选择问题

对货币需求做实证研究的重要目的，是寻找稳定的货币需求函数。如果得到的货币需求函数不够稳定，我们就需要作出解释。货币需求函数中的一些变量内涵，会随时间发生变化，比如在金融发展后，货币市场基金也被列为广义货币范畴。在计量方程中会忽略一些变量，这些变量在一段时间内被认为是常数，比如支付制度。

对货币需求函数做计量检验遇到的上述问题表明：使用回归方程对货币需求做实证检验，是把计量检验工作作为货币需求问题研究的起点，试图证明货币需求与收入及利率之间存在某种稳定关系。检验失败并不必然要求我们重新评价现有的货币需求理论或改变已有观点，只是要求我们完善计量检验方法，再做新的实证检验尝试。

6.2 实证检验共识

在凯恩斯之前，对货币需求做实证研究的目的，是检验货币流通速度与支付制度变迁之间的关系。在凯恩斯的《就业、利息与货币通论》出版以后，对货币需求的实证研究转向了检验利率与货币流通速度之间是否存在正相关关系（以及利率与货币需求之间的负相关关系），以证明货币供应量对货币流通速度和名义收入的影响。托宾等经济学家（Tobin, 1947）通过区分积极货币余额与消极货币余额，试图说明消极货币余额与利率有关，利率仅影响消极货币余额，对交易性货币需求和预防性货币需求没有影响。②托宾研究发现，利率与消极货币余额之间有比较紧密的负向相关关系。

6.2.1 实证检验方程

实证检验货币需求的基本工作是获得式(6.4)的具体形式。在式(6.4)中，m_t＝货币需求量的自然对数③，y_t＝国民收入的自然对数，i_t＝市场利率的自然对数，v＝随机误差项，

① 均衡点从 X 点到 Y 点再到 Z 点的变动过程中，利率、收入等因素保持不变，货币需求从 A 点移动到 B 点再到 C 点，只有货币供应量变动引起货币需求发生变动。同样，均衡点从 X 点到 Y 点再到 Z 点的变动过程中，货币供应量从 A 点移动到 B 点再到 C 点，利率和收入等因素保持不变，只有货币需求变动引起货币供应量变动。

② Tobin, James, 1947, "Liquidity Preference and Monetary Policy", *Review of Economics and Studies*, 29(2):124—131.

③ 此处的 m_t 为实际货币余额的自然对数，收入为实际收入，利率为名义利率。

β_0、β_1 和 β_2 为待估计的系数，t 为时间下标。

$$m_t = \beta_0 + \beta_1 y_t + \beta_2 i_t + v_t \tag{6.4}$$

此方程为分析货币需求与收入及利率之间关系的简化形式，属于小型简化(reduced)模型。用简约方程检验货币需求时，使用的是加总的时间序列数据，可回答下列四个问题：(1)货币需求函数包括哪些变量，比如收入或财富、长期利率或短期利率。(2)货币需求是否可用真实变量进行描述(名义货币需求的价格弹性是否等于1)。(3)货币需求的利率弹性。(4)货币需求函数是否稳定，也即统计检验是否显著，以及是否可用利率和收入来说明货币需求的大多数变化。利用式(6.4)做实证研究时，可使用多个样本时期，以及多种形式的被解释变量和解释变量，并可用于长期分析(用年度数据，30—100年)和短期分析(季度数据，5—20年)。①

进行短期研究时须加上时间滞后变量，假设货币市场均衡只有在长期才会达到。均衡的货币持有量受收入和利率影响；在短期模型中，当收入或/和利率发生变动时，货币持有量调整到新的均衡水平需要时间。我们将货币需求均衡调整过程分为两个阶段。在第一个阶段，决定均衡时的最优货币持有量；在第二个阶段，决定向均衡货币持有量的最优调整速度。调节路径选择对最优货币持有数量没有影响。第二个决策可根据部分调节假设来建立模型：假设 t 期货币需求持有数量的调整幅度 $m_t - m_{t-1}$ 为前一期货币持有数量 m_{t-1} 与理想货币持有数量(长期或均衡值)m_t^* 之差幅的一定比例 θ，$0<\theta<1$。θ 越小，表示向均衡货币持有量的调节速度越慢。因此，可得到式(6.5)。在式(6.5)中，m_t^* 表示货币市场均衡时的货币持有量。两边同时加上 m_{t-1}，可得到式(6.6)。

$$m_t - m_{t-1} = \theta(m_t^* - m_{t-1}) \tag{6.5}$$

$$m_t = \theta m_t^* + (1-\theta) m_{t-1} \tag{6.6}$$

上述式(6.6)表明，在 t 时期观察到的货币需求为货币需求均衡值 m_t^* 和前一期货币需求持有数量 m_{t-1} 的加权平均值，权重分别为 θ 和 $1-\theta$。方程式(6.4)可看作是长期货币需求函数的简化形式，将 m_t^* 用式(6.4)代入以后可以将其写成式(6.7)。

$$m_t = \theta\beta_0 + \theta\beta_1 y_t + \theta\beta_2 i_t + \theta v_t + (1-\theta) m_{t-1} \tag{6.7}$$

用预期收入代替当期收入 y_t 时，方程中就引入了动态因素。在做实证研究时，通常使用适应性预期来建立模型，也可使用理性预期。上述式(6.7)被称为货币需求函数分阶段调节简化模型。②

---

① 小型简化模型可以同时刻画货币存量变化影响经济活动的多个渠道，大型结构模型难以可靠地做到这一点。这个方法适用于货币主义，它仅关心货币供给和货币需求，而不考虑货币影响经济的细枝末节问题。私人部门行为比较稳定时，就没有必要使用大型结构模型来检验各个部门之间的相互影响关系。参见 Mayer, Thomas, 1978, "Money and the Great Depression: A Critique of Professor Temin's Thesis", *Explorations in Economic History*, 15:127—145。

② 资产调节模型对分阶段调节简化模型进行了修正。资产调节模型认为，货币持有量调节速度 θ 取决于货币市场失衡状况和市场失衡的信号特征。参见：(1) Brainard, William C., and James Tobin, 1968, "Pitfalls in Financial Model-Building", *Cowles Foundation Discussion Papers*, 244。(2) Brainard, William C., and James Tobin, 1968, "Econometric Models: Their Problems and Usefulness: Pitfalls in Financial Model Building", *American Economic Review*, 58:411—425。

6.2.2 实证检验结果

在20世纪70年代以前,对货币需求函数的实证检验,分为长期研究和短期研究两个方面。对货币需求函数的长期研究主要针对美国和英国经济展开,短期研究也主要以英国和美国为对象。在20世纪70年代以前,那些专门针对美国和英国货币需求所做的实证研究取得了一些共识。这些共识包括以下七个方面。

(1) 货币需求的利率弹性不等于0但比较小。在英国,货币需求的利率弹性有上升趋势。在短期研究中(比如季度数据)有时也发现一些比较高的货币需求利率弹性,但长期货币需求(比如年度数据)的利率弹性总是高于短期。如果利率不影响货币需求,则货币流通速度为常量的可能性很大,或至少可以预测;如果货币需求对利率很敏感,则表明存在流动性陷阱,利率很低时投机性货币需求会很多,并有大量闲置货币(idle money)。实证研究表明,在实际经济中从未发生过流动性陷阱。实证研究得到的货币需求利率弹性几乎都表明:货币需求对利率变动有一定敏感性,但没有敏感到出现流动性陷阱这种极端情形。

(2) 收入与财富两个变量对货币需求的影响无明显差异。就对货币需求的影响来说,当期收入、永久性收入和财富水平都被证明具有统计上的显著性。在不同国家,货币需求的收入弹性差异很大。实证研究表明,美国货币需求的收入弹性接近于1,英国货币需求的收入弹性几乎都小于1。

(3) 货币需求可以用真实变量描述。用真实变量来描述时,货币需求存在调整滞后期。

(4) 利率、收入和货币需求在偏离均衡时,都存在滞后调整情形。在长期,滞后期相对短一些。研究表明,在第一年发生的调整有3/4,①第二年发生的调整有90%。在短期,利率、收入和货币需求在偏离均衡时的调整滞后期要长一些。

(5) 通货膨胀预期对货币需求的影响不显著,在美国尤其如此。

(6) 货币需求函数看上去相当稳定。

(7) 就影响货币需求的因素而言,狭义货币和广义货币之间没有显著差异。但是,使用广义货币时,货币需求的利率弹性比较小。使用狭义货币时,长期利率会有比较好的计量结果,短期利率更适合于广义货币。②

以上表明,20世纪70年代以前的货币需求实证研究结果更倾向于支持货币主义的货币需求理论,即货币需求的利率弹性比较小,货币需求函数比较稳定。

---

① 相当于$\theta=0.75$。$\theta=(m_t-m_{t-1})/(m_t^*-m_{t-1})$;$m_t=m_t^*$时$\theta=1$。货币市场均衡时$m_t=m_{t-1}=m_t^*$。年度数据时,$\theta=0.75$的含义是指经过1年货币持有调整幅度为$m_t^*-m_{t-1}$的0.75倍。当调节速度$\theta$给定时,$m_t^*-m_{t-1}$越大年度货币持有的调节数量越大。

② 持有狭义货币M1的机会成本是放弃长期资产的收益,因此长期利率对狭义货币持有影响更加显著。持有广义货币M2的机会成本是放弃短期资产的收益或便利,因此短期利率对广义货币持有影响更加显著。

6.3 不稳定的货币需求函数

6.3.1 货币失踪现象

1973年和1975年美国的实际货币余额出现了下降，用20世纪50年代和60年代的数据估计得到的货币需求函数表明，1974年美国的货币需求也有温和下降。已有的货币需求函数明显地高估了美国的货币需求水平。20世纪70年代及以后，英国的货币需求函数也表现出不稳定特征。在英国，根据20世纪50年代和60年代数据估计得到的货币需求函数同样高估了英国的货币需求水平。

上述问题并不表明货币需求不能被准确预测。例如，将预测范围包括20世纪70年代的数据，同样可以预测20世纪70年代美国和英国的货币需求水平，只是广义货币和狭义货币的滞后变量系数发生了变化，显示出变量调整的滞后特征。20世纪80年代早期，美国和英国的货币收入流通速度出现了急剧下降。用1982年以前的数据得到的货币需求函数严重地低估了20世纪80年代中期的狭义货币需求量。

1974年之前，货币需求函数较为稳定是公认的事实。自1974年起，英国和美国的货币需求函数都表现出了不稳定特征，传统的M1货币需求函数高估了货币需求。戈德弗尔德(Goldfeld)将货币需求函数的这种不稳定现象称为"货币失踪"。①M1货币需求函数的不稳定激发了解决货币失踪之谜的热烈讨论，目标是重新获得稳定的货币需求函数。

6.3.2 寻找稳定的货币需求函数

货币需求函数的不稳定问题被提出来以后，经济学家对货币需求函数稳定与否的研究朝着两个方向发展。第一个方向集中回答不正确的货币定义是否会导致货币需求函数变得不稳定。20世纪70年代特别是1974年到70年代末期，由于通货膨胀、高名义利率及计算机技术进步，支付机制和现金管理技术发生了快速变化，出现了许多新的金融工具。金融创新迅速发展提出了两个问题：(1)是否意味着对货币的传统定义已不再适用？(2)是否需要将货币需求函数使用的货币定义之外的金融工具也纳入货币范畴？

对货币需求进行估计，首先需要选择明确的货币统计口径。货币统计口径取决于金融制度变迁，并会随金融创新发生变化。大多数的货币范畴界定以货币的交易媒介功能为出发点给出，这种方法确立的货币范围比较窄，只包括现金、旅行支票、商业银行活期存款和其他可开列支票存款(OCD_S)。

其他可开列支票存款主要由可转让支付命令账户(negotiable order of withdraw account, NOW_S)组成。在美国，NOW_S是由多种储蓄机构(商业银行、储蓄银行、储蓄与贷款协会)提供的经过保险的付息交易账户。20世纪70年代的金融创新，产生了诸如货

---

① Goldfeld, S.M., 1976, "The Case of the Missing Money", *Brookings Papers on Economic Activity*, 3: 683—739.

币市场存款账户(MMDA$_S$)、货币市场互助基金(MMMF$_S$)和回购协议(PR$_S$)等金融资产,对它们的性质加以认识对于货币范畴界定有重要意义。MMDA$_S$和 MMMF$_S$ 都可以用于交易支付,但不适合于日常交易,未被纳入 M1 范畴。

将 PR$_S$ 归于 M1 可以在一定程度上解决"货币失踪"问题。隔夜回购协议以国债作为质押品,是几乎没有信用风险的隔日贷款。在商业银行开设活期存款账户的企业,经常使用隔夜回购协议将其账户余额隔夜贷放出去,这会降低货币供给的统计数值。贷放出去的款项是与货币极为类似的替代品。当企业活期存款账户上需要更多的货币来支付账款时,它可以迅速作出减少此类贷款的决定。比如,吉利恩·加西亚(Gillian Garcia)和西蒙·帕克(Simon Pak)基于美国的数据研究发现①,将隔夜回购数值计入货币供应量时可大大减少传统的货币需求函数高估货币供给的程度。

除了确定哪些资产应包括在货币总量当中这个问题以外,把不同资产的数量简单相加而得到的传统的广义货币总量也受到了批评。②对于流动性不同的资产,简单相加并不是合适的做法。巴内特(W.A.Barnett)等提出了多种货币总量指标。③巴内特等根据资产组合中各类资产的特性来加总货币,把货币看作是能提供货币服务流的耐用品。

寻求稳定货币需求函数的第二个方向是,寻找可得到稳定货币需求函数的新变量。比如,汉堡(Hamburger, 1977)研究发现,将普通股股票的红利—价格比率(平均红利除以股票平均价格)作为利率替代指标,可得到稳定的货币需求函数。④赫勒(H.Heller)等将全部期限结构的利率同时加入计量方程右边,作为解释变量,也得到了稳定的货币需求函数。⑤这些寻找稳定的货币需求函数的尝试也受到了批评。批评的理由是这些额外的变量没有能够精确地计算持有货币的机会成本,将它们计入货币需求函数的理论依据不够充分。

6.3.3 计量分析技术改进

货币需求函数不稳定引发了对计量分析技术的广泛批评。这些批评包括以下两个方面:(1)计量方程忽略了对货币需求有影响的关键变量,比如,货币需求方程没有考虑通货膨胀率,没有考虑其他利率。(2)进行了不恰当的动态处理。动态处理导致计量方程中包

---

① Garcia, Gillian, and Simon Pak, 1979, "Some Clues in the Case of the Missing Money", *American Economic Review*, 69(2):330—334.

② 构成广义货币 M2 的各个组成部分有不同的流动性,对应的利率也一样。我们可以根据这些资产的收益率或利率计算权重,得到加权的货币总量数据。

③ Barnett, W.A., E.K.Offenbacher, and P.A.Sprindt, 1984, "The New Divisia Monetary Aggregates", *Journal of Political Economy*, 92(6):1049—1085.

④ 1976—1991 年美国股票市场交易额与货币需求呈显著的正相关关系,引入股票市场变量以后,可以提高货币需求函数的预测能力。企业在股票一级市场增发新股和 IPO 时引起的巨额申购资金对货币需求有显著的且连续的影响。股票二级市场价格上升,会引起货币需求增加。参见 Hamburger, Michael, 1977, "Behavior of the Money Stock: Is There a Puzzel?", *Journal of Monetary Economics*, 3(3):265—288。

⑤ (1) Heller, H., and Moshin S.Khan, 1979, "The Demand of Money and the Term Structure of Interest Rates", *Journal of Political Economy*, 87(1):109—129.(2) Heller, H.R., 1965, "The Demand for Money: the Evidence from the Short-run Data", *Quarterly Journal of Economics*, 78:291—303.

括了非稳定变量(比如货币存量和国民收入这两个变量会随时间发生变化,不存在不变的均值)。使用不稳定的时间序列进行最小二乘分析,会产生伪回归、系数偏误和无效的统计推导。通过取差分,不稳定变量可以被处理成稳定变量,但使用差分数据不能在所估计的方程中产生非独立变量和独立变量之间的长期稳定关系。单位根检验可用于分析变量的稳定特征,但对于包括不稳定变量的货币需求函数来说,问题仍然存在。

由货币需求函数不稳定引发的对计量分析技术的批评,使得关于时间序列的协整分析方法受到了显著重视。把不稳定变量取线性形式时,可以产生稳定的时间序列。这种合成方法叫做协整。由协整分析得到的系数向量称作协整向量。一组变量之间存在协整关系表明,它们之间有长期的均衡关系。在短期,变量可能会偏离均衡位置,但协整技术能发现它们之间存在的长期均衡关系。

协整向量可能存在于一组变量之间。在 n 个变量中,可能有 $n-1$ 个协整向量。如果发现了两个或两个以上的协整向量,计量分析方法就难以说明究竟哪一个向量与相关变量之间存在稳定的经济联系。为了识别带有特殊经济关系的协整向量,必须根据预测的符号和系数大小加以判断。有时,没有一个向量与理论分析所预测的结果相符。这些问题在所有的计量分析中都会碰到。

就货币需求函数来说,即使看上去收入和利率与货币需求之间存在长期均衡关系,但仍旧难以获得可靠的利率弹性和收入弹性数据。而且,存在长期关系并不表明这些变量之间存在因果关系,也无法解决对货币内生和货币外生问题的争论。

再一点,即使发现这些数据之间存在长期均衡关系,也仍旧留下了短期动态问题。关于后者可以用误差修正模型(ECM)来处理。20 世纪 70 年代后期,这项技术被用来代替短期货币需求函数用于局部调整分析。误差校正模型综合了短期因素和长期因素,但没有对滞后结构加以限制或试图用单一参数来描述短期和长期特征。误差校正模型经常结合协整分析方法,来解释长期关系中隐含的短期偏差。

协整方法针对不平稳的时间序列,去掉随机趋势,可避免可能出现的伪回归问题。如果一阶时间序列 Y_t 平稳,我们记其为 $Y_t \sim I(0)$;如果 Y_t 不平稳但经过 d 次差分(一阶差分表示:$\Delta Y_t = Y_t - Y_{t-1}$)后变为平稳序列,我们称其为 d 阶单整,记其为 $Y_t \sim I(d)$。当两个非平稳时间序列 X_t 和 Y_t 的线性组合平稳,即$(X_t - \theta Y_t) \sim I(0)$,我们称其存在协整关系,其中 X_t 和 Y_t 为非平稳序列,且两者为同阶单整,此处的协整系数为$\{1, -\theta\}$。由定义可知,检验是否存在协整关系等价于检验回归方程的残差项是否平稳。我们可以对两个单整阶数相同的非平稳时间序列进行最小二乘回归(OLS),估计其残差项,再用 DF (Dickey-Fuller)或 ADF(Augmented Dickey-Fuller)检验残差序列是否平稳。协整检验步骤包括以下几个方面。

第一,检验时间序列是否平稳以及单整阶数是否相同,若不平稳且单整阶数相同,则可能存在协整关系。

第二,对协整系数 θ 使用式(6.8)进行 OLS 估计。

$$Y_t = \phi + \theta X_t + Z_t \tag{6.8}$$

第三,对残差序列$\{\hat{Z}_t \equiv Y_t - \hat{\phi} - \hat{\theta} X_t\}$,使用 DF 或 ADF 进行单位根检验,其中后者属于前者的扩展形式;前者为使用一阶自回归进行检验,并要求扰动项$\{\varepsilon_t\}$无自相关;ADF

检验则扩展到扰动项$\{\varepsilon_t\}$存在自相关，并引入更高阶滞后项。式(6.9)为 ADF 检验的一般形式，其中γ_t为时间趋势项，p为单整阶数，即$I(p)\sim 0$。

$$\Delta Z_t=\beta_0+\delta Z_{t-1}+\alpha_1\Delta Z_{t-1}+\alpha_2\Delta Z_{t-2}+\cdots+\alpha_{p-1}\Delta Z_{t-p+1}+\gamma_t+\varepsilon_t \tag{6.9}$$

对式(6.9)进行回归并检验：$H_0:\delta=0$；$H_1:\delta<0$。如果接受H_0而拒绝H_1，说明存在单位根，残差项为不平稳，X_t与Y_t之间不存在长期均衡关系；反之则为平稳过程，说明两个序列存在协整关系，$Y_t=\hat{\phi}+\hat{\theta}X_t$为$\{Y_t, X_t\}$之间的长期均衡关系。$X_t$与$Y_t$之间的短期关系则可使用误差修正模型进行检验。

恩格尔和格兰杰(Engle and Granger, 1987)将误差修正模型与协整理论结合，建议使用误差修正模型的一般方法，①分析两个时间序列之间的短期波动和长期关系。格兰杰认为，如果两个变量之间存在协整关系，则其短期非均衡关系总能由误差修正模型表述。建立误差修正模型的前提是两者存在协整关系。

考虑式(6.10)的自回归分布滞后(autoregressive distributed lag, ADL)模型，其中$-1<\beta_1<1$。假设$y^*=y_t=y_{t-1}$，$x^*=x_t=x_{t-1}$，可得式(6.11)。假设时间序列Y_t与X_t之间存在协整关系，即$\{y_t=\phi+\theta x_t\}$，结合式(6.11)可得$\phi=\beta_0/(1-\beta_1)$，$\theta=(\gamma_0+\gamma_1)/(1-\beta_1)$。代入式(6.10)可得式(6.12)。②

$$y_t=\beta_0+\beta_1 y_{t-1}+\gamma_0 x_t+\gamma_1 x_{t-1}+\varepsilon_t \tag{6.10}$$

$$y^*=\frac{\beta_0}{1-\beta_1}+\frac{\gamma_0+\gamma_1}{1-\beta_1}x^* \tag{6.11}$$

$$\Delta y_t=\gamma_0\Delta x_t+(\beta_1-1)(y_{t-1}-\phi-\theta x_{t-1})+\varepsilon_t \tag{6.12}$$

上述式(6.12)即为误差修正模型，其中$(\beta_1-1)(y_{t-1}-\phi-\theta x_{t-1})$为误差修正项，系数$\beta_1-1<0$，为非均衡向均衡调整的速度；$y_{t-1}-\phi-\theta x_{t-1}$为偏离系统均衡的距离。式(6.12)将$\{Y_t, X_t\}$的变化同前期的非均衡误差联系起来③。从式(6.12)可知，Y_t大于长期均衡$\hat{\phi}+\hat{\theta}X_t$时，由于$\beta_1-1<0$，误差修正项会使$\Delta Y_t$减少，使其向均衡水平收敛，反之亦然。式(6.12)刻画了短期波动向长期均衡的收敛特征。

协整技术问世以后，人们试图用其来证明当期一般物价水平与长期均衡价格水平P^*之间存在的协整关系。以货币数量论中的收入变量和长期均衡价格为基础，将P^*定义为对应于潜在产出时的价格水平。这样，可以将货币数量论写成式(6.13)。

$$P^*=(M/Y^*)V^* \tag{6.13}$$

在式(6.13)中，Y^*表示经济长期均衡时的总产出水平，V^*表示经济长期均衡时的货币流通速度。此模型可用于描述通货膨胀压力，方法是将当期收入Y和货币流通速度V

① Engle, Robert F., and C.W.J.Granger, 1987, "Co-Integration and Error Correction: Representation. Estimation and Testing", *Econometrica*, 55(2):251—276.

② θ为长期乘数，衡量的是x永久性地变化1单位时，将会导致y的永久性变化幅度。Δy_t为对长期均衡的偏离(y^*-y_{t-1})的部分调整，即为误差修正，调整速度为$(1-\beta_1)$。误差修正模型式(6.12)的推导过程参见陈强：《高级计量经济学及Stata应用》，高等教育出版社2013年版，第246—247页。

③ 迪米特里奥斯·阿斯特里奥、史蒂芬·霍尔：《应用计量经济学》，北京大学出版社2016年版。

与相应的长期均衡水平进行比较。当期收入超过长期均衡水平时($Y>Y^*$),当期收入在长期必然下降,现存的货币供给过剩压力会转化为物价上升压力。当期货币流通速度低于长期水平时,在长期,货币流通速度会上升,并会导致 Y 或 P 面临调整压力。也即,当 $Y=Y^*$ 时,所有压力都会落到 P 上面。由此,物价短期变动可以用产出缺口($Y-Y^*$)和货币流通速度缺口($V-V^*$)两个变量刻画。同其他协整方法一样,必须利用经济理论对模型添加限制条件,比如假设货币流通速度处于长期均衡状态;另外,也需要说明 V 对 V^* 的短期偏离问题。以上表明,协整方法很有用,但协整方法仍旧不能帮助我们运用已有数据,得到参数不变且形式稳定的货币需求函数。

6.4 经济冲击与货币需求函数的不稳定性

货币需求函数是否稳定对货币政策的实际操作具有重要意义。20 世纪七八十年代,对货币需求函数不稳定有许多解释。这些解释包括:(1)与金融部门结构变化有关的金融创新,引发了货币需求函数不稳定。(2)20 世纪七八十年代,通货膨胀大幅度上升引起的通货膨胀不确定,引发了货币需求函数不稳定。(3)20 世纪 70 年代早期,固定汇率制度崩溃引起的货币替代,引发了货币需求函数不稳定。

20 世纪 70 年代的高通货膨胀率使市场主体货币持有意愿下降,货币收入流通速度上升;20 世纪 80 年代的通货紧缩引起了货币收入流通速度快速下降。通货膨胀不确定性引起了货币需求函数的不稳定性显著增加(Friedman, 1986; 1988)。①在下文中,我们集中讨论金融创新和货币替代对货币需求的影响。

6.4.1 金融创新

金融创新经常出现。比如,银行发放贷款时对存款减少准备金持有,引起法偿货币向信用货币(credit money)转变。金融创新会引起货币流通速度发生变化。我们可以预见这些变化可能产生的影响。例如,金融创新降低了交易成本,狭义货币需求量会下降,货币收入流通速度会缓慢上升。经济活动货币化则会引起货币流通速度下降。当不断增加的货币替代品获得了利率支付,货币自身利率相对其他利率上升时,会增加流动性资产的吸引力,并引起货币流通速度下降。②所有这些变化的净结果都会反映在货币需求的收入弹性方面:货币需求的收入弹性大于 1 时,货币流通速度下降;货币需求的收入弹性小于 1 时,货币流通速度上升。③

20 世纪七八十年代,与货币需求函数不稳定有关的金融创新有以下几个方面:(1)放

---

① 参见(1) Friedman, M., 1986, "The Resource Cost of Irredeemable Paper Money", *Journal of Political Economy*, 94:642—647。(2) Friedman, M., 1988, "Money and the Stock Market", *Journal of Political Economy*, 96:221—245。

② 金融创新有助于降低金融资产交易成本,方便货币与其他资产之间转换;当其他资产收益率提高时,货币自身利率上升高于其他资产有助于吸引其他资产转换为货币。

③ 在解释变量只考虑利率和收入时,金融创新对货币需求函数中收入前面的系数影响明显。收入前面的系数大于 1 意味着收入增加 1%时货币持有增加超过 1%,货币的收入周转速度下降,反之则上升。

松金融市场管制;(2)银行对活期存款支付利息;(3)金融服务的技术进步;(4)国际资本流动自由化;(5)对银行贷款征税或放松管制①。

银行体系和支付体系的技术创新,降低了经纪人费用(包括存款取现成本、非货币资产转化为存款的成本)。在支付体系实施技术创新以前,存款支取需要大量的专业劳动和前期工作条件。当商店拥有可以使用借贷卡的计算机网络以后,现金存款和提取存款变得十分便利。电子网络沟通和 ATM 的使用,直接降低了银行服务获取成本。

这些变化产生了三个结果。第一,为有效使用无息现金提供了机会,人们更加愿意持有存款,银行可以获得更多的货币基础。②第二,带有利息的塑料卡片可以自动进入信用系统,借贷信用对人们更加有吸引力。第三,ATM(可提供及时余额资料)和家庭可视银行服务减少了持有预防性货币的必要性,人们可以更加精确地管理货币余额。

支付制度发生变化以后,那些会使货币需求函数发生移动的因素也会改变货币需求的利率弹性和收入弹性;当货币需求曲线发生移动时,货币需求曲线的斜率也会变化。以货币政策为例。高利率会鼓励金融创新,使得用于交易目的的货币余额减少,并会产生阀值调整效应:③当利率比较高时,人们会花费更多的时间和精力从事金融创新活动。20 世纪七八十年代,美国等发达国家引入的集中存款账户、零余额账户④和 ATM 就属此例。这类金融创新引入以后,利率下降时货币需求不会出现相反的变化,因为金融创新有固定成本,比如计算机硬件和软件投入。此类金融创新发生以后,活期存款与高利率存款之间更加容易转换,增加了狭义货币需求的利率弹性。因此,货币政策会引起金融创新进而影响货币需求。

有研究(Hafer and Hein, 1979)发现,在货币需求函数中只包括长期利率,并重新界定货币范畴,就可以克服 20 世纪 70 年代所遇到的货币需求函数不稳定问题。⑤对于有息支票账户引起的问题,以及货币收入流通速度不稳定问题,可以通过在货币定义中排除有息支票账户得到部分克服。研究显示(Hafer, 1985),由制度变迁和金融创新引起的偏误在长期并不存在。⑥但是,当使用 1980 年以前数据估计得到的货币需求函数严重低估 20 世纪 80 年代中期狭义货币需求量时,只是简单地移动货币需求函数而不作其他处理的做法就变得很不可行。经济学家发现,货币需求函数不稳定由多种因素同时引起:(1)金融创新;(2)货币供给中有利息的部分大幅度增加;(3)GDP 周期性波动;(4)货币需求利率弹性上升。

在对货币需求函数做实证检验时,如何考虑金融创新因素呢?使用虚拟变量表示金

---

① 为了引导贷款投向(比如鼓励绿色信贷),政府对限制发展领域的银行贷款会征税或采取其他限制措施,进而会减少银行信贷投放,降低货币余额持有。

② 金融创新通过降低资产转换成本,可以提高银行存款收益,增加银行存款吸引力,进而减少现金持有。

③ 当利率提高到某临界值以后,市场主体会调整货币持有规模。这个临界值就是阈值。在阈值上下会有不同的货币持有行为。

④ 使用集中存款账户时,存放于另一个账户的资金在工作日结束时会自动转换成存款。使用零余额账户时,企业可以在银行中没有支票存款余额,但允许企业随时开列支票。

⑤ Hafer, R.W., and S.E.Hein, 1979, "Evidence on the Temporal Stability of the Demand for Money Relationship in the United States", *Federal Reserve Bank of St Louis Review*, 61(12).

⑥ Hafer, R. W., 1985, "Monetary Stabilization Policy: Evidence from Money Demand Forecasts", *Federal Reserve Bank of St Louis Review*, 67(5).

融创新是比较常见的做法(Friedman and Schwartz，1982)。①在解释变量那里直接引入金融创新变量则越来越多，比如使用人均银行分支机构数、农业部门以外的劳动就业比例、货币存量中的通货比例，以及非银行金融资产与银行金融资产比例等指标，刻画金融创新因素。②另一些努力则从金融创新出发，集中讨论高利率产生的原因。③

有经济学家(Adam，1991)利用英国1975—1986年M3实际余额季度数据，使用货币加权平均利率，并用利率作为权重对M3的不同组成部分加以重新测算，同时将持有货币的机会成本(利率)表示成债券收益(含资本利得)、欧洲存款收益(经英镑贬值预期调整)，以此来代表欧洲市场(Euro-markets)上的金融创新和汇率管制放松。对英国在1975—1986年期间的长期和短期货币需求函数实证检验后发现，货币自身利率和外汇资产利率在长期货币需求函数中都很显著。④

在分析货币需求函数的稳定性时，为了考虑金融创新影响，通常会对自变量进行重新界定或重新测算，特别是使用分类指数方法重新测算货币供应量和利率，承认与广义货币需求有关的货币自身利率的重要性。在具体分析时，货币自身利率可以调整为货币本身利率和其他资产利率的差幅形式，或者和其他资产利率同时出现。比如，泰勒(Taylor，1987)使用季度数据⑤，运用英国M3实际余额数据估计的方程包括了利率期限差幅变量，也就是三个月期国库券利率(代表非货币短期资产利率)与高息支票账户利率(表示货币自身利率)之间的差幅，以及七天期存款利率与高息支票账户利率之间的差幅。在求解货币需求长期稳定解时，利率差幅数据很重要，且货币自身利率也是关键的解释变量。

蓬勃兴起的金融创新活动使金融交易成为全部交易活动的重要组成部分，使用交易活动而不是总收入作为货币需求解释变量变得更为合理。许多经济学家运用调整方程的形式来控制金融创新影响，但都没有获得理想的研究结果。因为金融创新从多个方面影响人们行为，在方程中难以进行描述。金融创新为引致发生，而不是自动发生，且引起金融创新的因素已在计量方程中的其他地方有了考虑。

总之，金融创新对货币需求的影响包括以下几个方面：(1)负债管理影响了货币自身的利率水平，也影响了货币持有成本。(2)通过创造更多的货币替代物，金融创新导致货币流通速度上升。(3)交易成本降低减少了预防性货币需求，也引起了更多的借入头寸和贷借头寸。(4)获取现金的低成本减少了现金需求，减少了公众的现金持有比例。(5)金融创新使有关机构易于对利率变化作出反应，引起各种名义货币之间出现更加频繁的转换。

---

① Friedman，M.，and A. Schwartz，1982，*Monetary Trends in the United States and the United Kingdom：Their Relation to Income，Prices and Interest Rates，1867—1975*，NBER Books，61(1)：30—43.

② Siklos，P.L.，1993，"Income Velocity and Institutional Change：Some New Time Series Evidence：1870—1986"，*Journal of Money，Credit and Banking*，25(2)：377—392.

③ Goldfeld，S.M.，1992，*Demand for Money：Empirical Studies*，In P.Newman，M.Milgate，and J. Eatwell(eds). The New Palgrave Dictionary of Money & Finance Vol.1，London，1992，S.618—624.

④ Adam，C.S.，1991，"Financial Innovation and the Demand for M3 in the UK：1975—1986"，Oxford Bulletin of *Economics and Statistics*，53(4)：401—424.

⑤ Taylor，M.P.，1987，"Financial Innovation，Inflation and the Stability of the Demand for Broad Money in the United Kingdom"，*Bulletin of Economic Research*，39(3)：225—233.

6.4.2 货币替代

对20世纪七八十年代货币需求函数不稳定的另一种解释是货币替代。在资产组合中，外国货币会直接或间接地替代本国货币。当本国实行扩张性货币政策时，人们预期本国货币将出现贬值，会直接使用外国货币替代本国货币。在人们对本国货币完全失去信心时，也会贮藏外国货币。

间接的货币替代多发生在资本市场上。当预期外国债券的未来收益上升时，人们会出售本国债券，购买外国债券，从而引起本国利率面临上升压力，外国利率面临下跌压力。给定货币需求函数，在浮动汇率制度下货币供应量保持不变时，利率不会发生变化，对外国债券需求增加会引起外币升值(本币贬值)。本国货币贬值会引起通货膨胀。在浮动汇率制度下有资本流出时，本国货币当局会放任通货膨胀预期，本国货币供应总量不会下降(外汇储备下降时，货币总量中的本国成分增加)。同时，资本流入国家的外汇储备上升，货币存量增加。因此，世界范围内的货币供应量显著增加。①在固定汇率制度下，就不会出现这种问题。资本流出时，本国货币总量下降，外国货币总量增加，直至本国与外国之间的利率差异调整到使本国债券和外国债券的吸引力相当时为止。

对货币替代与货币需求函数不稳定之间的关系所作的判断最早由麦金农(McKinnon, 1982)提出。麦金农认为，20世纪70年代早期的布雷顿森林固定汇率制度崩溃，引起了货币需求函数不稳定，②汇率预期变化会产生许多影响。

6.5 缓冲存货模型

6.5.1 货币余额滞后调整

对货币需求的实证研究表明，货币需求会缓慢地向长期均衡位置调整，这个渐进的调节过程可以通过建立模型来说明。缓慢调整过程源于滞后的时间调整，但对金融市场中滞后调整的基础是否存在却有许多争议，因为金融市场上的交易成本比较低。

当20世纪70年代调整滞后期延长时，这个争议有所增加。在20世纪70年代中期，英国货币供应量大幅度增加以后，一直存在超额货币需求。如果货币总量外生且整个系统出现失衡，货币需求函数中的解释变量就根本不可能是独立变量，必须由货币需求和货币供给双方共同决定。所以，应该放弃单一方程估计方法，把货币需求作为整个经济系统中的组成部分加以估计。为此，人们尝试了各种简化方法。比如，当货币需求与货币供给

① 资本流出以后，基于外汇占款的货币投放减少；为了维持货币供应量不变，中央银行会通过公开市场购买本国债券投放货币或通过增加贴现贷款投放货币，货币总量中与国内资产有关的部分增加。在资本流出增加时，货币对外有贬值压力，本国有通货膨胀输入压力，市场会有通货膨胀上升预期。

② Mckinnon, R.I., 1982, "Currency Substitution and Instability in the World Dollar Standard", *American Economic Review*, 72:320—333.

失衡时,将利率作为被调节变量,使用下列模型进行说明:(1)把货币总量作为解释变量,利用货币供应量来分析利率变化(被解释变量),重写货币需求函数。(2)把货币流通速度写成与真实收入、利率、滞后的货币流通速度,以及刻画货币存量外生变化变量的函数(如通货持有变化量、银行准备金变化量、国内借款需求)。

上述方法改进了实证分析结果,并得到了货币需求函数具有稳定特征的证据。但现实情形是,货币需求要经过一段时间才会逐步调整到货币市场长期均衡时的水平。①那么,为什么货币持有调节时间会很长,变量调整会滞后呢?对此我们可以用货币需求缓冲存货模型进行分析。

缓冲存货思想来自这样的观点:在存在风险和不确定时,并非所有的事件都可以被正确预期。在冲击产生以后,至少有一个变量与其预期值会不相等。但是,人们可以加以适当安排,使冲击降到预先确定的水平(缓冲)。在分析货币需求的缓冲存货方法中,人们认为货币持有量与均衡水平之间存在的差距会持续一段时间。比如,长期均衡状态受到货币总量扩张扰动,出现货币持有量暂时超过货币需求量时,为了恢复资产组合均衡,人们会将多余的货币换成实物资产或其他金融资产。但在短期,他们可能会持有更多的货币余额。这样做有两个理由:(1)连续地控制货币余额需要时间和信息(可用货币支出代替信息费用)。(2)资产调整有成本,只有在确信变化有长期特点时,人们才会行动。②

因此,只有在货币持有量大幅度偏离确定的上限或下限时,人们才会调整货币余额,使之达到长期均衡水平。在此过程中,货币发挥了缓冲剂的作用,原因是货币的流动性极好,货币余额调节成本低于其他资产。如果借入比较容易,信用也可以充当缓冲剂;当信用借入缺乏弹性时,货币则是唯一理想的缓冲剂,货币余额为此会出现比较大的波动。

6.5.2 冲击吸收模型

Carr 和 Darby(1981)提出了冲击吸收模型(shock-absorber model)。③该模型将货币供给区分为预期波动和未预期波动;预期波动产生的冲击相对中性。未预期波动会影响实际货币余额,并被纳入货币余额的暂时持有部分,冲击被部分吸收,这就是货币的减震作用。假设美联储通过公开市场操作使名义货币供应量上升并产生了未预期货币冲击。从收益角度看,国库券价格会迅速影响其他证券价格,投资者无法从原先的投资组合中获得预期收益,会暂时持有更多货币;从资产价格角度看,货币供应量增加引起资产价格上升,引起投资者卖出资产从而持有更多货币;从信贷可用性角度看,名义货币供应量增加和流动性增强使银行更倾向于放贷,人们持有货币增加。

---

① 有人对货币供给会根据货币需求做分步调整提出了疑问(Artis and Lewis, 1990)。因为尽管个人是通过出售资产来使其货币存量达到长期均衡水平,但这只有在确定的总量层面上才可能,比如,中央银行选择稳定利率而不是控制货币存量,或者该国实行固定汇率制度。参见:Artis, M.J., and M.K.Jewis, 1990, "*Money Supply and Demand*", in T.Bandyopadhyay and S.Ghatak(eds)。

② 预防性货币需求立方根理论也考虑资产调节成本,但缓冲存货模型除了考虑交易成本外,还考虑市场主体预期。

③ Jack Carr and Michael R.Darby, 1981, "The Role of Money Supply Shocks in the Short-run Demand for Money", *Journal of Monetary Economics*, 8(2):183—199.

冲击吸收模型的货币需求函数设定基于货币需求部分调整式(6.14)。其中 m_t 是 t 期实际货币余额的自然对数,m_t^d 是 t 期长期货币需求的自然对数,λ 表示货币余额向均衡状态的调节速率。对式(6.14)进行整理,可得式(6.15)。

$$m_t - m_{t-1} = \lambda(m_t^d - m_{t-1}) \tag{6.14}$$

$$m_t = \lambda m_t^d + (1-\lambda)m_{t-1} \tag{6.15}$$

冲击吸收模型考虑了暂时性收入和货币供给冲击因素,并由此构建实际货币余额函数;参见式(6.16)。其中 m_t^d 由式(6.17)给出;y_t^T 是暂时性收入的自然对数,相当于实际收入 y_t 和实际永久性收入的差值($y_t^T \equiv y_t - y_t^P$,其中 y_t^P 是实际永久收入的自然对数);$\hat{M}_t \equiv M_t - M_t^*$,是未被预测到的货币冲击,相当于名义货币供应量的自然对数 M_t 与预期名义货币供应量的自然对数 M_t^* 之间的差值。在式(6.17)中 R_t 为名义利率。结合式(6.16)和式(6.17),可得式(6.18)。

$$m_t = \lambda m_t^d + (1-\lambda)m_{t-1} + \beta y_t^T + \phi \hat{M}_t \tag{6.16}$$

$$m_t^d = \gamma_0 + \gamma_1 y_t^P + \gamma_2 R_t \tag{6.17}$$

$$m_t = \lambda\gamma_0 + \lambda\gamma_1 y_t^P + \lambda\gamma_2 R_t + (1-\lambda)m_{t-1} + \beta y_t^T + \phi \hat{M}_t \tag{6.18}$$

上述式(6.18)即为冲击吸收模型。实证检验得到的货币供给冲击变量的系数 ϕ 介于 0.6 和 1.2 之间,显示未预期到的货币供给冲击对货币余额的影响比较大,人们更愿意通过调整持有的货币存量来应对冲击。后续文献对冲击吸收模型进行了多个角度的讨论。Boughton 和 Tavlas(1990)运用 1974—1985 年英、美、德、日等国家数据,实证检验了冲击吸收模型,发现货币需求函数形式因具体国家情况而异。①

6.5.3 非均衡市场下的缓冲存货模型

Miller(1990)在非均衡市场基础上发展了缓冲存货模型(buffer stock model)。②非均衡市场相对于一般均衡市场来说,考虑了更多因素,比如时间滞后、信息不完全等,因此更贴近现实。假设货币需求是由利率、实际收入和价格水平等因素共同作用的结果,将货币需求写成式(6.19)。

$$\ln M_t^D = \alpha_0 + \alpha_1 \ln r_t + \alpha_2 \ln y_t + \alpha_3 \ln P_t + \varepsilon_t \tag{6.19}$$

在式(6.19)中 M^D 是名义货币需求量,r 是市场利率,y 是实际收入,P 是价格水平,ε_t 是随机误差项,t 为时间角标。当经济处于均衡状态时,可观察到货币需求量,且其等于货币供给量(M^S)。为了对非均衡条件展开分析,设定市场价格会根据商品供需数量的不均衡进行调整。

① Boughton, James M., and George S.Tavlas, 1990, "Modeling Money Demand in Large Industrial Countries: Buffer Stock and Error Correction Approaches", *Journal of Policy Modeling*, 12(2):433—461.

② Miller, Stephen M., 1990, "Disequilibrium Macroeconomics, Money as a Buffer Stock, and the Estimation of Money Demand", *Journal of Macroeconomics*, 12(4):563—586.

$$Dq_t = q_{t+1} - q_t = \phi(Q_t^D - Q_t^S) \tag{6.20}$$

在式(6.20)中 q 是 Q 的市场价格，Q_t^D 和 Q_t^S 分别是市场(商品和金融)需求量和供给量，D 是一阶差分标志，ϕ 是调整速度，用于刻画 Q_t^D 和 Q_t^S 之间的不均衡产生的跨期影响。如果需求大于供给，价格 q 将上升；反之亦然。

由于货币市场不均衡，其溢出效应会对金融市场和商品市场产生影响。假定 δ_1 和 $\delta_2 = 1 - \delta_1$ 代表进入金融和商品市场的超额货币供给(即 $\ln M^S - \ln M^D$)。溢出至金融市场的超额货币供给会影响利率，溢出到商品市场的超额货币供给会影响名义收入。假定 ϕ_1 和 ϕ_2 分别代表利率和名义收入的调整速度，因此得到式(6.21)至式(6.22b)。

$$D\ln r_t = -\phi\delta_1(\ln M_t^S - \ln M_t^D) \tag{6.21}$$

$$D\ln y_t = \phi_{21}(1-\delta_1)(\ln M_t^S - \ln M_t^D) \tag{6.22a}$$

$$D\ln P_t = \phi_{22}(1-\delta_1)(\ln M_t^S - \ln M_t^D) \tag{6.22b}$$

其中 $\phi_2 = \phi_{21} + \phi_{22}$，即名义收入由实际收入和价格共同决定。联立式(6.21)、式(6.22a)和式(6.22b)，解得货币市场不均衡对利率、实际收入和价格的影响。利用式(6.19)替换 $\ln M_t^D$，得到式(6.24)。对式(6.19)取差分，得到式(6.25)。再把式(6.21)、式(6.22a)、式(6.22b)代入式(6.25)，得到式(6.26)，其中 $\Omega = -\alpha_1\phi_1\delta_1 + (\alpha_2\phi_{21} + \alpha_3\phi_{22})(1-\delta_1)$。

$$\ln M_t^S - \ln M_t^D = -(1/\phi_1)D\ln r_t + (1/2\phi_{21})D\ln y_t + (1/2\phi_{22})D\ln P_t \tag{6.23}$$

$$\begin{aligned}\ln M_t^S = {} & \alpha_0 + \alpha_1 \ln r_t + \alpha_2 \ln y_t + \alpha_3 \ln P_t - (1/\phi_1)D\ln r_1 + (1/2\phi_{21})D\ln y_t \\ & + (1/2\phi_{22})D\ln P_t + \varepsilon_t\end{aligned} \tag{6.24}$$

$$\ln M_t^D - \ln M_{t-1}^D = \alpha_1 D\ln r_{t-1} + \alpha_2 D\ln y_{t-1} + \alpha_3 D\ln P_{t-1} + \varepsilon_t - \varepsilon_{t-1} \tag{6.25}$$

$$\ln M_t^D = \Omega(\ln M_{t-1}^S - \ln M_{t-1}^D) + \ln M_{t-1}^D + \varepsilon_t - \varepsilon_{t-1} \tag{6.26}$$

上述式(6.26)是市场不均衡条件下的货币需求调整模型，其中 $\ln M^S - \ln M^D$ 为市场不均衡部分即货币超额供给，它会引起货币需求根据上一期数据做出调整；Ω 为调整系数。调整系数分为两部分。一部分为进入金融市场的货币引致的调整，表现为利率调整；另一部分为进入商品市场的货币引致的调整，表现为名义收入调整。

6.5.4 缓冲存货模型应用

在现实经济中，尽管金融体系中的交易成本和信息成本比较低，调节过程很快，但利率黏性和价格黏性会使调节过程很缓慢，可能要花上几个月甚至几个季度的时间。在这个渐进调整过程中，持有缓冲存货就是合意的。人们会持有过多的货币，因为货币可以充当缓冲剂，而不是按照货币需求模型(如鲍莫尔—托宾存货理论模型)所确定的水平持有货币。人们希望将其所持有的货币数量维持在一个范围以内，只是偶尔地对货币持有量加以管理。缓冲存货模型认为，实际货币存量发生变化时表明：(1)决定货币长期需求或货币需求目标的因素出现了明显变化。(2)名义货币存量受到了冲击，但货币需求量没有发生变化，仍旧保持在长期均衡的货币需求水平上。

在计量分析中发现货币需求函数不稳定时,并不必然表明货币需求具有不稳定的特征,而只是表明,人们对货币持有量的调整需要时间。如果下列情形出现,在一个"事后观察"的模型中,就可以得到不稳定的货币需求函数:(1)资产调节成本发生了变化。(2)政府行为发生了变化并引起收入发生变化。

这些问题直接促进了与理性预期有关的"货币需求预期模型"的发展。Cuthbertson和Taylor(1987)发展了含有预期的缓冲存货模型,①发现货币供应量变化时人们会修正收入预期和价格预期,传统的货币需求函数需要考虑均衡偏离时的调节成本及货币持有量调节成本等因素。为了最小化成本,人们会对未来的收入水平、利率水平和价格水平形成预期。当预期到未来真实收入上升或价格上升以及预期利率下降时,人们会立即增加货币持有,但未预期到的上述变化不会对人们的货币持有行为有任何影响。另外,货币存量的外生增加仅仅是通过货币需求函数,缓慢地引起物价、真实收入和利率发生变化。

上述分析表明,出现货币总量冲击时,缓冲存货模型可以为存在于短期货币需求方程中的滞后非独立变量提供可信的理论说明。货币存量变化与货币需求不相干是常见的事情,在以利率为目标或其他具有适应性特征的货币体系中尤其如此(Cottrell, 1986)。②缓冲存货模型有助于说明传统货币需求函数的暂时不稳定性,以及货币政策存在长期的变动滞后特征。缓冲存货模型也被用于说明短期货币需求的收入弹性较低,而在长期货币收入需求弹性几乎为1的现象。作为缓冲存货的货币在数量上很重要时,对货币需求函数使用单一方程进行估计就会有严重的自相关问题。

6.6 对货币需求函数稳定性的怀疑

传统的货币需求函数在20世纪70年代后期高估了货币需求,即低估了货币流通速度。到了20世纪80年代,传统的货币需求函数也没有能够预测到M1的流通速度大幅度下降这一现象。在20世纪80年代M2的流通速度很稳定,并与持有M2的机会成本密切相关。但是,在20世纪90年代初期,M2的流通速度经历了下降过程。对此,传统的货币需求函数也无法作出令人信服的解释。

导致货币需求函数不稳定的最主要的原因是,1973年以来金融创新的快速发展。迄今为止仍未找到真正稳定的、令人满意的货币需求函数。除了影响货币需求函数变化的阶段性因素外,我们可将影响货币需求函数稳定的根本性因素分为三个方面:(1)货币需求内生于货币供给。(2)制度变迁和货币需求动机。(3)计量分析方法的不足。

6.6.1 货币需求内生于货币供给

古典经济学家假设货币流通速度(V)与货币供给和价格水平的变动无关,得到货币需

① Cuthbertson, Keith, and Mark P.Taylor, 1987, "The Demand for Money: A Dynamic Rational Expectations Model", *Economic Journal*, 97:65—76.

② Cottrell, A., 1986, "The Endogeneity of Money and Money-Income Causality", *Scottish Journal of Political Economy*, 33(1):2—27.

求仅仅是收入的函数的结论,但这个假设建立在货币流通速度保持恒定不变的基础上。对货币需求进行实证研究时,需要我们首先考虑现实生活中的货币流通速度问题。

若货币流通速度稳定,货币供给就会显著影响名义GDP。若货币流通速度不稳定但能通过合理的预测方法得到,则货币政策仍然能有效地影响经济活动。对货币流通速度的认识非常重要,研究货币流通速度影响因素,分析其变动趋势,有利于更有效地执行货币政策。

内生货币假说的极端形式认为,不存在完全独立于货币供给过程的货币需求函数,人们愿意持有银行系统创造出来的任何数量的货币。在这种情形下,不可能存在稳定的货币需求函数。在银行贷款需求推动货币创造时,人们为什么愿意持有银行创造出来的货币数量呢?在货币供给和货币需求同时内生决定时,就没有必要对货币需求函数的稳定性问题进行讨论,在讨论货币需求函数的稳定性问题时,要以货币供给外生为前提条件。

6.6.2 制度变迁和货币需求动机

即使在货币总量外生的情形下,也有很多因素会影响货币需求函数的稳定性。这些因素包括三个方面。

1. 制度变迁

金融市场经常受到制度变迁影响。制度变迁会引起货币需求出现谨慎调整,但这是短期过程,不会破坏货币需求函数的长期稳定。货币需求函数的长期稳定性仅与市场主体的经济行为有关。发生制度变迁时,需要我们对短期货币需求函数的形式进行修正。

2. 货币需求动机

货币需求函数不稳定与投机性货币需求动机,以及持有货币的金融动机有关。投机性货币需求与利率负相关。凯恩斯的投机性货币需求曲线表明,利率下降时,货币需求的利率弹性会上升(在低利率时,曲线很平坦)。当曲线为水平时,就进入了流动性陷阱。对此问题的理论解释是:在较低利率时,人们认为利率已经低于正常水平,肯定会上升,并会引起债券价格下跌。有证据显示,在利率很低时,货币需求的利率弹性并非很高,人们由此对流动性陷阱是否存在产生了怀疑。对20世纪30年代货币需求的实证研究表明,当利率很低时,货币需求的利率弹性比其他时期并未高出许多。不存在流动性陷阱,并不表示货币需求函数就是稳定的,投机性货币需求曲线仍旧存在异常移动的可能。

后凯恩斯主义(Post-Keynesian)经常循着内生货币路径,集中讨论人们持有货币的金融动机。①他们将持有货币的金融动机定义为"为了满足投资项目的资金需要而持有货币的行为"。投资行为很不确定,投资决策在不确定条件下作出,取决于资本资产与当期产出的价格比以及金融市场条件。资本市场和当期产出市场相互分离,两个市场的价格受不同因素影响,金融市场冲击会引起经济行为主体对未来预期发生变化,投资活动与这些因素的综合作用有关。因此,持有货币的金融动机构成了货币需求函数不稳定的一个

① 货币需求金融动机不同于货币需求预防动机。货币需求金融动机与投资项目有关,投资项目的收益预期受不确定因素影响,影响金融动机货币需求的因素更加复杂。

来源。

金融脆弱性理论(Minsky，1991)认为，货币需求函数的不稳定来自信用扩张和信用紧缩的交替出现。①在经济繁荣时期，企业会采用更多的债务融资，家庭和企业会减少现金持有及其他流动性资产持有，银行贷款投放增加。信用膨胀提高了资产的货币价值，反过来又会促进经济主体增加借款，债务和真实资产的比率因此继续上升。但这一过程不可能一直持续下去。在某一点上繁荣会逐渐衰退并引起危机，导致信用紧缩甚至崩溃。在这种环境中，就不可能存在稳定的货币需求函数。

3. 货币交易流通速度与货币收入流通速度

货币需求函数的不稳定可能与货币需求函数中使用的收入指标有关。在货币需求函数中，我们经常用 GNP 来代替收入。当货币充当交易媒介功能时，使用 GNP 作为收入的替代指标却是一个糟糕的做法，使用国内最终产品需求(GNP－存货调整－净出口)来替代收入指标也是如此。因为利用存货或进口品进行消费时，对货币交易余额也有要求但不会直接影响 GNP。在实证研究时，也有用国民支出(GNP＋进口－出口)指标的。②但是，国民支出指标并不能代表全部交易的货币价值总和，即使抽象掉地下经济也是如此。产业垂直一体化和金融交易变化都会改变货币需求，而这些变化与利率或 GNP 并无关系，但货币需求函数中的参数却会因此发生变动。

从数量上看，全部交易活动大于收入水平，在生产过程中存在许多中间品交易，以及金融交易、现存资产交易或二手品交易，比如房地产买卖。使用名义国民产出 PY 代替交易活动规模 PT 时，表明相对于国民收入而言，全部交易活动比较稳定，对两者加以区分没有必要。但以英国的投入产出数据为基础进行的研究发现③，在短期(4—5 年)PT 与 PY 有很大偏差，在长期两者相当接近。

但是，这项研究工作完成于金融市场放松管制以前，以及 20 世纪 80 年代英国金融活动繁荣以前。以支票和电子支付数据为基础编制的交易活动规模的时间序列数据表明(Bain and Howells，1991)④，PT 与 GDP 之间的差距有上升趋势，在 1979—1989 年间，上升了近 2—3 倍。金融创新可能会引起金融交易和二手品交易的增加幅度超过新增产品和服务交易的上升幅度，直接影响货币交易流通速度。

货币收入流通速度和货币交易流通速度之间的区别非常复杂，并与金融创新有关。市场对银行借款需求会产生赤字支出，人们对新增产品以及金融资产和二手品有很强的渴求。在分析银行借款需求时，GDP 指标并不一定显著优于 PT 指标。当银行借款需求对 PT 的敏感程度强于 GDP 时，银行借款会随总交易活动一起变化。银行借款和货币总

---

① Minsky，H.P.，1991，“The Financial Instability Hypothesis：A Clarification”，*In M.Feldstein(eds)*，The Risk of Economic Crisis，*Chicago：University of Chicago Press*.

② 一项对 1975 年以前的 20 年中共 16 个国家的数据研究显示，在 16 个国家中，有 12 个国家使用国民总支出指标比 GNP 指标更加合意。参见 Bomberger，W.A.，and G.E. Makinen，1980，“Money Demand in Open Economies：Alternative Specifications”，*Southern Economic Journal*，47(1)：30—39。

③ Cramer，J.S.，1986，“The Volume of Transactions and the Circulation of Money in the United States：1950—1979”，*Journal of Business and Economic Statistics*，2(4)：225—232.

④ Bain，K.，and P.G.A.Howells，1991，“The Income and Transactions Velocities of Money”，*Review of Social Economy*，XLIX(3)：383—395.

量比收入增长的要快，货币收入流通速度有下降趋势。不断发展的金融活动不但影响货币交易流通速度，而且会引起货币收入流通速度出现下降。

考虑到货币交易流通速度与货币收入流通速度之间的差异以后我们就会发现，货币需求函数中有关参数表示出来的不稳定特征属于正常现象。当各种因素对货币需求的影响出现连续变化时，就可以较好地预测出长期货币需求函数。

6.6.3 拒绝计量检验

计量经济学认为，世界是事先决定的和相互影响的，过去是未来的很好向导，主观和客观的可能性最终将收敛于概率分布参数的真实水平。因此，我们可以运用统计和计量分析方法来推理未来。但是，正如凯恩斯认为的那样，金融市场上的决策者面对的是不确定性，对未来可能发生的事件多不加考虑，这既不能用数学来表示，也难以确认。在不确定的世界中，无法做计量分析。使用计量方法来分析货币需求问题，也同样不能得到与事实相一致的结论。

尽管许多实证研究发现了货币需求函数的不稳定特征，并对引起货币需求函数不稳定的原因给出各种解释，但人们一直没有放弃对稳定的货币需求函数的寻找工作，因为这对实施货币政策意义重大。

6.6.4 流动性陷阱

人们多从利率下调刺激经济增长的效应来认识流动性陷阱。根据凯恩斯的观点，货币需求由货币交易需求和货币投机需求组成。货币投机需求与债券价格正相关，即债券价格越高，人们预期债券价格会下降，愿意持有货币以备债券价格低下时购买，货币投机需求上升。市场利率与债券价格负相关。因此，利率下调时，货币投机需求上升，如果维持货币供给不变，货币交易需求必然下降。当利率下调到某一水平以后，再增加货币供给，人们也不会将增加的货币存量用于消费和投资支出，只会用于增加购买债券的投机性货币需求，因为经济已经陷入了“流动性陷阱”，国民总支出不再受利率下调影响。①

1. 流动性陷阱存在吗？

凯恩斯所谓的会产生流动性陷阱的较低利率，指的是扣除了通货膨胀后的实际利率。如果名义利率很低，同时存在较低的通货膨胀率，则资金成本仍然很高，不会进入流动性陷阱。另外，流动性陷阱出现在资本市场相对发达的市场经济中，如果缺乏有效的资本市场，也不会出现流动性陷阱问题。

我们并不能简单地从利率持续下调后，国民总支出增加不明显或宏观经济基本面，比如就业状况改善不明显出发，作出经济进入了流动性陷阱的判断。货币供给增加时，如果投资需求与消费需求，以及政府支付与出口增长对利率变化不敏感，那么，货币供给增加只会降低利率，不会引起国民收入变化，社会就业状况也就不会改观。即利率下调刺激经

① 货币需求进入流动性陷阱后，货币持有显著增加，货币收入周转速度显著下降。参见田素华：《试析人民币利率下调的景气效应》，《金融研究》1999年第10期。

济增长，最终必须通过实物经济的现实增长发挥作用，只研究货币市场、资本市场没有任何现实意义。流动性陷阱不会出现的原因有两个方面。

第一，凯恩斯将人们可选择的金融资产限定为债券和货币两种形式，在实践中，人们还可以选择有利息收入的定期存款、股票以及其他有不同期限和收益的金融资产。市场利率上升时，人们不仅可以选择债券，也可以选择定期存款；市场利率降低时，人们不仅可以增加货币持有量，也可以进入资本市场购买股票。如果是这样，货币供应量增加对产出等实际经济变量就不会有明显影响，我们也难以据此对流动性陷阱是否存在做出准确判断。另外，在有存款保险制度时，即使名义利率降低到零，人们也会继续持有银行存款，以获得资产的流动性和使用便利。

第二，与凯恩斯"流动性陷阱"有关的利率为低于"临界利率"的利率。所谓的"临界利率"是指经济主体根据当前利率与其预期利率将会达到的正常水平之间的关系而计算得到的利率。当经济主体对未来利率的预期为已知时，可求出与债券投资回报率相当的市场利率，这一市场利率即为临界利率。从理论上说，临界利率可以大于0、小于0或者等于0。但凯恩斯认为，心理因素、把借者与贷者拉拢在一起要支付的费用，以及利率不确定性等，会使临界利率比零大许多。①因此，与凯恩斯"流动性陷阱"相对应的利率是一个大于零的数值。

在现代金融制度下，中央银行可以通过各种手段将利率降低到几乎为零。在实行利率管制的金融体制中，中央银行可以通过直接调整将名义利率降低到零的水平。在这种情况下，谈论凯恩斯的流动性陷阱问题就缺乏理论意义和现实前提。

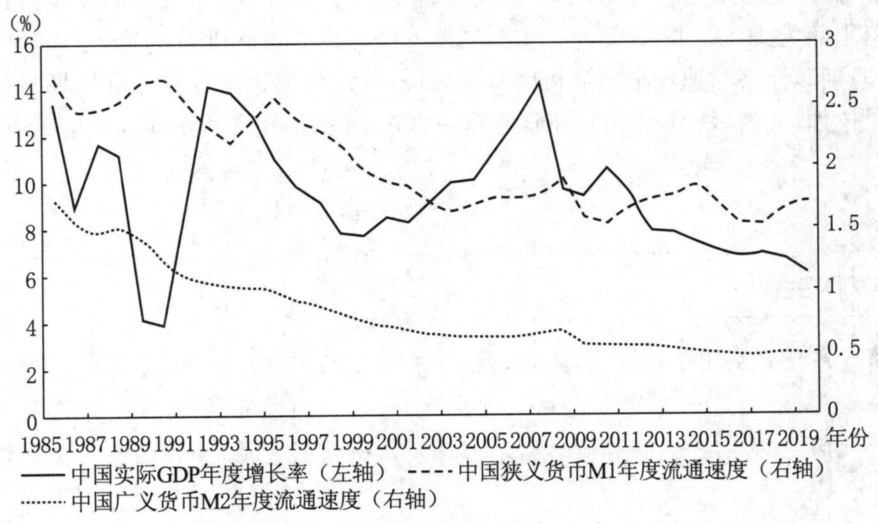

图 6.3 中国广义货币与狭义货币年度收入流通速度

注：中国狭义货币 M1 年度流通速度＝GDP 现价/狭义货币 M1 数量；中国广义货币 M2 年度流通速度＝GDP 现价/广义货币 M2 数量。

资料来源：Wind 数据库。

① 临界利率必须能够补偿资金借出风险，能够补偿通货膨胀损失等，临界利率显著大于0；即使名义利率等于0，存在通货紧缩时临界利率的实际值也显著大于0。

2. 中国货币流通速度变动特征

1979 年实施改革开放政策以来,中国 GDP 实现了持续快速增长,货币总量逐年增加。狭义货币 M1 从 1980 年的 1 149 亿元增加到了 2000 年的 54 541 亿元,增长了约 33 倍,年平均增长率约为 16%; M2 从 1980 年的 1 671 亿元增加到了 2000 年的 130 091 亿元,增长了约 79 倍,年平均增长率约为 40%。2017 年底,中国经济中的狭义货币 M1 达到了 543 790 亿元,广义货币 M2 达到了 1 676 768 亿元。2019 年 12 月末狭义货币为 57.6 万亿元,同比增长 4.4%;广义货币为 198.65 万亿元,同比增长 8.7%。与此同时,狭义货币流通速度和广义货币流通速度呈现下降的长期趋势,狭义货币流通速度由 1980 年的 4 次/年降低到 2000 年 1.82 次/年;2017 年,狭义货币 M1 的流通速度为 1.52 次/年。广义货币流通速度由 1980 年的 8.79 次/年降低到了 2000 年的 0.72 次/年;2017 年,广义货币 M2 的流通速度降低至 0.49 次/年。

2008 年美国金融危机前,中国经济中的货币流通速度在短期内具有周期性变动特点:在经济扩张时期上升,在经济衰退时期下降。在 1987—1988 年、1993—1994 年、2003—2004 年、2006—2007 年,中国经济中的狭义货币流通速度都呈现加快趋势,广义货币流通速度也有类似的表现。

以狭义货币流通速度为例。1988 年,狭义货币流通速度为 2.54,比 1987 年(2.46)上升 0.08; 1994 年狭义货币流通速度为 2.37,比 1993 年(2.19)上升 0.18; 2004 年狭义货币流通速度为 1.69,比 2003 年(1.63)上升 0.06; 2007 年狭义货币流通速度为 1.77,比 2006 年(1.74)上升 0.03。而相应年份正好是自 1980 年以来中国经济运行的高峰时期。比如,1991 年开始的中国第三轮经济周期在 1994 年达到顶峰,1994 年全国商品零售价格指数为 121.7(上年为 100), 1995 年为 114.8。2008 年美国金融危机后,中国进入经济转型升级的"新时期",经济增速较金融危机前有所放缓,货币流通速度变动的顺周期特征变得不再显著。比如,2011—2014 年的 GDP 增速一直在下降,但狭义货币流通速度一直在上升。

本章小结

货币需求理论提出了许多问题,但却很少有确定的答案。所以,需要对货币需求理论进行实证检验,特别是计算货币需求的利率弹性,以及对货币需求函数的稳定性进行研究。解决此问题的方法是,根据货币需求理论列出一系列变量,并将这些变量包括在检验方程当中。

关于货币需求的实证研究主要是检验弗里德曼的现代货币数量理论是否成立。20 世纪 70 年代以前的实证研究证实了货币需求函数的稳定性,20 世纪 70 年代中期对美国和英国的许多研究对货币需求函数的稳定性提出了怀疑。

从 20 世纪 70 年代中期开始,对货币需求实证研究的努力着力于解释货币需求函数的明显不稳定性。经济学家认为,从实证检验中得到的货币需求函数的不稳定特征,并不会严重破坏已有的货币需求理论的成立,关键是改进计量技术,分析金融创新、货币替代、制度变迁等因素对货币需求影响。运用货币需求缓冲存货模型和冲击吸收模型,可对在新古典框架下得到的货币需求实证分析结果进行逻辑一致的解释。

中文关键词

货币范畴　利率弹性　流动性陷阱　货币失踪　计量经济学　协整模型
误差修正模型　简约方程　缓冲存货方法　冲击吸收模型　金融创新
货币替代　制度变迁　金融动机

英文关键词

money definition　interest rate elasticity　liquidity trap　missing money
econometrics　co-integration model　error correct model　reduced function
buffer inventory method　shock-absorber model　financial innovation
money substitution　institutional transformation　financial motive

思考题

1. 简述对货币需求做实证检验的重要意义,说明货币需求实证检验的目标和基本步骤。

2. 说明货币需求实证检验时用到的解释变量和被解释变量,以及这些变量选取时必须注意的问题。

3. 结合货币需求函数分阶段调节简化模型,说明货币需求实证检验方法和注意事项。

4. 基于利率和收入这两个核心变量,简述货币需求的实证检验共识。

5. 何谓货币失踪现象？结合20世纪50—60年代、70年代、80年代、90年代美国和英国货币需求的实证检验结果进行说明。对货币需求函数的不稳定有哪些解释？

6. 如何通过改变货币指标统计方法获得稳定的货币需求函数？

7. 说明增加解释变量或完善解释变量获得稳定货币需求函数的基本思路。

8. 如何通过计量分析方法改进,获得稳定的货币需求函数？

9. 何谓时间序列变量之间的协整关系？如何运用误差修正模型分析货币需求的短期动态特征和长期均衡问题？

10. 简述金融创新对货币需求的影响。在货币需求实证检验时如何考虑金融创新因素？

11. 货币替代与货币需求函数不稳定之间有何联系？比较固定汇率制度和浮动汇率制度下的货币需求特点。

12. 何谓货币需求缓冲存货模型？运用缓冲存货模型解释货币需求函数的不稳定性。

13. 运用冲击吸收模型对货币余额滞后调整进行解释。

14. 运用金融脆弱性理论分析货币需求的不稳定问题。

15. 说明运用计量分析方法对货币需求函数做实证检验的局限性。

16. 比较货币交易流通速度与货币收入流通速度之间的区别和联系，说明流动性陷阱与货币流通速度之间的关系。影响货币流通速度的因素有哪些？影响途径如何？

17. 金融创新对货币需求的影响如何？结合文献和事实举例说明。

18. 人民币国际化对人民币需求有影响吗？

19. 运用计量分析方法检验 1980—2020 年中国广义货币需求的影响因素，并与美国的广义货币需求函数进行比较。

20. 凯恩斯的货币需求理论成立时，货币需求的总产出弹性(　　)。(单选)

A. 接近于 1　　B. 大于 1　　C. 接近于 0　　D. 小于 0

21. 凯恩斯的货币需求理论成立时，货币需求的利率弹性(　　)。(单选)

A. 小于 0，但接近于 0　　B. 大于 0，但接近于 0

C. 大于 1，但接近于 1　　D. 小于 1，但接近于 1

阅读材料

Adam, Christopher S., 1991, "Financial Innovation and the Demand for M3 in the UK 1975—86", *Oxford Bulletin of Economics and Statistics*, 53(4):401—424.

Lee, Chien-Chiang, and Mei-Se Chien, 2008, "Stability of Money Demand Function Revisited in China", *Applied Economics* 40(24):3185—3197.

McCallum, B.T., and M.S.Goodfriend, 1987, "Money: Theoretical Analysis of the Demand for Money", NBER Working Paper 2157.

Miller, Stephen M., 1990, "Disequilibrium Macroeconomics, Money as a Buffer Stock, and the Estimation of Money Demand", *Journal of Macroeconomics*, 12(4): 563—586.

Sriram, Subramanians S., 2001, "A Survey of Recent Empirical Money Demand Studies", IMF Staff Papers, 47(3):334—365.

范从来：《中国货币需求的稳定性》，《经济理论与经济管理》2007 年第 6 期。

叶光：《通货膨胀与中国货币需求函数的稳定性——基于自举法的协整结构变化检验》，载《21 世纪数量经济学》(第 10 卷)，时事出版社 2010 年版，第 191—205 页。

王国松、杨扬：《国际资本流动下我国货币需求函数稳定性检验》，《财经研究》2006 年第 10 期。

▶7

总需求变动与货币政策传导机制

货币政策对总产出、劳动就业、物价等宏观经济变量的影响过程，称为货币政策传导机制。[①]凯恩斯学派认为，调节货币供应量可以影响金融资产价格，进而影响企业投资和国民收入，"流动性陷阱"和企业投资利率弹性是影响货币政策传导机制的关键。后凯恩斯学派认为，"流动性约束"和授信限额是导致货币政策传导机制低效的重要原因。[②]货币学派认为，货币供应量可以直接影响居民消费支出，进而影响企业投资和国民收入。货币政策之所以低效，那是因为货币政策传导受到时滞和适应性预期等因素干扰；梅尔茨和布伦纳(Meltzer and Brunner，1972)则将更多的注意力集中在资产选择方面，并从商品市场和资产市场角度，分析资产价格效应对货币政策传导机制的影响。[③]此外，伯南克等(Bernanke and Gertler，1995)从消费者资产负债表角度，论述了信息不对称对货币政策传导机制的影响。[④]

货币政策传导机制分为两个阶段：(1)货币政策对总需求影响；(2)总需求变化对总产出、劳动就业和物价影响。本章着重讨论货币政策对总需求影响。

货币当局实施的货币政策一般有三种形式。(1)利率管理。为了控制银行流动性规模，货币当局会对贴现贷款利率或其他政策利率加以管理。(2)基础货币管理。基础货币发生变化时会改变货币供应量或改变货币供应量增长率。(3)银行贷款管理。货币当局通过对银行经营行为进行直接管理，可影响银行贷款的增长幅度。

即使中央银行实施利率管理，货币供应量变化对货币政策传导机制也有影响。中央

---

① 凯恩斯学派强调短期分析，假设价格保持不变，对名义变量与实际变量不加区分。货币学派强调长期分析，假设价格可以灵活调整，区分名义变量和实际变量。

② Tobin, James, 1958, "Liquidity Preference as Behavior towards Risks", *Review of Economic Studies*, 25(2):65—86.

③ Brunner, K., and A.H.Meltzer, 1972, "Money, Debt and Economic Activity", *Journal of Political Economy*, 80(5):951—977.

④ Bernanke, B.S., and Mark Gertler, 1995, "Inside the Black Box: the Credit Channel of Monetary Policy Transmission", *Journal of Economic Perspectives*, 9(4):27—48.

银行实施利率管理时,货币政策传导机制分为两种。①(1)信用渠道,即利率变化对银行贷款的影响;(2)货币渠道,即利率变化对银行存款的影响。货币政策会影响汇率水平,并使货币政策传导机制与进出口贸易发生联系。影响货币政策总需求传导机制的一个重要因素是私人部门的信用可获得程度。

通过本章阅读可以达到以下五个目标:(1)分析利率变动的影响因素;(2)理解政策利率调整的总需求变动机制;(3)掌握货币供应量调整的总需求变动机制;(4)运用IS-LM模型,分析货币政策和财政政策实施效果;(5)推导总需求函数。

7.1 利率变动

本节讨论利率变动的原因。我们的分析思路是:(1)讨论均衡利率决定因素;(2)由于债券价格与利率负相关,因此通过分析债券价格发生变动的原因来解释利率变动的原因。②本节的分析方法是通过考察债券供求关系和债券价格决定来讨论利率变动问题,在这里我们将所有的信用工具都抽象成债券。

我们着重介绍两种利率决定理论:(1)凯恩斯的流动性偏好理论。该理论认为,利率由货币供给和货币需求共同决定,属于存量分析方法。(2)可贷资金理论。该理论从流量和存量两个方面来讨论利率决定问题,认为全部可贷资金由总储蓄和新增货币供给构成。

7.1.1 流动性偏好理论

1. 从资本供求均衡理论到流动性偏好理论

古典经济学家认为,利率决定于资本供求关系。资本供给来源于储蓄(家庭储蓄),资本需求来源于投资(企业投资),投资流量会因为利率提高而减少,会因为利率降低而增加,而储蓄流量则会因利率提高而增加,随利率降低而减少。投资是利率的递减函数,储蓄是利率的递增函数,均衡利率取决于投资流量与储蓄流量的均衡。

资本供求利率决定理论强调实际经济因素对利率的影响,也被称为实际利率理论。资本供求均衡利率理论具有以下四个特点:(1)从实际经济变量出发,说明利率的决定问题,认为利率决定与货币供应量及货币流通速度无关。(2)利率由储蓄和投资共同决定,与收入无关。(3)强调用储蓄和投资流量的变化来解释利率变动。(4)利率对储蓄和投资有调节作用,并能使两者趋于平衡。

凯恩斯在古典利率理论的基础上提出了流动性偏好理论。凯恩斯认为,利率是"放弃

---

① 扩张性货币政策,特别是降低利率,会使金融中介机构有激励去承担过度的风险。通过此渠道,扩张性货币政策不仅引起信贷数量增加,而且会导致总的信贷风险上升。如果太多的具有风险性的项目得到信贷支持,则会增加金融危机发生的可能性。此渠道也被称为货币政策的风险分担传导机制。参见 Borio, C., and H. Zhu, 2008, "Capital Regulation, Risk-taking, and Monetary Policy: A Missing Line in the Transmission Mechanism", BIS Working Paper 268。

② Mishkin, Frederic S., 2007, *The Economics of Money, Banking, and Financial Markets*, Boston: Pearson/Addison Wesley: 85—116.

周转流动性的报酬”①。流动性偏好理论具有以下特点：(1)把利率看成货币现象。(2)利率由货币供求关系决定。(3)利率变动可使货币供求趋于均衡。

流动性偏好理论的前提假设包括：(1)财富贮藏资产有货币和债券两种类型；(2)财富总量 W 等于债券总量与货币总量之和。用 B^s 表示债券供给，用 M^s 表示货币供给，再用 B^d 和 M^d 分别表示债券需求和货币需求，则有式(7.1)。从式(7.1)可得式(7.2)。

$$W=B^s+M^s=B^d+M^d \tag{7.1}$$

$$B^s-B^d=M^d-M^s \tag{7.2}$$

上述式(7.2)表明，在货币市场均衡($M^d=M^s$)时，债券市场也处于均衡状态($B^s=B^d$)。货币市场均衡等同于债券市场均衡表明，从货币供求相等角度分析均衡利率等价于从债券供求相等角度分析均衡利率决定。

在运用流动性偏好理论分析均衡利率变动时，我们应注意两点：(1)流动性偏好理论不考虑汽车、房屋等不动产的预期回报率对利率影响。(2)流动性偏好理论侧重于分析收入、价格水平和货币供给变化对利率影响。

2. 均衡利率决定

凯恩斯认为，货币供给由货币当局决定，在短期保持相对稳定，在图 7.1 中用垂直于横轴的直线 M^s 表示。假设货币(包括通货和支票存款账户)的投资回报率为零，债券是货币的唯一替代资产，预期回报率等于利率，构成持有货币的机会成本。在债券利率上升时，持有货币的机会成本上升，货币需求下降。在图 7.1 中，货币需求曲线 M^d 向右下倾斜，与利率负相关。均衡利率取决于货币供求平衡关系，当货币供给等于货币需求时，可以得到均衡利率。在图 7.1 中，货币需求和货币供给相等时，均衡利率为 i^*，均衡的货币数量为 M^*。

在图 7.1 中，当利率 i_1 低于均衡利率 i^* 时，货币市场上存在超额货币需求。为了满足货币需求，在货币供给保持不变时，人们会抛售债券，债券价格下降，债券利率上升，直至利率 i 恢复到 i^* 时为止。当利率为 i_2 高于均衡利率 i^* 时，货币市场上存在超额货币供给，为了降低持有货币的机会成本，人们会增加债券持有进而购买债券，债券价格上升，债券利率下降，直至利率 i 下降到均衡水平 i^* 时为止。

3. 均衡利率变动

凯恩斯流动性偏好理论和图 7.1 表明，均衡利率取决于货币需求线和货币供给线的位置，货币需求线和货币供给线发生移动时，会引起均衡利率发生变化。影响货币需求线移动的因素有两个方面：(1)收入水平；(2)价格水平。

在收入提高时，货币需求增加。在图 7.2 中，货币需求线从 M_1^d 向右移动到 M_2^d 位置，在其他条件保持不变时，均衡利率从 i_1 上升到 i_2。收入增加引起均衡利率上升的机制有两个方面。在收入增加时：(1)人们希望持有更多的货币作为价值贮藏手段；(2)人们希望使用货币来完成更多的交易。这两个方面都会使货币需求增加，货币需求线向右移动。

① 约翰·凯恩斯：《就业、利息和货币通论》，商务印书馆 1963 年版，第 142 页。

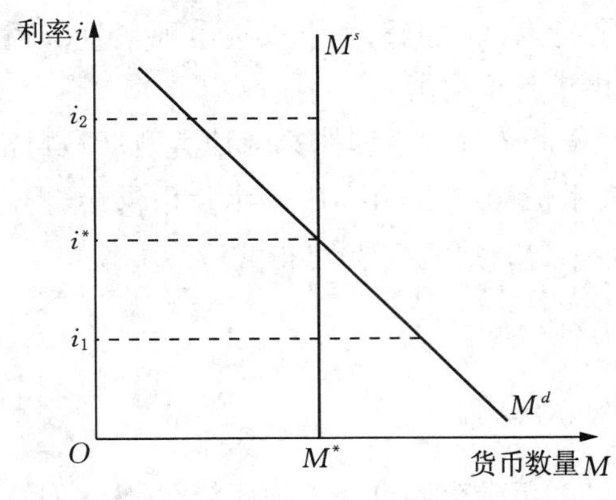

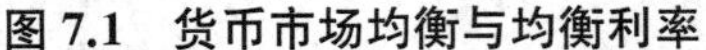

图 7.1　货币市场均衡与均衡利率

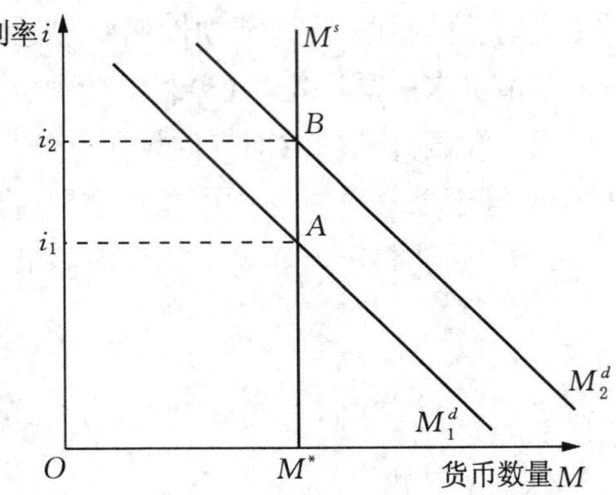

图 7.2　收入和价格变化对均衡利率的影响

在价格水平上升时，货币需求也会增加。在图 7.2 中，货币需求线从 M_1^d 向右移动到 M_2^d 位置，在其他条件保持不变时，均衡利率从 i_1 上升到 i_2。价格上升引起均衡利率上升的机制如下：价格上升时，同样数量的货币可购买到的商品和劳务数量下降，为使真实货币数量达到物价上涨前的水平，货币需求增加，货币需求线向右移动。

除了货币需求线移动会引起均衡利率发生变化外，货币供给线移动也会引起均衡利率发生变化。在货币供给外生决定时，货币供给完全受中央银行控制，中央银行增加货币供给时，会引起货币供给线向右移动。

在图 7.3 中，中央银行增加货币供给时，货币供给线从 M_1^s 向右移动到 M_2^s 位置，在其他条件保持不变时，均衡利率从 i_1 下降到 i_2。我们将货币供给增加引起的利率下降现象称为货币供应量增加的流动性效应。货币供应量增加还会引起收入、价格和通货膨胀预期等发生变化，我们将其分别称为：货币供应量增加的收入效应、货币供应量增加的价格水平效应和货币供应量增加的通货膨胀预期效应。此三种效应会引起图 7.3 中的货币需求线从 M_1^d 向右移动到 M_2^d 位置，均衡利率有向上调整要求。

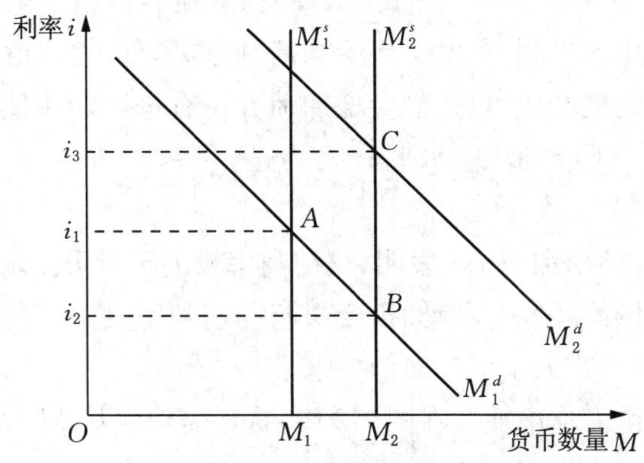

图 7.3　货币供给增加对均衡利率的影响

在货币供给增加的四种效应中，只有货币供给增加的流动性效应会使利率下降，货币供给增加的收入效应、价格效应和通货膨胀预期效应都会使利率上升。货币供给增加对均衡利率的影响，取决于货币供给增加的流动性效应是否足够大，以及货币供给增加的收入效应、价格效应和通货膨胀预期效应的时滞有多长。货币供给增加以后，流动性效应会立即显示出来，而其他三个效应需要过一段时间以后才能显示出来。以上分析表明，货币供给增加以后，在短期可引起均衡利率下降，在长期中对均衡利率的影响不能确定。

7.1.2 可贷资金理论

在可贷资金理论看来，古典的利率理论仅考虑了实际经济因素对利率影响，没有考虑货币因素对利率影响，有流量分析，但缺乏存量分析。凯恩斯的流动偏好理论则仅仅考虑了货币因素对利率影响，把利率当作纯粹的货币现象，从货币供求关系角度来分析利率的决定问题，仅仅是存量分析，而没有流量分析。可贷资金理论认为，应把实际经济因素与货币因素、流量分析与存量分析结合起来说明利率的决定问题。

可贷资金理论从债券供求关系着手，认为可贷资金等于总储蓄与新增货币量之和。可贷资金理论假定：经济中只存在唯一一种债券和单一一种利率。可贷资金理论分析的是债券市场利率与可贷资金数量之间的关系。购买债券，就是对发行债券的企业提供贷款，因此“债券需求”等同于“可贷资金供给”，债券需求线表明在每一个利率水平上市场对可贷资金的供给数量；企业发行债券，就是向债券购买者借入资金，因此“债券供给”等同于“可贷资金需求”，债券供给线表明在每一个利率水平上市场对可贷资金的需求数量。

1. 债券市场均衡

前述表明，债券市场均衡等同于资金借贷市场均衡，债券市场均衡时的利率等同于资金借贷市场均衡时的利率。债券市场均衡由债券供给与债券需求共同决定。

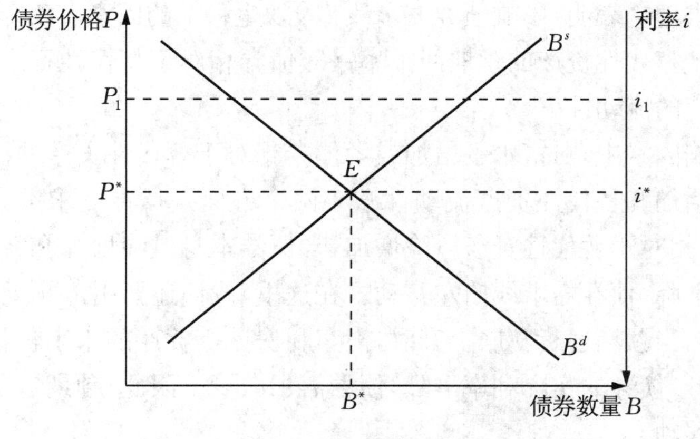

图 7.4 债券市场均衡

在图 7.4 中，B^d 表示债券需求线。债券需求线(也称可贷资金供给线)，描述了债券价格、债券需求量和利率三者之间的关系。当债券价格上升时，利率(到期收益率)下降。在其他条件(如收入、其他资产的预期回报率、风险、流动性等)保持不变时，债券投资的预期回报率下降，债券需求量也随之下降。也即：债券需求量与债券价格反向相关，与利率正向相关。可贷资金供给包括总储蓄和新增货币量，利率上升时会吸引更多的资金供给，利率下降时会减少资金供给。也即：可贷资金供给与利率正向相关，或者讲债券需求与利率正向相关。

在图 7.4 中，B^s 表示债券供给线(也称可贷资金需求线)。债券供给线 B^s 描述了债券价格、债券供给量和利率三者之间的关系。当债券价格上升时，利率下降，发行债券筹集资金的成本下降，债券发行主体希望通过发行更多的债券来筹集资金，于是债券供给增加。也即：债券供给数量与债券价格同向变化，与利率反向变化。

从资金借贷角度所作的分析表明，可贷资金需求包括：(1)企业等部门从事项目投资所需的资金(含当前投资和固定资产重置与更新投资)；(2)人们对货币的窖藏需求。其中，企业投资需求与利率负向相关，货币窖藏需求取决于窖藏货币的成本大小，利率越高时货币窖藏成本越高，货币窖藏需求越小。也即：可贷资金需求与利率呈反向变动关系。

在现实经济中，人们更关心影响债券供给和债券需求的各种因素，在以后的分析中我们仍旧用债券供给与债券需求之间的关系来讨论可贷资金理论与利率变动问题。在债券市场上，当债券需求数量等于债券供给数量时，债券市场达到均衡状态，即图 7.4 中的点 E。债券市场均衡时，债券价格被称为债券均衡价格，即图 7.4 中的 P^*；与债券均衡价格对应的利率称为均衡利率或市场出清利率，即图 7.4 中的 i^*。

当债券价格高于市场均衡价格时($P_1>P^*$)，债券供给大于债券需求($B^d<B^s$)，出售的债券数量大于人们愿意购买的债券数量，债券价格下降，直至债券市场价格等于均衡价格时为止。同样，当市场价格低于均衡价格时，债券需求大于债券供给($B^s<B^d$)，人们希望购买的债券数量大于出售的债券数量，债券价格上升，直至债券市场价格等于债券均衡价格时为止。

2. 均衡利率变动

在图 7.4 中，债券供给线 B^s 和债券需求线 B^d 发生移动时，都会引起市场均衡利率发生变化。资产需求理论表明，影响债券需求线 B^d 发生移动的因素有四个方面：(1)财富水平；(2)债券相对于替代性资产的预期回报率；(3)债券相对于替代性资产的风险；(4)债券相对于替代性资产的流动性。

在此四个影响因素中，财富水平增加或者债券相对于替代性资产的流动性增加(包含债券本身流动性增加和替代性资产流动性减小两个方面)，债券需求都会增加，债券需求线向右移动；债券相对于替代性资产风险增加(含债券本身风险增加和替代性资产风险降低)时，债券需求下降，债券需求线向左移动。在这里，我们还要引入预期通货膨胀变化对债券需求的影响。当预期通货膨胀上升时，汽车和房屋等资产的未来价格会上升，实物资产预期回报率上升，债券的实际利率下降，债券需求减少。因此，预期通货膨胀上升时，债券需求线会向左移动。

在债券市场上，影响债券供给线 B^s 移动的因素有三个方面：(1)投资机会的盈利能力预期；(2)预期的通货膨胀；(3)政府的经济活动。

当预期可盈利的投资机会增加时，企业会增加借款和增加持有未清偿的债务数量，债券供给增加，债券供给线向右移动；反之，债券供给减少，债券供给线向左移动。当预期通货膨胀率上升时，实际利率下降，借款成本降低，企业发行债券筹集资金的积极性提高，债券供给增加，债券供给线向右移动。此外，政府财政赤字增加时，债券供给也会增加，并引起债券供给线向右移动；中央银行的公开市场操作也会影响债券供给线发生移动。在下文中，我们将讨论通货膨胀预期变化及经济周期变化对均衡利率的影响。

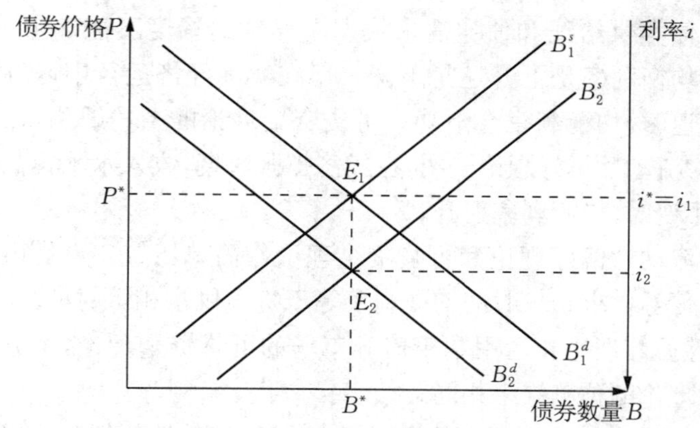

图 7.5 通货膨胀预期对均衡利率变动的影响

在图 7.5 中，通货膨胀预期上升时，汽车和房屋等实物资产的预期回报率上升，债券的预期回报率相对下降，债券需求线由 B_1^d 向左移动到 B_2^d；同时，实际利率下降，资金成本降低，债券供给增加，债券供给线由 B_1^s 向右移动到 B_2^s，债券市场新的均衡位置为 B_2^d 和 B_2^s 的交点 E_2。在点 E_2，利率为 i_2，高于初始利率 i_1。由此，我们可以得到以下结论：当通货膨胀预期上升时，利率也上升。这就是费雪效应。费雪效应表明，如果政府希望降低利率水平，首先必须战胜通货膨胀，降低市场上的通货膨胀预期。

在图 7.5 中，我们作进一步分析后可发现，在通货膨胀预期上升时，债券需求线 B^d 左移和债券供给线 B^s 右移的幅度不能确定。在通货膨胀预期上升时，我们难以根据图 7.5 对债券市场均衡时的债券数量是增加还是减少。

在讨论了通货膨胀预期对均衡利率变动的影响之后，我们运用图 7.6 来分析经济周期变化对均衡利率变动的影响。在经济扩张时期，人们的收入会增加，对债券需求也会增加。在图 7.6 中，债券需求线从 B_1^d 向右移动到 B_2^d。此外，在经济扩张时期，社会商品和劳务需求增加，企业可获得盈利的投资机会增加，对借款融资需求增加，在债券价格和利率水平保持不变时，企业债券发行增加；在图 7.6 中，债券供给线从 B_1^s 向右移动到 B_2^s 位置。

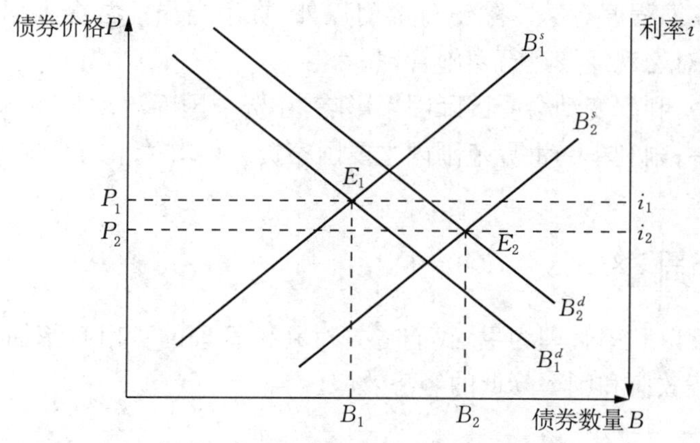

图 7.6 经济周期变化对均衡利率变动的影响

以上分析表明：在经济处于扩张时期，债券供给线和债券需求线都向右移动，债券市场规模增加;由于债券供给线和债券需求线向右移动的幅度不能确定,在债券市场均衡时,我们难以判断均衡利率是上升还是下降。但在实际经济运行中,经济扩张时,均衡利率会上升;经济衰退时,均衡利率会下降。可贷资金理论的上述缺陷,在流动性偏好理论中可以得到弥补。流动性偏好理论表明,在经济扩张时期,收入水平提高,货币需求增加,在其他条件保持不变时,均衡利率上升。

在此,我们对流动性偏好理论和可贷资金理论作简单比较。当货币市场均衡等同于债券市场均衡时,债券供求相等时的均衡利率等于货币供求相等时的均衡利率;运用基于货币市场的流动性偏好理论和运用基于债券市场的可贷资金理论,来分析相同条件下的利率变化时,两种理论的预测结果相同。

流动性偏好理论与可贷资金理论的区别在于:(1)流动性偏好理论以货币供给和货币需求存量为分析对象,是对利率决定的存量分析方法;可贷资金理论结合了存量分析方法和流量分析方法,既有流量分析也有存量分析。(2)在对利率变化作分析时,流动性偏好理论更适用于分析收入、价格和货币供给变动对利率的影响;可贷资金理论则更适合于分析通货膨胀预期变化对利率变动的影响。(3)流动性偏好理论强调短期货币供求因素对利率变动的决定作用,是一种短期利率决定理论;可贷资金理论虽然考虑了货币因素对利率决定的影响,但更强调储蓄、投资等实际经济变量变化对利率的决定作用,是一种长期利率决定理论。

7.1.3 利率变动影响因素

借贷关系发生在企业部门、政府部门、金融部门和家庭部门之间,以及企业部门内部和家庭部门内部。企业部门和政府部门一般为资金贷入者,家庭部门多为资金供给者。家庭部门从资金供给方影响利率,企业和政府的投资与储蓄缺口从资金需求方影响利率。

金融部门的行为对利率变动有显著影响。金融部门对利率变动的影响主要有两个方面:(1)银行等金融中介机构的自身状况及经营行为;(2)国家宏观金融政策。现代银行体系具有信用创造能力,银行信用规模扩张和收缩会引起利率发生变化,其影响大小与银行部门信用扩张或收缩程度有关。除银行部门以外,货币当局经常会根据宏观经济状况来控制利率变动,以对宏观经济运行实施管理。

在开放经济中,利率变动会受国际因素影响,在资本国际流动日益频繁且流动规模越来越大的条件下,一国利率受世界范围内主要国家资金供求关系的影响越来越大。

7.2 利率调整

现代货币政策以利率管理为主,我们首先对利率管理的货币政策加以分析①,分别讨论利率提高的经济效应和利率降低的经济效应。

---

① 参见(1) Mishkin, Frederic S., 2007, "*The Economics of Money, Banking, and Financial Markets*", Boston: Pearson/Addison Wesley:616—619。(2) Bain, K., and Peter Howells, 2003, *Monetary Economics: Policy and Its Theoretical Basis*, New York: Palgrave Macmillan:171—179。

7.2.1　基准利率

利率管理的货币政策对总需求影响的传导机制分为六个步骤。

(1) 货币当局决定短期利率水平。

(2) 企业和家庭等部门根据不同期限的利率会同涨同跌的原理,对其从银行部门的借款规模进行决策。

(3) 银行部门根据私人部门的信用需求,调整与借款有关的利率水平和可贷资金数量,以及银行间同业拆入资金数量。

(4) 银行对私人部门借款需求作出反应,引起货币存量及活期存款、定期存款,以及大额存款等不同层次的货币规模发生变化。在法定准备金比率保持不变时,会引起银行系统中的存款准备金规模发生变化。

(5) 银行对存款准备金的需求变化,会影响银行从中央银行借入的贴现贷款数量。

(6) 为了维持在第一步中确定的利率水平,中央银行会使用公开市场操作等方式来满足第五步中银行部门对存款准备金的需求。

中央银行的公开市场操作会引起名义利率发生变化,在通货膨胀保持不变时,实际利率也会发生变化,并对私人部门的消费支出和投资支出产生影响。中央银行调整短期利率的目的在于引起利率整体水平发生变化。被中央银行作为操作对象的短期利率,有国库券利率、国债回购利率和再贴现率等。这些短期利率也被称为官方短期利率,它们与其他利率有一定联系:除官方短期利率外的其他短期利率会与官方短期利率同方向变动。官方短期利率调整对中期和长期利率的影响难以确定。多数情形下,中期和长期利率会与短期利率按同一方向变动,但变动幅度要小于短期利率。

7.2.2　利率提高的经济效应

第一,利率提高的消费支出效应。居民消费支出与其当期收入及其对未来收入的预期有关,也与其财富持有水平和借贷获得能力有关。利率调整主要通过影响这些因素来调节居民消费支出。比如,提高利率会对居民消费支出产生五种效应:(1)由于储蓄更加有利可图,居民会减少消费增加储蓄。(2)由于债务偿还负担加重,居民的可支配收入下降。(3)借贷成本上升,使用信用购买商品和劳务的成本上升。(4)存量金融资产价格下降,居民持有的财富估值下降。(5)房地产价格下降引起房地产价值下跌,使居民可作为借贷用的贷款抵押物的价值出现下降。

如果居民相信利率提高会降低总需求,他们就会同时联想到利率提高对产出和就业的影响。由于担心未来的工作状况,居民会降低对未来劳动收入预期,更加谨慎地处理当期支出。对经济萧条的担心,也会引起银行提高贷款的申请条件,居民获得贷款变得比较困难。如果抵押贷款实行浮动利率,利率上升时居民消费支出就会出现更为明显的下降。

利率上升并不会降低所有居民的消费支出。对于依靠储蓄存款生活的居民来说,高利率意味着更高的收入。因此,利率变化会产生收入再分配效应。利率上升时净借入居民的生活状况会恶化,净储蓄居民的生活状况会改善。生活状况有所改善的居民,在多数情况下会被生活状况恶化的居民超过。在利率提高时,居民收入状况总体上表现为恶化。我们有理由认为,利率提高会减少居民消费支出。

第二,利率提高的企业投资效应。利率上升对企业投资影响与利率上升对居民消费支出影响十分相似。利率上升时会引起企业投资发生下列变化:(1)企业未来投资回报的贴现值下降,投资项目盈利减少。(2)企业获取银行贷款的成本以及发行债券筹集资金的成本上升。(3)不动产价格下跌,企业资产净值下降,企业对外借款难度增加。(4)企业在股票市场上发行股票筹集资金的困难加大,筹资成本上升。(5)由银行贷款支持的企业存货持有成本上升。

企业对利率提高的反应取决于利率提高对总需求影响,总需求变化会影响企业的销售预期和利润水平。当利率调整引起总需求预期下降时,企业会重新安排生产计划,减少劳动用工规模。

货币政策对不同企业的具体影响,取决于企业业务特点、经营规模及其融资来源。利率提高会改进拥有银行存款及有货币市场投资的企业的现金流量。利率上升会鼓励企业持有更多金融资产,或者向股东支付更多红利。厂商的短期负债和资产期限比较匹配时,受短期利率调整的影响就比较小。利率调整对某些企业资金成本的影响难以预测,但对企业整体来说,利率提高时企业投资支出会下降。

第三,利率提高的进出口贸易效应。我们也需要考虑开放经济情形。在其他条件不变本国利率提高时,本币在外汇市场上的投资吸引力增加,本币对外会有升值。这会提高用外币表示的本国商品价格,本国商品的国际竞争力下降。在短期,本国企业无法降低生产成本时,只能降低用本国货币表示的商品出售价格,本国企业的利润会下降。在国内市场上,企业也会面临同样问题。外国商品在本国市场上用本币标价时,价格会下降,竞争能力提高。本国商品和外国商品价格发生相对变化以后,本国居民会调整支出结构,即使本国企业不直接与外国商品竞争,其投资活动也会受到影响。比如,本币对外升值以后,居民会减少国内消费支出,增加国外消费支出。

利率调整通过汇率渠道发挥作用的条件有三个:(1)汇率和利率完全由市场决定,利率与汇率有必然的联动性;(2)资本可以在国际间自由流动;(3)货币可以自由兑换。利率提高引起汇率发生变化时,不同部门的企业受到的影响会不同。制造业部门的企业受外国竞争明显,本币对外升值时所受影响最大;农业、金融业和商业,以及那些依赖于本国国内市场的服务性企业所受影响相对比较小。

7.2.3 利率下调的经济效应

第一,利率下调对消费需求的影响。个人全部收入分为储蓄与消费两个部分。利率下调以后,人们提高支出水平有两种方法。(1)在现有收入保持不变的条件下,因为储蓄收入降低而减少储蓄,把存在银行中的钞票取出来购买商品,将货币资产换成其他资产、普通消费品和耐用消费品。比如,用更多的钱购买食品和衣物,或花费更多的钱去娱乐,或用钱去购买住房、贵重家具。(2)利率下调以后,感觉总收入水平提高而增加消费支出。

比如,在利率下调后预期能找到好的工作,而放心大胆地增加消费。

第二,利率下调对企业投资的影响。利率下降以后,企业从银行获得借款的成本降低,如果有好的投资机会,企业就会加大投资力度,扩大投资规模,增加劳动需求。如果国家有意将信贷政策向劳动密集型产业倾斜,就会产生良好的就业效应。

由于有更多的工作机会,出于对未来稳定收入的美好预期,居民会增加消费支出,从而使社会有效需求提高,物价上升,企业投资利润上升,投资积极性进一步提高。因此,利率下调以后,能否通过刺激投资需求增加社会就业机会,拉动经济走出低谷,关键是看利率下调以后,资金的投资方向以及企业对投资项目选择。

第三,利率下调对政府购买的影响。利率下调可减少政府财政负担,刺激政府购买,有利于政府降低税收,并进一步刺激经济增长,增加社会就业。政府增加开支,投资公共设施建设,为企业生产提供良好的外部环境,有利于企业投资增加。但是,增加政府支出,会对私人投资产生挤出效应,如果投资的基础设施为非劳动密集型产业,前后向关联又小,就会降低利率下降的经济增长效应。为了保证利率下调的经济增长效应,政府必须实行谨慎的财政政策。

第四,利率下调对进出口贸易的影响。净出口增加,也能带动经济增长,增加劳动就业,使经济走出低谷。利率下调以后,银行可为企业提供更加便宜的出口信贷,为出口企业提供更加优惠的投资贷款,有利于企业降低生产成本,提高本国商品在国际竞争力,促进出口增加,拉动经济增长,增加劳动就业。

利率下调时,本国内需会增加,会增加进口需求,使本国利率下调的经济增长效应产生漏出,降低货币政策的经济增长效果。利用利率下调刺激经济增长时,必须同时鼓励出口部门的信贷增长,努力使信贷向出口企业倾斜,减少进口漏出,提高货币政策的经济增长效应。

7.2.4 实际利率

货币政策传导机制中的利率传导渠道的重要特点是,它强调实际利率而不是名义利率对消费支出和企业投资影响。在分析利率调整对总支出的作用时,需要考虑的是长期利率而不是短期利率。

中央银行改变短期名义利率是如何使债券短期实际利率和长期实际利率发生变化的呢?回答此问题的关键是价格黏性是否存在。所谓价格黏性,是指价格水平调整很缓慢,当利用扩张性的货币政策降低短期名义利率时,实际利率也随之降低。利率期限结构的预期假说表明,长期利率等于预期的未来短期利率的平均值,在货币当局调节短期利率时,长期利率也会随之发生变动。实际利率降低会导致企业固定资产投资和存货投资增加以及消费者对住房及耐用品等的消费支出增加,进而引起总产出提高。

在现实经济中是实际利率 i_r 而不是名义利率 i 影响支出水平。即使是在通货紧缩时期,名义利率接近于零时,货币政策依然能起到刺激经济增长的作用。当名义利率接近于零时,货币供应量(M)增加会提高预期价格水平 P^e 和通货膨胀预期 π^e,因而会降低实际利率($i_r=i-\pi^e$),甚至当名义利率固定为零时,货币政策也可以通过以下渠道对总产出产生影响：

$$M\uparrow\rightarrow P^e\uparrow\rightarrow\pi^e\uparrow\rightarrow i_r\downarrow\rightarrow I\uparrow\rightarrow Y\uparrow$$

货币政策对总支出影响的传导机制表明，即使名义利率在货币当局的作用下降低为零，货币政策也可被用于调节总支出水平。货币政策通过利率传导渠道影响总需求发生变化，需要以下几个条件：(1)必须有比较发达的和完善的金融市场，能为经济主体提供多样化的金融工具；(2)利率必须由市场自主决定，即由货币或资金的供求关系决定；(3)信息必须完全并且对称；(4)企业投资支出和家庭消费支出必须具有较大的利率弹性；(5)金融市场完全竞争，货币与非货币金融资产之间、银行贷款与其他资金供给之间，具有很高的替代性。

中央银行影响利率的工具一般有：基础货币控制、贴现贷款和再贴现贷款控制、直接规定基准利率的大小或者上下限，以及信贷控制等手段。利率调整对实体经济的影响至少要经过以下四个步骤(参见图7.7)。

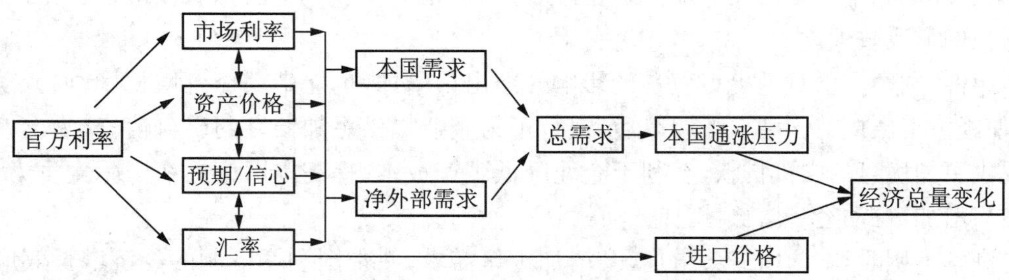

图7.7　利率调整与货币政策总需求传导机制

第一步，基准利率变动直接影响市场利率(包括货币市场利率、存贷款利率、抵押贷款利率等)，以及资产(股票、债券)价格和汇率；基准利率变动同时影响经济主体对未来经济走势预期。

第二步，市场利率、资产价格、经济预期和汇率变化影响个人和企业的消费、投资和储蓄行为。

第三步，消费、投资和储蓄变化反映为总需求变动。总需求相对于国内总供给的变动会引起物价发生变化。

第四步，加上汇率变动引起的价格变化，利率调整最终会引起物价变动和总产出变化。

利率调整影响总需求变化的渠道很多。在通常情形下，利率提高时，总需求会下降，反之会增加。①

7.2.5　总需求变动时滞

任何政策从制定到获得主要或全部效果，都会经过一段时间，这段时间被称为时滞。

① Bain, Keith, and Peter Howells, 2003, *Monetary Economics: Policy and Its Theoretical Basis*, Palgrave Macmillan.

如果收效太迟或难以确定何时收效，则政策本身能否成立就成了问题。政策时滞分为内部时滞和外部时滞两个部分。

货币政策的内部时滞是指，从经济现象发生变化需要政策矫正，到中央银行实际采取行动的时间过程。内部时滞的长短取决于货币当局对经济形势发展的预见能力、制定对策效率和行动决心等。内部时滞分为认识时滞和行动时滞两个阶段。

认识时滞是指从形势变化需要货币当局采取行动，到它认识到这种需要的时间。这种时滞的存在是由于信息搜集和判断形成需要时间，对经济状况的精确度量也需要时间。另外，即使有了准确齐备的资料，中央银行对此进行分析判断也需要时间。行动时滞是指从中央银行认识到需要采取行动，到实际采取行动的时间。中央银行独立程度、中央银行专业水平和业务能力，直接决定行动时滞长短。

货币政策的外部时滞是指货币当局从采取行动到货币政策对政策目标产生影响所需要的时间，也是货币政策从宏观传导到微观，再反映到宏观的时间。外部时滞由客观的经济和金融条件决定，受经济主体行为影响比较大。

外部时滞包括：(1)从基准利率调整到对其他利率产生影响需要的时间，即为信贷机构经营行为调整时滞。(2)利率变化影响居民可支配收入发生变化需要的时间，即为居民收入变化时滞。(3)利率变化影响居民消费支出和企业投资支出需要的时间，即为消费支出和企业投资支出调整时滞。(4)总需求变化对产出、物价和劳动就业的影响需要的时间，也即实际经济反应时滞。

时滞对货币政策的实施效果影响很大。如果货币政策可能产生的大部分影响能较快地有所表现，货币当局就可根据预期值，考察政策生效状况，并对政策趋向和力度作出必要调整。相反，如果政策的大部分效应要在较长时间之后才能产生，政策实施效果就会很不理想。比如，当经济危机出现时，决策当局采取了较为宽松的货币政策；但是，从决策到政策产生效果可能要经过好几个月，如果在此期间经济已经走出危机谷底并有上升，再执行宽松的货币政策就会导致经济过热。

发达国家的经验表明，货币当局调整基准利率以后，一般需经过 12 个月，利率调整的全部影响在需求和生产部门中才能被感觉到，对通货膨胀的影响需要再经过 12 个月才能充分显现出来。这就意味着在利率调整之前，至少需要提前两年预测通货膨胀变化及利率调整可能产生的影响。因此，即使假定利率变动是影响总需求变化的唯一因素，操作起来也很困难。而且，此处的 12 个月和 2 年只是估计数和平均数。在实际经济运行过程中，利率调整对经济活动的影响时滞可能很短也可能很长，完全取决于利率调整引起的居民和企业对市场预期的变化过程。

货币政策的时间滞后，常常使以反经济周期为目的的权衡性货币政策变为对经济的额外的和不必要的干扰。由于时滞存在，货币政策只能在相当长时期且不确定的时间之后，才能影响到经济运行。时滞的时间跨度可能会使基于当前经济态势实施的货币政策，在未来不确定的情况下成为经济变动的引发原因。

此外，在连续实施货币政策后出现政策时滞叠加时，货币政策效果就更难保证；且这种时滞跨度极有可能误导公众预期。2001 年 3 月 20 日，美联储再度将隔夜拆借利率降低 0.5 个百分点，由于降息幅度低于市场预期，主要股指以急速下挫做出应急性反应。纳斯达克综合股指当日盘终下跌 93.74 点,跌幅达 4.80%;道琼斯工业平均指数下跌 238.25 点,跌幅达 2.39%。货币当局很难准确地判断货币政策力度是否已经到位,往往是接二连三地实施扩张性的货币政策或紧缩性的货币政策,最终使得货币政策在实际经济领域的传导趋于无效。

中国货币政策时滞包括以下几个方面。第一,中央银行货币政策实施时滞。中国央行没有能够完全摆脱财政赤字对货币政策影响。中国中央银行投放基础货币的渠道包括国外净资产、存款银行债权和对政府债权等。1995 年颁布的《中华人民共和国中国人民银行法》明确规定中国人民银行不得对政府财政透支,不得直接认购、包销国债和其他政府债券,但自 1995 年起中国货币当局对政府的债权余额仍保持一定的增长趋势。

中国人民银行对货币政策制定,只有建议权和执行权,采取怎样的货币政策工具必须报国务院审批。中国央行要在对人民币资本项目实行管制的情况下保持人民币币值相对稳定,这必然导致其很难自主地控制货币供应量。在 2009 年初,中国人民银行持有的外汇储备余额高达 2 万亿美元。规模如此巨大的外汇储备迫使中国人民银行不断地投放基础货币,使中国货币政策的有效性和主动性进一步减弱。

第二,金融系统经营调整时滞。(1)中国企业的融资结构不够合理,间接融资规模很大,直接融资发展较为缓慢,直接融资与间接融资比例失调。(2)货币市场和资本市场发展不够成熟,且二者之间的关系不够协调。2000—2009 年,中国货币市场的交易工具偏少,交易主体单一;在资本市场方面,股市投机性强,财富效应不明显,债券市场种类不多,交易不旺。(3)国有商业银行的信贷过于集中,具体表现为信贷机构集中、信贷管理权限集中、信贷期限集中和信贷投放区域集中。国有商业银行的信贷集中造成了中国货币政策向县级区域推行相当困难,中央银行所推行的货币政策往往停止于省级分行,甚至出现国有商业银行体系中资金自下而上的"逆回流"现象。

第三,实际经济主体反应时滞。国有企业的特殊地位和民营企业的筹资渠道,以及居民支出的预期变化,削弱了中国人民银行货币政策的实施效果。此外,利率形成机制的非市场化,限制了货币渠道传导机制作用的发挥;信息传导渠道不畅,限制了信贷渠道传导机制作用的发挥;外汇管理体制的内在缺陷,限制了汇率渠道传导机制作用的发挥;货币市场与资本市场的分割及资本市场的制度缺陷,影响了货币政策财富效应的发挥。

货币供应量增加对利率的影响包括流动性效应、收入效应、价格预期效应等方面。货币供给增加对利率影响的流动性效应是指,货币供给曲线沿着货币需求线向下平移引起的利率降低。货币存量增加且影响货币需求的因素保持不变时,利率下降引起货币需求增加,货币市场恢复均衡。①货币供给增加对利率影响的收入效应是指,货币供给量增加时利率下降,企业投资等增加并引起收入增长。货币供给增加对利率影响的价格预期效应是指,货币供给增加会引起通货膨胀预期,银行会提高贷款利率以避免贷款价值缩水。以上分析仅限于货币供给量一次性增加。为了使结论一般化,需要考虑货币存量永久性增加时,上述的流动性效应、收入效应和价格预期效应会怎样发生变动。

假设初始状态下货币存量以恒定不变的速度增加,利率保持不变。当货币供给增速

① Gibson, William E., 1970, "The Lag in the Effect of Monetary Policy on Income and Interest Rates", *Quarterly Journal of Economics*, 84(2):288—300.

加快时，由于资本市场调节比商品市场调节更为灵敏，流动性效应会占据上风，利率出现下降。随着收入增加和价格上涨预期形成，利率下降态势会逐步停止乃至反转出现上升。如果收入的货币需求弹性为1，在利率回到货币供给增加之前的水平时，收入会随货币供给量增加上升相同的幅度。

在式(7.3a)、式(7.3b)和式(7.4)中，i 表示名义利率，M 表示货币存量，$DM=(1/M)/(\mathrm{d}M/\mathrm{d}t)_t$，$DM$ 的系数表示货币存量变动对利率的当期影响，滞后项的系数表示货币存量变动对利率的滞后影响。当流动性效应首先出现时，最初几期的系数都是负值；当收入效应和价格预期效应出现并逐步抵消货币存量变动带来的流动性效应时，滞后项系数会变为正数。

$$i=f\left[\left(\frac{1}{M}\cdot\frac{\mathrm{d}M}{\mathrm{d}t}\right)_t,\left(\frac{1}{M}\cdot\frac{\mathrm{d}M}{\mathrm{d}t}\right)_{t-1},\cdots,\left(\frac{1}{M}\cdot\frac{\mathrm{d}M}{\mathrm{d}t}\right)_{t-12}\right] \tag{7.3a}$$

$$\frac{\mathrm{d}i}{\mathrm{d}t}=f\left[\left(\frac{\mathrm{d}\left(\frac{1}{M}\cdot\frac{\mathrm{d}M}{\mathrm{d}t}\right)}{\mathrm{d}t}\right)_t,\left(\frac{\mathrm{d}\left(\frac{1}{M}\cdot\frac{\mathrm{d}M}{\mathrm{d}t}\right)}{\mathrm{d}t}\right)_{t-1},\cdots,\left(\frac{\mathrm{d}\left(\frac{1}{M}\cdot\frac{\mathrm{d}M}{\mathrm{d}t}\right)}{\mathrm{d}t}\right)_{t-n}\right] \tag{7.3b}$$

$$\begin{aligned}i_t=&-0.020\,67-0.029\,37DM1_t-0.023\,8DM1_{t-1}-0.012\,48DM1_{t-2}+\\&0.010\,49DM1_{t-3}+0.003\,5DM1_{t-4}+0.007\,5DM1_{t-5}+0.030\,91DM1_{t-6}+\\&0.032\,98DM1_{t-7}+0.046\,00DM1_{t-8}+0.029\,14DM1_{t-9}+0.025\,27DM1_{t-10}+\\&0.020\,38DM1_{t-11}+0.018\,03DM1_{t-12}\end{aligned} \tag{7.4}$$

上述式(7.3b)的回归结果式(7.4)表明，货币存量增加的流动性效应表现为当期系数为负值，货币存量增加的收入效应和价格预期效应在以后更为明显，表现为 DM 三期滞后项的系数为正值。式(7.4)的回归结果表明，截距项对于长期利率而言十分重要，如果增加的是狭义货币 M1，利率下降的流动性效应会在3—6个月内被抵消掉；如果增加的是广义货币 M2，利率下降的流动性效应会在6—9个月内被抵消掉。因此，货币供给量增加首先是引起利率下降的流动性效应，随着收入效应和价格预期效应显现，利率会在货币存量增加的3—9个月的时间内回复至最初水平。

我们可以用计量分析方法，讨论货币政策效应的滞后特点。建立结构性计量分析模型式(7.5)至式(7.9)，其中 Y＝总产出，C＝私人消费开支，G＝政府开支＋净国外投资；r＝政府债券的回报率，M＝活期存款＋现金，I＝国内私人部门总投资，L＝流动性资产＝M＋定期存款，t＝时间。①

$$\hat{Y}_t\equiv\hat{C}_t+\hat{I}_t+\hat{G}_t \tag{7.5}$$

$$\hat{C}_t=(1-a)[\beta_0+(\beta_1-\beta_2\eta)\hat{Y}_t]+\beta_2L_t-\beta_2aL_{t-1}+aC_{t-1} \tag{7.6}$$

$$\hat{I}_t=(1-b)[\lambda_0+\lambda_1(\hat{Y}_t-\hat{Y}_{t-1})+\lambda_2\hat{r}_t+\lambda_3t]+bI_{t-1} \tag{7.7}$$

---

① 参见(1) Smith, Paul E., 1972, "Lags in the Effects of Monetary Policy: Comment", *American Economic Review*, 62:230—233; (2) Tanner, J.Ernest, 1972, "Lags in the Effects of Monetary Policy: Reply and Some Further Thoughts", *American Economic Review*, 62(1):234—237。

$$\hat{M}_t^d=(1-g)[\delta_0+\delta_1\hat{Y}_t+\delta_2\hat{r}_t]+gM_{t-1} \tag{7.8}$$

$$\hat{M}_t^d\equiv\hat{M}_t^s \tag{7.9}$$

上述式(7.6)中的$(1-a)$、式(7.7)中的$(1-b)$和式(7.8)中的$(1-g)$都是部分调整系数,η 表示流动性资产占永久性收入的比重,β_0 和 β_1 表示长期消费倾向;投资函数中包含了线性加速器 $\lambda_3 t$,带有"^"上标的变量都是内生变量。消费函数 C_t 不仅取决于可支配收入 Y_t,还与流动性资产 L_t 和 L_{t-1}、上一期消费 C_{t-1} 有关;投资函数中包括上一期的投资 I_{t-1},用于刻画趋势变化和捕捉遗漏变量;货币需求函数同样如此(包括 M_{t-1})。λ_0、λ_1、λ_2、λ_3,β_0、β_1、β_2 以及 δ_0、δ_1、δ_2 为系数。

$$\theta=\frac{M_t-M_0}{M_E-M_0},\ t=1,\ 2,\ \cdots,\ E \tag{7.10a}$$

$$\phi=\frac{r_t-r_0}{r_E-r_0},\ t=1,\ 2,\ \cdots,\ E \tag{7.10b}$$

在式(7.10a)中,M_0 表示期初的货币存量,M_E 表示经济达到均衡状态时的货币存量;M_t 表示 t 时期的货币存量。随着均衡状态趋近,比值 θ 趋向于1。在式(7.10b),比值 ϕ 表示利率对货币存量变化的反应强度。

当式(7.6)和式(7.7)中 β_2 和 λ_3 取0时,即忽略消费函数中的流动资产影响和投资函数中的加速器因素。为了使总需求增加,初始的货币存量增加量必须足够大以使利率降低;货币存量变化的滞后效应在第二阶段开始发挥作用,所需货币供应量也逐渐回落到均衡状态,与此同时利率在经历前两期大幅波动后逐渐趋向新的均衡水平。当考虑加速器和流动资产因素时,货币供应量的初始增加会上移居民消费线,同时利率下降刺激投资增加,进一步使总需求增加,均衡利率提高;利率的最终下降幅度要小于初始值。

7.3 IS-LM 模型

在物价保持不变的条件下,可使用 IS-LM 模型来讨论经济中的利率和总产出决定问题。IS-LM 模型不仅可用于经济预测,还有助于我们更好地理解政府政策对宏观经济影响。

7.3.1 总产出

需求总量等于以下四种支出的总和。这四种支出分别为:(1)消费支出(C),即居民对消费品和劳务的需求;(2)投资支出(I),即工商企业的实物资本(机器、计算机、厂房、原料等)和新建住宅支出;(3)政府支出(G),即各级政府对物品和劳务(打字机、航空母舰、政府雇员等)的支出;①(4)净出口(NX),即外国对本国生产的商品和劳务的净支出,等于出口

① 政府支出分为政府财政开支和基础设施投资两个部分。某一时期的全社会固定资本形成包括企业固定资本投资和政府基础设施投资两个部分。

减去进口。

对全部经济活动产出的需求总量称为总需求(Y^{ad})，可写作式(7.11)。当产出的供给总量(生产出来的总产出 Y)等于产出的需求总量 Y^{ad} 时，经济达到均衡状态，即式(7.12)成立。

$$Y^{ad}=C+I+G+NX \tag{7.11}$$

$$Y^{ad}=Y \tag{7.12}$$

在价格水平保持不变时，名义变量变动等同于真实数量变动。上述凯恩斯的分析框架表明了凯恩斯的观点，即经济活动可停留在低于充分就业的总产出水平上。

1. 消费支出和消费函数

消费支出与可支配收入有关，可供消费的收入总额 Y 等于总收入(与总产出等价)减去税收 T。可支配收入 Y_D 与消费支出 C 之间的关系称为消费函数，可表示为式(7.13)。

$$C=a+mpc\times Y_D \tag{7.13}$$

在式(7.13)中，mpc 为消费函数线的斜率($\Delta C/\Delta Y_D$)，即边际消费倾向，表示可支配收入增加 1 单位而导致的消费支出变动。式(7.13)中的 a 表示自主性消费支出，即与可支配收入无关的消费支出。它表示当可支配收入为零时的消费支出数额(此时消费者仍然需要食物、衣服及住所等)。

2. 企业投资

经济学家所用的投资一词与其他人有所不同。当一般人说他们在做投资时，多是指购买股票或债券，而这种购买并不必然与新生产的货物或服务有联系。当经济学家谈及投资支出时，他们指的是购买新的机器设备或新的住宅等实物资产。这种投资支出会增加总需求。

企业投资支出有两种类型。第一种是固定资本投资，即工商企业用于设备(机器、计算机、飞机)和建筑物(工厂、办公楼、购物中心)上的支出以及用于住宅上的支出。第二种是存货投资，即工商企业用于增加原料、零部件和成品等持有量上的支出，该种支出按一定时期(比如说一年)内这些物品持有量的变动来计算。

当存货水平下降时，存货投资会变成负数。存货投资不同于固定资产投资的重要特征是：后者总是计划好的，而前者中可能有一部分并没有经过事先制定计划。作为总需求 Y^{ad} 组成部分的企业投资支出等于存货投资加固定资本投资。凯恩斯认为，利率和企业家对未来的预期是影响企业投资支出的两个重要因素。

3. 凯恩斯的 45°线

凯恩斯的 45°线可用来说明总产出决定。在 45°线图形中(参见图 7.8)，纵轴表示总需求，横轴表示总产出。45°线上的每一点均表示总需求 Y^{ad} 等于总产出 Y，这条线上的所有的点都满足 $Y^{ad}=Y$ 的条件。当政府支出 G、税收 T 和净出口贸易 NX 为零($G=0$，$T=0$，$NX=0$)时，总需求 $Y^{ad}=C+I$。总需求函数是消费函数线与企业投资支出垂直相加之和。总需求函数线与表示 $Y^{ad}=Y$ 的 45°线的交点，表示总需求和总产出的均衡水平。

从存货投资的角度，我们可以观察到经济活动向均衡点的调整趋势。当总产出低于均衡水平时，非计划的存货投资为负值，企业会扩大生产规模，总产出增加，直至经济活动达到 $Y^{ad}=Y$ 的均衡水平时为止。反之，当非计划的存货投资超过企业意愿持有的水平时，企业会削减生产，总产出下降，直至总产出等于总需求时为止。

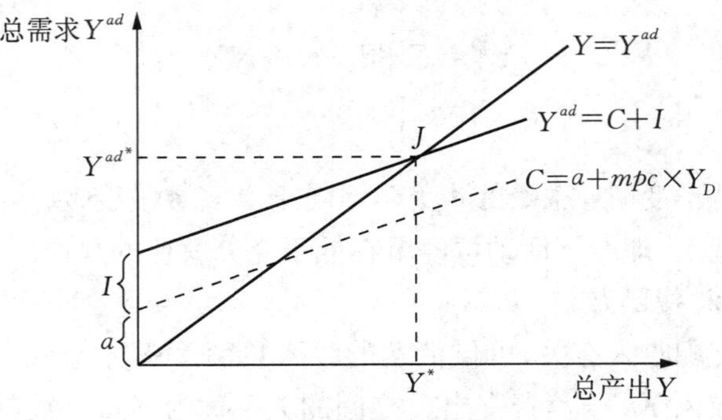

图 7.8　凯恩斯的 45°线

4. 支出乘数

总产出变动对企业投资支出变动的比率 $\Delta Y/\Delta I$，称作投资支出乘数。企业投资支出增加时可使总产出提高，也可增加消费支出($mpc\times\Delta Y$)。消费支出增加又会使总需求和总产出进一步增加。结果，企业投资支出一定数额的变动，会引起总产出多倍变动。

$$Y=(a+I)\times\frac{1}{1-mpc} \tag{7.14}$$

在式(7.14)中，自主性消费支出 a 每变动 1 个单位，总产出会变动 $1/(1-mpc)$ 个单位，也即总产出变动等于支出值数倍的变动。因此，支出乘数同样适用于自主性消费支出变动。式(7.14)可重新写成 $Y=A/(1-mpc)$，其中：$A=$自主性支出$=a+I$。

自主性支出变动引起的总产出多倍变动这一结论，可以通过分析图 7.8 中总需求线的移动得到。总需求线 Y^{ad} 的移动可能由企业投资支出 I 的增加引起，也可能由自主性消费支出 a 的增加引起。自主性支出变动受企业计划投资支出变动的影响很大，而后者又受企业家的乐观或悲观情绪影响。这些因素被称为“浮躁情绪”(animal spirit)。

5. 政府和国际贸易的作用

政府支出和政府税收也会影响总需求函数的位置。税收(T)与政府支出(G)不同，不会直接影响总需求。税收因素通过影响消费者用于消费支出的收入水平，来影响消费支出进而作用于总需求。

$$C=a+[mpc\times(Y-T)]=a+(mpc\times Y)-(mpc\times T) \tag{7.15}$$

凯恩斯的理论框架表明：改变政府财政支出或税收会改变总需求，政府在总产出决定方面可以发挥重要的作用。当经济衰退和总产出大幅度下降并引起失业增加时，政府可以通过增加财政支出或减少税收使经济复苏。

净出口(出口减进口)是总需求的组成部分，净出口增加会引起总产出出现数倍增加，增加的倍数相当于支出乘数 $1/(1-mpc)$。净出口变动是影响总产出发生变化的另一重要因素。

6. 对总产出决定因素的总结

有五种外生因素(即不受收入制约的因素)会使总需求函数发生移动,并影响总产出。(1)居民自主性消费支出 a 变动,总产出与自主性消费支出 a 正向相关。(2)企业投资支出 I 变动,总产出与企业投资支出 I 正向相关。(3)政府支出 G 变动,总产出与政府支出 G 正向相关。(4)税收 T 变动,总产出与税收负向相关。(5)净出口 NX 变动,总产出与净出口正向相关。

在凯恩斯的45°线上,a、I、G 或 NX 的变动会使总需求线在垂直方向上发生移动,并通过支出乘数 $1/(1-mpc)$ 引起总产出发生数倍的变动。税收变动 ΔT 对总产出的影响比较小,因为消费支出的变动为边际消费倾向 mpc 乘以税收变动 ΔT。

7.3.2 构建 IS-LM 模型

现在考虑货币政策因素,将货币和利率加入凯恩斯的分析框架,推导得到 IS-LM 模型。在 IS-LM 模型中,货币政策起着比较大的作用。完整的 IS-LM 模型所要考察的是总产出等于总需求的均衡状态。该模型假设物价保持不变,真实变量与名义变量相同。IS-LM模型有助于回答下列问题:(1)货币政策影响经济变化的机制,以及货币政策怎样同财政政策(政府支出和税收)相互作用,使总产出达到某个水平?(2)利率受企业投资变动及货币政策和财政政策变动的影响过程如何?(3)怎样才能更好地实施货币政策,以及如何得到总需求线?

构造 IS-LM 模型的第一步是考察利率变化对企业投资(及其他支出)、从而对总需求的影响。第二步是运用凯恩斯45°线图考察利率变动对总产出影响,由此得到的均衡总产出与利率之间的关系就是 *IS* 线。由于利率仍旧是未知数,*IS* 线本身不能单独决定市场上正在出售的商品数量,仅仅知道 *IS* 线,我们并不能决定总产出水平,还需要得到在货币需求等于货币供给时,利率与总产出之间的各种组合,即 *LM* 线。得到 *LM* 线以后,可以将 *IS* 线和 *LM* 线放到一张图中,根据两条线的交点得到总产出均衡水平和利率均衡水平,并可据此分析货币政策对总产出影响。

1. 商品市场均衡与 *IS* 线

(1) 利率影响总产出的途径。

在凯恩斯的分析中,利率调整首先是引起企业投资和净出口发生变化,再引起总产出发生变化。在利用银行贷款进行投资时,只要实物资本的预期收益大于贷款的利息成本支出,企业就会进行实物资本(机器、厂房及原材料)投资。利率降低时,企业会更愿意进行实物资本投资,企业投资会增加。

当拥有自有资金而无须借款就可以进行实物资本投资时,企业也可以不进行实物资本投资,它可以用自有资金购买债券等进行投资。利率提高时,进行实物投资的机会成本上升,企业会放弃实物投资而购买证券。反之,企业会进行实物投资。因此,反映利率与企业投资之间关系的投资线向右下倾斜;参见图7.9(a)。

利率对净出口也有显著影响。利率上升时(假定物价水平保持不变),本币存款比外币存款更有吸引力,本币存款相对于外币存款的投资价值提高,也即本币对外升值。本币对外升值时，本国产品较外国产品价格上升，本国净出口下降。反之，本国净出口上升。因此，利率变化与本国净出口负向相关；参见图 7.9(b)。

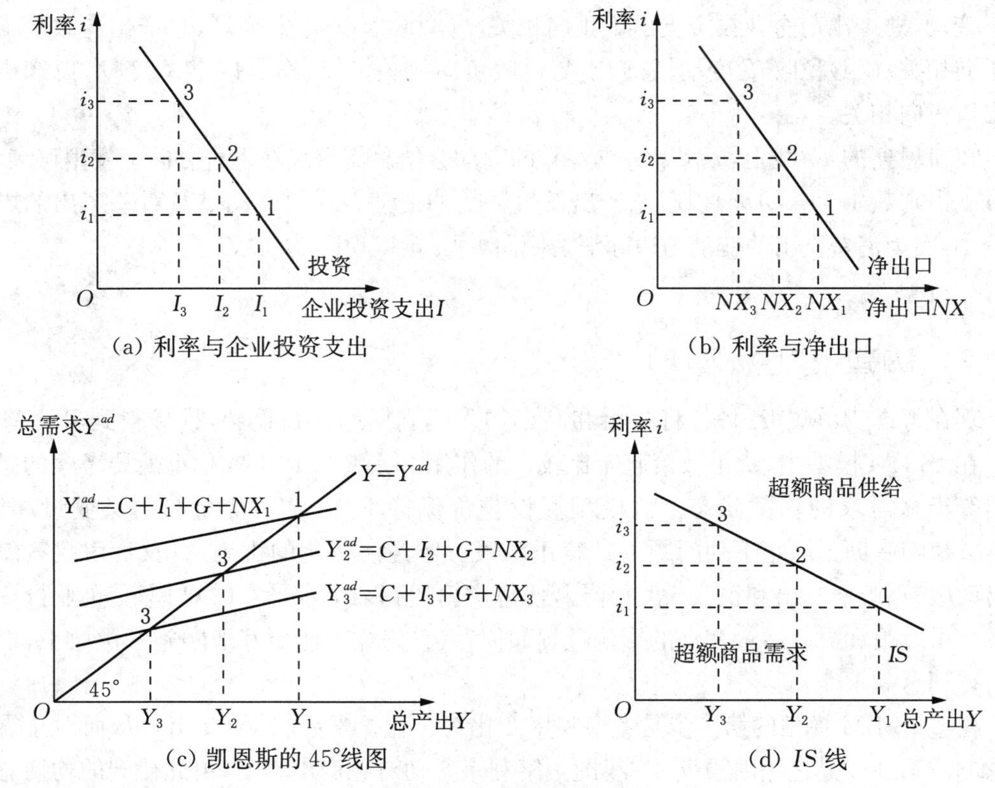

图 7.9　*IS* 线的推导

(2) *IS* 线。

运用图 7.9(a)中利率与企业投资之间的关系，以及图 7.9(b)中利率与净出口之间的关系，可推导得到利率与总产出之间的关系(假设政府支出和自主性消费支出保持不变)，此即 *IS* 线；参见图 7.9(d)。

在凯恩斯的宏观经济模型中，产品市场均衡包括三个方程。由前述对收入决定的分析可知，这三个方程分别为：(1)消费函数 $C=C(Y)=a+bY$；(2)投资函数 $I=I(i)=e-di$；(3)均衡条件 $Y=C(Y)+I(i)$。根据储蓄收入分析方法，同样可得到三个方程：(1)储蓄函数 $S=S(Y)=-a+(1-b)Y$；(2)投资函数 $I=I(i)=e-di$；(3)均衡条件：$S(Y)=I(i)$。

其中，Y=国民收入，a=自主性消费支出；e=自发的投资支出，即利率为 0 时的企业投资，i=利率；d=投资的利率弹性，指利率每提高(降低)1%时企业投资变化；b=边际消费倾向。上述两种方法都可以求出在产品市场均衡时，利率和国民收入之间的关系，并可用 *IS* 线来刻画。在两部门经济中商品市场均衡时，可得到式(7.16)。

$$Y=\frac{a+e}{1-b}-\frac{d}{1-b}i \text{ 或 } i=\frac{a+e}{d}-\frac{1-b}{d}Y \tag{7.16}$$

上述式(7.16)给出了在商品市场上，商品供给与商品需求达到均衡时，利率 i 与国民收入 Y 之间的函数关系，即为 IS 线的函数形式。IS 线的斜率表示利率变动引起的国民收入变动的程度。由 IS 线的表达式 $Y=[1/(1-b)]\times(a+e-di)$ 可知，IS 线的斜率取决于以下两个因素。(1)乘数 $1/(1-b)$ 的大小。对于给定的自主支出 $(a+e)$，乘数越小时，利率变动引起的国民收入变动越小，IS 线斜率越小，IS 越陡峭。乘数变大，意味着同样的利率变动引致的国民收入变动会增加更多，这表现为 IS 线斜率的绝对值变大，IS 线越平缓。(2)投资的利率弹性，即 d 的大小。投资的利率弹性越小，表示投资对利率变动的反应越不敏感，IS 线越陡峭。投资的利率弹性为零时，投资支出对利率的变动没有任何反应，IS 线变为垂直线。

2. 货币市场均衡与 *LM* 线

(1) 关于 LM 线的说明。

LM 线由货币市场均衡条件推导得到。货币市场均衡时货币需求等于货币供给。LM 线的基础是凯恩斯的货币需求理论。

凯恩斯分析货币市场的基础是货币需求的流动性偏好理论。凯恩斯的流动性偏好理论认为，货币需求(用实物单位表示，即 M^d/P)与总产出(Y)正相关，与利率 i 负相关。原因有以下三个方面：(1)收入增加提高了交易水平，由于通常使用货币来完成交易，所以货币需求增加。(2)收入增加时个人财富增加，愿意持有包括货币在内的更多的资产。(3)持有货币的机会成本为放弃其他资产(例如债券)持有损失的利息收入。利率上升时持有货币的机会成本上升，货币需求下降。

(2) LM 线的推导。

在货币供给 M_0 给定的条件下，当货币供给等于货币需求时，可得到国民收入 Y 与利率 i 之间的函数关系，并将这种关系用 LM 线来描述。我们将货币需求 L 写成 $L=L_1(Y)+L_2(i)=ky-hi$ 的形式，将货币供给 M 写成 $M=M_0$ 的形式，因此得到式(7.17)。

$$Y=\frac{M_0}{k}+\frac{h}{k}i \text{ 或 } i=\frac{k}{h}Y-\frac{M_0}{h} \tag{7.17}$$

此处，Y=总产出，i=利率，M_0=外生的货币供应量，k 和 h 为系数且均大于 0。假设货币供应量保持不变并固定为 M_0。当总产出为 Y_1 时，货币需求线为 $M^d(Y_1)$。较低的利率表示持有货币的机会成本比较低，货币需求比较多，因此货币需求线向右下倾斜。

在图 7.10(a)中，对应于 Y_1 的货币市场均衡位置为点 1，均衡利率为 i_1。当总产出为高于 Y_1 水平的 Y_2 时，在任一给定的利率水平上，货币需求增加，货币需求线右移至 $M^d(Y_2)$，货币市场均衡位置为点 2，均衡利率为 i_2。①同样，当总产出为高于 Y_2 的 Y_3 时，货币市场均衡位置为点 3，均衡利率为 i_3。这样，我们就可以以货币市场均衡为基础，得到总产出与利率之间的一系列组合关系，即 LM 线；参见图 7.10(b)。

---

①　为了满足产出增加以后的交易性货币需求增加，当货币供给保持不变时，市场主体会出售债券，增加货币持有，债券价格因此下降，市场利率上升。

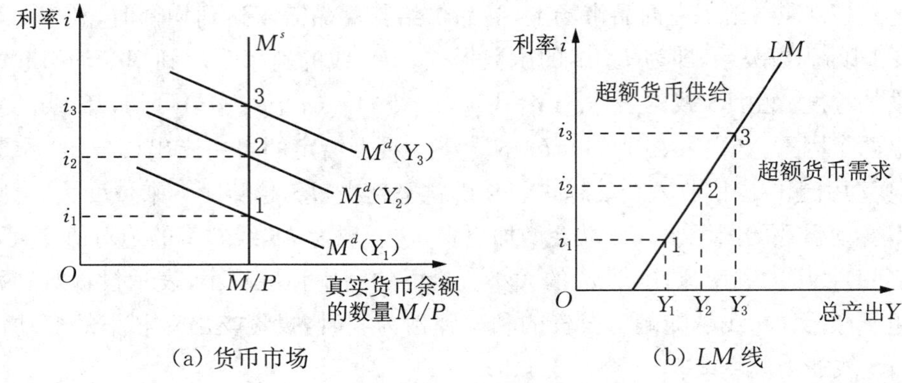

(a) 货币市场　　　　(b) LM 线

图 7.10　LM 线的推导

LM 线表示在货币市场处于均衡状态时，利率和总产出之间的各种组合可能。*LM* 线的斜率取决于利率变动时，人们对货币需求作出反应的程度，即货币需求的利率弹性。*LM* 线的斜率有三种情况(参见图 7.11)。

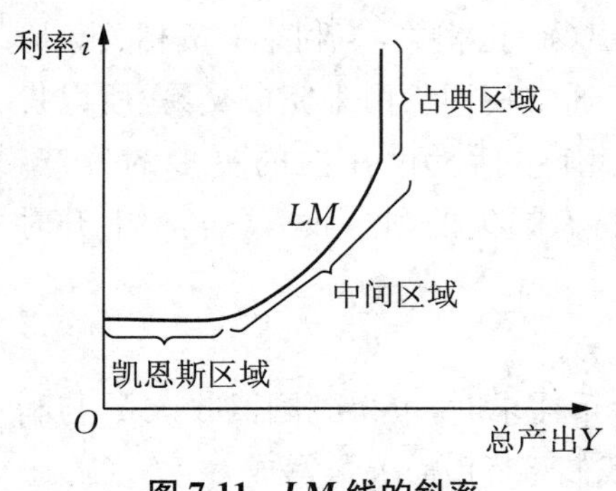

图 7.11　LM 线的斜率

在货币供应量保持不变的条件下，产出增加时与交易动机有关的货币需求增加，此时，利率必须相应提高，以减少投机性货币需求，使货币总需求恰好等于既定的货币供应量。因此，总产出与利率同方向变化，即 *LM* 线自左向右上方倾斜。一般来说，在利率越来越高时，*LM* 线上相应点的货币需求弹性会越来越小。当总产出增加引起的与交易动机有关的货币需求增加，导致利率升高到一定水平时，投机性货币需求等于零，也即与较高利率有关的投机性货币需求完全缺乏弹性，货币供给全部被人们作为交易媒介用于交易活动，*LM* 线变为一条垂直线。*LM* 线的垂直部分被称为货币需求函数的古典区域。这是因为，在凯恩斯以前的古典学派认为，交易媒介是货币的唯一职能，投机性货币需求等于零。

与垂直的 *LM* 线相对应的另一种极端情形是，投机性货币需求的利率弹性为无穷大，*LM* 线为水平线。当利率调整到很低水平(如 2%)时，人们认为利率不会再下降即债券价格不会再提高，普遍地将债券换成货币持有，出现了凯恩斯所说的流动性陷阱，*LM* 线变为水平线。由于货币投机需求一般既不可能为零，也不可能无限大，而是介于零和无限大之间，因此，*LM* 线一般向右上倾斜。

(3) *LM* 线的作用。

LM 线给出了货币需求等于货币供给时，总产出和利率之间的关系。对于给定的总产出，*LM* 线给出了使货币市场达到均衡时所必需的利率水平。在 *LM* 线上，当总产出增加时，货币需求也会增加并引起利率上升，从而使货币需求等于货币供给，货币市场保持在均衡状态。

LM 线也给出了经济活动发生变化时的调整趋势。在 *LM* 线左边区域，利率高于均衡时的利率水平，人们实际持有的货币超过意愿持有的货币，存在过度货币供给；参见图

7.10(b)。为了减少超额货币持有余额,市场会增加债券购买,债券需求增加并引起债券价格上升,利率下降,直至利率回复到 *LM* 线上为止。

经济位于 *LM* 线右边区域时,存在超额货币需求。人们实际持有的货币低于意愿持有额,因而会增加货币持有。为了增加货币持有,债券出售会增加并引起债券价格降低,利率上升,直至利率上升到 *LM* 线上为止。在短期,利率超过均衡水平时,经历调整的是债券市场需求,调节的是债券价格和利率,而不是调整总产出。

7.3.3　总产出和利率决定

在图 7.12 中,能使货币市场和商品市场同时达到均衡状态的唯一一点,是 *IS* 线与 *LM* 线的交点 *E*。在点 *E*,总产出等于总需求(*IS* 线),货币需求等于货币供给(*LM* 线)。在其他任何点上,两个均衡条件中至少有一个不能满足。在市场力量的作用下,经济会朝着共同的均衡点 *E* 调整。

在推导反映商品市场供求均衡关系的 *IS* 线时,我们假定居民消费、企业投资以及政府开支和税收等给定,企业根据市场需求变化对存货投资进行调节,并由此得到使总供给与总需求达到均衡状态时的总产出水平,且利率越低时,总产出越高。在推导货币市场供求均衡关系的 *LM* 线时,我们假定货币供给量保持不变,在货币市场上人们会适应利率变化,通过调整投机性货币需求,使其自愿持有的货币数量恰好等于既定的货币供应量。

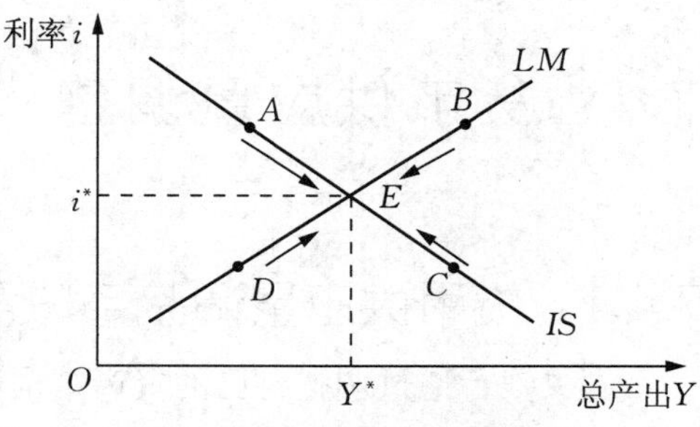

图 7.12　产出和利率的同时决定

为了求得商品市场供求均衡时的总产出水平,必须假定货币市场供求相等时的利率为已知;为了求得货币市场供求相等时的利率水平,必须假定商品市场总供给等于总需求时的总产出为已知。将 *IS* 线和 *LM* 线结合起来,在 *IS* 线和 *LM* 线的交点 *E* 的位置,商品市场与货币市场同时达到均衡,点 *E* 对应的总产出和利率,即为经济均衡时的总产出和利率。

在图 7.12 中,当经济活动位于点 *A* 时,商品市场均衡,总产出等于总需求,但市场利率高于均衡时的利率水平,货币需求小于货币供给;人们实际持有的货币多于意愿持有额,对债券需求增加并通过购买债券来减少货币持有,由此引起债券价格上升,利率下降,并引起企业投资增加和总产出增加。于是,经济沿着 *IS* 线向右下移动,直至达到点 *E* 为止。此时,利率为 i^*,总产出为 Y^*。

在图 7.12 中,当经济位于点 *B* 时,货币市场均衡,货币需求等于货币供给,但利率高于商品市场均衡时的利率水平,总产出高于总需求。由于无法售出所有产品,非计划存货增加,企业削减生产规模,总产出下降。总产出下降会引起货币需求减少,对债券需求增加,于是债券价格上升,利率下降,经济活动最后会沿着 *LM* 线调节到点 *E* 均衡。

IS-LM 模型给出了物价保持不变时,利率和总产出的决定过程。但是,经济向总产出

均衡水平 Y^* 趋近，并不表明这就是劳动充分就业时的总产出水平。当经济位于失业率过高的产出水平时，政府可能会实施有利于总产出增加的政策来减少失业。比如，运用货币政策和财政政策移动 *IS* 线和 *LM* 线，使 *IS* 线和 *LM* 线在更高的总产出水平上相交。

IS-LM 模型认为，利率由商品市场和货币市场共同决定。在 IS-LM 模型中，*IS* 线表示储蓄等于投资或商品市场处于均衡时，利率与收入之间的关系；*LM* 线表示货币供给等于货币需求或货币市场处于均衡时，利率与收入之间的关系。

IS 线和 *LM* 线的交点，为商品市场和货币市场同时均衡时的利率与收入之间的组合，也是经济活动的一般均衡点。在该均衡点上收入和利率既满足货币市场均衡条件，也满足商品市场均衡条件。因此，*IS* 线和 *LM* 线交点处所对应的收入和利率，可称为一般均衡收入和一般均衡利率。

在 IS-LM 模型中，*IS* 线移动多由影响储蓄或投资变动的因素引起，*LM* 线移动多由影响货币供给或货币需求变动的因素引起。*IS* 线和/或 *LM* 线的移动会引起利率发生变化，IS-LM 模型可综合流动性偏好理论和可贷资金理论对利率变动的分析结果。

7.4 货币供应量调整

7.4.1 货币供应量调整与总需求变化

中央银行通过调整自己的资产结构和规模，引起基础货币数量发生变化，在货币乘数效应的作用下会引起货币供应量发生变化。以货币供应量调整作为货币政策工具时，货币政策对经济活动的作用机制与以利率调整作为货币政策工具时有很大不同。假设货币市场起初处于均衡状态，货币需求等于货币供给。①货币供应量增加时，会引起超额货币供给，进而引发市场主体进行均衡调整。市场调整会引起经济活动发生变化，直至货币需求增加到等于新的货币供给时为止。②

在这里，货币需求非常重要。货币需求受利率和收入(图 7.13 中的过程 A 和 D)影响，以及与市场主体持有货币完成的商品和劳务购买数量有关。价格水平对货币需求也有影响。货币需求函数写成以下形式。

$$\frac{M_d}{P}=f(y, i)$$

其中，M_d＝货币需求，P＝价格指数，y＝真实收入，i＝非货币资产利率。当货币市场均衡时，货币需求等于货币供给。当货币供给与总需求之间存在稳定的关系时，利率和货

① (1) Mishkin, Frederic S., 2007, *The Economics of Money, Banking, and Financial Markets*, Boston: Pearson/Addison Wesley:620—626.(2) Bain, K., and Peter Howells, 2003, *Monetary Economics: Policy and Its Theoretical Basis*, New York: Palgrave Macmillan:180—194.

② 我们将在本节以下部分讨论货币市场均衡受到货币供给扰动时，经济调整使货币市场恢复均衡的过程。此处假设其他条件保持不变。这是比较静态分析方法，不同于以利率作为货币政策工具时的传导机制。比如，假设利率变动时会影响预期和消费者信心，此处假设消费者的信心和预期保持不变。

币需求之间也存在稳定的关系(参见图 7.13 中的过程 A)。货币需求函数的稳定性可以用货币流通速度来表示。如果货币供给对总需求的影响可以预测,货币收入流通速度(PY/M)也就可以通过预测得到。

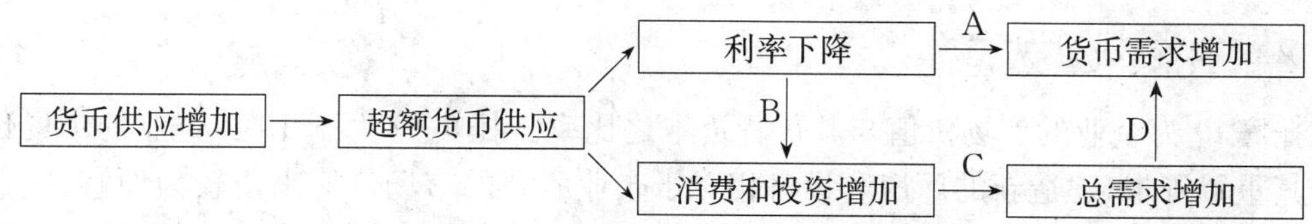

图 7.13 货币供应量变化与货币市场均衡调节机制

在货币需求利率弹性很大,即其他形式的资产与货币之间有很好的替代关系时(参见图 7.13 中的过程 A),在货币供应量增加的条件下,利率作小幅向下调整就可以使货币市场恢复到均衡状态。增加的大部分货币供给被市场主体以货币余额的形式持有,货币供应量调整对总需求的影响比较小。当利率下降对居民消费和企业投资的影响很小时(图 7.13 中的过程 B),总需求的变化也会很小。

因此,在货币需求有很高的利率弹性,以及居民消费和企业投资缺乏利率弹性时,货币供应量调整对实际经济的作用效果就不会很显著。货币需求利率弹性比较小,利率变化对货币需求影响就比较小,货币供应量增加时,就有可能会引起总需求显著增加。

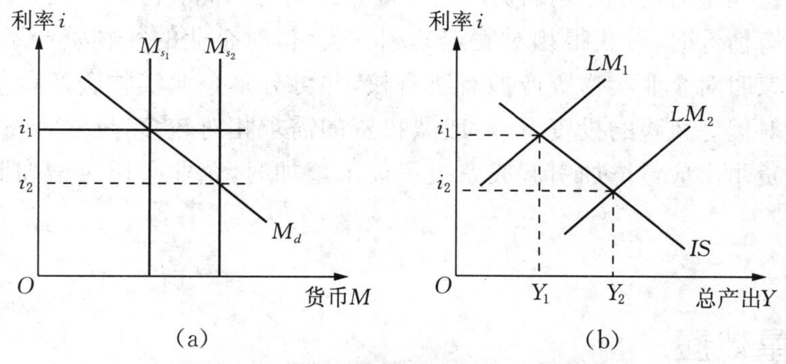

图 7.14 货币供应量增加对收入的影响

在图 7.14 中,货币需求线 M_d 比较平缓,货币需求有较大的利率弹性,货币供应量由中央银行外生控制。当货币供应量从 M_{s_1} 增加到 M_{s_2} 时,利率从 i_1 下降到 i_2,LM 线从 LM_1 右移至 LM_2,产出(收入)从 Y_1 增加到 Y_2。①由此可以看出:(1)存量货币增加引起利率变化时可引起名义收入发生变化。(2)当货币需求富有利率弹性时,货币政策促进收入增加的效果比较差。(3)货币需求与利率之间的关系可能很不稳定。

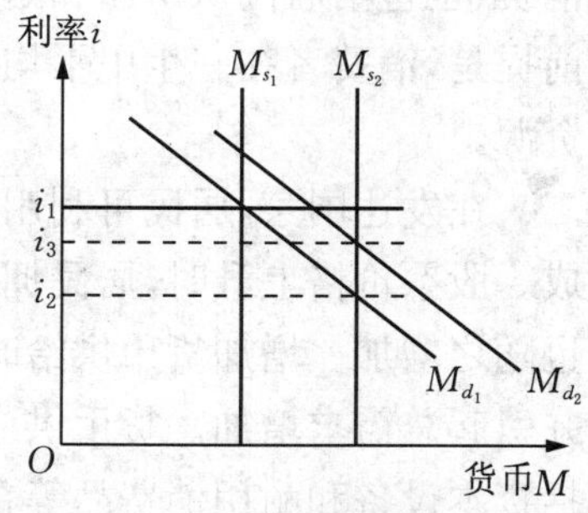

图 7.15 不稳定的货币需求

当货币需求函数不稳定时,货币供应量外生变化引起的名义收入变化也不稳定,且影响方向难以确定。在图 7.15 中,货币供应量从 M_{s_1} 增加到 M_{s_2} 时,货币需求从 M_{d_1}

① 对 IS-LM 模型的讨论参见本章 7.3 节内容。

移动到 M_{d_2}，利率不是从 i_1 下降到 i_2，而是从 i_1 下降到 i_3（$i_3>i_2$），货币供应量增加对图7.14(b)中表示货币市场均衡的 LM 线影响比较小。

7.4.2 托宾 Q 效应

托宾 Q 为企业的市场价值与其重置资本之比率。托宾 Q 大于 1 时，企业的市场价值高于其重置资本，建造新的厂房和设备相对于企业股票的市场价值来说较为便宜，企业会增加发行股票，用筹集到的资金购买厂房和设备扩大投资，且企业在发行股票时能够得到高于其扩大投资的成本支出。企业发行少量股票就可以购买到大量资本品，企业的计划投资支出增加。相反，托宾 Q 值小于 1 时，重置成本过高，企业不会购买新的资本品，通过购买其他存量企业就能达到投资扩张目的，企业新建投资不会有显著增加。

托宾的资产组合理论包括货币、债券、股票和不动产等多种资产。货币供应量变化会影响原有的资产组合，并从流动性较好的资产逐渐影响到流动性较差的资产。货币供应量增加时，投资者会首先使用货币的超额持有部分购买债券，进而引起债券价格上升，利率下降。利率下降以后，股票的投资吸引力超过债券，投资者转而购买股票，进而引起股票价格上涨，投资收益下降。股票价格上涨以后，存量企业的市场估值上升，以并购手段扩大经营规模的收益下降，企业转而运用新增投资的方法扩大经营规模。

货币供应量调整对经济影响的资产组合传导机制与不同金融资产的价值贮藏特征有关。投资者持有债券时，可获得相对固定的利息支付，对企业的实物资产不拥有所有权。投资者持有股票时对企业实物资产拥有所有权，并可分享企业实物资产在使用过程中创造的利润。相对偏好风险的投资者，对股票投资的需求相对较多，反之，对债券的投资需求相对较多。货币供应量增加引起股票投资需求增加时，企业会通过增加股票发行来筹集资金。

7.4.3 财富效应

居民的资产负债状况对其消费支出的影响如何呢？莫迪利安尼(Modigliani，1986)利用生命周期假说对此问题进行了系统研究。①这里的消费支出是指对于非耐用品和服务的消费(也包括居民从房屋和耐用消费品的所有权上得到的服务)。莫迪利安尼理论的基本前提是，消费者在一生中平均安排消费支出，决定消费支出的是居民一生中可利用的所有资源。

在发达国家，居民可利用的资源中极为重要的一个部分是金融资产，并主要由股票构成。股票价格上升时，居民拥有的金融资产价值上升，可支持消费的资源总量增加，消费也随之增加。增加货币供给时，股票、房产和土地价格均会上涨，居民的财富水平会增加，并引起总需求增加。货币供应量增加，引起居民财富持有量增加时，各种金融资产以及包括资本设备和耐用消费品等在内的实物资产均会受到影响，货币供应量增加会直接影响

① Modigliani，Franco，1986，"Life Cycle，Individual Thrift，and the Wealth of Nations"，*American Economic Review*，76(3)：297—313.

市场中商品和劳务的支出规模变化。

图 7.16 中，货币供应量增加首先引起 LM 线从 LM_1 右移至 LM_2。与此同时，与货币供应量增加有关的财富效应引起货币需求增加以后，使 LM 线从 LM_2 左移至 LM_3；与货币供应量增加有关的财富效应引起居民消费需求增加，IS 线从 IS_1 右移至 IS_2。货币供应量增加引起的财富效应大小取决于 IS_1 至 IS_2 的移动幅度，以及 LM 线从 LM_2 至 LM_3 的移动幅度。

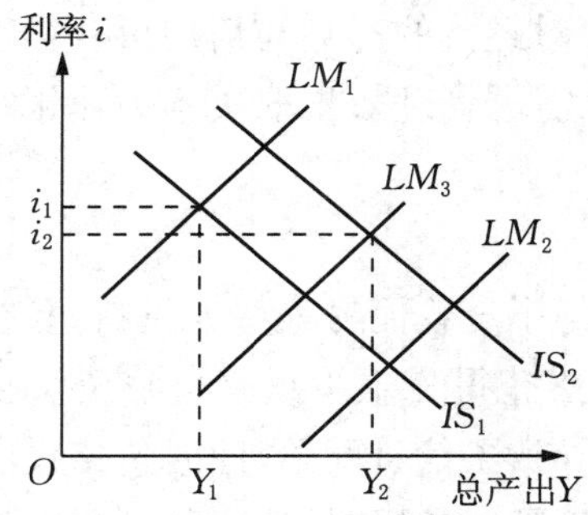

图 7.16　货币供应量增加的财富效应

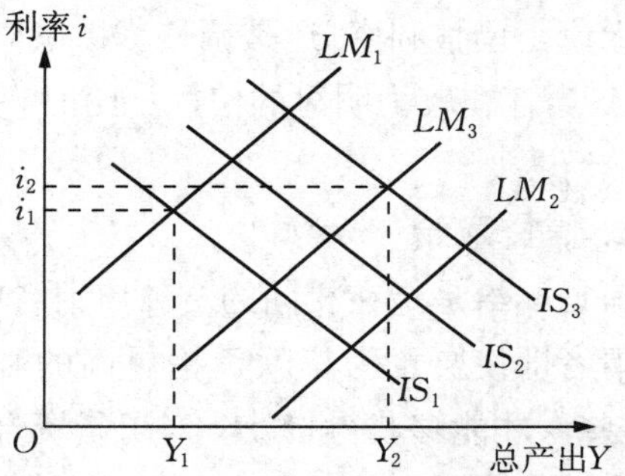

图 7.17　政府支出变化与货币供应增加

货币供应量增加的财富效应与财政政策有关。在图 7.17 中，政府财政支出增加通过货币供应量增加获得融资支持。在财政支出扩张过程中，IS 线由 IS_1 右移至 IS_2 位置；货币供应量增加产生财富效应以后，IS 线进一步由 IS_2 右移至 IS_3；同时，财富效应引起的货币需求增加使 LM 线从 LM_2 左移至 LM_3，产出水平最终由 Y_1 增加到 Y_2。

上述财富效应中所指的财富范畴为净财富概念，有四种类型：(1)实物资产；(2)本国拥有的对外国债权；(3)银行存款等内生货币；(4)私人部门对公共部门债权。第(1)项和第(2)项包括私人部门拥有的房地产和耐用消费品，以及企业资本存量。为了避免重复计算，此处的财富范畴不包括居民持有的企业股票、企业债券等金融资产，股票等金融资产价格上涨，通过引起企业资本存量的账面价值增加而引起居民的消费支出增加。第(3)项中的内生货币为私人部门持有的各种银行存款总和。财富范畴中的第(4)项，指政府面向本国居民发行的各种债券。

货币供应量调整产生的财富效应，受居民的财富构成影响，并与居民持有的财富的流动性有关。在通货膨胀水平比较低时，货币供应量增加产生的支出效应大于其他非流动性资产增加产生的支出效应。

货币主义认为，货币可以替代其他资产，但其他资产难以替代货币。假设经济在期初时处于均衡状态，所有资产的供给都等于需求。我们将经济体系中的资本品分为三种类型：(1)有市场价格的存货和新增产出，比如厂房和机械设备。(2)质量可比的已有或新增存货，此类资本品价格可按照市场上同类资本品价格类推(如房地产和汽车)。(3)没有市场价格的已有存货(如特定的耐用消费品)。货币存量增加时，会导致：(1)股票价格上涨和对第一种资本品需求增加。(2)第二种资本品价格上涨，引起企业生产增加。(3)资本品价格上涨，所有财富的市场价值上升，第三种资本品和非耐用品价格同时上涨。

货币供应量增加会对居民的储蓄和消费决策产生三种影响：(1)替代效应。货币供应量增加以后，消费的机会成本下降，居民会减少资产持有并增加借入来提高当期消费。(2)收入效应。货币供应量增加引起的利率下降会减少储蓄的收入流量，引起储蓄降低和当期消费支出增加。(3)横财(windfall)效应。货币供应量增加以后，厂房等资本品价格上涨，引起财富增加幻觉，居民消费支出上升。

7.4.4 信用可得性

无论是调整利率，还是调整货币供应量，货币政策对经济的影响与信用可获得性密切相关。①当存在较为明显的信用配给时，货币政策对总需求管理效果取决于商业银行的信贷投放行为。

1. 信贷配给

信贷配给是指在相同的贷款申请者中，一些人获得了贷款而另一些人没有，且被拒绝的申请者即使愿意为贷款负担更高的利率也依然无法获得贷款。只有可贷资金供给增加，这些人才能够获得贷款。对可贷资金的超额需求导致了信贷配给，此时价格没有完全发挥作用。信贷配给可以由短期或长期的非均衡来解释。在短期，信贷配给可以被看作是可贷资金的供需暂时性未达到均衡状态的现象。当经济受到某种外生冲击且价格存在一定黏性时，价格调整需要一个过渡时期。在此时期中，信贷配给发生。长期的信贷配给可以由政府对可贷资金的法律约束来解释，例如限制高利贷法等。信贷配给通常有以下四种形式。

第一，利率配给。借款人在给定的贷款利率上能得到贷款，但其所获得的贷款规模小于意愿规模，要想得到更大规模的贷款，借款人就得支付更高的利率。显然，贷款规模越大，违约概率会越高，所以银行要求借款人对较大规模的贷款支付较高的利率。

第二，见解分歧配给。一些经济个体无法在他们认为恰当的利率上得到贷款，尽管他们理解这个利率与自己的违约概率相当。也即相对于借款人来说，银行对贷款的违约风险普遍有更为悲观的评价。

第三，红线注销。由于有风险分级，银行对在任何利率上都无法达到它所要求的收益率的申请贷款主体，拒绝发放贷款。银行要求的收益率由存款利率决定。当存款减少或存款利率提高时，在存款较多且利率较低时得到贷款的企业，可能会被实行定量配给。对这些企业来说，信贷的可获得性(存款供给)决定了它们能否得到借款，这些企业会感觉到它们正在被排挤出信贷市场。

第四，纯粹的信贷配给。这种情形是指，一些经济主体得到了贷款，而明显相同的经济主体想以完全相同的条件申请借款却得不到贷款。

信贷可获得性的变化会对实际经济活动产生很大影响，而且，既在总量水平上有影响，也对部门之间甚至个别项目之间的资源分配有影响。信贷配给的宏观经济意义在于，

---

① 信用可得性与金融摩擦有一定联系。金融摩擦是指在金融市场不完全情况下，资本流动受到阻碍。这时外部融资成本高于内部融资成本，形成外部融资溢价。刻画金融摩擦可使用高成本状态核实模型(costly state verification)和抵押品约束模型(collateral constrain)。参见 Bernanke, B.S., and M.Gertler, 1989, "Agency Costs, Net Worth, and Business Fluctuations", *American Economic Review*, 79(1):14—31。

它提供了利率之外又一条连接金融市场与总需求的货币政策传递渠道,会加剧经济衰退或经济扩张,并延长其持续时间,会降低货币政策的有效性。

在均衡情况下,贷款市场也会存在信贷配给。银行贷款发放与贷款利率和贷款风险有关;银行收取的贷款利率会影响其发放出去的贷款总体风险。银行对贷款收取的利率通过以下两种渠道影响贷出资金风险:(1)对潜在贷款人分类(逆向选择);(2)影响借款人的行为(道德风险)。逆向选择与道德风险都是由银行在完成对借款人贷款申请评估后,借贷市场中剩余的不完全信息(residual imperfect information)所导致。在完全和免费的信息市场中,银行能够对借款人在得到贷款后的行为进行精准地规定,从而避免借款人行为影响银行发放贷款的收益。然而,在现实中银行不能直接控制借款人的所有行为,因而会通过在贷款合同中制定相应条款来规范借款人行为,并通过一些条款来吸引低风险的借款申请者。

2. 利率作为筛选工具

利率改变产生的逆向选择由借款人还款的可能性差异导致。银行预期收益取决于收回贷款的可能性,银行希望能够找出还款可能性高的借款人,而“利率”是银行用以找出“优质借款人”的众多筛选工具(screening devices)中的一种。借款人愿意负担的贷款利率与贷款风险相关。那些愿意为贷款支付高利率的人,通常预测自己能够还款的可能性较低。对银行而言,发放贷款给这些人具有较高风险。随着贷款利率提高,经过利率工具筛选出的仍然愿意申请贷款的借款人的风险升高,银行通过放贷得到的收益很有可能会降低。①

利率或贷款合同中其他条款改变,会引发道德风险。更高的利率意味着借款人为投资项目要支付更高的成本,导致借款人选择风险较高且一旦成功会有高额回报的项目,使银行贷款面临的偿还风险增加,银行发放贷款的利润降低。利率改变产生的逆向选择与道德风险效应,使银行对贷款的预期收益的上升幅度会小于利率的上升速度,且利率上升到某一水平后,贷款的预期收益会随利率上升而下降(如图 7.18 所示)。银行预期收益最大化的利率为“银行最优”利率,记为$\hat{r}^*$。

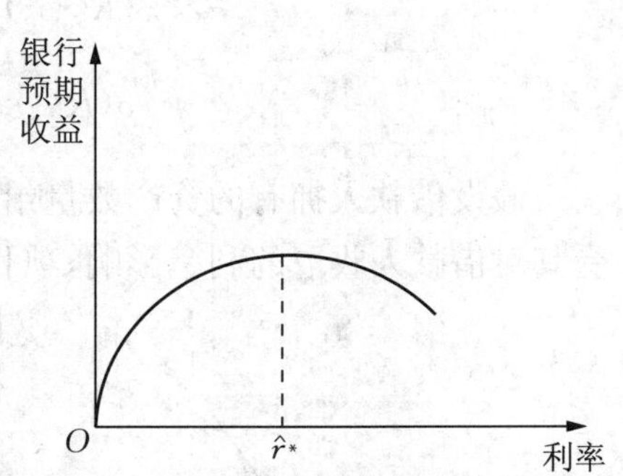

图 7.18 银行贷款要求的最优利率

贷款需求和贷款供给都是利率的函数(贷款供给由在$\hat{r}^*$点的预期回报决定)。在$\hat{r}^*$点时,贷款需求超过贷款供给。出现贷款的超额需求时,贷款需求没有得到满足的借款人愿意向银行支付更高的利率,使利率不断提高直到需求等于供给。虽然在$\hat{r}^*$点供给不等于需求,$\hat{r}^*$也是均衡利率。银行不会发放贷款给愿意支付超过该利率的借款人。在银行的判断中,利率超过$\hat{r}^*$的贷款的风险比利率为$\hat{r}^*$的贷款风险要高,且在超过$\hat{r}^*$的利率的预期回报低于银行在$\hat{r}^*$点放贷得到的收益。因此,贷款供给小于贷款需求,存在信贷配给。

① Stiglitz, Joseph E. and Andrew Weiss, 1981, “Credit Rationing in Markets with Imperfect Information”, *American Economic Review*, 71(3):393—410.

信贷配给模型假设,有很多银行和很多潜在借款人。借款人和银行的目标都是利润最大化。借款人选择项目,银行对借款收取利息和对借款人的抵押品提出要求。银行会选择能使利润最大化的利率。在某些利率水平上,贷款需求和贷款供给相等。但这些利率不是均衡利率,银行仍然可以通过降低对借款人收取的利率来增加利润。

在由企业和银行构成的借贷市场中,假设银行已经选出一组项目,项目 θ(项目的风险为 θ)对应的收益 R 的概率分布不能被借款人调整。收益 R 的概率分布为 $F(R,\theta)$(为企业主观概率分布,银行和企业的看法可能不同),密度函数为 $f(R,\theta)$;θ 越大意味着项目风险越大。对 $\theta_1>\theta_2$,如果式(7.18)成立,则对于 $y\geqslant 0$,有式(7.19)成立。

$$\int_0^{\infty} Rf(R,\theta_1)\mathrm{d}R=\int_0^{\infty} Rf(R,\theta_2)\mathrm{d}R \tag{7.18}$$

$$\int_0^{y} F(R,\theta_1)\mathrm{d}R\geqslant\int_0^{y} F(R,\theta_2)\mathrm{d}R \tag{7.19}$$

若借款人借到的资金为 B,利率为 $\hat{r}$;项目收益 R 加上抵押品 C 以后还不足以付清贷款合同上承诺的还款金额时,称为拖欠贷款;即有式(7.20)的关系成立。借款人的净收益为式(7.21a),银行的收益为式(7.21b)。借款人支付规定的偿还金额或支付他所能归还的最大金额为 $R+C$。

$$C+R\leqslant B(1+\hat{r}) \tag{7.20}$$

$$\pi(R,\hat{r})=\max(R-(1+\hat{r})B;-C) \tag{7.21a}$$

$$\rho(R,\hat{r})=\min(R+C;B(1+\hat{r})) \tag{7.21b}$$

假设借款人拥有的资产数量给定,借款人和银行都为风险中性。银行资金供给量不受其对借款人收取的利率影响,项目成本固定。假定借款人为每个项目借的资金数量相同,贷款申请者的分布函数等价于贷款申请的货币价值分布函数。给定利率 $\hat{r}$,临界值 $\hat{\theta}$ 使企业仅在 $\theta>\hat{\theta}$ 时才会向银行借款;$\hat{\theta}$ 为满足零利润条件的 θ 值。

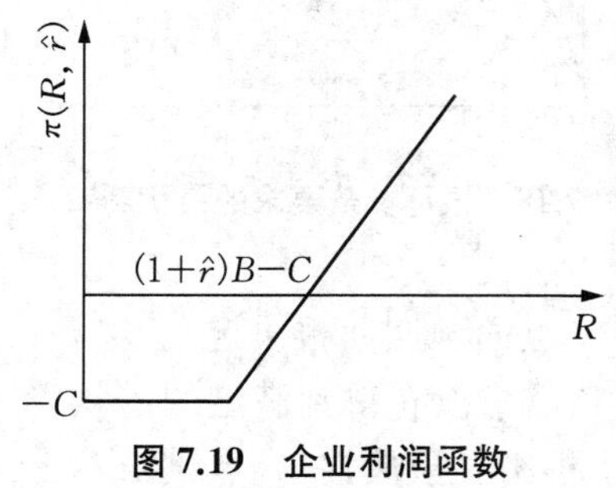

图 7.19　企业利润函数

企业利润是项目收益 R 的凸函数,随项目风险上升而上升;参见图 7.19 和式(7.22)。利率改变的逆向选择效应会导致银行的收益随利率上升而下降。随着利率提高,θ 的临界值(低于这个值,企业不会申请贷款)会上升;参见式(7.23)。

$$\pi(\hat{r},\hat{\theta})\equiv\int_0^{\infty}\max[R-(\hat{r}+1)B;-C]\mathrm{d}F(R,\hat{\theta})=0 \tag{7.22}$$

$$\frac{\mathrm{d}\hat{\theta}}{\mathrm{d}\hat{r}}=\frac{B\int_{(1+\hat{r})B-C}^{\infty}\mathrm{d}F(R,\hat{\theta})}{\frac{\partial\pi}{\partial\hat{\theta}}}>0 \tag{7.23}$$

银行发放贷款的收益是贷款风险的减函数。利率上升除了会提升银行收益之外，还会强化逆向选择，使银行的收益随利率上升而下降。潜在借款人有不同的 θ 值，$\bar{\rho}(\hat{r})$ 为 $\hat{r}$ 的非单调函数。$\bar{\rho}(\hat{r})$ 是在利率为 $\hat{r}$ 时，银行从贷款申请者那里得到的平均收益。$\bar{\rho}(\hat{r})$ 非单调表明，贷款供给和贷款需求均衡时存在信贷配给。在“瓦尔拉斯均衡”时，贷款供给等于贷款需求，降低利率会使银行的收益 $\bar{\rho}$ 提高。

贷款需求取决于银行收取的利率 $\hat{r}$，贷款供给取决于贷款的平均收益 ρ。贷款需求是银行对借款人收取的利率的减函数；此关系用 L^D 表示并画在图 7.20 右上方的象限内。对借款人收取的利率与银行发放贷款的预期收益 $\bar{\rho}$ 的关系画在图 7.20 右下方的象限内。左下方象限描绘了 $\bar{\rho}$ 和贷款供给 L^S 之间的关系。银行能自由竞争获取储户时，$\bar{\rho}$ 就是储户能得到的利率。在图 7.20 右上方的象限中将 L^S 画成 $\hat{r}$ 的函数，$\hat{r}$ 通过影响贷款收益影响银行吸引贷款的利率 $\bar{\rho}$。

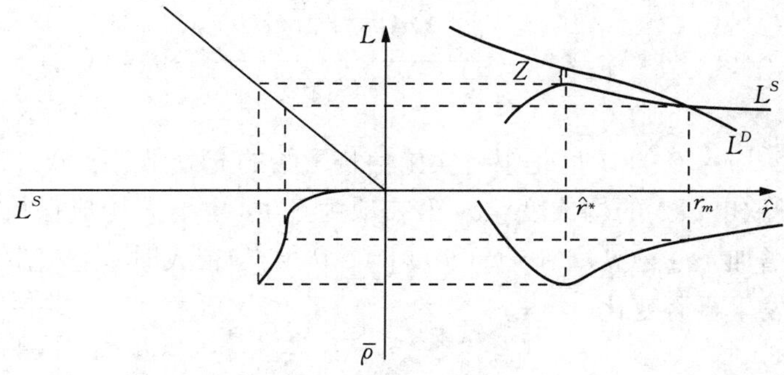

图 7.20　信贷市场均衡的决定

图 7.20 给出的信贷配给均衡表明，贷款需求在 $\hat{r}^*$ 点大于贷款供给，银行在 $\hat{r}^*$ 上提高利率会减少贷款收益。对贷款的超额需求为 Z。在利率为 r_m 时，贷款需求等于贷款供给；然而，r_m 不是均衡利率。银行可以通过 $\hat{r}^*$ 的利率而不是 r_m 来提高利润：在利率低于 $\hat{r}^*$ 时，银行能够吸引在利率为 r_m 时的全部借款人并从贷款中获取更高的利润。

随着贷款供给增加，贷款的超额需求减少，存在信贷配给时，银行对贷款供给收取的利率保持不变。贷款超额需求 Z 最终会减少到零，贷款供给增加会使市场利率降低。$\bar{\rho}(\hat{r})$ 函数有多种形式时，市场均衡或以等于或低于市场出清水平的单一利率为特征；或以两个利率为特征，在较低的那个利率水平上存在对贷款的超额需求。

将最低的均衡利率记为 r_m，将使 $\rho(r)$ 最大化的利率记为 $\hat{\hat{r}}$。$\hat{\hat{r}}<r_m$ 且利率为 $\hat{\hat{r}}$ 时会有信贷配给。受到配给的借款人即使是支付更高的利率也无法获得信贷。$\hat{\hat{r}}>r_m$ 时，贷款会在两个利率水平上发放，分别记为 r_1 和 r_2。r_1 是在 $r\leqslant r_m$ 前提下 $\rho(r)$ 最大的利率；r_2 是大于 r_m 且能使 $\rho(r_2)=\rho(r_1)$ 的最低利率。

利率为 r_1 时存在贷款超额需求；$r_1=r_m$ 时不存在信贷配给。被拒绝的借款人会在更高的利率水平上（比如 r_2）申请贷款。在利率为 r_1 时银行不发放贷款，在利率为 r_2 时存在贷款超额供给；在 r_2 的利率水平上没有发放贷款时，会出现贷款需求过剩。所有在 r_1 的利率水平上被拒绝的贷款申请者和以 r_2 的利率申请贷款者都会在更高的利率水平上获得信贷。所有在$\rho(r_1)$时可用的资金都会被在r_1或r_2的利率水平上贷出(此时,在r_1的利率水平会有贷款超额需求,因为在r_2的利率水平上的贷款申请都曾经在r_1的利率水平上申请过贷款)。这里显然不存在偏离r_1的动机,因为r_1是$\rho(r)$取到局部最大的利率。因为$\rho(r_3)<\rho(r_1)$,银行不会以r_3的利率发放贷款。银行也不会转向在r_1和r_2之间发放贷款。即使$\rho(r_4)>\rho(r_2)$,银行也不会以r_4的利率放贷;因为银行以r_4的利率放贷时不可能吸引到任何借款人,$r_4>r_2$且在r_2的利率水平上不存在贷款的超额需求。

3. 信贷配给的其他充分条件

(1) 项目的连续性(continuum of projects)。

假设风险为θ项目的分布为$G(\theta)$,密度函数为$g(\theta)$,$\rho(\theta, r)$为银行在风险为θ且利率为r时发放贷款的收益。银行在利率为$\hat{r}$时发放贷款的平均收益为式(7.24)。

$$\tilde{\rho}(\hat{r})=\frac{\int_{\hat{\theta}(\hat{r})}^{\infty}\rho(\theta,\ \hat{r})\mathrm{d}G(\theta)}{1-G(\hat{\theta})} \tag{7.24}$$

满足$\mathrm{d}\bar{\rho}(\hat{r})/\mathrm{d}\hat{r}<0$的$\hat{r}$值是银行实施信贷配给的充分条件。式(7.25)的右边第一项为负值(代表贷款申请人的构成变化),第二项为正值(申请人构成保持不变时,提高利率时银行的收益增加)。$[g(\hat{\theta})/(1-G(\hat{\theta}))]/(\mathrm{d}\hat{\theta}/\mathrm{d}\hat{r})$很大时,名义利率的微小变化会引起申请人构成发生显著变化。

$$\frac{\mathrm{d}\bar{\rho}}{\mathrm{d}\hat{r}}=-\frac{g(\hat{\theta})}{[1-G(\hat{\theta})]}(\hat{\rho}-\bar{\rho})\frac{\mathrm{d}\hat{\theta}}{\mathrm{d}\hat{r}}+\frac{\int_0^{\infty}[1-F(1+\hat{r})B-C,\ \theta]\mathrm{d}G(\theta)}{1-G(\hat{\theta})} \tag{7.25}$$

(2) 两个结果的项目(two outcome projects)。

考虑最简单的项目。这些项目或连续且产生收益R,或失败时产生收益D。我们把借款人借到的贷款B标准化为1。所有项目经营失败后的价值相同(比如厂房和设备价值),R是介于S和K之间的值($K>S$)。假设这些项目都已经过筛选,在同一贷款类别中的所有项目都有相同的预期产出T,且抵押品要求为零,即$C=0$。$p(R)$表示收益为R的项目经营成功的概率,因此有式(7.26)的关系。

$$p(R)R+[1-p(R)]D=T \tag{7.26}$$

银行对拖欠贷款的单位花费为X。X可以被理解为厂房和设备等对生产企业和银行来说的价值差异。项目价值的密度函数记为$g(R)$,分布函数记为$G(R)$。记$J=\hat{r}+1$(企业仅在$R>J$时借款),则银行提高单位贷款的预期收益为式(7.27)。

$$\rho(J)=\frac{1}{\int_J^K g(R)\mathrm{d}R}[J\int_J^K p(R)g(R)\mathrm{d}R+\int_J^K[1-p(R)][D-X]g(R)\mathrm{d}R \tag{7.27}$$

使用洛必达(L'Hospital)法则和式(7.27),我们可以得到$\lim_{J\to K}(\partial\rho(J))/(\partial J)<0$

(同时也为 ρ 的非单调性)的充分条件:①(1) $\lim_{R\to K}g(R)\neq 0$ 且 $\lim_{R\to K}g(R)\neq\infty$ 时充分条件为 $X>K-D$,或等价条件 $\lim_{R\to K}p(R)+p'(R)X<0$;(2) $g(K)=0$ 且 $g'(K)\neq 0$ 和 $g'(K)\neq\infty$ 时充分条件为 $2X>K-D$,或等价条件 $\lim_{R\to K}p(R)+2p'(R)X<0$。(3) $g(K)=0$ 且 $g'(K)=0$ 和 $g''(K)\neq 0$ 时充分条件为 $3X>K-D$,或等价条件 $\lim_{R\to K}p(R)+3p'(R)X<0$。

充分条件(1)表明,银行会以低于最高利率且能贷出$(K-1)$资金的利率来最大化贷款收益。银行发放贷款的最优利率在 $g(K)=0$ 时显著放宽。

(3) 风险态度差异。

一些借款申请人比其他人表现出更多的风险规避特征。这些差异会在项目的选择上反映出来,进而影响银行发放贷款的最优利率。高利率会使低于平均收益的项目(被风险规避者选择的项目)变得不可行,对较高风险的项目影响较小。对银行而言,高风险项目的平均回报率低于安全项目。正是风险规避中的系统性差异导致了银行发放贷款存在最优利率。

假定有 λ 比例的贷款申请人为风险完全规避者,他们会选择最佳的安全项目,收益的分布为 $G(R)$且 $G(K)=1$。另一组借款人为风险中性。假设风险中性借款人面对相同的成功概率为 p 的风险项目,项目成功时收益 $R^*>K$;项目失败时收益为 0。令$\hat{R}=(1+\hat{r})B$,银行发放贷款的收益为式(7.28)。

$$\bar{\rho}(\hat{r})=\frac{\{\lambda[1-G(\hat{R})]+(1-\lambda)p\}}{\lambda[1-G(\hat{R})]+(1-\lambda)}(1+\hat{r})=\left[1-\frac{(1-p)(1-\lambda)}{\lambda[1-G(\hat{R})]+(1-\lambda)}\right]\frac{\hat{R}}{B} \tag{7.28}$$

$$\frac{\mathrm{d}\ln\bar{\rho}}{\mathrm{d}\ln(1+\hat{r})}=1-\frac{(1-\lambda)(1-p)\lambda g(\hat{R})\hat{R}}{[1-\lambda G(\hat{R})]\{\lambda[1-G(\hat{R})]+p(1-\lambda)\}} \tag{7.29}$$

对于 $R<K$,银行为安全项目提供贷款的回报上限为式(7.29)。对银行来说,其发放贷款最优利率存在的充分条件为 $\lim_{R\to K}(\partial\bar{p}/\partial\hat{r})<0$,或从式(7.29)得出的式(7.29a)。

$$[\lambda/(1-\lambda)]\lim_{R\to K}(g(R)\hat{R})>p/(1-p) \tag{7.29a}$$

① 能够确保偿还贷款的利率带来的收益低于高风险贷款的无谓损失(deadweight loss),银行会以比最高利率略低且能贷出$(K-1)$资金的利率来最大化贷款收益。银行发放贷款的最优利率条件在 $g(K)=0$ 时显著放宽。由于 $p(R)=(T-D)/(R-D)$,银行贷出资金的预期收益可写成式(1),整理后得到式(2)。
使用洛必达法则和 $g(K)\neq 0$ 且 $g(K)\neq\infty$ 的假设,得到式(3)。在式(3)中 $sign[\lim_{J\to K}((\partial\rho/\partial J)/(T-D))]=sign(K-D-X)$。

$$\rho(J)=[J-D+X][T-D]\frac{\int_J^K\frac{g(R)}{R-D}\mathrm{d}R}{\int_J^K g(R)\mathrm{d}R}+D-X \tag{1}$$

$$\frac{1}{T-D}\frac{\partial\rho}{\partial J}=\frac{\int_J^K\frac{g(R)}{R-D}\mathrm{d}R}{\int_J^K g(R)\mathrm{d}R}+[J-D+X]\times\left[\frac{-\frac{g(J)}{J-D}\int_J^K g(R)\mathrm{d}R+g(J)\int_J^K\frac{g(R)}{R-D}\mathrm{d}R}{[\int_J^K g(R)\mathrm{d}R]^2}\right] \tag{2}$$

$$\lim_{J\to K}\left(\frac{1}{T-D}\frac{\partial\rho}{\partial J}\right)=\frac{1}{K-D}-\frac{K-D-X}{2(K-D)^2} \tag{3}$$

风险越高(即 p 值越小),银行发放贷款的最优利率越有可能存在。受到利率提高影响的风险规避者相对于风险中立者的比例越高,借款申请人的自我选择效应(self-selection effect)越明显,银行发放贷款的最优利率越有可能存在。

4. 信用配给的影响因素

信用配给存在时表明,货币市场现行利率偏低,难以使货币市场达到均衡状态,原因有政府对利率实施了控制、金融机构追求利润最大化等。信用可获得程度具体受下列因素影响。

(1) 利率黏性效应(rate sticky effect)。在利率决定和利率执行存在时滞时,银行贷款规模调整较为缓慢,难以根据货币政策变化作出及时调整。

(2) 资产组合锁定效应(lock-in effect)。金融机构被现有资产组合锁定,难以根据现行货币政策作出及时调整。

(3) 贷款非同质性。银行偏好于尽可能地降低贷款风险,在分配新增贷款时往往不考虑利率因素,只考虑抵押物和期初存款数量等因素,其贷款行为受货币政策影响比较小。

(4) 信息不完全和不对称引起信贷供给不足。借款人比银行对资金的使用情况有更充分的信息,存在逆向选择和道德风险时,银行会实行信贷配给,较少受货币政策影响。

(5) 信贷配给与货币政策工具有关。第一,在货币供给减少时,贷款需求超过贷款供给,在利率上升不明显时容易引起信贷配给。第二,利率水平提高时,会引起贷款风险上升,贷款违约概率增加,并会强化银行的信用配给。

货币政策对信贷配给的影响通过资产负债表效应和银行贷款效应起作用。前者指货币政策对银行资产现值及现金(收入)流量的影响,后者指货币政策对银行可贷资金数量的影响。有信贷配给时,货币政策会有以下作用特点:由于信息不完全,利率并不能完全影响信贷市场,以至于总有一些资金需求者即使愿意付出较高的利率也得不到贷款,且信贷数量变化不能引起利率变化。

有信贷配给时,由中央银行制定信贷投放计划,对贷款规模加以管理,是常见的货币政策操作手段。此时的货币政策传导机制为:中央银行→贷款规模→商业银行(专业银行)→贷款配给→企业→政策目标。从理论上讲,货币当局控制住贷款规模,就能够控制企业及其他部门的资金获取数量,实现货币政策调控目标。

5. 关系型融资对货币政策的影响

关系型融资是指为了取得与企业的长期金融服务关系,银行选取具有增长潜力的企业通过多次诚信度检验后,进行关系专用性投资,以掌握企业内部专有信息,减少借贷双方的信息不对称,降低交易费用并从中获得专有回报。关系型融资对中央银行减少货币供应量政策有效性的影响,体现在两个方面。

第一,央行减少货币供应量的政策对关系型项目贷款的影响比较小。在关系型融资中,银行的收益随融资量的增加会有所提高,随着与企业关系更加紧密,收益增加更明显,且在相同规模资金投入的条件下,关系型企业可为银行提供更高的收益。

第二,预算软约束问题。当企业项目质量不佳时,银行所做的关系专用性投资的价值受到与企业中止服务关系威胁,企业项目效益不佳时银行拒绝提供再融资的威胁不可信。预算软约束问题使货币政策的有效性有所下降,无效率或低效率项目会获得融资和再融资。预算软约束的成因有多个方面。(1)施加约束的人和机构的目标和动机。政府在乎就业或有政治动机而非纯经济考虑时,更可能存在事后软化约束。(2)权力的结构。如果某人或机构的权力过大,就有能力在事后重新谈判,导致约束软化。(3)资源的集中程度。当某人或机构控制的资金太多时,资金使用的灵活性会导致对他人预算约束软化。(4)信息的集中程度。信息多有时也会使约束软化。事后信息较多,交易成本会下降,事后重新谈判的空间会增加。

7.4.5 金融加速器

金融加速器是指对经济的不利冲击会由于不利的信贷市场环境而放大。①存在金融摩擦时,传统宏观经济冲击对总产出的影响程度大于没有金融摩擦时的影响程度。在有信贷市场摩擦时,除非外部融资全部使用抵押担保,否则其融资成本要高于内源融资。外部融资的成本升水与企业净值负相关,当不利的外部冲击恶化企业资产负债表时,会增加企业外部融资成本,减少企业投资和产出水平,从而引发持续的经济波动。对技术、收入分配等相对较小的临时性冲击,会引起产出和资产价格的大幅度持久性波动。

技术突破、生产率提高等外部冲击,除了对企业产出和就业产生直接影响外,还包括资产价格变动(例如股价上升)对企业资产负债表的间接影响,改变企业外部融资成本进而影响企业投资和产出水平;宽松的货币政策除了降低利率刺激企业投资增加产出外,还通过影响企业资产价格,改善借款人财务状况,减少企业外部融资成本来刺激投资。

金融加速器表现出双重不对称特点。资产负债表对企业投资决策的影响在经济下降时期比繁荣时期影响大,对小公司影响比大公司大。由于初始财务状况不同②,金融加速器的资产负债表传导机制在经济繁荣与经济衰退时期表现差异很大;相对大公司而言,小公司更容易受借款成本影响;受到不利冲击后,小公司的存货销量在初期经历了更大程度的下降。

在传统的通胀目标货币政策管理框架中,中央银行需要积极主动地调整货币政策以抵消刚出现的通胀或通缩压力。由于无法辨别资产价格波动是否由经济基本因素导致,货币政策不应该对资产价格变化做出反应,以免主动刺破泡沫使经济陷入恐慌。

在货币政策管理中,中央银行应该把物价稳定与金融稳定列为统一政策框架下的追求目标,二者高度互补且相互一致。③同时达到这两个目标的最好的政策框架是有实施弹性的通货膨胀目标安排。理由有以下两点:第一,非经济基本面因素变化会导致资产价格

---

① (1) Bernanke, Ben, and Mark Gertler, 1989, "Agency Costs, Net Worth and Business Fluctuations", *American Economic Review*, 79(1):14—31.(2) Bernanke, Ben, Mark Gertler, and Gilchrist, Simon, 1996, "The Financial Accelerator and the Flight to Quality", *Review of Economics and Statistics*, 78(1):1—15.

② (1) Gertler, Mark, and Gilchrist, Simon, 1993, "The Role of Credit Market Imperfections in the Monetary Transmission Mechanism: Arguments and Evidence", *Scandinavian Journal of Economics*, 95:43—64. (2) Gertler, Mark, and Simon Gilchrist, 1994, "Monetary Policy, Business Cycles, and the Behavior of Small Manufacturing Firms", *Quarterly Journal of Economics*, 109:309—40.

③ Bernanke, Ben and Mark Gertler, 1999, "The Financial Accelerator and the Flight to Quality", Federal Reserve Bank of Kansas City.

波动，监管变动（例如金融自由化改革和资本市场开放）和投资者非理性冲动都会带来资产价格泡沫或导致资产价格泡沫破灭；第二，资产价格波动会通过财富效应和资产负债表渠道对经济产生影响，“金融加速器”和“债务通缩螺旋”机制都是例证。灵活的通胀目标制包括以下三个特点：(1)关注长期物价稳定；(2)货币政策短期可灵活应对金融稳定等目标；(3)货币政策通货目标制与经济开放和政策透明度息息相关。

7.5 货币政策和财政政策比较

在面对过高的劳动失业时，政府会实施积极的经济干预政策。政策制定者是选择降低税收、增加政府支出，还是选择提高货币供应量，或者是选择三管齐下呢？在决定增加货币供给时，具体应增加多少呢？①IS-LM 模型可以帮助决策者选择合适的货币政策或财政政策。

7.5.1 总产出和利率变动

自第二次世界大战以来，政府政策制定者一直试图在无通货膨胀的前提下增加劳动就业。在通常条件下，可供政策制定者使用的、能够对总体经济发挥作用的工具有两种：(1)控制利率或货币供应量的货币政策；(2)控制政府支出和税收的财政政策。IS-LM 模型有助于我们理解货币政策和财政政策对经济活动的作用过程，及其对经济活动调节的有效性。

1. 引起 *IS* 线移动的因素

IS 线描述了商品市场的均衡状况，即在总产出等于总需求时总产出与利率的各种组合，每当与利率无关的自主性支出因素独立于总产出发生变动时，*IS* 线就会发生移动。有两种因素会引起 *IS* 线发生移动。第一类因素是支出乘数变化。例如，储蓄倾向提高或者所得税率提高，会使支出乘数变小，*IS* 线向左移动；在边际消费倾向提高或政府降低所得税率时，支出乘数变大，*IS* 线向右移动。

引起 *IS* 线发生移动的第二类因素是自主性的支出（即不受收入和利率影响的消费支出和企业投资）变动。例如，当居民和企业家对经济前景持乐观情绪时，他们会增加消费支出和投资支出，与任一给定利率相对应的总产出均衡值会增加，*IS* 线向右移动。

(1) 自主性消费支出变动。

在图 7.21(b)中，利率为 i_A 且保持不变，自主性消费支出增加时，总需求线（$Y=Y^{ad}$）向左上移动，*IS* 线向右上移动。

(2) 与利率无关的企业投资变动。

利率变动会影响企业计划投资，进而影响总产出均衡水平。这种与利率有关的企业投资变动，会引起总产出沿着 *IS* 线变化而不会引起 *IS* 线发生移动。当利率保持不变企业家投资信心增强时，企业计划投资会增加，并导致总需求线向左上移动，与任一利率相

① Mishkin, Frederic S., 2007, *The Economics of Money, Banking, and Financial Markets*, Boston: Pearson/Addison Wesley: 568—571.

对应的总产出均衡水平上升，*IS* 线向右上移动(参见图 7.21)。

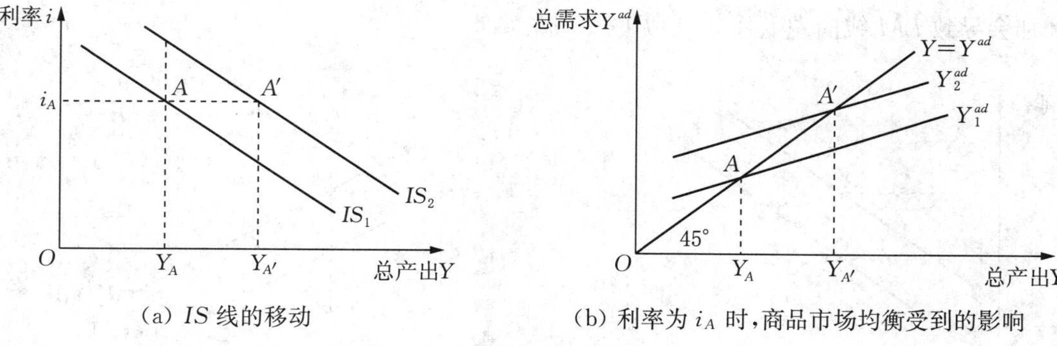

(a) *IS* 线的移动　　(b) 利率为 i_A 时，商品市场均衡受到的影响

图 7.21　*IS* 线的移动

(3) 政府支出变动。

政府支出增加会在任一给定的利率水平上引起总需求线向左上移动，使总产出均衡水平上升，*IS* 线向右上移动。反之，*IS* 线向左下移动。

(4) 税收变动。

在任一给定的利率水平上，税收下降时居民消费支出增加，总需求线向左上移动，总产出均衡水平上升，并引起 *IS* 线向右上移动。反之，税收增加时，*IS* 线向左下移动。需要指出的是，税收改变对总需求的影响小于政府支出等额变化对总需求的影响，对一定数额的税收变动而言，*IS* 线移动幅度小于政府支出作等额变动时 *IS* 线移动幅度。

(5) 与利率无关的净出口变动。

与利率有关的净出口变动会引起总产出沿 *IS* 线发生变化，*IS* 线不会发生移动。在利率保持不变净出口自主增加时，总需求线向右上移动，在相同的利率水平下，总产出增加，*IS* 线向右上移动。反之，在利率保持不变净出口下降时，总需求线向左下移动，总产出均衡水平下降，*IS* 线向左下移动(参见图 7.21)。

2. 引起 *LM* 线移动的因素

LM 线给出了货币需求等于货币供给时，总产出与利率的各种组合。影响 *LM* 线发生移动的因素包括货币需求自主性变动和货币供应量变化。给定总产出时，货币供应量增加会引起均衡利率下降，*LM* 线向右下移动(参见图 7.22)。反之，*LM* 线向左上移动。

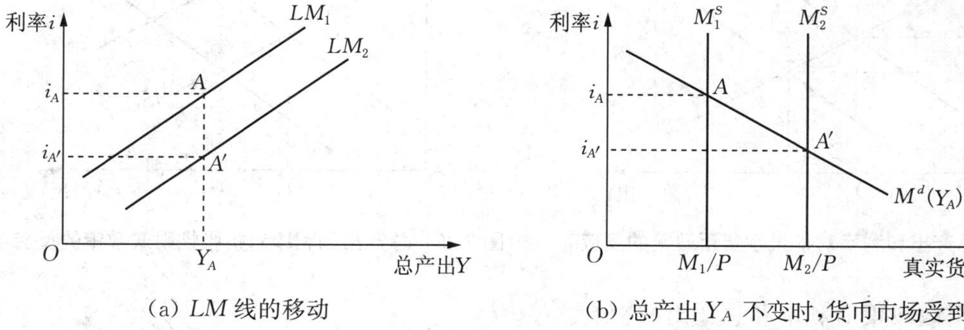

(a) *LM* 线的移动　　(b) 总产出 Y_A 不变时，货币市场受到的影响

图 7.22　货币供应量增加与 *LM* 线移动

经济活动中可能会有货币需求自发性增加。在给定利率、价格或总产出水平上，债券回报的波动性增加时，债券相对于货币的投资风险增加，货币需求增加。货币需求自主性增加会导致 LM 线向左上移动(参见图 7.23)。

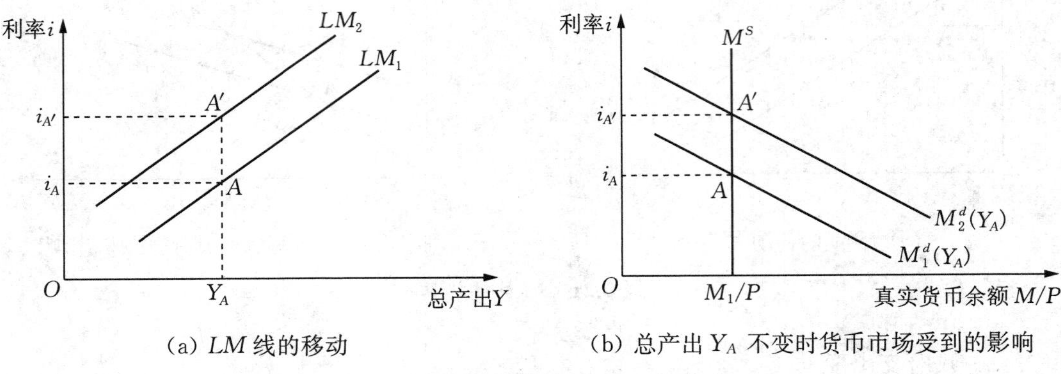

(a) LM 线的移动 (b) 总产出 Y_A 不变时货币市场受到的影响

图 7.23 货币需求增加与 *LM* 线移动

比如，在金融恐慌时期，许多企业破产倒闭，企业证券的投资风险上升，人们希望将企业证券换为货币持有。在给定的利率和总产出水平上，人们持有比以往更多的货币，货币需求线从 M_1^d 移动到 M_2^d，在总产出保持不变时，均衡利率上升，LM 线向左上移动。反之，货币需求自主性减少会使 LM 线向右下移动，导致货币超额供给，并由利率下降引起的货币需求增加来加以平衡。

3. 利率和总产出变动

(1) 货币政策对利率和总产出影响。

参见图 7.24。在开始时，货币市场和商品市场同时处于均衡状态，经济活动的均衡位置在 1 点。假设在开始时总产出为 Y_1，存在 20%的劳动失业，中央银行决定通过增加货币供给来增加产出，以减少劳动失业。

中央银行增加货币供给以后，出现了货币超额供给，LM 线向右下移动，利率降低(从 i_1 下降到 i_2)。利率降低增加了企业投资和净出口，提高了总需求水平，总产出从 Y_1 增加到 Y_2。因此，货币供给增加时，总产出增加；货币供应减少时，总产出减少。

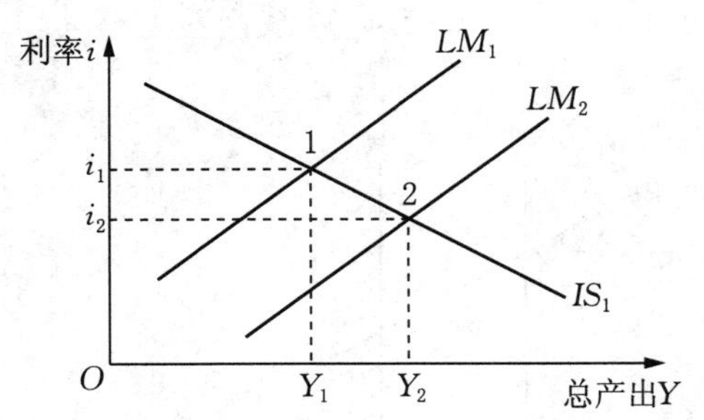

图 7.24 总产出和利率对扩张性货币政策的反应

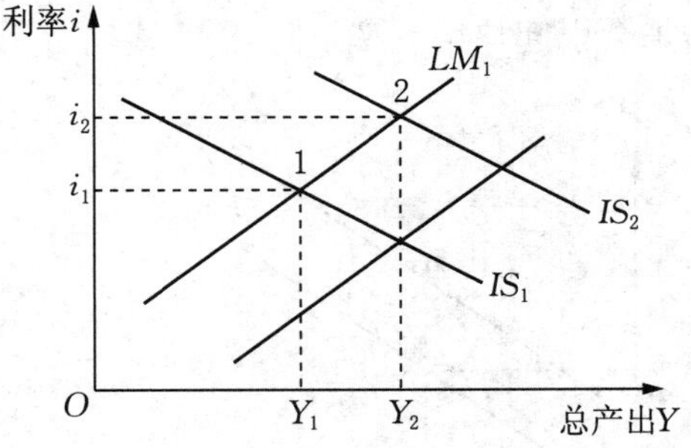

图 7.25 总产出和利率对扩张性财政政策的反应

(2) 财政政策对利率和总产出的影响。

假设经济活动的初始均衡位置在点 1(参见图 7.25)，当存在 20%的劳动失业时，财政部通过调整政府支出和税收来增加总产出,减少劳动失业。政府支出增加或税收减少会使 IS 线由 IS_1 右移至 IS_2,商品市场和货币市场的均衡点因此移动到点 2。总产出从 Y_1 增加到 Y_2,均衡利率从 i_1 上升到 i_2。

需要指出的是,利率对扩张性财政政策和扩张性货币政策的反应是不同的。实施扩张性财政政策时,利率上升;实施扩张性货币政策时,利率下降。

7.5.2 货币需求利率弹性与财政政策的完全挤出效应

当货币需求不受利率影响时,LM 线垂直于总产出线 Y(参见图 7.26)。假设政策制定者试图通过扩张性财政政策或扩张性货币政策,来减少劳动失业。

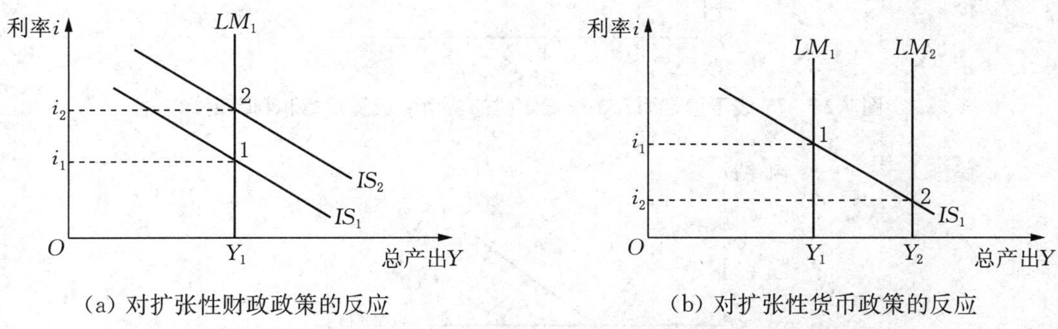

图 7.26　货币需求不受利率影响时货币政策和财政政策实施效果比较

1. 扩张性财政政策

在实施扩张性财政政策时,IS 线由 IS_1 右移至 IS_2,总产出仍旧为 Y_1;参见图 7.26(a)。原因是,LM 线为垂直线,IS 线右移使利率升至 i_2;利率上升引起的企业投资减少和净出口减少,完全抵消了因实施扩张性财政政策而增加的政府支出。实施扩张性财政政策时,引起的利率上升,挤出了企业投资和净出口,使扩张性财政政策不能引起总产出增加的情形,称为财政政策对私人部门支出的完全挤出效应。

2. 扩张性货币政策

在实施扩张性的货币政策(增加货币供给)时,为了使货币需求与增加了的货币供给相适应,在各个利率水平上的总产出必须增加,LM 线从 LM_1 右移到 LM_2,总产出从 Y_1 增加到 Y_2,扩张性货币政策可有效增加总产出;参见图 7.26(b)。

上述表明,当货币需求不受利率影响(货币需求对利率无弹性)时,扩张性货币政策有助于总产出增加,财政政策对总产出增加无效。更为一般的结论是,货币需求对利率越不敏感,扩张性货币政策的总产出增加效应越明显,扩张性财政政策的总产出增加效应越不明显。

7.5.3 *IS* 线与 *LM* 线的不稳定性

在图 7.27 中,由于 IS 线不稳定,在 IS' 和 IS'' 之间波动,对以利率稳定为目标的货币政策而言,IS 线的波动使总产出在 Y' 和 Y'' 之间波动;对以货币供应量为目标的货币政策而言，IS 线的波动使总产出在 $Y_{M'}$ 和 $Y_{M''}$ 之间波动，$Y_{M'}$ 和 $Y_{M''}$ 之间的波动范围小于 Y' 和 Y'' 之间的波动范围。因此，当商品市场（IS 线）的不稳定性超过货币市场（LM 线）时，从有利于总产出稳定的角度来看，实行以货币供应量为目标的货币政策，要优于实行以利率为目标的货币政策（参见图 7.27）。

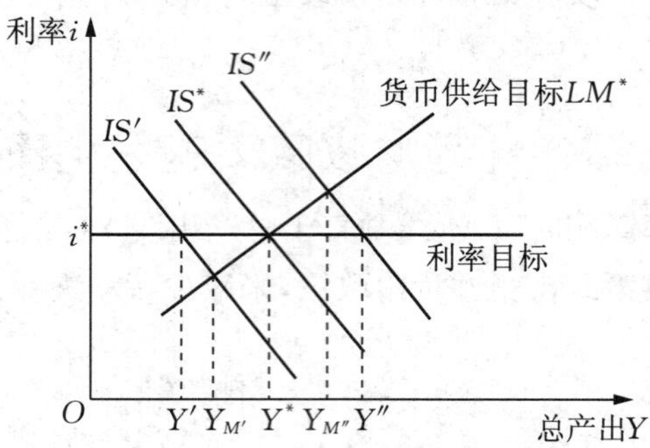

图 7.27　*IS* 线不稳定而 *LM* 线稳定时的货币供应量目标和利率目标

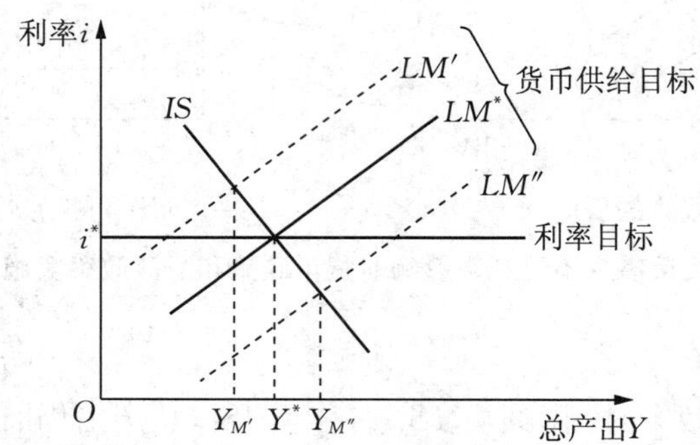

图 7.28　*LM* 线不稳定而 *IS* 线稳定时的货币供应量目标和利率目标

在图 7.28 中，LM 线的波动幅度超过 IS 线，对实行以利率为目标的货币政策而言，总产出为确定的 Y^* 水平；对以实行货币供应量为目标的货币政策而言，总产出在 $Y_{M'}$ 和 $Y_{M''}$ 之间变化，总产出变化幅度超过了以利率为目标的货币政策。

因此，当货币市场（LM 线）的波动幅度超过商品市场（IS 线）时，从有利于总产出稳定的角度来看，实行以利率为目标的货币政策，要优于实行以货币供应量为目标的货币政策。

7.6　长期 IS-LM 模型

7.6.1　IS-LM 模型的长期与短期区别

在短期 IS-LM 模型中，假定物价保持不变，总产出和利率的名义值和实际值相同。在长期，物价会发生变化。为了分析长期 IS-LM 模型，我们引入产出自然率水平概念。产出自然率水平是指在物价没有上升或下降压力时的总产出。当产出高于自然率水平时，高涨的经济会引起物价上涨；当产出低于自然率水平时，经济不景气会引起物价下降。

7.6.2　货币政策和财政政策对总产出的长期影响

在IS-LM模型中，对IS线发生作用的消费支出、企业投资、政府支出以及净出口等需求因素，以不变价格加以计量，表示人们想要购买的商品实物数量。当价格发生变动时，这些需求因素的实际量值并不发生变化。因此，价格水平变动对IS线不产生影响。

价格变动会影响LM线的位置。关于货币需求的流动性偏好理论认为，以不变价格表示的货币需求取决于实际收入和利率，货币价值以它所能购买到的商品数量来计值。物价上升时，实际货币余额下降，实际货币余额小于货币需求。在超额货币需求推动下，利率会上升，LM线向左上移动。

在图7.29(a)中，货币供应量增加使LM线从LM_1右移至LM_2，均衡位置移至点2，利率降低为i_2，总产出上升为Y_2。Y_2超过自然率产出水平Y_n，物价开始上升。物价上升时，IS线的位置保持不变仍旧为IS_1，LM线向左上移动，直到总产出恢复到自然率水平时为止。也就是说，只有当LM线恢复到LM_1位置，实际货币余额M/P等于初始水平，经济恢复到点1均衡时，LM线才停止移动。在长期，货币供应量扩张的结果是，总产出和实际利率都保持不变。

在长期，货币供应量增加时总产出和实际利率保持不变的事实，被称为长期货币中性；货币供应量增加的唯一影响是物价上升，且物价上升比例等于货币供应量增加比率，实际货币余额M/P保持不变。

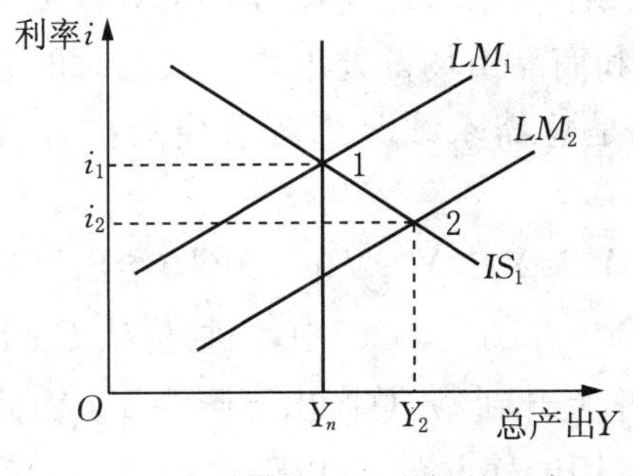

(a) 对货币供给(M)增加的反应

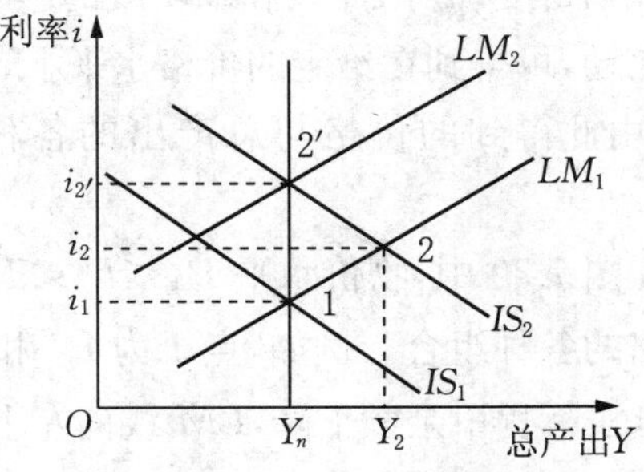

(b) 对政府支出(G)增加的反应

图7.29　长期IS-LM模型

在图7.29(b)中，政府支出增加导致IS线从IS_1右移至IS_2。在短期，均衡位置移动到点2，利率上升到i_2，总产出增加至Y_2。Y_2超过自然率产出水平Y_n，物价开始上升，实际货币余额M/P开始下降，LM线向左上移动。当LM从LM_1位置左移至LM_2位置，且均衡点为点2′，产出恢复到自然率产出水平Y_n时，物价会停止上升，LM线不再进一步移动。在点2′的长期均衡位置上，利率升高至$i_{2'}$，产出仍旧为Y_n。

在长期，财政政策产生的是完全挤出效应：物价上升使LM线移至LM_2，利率上升到$i_{2'}$，企业投资和净出口下降完全抵消掉政府支出增加。虽然短期IS-LM模型中的扩张性财政政策不会发生完全挤出效应，但在长期里却会发生。

综上所述，在短期，货币政策和财政政策都能影响总产出水平；在长期，货币政策和财政政策对总产出都没有影响。

7.7 总需求

总需求线是总供给(AS)和总需求(AD)分析方法的核心要素。运用 AD-AS 分析方法,不仅能够对总产出变动作出解释,还能够解释物价变动。

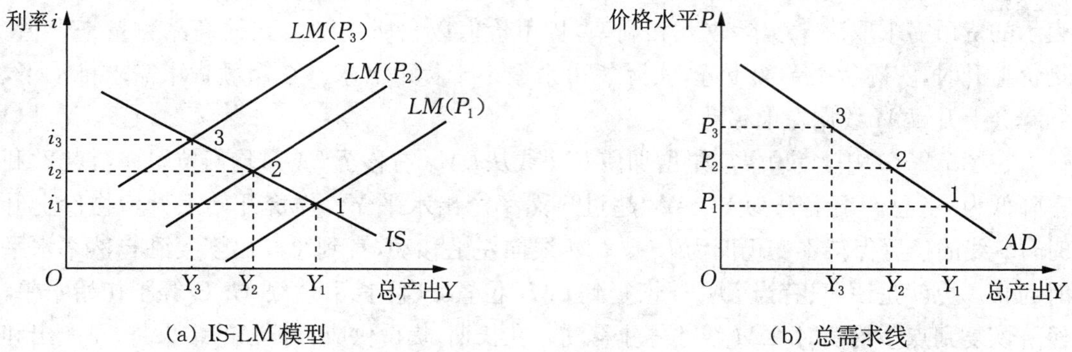

图 7.30 总需求线 *AD* 的推导

7.7.1 总需求线推导

以物价变动对 IS 线和 LM 线的影响机制为基础,分析价格变化时 IS-LM 模型中的均衡点变动,可得到在给定的价格水平下,货币市场和商品市场都处于均衡状态时的总产出水平,由此得到的价格与总产出的各种组合,就是总需求线。总需求线的推导参见图 7.30。

在图 7.30 中,物价水平 $P_1<P_2<P_3$,总产出 $Y_1>Y_2>Y_3$。图 7.30(b)给出了物价与总产出的各种组合。例如,点 1 为 P_1 和 Y_1 的组合。在图 7.30(a)中,当物价从 P_1 上升到 P_2 时,实际货币余额下降,LM 线向左上移动,利率上升到 i_2,总产出下降为 Y_2,由此得到图 7.30(b)中的 2 点。点 2 为 P_2 和 Y_2 的组合。运用同样方法,可以得到由 P_3 和 Y_3 组合构成的点 3,等等。IS-LM 模型对应的是社会总支出,相当于总需求,将图 7.30(b)中的点 1、点 2 和点 3 等连接起来,可以得到反映总需求与物价之间关系的总需求线 AD。总需求线 AD 通常向右下倾斜,原因是物价上升会减少实际货币余额,进而引起利率上升和总产出降低。

7.7.2 总需求线移动

运用 IS-LM 模型可以分析在给定的价格水平下,总产出的均衡水平变动。任何引起 IS 线或 LM 线发生移动的因素(价格水平变动除外),都会使总需求线发生移动。

影响 IS 线移动的因素包括:自主性消费支出、与企业家信心有关的企业投资、政府支出、税收,以及净出口。假设初始时总需求线为 AD_1(参见图 7.31)。在物价为 P_A 时,政府支出增加，IS 线从 IS_1 右移到 IS_2，总产出从 Y_A 增加到 $Y_A{}'$，在物价保持不变时，总需求线从 AD_1 右移至 AD_2。

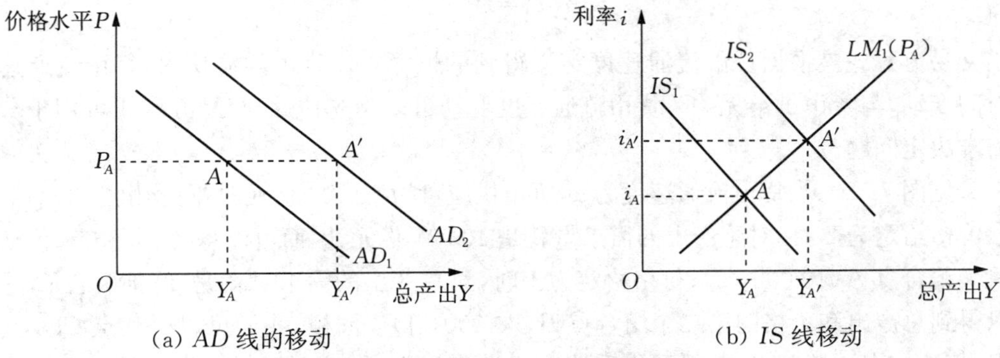

图 7.31　*IS* 线移动引起的总需求线移动

影响 LM 线移动的因素有两个：(1)货币需求变动(并非由 P、Y 或 i 变动引起)；(2)货币供应量变动。假设在初始时总需求线处于 AD_1 位置(参见图 7.32)，价格水平为 P_A。当货币供应量增加使 LM 线从 LM_1 位置右移到 LM_2 位置时，利率从 i_A 下降到 $i_{A'}$，总产出从 Y_A 增加到 $Y_{A'}$，总产出增加在图 7.32(a)中表现为从点 A 移动到点 A'，以及总需求线从 AD_1 移动到 AD_2。

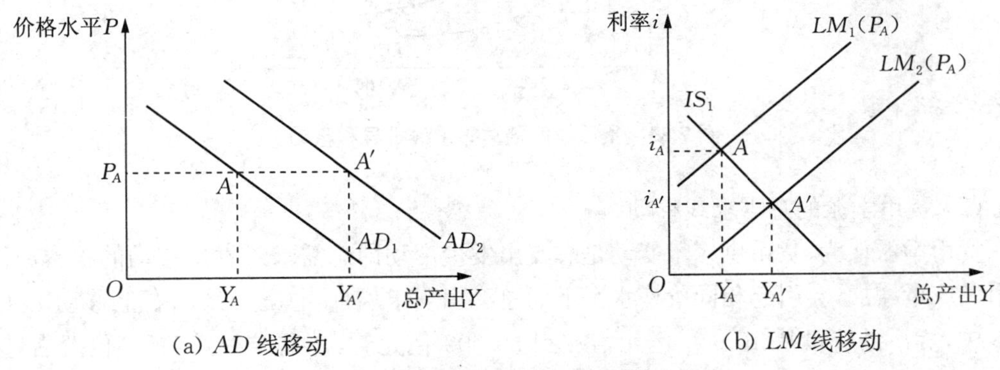

图 7.32　*LM* 线移动引起的总需求线移动

7.7.3　总需求变化

总需求线描述了当其他因素保持不变时，总产出的需求量和价格之间的关系。货币学派认为，总需求线向右下倾斜，货币供应量变动是使总需求线发生移动的根本原因。凯恩斯学派也认为总需求线向下倾斜，但认为政府支出和税收变动、居民与企业支出意愿等因素也会使总需求线发生移动。

1. 货币学派关于总需求的观点

(1) 货币学派的总需求线推导。

在讨论总需求时，货币学派将货币数量(M)与商品和劳务的名义支出总量($P\times Y$，P 是价格水平，Y 是实际总产出)联系起来，使用货币流通速度这个概念。货币流通速度 V

等于名义支出($P\times Y$)除以货币供应量(M):$V=(P\times Y)/M$。将货币流通速度的定义式的两边都乘以 M 以后,得到将货币供应量与总产出联系起来的交易方程式,即式(7.30)。

$$M\times V=P\times Y \tag{7.30}$$

交易方程式是根据货币流通速度定义得到的恒等式。货币学派认为,货币流通速度随时间变动,与货币供给无关。货币流通速度变动可以预先估计,交易方程式可用于分析总需求决定问题。

参见图 7.33。当货币流通速度为 2,货币供应量为 10 000 亿元时,总支出为 20 000 亿元。价格给定为 2 时,对总产出的需求量就是 10 000 亿元,因而可以得到总产出和价格的第一个组合点 A(10 000, 2);价格给定为 1 时,对总产出的需求量就是 20 000 亿元,这样可以得到总产出和价格的第二个组合点 B(20 000, 1)。同样,我们可以得到点 C 及其他各点,将这些点连接起来,就得到货币学派的总需求线。货币学派的总需求线也向右下倾斜,表示在其他因素保持不变时,价格下降会引起对总产出的需求量上升。

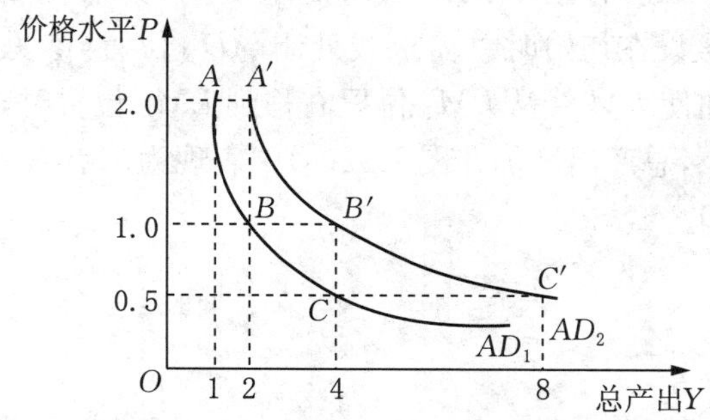

图 7.33　货币学派的总需求线推导和移动

(2) 货币学派的总需求线移动。

货币学派认为,货币供应量变动是总支出发生变动即总需求线发生移动的根本原因。货币供应量增加,会引起相同价格水平下的总产出需求增加,总需求线向右上移动。在图 7.33 中,货币供应量从 10 000 亿元增加到 20 000 亿元时,总需求线从 AD_1 位置右移到 AD_2 位置。反之,货币供应量减少会使总支出按比例下降,并在各个价格水平上减少对总产出的需求量。货币供应量减少时,总需求线向左下移动。

2. 凯恩斯学派关于总需求的观点

(1) 凯恩斯学派的总支出与总需求。

凯恩斯学派不是根据货币交易方程式来解释总需求(Y^{ad})决定,而是从总需求的组成部分,即消费支出(C)、企业投资(I)、政府支出(G)和净出口(NX)等四个方面来分析和推导总需求线。凯恩斯学派的总需求函数可用式(7.31)表示。

$$Y^{ad}=C+I+G+NX \tag{7.31}$$

(2) 凯恩斯学派的总需求线移动。

凯恩斯学派认为,总需求线向下倾斜。在名义货币供应量(M)保持不变时,价格(P)下降会导致实际货币余额(M/P)增加(即它所能购买到的商品和劳务数量增加),总需求

(Y^{ad})增加。价格下降导致总需求增加的第一个机制是,利率(i)下降引起企业投资(I)增加进而引起总需求增加:$P\downarrow \to M/P\uparrow \to i\downarrow \to I\uparrow \to Y^{ad}\uparrow$。价格下降导致总需求线向下倾斜的另一个机制是,价格下降引起净出口 NX 增加而引起总需求增加:$P\downarrow \to M/P\uparrow \to$ i(利率)$\downarrow \to$本币对外贬值$\to NX\uparrow \to Y^{ad}\uparrow$。

凯恩斯学派认为,货币供应量增加会使利率下降,并刺激企业投资增加和净出口增加,引起总需求线向右上移动;反之,货币供应量减少会引起总需求线向左下移动。另外,政府支出和税收(财政政策)、净出口、消费支出和企业投资等,也是引起总需求线发生移动的原因。凯恩斯学派认为,浮躁情绪会引起经济主体的乐观预期或悲观预期。当消费者和企业家乐观情绪增加时,消费支出和企业投资增加,总需求线向右上移动;这是影响总需求线移动的重要因素,是经济发生周期性波动的重要根源。因此,凯恩斯学派认为货币政策、财政政策和"浮躁情绪"都会影响总需求发生变化,引起总需求线发生移动。

3. 货币学派和凯恩斯学派关于财政政策挤出效应的争论

货币学派认为,在政府支出增加时,如果总需求的其他部分保持不变,总需求会增加。但是,政府支出增加会挤出私人部门的支出(包括消费支出、企业投资和净出口),私人部门支出下降与政府支出增加在量上会完全相等,即私人支出变动会完全抵消掉扩张性的财政支出变动。

凯恩斯学派认为,政府支出增加确实会使利率提高,并引起私人支出降低。但是,当政府支出增加时,总需求也会增加,政府财政支出增加引起的是部分挤出,私人支出下降只是部分地抵消掉政府支出增加。

4. 货币学派和凯恩斯学派关于货币政策对总支出影响的争论

货币学派和凯恩斯学派都认为货币供应量变化会影响总需求,但是,双方关于货币政策影响总需求的渠道问题存在明显分歧。

(1) 货币观点与信贷观点之争。

在信用市场存在信息不对称时,有两类途径可以传导货币政策,一类是通过影响银行的借贷行为发挥作用,另一类是通过影响企业和消费者的资产负债构成发挥作用。

银行具有解决信用市场信息不对称的作用,其在金融体系中扮演着特殊的角色。只要没有其他更完善的金融机构来替代零售银行充当资金贷放职能,货币政策就可以通过对银行资金贷放行为的影响来发挥作用。扩张性货币政策会增加银行的准备金和存款,从而增加银行可供借贷资金。当市场主体依赖银行贷款时,银行贷款增加会导致企业投资增加和居民消费支出增加。货币政策的信用传导渠道表明,货币政策对规模较小企业有较大影响,这些企业与大企业相比,更加依赖银行贷款,大企业可以通过发行股票和债券等渠道筹集资金。

货币政策的企业资产负债表传导机制,也与信用市场信息不对称有关。净值低的企业在借贷过程中,更容易发生逆向选择和道德风险问题。净值低意味着借款人可供抵押的资产比较少,并会引起严重的逆向选择问题。低价值的借款人也会引发道德风险问题;这种借款人更乐于投资风险较高的项目。高风险的投资会增加借款人无法还款的可能性,企业净值降低会导致借款和企业投资减少。扩张性货币政策会导致权益资本价格升高,进而提高企业净值,减少逆向选择和道德风险,刺激企业投资增加,总需求随之增加。

货币学派认为，货币政策会引起银行贷款投放行为发生变化。当货币政策引起银行贷款投放增加时，可以引起企业投资增加和居民消费支出增加，进而引起总需求增加。银行贷款数量与利率以及货币供应量一样，是重要的货币政策指标。关于货币政策传导的信贷渠道观点考虑的是银行资产负债表的资产方(贷款)。凯恩斯学派认为，货币政策通过货币渠道影响总需求；作用机制是：货币政策通过影响银行存款规模和货币供给过程，引起利率发生变化，进而引起总支出和总需求发生调整。货币政策对总需求的影响与银行资产负债表的负债方(存款)有关。

(2) 货币学派和凯恩斯学派关于货币政策对经济影响的其他争论。

货币学派和凯恩斯学派关于货币政策对经济影响的其他争论，表现在货币政策对总产出和总支出作用的实证研究方面。货币学派专注于简化形式的实证研究方程，认为货币供应量变动对经济活动的影响更加重要。凯恩斯学派通常建立结构模型，来考察货币政策对经济影响。凯恩斯学派利用一系列反映企业和消费者行为的方程来描述经济运行，并由此来说明货币政策对总需求的影响机制。货币学派研究认为，货币供应量增长率下降，会引起经济紧缩。

凯恩斯学派研究发现，利率变化对企业投资影响很小，货币政策对总需求影响的传导机制可以归纳为三种类型：(1)通过企业投资支出起作用；(2)通过消费支出起作用；(3)通过国际贸易起作用。货币政策对总需求的传递机制具体包括八个方面：(1)货币供应量变化引起利率变动进而影响企业投资；(2)托宾 Q 效应；(3)信贷效应；(4)非对称信息效应；(5)利率对耐用消费品支出的影响；(6)财富效应；(7)流动性效应；(8)汇率变动的净出口效应。

本章小结

货币政策对经济的影响包括总需求渠道和总供给渠道两个方面。本章分析了货币政策对经济影响的总需求传导渠道。货币政策对总需求影响与利率变动和/或货币供应量变动等因素有关，并通过这些因素引起总需求发生变化。

1. 利率取决于货币供求关系，也取决于资金供求关系。以流动性偏好理论和可贷资金理论为基础，我们通过分析所有影响货币供求的因素和所有影响资金供求的因素，讨论了影响利率变动的诸多因素，比如经济周期变动、价格变化、收入变化、货币政策等。利率变动会引起企业投资、居民消费、进出口贸易发生变化，并引起总需求发生调整，引起总需求发生变化的是实际利率。使用货币政策调整总需求时，存在中央银行认知时滞和行政时滞、商业银行经营行为调整时滞、居民收入变化时滞、企业生产调整时滞、经济反应时滞等时滞。

2. 货币供应量变动对总需求的调节作用与货币需求函数的形式有关，并取决于货币供给的内生程度。信贷可获得程度(银行信贷配给)会影响货币供应量变化对总需求的调节效果。当货币需求富有利率弹性时，货币供应量变动对总需求的调节作用会受到显著限制；反之，货币供应量变化可有效调节总需求。

3. 货币政策对总需求的影响可使用 IS-LM 模型来分析。使用 IS-LM 模型还可比较货币政策与财政政策对总需求的不同调节特点。当企业投资和居民消费等受利率影响比较大且货币需求的利率弹性比较小时，货币政策对总需求的调节效果比财政政策明显；当企业投资和居民消费等受利率影响比较小且货币需求的利率弹性比较大时，财政政策对总需求的调节作用强于货币政策。在实施货币政策时，有货币供给总量调控和利率调控两种。在作具体选择时，需要考虑商品市场（*IS* 线）和货币市场（*LM* 线）的相对稳定程度。当 *IS* 线的稳定程度强于 *LM* 线时，应选择利率作为货币政策调节对象；反之，应选择以货币供应量作为货币政策调节对象。

4. 货币政策对总需求的调节效果受总产出供给能力约束。在长期，劳动处于充分就业状态，实施扩张性的货币政策刺激总需求时，会引起物价上涨。以 IS-LM 模型为基础，可推导得到反映物价与总产出关系的总需求线。

中文关键词

货币政策传导机制　货币政策总需求传导机制　流动性偏好理论　可贷资金理论　政策时滞　信用配给　关系型融资　金融加速器　财富效应　托宾 *Q* 效应　支出乘数　浮躁情绪　完全挤出　产出的自然率水平　长期货币中性　凯恩斯 45°线　*IS* 线　*LM* 线　总需求　总需求线　货币政策　财政政策　实际货币余额　短期 IS-LM 模型　长期 IS-LM 模型　资产负债表效应

英文关键词

MP transmission mechanism　MP AD transmission mechanism　liquidity preference theory　loanable-funds theory of interest　policy time lags　credit ration　relationship finance　finance acceleration　wealth effect　Tobin Q effect　expenditure multipliers　animal spirit　complete crowd out　output level at natural rate　monetary neutrality in long run　Keynes 45° curve　*IS* curve　*LM* curve　aggregate demand　aggregate demand curve　monetary policy　fiscal policy　real monetary balance　IS-LM model in short run　IS-LM model in long run　balance sheet effects

思考题

1. 中央银行增加货币供给时，会对市场利率产生怎样影响？区分短期效应和长期效应进行说明。

2. 流动性偏好理论和可贷资金理论对均衡利率变动的分析结果是否一致？两者有什么区别？分析股市牛市对市场利率的影响。

3. 在通货膨胀时期，利率会发生怎样变化？基于流动性偏好理论分析经济周期变化对利率的影响，并解释利率顺经济周期变动的原因。

4. 简述政策利率调整对总需求的影响机制。在名义利率接近于零时，如何实施货币政策刺激经济增长？

5. 货币政策实施时滞包括哪些方面？结合中国的经济实践举例说明。

6. 简述银行信贷配给的类型和产生原因。信用可得性是如何影响货币政策总需求传导机制的？在有信用配给情形下，货币当局应该怎样调整货币政策，以提高货币政策的总需求传导效率？

7. 简述货币供应量增加的托宾 Q 效应。货币供应量增加时，股票价格会如何变化？

8. 简述金融加速器效应对货币政策实施效果的影响。

9. 阐述货币市场均衡与 LM 线之间的关系，并给出 LM 线的三种形状和成立条件。

10. 比较货币政策与财政政策对总产出的管理效果。中国人民银行减少货币供应量的同时，政府提高了税率，这对利率和总产出有什么影响？用 IS-LM 模型进行分析。

11. 为什么货币市场波动幅度超过商品市场时应该将利率作为货币政策调控对象？

12. 为什么在长期货币政策扩张和财政政策扩张都不能有效增加总产出？自主性出口大幅上升时，利率和总产出会发生什么变化？

13. 比较货币学派和凯恩斯学派关于货币政策对总需求影响的观点及其政策含义。在增加政府支出的同时减少货币供给，凯恩斯学派的总需求线的位置会有什么变化？货币学派的总需求线会有什么变化？

14. 为什么在“浮躁情绪”变动时，凯恩斯学派的总需求线会发生移动，而货币学派的总需求线不发生移动？

15. 经济增长速度下降时，中央银行将政策利率（policy rate）向下调整 100 个基点。结合中国和美国货币政策实践，分析政策利率下调对市场利率的影响机制，并就利率向下调整的经济效应进行讨论。

16. 政府试图实施扩张性财政政策刺激经济，请问在何种情形下需要宽松货币政策配合？结合中国和美国的货币政策实践进行分析。

17. 货币政策滞后效应与哪些因素有关？如何测算货币政策滞后效应？如果经验分析得到货币供应量增加与利率变动有以下关系（ib 为中长期国债年利率；$DM1$ 为狭义货币 $M1$ 月度增长率；t 为当前月份），计算货币供应量增加的收入效应滞后期，以及经过多长时间以后收入增长的利率提高效应足以抵消货币供应量增加的利率下降效应。

$$
\begin{aligned}
ib = & -0.02067 - 0.02937DM1_t - 0.0238DM1_{t-1} - 0.01248DM1_{t-2} + 0.01049DM1_{t-3} \\
& + 0.0035DM1_{t-4} + 0.0075DM1_{t-5} + 0.03091DM1_{t-6} + 0.03298DM1_{t-7} \\
& + 0.04600DM1_{t-8} + 0.02914DM1_{t-9} + 0.02527DM1_{t-10} + 0.02038DM1_{t-11} \\
& + 0.01803DM1_{t-12}
\end{aligned}
$$

18. 假设边际消费倾向为 0.5，为使总产出增加 10 000 亿元，需要政府支出增加多少，才能达到总产出增加目标？

19. 假定货币流通速度为5，货币供应量为4 000亿元，试画出总需求线；如果货币供应量下降到2 000亿元，总需求线的位置会发生什么变化？

20. 假定经济由四部门组成：$Y=C+I+G+NX$；其中居民消费函数为$C=300+0.8Yd$（Yd为可支配收入），企业投资函数为$I=200-1\,500r$（r为利率）；政府支出为$G=200$，税率$t=0.2$；净出口函数为$NX=100-0.14Y-500r$；实际货币需求为$L=0.5Y-2\,000r$；货币供给为$M=550$。试求：(1)总需求函数。(2)物价水平$P=1$时的利率和国民收入，并证明私人部门、政府部门和国外部门的储蓄总和等于企业投资。

21. 货币需求的利率弹性很大时，(　　)。(单选)

A. IS线较为平缓　　B. IS线较为陡直

C. LM线较为平缓　　D. LM线较为陡直

22. 企业投资和居民消费对利率变动缺乏弹性，以下说法不正确的是(　　)。(单选)

A. 扩张性财政政策对私人部门支出有完全挤出效应

B. 增加财政支出有助于总产出增长

C. IS线较为陡直

D. 增加货币供应量不能使总产出增长

23. 货币供应量增加会产生(　　)。(多选)

A. 托宾Q值变大效应　　B. 财富价值增加效应

C. 利率下降的流动性效应　　D. 总产出增加的时滞效应

阅读材料

Bernanke, B.S., and Mark Gertler, 1995, "Inside the Black Box: the Credit Channel of Monetary Policy Transmission", *Journal of Economic Perspectives*, 9(4):27—48.

Brunner, K., and A.H. Meltzer, 1972, "Money, Debt and Economic Activity", *Journal of Political Economy*, 80(5):951—977.

Laurens, Bernard, and Enrique G. De La Piedra, 1998, "Coordination of Monetary and Fiscal Policies", IMF Working Paper(March 1998).

Modigliani, Franco, 1986, "Life Cycle, Individual Thrift, and the Wealth of Nations", *American Economic Review*, 76(3):297—313.

Piti, Disyatat, 2008, "Monetary Policy Implementation: Misconceptions and Their Consequences", BIS Working Papers, 269.

Roley, V.Vance, and Jr. Gordon H.Sellon, 1995, "Monetary Policy Actions and Long-Term Interest Rates", *Federal Reserve Bank of Kansas City Economic Review* (Fourth Quarter):73—89.

Tian, Suhua, Yang Yunhong, and Zhang Gaiyan, 2013, "Bank Capital, Interbank Contagion, and Bailout Policy", *Journal of Banking and Finance*, 37(8):2765—2778.

Tobin, James, 1958, "Liquidity Preference as Behavior towards Risks", *Review of*

Economic Studies, 25(2):65—86.

贾康、孟艳:《关于财政政策与货币政策协调配合的简要认识》,《财政研究》2008 年第 6 期。

汪小亚、卜永祥、徐燕:《七次降息对储蓄、贷款及货币供应量影响的实证分析》,《经济研究》2000 年第 6 期。

附录 7A 普尔(Poole)模型与货币政策目标选择

如果货币政策的目标变量只能从利率和货币总量中选择一个,应该如何选择呢?普尔(Poole, 1970)利用简化的 IS-LM 模型对这个问题进行了分析,发现不同类型的经济波动对货币政策目标变量选择的影响。①简化的 IS-LM 模型可以用式(7A.1)和式(7A.2)表示。式(7A.1)为 IS 方程,由总产出 Y=居民消费 C+企业投资 I 简化得到;式(7A.2)为 LM 方程,货币供应量 M 与总产出 Y 正相关,与利率 r 负相关。两个方程中的变量均为以自然对数形式表示的实际变量。

$$Y=a_0+a_1r,\ a_1<0 \tag{7A.1}$$

$$M=b_0+b_1Y+b_2r,\ b_1>0,\ b_2<0 \tag{7A.2}$$

式(7A.1)和式(7A.2)有三个变量 Y、M 和 r,选择 M 或者 r 作为货币政策目标变量意味着该变量为外生变量,其余两个变量为内生变量。式(7A.3)、式(7A.4)、式(7A.5)和式(7A.6)分别表示采取利率目标和货币总量目标时的模型简化形式。

$$Y=a_0+a_1r \tag{7A.3}$$

$$M=b_0+a_0b_1+(a_1b_1+b_2)r \tag{7A.4}$$

$$Y=\frac{a_1(M-b_0)+a_0b_2}{a_1b_1+b_2} \tag{7A.5}$$

$$r=\frac{M-b_0-a_0b_1}{a_1b+b_2} \tag{7A.6}$$

对于期望的总产出水平 Y_f,可以求出对应的货币政策目标变量值 r^* 和 M^*;参见式(7A.7)。很显然,当 $r=r^*$ 时,一定会有 $M=M^*$,反之亦然。因此,当 IS 线和 LM 线都稳定时,两种货币政策目标变量等价。

$$r^*=\frac{Y_f-a_0}{a_1} \tag{7A.7}$$

$$M^*=\frac{Y_f(a_1b_1+b_2)+a_1b_0-a_0b_2}{a_1} \tag{7A.8}$$

接下来在稳定的模型中添加随机扰动项。将式(7A.1)和式(7A.2)分别写成式(7A.9)和式(7A.10):

① Poole, William, 1970, "Optimal Choice of Monetary Policy Instruments in a Simple Stochastic Macro Model", *Quarterly Journal of Economics*, 84(2):197—216.

$$Y=a_0+a_1r+u \tag{7A.9}$$

$$M=b_0+b_1Y+b_2r+v \tag{7A.10}$$

其中,$E[u]=E[v]=0$, $E[u^2]=\sigma_u^2$, $E[v^2]=\sigma_v^2$, $E[uv]=\sigma_{uv}=0$(假设 u 和 v 不相关)。修改后的模型中 Y 是随机变量,分布取决于选择 M 还是 r 作为货币政策目标变量。通过计算 Y 与期望的产出水平 Y_f 之间的差值可决定货币政策目标变量的选择。构造二次型损失函数 L;参见式(7A.11)。

$$L=E[(Y-Y_f)^2] \tag{7A.11}$$

很容易证明,对于利率目标,当 r 等于式(7A.7)中求得的 r^* 时,期望的损失最小;类似地,对于货币总量目标,当 M 等于式(7A.8)中求得的 M^* 时,期望的损失最小。但这并不意味着此时两者仍然等价,因为简化模型的随机扰动项取决于货币总量目标选择。由式(7A.9)和式(7A.10)可求得带有随机扰动项的产出简化模型;参见式(7A.12)。

$$Y=a_0+a_1r+u=Y_f+u,\ \text{当}\ r=r^*\ \text{时} \tag{7A.12}$$

$$Y=\frac{a_1(M-b_0)+a_0b_2+b_u-a_1v}{a_1b_1+b_2}=Y_f+\frac{b_2u-a_1v}{a_1b_1+b_2},\text{当}\ M=M^*\ \text{时} \tag{7A.13}$$

将式(7A.12)和式(7A.13)分别代入损失函数式(7A.11)中,可以得到期望损失的最小值 L_r 和 L_M;参见式(7A.14)和式(7A.15)。

$$L_r=\sigma_u^2 \tag{7A.14}$$

$$L_M=E\left[\left(\frac{b_2u-a_1v}{a_1b_1+b_2}\right)^2\right]=\frac{a_1^2\sigma_v^2+b_2^2\sigma_u^2}{(a_1b_1+b_2)^2} \tag{7A.15}$$

当 $L_r>L_M$ 时,说明货币总量目标优于利率目标,反之利率目标更好。根据式(7A.14)和式(7A.15),当且仅当式(7A.16)成立时,$L_r>L_M$ 才成立。因此,当总需求扰动方差(σ_u)较大、总需求的利率弹性(a_1)的绝对值较小、货币需求的收入弹性(b_1)和利率弹性(b_2)的绝对值较大时,货币总量目标更好。反之,当货币需求扰动方差(σ_v)较大、a_1 绝对值较大、b_1 和 b_2 的绝对值较小时,利率目标更好。

$$\left(b_1^2+\frac{2b_1b_2}{a_1}\right)\sigma_u^2>\sigma_v^2 \tag{7A.16}$$

由上述可知,仅出现商品需求冲击(即 $\sigma_v=0$)时,应该选择货币总量目标;仅出现货币需求冲击(即 $\sigma_u=0$)时,应该选择利率目标;两种冲击均出现时,目标变量的选择取决于 u 和 v 的相对方差以及 IS-LM 模型的具体形式。当中央银行对货币需求的了解程度远大于经济需求时,σ_v 远小于 σ_u,在此前提下,中央银行会选择货币总量目标。

▶8

经济均衡与宏观经济管理

货币数量论认为，货币供应量增加只会引起物价上涨，真实产出由居民储蓄和劳动生产率决定，不受货币因素影响。货币需求稳定且货币收入流通速度保持不变时，货币供应量变化和总产出变化之间不存在传导机制。古典学派的经济理论认为，真实利率由居民储蓄和企业投资决定，储蓄和投资及真实利率属于长期范畴，中央银行可以影响名义利率，但对实际经济不存在长期影响。

凯恩斯主义认为，名义利率由货币需求和货币供给决定，实际经济和货币部门之间存在显著联系。名义利率变化会引起实际利率变化，并会对总产出和劳动就业产生影响。存在失业时，名义收入受利率影响也就意味着总产出受到了影响。在标准的凯恩斯主义模型中，假设物价保持不变，名义收入与实际产出之间没有差别，总需求增加意味着总产出和劳动就业增加；当经济处于充分就业时，对商品超额需求会引起物价上涨，要从企业用工角度进一步扩大劳动就业就必须降低实际工资，而这只能通过物价水平普遍上涨来实现。但是，新古典学派认为，通货膨胀与劳动失业率之间不存在相互替代关系。

在现实经济中，通货膨胀和失业率之间确实存在替代关系，货币政策对实际经济存在短期影响，货币政策对劳动就业的影响往往先于通货膨胀发生。本章基于 AD-AS 模型，通过引入预期因素，分价格黏性和价格可灵活调整等情形，讨论货币政策对总产出的管理问题，并分析通货膨胀成因及通货膨胀管理问题。①

通过本章阅读可以达到以下五个目标：(1)运用菲利普斯曲线分析物价变动与劳动就业之间的关系；(2)基于菲利普斯曲线和奥肯(Okun)定律推导总供给函数，构建 AD-AS 模型；(3)理解宏观经济短期均衡机制和长期均衡机制；(4)理解通货膨胀的经济影响、发生原因和管理方法；(5)掌握卢卡斯批判的要点，运用新古典模型和新凯恩斯主义模型，分析预期因素对货币政策实施效果的影响。

---

① 参见(1)Bain, Keith, and Peter Howells, 2003, *Monetary Economics: Policy and Its Theoretical Basis*, Palgrave Macmillan。(2)弗雷德里克·S·米什金：《货币金融学》，中国人民大学出版社 2005 年版。

8.1 菲利普斯曲线

8.1.1 简单的菲利普斯曲线

1958年，菲利普斯(Author W.Phillips)研究了1861—1957年英国劳动失业和货币工资变动率等统计资料，并用线图给出了劳动失业率(U)与货币工资变化率($\Delta w/w$)之间的关系。①菲利普斯发现，劳动失业率与货币工资变化率之间存在此消彼长的关系；货币工资变化率增加时，劳动失业率会降低，反之则反是。20世纪60年代初，萨缪尔森和索罗(Samuelson and Solow，1960)将这种关系推广，并将其正式命名为菲利普斯曲线。②

菲利普斯曲线表明，工资变动率($\Delta w/w$，或称工资膨胀率)与现实失业率(U)相对于自然失业率(U_n)之差幅负向相关：$\Delta w/w=-b\times(U-U_n)$，其中$b$是常数且$b>0$，表示对一定的$U-U_n$变动相应的工资膨胀率变动比率。失业率之所以与货币工资上涨率负向相关，原因在于货币工资上涨率是劳动市场超额需求程度的函数。当劳动需求超过劳动供给且失业率很低时，企业之间的劳动使用竞争会使货币工资率上升。反之，失业率越高，劳动越是供过于求，货币工资率上涨越小。

菲利普斯曲线本来只是用于描述劳动失业率与货币工资上涨率之间的关系，但经济学家认为，工资是商品成本的主要构成部分，从而也是商品价格的主要构成部分，因此他们把菲利普斯曲线描述为失业率与通货膨胀率之间的替代关系：失业率高时，通货膨胀率降低；反之则反是。当然，通货膨胀率与货币工资上涨率并不是同一回事，两者的差额为劳动生产率的增长率。

菲利普斯曲线给出的失业率与通货膨胀率之间的关系为实施政府干预、进行总需求管理提供了可供选择的菜单。③它意味着可以以较高的通货膨胀率为代价，来降低失业率或实现充分就业；而要降低通货膨胀率和稳定物价，就要以较高的失业率为代价。

失业率与通货膨胀率之间的交替关系是有限的。失业或通货膨胀严重到一定程度，会引起社会不安定和政治混乱。比如，社会往往无法接受超过4%的劳动失业率或通货膨胀率；这里的4%的失业率或通货膨胀率就会成为“临界点”。

菲利普斯曲线提出了一个有关总供给的观点。菲利普斯曲线表明，总产出增加会使失业率下降，并将提高工资膨胀率，从而导致工资水平和物价水平上升。换言之，菲利普斯曲线意味着总供给曲线是向右上倾斜。此外，它还表明，当劳动力市场出现萧条时，生产成本会下降，将引起总供给线向右移动。

---

① Phillips, Author W., 1958, “The Relationship between Unemployment and the Rate of Change of Money Wages in the United Kingdom 1861—1957”, *Economica*, 25(100):283—299.

② Samuelson, P.A., and R.Solow, 1960, “Analytical Aspects of Anti-Inflationary Policy”, *American Economic Review*, 50(2):177—194.

③ 20世纪50年代和60年代，反映失业和货币工资变动之间关系的菲利普斯曲线，演变成了反映通货膨胀和失业率之间关系的菲利普斯曲线，被用于解释失业率和通货膨胀之间的替代关系。政府部门经常利用这样的关系在通货膨胀和失业率之间进行选择。

图 8.1 给出了简单的菲利普斯曲线。在图 8.1 中，纵轴为货币工资上涨率。图 8.1 有多重含义。第一，经济活动中有多个就业水平和产出水平。第二，在失业率下降到 A 点(菲利普斯给出的是 5.5%)之前，降低失业率不会引起通货膨胀。第三，政府将失业率控制在较低水平时，会出现通货膨胀，比如，失业率在点 C 水平，均衡点为 B。菲利普斯研究的结果是，失业率为 2.5%时通货膨胀率为 2%，通货膨胀与失业之间存在稳定的权衡关系。

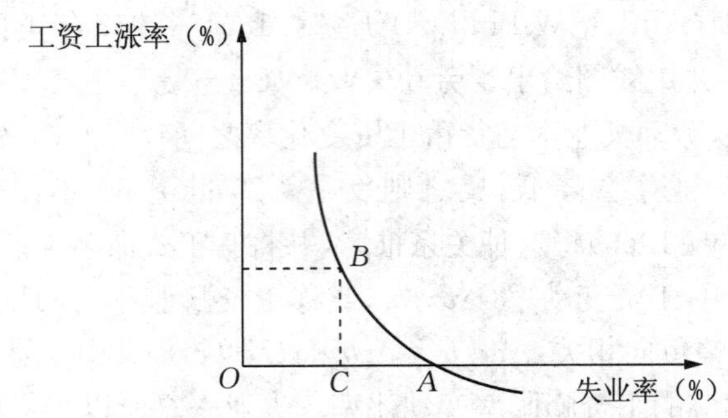

图 8.1　简单的菲利普斯曲线

简单的菲利普斯曲线存在这样几个问题。首先，简单的菲利普斯曲线表示的是纯粹的统计关系，缺乏有关企业和家庭经济行为的微观基础。其次，简单的菲律普斯曲线不能反映最低的失业率水平，虽然失业率不可能降低到零是公认的看法，但是我们并不清楚在均衡条件下失业率应为多少。因此，简单的菲利普斯曲线无法解释许多现实经济问题。

8.1.2　附加预期的菲利普斯曲线

1. 适应性预期与弗里德曼—费尔普斯模型

简单的菲利普斯曲线由于缺乏微观经济基础，且与传统的经济理论以及与 20 世纪 60 年代末 70 年代初期的经济事实相冲突而得到了不断完善。简单的菲利普斯曲线表明，通过一次性提高通货膨胀率可以永久性地增加就业，但是，长期经济活动由实际变量而非名义变量决定。在长期，货币对实际经济活动的影响为中性。

1967 年和 1968 年，费尔普斯(Phelps，1967)与弗里德曼(Friedman，1968)分别发表了对菲利普斯曲线的质疑。20 世纪 60 年代末，费尔普斯通过引入信息因素对工资和物价决定问题进行了理论分析，形成了基于微观基础的第一代失业和通货膨胀关系模型。在这些模型中，厂商和工人不得不在掌握平均价格、劳动工资与雇佣数量等信息之前，根据预期来做出决策，因此可以得到附加预期的菲利普斯线：$\pi=f(u)+\pi^e$，其中 $f'<0$，π 表示通货膨胀率，u 表示失业率，π^e 表示通货膨胀率预期。20 世纪 60 年代后期，通货膨胀稳定上升，失业和货币工资上涨率之间的关系移到了早期的菲利普斯曲线的右边，这就是弗里德曼—费尔普斯(Friedman-Phelps)附加预期的菲利普斯曲线。

在价格制定和工资谈判过程中，厂商和工人对物价和工资水平首先做出预期，通货膨胀率取决于失业率和通货膨胀率预期水平。在失业率既定时，预期通货膨胀率上升 1 个百分点会导致实际通货膨胀率上升 1 个百分点；长期失业率由劳动力市场运行状况决定，不受通货膨胀率影响。

弗里德曼等认为,简单的菲利普斯曲线的移动与劳动力市场以实际工资为主的理性决策有关,成本推动的通货膨胀上升取决于制度变迁和阶层冲突。引入预期因素以后,劳动就业决策会考虑将来的通货膨胀因素。货币工资有可能不等于实际工资。如果工人对通货膨胀估计正确,就不会存在货币幻觉,工人的劳动供给就只与实际工资有关。

由于通货膨胀预期的存在,通货膨胀和失业之间并不存在长期替代关系。在长期,经济将达到由劳动力市场运行状况所决定的均衡失业率水平,预期通货膨胀率和实际通货膨胀率相等。市场主体会以前一期的通货膨胀作为本期通货膨胀预期水平,即 $\pi^e=\pi_{-1}$。想要永久性地把失业率保持在均衡失业率以下,只会导致通货膨胀持续不断地上升。

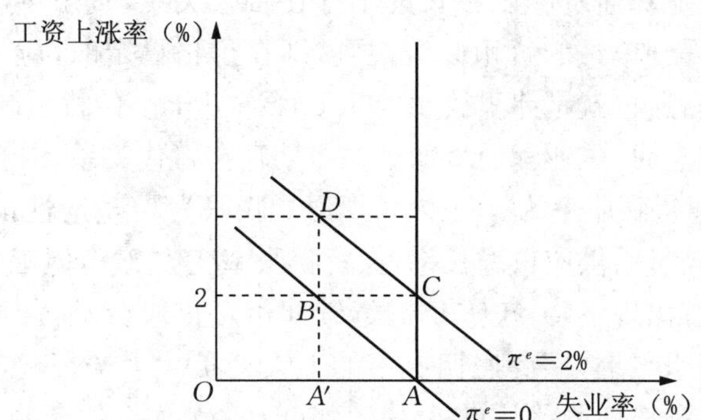

图 8.2 附加预期的菲利普斯曲线

假设最初的通货膨胀预期为 $\pi^e=0$,最初的失业率为自然失业率 u_0(对应于图 8.2 中点 A 的失业率),与这个预期的通货膨胀率对应的短期菲利普斯曲线为 AB(参见图 8.2)。如果决策者想把失业率保持在 u_1(对应于图 8.2 中点 A'的失业率),在短期决策者可以把通货膨胀率提高到 π_1($\pi_1=2\%$)来实现。但是,在实际工资率保持不变时,失业率在下期又会回到原来的 u_0 水平,通货膨胀率预期从 $\pi^e=0$ 提高到了 π_1,而相应的短期菲利普斯曲线则变为高于 AB 的 CD(与通货膨胀率预期为 2%的线对应),政策制定者不得不在 CD 线上进行决策。为了把失业率降低到 u_1,政策制定者只能把通货膨胀率提高到更高水平。

2. 长期菲利普斯曲线

弗里德曼—费尔普斯模型假设工人使用的是适应性预期,以过去通货膨胀率的加权平均来预测未来的通货膨胀。这种预期具有事后特点,过去的预期错误会被带入到未来的通货膨胀预期中。如果通货膨胀稳定上升,工人也会预期通货膨胀稳定上升,并推动货币工资上涨。结果,货币工资增长率与实际均衡工资率之间的差幅会不断扩大,工人提供相同的劳动时会要求越来越高的货币工资,通货膨胀和失业之间的关系就会出现在原先的菲利普斯曲线的右边位置。结果,在每一个通货膨胀预期水平上,会出现不同的菲利普斯曲线。

在短期,当预期不发生改变时,附加预期的菲利普斯曲线仍然向右下倾斜。当实际的通货膨胀率等于预期水平时,失业率不发生变化,产出也不发生变化。附加预期的菲利普斯曲线表明,政府只有通过实行意料之外的通货膨胀政策才有可能提高产出水平。在长期，工人对通货膨胀的预期迟早会与实际的通货膨胀一致，较高的通货膨胀率不再有减少失业的效应，长期菲利普斯曲线为竖直线。

在短期菲利普斯曲线上，工人对实际工资的预期只有一点是正确的，这就是劳动就业的长期均衡位置(如图8.2中的点A、点C等)。将这些点连接起来，就得到长期菲利普斯曲线。长期菲利普斯曲线对应于劳动力市场均衡时的失业水平，也被称作“自然失业率”。它等于工人自愿失业加上结构性因素引起的摩擦性失业，不包括由总需求不足引起的失业。政府只能通过宏观层面的政策管理来影响市场结构，或激励工人在劳动与闲暇之间做出选择来降低自然失业率，而不能采用增加总需求的方法来降低自然失业率。

自然失业率可以与多个通货膨胀水平对应，即使在通货膨胀预期等于实际通货膨胀水平时也是如此。失业和通货膨胀在长期不存在替代关系，货币供应量增加会引起通货膨胀上升。因此，可得到单一的货币政策规则，即在价格稳定时，应使货币供应量增长率等于实际收入变化率，这也就是弗里德曼(Milton Friedman)的货币政策规则①。

经济处于均衡状态时，失业和通货膨胀在短期存在替代关系。我们从图8.2中的点A开始。在点A位置通货膨胀率为0，工人预期通货膨胀为0(适应性预期)。货币当局为了降低失业率，开始提高货币供应量增长率，通货膨胀率变为2%，但工人没有预期到这个通货膨胀，尽管实际工资出现下降，工人仍旧继续向市场供应劳动，如同通货膨胀没有发生一样。在较低的工资水平上，厂商雇佣更多的工人并扩大生产规模，产出和就业增加，经济均衡点沿着短期菲利普斯曲线从点A移动到点B。工人会逐渐调整预期。如果通货膨胀维持在2%的水平上，工人最终会预期通货膨胀率为2%，并要求增加货币工资，以维持实际工资不变。因此，经济活动恢复到长期均衡水平，处于自然失业率状态，通货膨胀率高于点A。只有当通货膨胀率为0时，原先的短期菲利普斯曲线才成立。如果通货膨胀预期为2%并保持不变，则短期菲利普斯曲线向右移动，并与长期菲利普斯曲线相交于点C，实际通货膨胀率为2%。

如果中央银行继续通过提高货币供应量增长率来降低失业水平，则会推动通货膨胀进一步上升。在长期，失业率不会下降，任何低于自然失业率的就业状态都是暂时的，并会带来通货膨胀加速上升。为此，自然失业率也被称为非加速通货膨胀失业率(NAIRU)。

在附加预期的菲利普斯曲线上，政府不再能通过管理总需求来控制失业水平，只有在短期，增加总需求才能降低失业，并且要以加速的通货膨胀为代价。在低于自然失业率状态下政府降低失业的努力只能加速通货膨胀上升。加速上升的通货膨胀会破坏正常的物价运行机制，使经济运行效率降低，并引起NAIRU上升。这会加剧物价水平波动，增加对通货膨胀的不确定性预期。

3. 菲利普斯线的其他形式

理性预期学派认为，理性人在做经济决策时会充分利用所能得到的全部信息，适应性预期的假设不符合实际经济情况。适应性预期假设会导致：(1)系统性预期偏差；(2)额外信息的浪费。②所以，应以理性预期取代适应性预期(Lucas, 1972)。在理性预期条件下，

① 本书第12章对弗里德曼的货币政策规则有详细讨论。

② Lucas, Jr. Robert E., 1972, “Expectations and Neutrality of Money”, *Journal of Economic Theory*, 4(2):103—124.

可得到垂直的菲利普斯曲线。

引入理性预期的菲利普斯曲线的政策含义是，经济主体在货币供应量增加时，会对通货膨胀形成理性预期，在短期，不能通过货币供给变化，来使通货膨胀对预期值产生系统偏误而影响失业率。此外，弗里德曼在其诺贝尔奖演说辞中提出了存在向上倾斜的菲利普斯曲线的可能性，即高度的或激烈的通货膨胀会降低市场的信号功能，引起自然失业率上升。向右上倾斜的菲利普斯曲线表明，由扩张性货币政策引起的通货膨胀，不但不能促进经济增长，反而会破坏市场机制，阻碍经济增长。

8.2 总供给

在第 7 章，我们基于 IS-LM 模型推导出了总需求线。为了更好地理解货币政策对经济影响(例如物价与总产出)，我们还需要引入总供给线。总供给线从企业经营决策角度，给出了总产出(Y)与物价(P)之间的各种组合关系。

8.2.1 总供给函数

在特定的物价水平上，经济活动实际提供的商品和劳务的总和，称为总供给。在菲利普斯曲线中加入通货膨胀预期因素以后，可得到式(8.1)的菲利普斯曲线。①增加了预期因素的菲利普斯曲线表明：当预期通货膨胀率 π^e 上升时，名义工资 w 会上升以防止真实工资下降，菲利普斯曲线向右上移动。预期通货膨胀率越高，总供给越低。对式(8.1)加以变换并用参数 h 代替参数 b，得到式(8.2)。

$$\Delta w/w=-b\times(U-U_n)+\pi^e \tag{8.1}$$

$$U=U_n-\frac{(\Delta w/w-\pi^e)}{h} \tag{8.2}$$

$$\pi-\pi^e=-h(U-U_n) \tag{8.3}$$

由于工资膨胀率($\Delta w/w$)和通货膨胀率(π)相互关联，可用通货膨胀率 π 代替工资膨胀率($\Delta w/w$)，因此得到式(8.3)。式(8.3)表明，失业率 U 对自然失业率 U_n 的偏离，是由未被预期到的通货膨胀率所致。未被预期到的通货膨胀率为实际通货膨胀率减去预期通货膨胀率，即 $\pi-\pi^e$。

在推导总供给函数的过程中，需要建立总产出和失业率之间的关系。在 20 世纪 60 年代，奥肯(Arthur Okun)通过研究美国经济周期中失业和总产出变动之间的经验关系，提出了奥肯定律。②其内容是：失业率每提高 1 个百分点，实际 GDP 将低于潜在 GDP 约 2 个

① 当菲利普斯曲线向右上倾斜时，工资率上升引起工人预期通货膨胀率高于名义工资上涨率，劳动失业率增加。此时系数 b 为负数。

② 奥肯定律相当于考虑劳动投入变化对总产出的影响，不区分短期和长期。参见 Okun，Arthur M.，1962，*Potential GNP：Its Measurement and Significance*，American Statistical Association，Proceedings of the Business and Economics Statistics Section：98—104。

百分点。我们把奥肯定律写成式(8.4)。

$$\frac{y-y^*}{y^*}=-\theta(U-U^*) \tag{8.4}$$

在式(8.4)中，左边表示实际产出增长率 y 对潜在产出增长率 y^* 的偏离，$(U-U^*)$ 表示失业率；常数 $\theta>0$，表示产出缺口和失业率之间的替代关系。我们在得到了附加预期的菲利普斯曲线和奥肯定律之后，就可以推导出总供给函数。

结合式(8.3)和式(8.4)，我们可以将失业率一项消去，并用价格变动率 p 和 p^* 分别代替实际通货膨胀率 π 和预期通货膨胀率 π^e。①因此，得到式(8.5)。经整理以后得到式(8.6)。

$$p-p^*=\frac{h}{\theta}\left(\frac{y-y^*}{y^*}\right) \tag{8.5}$$

$$y=y^*+\frac{\theta y^*}{h}(p-p^*) \tag{8.6}$$

$$y=y^*+\lambda(p-p^*) \tag{8.7}$$

假设 $\lambda=(\theta y^*)/h$，则可将式(8.6)进一步写成式(8.7)。上述式(8.7)就是总供给函数的数学表达形式，即卢卡斯(Lucas)供给函数。

8.2.2 总供给线

企业生产决策与经营成本以及物价水平有关。物价上涨时，因生产成本存在短期调节刚性，经营利润增加，企业会在原有生产能力的基础上扩大生产规模。因此，物价上升时，总产出会增加。总产出随物价上涨而增加的幅度，取决于企业生产成本相对于物价变动的调节程度。总供给线描述了总产出和价格水平之间的各种组合关系，总供给线多为向右上倾斜(参见图 8.3)。

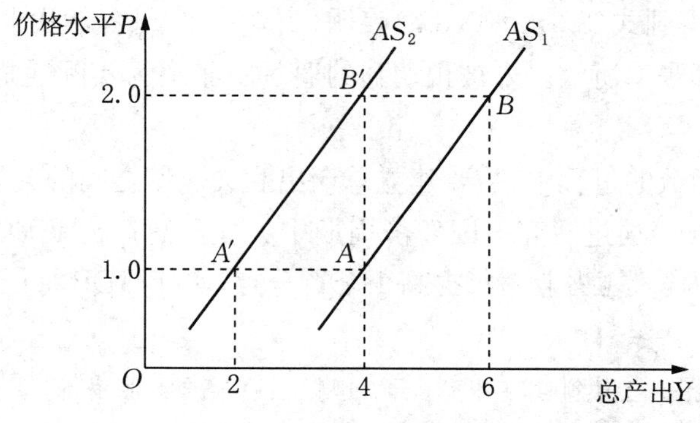

图 8.3 短期总供给线

① 价格变动率等于一般物价指数取对数后的一阶差分，为物价总水平变动率；总产出为总产出增长率。

在极端情形下，总供给线会呈现出水平和竖直的情形。在价格完全刚性时，社会存在大量失业，在产量达到充分就业水平以前，产出增加时物价不会发生变化。此即凯恩斯主义的总供给线，为一条与横轴平行的水平线。①

古典经济学派认为，工资和价格为完全弹性。当物价发生变化时，工人会立即要求增加工资以保持实际收入不变。在这种情况下，劳动力市场始终处于出清状态，也即没有失业。所有的劳动力都得到了利用，此时的总产出也就是充分就业时的产出。古典的总供给线为一条与横轴垂直的直线，产出始终保持在充分就业水平，任何扩张性的总需求管理政策都不会引起产出增加，但会引起物价上升。在式(8.7)中，若 $\lambda=0$ 则可得到古典的总供给线；若 $\lambda\rightarrow\infty$，则可得到凯恩斯主义的总供给线；若 λ 是非零正数，则得到向右上倾斜的总供给线。

8.3 总产出决定

总需求是指在不同的价格水平下市场希望购买的最终商品和劳务总量；总供给是指在不同的价格水平下企业希望出售的最终商品和劳务的总量。总需求和总供给相等时，可以得到均衡的总产出量和物价水平。总供给和总需求分析，分为短期均衡和长期均衡两种情形。

8.3.1 经济短期均衡

在图 8.4 中，总产出的短期均衡水平为 Y^*，价格的均衡水平为 P^*。当价格高于均衡水平时，总产出的供给量大于总产出的需求量；参见图 8.4 中价格为 P'' 时对应的点 A 和点 D。商品和劳务供给超过需求，存在供给过剩，商品和劳务的价格会下降，整体价格水平也会下降，价格总水平要一直下降到均衡水平 P^* 时为止。

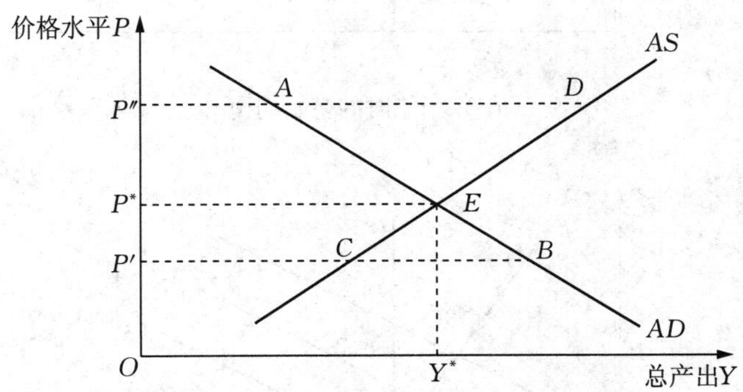

图 8.4　总供给和总需求的短期均衡分析

在价格下降过程中，企业在生产成本保持不变的条件下会降低产量，在产出等于 Y^*

① 当劳动失业很多时，提高工资可以产生很多的劳动就业增加，总产出也会增加。总产出增长率对价格变化率的反应趋近于很大，总供给函数式(8.7)中价格前面的系数 λ 很大。

时达到均衡状态。在价格下降过程中，实际货币余额增加，货币市场上出现超额货币供给，债券需求增加，市场利率出现下降，并引起居民消费、企业投资等增加，直至总需求增加到Y^*时达到均衡状态。

反之，当价格低于均衡价格水平时，总产出的需求量大于总产出的供给量，会引起价格上升，直至价格恢复到均衡水平P^*时为止；参见图8.4中价格等于P'时对应的点C和点B。在价格上升过程中，企业在生产成本保持不变的条件下，会增加产量，在总产出等于Y^*时达到均衡状态。在价格上升过程中，货币市场上出现超额货币需求，债券需求下降，市场利率上升，引起居民消费和企业投资等下降，直至总需求减少到Y^*时达到均衡状态。

8.3.2 总供给线移动

经济周期表现为总产出变动，总产出变动由总需求线和总供给线移动引起。所有影响生产成本的因素都会引起总供给线发生移动，这些因素有四个方面：(1)劳动力市场的松紧程度；(2)通货膨胀预期；(3)工人为提高真实工资的努力；(4)与工资无关的生产成本变动(如能源成本)。前三种因素通过影响工资成本引起总供给线发生移动，后一种因素通过影响其他生产成本引起总供给线发生移动。这四种因素引起的总供给线移动及对总产出和价格水平的影响参见图8.5。

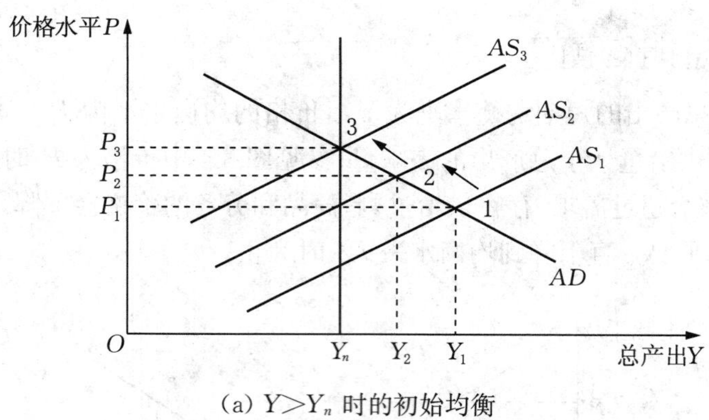

(a) $Y>Y_n$ 时的初始均衡

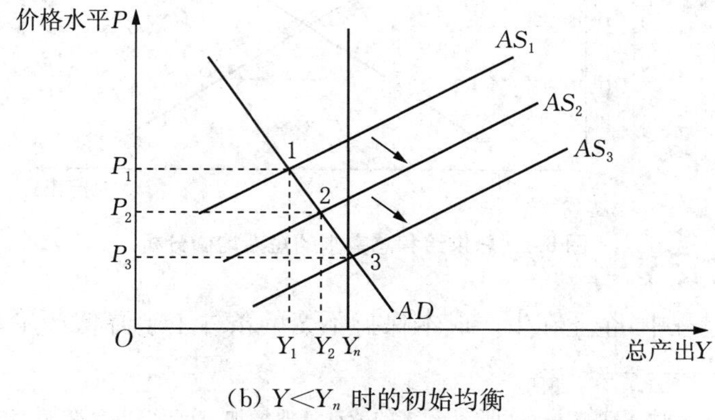

(b) $Y<Y_n$ 时的初始均衡

图8.5 总供给与总需求的长期均衡调整

1. 劳动力市场的松紧程度

劳动力市场吃紧时,工资及生产成本上升,总供给线向左上移动;劳动供给大于劳动需求时,工资及生产成本下降,总供给线向右下移动。

2. 预期的价格水平变化

工人和企业关心的是真实工资,即根据能买到的商品和劳务数量计算得到的工资。当价格水平上升名义工资保持不变时,工人的原有工资收入只能买到较少的商品和劳务。预期价格水平上升时工人会要求提高名义工资,以免真实工资下降。企业知道其产品的出售价格将出现上涨时,会愿意提高工人工资。这会增加生产成本,使其他企业在原有价格水平上的利润降低,迫使那些企业减少生产,进而引起总供给线向左上移动。预期价格水平上升会引起总供给线左移。预期价格水平上升越大,即预期通货膨胀率越高,总供给线向左移动的幅度也越大;参见图 8.5(a)。

3. 工资推动

如果工人通过罢工等手段成功地得到了较高的工资,就会增加企业的生产成本。①在物价水平保持不变时,企业会减少生产,引起总供给线左移。

4. 与工资无关的生产成本变动

生产技术变化和原材料供给变动,构成了对企业生产的供给冲击。生产技术变化和原材料供给变动引起的供给冲击,会导致与劳动工资无关的生产成本发生变动,并引起总供给线发生移动。

负向的供给冲击(比如原材料供给减少引起原材料价格上涨)会增加企业生产成本,使总供给线左移,引起总产出下降。正向的供给冲击会降低生产成本,使总供给线右移,比如好天气带来的粮食大丰收降低了食品价格,新技术开发可提高劳动生产率。此两者可降低企业的生产成本,引起总供给线右移和总产出增加;参见图 8.5(b)。

假定经济活动在开始时处于图 8.6 中的点 1,现因遭遇负向供给冲击(比如石油价格急剧上涨),总供给线从 AS_1 左移到 AS_2,经济活动从点 1 移动到点 2。在点 2,价格水平上升,总产出下降。经济活动从点 1 向点 2 变化时,价格水平上升且总产出下降。此情形被称为滞胀。

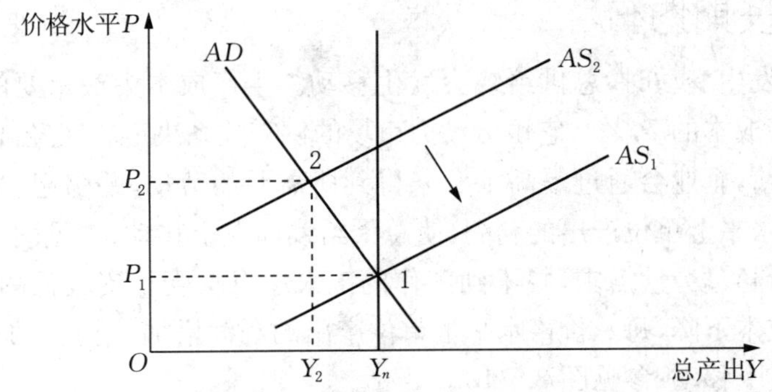

图 8.6　总供给线移动与总产出和价格水平变化

① 在物价保持不变时,名义工资变化等同于实际工资变化。此时工资变化会引起 AS 线发生移动。

在点 2，经济活动并非处于长期均衡状态。在点 2，价格高于经济均衡时的价格 P_1，总产出低于自然率水平，劳动工资会下降，并使总供给线从 AS_2 又回到 AS_1 位置，经济活动沿着总需求线向右下移动，在点 1 达到长期均衡。所以，总供给线左移时最初会引起价格上涨，总产出降低；在总需求线保持不变时，最终的均衡结果是总产出和价格水平回复到自然率状态并保持不变。

8.3.3 总需求线移动

综合凯恩斯学派和货币学派的观点，我们知道影响总需求线移动的因素有六个：货币供给；政府支出；税收；净出口；消费者情绪；企业家情绪。以上六个方面的因素中任一个发生变动，都会通过总需求线移动，引起均衡产出和价格水平发生变化；参见图 8.7。

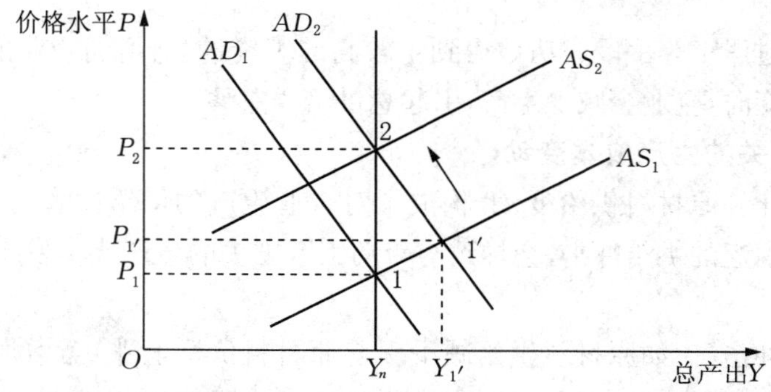

图 8.7 总需求线移动与总产出和价格水平变化

在图 8.7 中，经济活动的长期均衡位置为点 1，总产出为 Y_n，价格水平为 P_1。当中央银行增加货币供给时，总需求线从 AD_1 右移至 AD_2，经济活动的短期均衡位置为点 1′，总产出为 $Y_{1'}$，高于自然率产出水平，工资有上涨压力，并引起总供给线向左上移动到 AS_2 位置，经济活动最后在点 2 均衡，均衡时的总产出为 Y_n，价格水平为 P_2。

8.3.4 经济长期均衡

在生产成本发生变动时，总供给线会发生移动。生产成本中最重要的组成部分是劳动工资（约占生产成本的 70%），它由劳动力市场的供需关系决定。在经济繁荣时期，劳动需求超过劳动供给，企业会通过提高工资来得到所需要的劳动，并引起生产成本增加，从而降低每一价格水平上单位产出的利润，使总供给线向左上移动；参见图 8.5(a)。在经济衰退时，劳动供给超过劳动需求，找不到工作的工人愿意接受工资较低的工作，劳动工资下降，企业生产成本下降，每一价格水平下单位产出的利润增加，企业增加生产，总产出增加，总供给线向右下移动；参见图 8.5(b)。

判断经济繁荣与衰退的重要方法是，将劳动就业状况与自然失业率下的劳动就业进行比较。自然失业率是指劳动供给等于劳动需求时的失业率。当处于自然失业率时，劳动力市场上不存在使工资上升或下降的压力，总供给线不会发生移动。在自然失业率条件下的总产出水平被称为产出的自然率水平。当产出不等于自然率水平时，总供给线就会发生移动。在图 8.5(a)中，当总产出高于自然率水平($Y_1>Y_n$)时，劳动工资上涨，最终使得总供给线移动到 AS_3 位置，经济活动在点 3 达到新的均衡。在图 8.5(b)中，当总产出低于自然率水平($Y_1<Y_n$)时，劳动工资下降，最终使得总供给线移动到 AS_3 位置，经济活动在点 3 达到新的均衡。

上述分析表明，不管总产出原来在什么位置，它终究会回到自然率水平，经济活动具有自我校正机制。对于这个自我校正机制完成经济活动调整到自然率产出水平时所经历的时间，以及是否需要进行政策干预，凯恩斯学派和货币学派有不同的理解。

8.4 通货膨胀

8.4.1 通货膨胀的定义

通货膨胀是指一般物价水平普遍地不断上涨的现象。经济学中有关通货膨胀的定义与新闻报道中的物价上涨概念有一定区别。①当新闻中报道，月通货膨胀为 1%(年率为 12%)时，只是表明本月物价比上个月上升了 1%，这可能只是暂时而非持久的物价变动。只有当物价上涨率在一段时间内持续超过某个水平，比如连续 3 个月物价环比上涨率都超过 2%②，经济学家会说通货膨胀已经很高。经济学家经常用消费价格指数(CPI)③、GDP 平减指数或零售价格指数(RPI)④、生产价格指数(PPI)⑤的变动百分比来衡量通货膨胀率。

8.4.2 货币供给增加与通货膨胀

怎样才能防止通货膨胀呢？弗里德曼认为，在任何时空条件下，通货膨胀都是货币现象。他确信，所有的通货膨胀都源自相对较高的货币供应量增长率，只要把货币供应量增长率降低到合适的水平，就可以避免通货膨胀。其实，只要将通货膨胀定义为物价水平普遍地不断上涨的状况，那么，无论是货币学派还是凯恩斯学派，都会同意弗里德曼的说法，

① (1)曼昆:《经济学原理(第 7 版):宏观经济学分册》，北京大学出版社 2015 年版，第 167—188 页。(2)Mishkin, Frederic S., 2007, *The Economics of Money, Banking, and Financial Markets*, Boston: Pearson/Addison Wesley: 634—638.

② 年化增长率约为 24%。

③ CPI 是经济中最常使用的通货膨胀指标，可用于分析物价变化对消费需求的影响。CPI 主要由以下商品价格构成:食品;烟草;酒精制品;衣物;家居用品;艺术品及其相关服务;药品;医疗用品;交通通信设施;娱乐，教育，文化用品及服务;住房。

④ 相对于 CPI 而言，RPI 排除了许多服务类产品，主要包括以下商品:食品;饮料;烟酒;衣服鞋帽;纺织品;文化办公用品;体育娱乐用品;药品;医疗保健用品;化妆品;书籍、报纸杂志以及电子出版刊物;日常用品;交通通信设施;家具;家用电器以及视听器材;金银珠宝;燃料;建筑，硬件以及电力材料。

⑤ 生产者价格指数可用于分析物价变化对企业投资的影响。生产者价格指数包括以下商品:制造业商品(采掘业、原材料、制造业);消费品(食品、衣服、日用品、耐用品)。

即通货膨胀是货币现象。

1. 货币主义的观点

在货币主义的分析中，货币供应量变化被看作是影响总需求线发生移动的唯一因素。货币主义认为，通货膨胀是由较高的货币供应量增长率引起的。

在图 8.8 中，最初的均衡位置位于总需求线 AD_1 和总供给线 AS_1 相交的点 1，产出处于自然率水平 Y_n，物价水平为 P_1。当货币供应量增加时，总需求线会从 AD_1 右移到 AD_2 位置。在短期，经济活动会移动到点 1′，产出为 Y'，超过自然率产出水平 Y_n。由于失业率降低到了自然失业率之下，因此工资会上升，总供给线会从 AS_1 左移到 AS_2 位置，经济活动在点 2 处均衡，产出恢复到自然率水平 Y_n，物价水平从 P_1 上升到了 P_2。

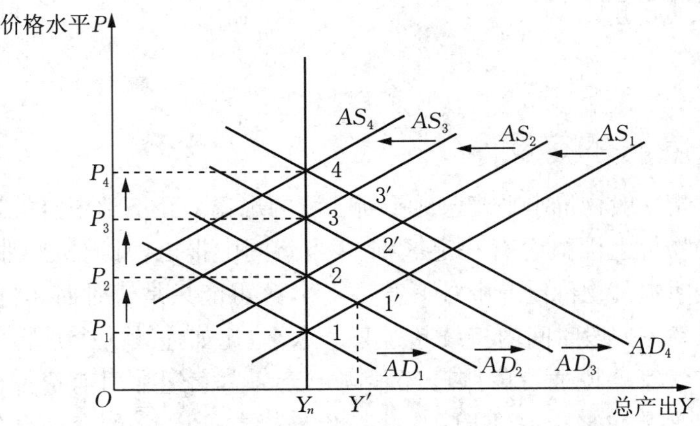

图 8.8　货币供应量不断增加引起物价持续上涨

如果货币供应量继续增加，总需求线则会再次从 AD_2 右移到 AD_3 位置，总供给线从 AS_2 左移到 AS_3 位置，经济活动会先转移到点 2′，然后再移动到点 3。在点 3 物价上升到 P_3，产出仍旧为自然率水平 Y_n。货币供应量不断增加，使总需求线从 AD_1 向右移动到 AD_2、AD_3 乃至 AD_4，总供给线从 AS_1 向左移动到 AS_2、AS_3 乃至 AS_4，结果是物价从 P_1 上升到 P_2、P_3 乃至 P_4。只要货币供应量持续增加，这一过程就会持续下去，并导致通货膨胀发生。

2. 凯恩斯主义的观点

凯恩斯主义认为，除货币供应量以外，财政政策和供给冲击等也会引起总供给线和总需求线发生移动。但是，财政政策和供给冲击等只是一次性地引起物价上涨，对物价的持续上涨没有影响，不会引起通货膨胀。凯恩斯主义认为，货币供应量持续增加是引起通货膨胀的唯一因素。

(1) 凯恩斯主义对扩张性财政政策与通货膨胀关系的分析。

凯恩斯主义对于扩张性财政政策与通货膨胀关系的分析参见图 8.9。在图 8.9 中，经济活动的初始均衡位置为点 1，政府支出的一次性增加使得总需求线从 AD_1 位置右移到 AD_2 位置，经济活动从点 1 移动到点 1′，总产出为 $Y_{1'}$。由于点 1′的总产出高于自然率产出水平，总供给线最终将左移到 AS_2 位置，产出恢复到自然率水平，物价从 P_1 上升到 P_2。物价水平只是一次性上升，并非持续不断上升。在点 2，通货膨胀率又恢复到零的水平。

因此,政府支出一次性增加不会引起通货膨胀。

在图 8.9 中,当政府支出持续增加时,就会引起物价持续上涨,引发通货膨胀。但是,政府支出持续增加并不具有现实可行性。政府支出增加不可能大于国内生产总值,政治因素和政府预算平衡要求,会约束政府支出持续增加,因此,政府支出增加不可能是引起通货膨胀的原因。

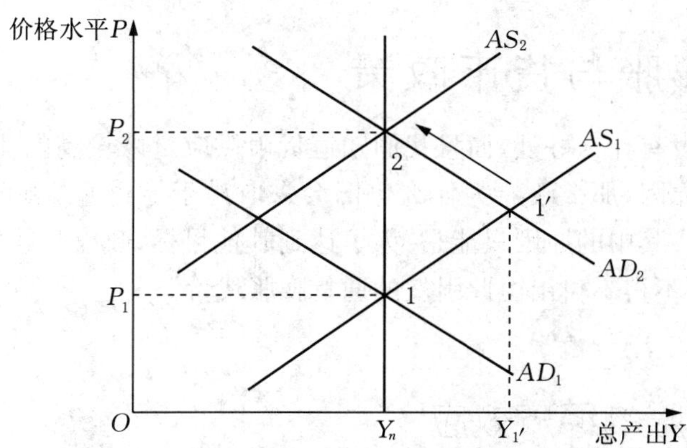

图 8.9　政府财政支出增加引起的物价变动

政府持续减税政策也不会引起通货膨胀。政府一次性减税会引起总需求线向右移动,价格水平会有一次性上涨,但在税收为零时就很难再继续减税,物价上涨过程也不会再持续下去。所以,减税也不是引起通货膨胀的原因。综上所述,政府实施扩张性的财政政策不是引起通货膨胀的原因。

(2) 凯恩斯主义对负向供给冲击与通货膨胀关系的分析。

凯恩斯主义对负向供给冲击与通货膨胀关系的分析参见图 8.10。负向供给冲击(或劳动工资推动)使总供给线从 AS_1 向左移动到 AS_2 位置,并在点 $1'$达到均衡。在点 $1'$,总产出为 $Y_{1'}$,低于自然率水平 Y_n,物价为 $P_{1'}$,高于初始物价 P_1。在点 $1'$存在较高的失业率,劳动工资有下降要求,总供给线从 AS_2 向右移动到 AS_1 位置,经济重新回到充分就业的点 1,物价也恢复到 P_1 水平。如果再次发生负向供给冲击,仍旧会出现同样的情形。所以,负向供给冲击只是引起物价水平暂时上升,不会引起通货膨胀。供给方面的变化不

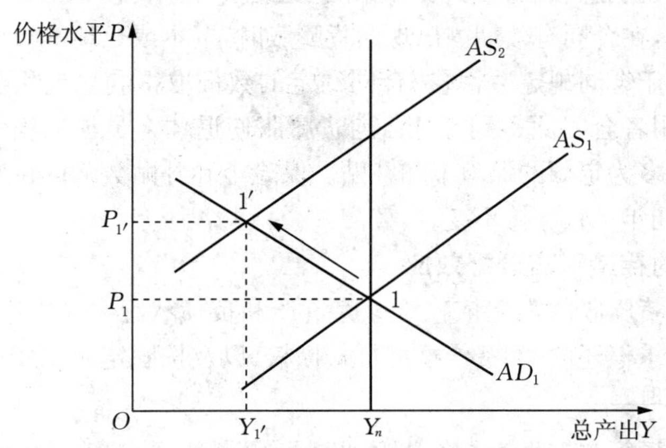

图 8.10　负向供给冲击与物价变动

可能是引起通货膨胀的根本因素。

3. 对货币主义和凯恩斯主义关于通货膨胀观点的比较

凯恩斯学派和货币学派都认为，通货膨胀只能在较高的货币供应量增长率的情形下发生，如果将通货膨胀定义为"一般物价水平的持续上涨现象"，那么大多数经济学家都会同意"通货膨胀在任何时空条件下都是一种货币现象"的观点。

8.5 通货膨胀与货币政策

既然通货膨胀没有什么好处，而且我们知道货币供应量以较高的比率持续增加，是引发通货膨胀的唯一原因，那么政府为什么仍旧会采取易于导致通货膨胀的较高的货币供应量增长率政策呢？其中的原因只能是：为了达到其他目标，政府只能实施较高的货币供应量增长率政策，并不得不付出由此引发的通货膨胀代价。

8.5.1 通货膨胀的经济效应

尽管人们都担心通货膨胀，但事实上，一些人会因通货膨胀得到好处，一些人会在通货膨胀中受到损害。通货膨胀的经济效应主要有三个方面。

1. 通货膨胀的新增收入分配效应

通货膨胀会对工薪阶层产生影响。在劳动力市场上，工人工资往往以合同的方式预先加以确定，货币工资率上涨往往慢于物价上涨。当出现通货膨胀时，工人的名义工资没有变动，但工资的实际购买力却下降了，工人在通货膨胀中受到了损害。如果工资合同调整比较快，或者工资合同中规定工资按照物价变动自动调整，那么，领取工资者受到通货膨胀的损害就会小一些；反之，受到的损害就会很大。在实际经济中，受损害最大的是那些工作成绩很难与工资挂钩的白领工人、公务员及教师等。

通货膨胀可使得以利润为收入者得到好处。①生产成本特别是工资成本落后于产品价格提高，在通货膨胀时期，企业的生产利润呈上升趋势，也即只要生产成本滞后于产品价格上升，那么利润取得者就会从通货膨胀中得到好处。

通货膨胀会使以利息和租金为收入的群体受到损害。利息和租金这两种收入往往以合同的形式被固定，在合同有效期内出现通货膨胀时，资本或土地等要素实际表现出来的利息或地租往往高于合同规定数额，按合同约定的数额取得利息或租金的群体因此受到了损害，借贷或租用者会因此得到好处。通货膨胀使退休人员损失很大。退休人员在社会保险机构领取的多为定额的保险金和补贴。保险金和补贴数额的调整很少能赶得上通货膨胀，有时甚至几年一直保持不变。

2. 通货膨胀的存量财富分配效应

家庭财富受通货膨胀的影响依赖于家庭资产和负债状况。在家庭资产中，有一部分是按照固定金额要求偿还的，如资产抵押贷款债权，以及按固定利息率取得红利的股票和

---

① 企业支付劳动工资、利息、租金、税收等以后，得到可分配利润。可分配利润由企业股东获得，即利润收入者以股权投资者为主体。物价上涨时，企业的固定支付相对稳定，可分配利润增加，股权投资者收益提高。

债券等。在家庭债务中，以抵押贷款、购买汽车贷款等为多数，这些债务大多数要求以固定价格来偿还。通货膨胀对家庭财富的影响取决于资产与负债数额，以及全部资产中按不变价格偿还部分与按可变价格偿还部分各自所占的比重。

出现通货膨胀时，要求按固定金额偿还的资产的实际价值会下降，要求按可变价格偿还的资产的实际价值会保持不变。当通货膨胀未被充分预料到时，通货膨胀对较多拥有按可变价格偿还的资产的家庭有利。

3. 通货膨胀的就业和产出效应

当通货膨胀使就业增加和产出增加时，通货膨胀对就业和产出就有正向效应；反之则反是。未预料到的通货膨胀对就业和产出增加的正向效应比较大，反之，对就业和产出增加的正向效应比较小。当出现未预料到的通货膨胀时，由于货币工资以合同的形式被固定，其变动滞后于通货膨胀，结果会使实际工资下降，企业生产成本降低，进而导致企业增加劳动使用和产出增加。

对于上述观点，并不是所有的经济学家都认同。在反对者看来，通货膨胀不仅仅是价格水平普遍上升，同时也是对价格信号的一种扭曲。在发生通货膨胀时，价格上升快的部门不一定是社会最需要的，由此引起的资源重新配置可能是一种浪费。通货膨胀也有可能使生产者和消费者行为出现扭曲，从而导致更加严重的通货膨胀或经济结构失调。当通货膨胀比较高时，企业预期经济扩张，增加存货持有，以应付即将来临的购买浪潮；消费者为了减少通货膨胀损失，也会积存一定数量的耐用品。在通货膨胀率下降时，企业已经积存了足够的存货，消费者已经有了大量的消费品贮存，结果社会总需求明显下降，经济大幅度萎缩也就不可避免。

从长期来看，通货膨胀对资本积累和经济增长也有影响。当出现通货膨胀时，由于存在货币工资调整滞后，使通货膨胀的收入分配效应朝着有利于以利润为收入者的方向发展。以利润为收入者一般具有高于以工资为收入者的储蓄倾向，利润在其总收入中所占的比重增加有利于资本积累增加，这样就可促进经济增长。

但是，各国在通货膨胀率与经济增长率关系上的实践，并非一直支持通货膨胀的经济增长效应。其中的一个原因是，货币工资调整速度在加快，任何通过保持货币工资不变来促进经济增长的企图，都会使货币工资相对于价格调整的速度出现加快。

经济学家认为，稳定的小幅通货膨胀有助于促进经济增长。①试图达到零通货膨胀（物价维持不变）的做法会导致产品价格、生产盈利和雇员数降低，追求完全的物价稳定会引起通货紧缩（物价持续降低），甚至会引起企业破产与经济衰退，以至于出现经济萧条。

通货膨胀的经济效应与通货膨胀类型有关。对于平衡型和可预料的通货膨胀，最终产品和劳务的价格会普遍地同比例上升，且人们可以预知这种变化。②于是，经济当事人采取相同的预防措施，经济规模不会出现扩张或缩小，相对价格保持不变，资源配置不会发生变动，人们取得的收入也不会发生变化。因此，这种通货膨胀对经济活动没有实质性的影响。除了这种极端的通货膨胀类型之外，其他类型的通货膨胀都会不同程度地产生各

① 美国、英国、欧元区等经济体都将货币政策的通货膨胀目标设定为2%；考虑之一是原材料购买后一段时期的略高于0的物价上涨率，会给企业带来正的预期利润，有助于鼓励企业增加投资。

② 平衡型通货膨胀是指所有商品和劳务的价格同时上涨。

种经济效应。例如,平衡的但预料不到的通货膨胀,会影响收入分配;非平衡的但可预料到的通货膨胀,尽管增加了预见的可能,但由于价格水平变动不平衡,会使得资源配置发生变动,引起产量变动,同时也会造成资源转移费用增加;非平衡的不可预料的通货膨胀则会对收入、财富、产量等产生全面影响。

8.5.2 高就业目标与通货膨胀

政府追求的第一目标往往是较高的劳动就业,这常常会引起通货膨胀。①为促进高就业而实施的经济稳定政策,会产生两类通货膨胀:成本推动的通货膨胀和需求拉升的通货膨胀。

1. 成本推动的通货膨胀

成本推动的通货膨胀,起因于负向供给冲击或工人要求提高工资。对成本推动的通货膨胀的总供给和总需求分析参见图 8.11。

在图 8.11 中,经济活动最初位于总需求线 AD_1 和总供给线 AS_1 相交的点 1,价格为 P_1。假定工人要求提高工资,提高工资使总供给线左移到 AS_2,经济活动新的均衡为点 1′,产出量下降到自然率水平以下,价格上升到 $P_{1'}$。在点 1′,以高就业为目标的政策制定者会实行需求扩张政策,把总需求线提高到 AD_2 位置,因而经济活动会在点 2 恢复到自然率产出水平,价格进一步上升到 P_2。如果工人再次要求增加工资,经济均衡点会移动到点 2′,并再次出现失业,以高就业为目标的政策制定者会再次实行需求扩张政策,把总需求线右移到 AD_3 位置,使经济活动在 P_3 的价格水平上达到自然率产出水平。如果这一过程不断持续下去,物价就会不断上升,并引起成本推动的通货膨胀。

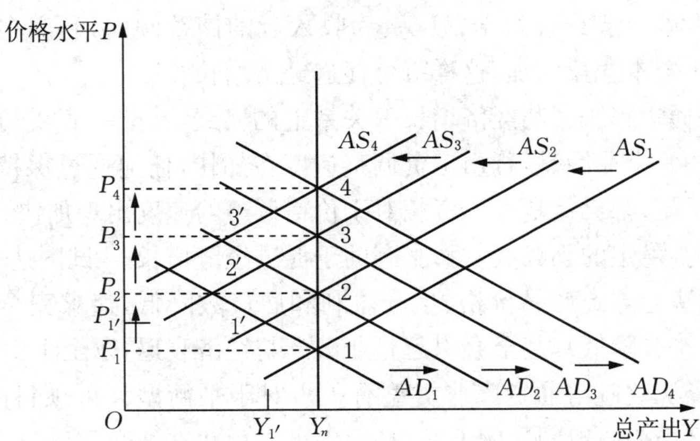

图 8.11　高就业政策目标与成本推动型通货膨胀

在成本推动的通货膨胀中,总供给线从 AS_1 左移到 AS_2 乃至 AS_3,从而使得以高就业为目标的政府,不断地通过使总需求线右移来保持失业和总产出位于自然率水平,并使

① Mishkin, Frederic S., 2007, *The Economics of Money, Banking, and Financial Markets*, Boston: Pearson/Addison Wesley: 638—646.

价格从 P_1 上升到 P_2、P_3，等等。但是，政府支出增加的上限约束和税收减少的下限约束，会阻止扩张性财政政策的长期使用，只有连续地增加货币供给，才可以使总需求线连续右移。也就是说，成本推动的通货膨胀是一种货币现象，没有货币当局默许以较高的货币供应量增长率的适应性政策，它是不可能发生的。

2. 需求拉升的通货膨胀

需求拉升的通货膨胀，是由于政策制定者采用那些使总需求线向右移动的政策而产生的。对需求拉升的通货膨胀的总供给和总需求分析参见图 8.12。政策制定者有一个低于自然失业率的劳动就业目标时，他们会试图使总产出高于自然率水平。这一产出目标在图 8.12 中为 Y_T。假定经济活动最初位于 1 点，产出位于自然率水平但比目标水平 Y_T 要低。为了实现预定的就业率目标，政策制定者实施了增加总需求的政策，总需求线向右移动到 AD_2，新的经济均衡点为点 1′，产出为 Y_T，达到了低于自然失业率的劳动就业目标。

产出为 Y_T 时，失业率低于自然率水平，劳动工资会提高，总供给线会向左移动到 AS_2，经济活动移动到点 2 均衡，失业率和总产出为自然率水平，价格水平上升到 P_2。如果政府再次扩大总需求，促使总需求线再次向右移动（比如 AD_3），以实现较高的劳动就业目标，则会再次引起总供给线向左移动，导致物价进一步上涨，而总产出和失业率仍旧为自然率水平，并引起了通货膨胀。

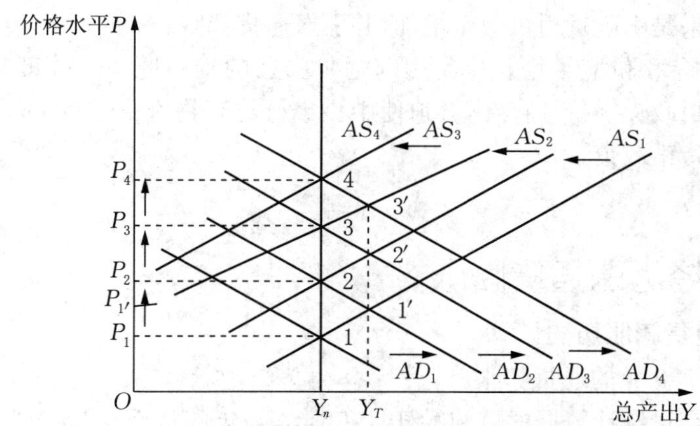

图 8.12　高就业目标与需求拉升型通货膨胀

增加政府支出和减少税收面临着现实约束，难以通过单纯的财政扩张政策达到上述高于自然率的劳动就业目标，只能求助于扩张性的货币政策，即不断增加货币供给。上述通货膨胀是政策制定者采用那些使总需求线右移政策而引起的，因而被称为需求拉升的通货膨胀。

需求拉升的通货膨胀发生在失业率低于自然率水平时期，成本推动的通货膨胀发生在失业率高于自然失业率时期。成本推动的通货膨胀最初可能是从需求拉升的通货膨胀开始。当需求拉升的通货膨胀造成较高的通货膨胀率时，预期的通货膨胀率终于会增加，工人会要求提高工资以保证真实工资不至于下降。这样，需求拉升的通货膨胀最终会触发成本推动的通货膨胀。

8.5.3 财政赤字与通货膨胀

实施会引发通货膨胀的货币政策的另一个原因是政府的财政赤字。

1. 由财政赤字引起的通货膨胀

当政府以创造货币而不是以对公众发行债券来弥补财政赤字时，政府财政赤字会引发通货膨胀。如果财政赤字持续存在且政府依靠增加印刷钞票，不断以货币创造来筹措资金，以应付持续不断的财政赤字，则会引起通货膨胀。为应付暂时性的财政赤字而使货币供应量一次性增加时，会引起物价一次性提高，不会引起通货膨胀。

2. 财政赤字与货币创造

在货币市场和资本市场发达的国家，政府比较容易通过出售长期和短期债券来筹措财政赤字所需资金。在货币市场和资本市场不发达的国家，当政府出现财政赤字时，通过发行债券筹措资金的难度比较大，所能采取的唯一选择就是印制钞票。结果，当相对于国内生产总值而言出现了较大的财政赤字时，货币供给会大幅度增加，从而引起通货膨胀。

有时不太大的财政赤字也会引起通货膨胀，这一点与政府债务货币化以及中央银行为了维持较低的利率目标有关。政府发行债券筹集资金应付财政赤字时，可能会引起市场利率上升。为了维持现有的利率水平，中央银行会买进政府债券来支持债券价格以阻止利率提高。中央银行的债券购买相当于增加发行了高能货币，也即政府发行债券来筹集预算资金的后果是引起货币供应量增加，并引发通货膨胀。

总之，较高的货币供应量增长率是引起通货膨胀的唯一原因。政策制定者坚持的高就业目标和政府财政赤字持续存在，会迫使中央银行放弃物价稳定目标，不得不实施易于引起通货膨胀的货币政策。

8.5.4 中国经历的通货膨胀

1. 中国的通货膨胀历史

(1) 1952—1979 年的通货膨胀。

中国有货币存量统计数据的资料始于 1952 年，当年的货币存量(M2)为 101.3 亿元。1952—1957 年，中国经济中的 M2 基本上以每年 12 亿—15 亿元的速度增加，货币供应量年增长率保持在 10%左右，1957 年达到 197.7 亿元；同时，产出也保持稳定增长。从 1958 年开始，货币供应量增长较快，中国经济中的 M2 以每年平均 25%的速度猛增，导致新中国成立后的第一次通货膨胀。①

1961—1964 年，中国经历了三年自然灾害，出现了通货紧缩，中国经济中的 M2 由 1961 年的 439.8 亿元降到 1964 年的 434.7 亿元。1965—1968 年，每年平均新增货币 56 亿元，年增长速度为 14%，1968 年达到 666.9 亿元。1969—1970 年实行“调整、巩固、提高”的方针政策，出现第二次通货紧缩，年度货币供应量减少近 7 亿元；1970—1979 年，中国经

① 参见：(1)李杰：《通货膨胀与通货紧缩》，中国财政经济出版社 2003 年版，第 365—367 页。(2)苗苏：《细数中国三次通胀，目前无需对 CPI 过敏》，《中国经济网》2007 年 8 月 14 日。

济经历了第三次温和的通货膨胀，每年平均新增货币供给 90 多亿元，增长速度为 15%左右，货币供给增量保持在百亿元之内，增长速度控制在 20%以内。

(2) 1979—1980 年的通货膨胀。

1978 年党的十一届三中全会召开，宣布实施改革开放政策。1979 年 4 月的中央工作会议决定，用三年时间进行国民经济调整，实行新八字方针，即“调整、改革、整顿、提高”。随之，进行了一系列的价格改革。

从 1979 年起，政府提高了粮食、棉花等 18 种农产品的收购价格；粮食收购价格提高 30.5%，棉花收购价格提高 25%，油脂油料收购价格提高 38.7%，并对粮棉油等农副产品实行超购加价政策，扩大议价收购范围。1979 年 11 月，国家又提高了畜产品、水产品和蔬菜等 8 种副食品的价格，并相应给予城镇居民 5 元/人/月的价格补贴。

1979 年 4 月，政府提高了煤炭、铁矿石、生铁、钢锭、钢坯和有色金属、水泥等产品的出厂价格；原煤提价 30.5%，生铁提价 30%，钢材提价 20%。同期，中国农村改革在全国推进，包括降低农业税收，提高农产品价格，允许农民承包土地，开放集市贸易等。当时基建投资规模膨胀，农副产品价格提高，国家不得不对职工进行价格补贴。

1979—1980 年，由于需求大幅度增加，进口量随之上升，外汇储备迅速耗竭，中央政府财政赤字达到 170 亿元以上。因此，国家不得不增发货币 130 亿元，来弥补国库亏损。1980 年底，全国货币流通量比 1978 年增长 63.3%，大大超过同期工农业生产总值增长率 16.6%和社会商品零售总额增长 37.3%的幅度，引发了改革开放后的第一次通货膨胀。商品价格上涨率达到 6%。1980 年 12 月，国务院发布《关于严格控制物价、整顿议价的通知》。这一次通货膨胀过后，政府压缩了基本建设投资，开始收缩银根，并出台了物价控制措施，通货膨胀逐渐得到控制。

(3) 1986—1988 年的通货膨胀。

中国经济从 1982 年开始进入高速增长时期，1984 年第四季度出现了过热势头，开始超量发行货币。1984 年 12 月，现金货币 M0 达到 792.1 亿元，比 1983 年同期上涨 49.5%。从 1986 年开始，为了满足社会固定资产投资增长要求和解决企业资金短缺问题，不断加大政府财政支出，特别是 1988 年实行财政包干体制后，财政赤字进一步扩大。为了应对过热的投资需求和解决财政赤字问题，央行连年超量发行货币。1988 年底，狭义货币 M0 达到 2 134 亿元，比 1987 年同期增加 46.7%。

在此时期，计划价格和市场价格并存，政府以货币形式对企业进行财政补贴，也增加了货币投放量。为应对 1984 年开始的信贷规模过快扩张，1985 年政府动用了国家外汇储备来缩小购买力缺口，回笼货币，严格限制信贷规模，调整银行贷款利率，压缩固定资产投资需求，限期收回 1984 年第四季度超额发放的贷款。

1986 年开始实施“稳中求松”的货币政策，取消央行对各商业银行的贷款限额指标，允许商业银行根据实际需求决定贷款规模，央行在信贷安排资金的基础上，再发放 50 亿元贷款给商业银行，允许其下属各地分行动用超额准备金发放贷款。1987 年为应对信贷过度扩张，再次采取紧缩信贷措施，改进央行信贷管理体制，采取信贷规模控制办法，要求商业银行进行企业化改革，自求资金平衡，强化央行对贷款的季节控制，将贷款控制权集中于中国人民银行总行。

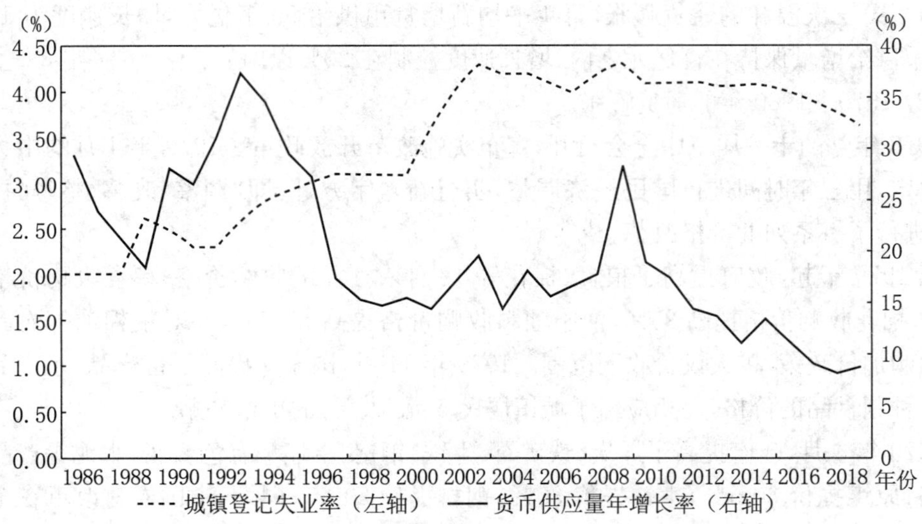

图 8.13　中国的劳动失业率和货币供应量变化

资料来源：(1)城镇登记失业率来自国家统计局；(2)货币供应量年增长率来自中国人民银行。

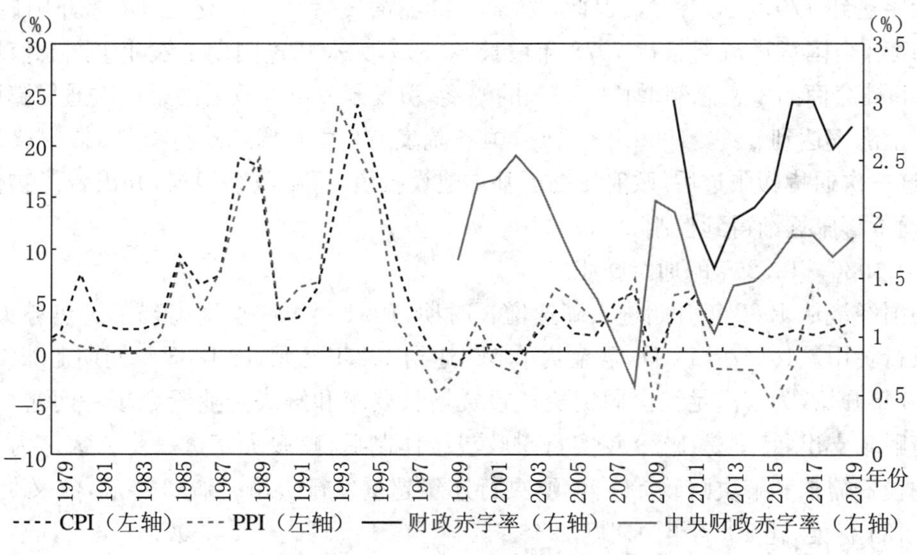

图 8.14　中国的物价水平和财政赤字

资料来源：(1)CPI、PPI数据来自国家统计局；(2)财政赤字率和中央财政赤字率均为当年政府财政赤字预期目标；(3)财政赤字率和中央财政赤字率数据来自国家发改委。

1988年起进一步确立“控制总量，调整结构”的货币政策，在限制信贷规模的前提下，对信贷结构进行调整，以引导资金流通。1988年9月开始紧缩银根，加强货币信贷计划管理，建立起全社会信贷监控制度，对信贷实行“限额管理、以存定贷”的办法。根据存款比例来确定信贷规模，对贷款限额实行“全年亮底、按季控制、适度调节”的办法，保证贷款用于生产性建设，加强信贷结构调节，保证重点生产，对一般性贷款进行压缩，提高贷款利率，减轻通货膨胀压力。与此同时，银行系统推出将存款收益与通货膨胀率挂钩的指数计划即“定期存款保值措施”，以阻止银行挤兑势头。1988 年第四季度三年期的存款利率为 9.71%，1989 年第一季度调整为 13.14%。1989 年贷款总额下降 3.5%，货币供应量比上年减少 470 亿元，货币供应量增长率降至 9.8%。此次货币政策实施，对通货膨胀起到了很好的抑制作用，但过于严厉的货币政策直接导致了 1989 年和 1990 年的经济增长低迷。1989 年经济增长率降至 4.1%，1990 年为 3.8%。

(4) 1991—1996 年的通货膨胀。

1991—1996 年，中国物价出现了普遍的持续上涨，1994 年通货膨胀率高达 21.7%。1993 年，中国固定资产投资增长率一度从 1992 年的 44.4%猛增到 61.8%。由于信贷投放速度加快，1992 年货币投放数量超过 1989—1991 年三年之和。增量现金(M0)投放在 1992 年增长了 33.3%之后，1993 年又经历了 38.4%的增长。零售物价上涨率在 1993—1995 年一直维持在两位数，1991—1996 年的年平均上涨率为 9.27%；居民消费价格指数年平均上涨率为 10.97%，1994 年高达 24.1%。与此同时，中国国内生产总值年度增长率一直保持在 8%—14%的高水平。在这一时期，留在中国人记忆深处的是房地产热、开发区热、集资热。1993 年，全国房地产投资陡然增加到近 2 000 亿元，比 1992 年猛增一倍半还多。①

1993 年下半年中国政府开始对严重的通货膨胀局面实施宏观调控。在提出整顿金融秩序“约法三章”的同时，实施“适度从紧”的财政政策和货币政策，清理违章拆借资金，禁止提高利率搞储蓄大战，要求银行与自己兴办的经济实体脱钩；压缩贷款规模；将货币发行量从 1993 年的 1 529 亿元下降到 1996 年的 917 亿元，广义货币增长率由 1993 年的 37.3%，下降到 1996 年的 25%，压缩国家财政对固定资产的投资规模。通过多拳出击，1996 年，中国固定资产投资增长速度从 1993 年的 61.8%下降到了 18%，三年平均增长率降为 22%。

这一时期，适度从紧的财政货币政策并不是全面紧缩而是重在结构调整，重点是压缩重复建设和房地产项目，在控制总需求的同时增加有效供给，尤其是农副产品有效供给。通过三年宏观调控，通货膨胀率由最高位 1994 年 10 月的 29%回落至 1997 年上半年的 1.8%，GDP 增幅由 1993 年的 13.5%回落至 1997 年的 8.8%，中国经济重新走上了平稳、健康快速、良性发展的轨道，并于 1997 年成功地实现了“软着陆”。

(5) 2004—2007 年的通货膨胀。

进入 21 世纪以后，中国经济一直保持高增长、低通胀的运行态势，在 2002 年通货膨胀率甚至为负数。2004 年，中国通货膨胀率开始呈现上升势头。2007 年 10 月的统计数据显示，CPI 同比增长 6.5%。在构成 CPI 指标的 8 类商品中“5 涨 3 落”，食品价格上涨占比达 88%。2001—2006 年，中国经济中的广义货币 M2 年平均增长率为 17.7%。2007 年 9 月，中国经济中的广义货币 M2 达到 39 万亿元。

2007 年，中国基础货币投放渠道包括以下几个方面：(1)对金融机构的再贴现和再贷款；(2)外汇占款；(3)对财政贷款或透支；(4)央行直接贷款。2004—2007 年国际收支持续

① 刘晓明：《1993 和 2004 年两次宏观调控之比较》，《全球科技经济瞭望》2005 年第 2 期。

顺差，外汇储备不断增加，外汇占款逐渐成为基础货币投放的主要渠道。①

2000—2007年，中国的外汇储备处于较快的增长状态。根据结售汇制度规定，企业超过限额的外汇收入必须在45天内结汇，而用汇时须从银行购买。对于外汇指定银行只能持有额定的外汇，多余或不足部分通过银行间外汇市场买卖，且外汇买卖对象主要为中国人民银行。中国经常项目和资本项目持续双顺差，外汇市场上外汇供给显著大于需求，人民币面临升值压力，民间外汇储蓄和存款大量兑换。为了维持人民币对外汇率稳定，在外汇市场供过于求时，央行只能买进外汇，抛出人民币。

面对2004—2007年的通货膨胀，中国政府从金融和物价两个领域进行控制。在金融领域，针对银行体系中流动性持续偏多、货币信贷扩张压力较大问题，中国人民银行搭配使用公开市场操作和存款准备金等对冲工具，基本上回收了新增外汇占款投放的流动性。

2007年第一季度，中国经济增长速度高达11.1%，中国居民消费价格总水平同比上涨2.7%，3月涨幅达3.3%，4月上涨达3%。2007年5月18日，中国人民银行同时宣布上调存款准备金比率、基准利率和扩大银行间即期外汇市场人民币兑美元汇率浮动幅度等三项货币政策。根据安排，自2007年6月5日起存款类金融机构人民币存款准备金比率上调0.5个百分点。2007年，中国央行共10次上调存款准备金比率，6次加息，同时发行了巨量央行票据。2008年1月16日，央行上调存款准备金比率0.5%，使之高达15.5%。这是自2007年起第11次上调商业银行法定准备金比率。此外，2008年2月14日，中国央行在公开市场上发行了3期共计1 950亿元的央行票据。2007年，人民币对外汇率的浮动弹性进一步增强，人民币实际有效汇率稳步上升。在不到一年的时间里，人民币对美元汇率的中间价先后突破7.8、7.7、7.6、7.5、7.4五大整数关口，累计升值幅度超过6%。

2008年9月，美国金融危机全面爆发，并影响到了中国经济，中国物价上涨压力得以缓解。由于出口减少，企业经营困难增加，中国政府推出了4万亿元的财政刺激计划，并辅之以相对宽松的货币政策，中国经济从控制通货膨胀转向了防止经济衰退方面。

(6) 2010—2013年的通货膨胀。

从2010年开始，美国金融危机的影响逐渐消退，中国经济刺激政策的“后遗症”出现，加上全球经济复苏，中国在内外多因素的共同作用下进入了新一轮通货膨胀。2010—2013年，中国CPI同比涨幅均在2.5%以上。最为严重的2011年CPI同比涨幅为5.4%，是1996年以来的最高值。食品价格飞涨是此次通胀的最直接反映，2010—2013年的食品价格同比涨幅分别为7.2%、11.8%、4.8%和4.7%。

此次通货膨胀的促成原因较为复杂，可以分为国内因素和国外因素。最主要的国内因素是货币供应量高速增长。为了避免经济衰退以及支持应对美国金融危机的一揽子计划(即“四万亿计划”)，中国人民银行从2008年开始采取了适度宽松的货币政策，多次下调存款准备金比率和存贷款基准利率，放松信贷限制，导致货币供应量增速较大。2010—2013年的广义货币M2增长率分别为18.9%、17.3%、14.4%和13.6%，2013年广义货币M2存量超过100万亿元。过多的流动性促使食品以及房地产等价格飙升，加上宽松货币

---

① (1)李晓军、张宏岩:《“高增长、低通胀”现象之我见》,《现代经济》2007年第6期。(2)商灏:《面对升值与通胀的两难选择》,《华夏时报》2007年11月30日。(3)唐甜:《对我国通货膨胀形式的思考》,《科教文汇》2006年9月。

政策和最低工资标准调高等，构成了这次通货膨胀的国内因素。

国外因素方面，发达国家处于零利率和量化宽松时期，美元对人民币持续贬值，国际间宽裕的流动性大量流入中国，导致外汇占款增长较快。2010—2013年的中国外汇储备年平均增长率为12.3%。除此之外，国际原材料价格上涨也是一个重要因素。2010年和2011年的工业生产者购进价格指数涨幅均接近10%。成本上涨给工业企业带来了巨大的涨价压力，推动了中国的通货膨胀。

为了应对此次通货膨胀，中国人民银行迅速地把工作重心转移到稳定物价方面，从2011年开始频繁上调存贷款基准利率和存款准备金比率，利用多种工具控制流动性。2014年，中国CPI同比涨幅降至2.0%，并且在此后一直保持在接近2%的水平。2018年，中国CPI上涨1.9%；2019年，中国CPI上涨2.9%。

2. 中国通货膨胀的成因

(1) 成本推进型通货膨胀论。

20世纪80年代，由于财务制度和劳动用工制度不够健全，产权关系模糊，企业注重短期利益，中国的劳动工资增长率高于劳动生产率增长率，生产成本不断增加；在此时期，原材料相对于经济高增长速度显得短缺，再加上流通领域中"官倒"的存在，中国经济中的原材料价格大幅度上涨。因此，成本推动型通货膨胀成为中国在20世纪80年代某些时期很严重的问题。

(2) 通货膨胀产业结构失衡论。

中国历次发生的通货膨胀可以从产业结构中得到部分说明。在中国经济中，农业长期落后于工业，工业中的基础工业长期落后于加工工业，加工工业的生产结构又跟不上消费需求变化。由于农业发展落后，农产品供应长期紧张，一旦农产品价格放开，就会出现物价上涨。农产品和以农产品为原料的工业品价格上涨，会使城市居民生活费用提高，从而导致工资成本上升。农业发展落后通过工资和其他成本上升而引起物价上涨。另外，由于基础设施长期落后，尤其是运输业，运力不足阻碍了中国不同地区之间的物资余缺调节，进而引起中国部分地区生产资料价格出现大幅上涨。

(3) 成长型通货膨胀论。

可以将经济发展过程分为传统期、成长期和成熟期三个阶段，世界各国经济则可分为传统型经济、成长型经济和成熟性经济三种形式。传统型经济是指那些以农业生产为主的发展中国家，成熟型经济是指发达国家和那些已经完成工业化的国家，而成长型经济则指新兴发展中国家。在成长型经济中，经济发展的扩张性冲动，会引起过度的消费需求和投资需求，并会使供求关系失衡，物价上涨，往往是经济高增长和高通货膨胀并存。20世纪80年代至2008年的部分时期，由于资源相对短缺、投资饥渴和消费膨胀，中国的物价上涨表现出较为典型的成长型通货膨胀特征。

(4) 国际通货膨胀转移说。

这种观点产生于1994年中国实行外汇体制改革以后。当时人民币对美元急速贬值，从1993年底1美元兑5.8元人民币，到1994年初1美元兑8.7元人民币。其后果是：(1)中国出口迅速增长；(2)中国外资流入迅速增长。在强制性结售汇制度下和出于稳定人民币对外汇率需要，中国外汇储备余额迅速增加，因外汇占款而投放的人民币迅速增加。大量流入的外资还投入房地产和固定资产建设领域，推动了固定资产投资规模扩大。因此，中国在1994年后期到2008年前期出现的通货膨胀与外国资金流入有关，并形成了关于中国物价上涨的国际通货膨胀转移说。

8.6 就业压力与政策干预

促进高就业和维持物价稳定是两个重要的政策目标，但菲利普斯曲线表明，高就业目标与物价稳定目标之间有时是相互替代关系，需要政府在做政策选择时加以权衡，以及当可以通过其他手段实现高就业目标时，决定是否有必要付出通货膨胀代价来达到高就业目标。

8.6.1 通货膨胀与经济长期均衡

1. 通货膨胀成本

假设厂商了解商品的当期价格，而且经过一段时间以后也能掌握市场上的其他价格变化。在商品价格上升时，厂商需要判断这是市场需求实际增加引起的物价上涨，还是由于随机需求冲击引起的物价上涨。在第一种情况下，厂商的理性反应是增加产出；如果是第二种情况，厂商就不会增加产出。厂商必须在绝对价格变化和相对价格变化之间加以区分。价格波动越大，厂商甄别正确价格信息的难度就越大，①价格变化引起的厂商供给反应就越小，失业和通货膨胀之间的替代关系往往不再成立，通货膨胀甚至会引起失业率上升。

当通货膨胀比较高时，降低通货膨胀会存在一定难度。工人会根据以前的通货膨胀来预期未来的通货膨胀，继续要求增加货币工资。这样，实际工资会上升，产出会下降，失业率会超过自然率水平。在实施旨在降低通货膨胀的政策时，会导致产出下降。在长期，工人会调整预期，失业率会自动下降到自然率水平。但是，产出下降和失业增加的短期成本会很高，而且我们无法预测工人调节预期具体需要多长时间。此处的长期指的是工人获取全部价格变化信息，并作出行为调整所需要的时间。

通货膨胀还会引起其他福利损失。这些福利损失主要产生于通货膨胀时期人们将货币换成其他资产（被称为皮鞋成本）的成本。如果货币与其他资产有很好的替代关系，在通货膨胀较低时，资产转换成本就不会很大。因此，低通货膨胀往往具有比较高的社会福利。

2. 自然失业率与经济长期均衡

我们需要比较通货膨胀的社会成本和劳动失业的社会成本。失业增加会破坏经济信心，引起企业投资下降和经济增长下降，并会降低工人的劳动技能，使劳动生产率下降。短期失业上升会引起失业在长期进一步上升，失业的长期成本远大于通货膨胀的长期成本。如果失业成本相对高于通货膨胀成本，而且经济活动从来没有达到过长期均衡状态，

---

① 价格波动增加以后，企业难以对项目前景进行准确判断，不利于企业做出投资决定。价格波动增加以后，企业最有可能的选择是对价格变化不做任何反应。

就有必要通过扩张总需求来降低失业率。

在劳动力市场上，实现失业工人与空缺职位匹配是一个耗时的过程。实施货币政策对其加以管理，在短期可能会产生较为显著的实际经济效应；在长期，实际经济活动和劳动就业会通过自我校正机制回到自然率水平。

自然失业率给出了纯粹货币扰动能够影响实际失业率的极限，也强调了均衡失业率的决定因素。厂商可通过设定工资水平来决定拟雇佣的工人数量。厂商希望增加工人总数的意愿越强烈时，劳动失业率越低，厂商需要支付的工资越高。只要能使厂商将工资提高到与工人预期的自然失业率相对应的水平，就可以使劳动力市场达到自然失业率状态。

自然失业率状态也不是在任何情况下都是最优的，其在时间上也非固定不变。由于广泛存在的信息不对称，均衡的自然失业率本身也可能是没有效率的，经济结构内生变化会使均衡的失业路径产生持续的大幅度变动。自然失业率状态会随时间变化。但在进行总需求和总供给分析时，通常假设总供给线移动和总需求线移动对自然产出率没有影响。

真实经济周期论认为，真实的总供给冲击会影响自然产出率水平。该理论认为，对偏好（如工人工作意愿）和技术（生产率）的冲击，会引起自然率产出水平发生明显变动。当经济周期因上述原因发生波动时，就没有必要采取主动政策来消除较高的劳动失业。

自然失业率和自然产出率也受劳动就业的“后遗效应”影响。后遗效应认为，过去的高失业会使现在的就业偏离自然率水平。当失业率因总需求减少而上升时，人们认为自然失业率高于充分就业时的水平，会丧失信心去寻找工作，企业也不愿意雇佣长期的失业者。结果，在失业率升高之后自然失业率会增加，自然率产出水平会下降到原先的自然率产出水平以下。市场自我校正机制只能使经济活动恢复到低于原有自然率水平的新的自然率就业水平，必须通过实施扩张性政策使总需求线向右移动，使总产出和劳动就业达到原先的自然率水平。因此，当失业导致工人丧失劳动技能，或者长期的失业改变了工人工作态度，降低了寻找工作的愿望，并持久地约束工人寻找工作过程和使摩擦性失业增加，以及要花很长时间才能使失业率降低到正常水平时，政府必须采取积极的政策措施来阻止劳动失业增加。

8.6.2 低于自然率水平的经济均衡调节

在图 8.13 中，经济活动的初始均衡位置为总供给线 AS_1 和总需求线 AD_1 相交的点 $1'$，该点上总产出为 $Y_{1'}$，低于自然率产出水平，有失业存在。

1. 政策主动调节

当劳动工资和物价调整过程缓慢，经济在恢复到充分就业的过程中导致大量的产出损失时，政策部门需要主动实施使经济活动移动到充分就业水平的政策，也即实施扩张性政策（增加货币供给、扩张财政支出等），将总需求线向右移动到 AD_2 位置，从而消除高失业。在实施主动调节时，需要确保政府政策主动调节速度快于市场自动调节机制。

2. 市场自动调节

在有高失业率时，如果劳动工资和物价调整比较快，总产出能很快恢复到自然率水平，就无须通过实施主动政策干预使总需求线移到 AD_2 位置，以避免引起物价和产出频繁波动。

相对于市场自动调节而言，如果实施主动政策将总需求线移至 AD_2 需要较长时间，而工资和价格调整较为迅速，则在总需求线右移之前，总供给线可能已经右移至 AS_2（参见图 8.15），经济从点 1′已移至点 1，恢复到了自然率水平，总产出为 Y_n。如果在总供给线向 AS_2 位置调整完之后，总需求线向 AD_2 的移动最终实现，经济均衡位置将变为 AD_2 和 AS_2 的交点 2′，对应的总产出 $Y_{2'}$ 大于自然率水平，总供给线将会进一步向左移动到 AS_1，经济在点 2 均衡，并使产出重新回到自然率水平。在进行政策调节时，总产出经历了从 $Y_{1'}$ 到 Y_n，从 Y_n 到 $Y_{2'}$，再从 $Y_{2'}$ 回到 Y_n 的变化过程，而且物价有所上升。

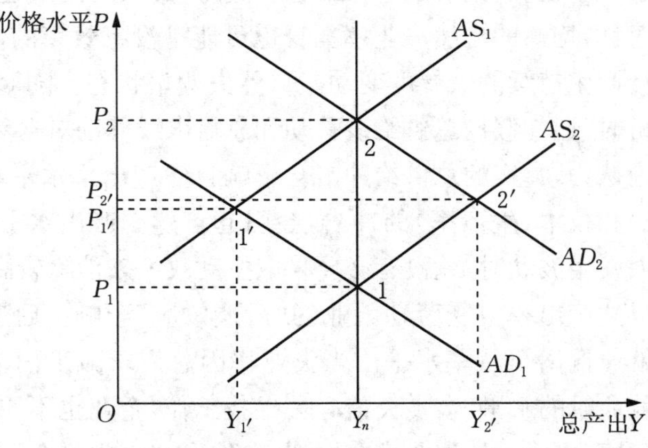

图 8.15　政府干预与市场自动调节

8.7　理性预期

8.7.1　理性预期理论

20 世纪 70 年代中期，经济学家开始大量运用理性预期理论来考察政府政策实施效果不尽如人意的原因（Lucas，1976；Sargent and Wallace，1975）。①理性预期理论认为，如果公众预期某项政策将要实施，政策的实施效果就值得怀疑，且宏观经济模型不能用于预测政策实施的可能结果。

1. 理性预期理论的规范表述

假设 X 为待预测变量，X^e 为对变量 X 的预期，X^{of} 表示使用所有可知信息对变量 X 的最佳预测。理性预期理论可以表述为式(8.8)。

$$X^e = X^{of} \tag{8.8}$$

① 参见(1) Lucas, R.E.Jr., 1976, *Econometric Policy Evaluation: A Critique*, Carnigie-Rochester Conference Series on Public Policy 1: 19—46; (2) Sargent, Thomas, and Neil Wallace, 1975, "Rational Expectation, the Optimal Monetary Instrument, and the Optimal Money Supply Rule", *Journal of Political Economy*, 83(2):241—254。

式(8.8)表明，对 X 的预期等于使用所有可得信息作出的最佳预测。理性预期理论有两层含义：(1)如果某个变量变动的方式有所改变，那么该变量预期的形成方式也会改变。(2)在理性预期条件下，变量 X 实际值与其预测值 X^e 之差的数学期望等于零。

2. 金融市场中的理性预期

在金融市场上，持有证券的投资回报率 RET 等于证券投资的资本利得($P_{t+1}-P_t$)，加上利息(红利)支付 C，除以该证券的原先购买价格 P_t，P_{t+1}为 $t+1$ 期的证券价格。

$$RET=\frac{P_{t+1}-P_t+C}{P_t}$$

$$\text{或 } RET^e=\frac{P^e_{t+1}-P_t+C}{P_t}$$

在上式中，P^e_{t+1}为在 t 时期对证券在 $t+1$ 时出售价格的预期。有效市场理论把对证券未来价格的预期看作是运用现在所有可知信息作出的最佳预测。也就是说，如果市场对未来证券价格的预期合乎理性，即 $P^e_{t+1}=P^{of}_{t+1}$，那么就有 $RET^e=RET^{of}$，其中：

$$RET^{of}=\frac{P^{of}_{t+1}-P_t+C}{P_t}$$

假设 RET^* 为包含风险和流动性因素的均衡回报率，也即为证券供给量与需求量相等时的证券投资回报率，则可用均衡回报率来决定预期回报率，即 $RET^e=RET^*$。在有效市场条件下，有 $RET^{of}=RET^*$。含义是，在金融市场上，证券价格被决定为某一特定水平。在此水平上，用所有可知信息对某种证券的回报率所作的最佳预测，等于该证券的均衡回报率。

在有效市场上，某种证券的回报率低于均衡回报率时，人们会出售该证券，使其价格相对于预期的未来价格不断下降，直到 RET^{of} 提高到 RET^* 的水平为止。反之，投资者会增加持有这种证券，导致该证券价格相对于预期的未来价格有所提高，从而使得 RET^{of} 下降到 RET^* 的水平。在有效市场上，不存在任何未加利用的盈利机会。

上述分析表明，在金融市场上，并非每个人都必须对其所投资的证券了如指掌，只要有一些人在密切注意未加利用的盈利机会，市场中的任何超额盈利机会就会趋于消失。有效市场理论指出，购买证券时不可能获得超过均衡回报率的异常高的投资回报率，影响证券价格的相关信息，所有的市场参与者都能很容易得到，而且已经在证券价格上有所反映。根据这些信息采取行动，得不到高于正常水平的投资回报。

3. 理性预期模型与政策含义

假定财政政策不变，只使用货币政策调节总需求。对所有变量取自然对数形式，将总需求函数表示为式(8.9)。

$$M_t+V_t=P_t+Y_t \tag{8.9}$$

在式(8.9)中，M_t 为货币总量的自然对数；V_t 为货币流通速度的自然对数，P_t 为价格水平的自然对数，Y_t 为实际产量的自然对数。总供给函数采取卢卡斯供给函数的形式。参见式(8.10)。

$$Y_t = Y_P + \beta(P_t - P^e_{t,\,t-1}) \tag{8.10}$$

在式(8.10)中,Y_P 为自然率产出水平,$P^e_{t,\,t-1}$为经济主体在 $t-1$ 期时预期的 t 期的价格水平。卢卡斯供给函数表示,产出水平相对于自然率产出量的偏离取决于实际价格与预期价格之间的差异。在理性预期模型中,预期价格并非固定,而是取决于对所预期到的货币供应量变化所做出的反应。为了进行分析,还必须给出政策制定者的货币供给规则。

$$M_t = aY_{t-1} + \varepsilon \tag{8.11}$$

在式(8.11)中,Y_{t-1}为 $t-1$ 期的产出水平,a 为系数;ε 为随机扰动项,$E(\varepsilon/I_{t-1})=0$;I_{t-1}为 $t-1$ 期可以获得的全部信息,E 为预期算子。式(8.11)表明,t 时期的货币供给为 $t-1$ 期产出水平 Y_{t-1}的函数加上随机的未被预期到的冲击 ε,货币当局和公众都不能预测该冲击。假定为理性预期,预期价格可以表示为式(8.12)。

$$P^e_{t,\,t-1} = E(P_t/I_{t-1}) \tag{8.12}$$

上述式(8.12)表明,在给定模型结构和信息可获得的前提下,预期价格水平 $P^e_{t,\,t-1}$与实际价格水平 P_t 一致。联立总供给函数和总需求函数,消去 Y_t,可得式(8.13)。在预期为理性时,从式(8.13)可得到式(8.14)。①

$$M_t + V_t - P_t = Y_P + \beta(P_t - P^e_{t,\,t-1}) \tag{8.13}$$

$$aY_{t-1} + V_t - P^e_{t,\,t-1} = Y_P,\text{或 } P^e_{t,\,t-1} = aY_{t-1} + V_t - Y_P \tag{8.14}$$

结合式(8.9)和式(8.10)可得式(8.15)。因此,预期价格与实际价格之间的差距为式(8.16)。②使用卢卡斯供给函数,我们可以发现产出为式(8.17)。

$$P_t = aY_{t-1} + V_t - Y_P + \varepsilon/(1+\beta) \tag{8.15}$$

$$P_t - P^e_{t,\,t-1} = \varepsilon/(1+\beta) \tag{8.16}$$

$$Y_t = Y_P + \varepsilon\beta/(1+\beta) \tag{8.17}$$

上述总产出方程的含义是,只有未被预期到的货币供应量变化 ε 才影响总产出,被预期到的货币供应量变化只会影响价格而不会影响产出。理性的经济主体会利用拥有的政府政策知识形成预期,不管政府选择什么样的经济政策,它都不可能欺骗经济当事人,使他们错误地预测价格。

在理性预期条件下,货币供给的未被预期部分和政府支出的未被预期部分都等于零。这意味着经济达到充分就业以后,政府实行扩张性政策引起总需求增加时,理性预期会导致物价水平同比例上升,人们能够对价格进行正确预期。③如果没有随机因素,经济活动会持续地保持在自然率产出水平上。

---

① 由 $M_t+V_t=P_t+Y_t$ 和 $M_t=aY_{t-1}+\varepsilon$ 可得 $aY_{t-1}+\varepsilon+V_t=P_t+Y_t$。因为 $Y_t=Y_P+\beta(P_t-P^e_{t,\,t-1})$,所以 $E(Y_t)=Y_P$;$aY_{t-1}+E(\varepsilon)+V_t=P^e_{t,\,t-1}+E(Y_t)$;$aY_{t-1}+V_t-P^e_{t,\,t-1}=Y_P$;$P^e_{t,\,t-1}=aY_{t-1}+V_t-Y_P$。

② $Y_t=M_t+V_t-P_t=aY_{t-1}+\varepsilon+V_t-P_t$;根据式(8.10)和式(8.14),$Y_t=Y_P+\beta(P_t-aY_{t-1}-V_t+Y_P)=aY_{t-1}+\varepsilon+V_t-P_t$;因此有$(1+\beta)P_t=(1+\beta)aY_{t-1}+(1+\beta)V_t-(1+\beta)Y_P+\varepsilon$。

③ 在理性预期条件下,政府主动向公众传达政策目标和政策实施可以提高政策实施效果。

8.7.2 卢卡斯批判

传统的计量经济学模型经常被用于:(1)预测经济活动;(2)评价政策实施效果。但是,卢卡斯认为,不能指望用这些计量经济模型来评价政府政策对经济活动可能产生的影响。卢卡斯指出,当被预测的变量发生变化时,预期的形成方式(预期与过去信息的关系)也会变化;在预期对经济行为有影响时,计量经济模型中的各种关系不再保持不变,用以往数据测算出来的计量经济模型,不再能正确评价经济行为对变化做出的反应。

按照凯恩斯主义理论来制定经济政策时,可使用式(8.18)来估计安排。在式(8.18)中:Y_t 为被解释变量(可以是总产出、失业率、通货膨胀率等),X_t 为政策变量(可由政策制定者控制,如货币供应量、政府支出、税收等),θ 为结构变量(如边际消费倾向等),e_t 为随机扰动项。

$$Y_{t+1}=F(Y_t,\ X_t,\ \theta,\ e_t) \tag{8.18}$$

在政策制定过程,首先根据现有的 Y_t 和 X_t 的数据来测定经济结构,即估测所有的 θ 值,然后根据未来的期望目标 Y_{t+1} 来确定经济政策。例如,假设中央银行想了解当利率从5%下降到4%时,对失业率和通货膨胀率会产生怎样影响,于是将新的利率水平输入到计算机中,运用估计出来的模型计算出通货膨胀率的可能上升水平,以及失业率的可能变化。中央银行可以将不同的政策数据输入到计算机中,从而得出不同的结果,再通过对这些结果作比较,选择最适合于经济运行目标的政策安排。

用这套看似十分严谨的方法来制定经济政策有什么问题呢?卢卡斯认为,这个模型给出的政策制定方法存在的关键问题在于:模型错误地把有关经济结构的变量 θ 看作是“常数”,而事实上,这些被认为是常数的变量会随着人们对经济环境的反应而发生变化,θ 值实际上代表了一组“行为变量”,而不是常量。例如,当政府政策发生变动时,人们会随着政府政策改变而调整行为,通过搜集信息,家庭或厂商会对政策做出最有利于自己的反应,以实现利益最大化。

当政府出台新的政策时,人们并不是像凯恩斯模型中假设的那样,继续按照原来的行为方式参与经济活动,而是有改变行为方式以更好地适应经济形势的倾向。比如,当政府政策有使居民实际收入减少趋势时,居民的消费行为就不会保持原来的形态,他们会增加当期储蓄以避免在下一期处于贫困状态,也就是说,政府出台的政策会使居民边际消费倾向减小,而在凯恩斯的模型中边际消费倾向被假设为不变。再比如,有收入的人会随时注意所得税变化,人们在决定是否借贷之前总是会关注利率变化,等等。当人们了解到政府政策之后,会调整和改变行为方式,因而 θ 不再是常数,而是随政府政策变化而不断变化的函数,即 $\theta=\theta(X_t)$。当把家庭和厂商的行为看作常数来处理时,政府政策的有效性自然就会很差。

人们会努力搜寻那些对他们有用的信息,来帮助他们形成对未来预期。人们的预期不是对过去数据的简单加权平均,而是结合过去数据和当期政策等信息形成预期。预期变化会引起人们的行为模式发生变化。比如,价格预期会直接影响生产者的产量水平,从而影响总供给,并使得总供给线的位置发生变化。因此,卢卡斯批判也适用于对理性预期理论存在争议的其他经济领域。

需要说明的是,根据经济环境变化,市场主体会积极搜集信息,但这并不代表他们随时都可以获得所需要的信息。正确的理解应该是,理性的市场主体会通过一切办法寻找他们所需要的信息,在搜寻信息的过程中也可能会遇到"信息不对称"。人们在处理信息的过程中会犯错误,但他们在发现错误时会马上改正,因而不会犯系统性的错误。在这种情况下,政府的一切政策都会被发现,市场主体会及时做出与之相对应的有效应对。

8.8 货币政策有效性

在传统的宏观经济模型中引入理性预期以后,人们的行为会根据预期变化而发生改变,在政府通过扩张性政策影响总需求线移动时,总供给线也会移动,而不是像传统宏观经济模型那样总供给线不发生变化,由此就引出了新古典宏观经济模型和新凯恩斯主义模型。

8.8.1 新古典宏观经济模型

在新古典宏观经济模型中,工资物价灵活可变,预期物价上升会立即引起工资和物价相同幅度上升。原因是,当工人预期物价上升时,他们会试图阻止真实工资下降,预期物价上升会立即引起总供给线左移。如果预期变为现实,那么将使真实工资保持不变,而总产出则处于自然率(充分就业)水平。新古典宏观经济模型的基本观点是,预期之中的政策对总产出没有影响,只有预料之外的政策才会对总产出产生影响。①

1. 预料之外的政策与新古典宏观经济模型

对新古典宏观经济模型的讨论,分为预料之中的政策和预料之外的政策两种情形。比如,中央银行希望通过实施扩张的货币政策来刺激总产出增加。在图8.16中,假设期初的总供给线为AS_1,总需求线为AD_1,均衡价格和产出分别为P_1和Y_n,此时的产出为充分就业时的水平。当中央银行出乎公众意料地增加货币供给时,总需求线会从AD_1右移至AD_2的位置。公众预期价格没有发生变化,总供给线不发生移动。经济均衡点为AD_2和AS_1的交点2,总产出上升到了Y_2,价格上升到P_2。预料之外的扩张性货币政策,可达到在短期增加总产出的目的。在长期,公众会形成价格上涨的判断,要求增加工资并使AS_1向左移动,总产出回到Y_n水平。

2. 预料之中的政策与新古典宏观经济模型

当政府实施扩张性的货币政策且该政策被公众预料到时,总需求线会首先移动到AD_2位置(参见图8.17),并引起价格上升。在这种情况下,工人会要求提高工资从而使实际工资不会因价格上升而下降。于是,总供给线向左移动到AS_2位置,与AD_2相交于新的均衡位置点2,总产出仍旧保持在自然率水平Y_n上,价格从P_1上升到P_2。从上面的分

① Mishkin, Frederic S., 2007, *The Economics of Money, Banking, and Financial Markets*, Boston: Pearson/Addison Wesley: 660—676.

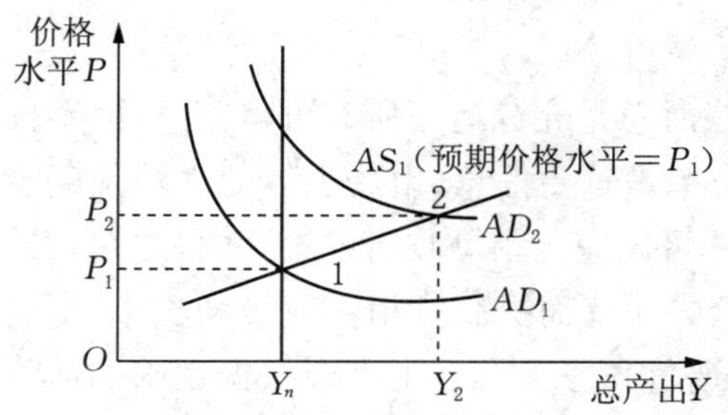

图 8.16　新古典模型与预料之外的政策扩张效应

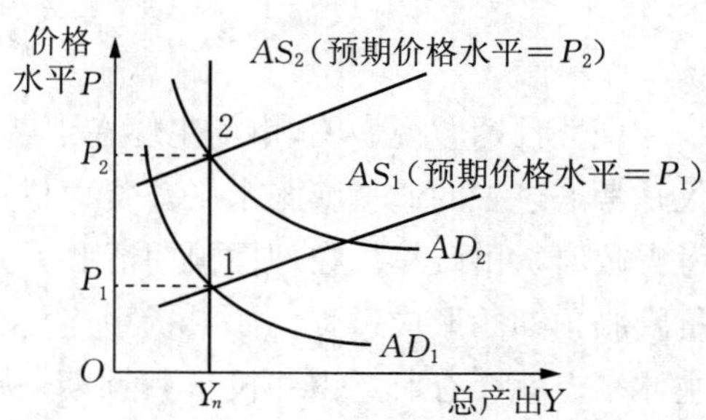

图 8.17　新古典模型与预料之中的政策扩张效应

析可以看到，在新古典宏观经济模型中，如果政府采取的政策被公众预料到，即使在短期，扩张的货币政策也不能使总产出增加（产出仍然维持在 Y_n 水平），只有预料之外的政策才对总产出存在影响。在某些情形下，扩张性的政策甚至会导致总产出下降。

假设理性预期条件成立，中央银行的扩张性政策被公众所预料，期初的总供给线为 AS_1，总需求线为 AD_1，均衡产出为自然率水平 Y_n，价格水平为 P_1（参见图 8.18）。当人们预期中央银行会采取扩张性的货币政策来刺激经济，使总需求线移动到 AD_2 位置时，工人会要求提高工资，以阻止实际工资下降，并将总供给线从 AS_1 左移到 AS_2 位置。当中央银行的货币扩张政策没有达到预期的效果时，总需求线实际上只是向右移动到 AD_3 位置，新的均衡点为点 3，总产出由原来的自然率水平下降到了 Y_3，价格水平上升到 P_3 而不是 P_2。因此，如果扩张性的政策没有预期中的那么强烈，它将导致产出落在一个较低的水平上。①

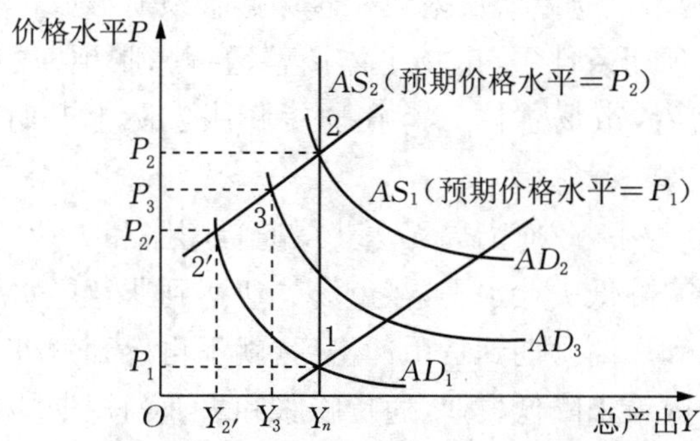

图 8.18　新古典模型与政策扩张引起的总产出下降

3. 政策无效性命题

需求管理政策被新古典宏观经济模型强烈反对。新古典宏观经济模型强调理性预期和市场连续出清，理性预期被认为是对未来事件的准确预测，而且与经济模型预测的结果完全一样。在理性预期条件下，通货膨胀预期是对实际通货膨胀水平的无偏估计。对通货膨胀的理性预期可以写成式(8.19)。在式(8.19)中，$\hat{P}_t^e$ 表示预期的 t 时期物价变化，$\hat{P}_t$ 为 t 时期物价的实际变化，ε_t 为随机误差项，均值为 0，形成预期所依据的信息集与之无关，也即预测误差不存在时间序列相关性。

① 市场预期高估了政策实施强度，严格意义上讲不能称之为理性预期。

$$\hat{P}_t^e = \hat{P}_t + \varepsilon_t \tag{8.19}$$

理性预期假说表明,市场主体在预期通货膨胀时总是充分运用所有可得信息,而不仅仅是考虑过去的通货膨胀水平。货币供应量增长率是重要信息,市场主体的理性预期会考虑政府货币政策。在理性预期情形下,市场主体可以完全预见政府政策,并将之纳入通货膨胀预期的形成过程。如果货币当局为了降低失业率而提高货币供应量增长率,市场主体马上就会有所意识并校正其预期,从而引发通货膨胀上升。工人会根据正确的通货膨胀预期要求增加工资,导致实际工资不变,就业和产出保持不变。也就是说,如果货币政策被完全预期到,它对产出和就业就不会有任何影响。这就是政策无效性或政策不相关命题。

市场连续出清假设意味着价格可以瞬间调整到市场出清水平。每一个希望就业的工人都可以在市场出清的均衡工资水平上找到工作,经济处于自然失业率状态。理性预期假说和市场连续出清假说表明,产出和就业会在各自的自然率水平附近随机波动,菲利普斯曲线为一条垂直线。①即使在短期,总需求增加也不会降低失业率水平,只会引起通货膨胀,对需求加以管理没有任何好处。

新古典宏观经济模型表明,政府只能推行出乎市场主体意料之外的需求管理政策,来影响产出和就业。比如,货币供应量的非预期增加会引发工人和厂商将物价普遍上涨看作是物价相对上涨,他们会因此增加产出和劳动供给,经济活动会移动到新的总供给水平。但是,产出和就业增加是暂时的。一旦市场主体意识到相对价格没有变化,产出和就业就会回到各自的自然率水平。此处,有以下两点需要加以说明。

第一,市场主体将货币供应量增长率纳入通货膨胀预期形成过程时,能很快意识到通货膨胀将上升。在理性预期条件下,市场主体调整通货膨胀预期的速度快于附加预期的菲律普斯曲线。对于后者,市场主体只有在通货膨胀实际上升时才会意识到通货膨胀上升。

第二,在理性预期条件下,政府当局无法获得通货膨胀和失业的权衡机会。如果政府当局经常运用货币冲击来降低失业水平,在市场失业达到非意愿水平时,市场主体就会预期到政府的行为。工人和厂商预期到货币冲击后,就不再感到意外。换言之,如果政府当局试图采用扩张性货币政策来降低失业,通货膨胀和失业的短期均衡关系就会消失,短期菲利普斯曲线就越发垂直。如果市场主体相信货币供应量增长率上升没有任何实际效果,只会引发通货膨胀,政府就无法通过提高货币供应量增长率来调节产出和就业水平。如果政府这样做,市场主体立刻就会调整通货膨胀预期,短期菲利普斯曲线会出现外移,经济仍旧维持在自然率水平,货币再次显示出中性特征。

政策无效性命题阐述了预料之中的政策和预料之外的政策对经济的不同影响。该命题认为,政策制定者如果能弄清楚公众预期,那么就可以知道政策实施结果,但弄清楚公众预期是不可能的,而且公众预期并非固定不变。斟酌决定的经济稳定政策会使公众感到意料之外的政策变化,引起总产出在自然率附近波动,从而对经济产生不利影响,政策

① 连续出清意味着价格可以灵活调整,但经济经常受到的意外冲击会引起总产出围绕自然率水平随机波动,比如2020年新冠肺炎疫情全球扩散蔓延对宏观经济的影响。

制定者应放弃斟酌决定的政策。预料之中的政策对总产出没有影响,但对价格有影响,为了减少政策不确定性和保持价格稳定,货币当局应保持货币供应量增长率稳定,并使其与价格稳定相适应。

理性预期是支持政策无效论的第一个基础。理性预期假说强调,经济市场主体以理性预期进行经济活动,不管政府或货币当局采取什么样的稳定经济的政策措施,他们总能预期到政府政策及其结果,从而采取相应的对策,抵消政府政策影响,使之归于无效。但仅有理性预期还不能使政策无效命题成立,它仅仅是必要条件,还不是充分条件。假定货币当局对经济情况具有比公众更好的信息,也即货币当局比公众先了解到关于总需求的冲击信息,那么,每当发生总需求正向冲击时货币当局就减少货币存量,而当存在负向冲击时则增加货币存量,货币当局仍能"逆经济风向行事"。因此,仅有理性预期,政策无效命题并不必然成立。

卢卡斯供给函数是支持政策无效性命题的第二个基础。卢卡斯认为,对自然率产出偏离是由预期错误引起,高于或低于预期价格的实际价格,会促使人们认为相对价格已经改变。如果人们具有理性预期,他们会利用所拥有的有关货币当局的政策规则知识,形成对未来价格预期,不论货币当局采取什么样的货币供应量增长率,当事人都不会犯预期错误,货币政策对产量和就业没有任何影响。卢卡斯供给函数由下列假设导出,即价格具有完全弹性,并且能够迅速地出清市场。然而,由于契约协议、调整成本等原因,价格调整往往具有黏性特征,即使人们具有理性预期,货币当局仍旧可以通过调整价格而对实际工资做出调整,从而使产量偏离其自然率水平,因此政策无效性命题不再成立。

上述表明,政策无效性命题是理性预期假说与新古典学派关于所有市场都能够出清命题结合在一起的产物,理性预期假说与非市场出清假设相结合就会得到政策有效的结论。

8.8.2 新凯恩斯主义模型

在新古典宏观经济模型中,我们假定工资和价格具有完全弹性,工人因担心实际工资下降而使名义工资与价格水平保持同比例上升,且工资上涨为瞬时完成。新凯恩斯主义模型不同意工资和价格的完全弹性,认为存在某些因素妨碍工资和价格完全随预期价格上升而上升,即"工资和价格调整存在黏性"。

新凯恩斯主义学派也承认预期对总供给有重要影响,把理性预期理论看作是预期如何形成的合理描述。新凯恩斯主义模型的基本结论是,较之预料之中的政策,预料之外的政策对总产出有较大影响。而且,即使是预料之中的政策也能影响总产出和经济周期,政策无效性命题不成立。

1. 预料之外的政策与新凯恩斯主义模型

假定期初的经济均衡点由总供给线与总需求线共同决定于图 8.19 中的点 1。中央银行希望通过实施扩张性的货币政策来刺激经济,例如增加货币供应量,这会使总需求线由原来的 AD_1 移动到 AD_2。由于政策是预料之外的,公众没有改变对价格水平预期,总供给线没有移动,仍然在 AS_1 位置,均衡价格上升到 P_U,总产出上升到高于自然率水平的

Y_U。从预料之外的政策实施效果来看,新古典宏观经济模型和新凯恩斯主义模型没有明显区别。

2. 预料之中的政策与新凯恩斯主义模型

如果中央银行的政策被公众预期到了,那么新凯恩斯主义模型的结论就与新古典宏观经济模型有所不同。在图8.20中,期初的总供给线为AS_1,总需求线为AD_1,总产出为自然率水平Y_n。如果中央银行的政策被人们预期到了(部分原因可能是公众的经验),那么当扩张性的货币政策引起价格上升时,人们对价格的预期也会随之上升,并引起工资上涨压力。由于价格调整具有黏性,在总供给线向左上移动时,并不像新古典宏观经济模型那样能够上升到AS_2的位置,而只是上升到AS_A的位置,均衡产出为Y_A,高于自然率产出水平Y_n,同时价格上升到了P_A。我们可以看到:与新古典宏观经济模型不同,在新凯恩斯主义模型中,即使是预料之中的政策也会对总产出产生影响。

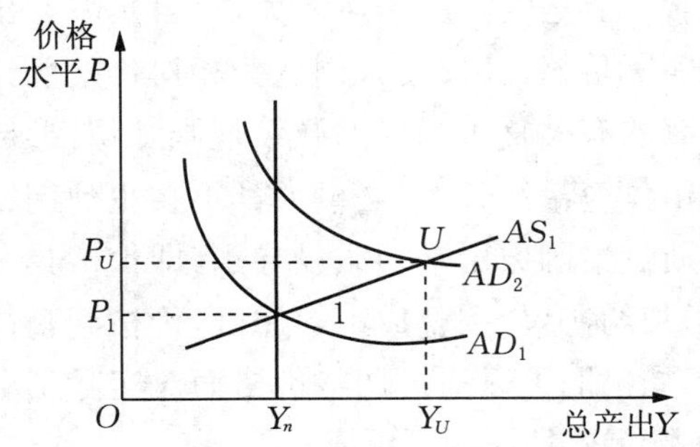

图8.19　新凯恩斯主义模型与预料之外的政策效应

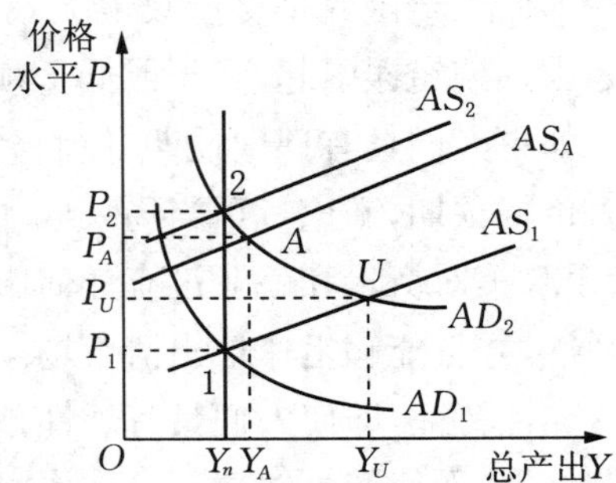

图8.20　新凯恩斯主义模型与预料之中的政策效应

3. 新凯恩斯主义模型的政策含义

对图8.19和图8.20加以比较可以发现,Y_U大于Y_A,也就是说预料之外的政策比预料之中的政策对总产出的增加效果要好。像新古典宏观经济模型一样,新凯恩斯主义模型也对预料之中的政策和预料之外的政策做了区分。新凯恩斯主义模型虽然不像新古典宏观经济模型那样得出政策完全无效的命题,但是它也强调政策是否被预料对政策实施效果的影响。

从上述两个模型我们可以看出,政策制定者在不了解公众对政策预期的情况下,是不能知道政策效果的。这就给政策实施带来了两个困难。第一,由于人数太多,政策制定者几乎不可能弄清每个经济主体的预期水平;第二,由于有理性预期,在政府试图了解公众预期的同时,公众也在尽力预测政策制定者的想法。而且,公众预期会随政府的政策发生改变。因此,不论从上述哪个模型进行考虑,主动性的政策效果都会因为理性预期而被大大削弱,甚至完全没有效果。

8.8.3　理性预期与宏观经济管理

传统模型使用适应性预期,认为公众预期并非合乎理性。传统模型将预期的通货膨胀看作是过去通货膨胀率的平均数,不受公众对未来预期影响,人们不会对将来的货币政策进行预测,也不会因为新的信息而改变预期。在不考虑理性预期的传统模型中,公众对未来政策的预期不会引起总供给线发生移动。

1. 影响总产出和价格水平的短期政策

我们仍然通过总供给—总需求模型来分析总产出和价格的短期变化,并假设引起这一变化的因素是扩张性的货币政策(参见图 8.21)。

在初始时,总供给线和总需求线分别在 AS_1 和 AD_1 位置。当实施扩张性货币政策时,总需求线向右上移动到了 AD_2 位置。扩张性的货币政策为预料之外时,上述三个模型会有相同的短期产出和价格变动。例如,传统经济模型认为总供给线不发生变动,仍然保持在 AS_1 位置,原因是预期的价格水平没有发生变化,这一点在新古典宏观经济模型和新凯恩斯主义模型中也是一样。所以,当政策为预料之外时,三种模型的调节结果都是均衡产出上升到 $Y_{1'}$,价格上升到 $P_{1'}$。

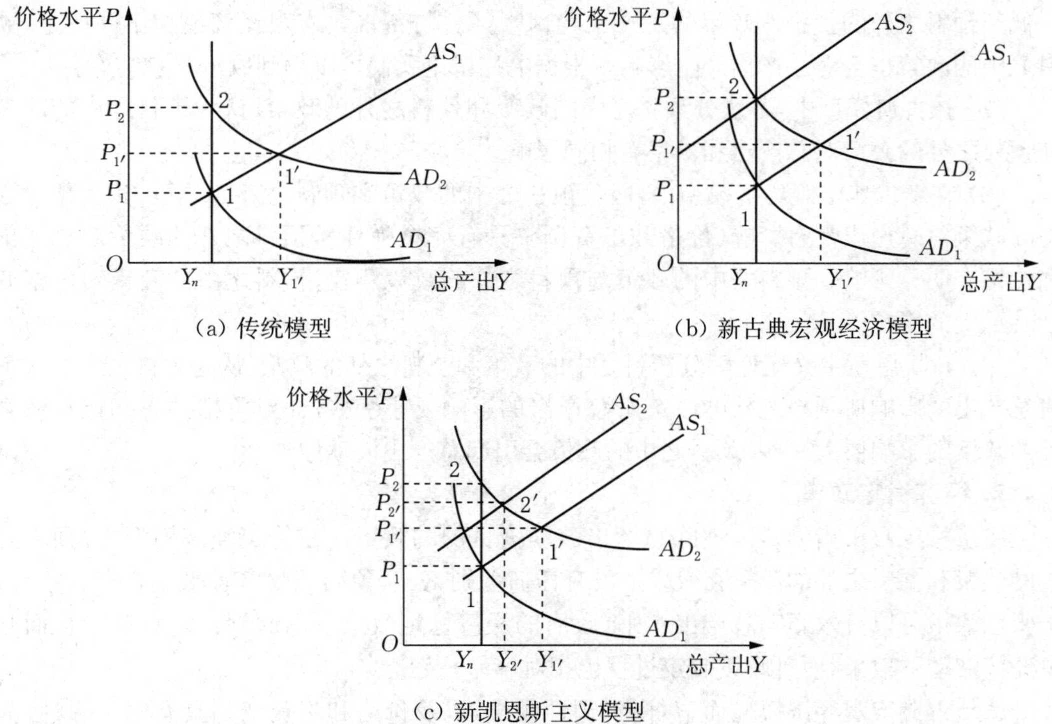

图 8.21 三种模型扩张性政策的短期经济效应比较

当政策在预料之中时,上述三个模型会显示出完全不同的结果。由于传统模型采用的是适应性预期,适应性预期只是对之前数据进行平均而得出预期结果,不会随政策变化而改变,在传统模型中的总供给线即使在政策被预料到的情况下也不发生改变,继续保持在 AS_1 位置;参见图 8.21(a),因为对政策预测与否不会改变人们对价格的预期结果。因此,均衡价格和产出分别上升到 $P_{1'}$ 和 $Y_{1'}$。在传统模型中政策是否被预料到,对于政策实施效果没有影响,两者的均衡调节结果相同,扩张性政策都会对价格与产出产生作用。

在新古典宏观经济模型中,当政策在预料之中时,人们会根据理性预期来调整工资水平,扩张性货币政策会使公众要求提高工资,又由于价格具有完全弹性,在总需求线向右上移动到 AD_2 时,总供给线会向左上移动到 AS_2 位置,从而使产出保持不变,价格有显著上升。在图 8.21(b)中，价格上升到了 P_2，而总产出仍然维持在 Y_n 水平。在新古典宏观经济模型中，预料之中和预料之外的扩张性货币政策有截然不同的结果，预料之中的政策对总产出没有影响，而预料之外的政策会产生总产出增加效应。但是，在预料之中的政策作用下，价格波动要比预料之外的政策剧烈得多。

图 8.21(c)说明的是在新凯恩斯主义模型中政策管理的价格和产出短期效应。当政策制定者采用预料之中的扩张性货币政策时，由于理性预期，人们也会调整对价格预期，但因价格调整不是完全弹性，在总需求线移动到 AD_2 的过程中，总供给线虽然有向左上移动的趋势，但只能达到 AS_2 位置。经济活动的最终均衡点在潜在产出水平的右侧，总产出略有增加(从 Y_n 上升到 $Y_{2'}$)，价格从 P_1 上升到 $P_{2'}$ 的位置，比扩张性货币政策未被预料到时的价格要高($P_{2'}>P_{1'}$)。与新古典宏观经济模型一样，新凯恩斯主义模型也强调预料之中的政策和预料之外的政策效果之间的区别，预料之中的扩张性政策的总产出均衡水平低于预料之外的扩张性政策的总产出均衡水平。与新古典宏观经济模型不同的是，预料之中的政策也会对总产出产生影响。根据上述讨论我们可以得到以下三点结论。

(1) 在古典模型中，不区分预料之中的政策和预料之外的政策，认为预料之中的政策和预料之外的政策对总产出和价格有相同影响。①

(2) 在新古典宏观经济模型中，区分预料之中的政策和预料之外的政策，认为预料之中的政策对总产出没有影响(价格和工资调整具有完全弹性)，预料之外的政策对总产出和价格有明显影响。预料之中的政策与预料之外的政策相比，预料之中的政策对价格变动有更大的影响。

(3) 新凯恩斯主义模型区分预料之中的政策和预料之外的政策，认为预料之中的政策对总产出的影响比预料之外的政策对总产出的影响要小一些，而对价格的影响比预料之外的政策的影响要大一些，预料之中的政策会引起总产出波动增加。

2. 经济稳定政策

经济稳定政策指的是以消除总产出波动为目的的政策。在传统经济模型中，预料之中的政策和预料之外的政策在效果上没有任何差别，公众预期在政府看来没有那么重要，扩张性政策可以有效影响总产出水平，政府的经济稳定政策可以起到稳定总产出从而减少经济波动的效果，而且政策制定过程也相对容易。

就新古典宏观经济模型而言，由于理性预期，以及价格和工资变动具有完全弹性，只有预料之外的政策才能对总产出产生影响，预料之中的政策不但不能影响总产出水平，而且会造成更高程度的通货膨胀。在新古典宏观经济模型中，政府和公众之间存在着博弈，双方都试图获取对方信息，政府试图了解公众的预期水平，公众试图了解政策制定者的政策意向。这一过程的最终结果是，试图改变总产出水平的政策不会总对产出产生任何影响。在理性预期的作用下，总产出在政策实施前后不会有任何变化。不仅如此，过多的积极政策可能会增加总产出围绕自然率水平的波动幅度，这是政策制定者所不愿意看到的。新古典宏观经济模型的建议是，尽量少采取积极的经济稳定政策，应通过制定有效的政策规则，来提高市场行为的稳定性。

---

① 古典模型不存在理性预期，政策实施后尽管价格可以灵活调整，但没有实施依据。因此古典模型对政策实施反应会相对迟钝。古典模型和凯恩斯模型采用适应性预期，这种情形下 AS 线移动比较缓慢。

新凯恩斯主义模型采用的是介于传统模型和新古典模型之间的假设，认为人们服从理性预期假设，但价格调节具有黏性特点。当政策在预料之中时，该模型得出的结论不像新古典模型那么极端。新凯恩斯主义模型认为，即使是预料之中的政策也会对总产出有影响，政策制定者可以借助这种影响对总产出水平加以改变。新凯恩斯主义模型同时也认为，预料之中的政策和预料之外的政策有不同的经济调节效果，但政策实施效果难以有效衡量。所以，新凯恩斯主义模型虽然不像新古典宏观经济模型那样完全否定积极的稳定性政策的作用，但认为政策上的不确定性给政策制定者在实际操作时增加了难度。

上述分析表明，三种模型对旨在减少产出波动的稳定性政策有不同的看法。传统经济模型认为，实施积极的稳定政策可以使总产出波动平稳下来。新古典模型认为，实施积极的稳定政策会使总产出波动增加，政策制定者只有采取公众感到意外的政策才能影响总产出水平，政策实施可以看作是一场博弈。新凯恩斯主义模型采取了介于传统经济模型和新古典宏观经济模型之间的中间立场，认为经济稳定政策可以在一定程度上减少总产出波动。

3. 反通货膨胀政策

随着对通货膨胀日益重视，政策制定者经常会以控制通货膨胀作为货币政策目标。我们同样可以借助上述三个模型，来分析不同条件下反通货膨胀政策的实施效果。

控制总需求是政府实施反通货膨胀政策的基本做法，比如降低货币供应量增长率，使 AD 线从 AD_2 回到 AD_1 位置；参见图 8.22。在传统模型中，人们遵循的是适应性预期，人们的预期不会随政府政策变动而变动，对价格预期不会发生变化，不管政策是否被预料到，总供给线不会被新的政策影响。在传统模型中，政府实施了反通货膨胀政策以后，总供给线仍旧处于 AS_2 位置。最终的均衡产出为 $Y_{2'}$，均衡价格为 $P_{2'}$；参见图 8.22(a)。

在图 8.22(a)中，均衡价格 $P_{2'}$ 低于不采取政策前的水平，所以该政策能够降低通货膨胀率，但整个经济为通货膨胀水平的降低付出了巨大的成本：均衡产出从自然率水平 Y_n 下降到了充分就业水平之下的 $Y_{2'}$。实证分析表明，在传统经济模型中通货膨胀率每下降 1 个百分点，实际的 GDP 就会下降 4%。以如此高的成本换来的低通货膨胀是否合算是政策制定者需要考虑的问题。当我们用新古典宏观经济模型来分析反通货膨胀政策时，就会得到完全不同的结果。

在图 8.22(b)中，政府采取紧缩性货币政策时，总需求线从 AD_2 向左下移动到 AD_1，如果这一政策没有被公众预料到，公众对未来价格的预期就不会发生变化，总供给线在 AS_2 位置，均衡点会出现在价格为 $P_{2'}$ 且产出为 $Y_{2'}$ 的位置。在政策没有被预料到的情况下，新古典宏观经济模型和传统模型的分析结果一样。但是，如果反通货膨胀政策在公众的预料之中，那么情况就完全不同。当政府政策被预料到时，人们会调整对价格预期使之与政策相适应，公众会同意调整工资，总供给线会从 AS_2 向右下移动到 AS_1。这样，政府的反通货膨胀政策达到了预期效果，并且均衡的总产出仍然在自然率水平 Y_n 上，没有任何产出损失。

新古典模型表明，当政府试图采用反通货膨胀政策时，如果能让公众预期到将要实施

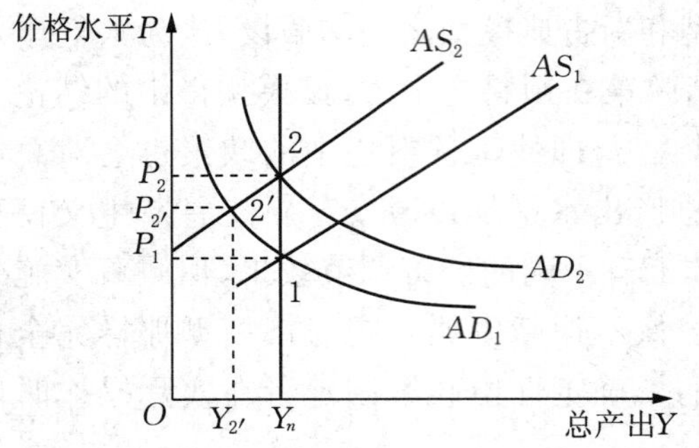

(a) 古典模型的反通货膨胀政策

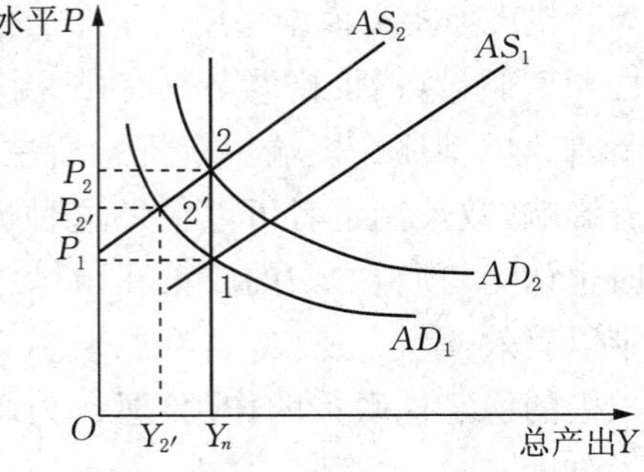

(b) 新古典宏观经济模型的反通货膨胀政策

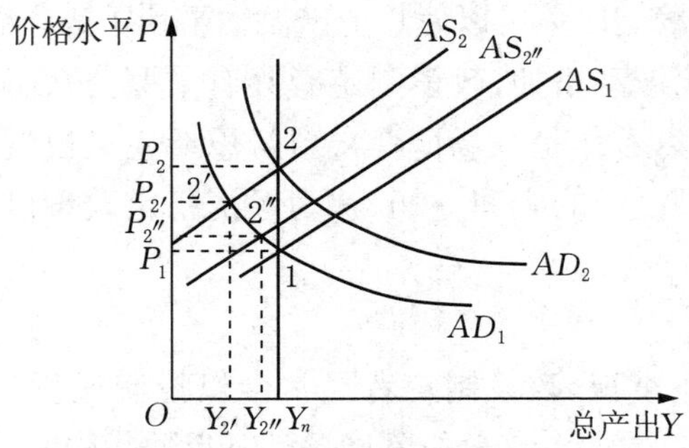

(c) 新凯恩斯主义模型的反通货膨胀政策

图 8.22　三种宏观经济模型的反通货膨胀政策

的政策，那么这种政策就能达到非常好的效果。如果政策没有被公众预料到，那么不但不能有效控制通货膨胀，而且还会造成大量的产出损失。对政策制定者的建议是，在采取反通货膨胀政策时最好的办法是"告知实情"，让公众充分认识到政府的政策意图以及控制通货膨胀的决心，让公众相信这样的政策一定会被贯彻实施。因此，政府向公众传递信息的机制以及政府诚信，就成了控制通货膨胀政策能否获得成功的关键因素。

最后，我们来分析新凯恩斯主义模型与反通货膨胀政策的实施效果；参见图 8.22(c)。在新凯恩斯主义模型中，当政府的反通货膨胀政策没有被预料到时，总供给线仍旧在 AS_2 位置，总需求线从 AD_2 移动到 AD_1 位置，经济均衡点在价格为 $P_{2'}$ 且产出为 $Y_{2'}$ 的位置，通货膨胀率有所下降，产出也有显著下降。如果反通货膨胀的政策被公众预料到了，那么他们对于未来价格预期就会发生变化，理性预期的作用会使总供给线回到 AS_1 位置。由于价格调整存在黏性，即使人们预期价格水平下降，工资也没有办法迅速下降相同的比例。因此，总供给线只是从 AS_2 向右下移动到 $AS_{2''}$，最终的均衡产出为 $Y_{2''}$（介于 $Y_{2'}$ 和 Y_n 之间），均衡价格为 $P_{2''}$（介于 P_1 和 $P_{2'}$ 之间）。所以，在新凯恩斯主义模型中，虽然预料中的政策不能完全消除通货膨胀，但其政策实施效果要好于政策未被预料到的情形，通货膨胀率会维持在较低的水平，产出损失也比后者要小。

上述分析表明，反通货膨胀政策在总产出减少上代价最小而又能成功地降低通货膨胀的关键是，公众必须相信这项政策能被贯彻执行。在新古典宏观经济模型看来，最好的反通货膨胀政策是"告知实情"。如果该项政策可以信任，那么通货膨胀会立即消除，而且总产出不会下降。新凯恩斯主义模型认为，即使"告知实情"的政策可以信任，为了消除通货膨胀，总产出也会减少。[①]因此，以较为渐进的方式来降低通货膨胀，往往可达到消除通货膨胀的目标且不会使总产出出现很大下降，关键是要使这种渐进的政策在相当程度上成为可信的政策。当中央银行从未严格控制过货币供应量时，它实施控制通货膨胀政策就必须找出某些方法，来恢复公众对其反通货膨胀政策信任。否则，消除通货膨胀将是一件代价高昂的事情。

8.8.4 理性预期与政策规则

理性预期理论具有划时代的意义，也更接近现实。第一，该理论提出了理性预期的观点。在20世纪五六十年代，经济学家提出了适应性预期的观点，认为预期仅仅形成于过去的经验。但人们的预期会随时间变化而缓慢地发生变化，既受过去的信息影响，也受现在的信息影响，而且一旦有新的信息出现，人们会及时调整预期。这就是理性预期。理性预期学派大量运用数学方法来说明经济问题。经济学与数学的大量结合，使经济学能够更完整地反映现实经济。

第二，该理论认为人们的预期能够影响经济行为，这与事实是吻合的。经济运行既受宏观经济政策影响，也受人们预期影响。人们的预期会改变其经济行为，并会影响投资和消费。如果政策制定者在制定政策时不考虑市场主体预期因素，则很可能会使政策实施趋于无效。

第三，实证研究也支持理性预期的观点。比如，有效市场理论认为，证券价格完全反映了所有可知的信息。

1. 对政策无效命题的评价

理性预期理论要求政策制定者在制定政策时，充分考虑到预期对政策实施效果的影响，这很有现实意义。理性预期理论及其政策主张在得到巨大成功的同时，也受到了批评和挑战。对理性预期理论和政策无效论的批评和挑战集中在以下几个方面。

第一，对理性预期理论假设前提的批评。理性预期理论以“理性人”为假设前提，认为市场主体可以对未来作出理性判断，并依据效用最大化原则进行决策。但行为金融理论认为，在现实经济中每一个投资者都不是完整意义上的理性人，其决策行为不仅受制于外部环境，而且更是受到自身固有的各种认知偏差影响。如果“理性人”假设无法成立，则需要对理性预期理论的前提基础加以修正。

第二，货币政策有效并不在于是否存在理性预期，而在于市场是否完全竞争。在完全竞争的市场条件下，经济主体存在理性预期时，货币政策中性。在不完全竞争的市场条件下，即使经济主体存在理性预期，货币政策也可能有效。货币政策中性并不是由于理性预期的存在导致，而是完全竞争条件下价格能够及时调整的必然结果。理性预期意味着经济主体能够正确地预期宏观经济政策变化，而市场是否完全竞争则意味着市场价格是否

---

① 很显然，价格稳定目标要告知公众实情，这意味着货币政策最好按规则办事；反之，以劳动就业为目标，特别是试图通过货币政策扩张将劳动就业提高到自然率水平以上时，按规则实施的货币政策往往难以达到效果。在某种程度上讲，对通货膨胀目标或劳动就业目标的不同选择会影响到货币政策是否需要按照规则办事。关于货币政策规则的讨论参见本书第12章内容。

能够及时做出调整。[1]在完全竞争的市场理论中，价格、工资能够及时调整，政府政策对实际产出没有影响；而在不完全竞争的市场理论中，价格、工资不能及时调整，政府政策对实际产出有显著影响。

在理性预期条件下，也存在实施政策干预的必要性。货币政策对经济活动的影响是从宏观到微观的过程，充分发挥货币政策作用，既需要改善宏观经济环境，又需要提高市场运行效率，还需要把握“微观主体”的理性选择特征。即使是理性预期，只要市场不完全，价格调整存在黏性，货币政策就可以有效管理经济。

信息在市场中的传播总是有一个过程，信息不会迅速而无差异地在价格上得到充分反映，信息在市场中的传递往往有摩擦，理性预期的政策效应会因此受到较大影响。信息获得并非免费。由于资金实力差异，市场主体在信息费用支出方面会有很大不同，这会导致信息传递中存在很大的不对称性。

由于市场主体获取信息的渠道不同，理解能力不同，信息传递路径不同，等等，会导致信息分布不对称，一些信息会发生疏漏、偏差或者错误，这会导致每一个人的决策依据不同，因而难以形成稳定的合理的理性判断。理性预期学派提倡的“货币中性”政策在长期来看是正确的，在短期需做具体分析，对政策有效性的争论也就成了对政策规则的争论。

2. 经济政策是否需要按规则办事

卢卡斯、萨金特、华莱士等新古典经济学家与货币主义经济学家弗里德曼等，都赞成以规则作为货币政策的实施基础，反对斟酌使用原则，凯恩斯主义经济学家则赞成斟酌使用原则。[2]弗里德曼认为规则最好，市场主体在获取经济信息时不会存在偏误，而且政府难以迅速和准确地调整政策，斟酌使用政策会对经济进行错误调节。

当经济模型无法准确理解，而且对经济结构了解需要时间时，实行严格的政策规则就非明智之举。当经济信息发生改变时，政策运作规则也应发生改变。政策无效主张是在坚持自由放任主义，反对政府政策干预，从历史的观点来看，是不合时宜的。但是，它也有积极的值得借鉴的一面。

首先，为使经济政策充分发挥作用，必须考虑和顾及经济活动当事者的预期，使所实施的政策具有长期稳定性或符合经济主体预期规律。政策长期稳定可以使经济主体从根本上摆脱由于政策频繁变动为其造成不良后果的后顾之忧，从而无须寻求应变之策，而集中精力去追求利益最大化或经济行为最优化。

其次，经济活动者的预期在受客观经济形势影响的同时，也会影响客观经济形势，为使政府政策充分发挥效力，应根据情况实施政策。例如，在人们预期通货膨胀较低且经济呈虚假繁荣时，应当适时减少货币供应量，以使物价稳定在较低的水平。在人们预期通货膨胀较高时，应加大通货膨胀治理力度，降低货币供应量增长率，以抑制通货膨胀预期。

---

① 在理性预期和市场连续出清条件下，总需求政策对总产出管理归于无效，但不排除政府从供给端管理总产出。这是计划经济的基本做法。这种做法经常会以牺牲经济效率作为代价。

② 斟酌使用原则是指政府根据条件变化，基于宏观经济目标作出政策安排的基本做法。关于货币政策规则和斟酌使用的讨论参见本书第 12 章内容。

8.8.5　理性预期的政策涵义

理性预期理论使经济学家更加重视预期对经济行为的影响，并涌现出了新古典宏观经济模型和新凯恩斯主义模型。新古典宏观经济模型认为，被预期到的政策不会对总产出有影响，积极的政策只能带来不可预测的经济波动，消极的政策应当成为最佳选择。对这种政策无效性命题，另外一些经济学家提出了质疑，他们怀疑新古典宏观经济模型中的价格完全弹性是否存在。更多的经济学家愿意持中立态度，他们既认为政策是否被预料到会显著影响政策实施效果，但又不像新古典宏观经济模型那样极端地认为政策将因此完全没有效果，这种观点的主要代表是新凯恩斯主义。

表 8.1　三种模型的货币政策效应比较

模　　型	理性预期	价格调整	通货膨胀治理	总产出调节	政策规则
传统模型	无	黏性	半有效但总产出下降	短期有效长期不变	相机抉择
新凯恩斯主义模型	有	黏性	半有效但总产出略有下降	短期有效长期不变	相机抉择但效果难以把握
新古典宏观经济模型	有	灵活	有效且总产出不变	短期和长期均不变	单一规则

理性预期理论认为，公众信任对通货膨胀控制至关紧要。如果某项抑制通货膨胀的政策不被公众相信，其实施效果就会很差。新凯恩斯主义模型和新古典宏观经济模型都认为，预料之中的反通货膨胀政策的实施效果，要明显优于预料之外的反通货膨胀政策，并且后者还会带来相当大的政策实施成本（总产出大量损失）。获得公众信任是政策制定者的重要任务。为了做到这一点，政策制定者需要将其言行保持一致。

理性预期理论对政策有效性问题的讨论，给政策制定者带来了难题，政府需要重新思考对宏观经济目标进行有效控制问题。政府要做的不应该是试图调节经济使之没有任何产出波动，而是应该制定不确定性较小的政策，以促进形成更加稳定的宏观经济运行环境。

8.8.6　经济发展推动经济理论发展

20 世纪 20 年代后期到 30 年代初期，世界范围内出现了持续的劳动失业，古典学派认为工资刚性和劳动不能自由流动是导致失业持续的主要原因，只要消除工资刚性，经济制度就可以自动地在充分就业的水平上发挥功能。①但是，当时的货币学说着重于价格水平而忽视产出和就业问题。

20 世纪 30 年代，凯恩斯先后出版了《货币论》《就业、利息和货币通论》两部著作，并从货币经济的特点着手，解释总产出和失业波动现象。凯恩斯认为，在工资和价格完全有伸

① 对经济理论发展历史的详细论述参见：Morgan, Brian, 1978, *Monetarists and Keynesians: Their Contribution to Monetary Policy*, The Macmillan Press Ltd。中译本，布赖恩·摩根：《货币学派与凯恩斯学派——它们对货币理论的贡献》，商务印书馆 1984 年版。

缩性的条件下，难以达到劳动充分就业；货币经济中的不确定性和预期存在，以及由此引起的信息不对称，会阻止经济活动达到充分就业状态。

在凯恩斯的理论中，货币是联系现在与将来的一种微妙手段，当货币经济处于不均衡状态时，市场需求显著下降，即使对价格与工资进行弹性调整，也不能对之加以改变。以减少失业为政策目标时，需要增加政府开支，以使有效需求提高到与充分就业相一致的水平。

20 世纪 50 年代末期，政府当局在运用凯恩斯学派给出的财政政策处方时，很快就遇到了困难。为了经济稳定目的而单独依靠财政政策时，包含有大量的“精确定调”问题，也即什么时候使经济膨胀或紧缩，以及调整到什么程度的问题。而且，凯恩斯学派所提出的政策工具不足以应付大多数国家所遇到的持续的国际收支失衡问题和日益严重的通货膨胀问题。因此，20 世纪 50 年代出现了现代货币学派。

在凯恩斯的著作出版以后，货币理论从传统的价格理论，转变为对整个产出与就业的预期理论，它对失业现象的解释力、预测力和政策意义远远高于其以前的几乎所有理论。货币学派强调经验检验，讲求经济理论“由小测大”的能力。货币学派认为，货币供给变化是引起货币收入出现波动的最主要原因，主张实行一种与货币(名义)收入增长相一致的货币供给稳定增长政策。

20 世纪 60 年代，在货币学派和凯恩斯学派各自发展的同时，以克劳尔(R.W.Clower)为代表的经济学家开始研究货币动态变化和随之而来的预期和不确定性问题，并在 20 世纪 60 年代后期出现了关于就业与通货膨胀理论的“新微观经济学”。该理论旨在说明在不确定条件下工资调整与就业决定之间的动态关系。

历史进入 21 世纪 20 年代，非自愿失业与自愿失业之间的区分仍旧困惑着经济学家，能够说明世界上不同国家经济情况的宏观经济学和微观经济学的适当结合显然还是很遥远的事情。如果能够更好地认识政府和市场的资源配置作用(包括其缺陷)，我们就有可能以微观经济行为为基础，对总量经济问题进行更精准的动态研究。

本章小结

货币政策对经济的影响与社会总供给能力有关，只有同时考虑总供给与总需求，才能全面说明货币政策的经济调节过程及其实施效果。本章通过分析菲利普斯曲线给出了卢卡斯供给函数，并以 AD-AS 模型为工具，讨论总产出与物价总水平的决定问题，分析通货膨胀原因，以及在理性预期与价格有调整黏性的条件下，运用货币政策对经济活动实施管理问题。

1. 菲利普斯曲线表明，在短期，劳动失业与通货膨胀之间存在相互替代关系，提高工资可以增加劳动就业。引入预期因素以后得到的菲利普斯曲线表明，物价上涨率与劳动失业率之间几乎不存在相互替代关系，任何试图降低劳动失业率的总需求管理政策都会引起物价上升；在有预期的情形下，劳动就业处于非加速通货膨胀的自然率水平。在短期，由于货币幻觉，工人对通货膨胀预期不充分，物价上升仍旧可以增加劳动就业，由此可得到向上倾斜的总供给线。

2. 总产出由总需求和总供给共同决定。在短期,物价上涨时总供给增加,可使用货币政策等总需求管理手段来增加总产出和增加劳动就业。在长期,总供给线对应于自然率产出水平,任何旨在推动总产出增加的总需求管理政策,只会引起物价上涨。在长期,增加总产出只能从总供给管理出发。

3. 通货膨胀是指物价水平普遍的持续上涨现象。在任何时空条件下,通货膨胀都是货币现象。负向供给冲击会引起生产成本提高和劳动失业增加,加以总需求管理会引起通货膨胀;以高就业为目标持续进行总需求管理,也会引起通货膨胀。通货膨胀是中央银行在劳动就业等诸多目标中进行权衡的结果。

4. 在短期,运用货币政策对总产出和劳动就业进行管理时,会有时滞问题。政策时滞又与市场预期和价格调节的黏性程度有关。在理性预期和价格可灵活调整的情形下,即使在短期,针对总需求的扩张性货币政策也不能引起总产出增加,只会引起物价上涨。在理性预期和价格黏性情形下,运用扩张性货币政策对总需求进行管理时,会引起总产出和物价同时上升;在不存在理性预期时,无论价格调整黏性还是可灵活调整,运用扩张性的货币政策对总需求实施管理时,都可以增加总产出,而物价水平保持不变。

在对通货膨胀进行管理时,需要实施紧缩的总需求管理政策。在理性预期和价格可灵活调整的条件下,实施紧缩性的总需求管理政策可有效降低通货膨胀水平,且总产出不会明显下降。为了控制通货膨胀,在实施紧缩性的总需求管理政策时,最好对公众"告知实情"。

5. 政策无效性命题和相机抉择的政策安排都与理性预期和价格是否可灵活调整有关。在理性预期和价格可灵活调整时,管理总需求的扩张性货币政策无效,货币政策应按照既定的规则行事;反之,可实行相机抉择的货币政策来管理经济运行。

6. 理性预期理论遭受的批评表明,能够说明世界上不同国家经济情况的宏观经济学和微观经济学的适当结合还是很遥远的事情。只有更好地认识市场和政府的资源配置作用,才有可能找到以微观经济行为为基础,对总量经济问题进行更带有动态性的研究方法。

中文关键词

菲利普斯曲线　附加预期的菲利普斯曲线　非加速通货膨胀失业率　卢卡斯供给函数
总供给　通货膨胀　成本推动的通货膨胀　需求拉升的通货膨胀　债务货币化
货币创造　后遗效应　理性预期　政策无效　价格黏性　真实经济周期
自然率产出水平　滞胀　经济稳定政策　适应性政策　货币供应量增长率不变规则

英文关键词

Phillips curve　expectations-augmented Phillips curve
NAIRU(non accelerating inflation rate of unemployment)　Lucas supply function

aggregate supply　inflation　cost-pushed inflation　demand-pulled inflation　debt monetization　money creation　hysteresis effect　rational expectation　policy ineffectiveness　sticky price　real business cycle　natural rate of output　stagflation　economic stability policy　accommodative policy　constant growth rate of money supply

思考题

1. 基于短期菲利普斯曲线，尽可能多地列举失业率与通货膨胀之间的关系。

2. 简述长期菲利普斯曲线成立的机制。为什么会有向右上倾斜的菲利普斯曲线？

3. 推导卢卡斯供给函数并简述卢卡斯供给函数的要点和政策涵义。

4. 对不同形状的菲利普斯曲线加以比较。总供给线的形状有哪些？结合总供给线的形状，说明影响总供给变动的因素。

5. 对宏观经济的短期均衡与长期均衡进行比较说明。假设经济处于长期均衡状态：总产出等于自然率水平 $y=y_n$，物价 $p=p_0$。运用 IS-LM 模型和 AD-AS 模型分析货币供应量增加的短期产出效应和短期价格效应。长期如何呢？

6. 简述通货膨胀的经济效应。如何区分成本推动(cost-push)型通货膨胀和需求拉升(demand-pull)型通货膨胀？为了控制通货膨胀，在实施紧缩的总需求管理政策时，为什么需要对公众"告知实情"？结合菲律普斯曲线加以讨论。

7. 阐述财政赤字引发通货膨胀的机制。石油危机等负向供给冲击为什么不是引起通货膨胀的原因？政府为什么会实施易于引发通货膨胀的扩张性货币政策？

8. 比较政策主动调节与市场自动调节的宏观经济变动特点。

9. 简述理性预期理论的要点，说明卢卡斯批判的内容及其政策意义。

10. 古典模型、新古典宏观经济模型、凯恩斯模型，以及新凯恩斯主义模型的前提假设有什么不同？试用图形比较四种模型的政策含义。

11. 对政策无效性命题进行评价，简述理性预期理论遭受的批评。

12. 运用理性预期理论说明货币学派提出的"按照固定不变的货币供应量增长率实施货币政策"的合理性，并结合中国和美国的经济实践对货币学派的建议进行评价。

13. 列举通货膨胀的刻画方法和通货膨胀类型，讨论通货膨胀的经济影响。货币供给与通货膨胀之间有何关系？用货币主义方法和凯恩斯主义方法进行分析比较。

14. 讨论对不同类型经济体都适合的宏观经济模型的存在可能。

15. 美国对来自中国的进口商品征收25%的关税，中国应该实施怎样的货币政策？

16. 根据菲利普斯曲线 $\Delta W/W=-b(U-U_n)+p^e$，及奥肯定律 $(y-y_n)/y_n=-\theta(U-U_n)$，推导卢卡斯总供给函数 $y=y_n+\lambda(p-p^e)$。根据推导得到的总供给函数，说明总供给线可能的形状及其条件。其中：$\Delta W/W$ 表示劳动工资上涨率，U 表示劳动失业率，U_n 表示自然率状态下的劳动失业率；y 表示总产出，y_n 表示自然率总产出；p^e 表示预期的物价总水平，p 表示物价总水平；b、θ、λ 均为相应的系数。

17. 已知:$M_t+V_t=P_t+Y_t$; $Y_t=Y_P+\beta(P_t-P^e_{t,t-1})$; $M_t=\alpha Y_{t-1}+\varepsilon$, $E(\varepsilon|I_{t-1})=0$; $P^e_{t,t-1}=E(P_t|I_{t-1})$。根据上述条件,求解 Y_t。其中:M 表示货币供应量,V 表示货币周转速度;P 表示物价总水平,P^e 表示预期的物价总水平;Y 表示总产出,Y_P 表示潜在总产出;t、$t-1$ 表示时间下标;ε 表示货币供应量的随机冲击,I 表示能获得的全部信息,α、β 为系数。

18. 通货膨胀和劳动失业之间的关系给定为:$\pi=\pi^e-3(U-6)$。(1)画出长期菲利普斯曲线和三条短期菲利普斯曲线。(2)自然失业率是多少?(3)如果通货膨胀率为2%,预期通货膨胀率为5%,失业率为多少?(4)如果通货膨胀率为8%,预期通货膨胀率为5%,失业率为多少?

19. 通货膨胀(　　)。(单选)

A. 是价格调整黏性的结果　　B. 由政府高就业目标引起

C. 是政府财政赤字货币化的结果　　D. 是指物价普遍的持续上涨现象

20. 在理性预期和价格充分弹性条件下,实施扩张性货币政策时总产出会(　　)。(单选)

A. 增加　　B. 下降　　C. 保持不变　　D. 难以确定

21. 政策无效性是指(　　)。(单选)

A. 货币政策对总产出没有影响

B. 理性预期与价格可以灵活调整时总需求管理政策对物价总水平没有影响

C. 理性预期与价格可以灵活调整时总需求管理政策对总产出没有影响

D. 市场机制自动纠正速度超过货币政策调节效率

22. 实施扩张性货币政策对总产出增加有显著影响的是(　　)。(单选)

A. 传统宏观经济模型　　B. 凯恩斯主义宏观经济模型

C. 新凯恩斯主义宏观经济模型　　D. 新古典宏观经济模型

23. 货币政策与财政政策比较,下列说法哪些是正确的?(　　)(多选)

A. 货币政策和财政政策在短期都可以用于管理总产出水平

B. 货币政策和财政政策在长期都难以有效管理总产出水平

C. 货币政策和财政政策对总产出的管理效果取决于市场主体的政策预期水平

D. 货币政策和财政政策对总产出的管理效果取决于价格和工资的灵活调整程度

阅读材料

Blanchard, Olivier, 2018, "On the Future of Macroeconomic Models", *Oxford Review of Economic Policy*, 34(1—2):43—54.

Lucas, R.E.Jr., 1976, "Econometric Policy Evaluation: A Critique", Carnigie-Rochester Conference Series on Public Policy, 1:19—46.

Pétursson, Thórarinn G., 2001, "The Transmission Mechanism of Monetary Policy", *Monetary Bulletin*, 4:62—77.

Phillips. A.W., 1958, "The Relationship between Unemployment and the Rate of Change of Money Wages in the United Kingdom 1861—1957", *Economica*, 25(100): 283—299.

Samuelson, P.A., and R.Solow, 1960, "Analytical Aspects of Anti-Inflationary Policy", *American Economic Review*, 50(2):177—194.

Sargent, Thomas, and Neil Wallace, 1975, "Rational Expectation, the Optimal Monetary Instrument, and the Optimal Money Supply Rule", *Journal of Political Economy*, 83(2):241—254.

丁爽:《直面贸易摩擦的中国货币政策选择》,《清华金融评论》2018 年。

华泰证券:《中美贸易摩擦升级,货币政策分化》,《中美贸易战研究系列》2018 年 6 月。

林毅夫:《潮涌现象与发展中国家宏观经济理论的重新构建》,清华大学中国经济研究中心,2006 年。

王冰雪、王国成:《微观行为视角下宏观经济模型研究新进展》,《经济学动态》2019 年第 11 期。

中国银行国际金融研究所:《全球央行降息潮:原因和影响分析》,《宏观观察》2019 年第 17 期。

附录 8A　理性预期理论的数学说明

理性预期理论认为,经济活动的参与者在进行经济决策前,会对政府政策以及所能获得的所有信息进行预测,以对未来经济形势的变化做出估计。在理性预期条件下,政府的任何主动性政策都不会达到预想的效果。对此,我们可以将整个经济活动用式(8A.1)、式(8A.2)、式(8A.3)表示。①

$$Y_t=\alpha_1 Y_t-\alpha_2[R_t-(P^*_{t+1,\,t-1}-P^*_{t,\,t-1})]+G_t+\varphi_1 \tag{8A.1}$$

$$M_t=\beta_1 Y_t-\beta_2 R_t+P_t+\varphi_2 \tag{8A.2}$$

$$Y_t=\bar{Y}+\gamma(P_t-P^*_{t,\,t-1})+\varphi_3 \tag{8A.3}$$

在以上三式中,Y_t 表示总产出,R_t 表示实际利率,G_t 表示在 t 期的政府支出,M_t 表示 t 期的货币供应量;φ 表示随机扰动项,其均值为零且在时间上为独立分布。上述方程的含义分别是:式(8A.1)表示市场均衡时的 *IS* 线,其中 α_1 和 α_2 分别代表边际消费倾向和边际投资倾向,α_1 和 α_2 都是介于 0 到 1 之间的系数,$(P^*_{t+1,\,t-1}-P^*_{t,\,t-1})$表示在 $t-1$ 期预期的通货膨胀率;式(8A.2)表示货币市场均衡时的 *LM* 线,其中 β_1 表示货币需求对收入的弹性,β_2 表示货币需求对利率的弹性;式(8A.3)为卢卡斯供给函数,其中 γ 表示产出对预期通货膨胀的弹性,$\bar{Y}$为经济长期均衡时的总产出水平。对上述三式做如下调整。首先在 $t-1$ 期时对式(8A.1)、式(8A.2)取条件期望,得到式(8A.4)和式(8A.5)。

① 关于理性预期理论数学说明的详细分析参见赵春玲、胡建渊:《理性预期条件下的货币政策有效性分析》,《财贸研究》2005 年第 4 期。

$$Y_{t,t-1}^{*}=\alpha_1 Y_{t,t-1}^{*}-\alpha_2[R_{t,t-1}^{*}-(P_{t+1,t-1}^{*}-P_{t,t-1}^{*})]+G_{t,t-1}^{*} \tag{8A.4}$$

$$M_{t,t-1}^{*}=P_{t,t-1}^{*}+\beta_1 Y_{t,t-1}^{*}-\beta_2 R_{t,t-1}^{*} \tag{8A.5}$$

然后用式(8A.1)减去式(8A.4),以及用式(8A.2)减去式(8A.5),得到式(8A.6)和式(8A.7)。

$$(1-\alpha_1)(Y_t-Y_{t,t-1}^{*})+\alpha_2(R_t-R_{t,t-1}^{*})=(G_t-G_{t,t-1}^{*})+\varphi_1 \tag{8A.6}$$

$$(M_t-M_{t,t-1}^{*})-(P_t-P_{t,t-1}^{*})=\beta_1(Y_t-Y_{t,t-1}^{*})-\beta_2(R_t-R_{t,t-1}^{*})+\varphi_2 \tag{8A.7}$$

再将式(8A.6)和式(8A.7)同时代入式(8A.3),求出产出均衡解为 Y_t。

$$Y_t=\bar{Y}+\frac{1}{E}[\gamma\alpha_2(M_t-M_{t,t-1}^{*})+\gamma\beta_2(G_t-G_{t,t-1}^{*})+\gamma\beta_2\varphi_1-\gamma\alpha_2\varphi_2+\alpha_2\varphi_3] \tag{8A.8}$$

其中 $E=\gamma[(1-\alpha_1)\beta_2+\alpha_2\beta_1]+\alpha_2>0$,并且未预料到的利率调整$(R_t-R_{t,t-1}^{*})$被并入到了未预期的货币存量变化$(M_t-M_{t,t-1}^{*})$当中。从上面的均衡解可以看到,实际的产出水平只与三个因素有关:(1)货币存量的未预期值$(M_t-M_{t,t-1}^{*})$;(2)政府支出的未预期值$(G_t-G_{t,t-1}^{*})$;(3)总需求与总供给的扰动项。

理性预期学派认为,经济主体会利用所有信息和有关政府政策规则的知识来形成对未来价格的预期值,不管政府选择什么样的政策,都无法使公众做出错误的价格预期。在理性预期条件下,式(8A.8)中货币存量的未预期值$(M_t-M_{t,t-1}^{*})$和政府支出的未预期值$(G_t-G_{t,t-1}^{*})$都将等于零。也就是说,不管政府采取什么样的扩张性政策,实际的产出水平始终保持在自然率水平周围,只会有小幅的随机波动。当扩张性政策使总需求线向右上移动时,总供给线会向左上移动,总产出仍然为自然率水平。

附录 8B 劳动参与率测算方法

自 2007 年以来,美国的劳动参与率(labor force participation rate, LFPR)一直呈下降趋势。阿伦森等(Aaronson et al., 2014)对劳动参与率下降的原因进行了研究,得出的结论是:美国的劳动参与率下降由结构性因素(老龄化、对低学历劳动者需求下降等)引起,但不能忽略周期性因素的影响。他们提出了模型式(8B.1),以预测美国劳动参与率的变化趋势。①

$$\ln\left(\frac{lfpr_{a,t,s}}{1-lfpr_{a,t,s}}\right)=A_{a,s}+K_{t-a,s}+X_{a,t,s}\lambda_{a,s}+\varepsilon_{a,t,s} \tag{8B.1}$$

上述式(8B.1)中,$lfpr$ 表示以百分数表示的经季节调整后的劳动参与率;a 是年龄;t 是以季度表示的时间;s 是性别;A 是由年龄和性别决定的常数,即"年龄效应";K 是由出

① Aaronson, Stephanie, Tomaz Cajner, Bruce Fallick, Felix Galbis-Reig, Christopher Smith, and William Wascher, 2014, "Labor Force Participation: Recent Developments and Future Prospects", *Brookings Papers on Economic Activity*, Economic Studies Program, The Brookings Institution, 45(2):197—275.

生年份和性别决定的常数，即“群组效应”[①]；X 是由与年龄、时间和性别有关的变量组成的向量；λ 是系数向量，可能与年龄和性别有关；ε 是误差项。向量 X 包括 10 个变量，具体如下。

(1) 总体失业率缺口。分为正缺口和负缺口两部分，用于刻画 LFPR 对紧张或宽松的劳动力市场作出的不同反应。失业率缺口等于估计得出的自然失业率减去实际失业率。

(2) 个人破产率。定义为破产人数占总人数的百分比。家庭财富会对劳动参与决策产生影响，尤其是退休因素。由于家庭财富数据难以汇总，阿伦森等以个人破产率作为近似替代指标。

(3) 每个年龄组中具有大学学历的人数占比。LFPR 与教育有关，受教育者会得到更高的工作回报率。

(4) 预期寿命。由于老人的死亡率和发病率往往相关，预期寿命旨在反映这两者对 LFPR 的影响。更高的预期寿命意味着需要为退休积蓄更多的资金，更低的发病率意味着因病放弃工作的人数减少。

(5) 社会保障“支付率”。指的是个人在特定的年龄退休时能够得到的初级保险金(primary insurance)的份额大小。如果个人在正常年龄前退休，较低的支付率意味着他提前退休的成本更低，反之，较高的支付率意味着延迟退休能得到更大回报。

(6) 婚姻和孩子。LFPR 与孩子之间的关联与婚姻状况相关，反之亦然。阿伦森等构建了三个变量来分析它们之间的关系：有孩子且已结婚的妇女比例、有孩子未结婚的妇女比例、无孩子已结婚的妇女比例。

(7) 最低工资与平均工资的比率。

(8) 16—19 岁劳动人口的工资中位数与 25 岁以上劳动人口的工资中位数之比。用于反映对青少年劳动人口的相对需求变动。

(9) 青少年中按性别和年龄划分的入学率。刻画自 20 世纪 90 年代中期以来普遍的教育扩展。

(10) 按年龄和性别划分的社会保障残疾保险参与人数。

在上述变量中，失业率缺口被视为反映劳动力市场强弱的指标，个人破产率被视为反映家庭财富状况的指标，这两个变量构成影响 LFPR 的周期性因素，其他变量和年龄效应、群组效应被视为影响 LFPR 的结构性因素。

阿伦森等对 1976—2014 年美国的季度数据进行了估算，得到拟合程度很高的模型。他们利用这个模型对未来的 LFPR 趋势进行预测，结论是在未来十年，美国的 LFPR 将继续下降。尽管老年人的劳动参与率持续上升，但不足以抵消各种降低 LFPR 的因素的影响。

---

① “年龄效应”指的是不同年龄段人口的劳动参与倾向差异，且男性和女性之间也有差别(例如女性可能会放弃工作专注家庭)；“群组效应”指的是在不同年份出生的人在到达同样的年龄时劳动参与倾向差异，例如早年出生的人在 20 岁左右的工作倾向会比现在出生的人更大。参见 Aaronson, Stephanie, Bruce Fallick, Andrew Figura, Jonathan Pingle, and William Wascher, 2006, “The Recent Decline in the Labor Force Participation Rate and Its Implications for Potential Labor Supply”, *Brookings Papers on Economic Activity*, Economic Studies Program, The Brookings Institution, 37(1):69—154。

▶9

货币政策工具

本章讨论中央银行实施货币政策时的目标选择问题，以及为实现这些目标采取的策略措施；比较中央银行经常使用的公开市场操作、贴现政策和存款准备金管理等货币政策工具的优点和不足，以及典型经济体对这些货币政策工具的使用经验；并讨论量化宽松、前瞻性指引等非传统货币政策的实施条件及具体应用。

通过本章阅读可以达到以下六个目标：(1)掌握货币政策最终目标内涵和确定原则；(2)理解货币政策的分步实施战略；(3)掌握货币政策中间目标和操作目标选择标准；(4)理解货币市场调控机制；(5)掌握传统货币政策工具的优点和不足；(6)理解非传统货币政策工具类型和实施背景。

9.1 货币政策最终目标

中央银行实施货币政策要达到的最终目标取决于经济发展要求，且服从于宏观经济运行过程，主要有六个方面：(1)高度就业；(2)经济增长；(3)物价稳定；(4)利率稳定；(5)金融市场稳定；(6)外汇市场稳定。

9.1.1 货币政策最终目标的内涵

1. 以高度就业为目标

高度就业是一个有价值的政策目标。失业增加会带来家计艰难、个人自尊心丧失和犯罪增加。失业增加时，经济中不仅有赋闲的工人，而且有关闭的工厂和闲置的设备，总产出会显著降低(较低的 GDP)，甚至会引起社会动荡。因此，各国政府都把失业率作为衡量资源利用程度的重要指标。

高度就业指的是充分就业。高度就业的政策目标不是追求零失业率，而是同充分就业不相矛盾的大于零的失业率，此时劳动需求等于劳动供给。经济学家把该失业率称为自然失业率。在达到充分就业目标时，仍旧会存在两种形式的失业：(1)摩擦性失业。比如，工人离开目前的工作岗位去寻找更好的工作而暂时失业。(2)结构性失业，即由工作要求与工人技能或可用性不匹配而造成的劳动失业。

弗里德曼等认为，发挥市场竞争机制可以使失业率降低到自然失业率水平，但不可能用调节总需求的货币政策使失业率降低到自然失业率水平以下，货币政策的充分就业目标只能是将失业率降低到自然失业率水平。

2. 以经济增长为目标

经济增长与高度就业的目标紧密相关。当失业率比较低时，企业往往更加乐于增加资本设备投资，以提高劳动生产率。反之，生产设备闲置，企业会减少投资支出。

政府也会针对经济增长目标专门制定政策。政府可通过实施税收优惠政策，鼓励企业对厂房和设备增加投资，以及通过鼓励居民增加储蓄为企业提供更多生产资金，进而使总供给增加，并实现经济增长。比如，20 世纪 70 年代中期，美国经济出现“滞胀”。1981 年里根政府上台以后，采取了减税、降低通货膨胀率和削减社会福利等措施来刺激经济增长。从 1982 年 12 月起，美国经济逐渐走出衰退，经济复苏势头比战后的历次经济复苏都强劲有力。至 1988 年 5 月，美国经济持续增长了 65 个月，成为战后经济增长持续时间最长的一次。通货膨胀率也由里根上任时的 13.5%下降为不到 5%，美国国民生产总值占世界的比重由 1980 年的 23%上升到 1986 年的 25.2%。

3. 以物价稳定为目标

所谓稳定物价，就是避免通货膨胀和通货紧缩。各国政府往往把反通货膨胀作为重要的货币政策目标。通货膨胀会引起收入与财富重新分配，使那些领取固定收入的人遭受损失，并会使债权人的利益无法得到保障。通货膨胀还会引起储蓄率降低，不利于投资增加和经济增长。非预期的通货膨胀增加了经济决策的不确定性。当物价总水平处于变动之中时，商品和劳务价格中包含的信息会更加难以理解，使消费者、企业和政府决策难度加大，进而降低经济运行效率，造成资源浪费。更为严重的是恶性通货膨胀。比如 20 世纪 90 年代发生在阿根廷、巴西和俄罗斯的恶性通货膨胀，引起了人心恐慌和社会动荡。

衡量物价稳定与否的指标有三个：(1)国民生产总值平减指数。它以构成国民生产总值的最终产品和劳务为样本，用于反映最终产品和劳务的价格变化情况。(2)消费物价指数。它以消费者日常生活支出为样本，着重反映消费品价格变化情况。(3)批发物价指数(WPI)。它以批发交易为样本，着重反映大宗批发交易的物价变动情况。

20 世纪 70 年代，“滞胀”出现以后，新西兰、智利、加拿大、英国等国家放弃了货币政策多重目标，把控制通货膨胀，保持物价稳定，创造平稳的宏观经济运行环境，作为货币政策首要目标。20 世纪 90 年代以后，美联储将为经济增长提供低物价经济运行基础作为货币政策目标；1999 年欧元区成立以后，欧洲中央银行将货币政策目标定位为保持欧元区物价稳定，为欧元区提供一个能够稳定支撑经济长期增长的环境。①韩国、泰国等国家在亚洲金融危机以后，也采取了反通货膨胀的货币政策目标。

以物价稳定作为货币政策目标至少需要满足三个条件：(1)中央银行有比较强的独立性；(2)货币政策坚持单一目标原则；②(3)拥有完善的利率传导机制。上述前两点是为了

① 《马斯特里赫特条约》第 105 条第一款明确规定了欧洲中央银行的首要目标是保持物价稳定，赋予欧洲中央银行货币政策自主决策权力。

② 以稳定物价为单一目标，致力于创造良好的宏观经济环境，为劳动充分就业和经济增长等创造条件。此时劳动充分就业和经济增长等目标不是货币政策关注的重点，它们交由市场机制实现。

保证中央银行切实贯彻物价稳定目标原则，起到提高货币政策可信度的作用，第(3)点则是为了保证中央银行有能力实现物价稳定目标。

4. 以利率稳定为货币政策目标

利率波动会引起不确定性增加，使经济主体对未来实施计划变得更加困难。①比如，利率波动不利于消费者购买住房决策，建筑企业难以决定应该建造多少住房。利率上升会引起市场主体对中央银行产生不满情绪，引发要求削减中央银行权力的呼声。

利率稳定有助于金融市场稳定。利率波动会使金融机构的经营活动面临很大的不确定性。利率上升造成长期债券和抵押贷款损失时，会引起持有这些资产的金融机构被迫清算和面临倒闭。比如，2007 年爆发的美国次级房贷危机与美联储连续提高利率有很大关系。

2007 年 2 月 13 日，美国次级抵押贷款(subprime mortgage)风险被首次披露；同年 4 月 4 日，美国新世纪金融公司破产；7 月 10 日，次级债评级被降低，全球金融市场随之动荡增加。美国爆发次贷危机有多种原因。第一，金融机构之间盲目降低贷款条件，埋下了危机的种子。第二，房地产市场膨胀过后持续降温，购房者难以将房屋出售或通过抵押获得新的融资。第三，高风险房贷产品创新对房贷市场泡沫的推波助澜。第四，次级抵押贷款二级市场转让过程中风险并未完全转移。第五，美联储持续不断地提高基准利率，加重了购房者的还贷负担。最后一点则让我们看到了维持利率稳定的极端重要性。

在"9·11"事件以后，美国经济出现了衰退，美联储开始持续降低利率水平，直接刺激居民的借贷消费需求。但从 2004 年 6 月到 2006 年 6 月，美联储连续 17 次提高联邦基金利率，基准利率从 1%上调至 5.25%，导致以浮动利率为主的次级抵押贷款利率不断提高，借款人的还款压力迅速增加。很多贷款者，特别是那些打零工、新移民和年轻单身母亲等"次级信用"者，根本没有能力支付这么高的利息，更不用说偿还贷款本金了，于是抵押贷款市场违约率不断上升。

5. 以金融市场稳定为目标

金融危机会破坏金融市场的资金配置功能，引起经济活动急剧收缩。建立和维持金融体系稳定有助于防止金融危机的爆发和蔓延。发挥中央银行最后贷款人作用，维持金融市场正常运行，是中央银行的基本职能。

货币政策被认为是防范金融风险的最后一道防线。②2008 年美国金融危机表明，传统的金融监管体系在防范系统性风险方面存在严重不足。系统性金融风险的主要来源是金融顺周期性以及跨市场风险传染。传统的金融监管侧重于微观审慎监管，以防范单个金融机构风险、维护单个金融机构和市场稳定为目标，缺乏对宏观经济与金融体系关联性监测，缺乏对系统重要性金融机构进行监督。2008 年金融危机后，构建宏观审慎管理制度框架被提上了议事日程。宏观审慎监管是将金融业视作为有机整体，既防范由金融体系内部的相互关联可能导致的风险传递，又关注金融体系在跨经济周期中的稳健状况，从而实

① 这里的利率是指影响居民消费、企业投资的市场利率。本章后面提到的作为货币政策操作目标的利率是指政策利率，作为货币政策中间目标的利率主要是指货币市场利率。

② Kohn, D., 2015, "Implementing Macro Prudential and Monetary Policies: The Case for Two Committees", Speech at FRB Boston Conference, October.

现金融体系稳定。宏观审慎政策包括贷款价值比限制、资本要求等众多工具。[①]

2009年初,国际清算银行(BIS)首先提出宏观审慎概念,2009年G20匹兹堡峰会的会议文件正式使用"宏观审慎管理"和"宏观审慎政策"提法,2010年G20首尔峰会进一步形成宏观审慎管理的基础性框架。宏观审慎政策实施存在监管套利问题[②],影子银行发展会削弱宏观审慎政策的有效性[③]。2017年,中国明确提出健全货币政策和宏观审慎政策双支柱调控框架。

6. 以外汇市场稳定为目标

本币对外升值会使本国商品相对于外国商品的竞争能力下降,本币对外贬值会引起本国发生通货膨胀,本币对外价值稳定有利于企业和个人提前计划从国外购买商品。稳定外汇市场的关键是稳定本币对外汇率水平,在对外贸易依赖度比较高的国家,运用货币政策来保持外汇市场相对稳定显得更为重要。[④]

9.1.2 中国货币政策最终目标

《中华人民共和国中国人民银行法》指出,中国货币政策的最终目标是"保持人民币币值稳定,并以此促进经济增长"。1950—2019年的早期年份,短缺是中国经济的常态,发展经济是首要任务。与此同时,通货膨胀一直困扰着中国经济。从新中国成立初期的恶性通货膨胀到"大跃进"时期的通货膨胀,从"文革"期间的隐性通货膨胀到改革开放后体制转轨时期的几次物价上涨,中国的货币政策一直在控制通货膨胀和促进经济增长两者之间做着艰难的选择和调整。通货膨胀曾经给中国经济造成较大危害和影响,尤其是1992年因经济过热而引发的通货膨胀,以及1994年零售物价上涨,促成了以法律的形式确定稳定币值是中国货币政策的最终目标。[⑤]

在中国,大多数人对何为"币值稳定"并没有取得共识,更没有一个合理的"度量"标准。货币政策操作不可能钉住那些比物价更缺乏时效性和可控性的指标,适度通货膨胀被看作是中国维持币值稳定的上限指标。

9.1.3 货币政策最终目标之间的冲突

在货币政策最终目标中,高度就业目标与经济增长目标之间具有相当程度的一致性,利率稳定目标与金融市场稳定目标之间也具有高度的一致性。从长期来看,货币政策的

---

① 宏观审慎政策聚焦金融体系稳定,货币政策负责实体经济的价格稳定和产出稳定。问题的焦点是中央银行是否应同时负责宏观审慎监管和实施货币政策。

② Senets, F., 2014, "Financial Stabilities and Monetary Policy: How Closely Interlinked?", *International Journal of Central Banking*, 10(2):263—300.

③ Portes, R., 2014, "Macro Prudential Policy and Monetary Policy", in *Macroprudentialism*, Edited by Dirk Schoenmaker, CERR Press:47—59.

④ Mishkin, Frederic S., 1999, "International Experiences with Different Monetary Policy Regimes", *Journal of Monetary Economics*, 43(3):579—606.

⑤ 郭田勇:《中国货币政策最终目标内涵研究》,《金融研究》2001年第7期。

高度就业目标、物价稳定目标、经济增长目标、外汇市场稳定目标、利率稳定目标和金融市场稳定等六个目标之间也都具有高度的一致性，其中经济增长是实现高度就业目标和物价稳定目标以及外汇市场稳定目标的物质基础。只有达到持续和稳定的经济增长，才能实现货币市场和商品市场的供求平衡，才会有物价稳定和更多的就业机会以及商品出口竞争力。物价稳定是经济增长的必要前提。经济持续增长必须以合理的经济结构为条件，而经济结构改善要有合理的物价水平作为保证。外汇市场稳定有利于物价稳定，有利于利用国际资源提高商品生产能力，改善经济结构，进而保证能够有持续的经济增长。同样，高度就业意味着在充分利用各种生产资源，也有助于促进经济增长。从短期和实际经济运行来看，上述货币政策最终目标之间又存在着一定程度的相互矛盾关系。

1. 稳定物价与高度就业

菲利普斯曲线表明，劳动失业与工资变化率之间存在反向变动关系。如果把工资这个中间环节抽象掉，则失业率与物价上涨率之间就是直接对应关系，降低劳动失业率与稳定物价这两个目标就不可能同时取得。以充分就业为目标，必须牺牲掉若干程度的物价稳定；而要稳定物价，就必须以一定程度的劳动失业作为代价。因此，只能在物价稳定目标与高度就业目标两者当中选择其一作为货币政策目标，究竟选择哪一个，要根据经济形势决定。

表 9.1 货币政策最终目标国际比较

国 别	20 世纪 50—60 年代	20 世纪 70—80 年代	20 世纪 90 年代以后
美 国	充分就业	稳定货币币值	价格稳定和可持续的经济增长
英 国	充分就业兼顾国际收支平衡	稳定货币币值	
加拿大	稳定货币兼顾国际收支平衡	稳定物价为主，兼顾汇率稳定	
日 本	充分就业	稳定货币兼顾国际收支平衡	
德 国	以稳定货币作为主要目标，兼顾国际收支平衡		

资料来源：Mishkin, Frederic S., 2007, *The Economics of Money, Banking, and Financial Markets*, Boston: Pearson/Addison Wesley:411—419。

2. 稳定物价与经济增长

稳定物价与经济增长这两个货币政策目标也可以统一起来。货币购买力稳定，可以为经济发展提供良好的金融环境和稳定的价值尺度，可使经济稳步增长。经济增长了，稳定货币购买力也就有了雄厚的物质基础。我们可以通过稳定物价来发展经济，也可以通过发展经济来稳定物价。但在很多情况下，经济增长速度加快时，物价上涨率也在提高；而在物价上涨率比较低时，经济增长速度会相应放缓。这由经济增长与物价变化之间的联动关系决定。较快的经济增长速度总是伴随着对投入品和产出品的强烈需求，而较强的市场需求对物价水平会产生向上的推动力。

关于物价稳定与经济增长之间关系的理解有三种观点：(1)物价稳定有助于维持经济增长。(2)轻微的物价上涨能够刺激经济增长。(3)经济增长有助于物价稳定。实际上，经济增长总是伴随着物价上涨。除经济危机和经济衰退时期以外，凡是经济正常增长时期，物价都呈上升趋势，没有哪一个国家在经济增长时期，物价水平不是呈上涨趋势的。

要使物价稳定与经济增长齐头并进并不容易，政府往往较多地考虑经济发展，刻意追求较高的经济增长速度。比如，采用信用扩张和增加投资的方法来促进经济增长，其结果必然会造成货币发行量增加和物价上涨，使物价稳定目标与经济增长目标之间出现矛盾。

3. 稳定物价与外汇市场稳定

从货币的对内价值来看，稳定物价与外汇市场稳定之间具有相当程度的一致性。物价上涨时，国内商品价格上涨会使外国商品的价格相对低廉，国内商品出口会减少，商品进口会增加，国际收支会出现逆差，本币对外有贬值压力。①在此情形下，实施紧缩性的货币政策来抑制国内需求时，既可以降低通货膨胀，也可以减少进口扩大出口；此外，还能使本国利率上升，吸引外资流入本国，改善本国国际收支，维持本币对外价值稳定。本币对外汇率在很大程度上是一个内生变量，在浮动汇率制度时期尤其如此。当国际收支出现较大逆差时，需要政府采取出口鼓励政策，这些政策有时会与物价稳定目标出现背离。

以上表明，货币政策最终目标之间存在明显的不一致性，各个国家所选择的货币政策最终目标也多有不同。即使是同一个国家，在不同的社会经济发展时期，货币政策最终目标的侧重点也有不同。货币政策最终目标的选择需要融入经济社会发展的整个进程中，因时因地而变，做到具体问题具体分析。

9.2 货币政策中介目标

中央银行所掌握的货币政策工具难以直接管理货币政策最终目标，需要通过货币政策中介目标，并对选定的中介目标加以调控和引导，来实现货币政策最终目标。货币政策中介目标包括中间目标和操作目标。

9.2.1 中央银行直接实现货币政策最终目标的困难

中央银行掌握的公开市场操作、贴现政策和法定准备金要求等三大政策工具，难以直接影响货币政策最终目标，这套政策工具的使用通常要在一段时间以后（通常是一年以上）才能间接地影响货币政策最终目标。为了提高货币政策实施效率，中央银行会根据货币政策工具情况，设定货币政策中间目标和操作目标，分步骤地针对货币政策最终目标实施货币政策操作。中国人民银行货币政策实施战略参见图 9.1。

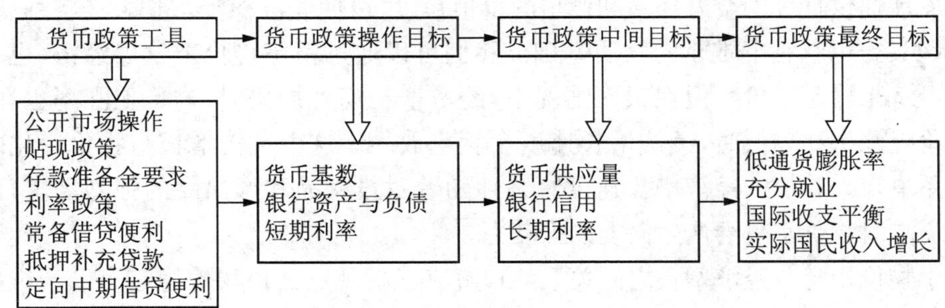

图 9.1 中国货币政策实施战略

① Mishkin, Frederic S., 1999, "Lessons from the Asian Crisis", *Journal of International Money and Finance*, 18(4):709—723.

9.2.2 货币政策中间目标和操作目标的引入

货币政策中间目标(intermediate target)是指为达到货币政策最终目标的那些阶段性目标。比如,以充分就业和物价稳定作为货币政策最终目标以后,中央银行选择一组对劳动就业和物价水平都有直接影响的指标来进行"跟踪"。这些被跟踪的指标包括货币供应量(M1、M2 或 M3)或者利率(短期或长期)等。被选中的指标就是与货币政策最终目标对应的货币政策中间目标。

不过,即使这些中间目标也不受中央银行货币政策工具直接影响,因此,中央银行又选择了另一组能够被货币政策工具直接作用的指标,即货币政策操作目标(operating target),如存款准备金、基础货币或基准利率(同业拆借利率或国库券利率)等。①这些指标对货币政策工具的反应相对比较灵敏。

通过选择货币政策操作目标和中间目标,中央银行能够较为容易地判断货币政策是否正处于实现最终目标的正确轨道上,而不必等待最终目标实现以后来判断货币政策的实施结果。在货币政策实施过程中,中央银行可根据选定指标相对于操作目标和中间目标的偏离程度,不断校正货币政策工具,直至达到货币政策最终目标。

中央银行可通过货币政策操作目标和中间目标,来引导货币政策工具指向它所要达到的最终目标。在货币政策工具确定以后,中央银行会以一个在相当程度上能够直接控制的操作目标(如基础货币)为依据来校正这些政策工具,以引导货币政策工具来实现既定的货币政策中间目标,比如广义货币供应量增长率。当中央银行发现它的中间目标出现问题时,它会对货币政策工具再次进行修正。以此方法指导货币政策实施,中央银行可显著地提高货币政策最终目标实现效率。

9.2.3 对货币政策中间目标和操作目标的选择

可作为货币政策中间目标和操作目标的变量有两种类型:(1)利率;(2)货币总量(货币供应量、准备金或基础货币)。中央银行在利率和货币总量两者之间只能选择其一作为货币政策中间目标或操作目标。选择货币总量作为目标时会使利率失去控制。

在图 9.2 中,中央银行将货币供应量目标确定为广义货币 M2 等于 M^*,货币需求为 M^d 时利率为 i^*。但是,总产出增减或物价变动,会使货币需求在 $M^{d'}$ 和 $M^{d''}$ 之间变化,在货币供应量保持在 M^* 不变时,利率会在 i' 和 i'' 之间变化,即中央银行在以货币供应量增长率作为目标以后,就必须允许利率随经济变化而自由波动。

当中央银行选择利率作为目标时,就会引起货币总量失去控制。在图 9.3 中,中央银行把利率作为目标且将利率确定在 i^* 水平上。当经济变化引起货币需求线在 $M^{d'}$ 和 $M^{d''}$ 之间变化时,也会引起货币总量在 M' 和 M'' 之间变化。

① 货币政策工具先影响存款准备金、基础货币、政策利率等操作目标。存款准备金等操作目标会影响银行贷款投放,使货币供应量发生变动。可参看本书第 4 章的多倍存款创造模型。

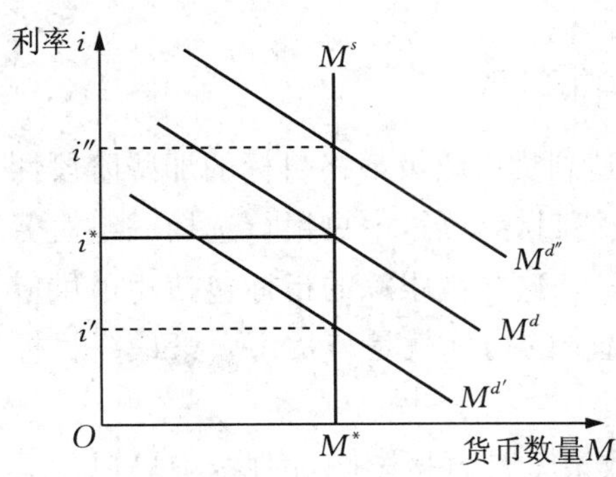

图 9.2 以货币总量作为货币政策中间目标

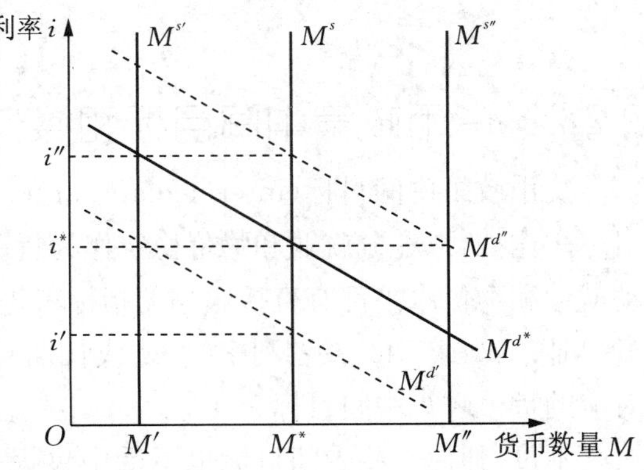

图 9.3 以利率作为货币政策目标

因此，利率目标和货币总量目标互不相容，中央银行需要依据一定的标准选择其中之一作为货币政策中介目标。

1. 货币政策中间目标的选择标准

中央银行在选择货币政策中间目标时有三个标准。

（1）可计量。

是否可计量是中央银行在选择货币政策中间目标时考虑的第一个标准。在实施货币政策时，通过对货币政策中间目标进行迅速和精确测量，可以在货币政策“偏离轨道”时比货币政策最终目标更快地发出信号，有助于中央银行及时校正货币政策工具的强度和方向。在实践中，货币总量和利率两个指标都比 GDP 更容易计量，但我们无法确定利率和货币总量两者之中哪一个更具有可计量性。

GDP 数据往往按季度汇总以后得到，通常要在一个月之后才能公布。货币总量数据通常在两周之后就可获得，利率数据则几乎立刻可以拿到，而且，比起货币总量或者利率数据，GDP 数据的准确性要差些。此外，利率测量更精确一些，很少需要修正。与之相反，货币总量数据往往需要进行多次修正，因为货币总量统计时经常有许多偏差。但是，能够被快速且精确测量的利率往往是名义利率，它很难用来衡量借款的实际成本。借款的实际成本可由经预期通货膨胀调整后得到的实际利率来衡量。我们没有直接计算通货膨胀预期的手段，计算实际利率有很多困难。就可计量标准来看，货币总量和利率两个指标在作为货币政策中间目标时没有明显差异。

（2）可控制。

中央银行必须能够有效控制货币政策中间目标，在其相对于目标值发生偏离时，中央银行可以很快地使它重新进入预定的轨道中。但是，中央银行无法确定利率和货币总量两个指标之间何者更容易控制。中央银行可以对利率和货币总量从多个方面进行控制，从可控制标准来看，利率似乎优于货币总量。由于中央银行不能有效地控制预期通货膨胀水平，也即中央银行难以有效控制实际利率，因此，作为货币政策中间目标，是利率优于货币总量还是正好相反，我们无法给出明确的结论。

（3）可预测。

被选为货币政策中间目标的变量对货币政策最终目标的影响必须具有可预测性。货币政策中间目标的可预测性包括两层含义。第一，中央银行选择的指标必须具有明确而合理的内涵和外延，比如选定货币总量作为货币政策中间目标时，就要确定是 M0、M1 还是 M2。第二，中央银行能够及时、准确、系统地获得有关指标的数据资料，并能够比较容易地对其进行统计和分析处理。如果不具有可预测性，就会影响货币当局及时地作出正确判断，从而影响货币政策最终目标实现。对于利率和货币总量两者作为货币政策中间目标时，何者对货币政策最终目标的影响更加可以预测，还存在争论。

中国于 1996 年正式确定以狭义货币 M1 作为货币政策中间目标，以 M0 和 M2 为观测目标。从实际运作结果来看，中国货币当局选择的货币供应量目标值从未真正实现过，目标值对实际值的大幅度偏离使得以货币供应量作为货币政策中间目标的可控性难以得到体现。中国货币供应量可控性较差的原因可以归结为两个方面。(1)基础货币投放难以控制；(2)货币乘数较不稳定。前者与中国实行的钉住美元的汇率制度有很大关系，而后者与流通中现金占 M1 和 M2 的比率出现下降使得货币乘数不断上升有关。

20 世纪 70 年代之前，发达国家主要以利率作为货币政策中间目标；随着经济“滞胀”和货币主义兴起，以货币总量作为货币政策中间目标备受宠爱。20 世纪 80 年代以后，金融创新和货币流通速度不稳定等因素出现，使货币总量与货币政策最终目标之间的相关性明显下降，以货币总量作为中间目标的可靠性受到严峻挑战。

2. 货币政策操作目标选择标准

与货币政策中间目标选择标准类似，被选择为货币政策操作目标的指标也必须具备可计量、可控制和可预测等三个方面的要求。

(1) 可计量。

作为货币政策操作目标的指标必须易于测算，同业拆借利率和存款准备金总量两者都可以精确计量，并且每天都可以迅速地得到相关数据。

(2) 可控制。

作为货币政策操作目标的指标必须能被货币政策工具准确控制①，鉴于此，同业拆借利率和存款准备金总量等与中央银行资产负债表联系紧密的指标，经常被选为中央银行的货币政策操作目标。

(3) 可预测。

在货币政策中间目标被确定以后，如果有关指标能够被用于准确地预测已经被确定的货币政策中间目标，该指标就比较适合于作为货币政策操作目标。②当利率被选择为货币政策中间目标时，存贷款基准利率就是比较理想的货币政策操作目标。当货币总量被选择为货币政策中间目标时，基础货币或存款准备金就是比较理想的货币政策操作目标。

从可计量和可控制角度来看，利率和存款准备金总量之间几乎没有差别，货币政策操作目标的选择主要取决于货币政策中间目标的选择。

---

① 货币政策工具通过控制操作目标来间接控制中间目标。但是，货币政策能够控制操作目标不代表就可以对各种中间目标能够实施有效控制。因此，也要考虑货币政策工具对中间目标的控制问题。

② 20 世纪 70 年代，美联储以货币总量作为货币政策中间目标，同时以联邦基金利率作为货币政策操作目标。详见本章第 7 节内容。

9.3 货币市场调控机制

货币政策工具是指由中央银行控制的、能够通过金融途径影响经济活动，有助于货币政策目标实现的各种手段。中央银行通常使用公开市场操作、贴现政策、存款准备金管理等货币政策工具，控制货币供应量和利率水平。具体来说，公开市场操作能影响基础货币数额；变动贴现贷款利率可以通过影响中央银行贷款数量来调节利率和基础货币；调整法定准备金比率可影响货币乘数。中央银行会根据本国社会制度、经济结构、经济运行状况和经济发展阶段，对货币政策工具作出选择。

随着金融创新发展，货币政策工具的种类也有较多变化。根据对经济变量的调控方式，可将货币政策工具分为直接货币政策工具和间接货币政策工具两种类型；根据使用的经常性和特殊性，可将货币政策工具分为一般性货币政策工具与选择性货币政策工具两种类型。一般性货币政策工具，包括存款准备金管理、贴现政策、公开市场操作等，是最基本的货币政策工具，旨在影响整个经济活动和整个金融系统。选择性货币政策工具是指对某些特定部门或领域实行的货币政策，有直接信用控制（信用分配、直接干预、利率管制、特种存款）、间接信用控制（道义劝说、窗口指导）、消费信用控制、证券信用控制等。《中国人民银行法》确定的货币政策工具有存款准备金管理、公开市场操作、再贴现、中央银行基准利率、中央银行贷款，以及由国务院确定的其他货币政策工具。

9.3.1 货币供应量管理

对超额准备金规模进行调节，是货币当局管理货币供应量的基本做法。货币供应量影响因素可以表示成以下三种形式。

$$M_S=\frac{1+C/D}{r_D+C/D+ER/D}\times(C+RR+ER) \tag{9.1}$$

$$M_S=C+D \tag{9.2}$$

$$M_S=L_G+L_P \tag{9.3}$$

上述三式中，M_S 为货币供应量（指狭义货币 M1），ER/D 为超额准备金比率，C/D 为非银行部门持有的通货存款比率，r_D 为法定准备金比率，C 为银行体系之外流通的通货，RR 为银行体系中的法定准备金，ER 为银行体系中的超额准备金；D 为活期存款，L_P 为银行对私人部门的贷款，L_G 为银行对政府部门的贷款。

上述表明，货币供应量增加来自商业银行的贷款投放，调控商业银行的贷款投放，可以调节货币供应量。在现代金融系统中，商业银行贷款投放在很大程度上取决于超额准备金规模。货币当局可以综合运用各种调整超额准备金规模的手段，影响银行信贷投放，进而达到货币供应量管理目标。

假如中央银行决定投放 100 亿元，其做法有以下几个方面。

第一，公开市场购买债券。如果货币供给乘数为 2，中央银行只要在债券市场上从银

表 9.2 中国货币政策实施

时期	利率政策	存款准备金政策	
	金融机构存贷款利率调整	存款准备金比率调整	存款准备金利率调整
1998 年 1 月—2002 年 8 月	1998 年 3 月—2002 年 2 月五次降息,存款利率累计下调 5.98 个百分点,贷款利率累计下调 6.97 个百分点	1998 年 3 月合并法定准备金账户和备付金账户,法定准备金比率从 13%下调至 8%	统一法定准备金与超额准备金利率,并与金融机构存贷款利率同期调整(5 次降息)
2002 年 9 月—2008 年 8 月	2004 年 10 月首次加息,一年期存贷款利率上调 0.27 个百分点。至 2007 年 12 月,总共加息 8 次,一年期存贷款利率累计上调 2.16 个百分点	2003 年 9 月上调法定准备金比率至 7%;2004 年 4 月上调至 7.5%。至 2008 年 6 月共上调 21 次,上调至 17.5%	2003 年 12 月超额准备金利率从 1.89%下调至 1.62%,2005 年 12 月下调为 0.99%
2008 年 9 月—2008 年 12 月	2008 年 10 月开始 4 次降息,至 2008 年 12 月累计下调幅度 1.89 个百分点;一年到期贷款利率 2008 年 9 月开始 5 次降息,其中 11 月降息幅度达 1.08 个百分点,至 2008 年 12 月累计下调 2.16 个百分点	2008 年 10 月开始下调法定存款准备金比率,至 2008 年 12 月共下调 3 次,下调至 15.5%	2008 年 11 月下调超额准备金利率至 0.72%
2009 年 1 月—2011 年 7 月	2010 年 10 月开始连续加息 5 次,一年期存贷款利率每次上调 0.25 个百分点,至 2011 年 7 月累计上调 1.25 个百分点	2010 年 1 月开始连续上调法定存款准备金比率 12 次,每次上调幅度为 0.5 个百分点,至 2011 年 6 月上调法定存款准备金比率至 21.5%	
2011 年 8 月—2019 年 12 月	2012 年 6 月至 2015 年 10 月累计降息 8 次。一年期存款利率累计下调 2 个百分点;一年期贷款利率累计下调 2.21 个百分点。2015 年 10 月,一年期存款利率和贷款利率分别为 1.5%和 4.35%	2011 年 12 月开始连续下调法定存款准备金比率 15 次,至 2019 年 12 月下调法定存款准备金比率至 13%	2020 年 4 月 7 日将超额存款准备金利率从 0.72%下调至 0.35%

注:(1)中国货币当局的货币政策以利率调节和存款准备金管理为主要手段。1998 年—2002 年 8 月实行的是扩张性货币政策,2002 年 9 月—2004 年 12 月实行的是紧缩性货币政策。(2)2015 年底开始放开存贷款基准利率。(3)存款准备金比率为大型存款类金融机构的数据。

资料来源:中国人民银行。

行那里购买价值 50 亿元的政府债券,银行体系中就会增加 50 亿元的超额准备金,这会引起商业银行增加对公共部门或私人部门的信贷投放,直到信贷投放产生的存款需要的法定准备金等于中央银行公开市场购买增加的超额准备金为止。

第二,贴现贷款。中央银行通过对商业银行提供贴现贷款,可直接增加超额准备金。在货币乘数仍旧为 2 的条件下,中央银行向银行增加 50 亿元的贴现贷款,可使经济体系中的货币总量增加 100 亿元。

第三,降低法定准备金比率。降低法定准备金比率,可以将原先的法定准备金转为超额准备金,这会引起商业银行增加信贷投放,直到超额准备金降低到原有水平。法定准备金比率的调整幅度,可由式(9.1)求解得到。

货币当局紧缩货币供给的操作与上述过程相反。为了调节货币供应量，货币当局必须能够有效调节存款准备金规模。

9.3.2 利率管理

经济中既有短期利率也有长期利率，既有企业债券利率也有财政债券利率。在各种利率中，对居民消费和企业投资有直接影响的是中、长期利率。①

1. 利率调控机制

中央银行调节市场利率离不开对超额准备金规模进行操作。假如货币当局宣布将存贷款基准利率向上调整 1%(即 100 个基点)。为了达到利率调整目标，货币当局必须加以操作。这些操作通过引导超额准备金规模变化，进而引起市场利率发生调整。

第一，公开市场出售与利率提高。

为了使存贷款基准利率提高 1%，货币当局在债券市场上卖出政府债券。②当债券出售超过债券购买时，债券价格会下降。在债券价格下降时，新发行债券的票面利率必须提高，以达到债券市场的平均投资收益，政府债券利率因此提高。如果债券价格从原先的 100 元下跌到 90 元，债券市场利率刚好提高 1%，货币当局将停止公开市场出售债券。

在图 9.4 中，债券市场的初始均衡为点 E，债券价格为 P^*，债券市场利率为 i^*。货币当局拟将存贷款利率提高至 i_1，并通过公开市场出售债券来达到利率调控目标。货币当局出售(B_1-B^*)数量的债券，引起债券供给线向右下移至 B_2^s 位置，债券市场新的均衡为点 E_1，债券价格为 P_1，债券市场利率为 i_1，达到了货币当局拟定的利率调控目标。

当市场利率提高 1%以后，在所有资产可以完全替代的条件下，投资者会调整资产配置，减少银行存款并增加债券投资；为了在竞争中获得生存，银行会提高存款利率。在债券市场利率提高时，资金需求者会转而向银行申请贷款，银行贷款需求增加，进而引起银行贷款利率提高。存贷款基准利率最终会向上调整，且调整幅度与债券市场相同。

第二，贴现政策与利率提高。提高贴现贷款利率，会引起银行从货币当局获得短期融资的成本提高，并迫使银行提高贷款利率，进而会引起债券、银行存款等利率相应提高。

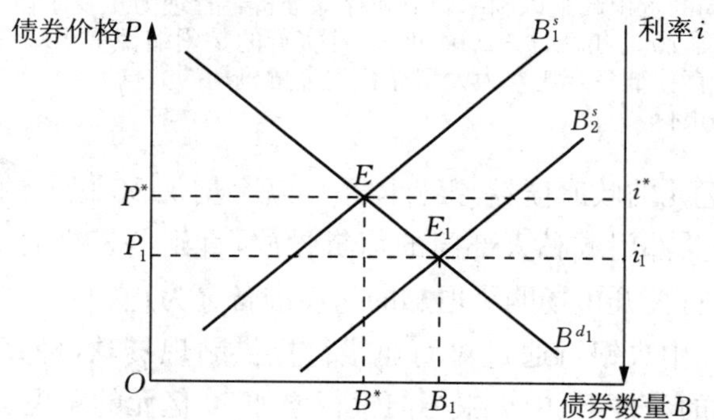

图 9.4 货币当局的利率调控机制

① 1 年以内为货币市场利率，也称为短期利率；1—10 年的为中期利率，10 年以上为长期利率。

② 政府债券利率通常与货币当局调控的政策利率同步变化。

第三，提高法定准备金比率。法定准备金比率提高时，会要求银行在现有的存款规模下补充准备金。为此，银行必须出售债券或减少贷款投放，这会引起贷款竞争或债券价格下降，最后也会有利率上升。

货币当局降低基准利率的做法与上述操作完全相反。货币当局调节利率时，必须经过一系列的市场操作，需要引起存款准备金规模发生相应的变动。

2. 中国货币政策中的利率调控

(1) 中国利率调控机制的形成。

① 改革再贴现利率及贴现利率形成机制。

中国人民银行正式开展对商业银行的票据再贴现业务开始于1986年。起初的再贴现利率在同期各档次银行商业贷款利率的基础上下浮5%—10%，从1996年5月起，改为在相应档次的再贷款利率基础上下浮5%—10%。1998年3月21日，中国人民银行着手改革再贴现利率和贴现利率的生成机制，规定再贴现利率由中央银行确定，贴现利率在再贴现利率的基础上增加0.9个百分点。1998年7月1日将再贴现利率由6.03%降至4.32%，贴现利率的最多加点幅度扩大为2个百分点，略低于六个月期的银行贷款利率。1998年12月中国人民银行规定，贴现利率最高上限为同期的银行贷款利率(含浮动)。改革贴现利率生成机制，理顺了中国货币政策传导机制，调动了金融机构和企业办理票据业务的积极性。

表9.3　中国的利率调整

时　间	利　率　调　整
1993年5月15日	各档次定期存款年利率平均提高2.18%，各项贷款利率平均提高0.82%
1993年7月11日	一年期定期存款利率从9.18%上调到10.98%
2004年10月29日	一年期存贷款利率均上调0.27%
2005年3月17日	提高住房贷款利率
2006年4月28日	金融机构贷款利率上调0.27%，提高到5.85%
2006年8月19日	一年期存贷款基准利率均上调0.27%
2007年3月18日	上调金融机构人民币存贷款基准利率0.27个百分点
2007年5月19日	金融机构一年期存款基准利率由2.79%提高到3.06%，一年期贷款基准利率由6.39%提高到6.57%
2007年7月21日	金融机构一年期存款基准利率上调0.27个百分点，由3.06%提高到3.33%；一年期贷款基准利率上调0.27个百分点，由6.57%提高到6.84%
2007年8月22日	金融机构一年期存款基准利率上调0.27个百分点；一年期贷款基准利率上调0.18个百分点
2007年9月15日	金融机构一年期存贷款基准利率上调0.27个百分点，存款利率由3.60%提高到3.87%；贷款利率由7.02%提高到7.29%
2007年12月21日	金融机构人民币一年期存款基准利率由3.87%提高到4.14%，上调0.27个百分点；一年期贷款基准利率由7.29%提高到7.47%，上调0.18个百分点；下调活期存款基准利率，由0.81%下调0.09个百分点。其他各档次存、贷款基准利率相应调整
2015年10月24日	金融机构存款利率由1.75%下调至1.50%；贷款利率由4.60%下调至4.35%

注：2015年10月底开始放开存贷款基准利率。

资料来源：中国人民银行。

② 建立再贷款(再贴现)浮息制度。

再贷款作为货币政策工具之一,可用于调节金融机构的短期头寸。再贷款浮息制度是指中国人民银行在国务院授权范围内,根据经济金融形势,在再贷款(再贴现)基准利率的基础上,确定并公布中央银行对金融机构再贷款(再贴现)利率加点幅度的制度。

2004年1月1日,中国人民银行扩大了金融机构贷款利率浮动区间,金融机构贷款利率的市场化程度显著提高。2004年3月25日,中国人民银行实行再贷款浮息制度。在综合考虑经济金融形势和中小企业融资需要以后,中国人民银行决定对适用于金融机构头寸调节和短期流动性支持的再贷款利率统一上调0.63个百分点,再贴现利率上调0.27个百分点。[①]实行再贷款浮息制度,有利于完善中央银行的利率形成机制,有利于理顺中央银行和借款人之间的资金借贷关系,减少金融机构的套利机会。

表9.4 中国人民银行资产负债表中的基准利率变化(年利率) 单位:%

调整时间	法定准备金	超额准备金	中国人民银行对金融机构贷款				再贴现
			1年	6个月以内	3个月以内	20天以内	
1996年5月1日	8.82	8.82	10.98	10.17	10.08	9.00	/
1996年8月23日	8.28	7.92	10.62	10.17	9.72	9.00	/
1997年10月23日	7.56	7.02	9.36	9.09	8.82	8.55	/
1998年3月21日	5.22	5.22	7.92	7.02	6.84	6.39	6.03
1998年7月1日	3.51	3.51	5.67	5.58	5.49	5.22	4.32
1998年12月7日	3.24	3.24	5.13	5.04	4.86	4.59	3.96
1999年6月10日	2.07	2.07	3.78	3.69	3.51	3.24	2.16
2001年9月11日	2.07	2.07	3.78	3.69	3.51	3.24	2.97
2002年2月21日	1.89	1.89	3.24	3.15	2.97	2.70	2.97
2003年12月21日	1.89	1.62	3.24	3.15	2.97	2.70	2.97
2004年3月25日	1.89	1.62	3.87	3.78	3.60	3.33	3.24
2005年3月17日	1.89	0.99	3.87	3.78	3.60	3.33	3.24
2008年1月1日	1.89	0.99	4.68	4.59	4.41	4.14	4.32
2008年11月27日	1.62	0.72	3.60	3.51	3.33	3.06	2.97
2008年12月23日	1.62	0.72	3.33	3.24	3.06	2.79	1.80
2010年10月20日	1.62	0.72	3.33	3.24	3.06	2.79	1.80
2010年12月26日	1.62	0.72	3.85	3.75	3.55	3.25	2.25

资料来源:中国人民银行;CEIC。

③ 优化准备金存款利率结构。

1998年3月,中国人民银行对准备金制度进行了改革,合并法定准备金与超额准备金存款账户,并将法定准备金比率由13%降至8%;1999年11月,再次将法定准备金比率由8%降至6%。为避免由于准备金存款利率较高而引发商业银行在中央银行中的存款增加

① 这里指再贷款和再贴现利率向上浮动。

影响信贷投放问题,1998—2003 年,准备金存款利率一直保持在低于商业银行筹资成本的水平。①2003 年 12 月 21 日,中国人民银行对准备金存款利率制度进行改革,对金融机构法定准备金存款和超额准备金存款采取"一个账户,两种利率"的方式分别计息。②金融机构在中国人民银行中的超额准备金存款利率由年利率 1.89%下调到 1.62%,法定准备金存款利率维持 1.89%不变。适度下调金融机构在中国人民银行的超额准备金存款利率,为金融机构提高资金使用效率创造了良好的机制。

④ 邮政储蓄转存款利率改革。

1986 年开办邮政储蓄业务后,中国邮储机构吸收的储蓄存款资金一直需要转存中国人民银行。由于邮政储蓄转存款利率高于吸储成本,邮储资金增长很快。

2003 年 8 月 1 日,中国人民银行决定改革邮政储蓄转存款利率,邮政部门新增存款转存中国人民银行的部分,按照金融机构法定准备金存款利率(年利率为 1.89%)计息;此前的转存款暂按现行转存款利率(年利率为 4.131%)计息。同时,允许邮政储蓄新增存款进入银行间市场参与债券买卖,可以与中资商业银行和农村信用社办理大额协议存款,与政策性银行进行业务合作,开展部分中间业务,以及承销国债和政策性金融债等。上述政策出台,有利于解决由于邮政储蓄转存款利率偏高造成的金融机构不公平竞争,以及中国人民银行利率结构扭曲、农村信贷资金来源外流等问题,也有利于鼓励邮政储蓄机构按照市场竞争原则自主运用资金,提高经营能力和经营水平。

⑤ 不断完善和加强中央银行利率调控。

第一,灵活调整存贷款利率水平。

1993 年 5 月和 7 月,中国人民银行针对当时经济过热、物价上涨幅度持续攀升,两次提高贷款基准利率,成功实现了经济"软着陆"。为适应物价变化,减轻企业利息负担,1996 年 5 月、8 月和 1997 年 10 月,中央银行三次降低金融机构各项存贷款利率,并相应地降低中国人民银行对金融机构的存贷款利率。

1997 年下半年亚洲金融危机爆发,国际经济形势发生了很大变化,中国经济发展遇到消费市场低迷、物价持续负增长、出口下降、外商投资减少、金融风险加大等困难,经济结构面临较大的调整要求。1998 年 3 月、7 月、12 月,以及 1999 年 6 月和 2002 年 2 月,中国人民银行又连续 5 次降低金融机构人民币存贷款利率。金融机构存款利率累计下调 5.98 个百分点,贷款利率累计下调 6.92 个百分点,减轻企业利息负担近 3 000 亿元。其中一年期存贷款利率由 10.98%和 12.06%,分别下调至 1.98%和 5.31%。低利率对扩大内需,减轻企业负担,实现低通胀、高增长的宏观调控目标发挥了重要作用。

第二,公开市场操作与利率调控。

中国人民银行从 1998 年 1 月起,取消了贷款规模管理,公开市场操作逐步成为货币政策主要工具。1998 年 5 月 26 日,中国人民银行人民币公开市场操作目标主要是基础货

① 准备金利率包括法定准备金利率和超额准备金利率。准备金利率调整会影响银行准备金持有收益,进而影响银行信贷投放,再影响到货币政策目标实现。

② 超额准备金利率构成银行贷款利率下限,贴现贷款利率构成银行贷款利率上限。通过调整超额准备金利率和贴现贷款利率可以影响市场利率的上限和下限。

币,体现为金融机构的超额准备金规模。中国人民银行在以基础货币作为操作目标的同时,将货币市场利率作为调控基础货币的监测指标。

2003年4月,中国人民银行开始发行中央银行票据来调控基础货币,在公开市场上连续滚动发行3个月、6个月及1年期央行票据。截至2003年底,共发行央行票据63期,发行总量为7 226.8亿元,发行余额为3 376.8亿元。2004年,针对外汇占款持续增加,根据市场利率变化与货币政策需要,通过数量招标与利率招标方式,灵活调节金融体系中的流动性,在2004年共发行央行票据15 071.5亿元,并且更多地采用价格招标方式贴现发行央行票据,以发现市场利率水平,了解商业银行对利率走势预期,央行票据的收益率水平与货币市场利率的关联性不断加强。

第三,协调本外币利率政策。

2000年外币利率市场化改革之初,人民币存贷款利率经过七次降息处于历史较低水平,其中一年期存款利率为2.25%。但美联储在1999—2000年连续六次加息,美元利率受此影响持续上升。2000年5月,一年期美元LIBOR升至其峰值7.5%,中国境内的美元存贷款利率远高于人民币利率。本外币利差持续扩大,客观上形成了以下问题:(1)人民币利率低于境内外币利率,外币存款增长迅猛,同时境内企业外币贷款需求不足;(2)中资银行外币存款利率低于境内外资银行外币存款利率,造成中资银行的企业外币存款搬家;(3)境内外币存款利率低于国际市场利率,诱导外汇资金滞留境外。

2001—2002年,中国人民银行为加强本外币利率政策协调,同时针对美国"9·11"事件后国际市场利率大幅度降低,10次调整境内小额外币存款利率。截至2002年底,美元一年期小额存款利率为0.812 5%,低于当时人民币一年期存款利率1.98%。本外币一年期存款利差由2001年初的本币利率低于外币利率3.75个百分点,逐步变为本币利率高于外币利率1.17个百分点。2002年下半年,伦敦银行间同业拆借市场一年期美元LIBOR保持在1.6%—2%的水平上,解决了拆出资金利率倒挂问题。此外,外币贷款利率保持在3%至3.5%左右,低于当时人民币贷款利率(5.31%),为商业银行开拓外汇贷款需求创造了条件;同时从2002年3月1日起统一了中外资银行外币利率政策,中外资银行之间的利差问题基本上得到了解决。

(2) 中国货币政策中的利率工具运行。

利率工具是中国货币政策的重要组成部分。中国人民银行根据货币政策需要,适时运用利率工具,调整利率水平和利率结构,进而影响社会资金供求状况,对实现货币政策既定目标发挥了重要作用。中国人民银行采用的利率工具有以下四个方面。第一,调整中央银行基准利率。包括:再贷款利率,即中国人民银行向金融机构发放再贷款所采用的利率。再贴现利率,即金融机构将持有的已贴现票据向中国人民银行办理再贴现所采用的利率。存款准备金利率,即中国人民银行对金融机构交存的法定准备金支付的利率。超额准备金利率,指中国人民银行对金融机构交存的准备金中超过法定准备金的部分支付的利率。第二,调整金融机构存贷款基准利率。第三,制定金融机构存贷款利率的浮动范围。第四,制定政策对各类利率结构和档次进行调整。

以2006年的利率调整为例。中国人民银行从2006年8月19日起上调金融机构人民币存贷款基准利率。金融机构一年期存款基准利率上调0.27个百分点,由2.25%提高到

2.52%；一年期贷款基准利率上调0.27个百分点，由5.85%提高到6.12%；其他各档次存贷款基准利率作相应调整，且长期利率上调幅度大于短期利率上调幅度。同时，推进商业性个人住房贷款利率市场化。商业性个人住房贷款利率下限由贷款基准利率的0.9倍调整为0.85倍，其他商业性贷款利率下限保持0.9倍不变。商业银行可按照国家有关政策，根据贷款风险状况，在下限范围内自主确定商业性个人住房贷款利率。这次利率调整的目的在于抑制投资和信贷需求扩张。从实施效果看，利率向上调整，有利于抑制物价，防止通货膨胀，维护价格总水平基本稳定，也有利于抑制房价过快上涨。此次加息是政府通过金融杠杆对过热的房地产经济实施调控的预警信号，目的是通过提高开发商成本和购房者还贷成本来抑制过热的房地产投资，以及过多的购房需求，从而达到抑制房价过快上涨目的。

9.3.3 选择性货币政策工具

选择性货币政策工具，是指货币当局针对个别部门、特定企业或有特殊用途的信贷进行管理时，采用的货币政策手段。

1. 直接信用控制

直接信用控制是指货币当局以行政命令或其他方式，直接对金融机构尤其是商业银行的信贷活动进行控制，具体手段包括：规定利率水平与信用配额、给出信用条件、规定金融机构流动性比率和进行直接干预等。

对信贷规模加以控制有两种方法：(1)规定贷款最高额度；(2)规定贷款增长最高比率或最高增长幅度。对信贷规模控制在经济正常时期较少采用，在战争或严重经济危机等特殊时期会被付诸实施。对存款利率最高限额加以规定，目的在于限制金融机构滥用高利率作为谋取资金来源的竞争手段。

2. 间接信用指导

间接信用指导是指中央银行根据市场供求关系或资产组合调整要求，间接影响信贷规模的货币政策手段。间接信用指导包括以下五种形式：(1)房地产信贷管制。目的是阻止房地产投机，限制金融机构对房地产的信贷投放，比如规定最低付现额和最高偿还期。(2)设定优惠利率。货币当局会对国家重点发展部门制定较低的贴现率或贷款利率，鼓励这些部门增加投资和扩大生产。(3)设定证券保证金比率。货币当局通过对购买证券的贷款规定法定保证金比率，来控制对证券市场的信贷投放量。(4)实行消费信用管制。货币当局根据市场需求状况和货币流通情形，对消费信贷规模进行控制，以抑制过度消费需求或刺激消费增加，比如，规定最低首期付现比率和最高偿还期限。(5)设定预缴进口保证金制度。为抑制进口过度增长，货币当局会要求进口商将相当于进口商品总值一定比率的外汇存放于中央银行。这种管制措施多为国际收支逆差国家使用。

3. 道义劝告

道义劝告是指中央银行利用其地位和权威，通过情况通报、书面文件、指示及与金融机构负责人面谈等方法，通报经济形势，劝其遵守金融法规，自动采取相应措施，配合中央银行货币政策实施。比如,在经济衰退时期,鼓励银行扩大贷款规模;在通货膨胀时期,劝导银行减少信贷投放;在房地产与股票市场投机盛行时,规劝金融机构缩减相关信贷;在国际收支出现赤字时,规劝金融机构提高利率或减少对海外贷款。

道义劝告形式的货币政策实施起来灵活方便,无须支付很高的行政费用;不足之处是缺少可靠的法律保证和强有力的控制措施。

9.4 公开市场操作

9.4.1 公开市场操作类型和操作方式

公开市场操作是指中央银行在金融市场上公开买卖有价证券(主要是政府债券),以此来调节货币供应量的政策行为。对于金融市场较为发达且在金融市场上有大量可交易债券的国家,公开市场操作是最重要的货币政策工具。公开市场操作是决定基础货币(MB)变动的基本因素。公开市场购买可以扩大货币基数,从而增加货币供给;公开市场出售可以缩小基础货币规模,减少货币供给。

公开市场操作有两种类型:(1)旨在改变存款准备金水平和基础货币规模的能动性公开市场操作(dynamic open market operations);(2)旨在抵消由其他因素引起的基础货币变动的防御性公开市场操作(defensive open market operations)。

公开市场操作方式有两种形式:(1)直接买卖证券;(2)正回购或逆回购。后者适用于在短期内即会对货币供应量实施反向管理的保卫性公开市场操作。在实施保卫性公开市场操作时,中央银行通过签订正回购协议进行暂时的公开市场出售,或通过签订反回购协议进行暂时性的公开市场购买。

9.4.2 公开市场操作实施条件

中央银行公开市场操作最理想的对象是市场容量大、期限比较短的国库券。这主要有三方面的原因:(1)以这类金融工具作为公开市场操作对象,不会造成债券市场价格大幅波动;(2)在短期政府债券市场上形成的利率期限结构,能够有效地传导货币政策意图;(3)短期政府债券作为相对的低风险金融资产,既是其他金融资产定价的基准,也是多种衍生金融资产设计的基础,同时还是从事金融交易时对冲风险的主要工具。

中央银行通过公开市场操作,在短期政府债券市场上显示出的政策意图,会全面影响金融市场运行,并会影响市场参与者行为方式。公开市场操作是美国、英国和加拿大等国家最常使用的货币政策工具。中央银行实施公开市场操作管理经济运行,需要具备以下几个条件:(1)本国金融系统较为发达,可通过金融系统的借贷业务得到相当部分的经济活动所需资金。(2)本国政府债券市场比较发达,存在可供货币当局进行公开市场操作的大量国债或政府机构债券。(3)本国金融体系相对于其他国家的金融体系具有一定程度的独立性。①

9.4.3 公开市场操作优点

公开市场操作与其他货币政策工具相比,具有以下四个方面的优点。

(1) 公开市场操作可由货币当局主动进行,能够完全控制债券交易规模。中央银行的贴现政策工具就没有这种控制能力。②中央银行可以鼓励或不鼓励银行取得贴现贷款,但是它不能直接控制贴现贷款数量。

(2) 公开市场操作灵活且精确,能够恰到好处地把握操作规模。无论是让存款准备金或基础货币发生多么小的变动,公开市场业务都能通过证券购买或出售来达到目的;同样,如果希望存款准备金或基础货币发生很大变化,则可通过大量的证券购买或出售来达到目标。

(3) 公开市场操作容易对冲,易于逆转,即使操作失误也可以及时作出纠正。当货币当局在公开市场上购买过多,从而使货币供应量增加过快时,它可以立即通过公开市场出售来加以纠正。

(4) 公开市场操作可迅速执行,不会有行政延误。当中央银行决定变动基础货币或存款准备金规模时,它只要向证券交易商发出购买证券或出售证券订单,交易便可以执行。

9.4.4 中国货币当局的公开市场操作

1999 年以来,公开市场操作一直是中国货币政策的重要工具,对调控货币供应量、调节商业银行流动性,以及引导货币市场利率走势发挥了重要作用。中国货币当局的公开市场操作包括人民币操作和外汇操作两个部分。中国人民银行对外汇市场公开操作始于 1994 年 3 月,人民币公开市场操作于 1998 年 5 月 26 日恢复交易。中国人民银行每天都会在外汇市场上进行外汇买卖。在人民币市场上,中国人民银行每周(星期二)进行一次操作(2003 年第二季度开始试行每周操作两次),特殊情况下会进行专场操作。在外汇市场上,中国人民银行采取简单的买入或卖出方式。③在人民币市场上,中国人民银行采取招标方式,包括利率招标和数量招标。数量招标是指在价格或利率确定后,中标数量按照投标数量按比例分配。

中国人民银行从 1998 年开始建立公开市场业务一级交易商制度,选择了一批能够承担大额债券交易的商业银行作为公开市场业务交易对象。2007 年底,公开市场业务一级交易商共包括 40 家商业银行。这些交易商可以运用国债、政策性金融债券等金融工具与中国人民银行开展公开市场业务。中国货币当局公开市场操作对象有三种:(1)国债;(2)政策性金融债券;(3)中央银行票据。

---

① 本国债券市场相对独立是指本国债券市场受境外投资影响比较有限,有助于减少中央银行公开市场操作时资金跨境流动对中央银行公开市场操作的抵消影响。

② 参见本章第 5 节的讨论。

③ 中央银行外汇市场的交易对象为大型商业银行等机构。这些机构构成外汇市场的交易商。

2008年,中国债券市场上1年期以下的短期国债数量大约占10%,国债期限以3年期和5年期为主。在发行的国债中,仅有30%左右能够上市流通。在期限结构不够合理、流通数量较小的情况下,国债市场流动性相对较低,限制了中国货币当局运用国债进行公开市场操作的能力。中国的国债市场被分割为银行间市场、交易所市场和银行柜台市场。银行间与交易所两大市场主体不仅构成不同,交易的国债品种和交易条件也不同,国债无法在这两个市场之间流通转让。这种市场分割降低了中国国债的流动性,影响了以国债作为公开市场操作对象的货币政策实施效果。

政策性金融债券是中国政策性银行(国家开发银行、中国农业发展银行、中国进出口银行)为筹集信贷资金,经国务院批准由中国人民银行用计划派购方式,向邮政储蓄所、国有商业银行、区域性商业银行、城市商业银行(城市合作银行)、农村信用社等金融机构发行的金融债券。政策性金融债券为商业银行资金投向提供了很好的出路,但用于公开市场操作时也有如下一些缺陷。(1)政策性金融债筹集的资金大部分投向了农业和基础设施建设项目。这些项目建设周期长,投资回报率普遍不高,一般不可能在项目周期内用项目收益来还本付息,而是需要通过"发新债、还旧债"的方式获得资金。政策性金融债券的发行目的很难与货币政策目标保持一致。(2)政策性银行实行的是保本微利的经营原则,政策性金融债券的期限多为5年以上。期限比短期国债长,流动性不如国债,影响了以政策性金融债券作为中央银行公开市场操作对象的效果。

中央银行票据是中国人民银行为调节商业银行超额准备金而向商业银行发行的短期债务凭证。它由中国人民银行发行、商业银行持有,通过调节商业银行超额准备金水平来吸收商业银行的部分流动性。在此过程中,商业银行将其原先持有的可以直接用于支付的超额准备金存款,转变为仍由商业银行持有但却不能直接用于支付的央行票据,减少了商业银行的可贷资金数量;这种负债结构变化,从总体上减少了基础货币总量,它与提高法定准备金比率以吸收超额准备金的效果基本相同。

发行中央银行票据的优势在于:中央银行可以根据货币政策需要,自主决定发行时间和发行数量。中央银行票据的专属性,使其在作为公开市场操作对象时不会受其他因素干扰,能够充分保证中央银行货币政策目标的实现。中央银行发行央行票据,对商业银行的流动性管理是有力的促进,有利于各类机构提高资产配置效率,也有利于形成合理的债券市场和货币市场利率期限机构。发行央行票据也存在如下不足之处。(1)持有人限于商业银行等金融机构,交易不够活跃。(2)期限结构比较单一。中国人民银行发行的多为短期票据,难以与其持有的外汇储备等资产的期限相匹配。(3)货币当局必须为票据发行支付利息。中央银行向商业银行发行票据时,发行量越大意味着发行成本越高。

中国人民银行公开市场操作包括回购交易和现券交易。回购交易分为正回购和逆回购两种。正回购为中国人民银行向一级交易商卖出有价证券,并约定在未来特定日期买回有价证券的交易行为。正回购为中国人民银行从市场收回流动性的操作,正回购到期则为向市场投放流动性的操作。逆回购为中国人民银行向一级交易商购买有价证券,并约定在未来特定日期将有价证券卖给一级交易商的交易行为。逆回购为中国人民银行向市场上投放流动性的操作,逆回购到期时则为从市场上收回流动性的操作。

中国货币当局实施的与公开市场操作有关的现券交易,分现券买断和现券卖断两种。

前者为中国人民银行直接从二级市场买入债券，一次性地投放基础货币。后者为中央银行直接卖出持有的债券，一次性地回笼基础货币。1998—2002年，中国货币当局实施的公开市场操作只包括现券买(卖)断和逆(正)回购等形式。2002年9月，中国开始使用中央银行票据调节商业银行流动性。[①]2003年，中国人民银行持有的外汇储备增加较多，外汇占款增量和实际需要的基础货币增量之间的差距较大。随着因外汇占款而投放的基础货币数量增加，中央银行需要完成的对冲操作任务越来越重；随着之前发行的短期央行票据逐次到期，公开市场操作面临很大尴尬。为了解决这一问题，2004年12月，中国人民银行开始发行3年期长期央行票据。

9.5 贴现政策

9.5.1 贴现政策内涵

贴现政策是指商业银行用未到期的票据向中央银行融资时所遵循的各种规定。中央银行可通过变动贴现贷款利率(简称贴现率)来影响贴现贷款数量，调节基础货币规模，从而对货币供应量实施管理。

除调节贴现率外，中央银行还通过对贴现窗口实行行政管理，来调节贴现贷款规模。较高的贴现率，会提高商业银行从中央银行的借款成本，减少贴现贷款数量；较低的贴现率，使贴现贷款对银行更有吸引力，贴现贷款数量会增加。贴现率经常低于市场利率，这对银行以较低利率取得中央银行贴现贷款，再把这笔资金用来发放贷款或购买利率较高的证券，是一种很大的刺激。为了防止银行利用贴现贷款来谋取利润，中央银行会制定贴现贷款规则来防止贴现贷款被滥用。中央银行制定的贴现窗口使用规则，通常被称作“道义劝告”。

贴现贷款分为调整性信贷(adjustment credit)、季节性信贷(seasonal credit)和持续性信贷(extended credit)等类型。调整性信贷最为普遍，目的在于帮助银行解决因暂时性存款流出带来的短期的资金短缺问题。季节性信贷用于满足那些位于旅游和农业区域的银行，因经营特点而产生的季节性资金需求。持续性信贷是发放给那些因存款流出而面临严重流动性问题的银行，不要求迅速归还。申请持续性信贷时，银行需要阐明理由，同时需要制定恢复银行流动性的计划。

银行从贴现窗口借款时，要面临三类成本：(1)贴现率所代表的利息成本；(2)为申请贴现贷款而接受中央银行信誉调查的成本；(3)因过于频繁地申请贴现贷款，将来的申请可能会遭拒绝的成本。中央银行经常会对单家银行取得贴现贷款的频率进行限制，如果一家银行申请贴现贷款过于频繁，中央银行会拒绝向其进一步提供贴现贷款。

① 中央银行需要支付利息给央行票据持有机构，这会形成基础货币投放，成为中央银行货币政策实施成本，不利于提高货币政策实施效率。2018年中国人民银行在香港特区发行3个月和1年期的央行票据，旨在回流境外人民币，为境外人民币提供投资渠道。

9.5.2 中央银行的最后贷款人角色

贴现政策的最大优点是中央银行能够发挥最后贷款人的作用。作为最后贷款人，中央银行可以向商业银行提供数额巨大的贴现贷款①，中央银行可随时准备作为存款保险公司的后盾，提供银行体系所需要的任何数量的准备金，从而提高存款人对银行体系的信心，有效地防止银行恐慌。在美国，存款保险公司通常不对大额存款人提供存款担保，对银行体系信心的丧失仍有可能会引起大额存款人向银行挤兑存款，从而引起银行恐慌，中央银行作为银行的最后贷款人，可以增强大额存款人对银行体系的信心。此外，中央银行还是整个金融系统的最后贷款人。中央银行的贴现政策，可以用来防止并非由银行亏损倒闭而触发的金融恐慌。

1987 年，艾伦·格林斯潘(Alan Greenspan)被里根任命为美联储主席。上任伊始，他就不得不面对“黑色星期一”。1987 年 10 月 19 日星期一，美国道琼斯工业指数一天之内暴跌 508 点，相当于 22.5%的跌幅。这是美国证券历史上一天之内损失最大的一次，超过了 1929 年大萧条时的“黑色星期五”。在此情形下，纽约股票交易市场准备停止交易，以遏制恐慌情绪。由于股票市场暴跌，企业和银行也恐慌起来，拒绝支付彼此的交易进而导致各种经济活动出现一定程度的停滞。

美联储作为市场“卫士”，决定为市场注入流动性。美联储发布宣言：“美国联邦储备委员会，以其中央银行的职责，在此郑重宣布，愿意为整个经济和金融系统带来流动性的资源。”同时，美联储清楚地表明，它将对任何给予证券企业发放贷款的银行提供贴现贷款。在劝说华尔街的大银行向企业提供贷款的同时，美联储采取了具体行动。美联储公开市场委员会买入了数十亿美元的政府债券，以增加货币供给。

美联储利用贴现窗口保证了市场恢复正常运行，防止了可能爆发的金融危机。美联储的及时行动，使星期二的市场得以正常运行，危机在一个星期内渐渐消退。1988 年美国经济平稳增长，经济增长率约为 2%。1988 年早期，道琼斯指数回归到了 2 000 点上方，回到了 1987 年危机爆发前的水平。②

中央银行作为最后贷款人，尽管具有防止银行恐慌和金融恐慌的好处，但也增加了存款机构的道德风险和非银行金融机构的道德风险。当陷入麻烦可以期望中央银行给予贴现贷款时，银行往往会冒更大的风险，中央银行的最后贷款人作用，带来了类似于存款保险的道德风险问题：银行冒的风险越大，存款保险机构以至于纳税人面临的损失也越大。由于大银行认为，它遇到麻烦时肯定会得到中央银行救助，因此中央银行的最后贷款人角色尤其会增加大银行的道德风险。如同银行预期在发生困难时会得到中央银行救助一样，非银行金融机构同样认为，金融恐慌来临时，中央银行肯定会对其实施救助，所以，非银行金融机构也会冒更大的风险。

广东国际信托投资公司是 1980 年 7 月经广东省政府批准成立的企业法人，1983 年被

① 中央银行贷款包括再贷款、再贴现、抵押补充贷款等做法，可以直接面向商业银行提供信贷。参见 2015 年第四季度《中国货币政策执行报告》第 19 页。

② 参见 2007 年 10 月 23 日的《第一财经日报》。

中国人民银行批准为非银行金融机构，并享有外汇经营权，1989 年被确定为全国对外融资窗口。20 世纪 80 年代末期，广东国投的经营规模不断扩大，逐步从单一经营信托业务，发展成为以金融和实业投资为主的企业集团，在国际上发行债券并发放贷款，通过担保、参股、投资租赁等方式，兴办和支持了一批广东省重点建设项目。1993 年，国际评级机构穆迪投资者服务公司和标准普尔公司，分别给广东国投以 BAA1 和 BBB 的信用等级。

进入 20 世纪 90 年代，中国加快了政企分离改革步伐，企业的独立性越来越强。1997 年 11 月，国务院召开中央金融工作会议，确立了各级政府对自己的金融机构负责、谁借钱谁还债的责任制度。但广东国投没有顺应这一重大转变，仍然漫无节制地向省内外、境内外和国内外 500 多家债务人发放贷款近 130 亿元，且没有严格审查这些债务人的资信和偿债能力。当这些债务人不能偿还广东国投的债务时，广东国投发生了严重的外债支付危机。1998 年 10 月 6 日，中国人民银行发布公告，宣布广东国投因不能清偿到期的巨额内外债务予以关闭。1999 年 1 月 16 日，广东国投被广东省高级人民法院宣告破产。

上述表明，必须对中央银行"最后贷款人"的角色有一个准确理解。所谓"最后贷款人"，不仅意味着中央银行是基础货币供给的源头，还表明中央银行贷款是在商业银行没有任何其他合理资金来源的情况下才会投放。在 1997 年之前的中国的资金供给模式下，企业超借、银行超贷，商业银行习惯于向中央银行申请贷款。1997 年以后，随着企业和商业银行运营机制改革深化，市场约束增强，企业和银行的借贷扩张得到了一定控制。

贴现政策有助于中央银行发挥最后贷款人的作用，但因此也使贴现政策存在以下缺点。当中央银行把贴现率维持在某一特定水平上时，市场利率 i 与贴现率 i_d 之间的差额 $(i-i_d)$ 会随着市场利率的变化而变化，易引起贴现贷款规模乃至货币供应量并非因政策意向而发生较大波动，使控制货币供应量变得更加困难。在控制货币供应量方面，贴现政策不如公开市场操作有效。中央银行无法强迫银行借款，相对于公开市场操作来说，也无法对贴现政策及时调整方向。

就最后贷款人角色而言，货币当局贴现政策的重要性与早先相比已大大减弱。银行面临存款准备金不足时，会首先向持有超额准备金的其他银行拆借。银行和其他金融机构通常只是将中央银行的贴现窗口作为紧急救援手段，以免被人误以为自己的财务状况出现了问题。

9.5.3 贴现政策的信号效应

贴现政策可以被作为信号，来表明中央银行的政策趋向。①比如，当中央银行决定让利率上升以放慢经济增长速度时，便可以用提高贴现率的方法来表明这种意图。当公众因此预期货币政策较少会扩张时，他们就会减少消费，从而有助于放慢经济增长速度。

贴现政策的信号效应也有缺陷，货币当局通过贴现政策发出的信号存在被误解的可能。比如，当市场利率相对于贴现率上升时，贴现贷款数量会增加。为了保证贴现贷款数量不至于投放过多，中央银行可能会提高贴现率从而使之与市场利率保持一致，但中央银

① 以中央银行提高贴现贷款利率为例。当中央银行提高贴现贷款利率时，银行资金成本提高，企业投资下降，进而影响到就业机会和劳动收入。为了平滑消费，居民会增加储蓄，减少消费开支。

行的意图并非是为了实施紧缩性的货币政策。在贴现率提高时,市场可能会把中央银行的做法看作是紧缩性货币政策。对于中央银行来说,明智的方法是明确宣布货币政策取向并随即付诸实施,而不能仅仅通过调整贴现率来向市场传达其政策意图。

9.5.4 中国货币当局的再贴现政策

1986 年,中国人民银行在上海率先办理再贴现业务,从而使再贴现政策作为宏观调控的货币政策工具得以正式启动并发挥作用。1994 年,中国人民银行总行首次安排 100 亿元再贴现资金,专项用于煤炭、电力等五个行业及四种农副产品的已贴现票据的再贴现,从而使再贴现政策在经济结构调整中开始发挥作用。1986—1996 年,全国再贴现累计金额 1 358 亿元,余额 416 亿元;各商业银行累计贴现 2 264 亿元,余额 506 亿元。1997 年,亚洲金融危机的冲击使商业银行把防范信贷风险和保全金融资产放在了重点位置。银行在控制信贷总量的同时,严格票据签发审查,从而使商业票据承兑和贴现业务量大为降低。中国货币当局对再贴现政策的运用具有三个特点。

第一,商业信用票据化日趋明显,贴现、再贴现业务总量不断增加,范围不断扩大。银行承兑汇票有助于把分散的商业信用纳入银行信用的轨道上来,可使商业信用在银行的参与下得到规范,并促进商业信用票据化,为贴现、再贴现业务的发展打下了良好基础。

第二,再贴现政策具有资金导向和经济结构调整功能。从企业角度来看,商业汇票承兑、贴现及再贴现不仅加速了企业资金周转,缓解了有效益讲信用企业的资金供求矛盾,而且还减轻了企业利息负担,有利于在企业之间和社会生活中营造良好的票据信用氛围,为中央银行实施宏观经济调控奠定坚实的微观基础。从商业银行角度来看,票据业务不仅从根本上优化了商业银行的资产结构,提高了银行信贷资产质量,而且还有效地增强了其资产的流动性和盈利性。从中央银行来看,根据国家产业政策和信贷政策的要求,通过有选择地对不同商业银行贴现的不同种类的票据进行再贴现,合理引导商业银行资金投向,可以达到吞吐货币供应量和对经济结构调整的目的。①票据业务发展还有利于形成中央银行区域货币市场调控机制,更好地贯彻实施中央银行的货币政策。

第三,再贴现业务始终伴随着中央银行从上至下的强化管理和规范运作。中国人民银行总行多次出台文件,规范再贴现业务发展,其做法包括四个方面。(1)通过宣传讲解,提高商业银行和企业对票据承兑、信用、支付、结算融资等功能的认识。(2)在中国人民银行内部建立严格的管理制度,制定再贴现操作程序,严格审批手续,加强系统内限额管理和加强对商业银行贴现业务监督。(3)加强已贴现票据的审查工作,防止商业银行和企业套取再贴现资金。(4)加强再贴现资金投向的审查工作。严格把握再贴现范围和资金投向,正确发挥并逐步增强再贴现政策的产业导向作用,集中再贴现资金优先支持国家重点产业、行业、企业的合理资金需要,从而引导商业银行将承兑、贴现资金集中用于重点产业和产品,在以增量资金带动票据存量调整的同时,优化商业银行的信贷资产结构。

---

① 政府希望鼓励信息产业发展时,会通过再贴现政策鼓励银行对信息行业的企业提供票据贴现业务,有助于这类企业获得更多的资金和资源投入。

9.5.5 对贴现政策的改革建议

针对贴现政策的不足之处，很多经济学家都给出过取消或改革贴现政策的建议。弗里德曼认为，为了建立更为有效的货币运行体系，货币当局应该结束它的贴现便利。弗里德曼的理由是，在美国这样的国家，存款保险公司已经足以消除银行恐慌发生的可能性，运用贴现政策来稳定银行系统已经没有必要。取消贴现政策可以消除由于贴现贷款数量变化引起基础货币的投放规模波动，进而可减少货币供应量的不必要波动。简言之，在美国这样的国家，由于已经有了存款保险制度，没有必要再让中央银行充当最后贷款人，取消贴现政策则可以建立更加有效的货币控制系统。

有建议认为，尽管有了存款保险公司，但中央银行的贴现政策仍可在一定程度上进一步提高金融系统的安全状况，并能促使金融体系更加健康的运行，因此应保留中央银行的贴现贷款政策，但需要将贴现率同市场利率捆绑在一起，特别是使用惩罚性的贴现率，来实施贴现贷款政策，即按高于市场利率的一个固定数额来确定贴现率。在该贴现率下，银行想借多少货币当局就借给其多少贴现贷款。把贴现率同市场利率捆绑在一起后，中央银行既可以继续运用贴现政策，又可以部分消除因为市场利率与贴现率之间的差额波动引起的贴现贷款数量波动。使用惩罚性贴现率时，可以减轻贴现窗口的管理工作。贴现率随市场利率自动调整时，也可以消除贴现政策信号效应的误导影响。

但也有人指出，把贴现率同市场利率捆绑在一起，实际上是要求中央银行放弃它所掌握的贴现政策工具。如果贴现率与市场利率相互独立，当市场利率波动时，中央银行可以通过保持贴现率不变来调整贴现贷款数量，从而可在一定程度上减少市场利率波动，把贴现率同市场利率捆绑在一起则无法获得这样的政策效果。在实践中，美联储着重于管理贴现率与市场利率之间的差幅，使之不至于过分扩大。这样就可既减少银行对贴现贷款滥用，也使货币当局仍旧可以使用贴现政策工具。

9.6 存款准备金管理

9.6.1 存款准备金政策

存款准备金是指金融机构为保证客户提取存款和资金清算需要而准备的资金，金融机构按规定向中央银行缴纳的存款准备金占其存款总额的比重就是法定准备金比率。存款准备金制度是在中央银行体制下建立起来的。存款准备金制度的初始作用是保证存款的支付和清算，之后才逐渐演变成为货币政策工具。中央银行通过调整法定准备金比率，可以影响金融机构的信贷供给能力，从而间接调控货币供应量。对银行吸收的存款提取一定比例的准备金，这样做的最初目的在于增加银行资产的流动性，以保障存款客户与银行本身安全。存款准备金政策是对银行信用扩张的一种限制，各国中央银行往往以法律的形式直接规定商业银行与其他金融机构提取存款准备金的最低比率要求。

中央银行可以通过改变法定准备金比率来影响货币供应量。中央银行降低法定准备金比率,可使商业银行持有的超额准备金增加,引起贷款规模扩大,并形成更多的派生存款;相反,中央银行提高法定准备金比率以后,原先持有超额准备金的银行其持有的部分超额准备金被转为法定准备金,超额准备金持有减少。提高法定准备金比率会使货币乘数变小;在超额准备金规模不变时,银行存款多倍扩张效应下降。当经济衰退且失业率较高时,中央银行可降低法定准备金比率要求,以增加货币供给,从而刺激总需求增加;当总需求旺盛且通货膨胀率较高时,中央银行可提高法定准备金比率要求,收缩银根,抑制总需求增加。

9.6.2 对存款准备金实施管理的优缺点

把存款准备金管理作为货币政策工具加以使用时,有利也有弊。存款准备金管理的优点是,可以以微小的法定准备金比率变动来实现货币供应量的较大改变,并能公平地影响所有银行。存款准备金管理的缺点是,它难以对货币供应量作小幅调整,难以对货币供应量进行"微调",只要法定准备金比率稍有变化,就会导致货币供应量剧烈变动。对超额准备金持有较少的银行来说,提高法定准备金比率可能会立即引起流动性问题,容易导致银行资金严重周转不灵,使银行经营陷于困境。银行一般只保留少量的超额准备金,法定准备金比率略有提高,就会使其原有的超额准备金一笔勾销,甚至出现准备金持有不足。银行为了迅速调整存款准备金以符合法定要求,就不得不大幅度地缩减贷款,或者大幅度地抛售证券,这会使银行的盈利水平大幅度下降,并可能引发资金周转困难。

尽管存款准备金管理是很有效的货币政策工具,但大多数国家的中央银行对法定准备金比率的变动都持谨慎态度。中央银行在提高法定准备金比率时,往往同时实施公开市场购买操作或放松贴现窗口管理,对那些需要准备金的银行提供准备金支持。此外,不断变动法定准备金比率,会使银行面临更多的不确定性,给银行流动性管理增加困难。

9.6.3 中国货币当局的存款准备金管理

中国的存款准备金制度是在1984年中国人民银行专门行使中央银行职能以后建立起来的。中国货币当局对存款准备金的调整参见表9.5。就中国来说,调整法定准备金比率可有效影响商业银行的流动性水平,比利率调整更为直接,比发行央行票据成本更低,被认为是对冲商业银行流动性的现实选择。在流动性充裕的情况下,提高法定准备金比率被看作回收流动性的基本方式。

中国货币当局设定的超额准备金利率和法定准备金利率是现代金融体系中两个特殊的利率,大多数国家都不对存款准备金支付利息,更不可能对超额准备金支付利息。①中国的银行支付系统不够发达,同业拆借市场交易规模比较小,中国商业银行的法定准备金由其总行向所在地中国人民银行集中缴纳,而商业银行分(支)行又需要保留部分超额准备

① 对存款准备金支付利息有助于降低商业银行经营负担。参见卢庆杰:《中国货币政策工具有效性分析》,《复旦学报(社会科学版)》2007年第1期。

表 9.5 中国央行法定准备金比率的历次调整

年度	调整方向	调整次数	调整幅度（%）	期末水平（%）	年度	调整方向	调整次数	调整幅度（%）	期末水平（%）
1987	上调	1次	2	12	2008	下调	4次	2	15.5
1988	上调	1次	1	13	2010	上调	6次	3	18.5
1998	下调	1次	5	8	2011	上调	6次	3	21.5
1999	下调	1次	2	6	2011	下调	1次	0.5	21
2003	上调	1次	1	7	2012	下调	2次	1	20
2004	上调	1次	0.5	7.5	2014	定向下调	1次	—	—
2006	上调	3次	1.5	9	2015	下调	5次	3	17
2007	上调	10次	5.5	14.5	2016	下调	1次	0.5	16.5
2008	上调	6次	3	17.5	2018	下调	3次	2.5	14.5

注：(1)1984年，央行按存款种类规定法定存款准备金比率，企业存款20%，农村存款25%，储蓄存款40%；1985年法定准备金比率统一调整为10%；2019年三次下调准备金比率，期末水平为13%。2005年、2009年、2013年法定准备金比率没有做调整。(2)中小型存款金融机构的法定准备金比率低于大型存款类金融机构，此处没有列出。

资料来源：根据各期《中国货币政策执行报告》整理得到。

金以保证在当地的大额支付，一般都会有较高的超额准备金。

对超额准备金支付利息有助于减轻商业银行的财务负担，是计划经济体制下实施信贷规模控制而对商业银行的必要补偿制度。较高的超额准备金利率会使商业银行缺乏减少超额准备金的动机，从而使同业拆借，特别是隔夜拆借的业务需求下降，不能有效调动商业银行充分使用所持资金的积极性，阻碍中央银行对宏观经济由直接调控向间接调控转变。对商业银行准备金支付利息影响了中央银行的货币供给控制及货币政策实施效率。因为：(1)中央银行对商业银行准备金支付的利息构成了中央银行基础货币供给渠道；(2)对存款准备金支付利息降低了中央银行公开市场操作的传导效率，尤其是在市场利率不断下降时，金融机构的套利行为使准备金利率构成了货币市场利率的下限，使中央银行通过公开市场操作来引导货币市场利率下降的作用受到限制。

9.6.4 对存款准备金管理的改革建议

考虑到准备金制度对银行经营的影响及其他负面效应，有人建议完全取消法定准备金要求。许多国家的中央银行一直在降低法定准备金比率，有些国家已经完全取消这种制度。有人担心取消法定准备金要求会造成货币供应量无限扩大。但是，较为复杂的货币供给模型表明，在取消法定准备金要求时，银行仍然会持有存款准备金，以保护自身免受存款外流冲击，这些因素会限制货币供应量无限扩张。

从中央银行控制货币供给出发，有人建议保留法定准备金制度且把法定准备金比率定为存款的100%。保留法定准备金制度的理由是，在对法定准备金比率加以规定后，可使货币乘数更为稳定，从而使货币供应量得到更为有效的控制。弗里德曼建议把法定准备金比率定为存款的100%。把法定准备金比率固定为存款的100%时,货币供应量就等于基础货币,从而可保持货币乘数的绝对稳定,中央银行可以对货币供应量实施严格控制。

但是,当法定准备金比率被确定为100%时,就不会有超额储备金,银行也就不能够发放贷款,只有看着其他金融机构去发放贷款。①结果可能是,中央银行能对央行货币供给过程实行完全控制,但那些对经济活动有重要影响的货币供给可能更加脱离中央银行控制,中央银行对金融体系的控制能力会被明显削弱。

9.7 货币政策实施的国际经验

9.7.1 货币政策目标选择的国际经验

纵观美国等经济体,它们的货币政策最终目标几乎都经历了从经济增长过渡到物价稳定的过程,货币政策中介目标几乎都经历了从货币总量目标到利率目标的转变过程。

1. 北美国家

(1) 美国。

1942—1952年,美联储将利率作为货币政策中间目标和操作目标。20世纪50年代中后期和60年代,美联储先后以短期利率和自由储备(free reserve)作为货币政策中间目标和操作目标。②20世纪50年代,美国经济增长率比较低,失业率比较高,国际收支持续逆差,美国政府着力推行凯恩斯主义的经济政策,以促进经济增长和降低失业率。在奉行凯恩斯主义的经济学家看来,利率是最适当的货币政策中介目标,美联储的政策制定者采纳了这一意见。③

20世纪60年代初,美联储采取了宽松的货币政策,以刺激经济复苏和增加劳动就业。20世纪60年代中期,经济增长速度加快,失业率下降。由于财政支出迅速增加,美国通货膨胀不断上升。面对通货膨胀压力,美联储采取了紧缩性货币政策,提高了银行定期存款的最高利率限制,并几次提高贴现率。货币政策紧缩引起了信贷供给紧张,经济增长下降,失业率出现上升,但物价上涨趋势并没有显著改变。

20世纪70年代,美联储以货币总量作为货币政策中间目标,同时以联邦基金利率作为货币政策操作目标。20世纪70年代初,美联储转而采取扩张性货币政策,降低贴现率和法定储备金比率,在钉住利率的同时开始更多地关注货币供应量和银行信贷量,并推行扩张的财政政策。到1973年,由于担心通货膨胀压力继续加大,开始实行经济紧缩政策,但由于1974年经济出现了衰退迹象,因而重新实行宽松的经济政策。在此期间,美国经济出现了滞胀。尽管美联储频繁调整其货币政策,各种政策工具交替运用,但市场利率波

① 这时银行无法通过存款转换贷款来获取存款与贷款之间的利差收入;但是银行可以通过提供结算服务等表外业务获得经营收入。

② 自由储备等于商业银行全部存款准备金减去从中央银行的贴现贷款部分。

③ 庄起善、刘燕:《美国三个时期货币政策选择的比较》,《世界经济文汇》2001年第2期。

动幅度显著加大。1979年沃尔克就任为美联储主席之后,放弃了钉住联邦基金利率的货币政策中介目标,开始注重货币总量指标。

表9.6 美联储货币政策回顾

时 期	工具与指标	货币政策实施背景
20世纪20年代以前	贴现政策	通货膨胀
20世纪20年代初	公开市场操作	泡沫经济产生
20世纪30年代	法定准备金比率	通货紧缩
二战时期	钉住利率	通货膨胀
20世纪50—60年代	短期利率和自由储备	顺周期货币政策
20世纪70年代	货币总量	1974—1975年石油危机
20世纪80年代初	放宽利率	货币供应量波动加大
20世纪80—90年代初	放弃货币M1指标	经济稳定增长
20世纪90年代以后	放弃货币总量指标	新经济时期

进入20世纪70年代以后,随着通货膨胀加剧,美国经济陷入了停滞,以弗里德曼为代表的现代货币主义占据了上风。他们的观点是:货币供给变动不会直接影响利率,而是直接影响名义收入和支出水平,并进而影响企业投资、劳动就业、总产出及物价水平,货币政策应该以货币总量作为中介目标。20世纪70年代至80年代初,高通货膨胀持续困扰着美国经济。两位数的通货膨胀加大了名义利率与实际利率之间的差异,以利率作为货币政策中介目标已不可能。美联储遂接受货币学派的政策主张,以抑制通货膨胀作为货币政策首要目标,实施紧缩性货币政策,同时放松金融管制,增加货币政策透明度,每半年向国会报告一次货币政策执行情况。

1979年10月—1982年10月,美联储货币政策操作目标改为非借入的准备金,即扣除贴现贷款后的银行存款准备金。1982年10月—1985年,以贴现贷款总额作为货币政策中间目标。1986年及以后,美联储货币政策开始以稳定美元汇率为目标,并强调国际间的协调合作。

20世纪80年代后半期,美国的通货膨胀得到了缓解。20世纪90年代,美联储以保持低通货膨胀和适度的经济增长为目标。1990年7月13日—1992年9月4日,美联储采取宽松的货币政策,连续逐步下调联邦基金利率18次,将联邦基金利率从8.25%下调至3.0%,相应地,再贴现率从6.5%下调至3.0%。这些措施促进了企业投资与居民消费增长,带动了经济发展。利率调整次数频繁,但每次下调幅度不是很大,这样既为经济增长提供了比较宽松的宏观金融环境,又不至于引发通货膨胀。这一时期,美国货币政策的最大特点就是灵活微调,同时关注多个指标,根据实际情况选择操作目标。

20世纪90年代,美联储货币政策中介目标逐渐发展为以利率为中心、由多项经济变量和金融变量组成的指标体系。美联储于1993年开始不再将货币供应量作为货币政策的核心中介目标,改用利率作为货币政策中介目标。贴现率和联邦基金利率成为美联储公开市场业务的首要关注对象,调节政策利率成为美联储调控物价、居民消费和企业投资的重要手段。

20世纪90年代，美联储主席格林斯潘在任时期，以调整实际利率作为经济调控手段，以中性货币政策取代以刺激经济为目标的货币政策。所谓中性货币政策，就是使利率水平保持中性，对经济既不起刺激作用，也不起抑制作用，经济以其自身的潜能在低通货膨胀条件下持久稳定地增长。在此时期，美联储以实际经济增长率为标准来确定和调整实际利率，使年经济增长率保持在2%—3%的水平，达成物价稳定和经济平稳增长目标。其具体措施包括：第一，让利率缓慢下降，在防范通货膨胀的同时，兼顾刺激经济增长和阻止劳动失业扩大。第二，将短期利率和长期利率结合，实施"抑短放长"的利率政策；抑制短期利率以控制通货膨胀，放松长期利率以促进经济平稳增长。

(2) 加拿大。

20世纪70年代早期，加拿大以M1作为货币政策中间目标，直到1982年1月取消该中间目标。1988年1月，加拿大使用M2作为货币政策指导目标，并以利率和汇率为基础建立货币状况指数，以货币状况指数来指导货币政策实施。

2. 欧洲国家

(1) 英国。

1973年后期至1983年，英格兰银行以M3作为货币政策中间目标；1983年至1986年9月，以M0作为货币政策中间目标。1986年10月，由于货币供应量与名义收入之间的相关性下降，英国货币当局放弃了货币总量目标，转而关注汇率目标。1990年10月，英国加入欧洲汇率体系(Exchange Rate Mechanism, ERM)，正式采用汇率目标。1992年英国遭遇ERM危机，宣布退出ERM，允许英镑汇率自由浮动。1992年10月，英国采用通胀目标，不再设立汇率目标和货币数量目标。

(3) 德国(联邦德国)。

在货币政策目标方面，德国货币当局以国内经济为重心，着力于维持德国国内物价稳定和产出稳定。1974年12月，德意志联邦银行公开宣布以货币总量增长为目标，实行货币总量目标法。1975年，以"中央银行货币"总量目标来指导货币政策实施；中央银行货币等于银行存款总额乘上1974年德国中央银行规定的法定准备金比率，再加上流通中的货币总额；德意志联邦银行以计算得到的中央银行货币CBM(指非银行机构持有的流通中货币和按不变准备金比率计算出的银行对国内负债缴存的最低准备金)作为货币政策中间目标。1988年，德国将M3作为货币政策中间目标。

3. 亚洲地区

(1) 日本。

二战后至20世纪70年代初，日本货币政策旨在配合"超平衡预算"，以金融缓和作为目标。20世纪70年代至90年代初，日本以扩张性货币政策为主，长期维持较低的官定利率。20世纪90年代以后，日本政府在货币政策方面出现了极端的"零利率政策"。

1978年，日本中央银行以"M2＋CDs"(广义货币＋承兑凭证)作为季度预测数据，并以货币供应量增长率作为货币政策的操作重点，但未正式承诺将其作为货币政策中间目标。1978—1987年，日本中央银行以利率作为货币政策操作目标。1987—1989年，由于金融创新以及金融管制放松，以"M2＋CDs"作为货币政策目标的有效性显著降低，日本中央银行提高了货币总量增长率。

2001年,日本连续四次下调公定贴现率。2001年3月1日,公定贴现率调至0.03%,日本再次进入"零利率"时代。日本银行通过加大公开市场操作力度,大量购买国债和其他金融工具,向同业拆借市场注入资金。与此同时,日本将货币供应量作为货币政策中介目标,通过公开市场操作,增加金融机构在央行的活期存款余额,向市场提供流动性;以及通过增加日本银行对长期国债的购买规模,来提高货币政策操作目标的灵活性。

在经历了2002年的第三次严重衰退以后,日本银行宣布使短期利率保持在零的水平,并加大基础货币投放,直至物价水平恢复至正增长。2005年,日本酝酿谨慎转变货币政策,结束了宽松的货币政策,货币政策最终目标由原来的"维持物价稳定以促进经济增长"向单一的"维持物价稳定"转变。

(2) 韩国。

《韩国银行法》规定,韩国货币政策的首要目标是保持物价稳定。韩国货币政策中介目标选择经历了从M1到M2再到MCT的发展过程。①1997年以前,韩国货币政策的中间目标主要是M2和MCT,对应的操作目标是存款准备金总量。1997年以后,韩国货币政策操作目标过渡到了隔夜回购利率。1999年初,隔夜回购利率作为韩国货币政策操作目标的地位被正式固定下来。

4. 拉丁美洲国家

20世纪80年代初,拉美各国发生了严重的债务危机。危机之后,拉美国家对中央银行实施了一系列的改革,以提高中央银行独立性,保持货币政策一致性,实现金融市场稳定。

(1) 巴西。20世纪80年代,巴西的中央银行不得不为政府预算、信贷津贴等买单。经过改革以后,巴西的财政部门取消了货币预算,减少了信贷津贴,提高了中央银行独立性。

(2) 智利。1989年,智利政府规定,中央银行有一定的自主权,首要目标是保持智利货币的购买力,可拒绝向政府提供贷款。

(3) 墨西哥。拉美债务危机以后,为了降低通货膨胀,墨西哥实施了物价、工资和汇率联动计划,并规定墨西哥中央银行的首要目标是维持墨西哥货币的购买力。

(4) 阿根廷。1991年,阿根廷建立了刚性的双币种制度,外汇储备发生的任何变化都要有一一对应的货币发行自动反应。20世纪90年代初高通货膨胀后,阿根廷经济一度很繁荣,并成为南美第二经济大国,但21世纪初的金融危机又将其拖回衰退的泥沼中。2001年12月30日,阿根廷政府公开宣布延期偿付总额高达1 320亿美元的国债。

(5) 哥伦比亚。货币和汇率政策渐进而保守,哥伦比亚的中央银行于1993年获得了自主权,货币政策的目标是维持货币购买力。

(6) 委内瑞拉。委内瑞拉的中央银行于1992年开始独立运作,货币政策目标是维持货币币值稳定和经济有序发展,确保国际支付的可持续性。

5. 对利率与货币总量的可控制性比较

美联储运用货币政策的历史记录表明,其未能对货币供应量实施过有效控制。在现实经济中,存在着不在中央银行控制范围内的因素;这些因素影响着货币基础和货币乘

① MCT is a broader measure that includes M2, CDs and money in trust accounts.参见:(1)李丕东、魏巍贤:《韩国货币政策体系的演化及其借鉴》,《世界经济研究》2005年第2期。(2)韩国银行(www.bok.or.kr)。

数。但是,美联储的货币政策实践显示,做好以下两件事情,中央银行就可以对货币供应量加以有效控制:(1)把贴现率同市场利率固定联系,同时减少贴现贷款数量的不必要波动;(2)少关注稳定利率,多注意对基础货币和货币供应量实施控制。

9.7.2 货币政策工具使用的国际经验

美联储创立初期以贴现政策作为货币政策工具,以真实票据学说(real bills doctrine)为指导,认为只要贷款是出于"生产性"目的,即为支持商品生产和劳务提供而发放,提供准备金给银行体系来发放贷款就不会引起通货膨胀。20世纪20年代早期,美联储发现了公开市场操作这一货币政策工具。1935年,美联储进一步以法定准备金管理作为货币政策工具。公开市场操作是全球范围内最主要的货币政策工具,各国操作差异体现在票据品种和操作频度方面。

1. 公开市场操作

日本银行每天公开市场操作一次以上,并以短期政府证券、商业票据、长期政府债券等作为操作对象。日本银行也使用自己发行的债务工具作为操作对象。在日本,短期资金调节通过回购政府短期证券实施,长期资金供给通过购买政府长期债券实现,所有操作都通过招标进行。银行间市场每天开市后不久,日本银行会宣布当天的公开市场操作数量,在拍卖结束后立即公布结果。

美联储公开市场操作每天一次,公开市场操作对象为财政部证券、政府机构(如联邦住房贷款银行、联邦贷款协会等)债券和政府机构支持证券等,所有交易都使用美国式招标方式进行。①在美国,增加长期货币供给的方法是在二级市场上购入财政部证券。

英格兰银行在货币市场上操作的首要目标是执行货币政策委员会的利率决定,同时满足金融体系的流动性需要,并维持银行部门整体稳定。英格兰银行的货币政策委员会每月举行一次会议,以确定与通货膨胀目标相一致的利率目标。英格兰银行选择公开市场操作交易商的目的是保证公开市场操作有效进行,并能使英格兰银行提供的流动性平滑地分配到货币市场的其他参与者。在上午9:45和下午2:30,按照由货币政策委员会决定的官方利率分别进行1轮公开市场操作,目的是影响市场价格和货币市场收益率曲线;下午3:30和4:20,再各进行1轮操作,目的是为了消除银行系统中的账户不平衡。标准操作是14天的逆回购,按照英格兰银行货币政策委员会确定的固定利率向市场招标。这样,中央银行利率就实现了向市场的第一步传导。英格兰银行也会对其他短期贷款品种进行公开市场操作。

欧洲中央银行基本上只使用定期再融资操作,每周一次,期限一般为两周或三个月,后者的目标是向市场提供长期资金。2000年6月以前,欧洲中央银行的再融资操作都是通过固定利率招标方式;2000年6月起,改为可变利率招标,并采用多价格的美国式拍卖方式(多价格密封报价)。招标时公布的最低投标利率取决于欧洲中央银行的货币政策立场。欧洲中央银行也会实行微调操作,比如进行外汇掉期操作、购买或出售定期存款等。

---

① "美国式招标",是指按照投标人所报买价自高向低的顺序全额中标,直至满足预定发行额为止。中标机构以投标方各自报出的价格购买标的物。

2. 贴现贷款

在美国中央银行体系中，大部分贴现业务已经演变成抵押贷款，即将原来的票据出售改变为票据抵押，而可以抵押的票据也由原来的商业票据扩展至联邦和州政府发行的债券。贷款金额低于票据面额，其折扣按再贴现率计算。再贴现率包含票据未到期利息与中央银行收取的手续费，以及其他隐性成本，即商业银行向联储借款越多，联储对它的审查也就越仔细，越有可能受到中止贷款警告，直至这种警告成为现实。也正因为如此，即便再贴现率明显低于联邦基金利率，商业银行也不会轻易地向联储申请借款。美联储贴现窗口有四种信用，分别为：调节性信用(adjustment credit)、扩展性信用(extended credit)、紧急信用(emergency credit)和季节性信用(seasonal credit)。调节性信用和扩展性信用运用得最为普遍，而季节性信用不很重要，紧急信用则很少使用。

美国联邦储备银行对再贴现率的集中讨论每两周进行一次。在讨论时，先由联储总裁报告他所参加的公开市场委员会的最近一次会议，传达该委员会对一般性货币政策和贴现率的看法，以及经济学家对当前经济形势的判断。联储总裁经过讨论和根据有关各方对经济和金融形势的看法，表决确定贴现率是否需要调整。按照美国法律，每家联邦储备银行都可以参照位于首都华盛顿的联邦储备委员会的观点和决定，确定它们各自的再贴现率。

在日本，票据再贴现曾在其货币政策框架中发挥过主导作用，特别在 20 世纪 60—80 年代。当时，日本的金融市场尚欠发达，企业面临着资金极度短缺状况，中央银行票据再贴现作为主要货币政策工具，为日本经济高速发展提供了有力的资金支持。20 世纪 90 年代，不论是商业银行的票据贴现，还是日本中央银行的票据再贴现，均呈现萎缩趋势。1995 年 7 月，在无担保的同业隔夜拆借利率低于票据再贴现利率之后，日本的票据再贴现量出现大幅下降。2001 年 6 月，日本停止了再贴现业务，同时引入票据回购市场。

3. 存款准备金管理

在欧元区和美国，受存款准备金规定约束的单位主要是吸收存款机构。在日本，货币市场上活跃的金融机构都要在中央银行开设存款账户并缴纳准备金；这些金融机构包括证券公司、证券融资公司和货币市场交易商。在中国，受存款准备金规定约束的主要是吸收存款机构，包括商业银行、财务公司、信托投资公司和信用社。

在日本和欧洲，存款准备金仅指吸收存款机构在中央银行的存款部分。在美国，存款准备金包括在中央银行的存款和存款机构的库存现金两个部分。在中国，存款机构的存款准备金主要是指存款机构在中国人民银行的存款；中国人民银行还规定，存款机构需要另外持有占全部存款 5%—7%的资金作为备付金。备付金包括吸收存款机构在中国人民银行的超额准备金存款、存款机构库存现金和在其他吸收存款机构中持有的活期存款。

美国很早就建立了法定准备金制度。在过去的 100 多年时间里，美国一直在不断地强化法定准备金管理，同时也在不断采取措施完善法定准备金管理手段。比如，根据金融创新发展趋势不断扩展应当缴纳法定准备金的负债项目，根据商业银行吸收的存款金额大小实行累进的法定准备金比率制度。在 1935 年《银行法》颁布之后，调整法定准备金比率曾经是美联储重要的货币政策工具。20 世纪 80 年代，在《货币控制法》和《甘恩·圣杰曼法》颁布以后,美国对法定准备金制度进行了调整。1992 年,美国开始大幅度降低法定准备金比率;格林斯潘入主美联储之后,更是将调整法定准备金比率这一猛烈的货币政策工具束之高阁。

尽管欧洲央行的货币政策实施框架中仍然包含最低法定准备金要求,但事实上,欧洲中央银行并没有将调整法定准备金比率当作货币政策工具来使用。中国的存款准备金制度是在 1984 年中国人民银行专门行使中央银行职能后建立起来的。1984—2019 年,中国人民银行对法定准备金比率进行了多达 57 次调整。

9.8 非传统货币政策

非传统货币政策(unconventional monetary policy, UMP)是指,当政策利率达到零下限,传统货币政策无以为继时,为修复货币政策传导机制或对经济实施刺激而采取的政策干预措施。非传统货币政策包括量化宽松货币政策、前瞻性指引、负政策利率等类型。非传统货币政策最早由日本央行在 1999 年使用。在 20 世纪 90 年代经济长期不景气时期,日本一直维持宽松的货币政策。但是,不断放宽的货币政策遭遇了"零利率下限"。在经济严重衰退的情况下,日本在 1999 年开始陆续使用零利率政策和量化宽松政策。

2008 年金融危机以后,为了救助金融体系并防止通货紧缩,美国、日本、西欧等经济体不断下调政策利率,以致政策利率很快下降到接近于零的水平。在政策利率无法进一步下调的前提下,各经济体借鉴和效仿日本,开始广泛使用量化宽松、前瞻性指引等非传统货币政策,为经济提供流动性并降低实际利率。美联储、英格兰银行、欧洲央行、日本银行实施量化宽松政策的最初目的是缓解金融紧张,后来很快变为实现通货膨胀目标、刺激实体经济发展、阻止主权债务危机等。①上述四家央行量宽政策实施方式分为两类。欧洲央行和日本央行着眼于直接给银行提供贷款,旨在发挥央行的中心银行职能;美联储和英格兰银行着眼于购买债券,以扩大本国基础货币规模。

作为在特殊的经济形势下使用的新型货币政策,非传统货币政策的理论基础、工具选择、政策目标等与传统货币政策存在显著差异。本节以发达经济体尤其是美国的实践为主,讨论非传统货币政策。

9.8.1 非传统货币政策实施前提

传统货币政策是指中央银行通过调整短期政策利率来调控经济的货币政策②,例如美联储调节联邦基金利率。当央行实施宽松的货币政策时,低利率可以通过资产价格渠道和信贷渠道刺激经济增长。

资产价格渠道指的是中央银行通过公开市场操作等降低短期实际利率,从而影响资

① Fawley, Brett W., and Christopher J. Neely, 2013, "Four Stories of Quantitative Easing", Federal Reserve Bank of Louis Review January/February: 51—88.

② Bernanke, Ben S., Vincent R. Reinhart, and Brian P. Sack, 2004, "Monetary Policy Alternatives at the Zero Bound: An Empirical Assessment", FEDS Working Paper, No.2004—48.

产价格，包括汇率和股票价格。资产和股票价格上涨通过财富效应和使发行股票更有利可图来刺激居民消费和企业投资；本币贬值使本国商品更有竞争力，有助于鼓励出口；低利率可以鼓励借贷，增加消费支出和企业投资。

信贷渠道指的是宽松货币政策通过降低逆向选择和道德风险等金融摩擦①，实现信贷扩张。比如，在经济衰退时期，较低的投资回报率会阻止信用良好的借款人向银行申请贷款，但不会阻止信用不良的借款人，基于此银行会越来越不愿意提供贷款。较低的利率可以提高资产价格，使企业和消费者的财富增加，减少逆向选择和道德风险问题。②

在短期政策利率非常低甚至为零时，传统货币政策面临以下两个方面的局限性。(1)零利率下限(zero lower bound, ZLB)。传统货币理论认为，现金持有成本等于零，当利率为零时，人们会选择持有现金。当政策利率降至接近于零的水平时，就不可能进一步降低政策利率。(2)传统货币政策传导机制失效。在零利率下限时，所有投资者都会预期利率上升，资产价格下降，不会选择投资，公开市场操作等传统货币政策工具无法刺激总需求增加。此外，短期政策利率向长期利率的传导机制失效。金融危机对实体经济的严重打击，使借款人偿债能力和可信度下降，期限升水和风险升水大幅度上升，即使中央银行降低短期政策利率，长期利率也无法显著下降。

在达到零利率下限传统货币政策遭遇瓶颈时，中央银行会使用非传统货币政策，包括直接贷款给陷入困境的信贷市场，以及长期资产购买，以降低长期利率。我们将 n 年期债券的实际收益率分解为式(9.4)。

$$y_{t,\ t+n}=\bar{y}_{t,\ t+n}+TP_{t,\ t+n}-E_t\pi_n \tag{9.4}$$

在式(9.4)中，$y_{t,\ t+n}$ 是 n 年期债券在 t 时期的预期收益率，$\bar{y}_{t,\ t+n}$ 是 t 时期对未来 n 年的隔夜拆借利率预期值的平均值，$TP_{t,\ t+n}$ 是 n 年期债券在 t 时期的期限升水，$E_t\pi_t$ 是 t 时期对未来 n 年的通货膨胀预期的平均值。③长期债券的实际收益率可通过以下三种途径降低：(1)提升通货膨胀预期；(2)降低短期政策利率；(3)降低期限升水。

中央银行降低长期债券实际利率具体有以下三种操作：(1)承诺利率长期维持在低水平，引导市场形成较低的利率预期；(2)改变中央银行资产负债表构成，购买长期资产，出售短期资产，降低长期资产收益，即降低期限升水；(3)直接增加中央银行资产负债表规模，在维持零利率的前提下，购买国债或其他金融资产来投放基础货币，提高通货膨胀预期。这三种方法在 2008 年金融危机以后被美联储、欧洲央行和日本央行等相继付诸实践，成为较为典型的非传统货币政策工具。④这些非传统货币政策工具的使用有助于在零

---

① 此处逆向选择指信用不良的借款人更有可能向银行寻求贷款；道德风险指借款人有参与风险活动的倾向，使得他们按时偿还贷款的可能性降低。

② 较低的利率有助于提高资产净现值，提高企业借债能力。

③ Fawley, Brett W. and Christopher J. Neely, 2013, “Four Stories of Quantitative Easing”, *Federal Reserve Bank of St. Louis Review*, 95(1): 51—88.

④ 物价稳定与劳动就业增加之间的冲突一直存在。在 2008 年金融危机前，面对高通胀压力，美联储选择了以物价稳定和经济增长为最终目标。比如 2007 年 2 月的货币政策报告指出“联邦公开市场委员会的政策决定旨在促进可持续的经济增长和低而稳定的通货膨胀率。”Bernanke, Ben S., and Vincent R. Reinhart. 2004, “Conducting Monetary Policy at Very Low Short-Term Interest Rates”, *American Economic Review*, 94(2): 85—90.

利率水平时，引导利率预期、通货膨胀预期及降低期限升水和风险升水，使货币政策传导机制重新发挥作用。

9.8.2 美联储货币政策最终目标转变

《1977 年联邦储备法》将美联储的任务规定为“最大化劳动就业、保持物价稳定和长期利率水平适中”(promote effectively the goals of maximum employment, stable prices, and moderate long-term interest rates)。考虑到物价稳定与长期利率维持在适度水平之间的高度一致性，这三个目标常常被归纳为“双重使命”(dual mandate)，即劳动就业最大化和保持物价稳定。[①]针对金融危机爆发后失业率大幅度上升，2010 年 9 月，联邦公开市场委员会的目标从“促进经济复苏和维持物价稳定”修改为“最大化劳动就业和维持物价稳定”。

除了突出双重使命，美联储致力于向公众更明晰地解释货币政策最终目标，以引导公众明确理解其政策意图。从长期看，通货膨胀取决于货币政策，中央银行可以设定通货膨胀目标值；劳动就业水平取决于劳动市场结构和动态，中央银行无法直接衡量，只能给出随时间变化的劳动就业水平评估值。2012 年 1 月，美联储发表《长期目标和货币政策策略声明》，明确通货膨胀的长期目标值为 2%，并宣布每年发布 4 次对正常失业率的评估结果。

9.8.3 非传统货币政策实施战略

面对经济衰退需要刺激经济时，中央银行首先应当考虑降低政策利率。在远离零利率下限时，公开市场操作等传统货币政策工具可以简单、有效、无风险地影响政策利率。在使用非传统货币政策工具之前，货币当局会首先将政策利率降低到零利率下限来刺激经济。

面对零利率下限时，非传统货币政策开始被使用。非传统货币政策的实施战略与传统货币政策有一定区别。前瞻性指引和量化宽松等非传统货币政策工具的核心操作目标并不是可被衡量的短期利率或基础货币(尽管量化宽松会增加存款准备金总量进而影响基础货币)，而是市场对短期利率预期、通货膨胀预期以及风险和期限升水等难以被衡量的指标。通过影响这些指标，中央银行可以在短期利率接近于零利率下限时影响长期利率，进而达到物价稳定和增加劳动就业目标。

9.8.4 非传统货币政策工具

非传统货币政策工具分为以下三种类型：前瞻性指引、量化宽松、价格型工具(零利率政策、负利率政策、收益率曲线控制)。

1. 前瞻性指引

前瞻性指引是中央银行就未来的货币政策走势与公众沟通，并以此引导市场预期，使

① Mishkin, Frederic S., 2007, “Monetary Policy and the Dual Mandate”, speech delivered at Bridgewater College, Bridgewater, Va., April 10.

市场预期与中央银行目标靠拢的非传统货币政策工具。前瞻性指引也被称为非传统货币政策中的信号型工具。1999 年,日本央行在实施零利率政策时承诺:"在通货紧缩没有消除以前,会一直实施这一政策";美联储公开市场委员会在 2013 年 12 月发表的声明中指出:"为了实现就业持续增长和保持物价稳定,在结束资产购买项目之后,仍会在很长时间内保持宽松的货币政策。"

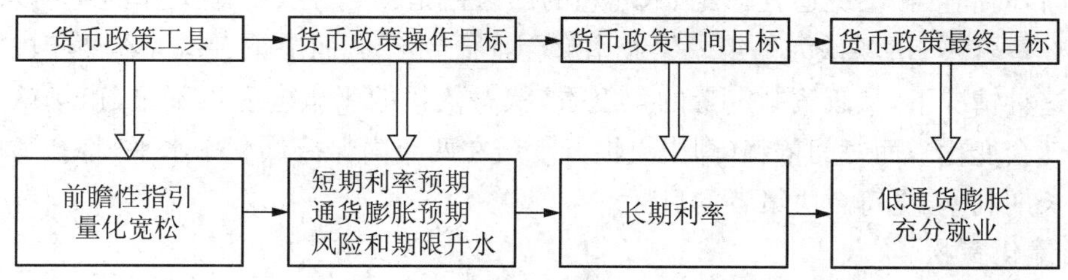

图 9.5 美国非传统货币政策实施战略

预期管理是前瞻性指引政策的实施基础。长期金融资产价格不仅取决于当前的政策利率,还取决于市场预期。前瞻性指引通过影响市场预期来调节长期资产利率和价格。前瞻性指引有多种分类方法。

(1)"隐晦的前瞻性指引"与"明晰的前瞻性指引"。隐晦的前瞻性指引是一种简单的声明,旨在表明中央银行对宏观经济表现的预测,以及基于未来宏观经济基本面及政策目标可能采取的货币政策行动。①隐晦的前瞻性指引是中央银行的一种建议,并不对未来政策作出承诺。中央银行越来越频繁地在正常时期使用隐晦的前瞻性指引,因为它可以帮助公众及市场参与者理解中央银行的经济观点和政策规划,有助于提高中央银行的透明度,增加货币政策的可预见性和有效性。

明晰的前瞻性指引指的是中央银行预先对货币政策做出承诺,多用在零利率受到下限约束时期。在政策利率接近零利率下限、利率降低已经没有空间时,中央银行通过传达维持超低政策利率的承诺,影响公众对实际利率预期。在承诺可信时,市场参与者会预期长期资产收益率下降,进而在零利率下限约束下刺激经济增长。承诺不可信时,由于时间不一致性(time inconsistency)②,明晰的前瞻性指引无法改变市场预期,无法刺激经济增长。

(2) 定性指引和定量指引。定性指引是指中央银行只公布对未来货币政策走势预测,对关键经济指标不作说明。定量指引是在定性指引的基础上,给出关键经济指标。比如,2013 年英国央行声明:"在物价和金融市场稳定的前提下,将继续维持当前的超低基准利率和量化宽松政策不变,直至失业率降至 7%以下。"相对于定性指引,定量指引更为有效,因为它更加精确且在事后可以被验证。当政策制定者不能在定量指引上取得一致意见,或者经济形势不确定时,中央银行会倾向于选择比较模糊的定性指引。定性指引在维持一段时间后通常会转为定量指引,市场参与者和其他利益相关者会要求中央银行对其措辞进行详细说明。

---

① Campbell, J. R., C. L.Evans, J. D. M. Fisher, and A. Justiniano, 2012,"Macroeconomic Effects of Federal Reserve Forward Guidance", Brookings Papers on Economic Activity, 2012(1), 1—80.

② 参见本书第 12 章。

定量前瞻性指引分为基于时间的前瞻性指引(时间依赖)和基于状态的前瞻性指引(状态依赖)两种类型。时间依赖是指中央银行在描述政策趋势时,附加明确的时间信息,比如承诺在某年某月之前维持政策利率不变。状态依赖则是提供非常明确的条件限制,比如承诺只要失业率在6.5%以上,就一直维持0—0.25%的超低利率不变。

时间依赖对市场参与者来说更确定且更可信。当决策者和市场参与者对经济前景存在分歧时,时间依赖会更适宜。比如,理想的前瞻性指引是在失业率下降到6%以前将利率保持在零水平;市场认为一年内失业率就会降低到6%,而决策者认为在两年内才能达标。在这种情况下,从政策制定者的角度看,状态依赖的刺激会显得不足(市场认为一年内利率就会变化),而时间依赖(即中央银行承诺在两年内保持低利率水平)将会显著降低当前的长期利率,更符合决策者的目标。

2. 量化宽松

量化宽松(quantitative easing, QE),又称为大规模资产购买(large-scale asset purchase, LSAP),是指中央银行通过创造银行准备金,在公开市场上购买国债或其他金融资产。量化宽松属于非传统货币政策中的数量型工具。量化宽松是直接对中央银行资产负债表的结构或规模进行操作,包括:(1)中央银行直接向金融机构提供定期证券借贷便利(TSLF),发挥"最后贷款人"作用。(2)中央银行通过商业票据融资便利(CPFF)等渠道,直接向信贷市场的借贷者和投资者提供流动性,减轻由于信贷市场崩溃给实体经济造成的冲击。(3)中央银行在二级市场上直接购买长期证券,来影响长期利率,比如中长期证券购买计划。

量化宽松与传统的公开市场操作相比,具有以下两个特点。一是"量化",即事先规定债券购买数额和购买时间,并且是大规模购买。例如,美联储在2009年3月宣布购买最高达7 500亿美元的抵押贷款支持证券和1 000亿美元的机构债券(参见表9.7)。二是量化宽松通常仅在利率接近于零,传统货币政策失效时使用。

表9.7 美国量化宽松政策实施过程

阶段	实施时间	内容
QE1	2008年11月25日—2010年8月10日	宣布维持0—0.25%联邦基金利率;购买2—10年期美国国债3 000亿美元、机构债1 000亿美元、抵押支持债券(MBS)12 500亿美元
QE2	2010年11月3日—2011年6月22日	购买美国财政部长期债券(LTS)6 000亿美元
TO	2011年9月21日—2012年底	出售短期资产购买长期资产,实施扭转操作(twist operation)
QE3	2012年9月13日—2012年12月11日	每月购买MBS 400亿美元
	2012年12月12日—2013年12月17日	每月购买850亿美元国债和抵押支持债券,直至失业率低于6.5%,未来每年通货膨胀率预期不高于2.5%
	2013年12月18日—2014年10月27日	QE3的资产购买规模开始减少。在2014年1月、2月、4月、5月、7月、8月、10月,每月减少100亿美元MBS购买和50亿美元LTS购买。2014年11月停止大规模资产

注:2008年11月25日,美联储首次公布将购买机构债和抵押支持债券,标志着首轮量化宽松政策开始。
资料来源:根据美联储公布的报告整理得到。

从 2008 年 12 月 16 日美联储将联邦基金利率降低至 0—0.25%的接近于零的利率水平以后，美联储资产负债表规模由不足 1 万亿美元增加至 2014 年 12 月底的 4.5 万亿美元。[①]2008 年 12 月—2014 年 11 月，美联储总计购买了长期国债(LTS)和抵押支持证券(MBS)达 4.6 万亿美元。

量化宽松政策通过信号作用和投资组合平衡两个渠道影响经济运行。(1)信号渠道。量化宽松政策信号渠道的作用机制是：大规模资产购买有助于证明中央银行对宽松货币政策承诺，促使投资者形成短期利率下调预期，并预计零利率下限将在更长的时间内持续。(2)投资组合平衡渠道。投资组合平衡渠道发挥作用的前提是：流动性、交易成本、信息、监管限制等差异，导致不同债券在投资组合中互为不完全替代品。随着某种债券的供给情况发生变化，其价格和收益率随之改变，投资者会重新平衡其资产组合。中央银行大规模购买长期债券会降低私人部门持有债券的平均期限，导致期限溢价下跌，推升资产价格。较低的资产收益率会降低融资成本，鼓励银行向家庭和企业发放贷款。

量化宽松政策最早由日本央行在 2001 年提出并使用。为了应对国内经济持续下滑和投资衰退，日本在 2001 年开始大规模购买长期国债而不是传统的短期国债，并且将货币政策操作目标从隔夜拆借利率转为中央银行的准备金账户余额，通过维持 5 万亿日元的准备金账户余额来保证充足的流动性。量化宽松政策在全球普遍使用是在 2008 年美国金融危机之后，美联储、英国央行、日本央行等在维持低利率政策的同时，在 2008—2009 年相继公布大规模资产购买计划；开始时欧洲央行把政策重心放在为银行提供长期贷款上，到 2015 年正式实施量化宽松(参见表 9.8)。

表 9.8　美联储量化宽松政策与其他央行的比较

中央银行	实施方式	原　因	2007 年数据
欧洲央行、日本银行	直接借款给银行以增加银行准备金	欧元区和日本的银行重要性超过债券市场	欧元区银行贷款/GDP＝145%；债券市值/GDP＝81%
美联储、英格兰银行	通过购买债券增加银行准备金	美国和英国的债券市场更重要	美国银行贷款/GDP＝63%；债券市值/GDP＝168%

资料来源：Fawley，Brett W.，and Christopher J. Neely，2013，“Four Stories of Quantitative Easing”，*Federal Reserve Bank of Louis Review*，January/February：51—88。

除了量化宽松以外，美联储还推行了“期限延长计划”(maturity extension program)，即卖出较短期限的国债，买入较长期限的国债，以延长所持国债的平均到期期限，压低长期国债收益率，在不改变美联储资产负债表规模的前提下达到类似于量化宽松的效果。类似的还有日本在 2013 年推出的“质化和量化宽松政策”(quantitative and qualitative monetary easing，QQE)。

量化宽松政策是争议最大的非传统货币政策。许多公众和媒体认为量化宽松是在“印钞票”，可能导致将来的恶性通货膨胀和货币贬值。伯南克(Ben Bernanke)对此作了解释。伯南克认为，量化宽松只会增加商业银行在中央银行的准备金总量，并不会直接通过

① Bernanke，Ben S.，2017，*Monetary Policy in a New Era*，Peterson Institute for International Economics and Hutchins Center on Fiscal and Monetary Policy in Brookings，October 2.

“印钞票”增加通货总量(参见表 9.9)。在经济疲软时,银行不会轻易发放贷款,这些准备金不会大量进入流通渠道。在经济开始复苏时,银行会动用准备金发放贷款,最终导致通货总量和信贷总量增加。但是,中央银行可以适时采取紧缩的货币政策,避免恶性通胀和货币贬值。①

表 9.9 部分经济体的中央银行资产负债表规模

年份	美联储(亿美元)	日本银行(百亿日元)	英格兰银行(亿英镑)	欧洲央行(亿欧元)	中国人民银行(亿元)
1999	6 637.75	11 134.78	430.73	597.30	35 349.80
2000	6 287.74	10 679.62	411.60	673.39	39 395.36
2001	6 801.97	11 750.79	446.84	680.61	42 540.64
2002	7 514.01	12 512.63	486.54	902.68	51 107.58
2003	7 882.30	13 136.85	541.29	865.32	62 004.06
2004	8 403.40	14 454.67	595.80	900.92	78 655.33
2005	8 761.85	15 560.71	658.03	1 023.31	103 676.01
2006	9 036.84	11 554.36	855.93	1 057.66	128 574.69
2007	9 255.60	11 128.44	1 022.41	1 260.28	169 139.80
2008	22 593.56	12 277.08	2 384.90	3 839.03	207 095.99
2009	22 788.96	12 253.36	2 376.94	1 379.98	227 535.02
2010	24 675.44	12 871.04	2 469.06	1 635.23	259 274.89
2011	29 808.07	14 302.19	2 902.46	2 308.71	280 977.60
2012	29 662.49	15 836.27	4 103.81	2 072.92	294 537.19
2013	40 711.43	22 418.97	4 011.81	1 741.75	317 278.55
2014	45 552.79	30 021.17	4 065.82	1 852.91	338 248.79
2015	45 381.97	38 310.76	4 194.94	2 566.45	317 836.97
2016	45 113.69	47 649.80	4 900.04	3 489.84	343 711.59

注:英国在 2006 年进行货币体系改革,资产负债表衡量方法有改变,其资产负债数据由英格兰银行资产负债表中的所有资产加总求得。

资料来源:美联储、英格兰银行、日本银行、欧洲央行、中国人民银行。

当商业银行在中央银行的准备金总量过大时,公开市场操作等传统货币政策工具无法有效地紧缩货币,美联储因此使用了两个辅助的货币政策工具来应对。(1)超额准备金利率。美联储依此利率为商业银行的超额准备金支付利息,银行不会以低于超额准备金利率的利率向外发放贷款。当美联储决定采取紧缩政策时,只需要提高超额准备金利率即可控制准备金数量,提高市场利率。(2)隔夜逆回购协议。据此协议,美联储以一定的利率从交易对手那里贷款,以国库券作抵押,并在第二天赎回,交易者不会低于此利率与其他交易对手做隔夜拆借,因此可以起到类似于超额准备金利率的效果。在量化宽松时期,超额准备金率和隔夜逆回购利率为市场利率设定了下限。

① 本·伯南克:《行动的勇气》,中信出版社 2016 年 5 月第 1 版,第 511 页。

针对量化宽松政策的批评还有以下方面：(1)滋长资产泡沫。(2)通过影响期限溢价，扭曲金融市场。(3)通过提升资产价格，加剧社会不公平。尽管备受质疑，美国金融危机发生后，量化宽松政策仍然在全球范围内被广泛使用。美国、欧元区、日本和英国的实践表明，量化宽松政策可以带来更强的总需求和更好的经济表现。

3. 价格型工具

非传统货币政策价格型工具，是指长期保持零利率水平的零利率政策（zero interest rate policy，ZIRP）、将基准利率降至负值的负利率政策（negative interest rate policy，NIRP），以及收益率曲线控制（yield curve control）。日本央行是零利率政策的最早使用者（参见表 9.10）。1999 年 2 月，在经济严重衰退的情况下，日本央行将隔夜拆借利率目标下调至 0.15%，并尽力促使隔夜拆借利率下降。2008 年金融危机爆发后，美国等发达经济体选择大幅降低政策利率来刺激经济，先后达到零利率下限。

表 9.10　美国等发达经济体的零利率下限政策

经济体	时　间	利率名称	利率值(%)
美　国	2008 年 12 月	联邦基金利率	0—0.25
日　本	2008 年 12 月	基准利率	0.1
欧元区	2016 年 3 月	再融资利率	0
英　国	2016 年 8 月	基准利率	0.25

资料来源：美联储、英格兰银行、日本银行、欧洲央行。

在零利率政策以及量化宽松等非传统货币政策仍然无法刺激经济增长时，部分央行采取了负利率政策。负利率政策通常是指将金融机构在中央银行的存款利率（比如超额准备金利率）下调至负值，而不是将商业银行的存款利率下调至负值。截至 2019 年底，与使用零利率政策相比，使用负利率政策的经济体较少，只有日本和西欧的部分国家。负利率政策实施目标分为两类。一类是稳定汇率，避免大量资金流入造成本币升值，比如丹麦、瑞士和瑞典；另一类是为了刺激经济以及应对债务危机，比如欧元区和日本（参见表 9.11）。

表 9.11　实施负利率政策的国家

经济体	起始时间	利率名称	2019 年底的利率
丹　麦	2012 年 7 月	存款证利率	−0.65%
欧元区	2014 年 6 月	隔夜存款利率	−0.4%
瑞　士	2014 年 12 月	三月期 LIBOR 目标区间	(−1.25%)—(−0.25%)
瑞　典	2015 年 2 月	7 天回购利率	−0.5%
日　本	2016 年 2 月	基准利率	−0.1%

资料来源：丹麦央行、欧洲央行、瑞典央行、日本银行。

实践表明，负利率政策对稳定汇率和刺激经济有一定效果，但包括美国在内的大部分国家都不愿意采取负利率政策，原因有以下四点：(1)负利率政策受到法律和政治阻力限制。(2)负利率政策会给商业银行带来损失，因为商业银行无法将超额准备金的负利率转嫁给存款人。(3)负利率政策会引发现金挤兑。[①](4)负利率政策会影响金融稳定。

日本央行在2016年9月21日公布了收益率曲线控制政策。根据收益率曲线控制政策，日本央行可以无限制地买进10年期政府债券，直到债券收益率保持在央行给定的目标值附近。收益率曲线控制与量化宽松存在显著的对称关系：量化宽松通过资产购买影响债券收益率，收益率曲线控制通过钉住目标收益率来决定资产购买。

收益率曲线控制与量化宽松相比有一定的优势。(1)在估算货币政策宽松程度时，收益率曲线控制比量化宽松更精确。(2)央行购买的债券数量减少时，收益率曲线控制仍能保持对经济的强烈刺激。当债券收益率高于设定目标时，市场参与者会预期资产价格上升，进而买入债券套利。因此，收益率曲线控制是在可供购买的债券数量有限且供给弹性不足时的有效刺激经济策略。[②]

9.8.5 非传统货币政策工具的不同命运

随着劳动就业改善和经济复苏，美国、欧元区等经济体实施的非传统货币政策经历了退出过程，即“加息缩表”：上调政策利率并逐渐退出量化宽松，以及缩减资产负债表规模。前瞻性指引则作为在非零利率时期仍然有效的非传统货币政策工具被保留下来。

1. 美联储退出量化宽松政策的基本原则

美联储一直坚持基于美国经济的基本面条件退出量化宽松政策，也即实施有条件的量化宽松政策退出(参见表9.12)。2013年12月18日，美联储公开市场委员会(FOMC)宣布，强化利率前瞻性指引。只要失业率维持在6.5%之上，并且通胀率低于2.5%，就维持联邦基金利率在0—0.25%区间水平不变。这意味着，即使失业率降至6.5%以下，只要通胀率没有达到2.5%，美联储就不会上调联邦基金利率。如果美国就业状况持续改善且通胀率符合预期目标，美联储会考虑进一步缩减资产购买规模。在经济重新衰退的情况下，不排除扩大量化宽松的可能。

表9.12 美联储量化宽松政策的退出条件

劳动失业率	通货膨胀率	美国量化宽松政策退出的可能性
>6.5%	>2.5%	可能退出(不退出)
>6.5%	<2.5%	不退出
<6.5%	>2.5%	退出
<6.5%	<2.5%	可能退出

资料来源：根据美联储公布的货币政策报告整理得到。

① 超额准备金负利率增加了银行吸收存款的成本；银行对存款规定负利率会引起存款减少，因此无法将超额准备金的负利率转嫁给存款人。

② Bernanke, Ben S., 2017, *Monetary Policy in a New Era*, Peterson Institute for International Economics and Hutchins Center on Fiscal & Monetary Policy in Brookings, October 2.

2. 美联储非传统货币政策退出过程

随着经济平稳复苏，美国宽松政策退出经历了减少购买资产、停止购买资产、低利率政策退出、缩减资产负债表四个步骤，美联储一直根据美国经济复苏情况控制和调整量宽政策退出节奏(参见图 9.6)。

第一步，减少每月的资产购买量。从 2014 年 1 月开始，按照每次减少 100 亿美元、一年召开 8 次公开市场委员会会议计算，八次会议之后恰好将 2013 年每月 850 亿美元的 QE 额度削减完毕，并在 2014 年 11 月停止资产购买。

2013 年 6 月 19 日，时任美联储主席伯南克在联邦公开市场委员会会议后的新闻发布会中表示，如果经济复苏符合预期，美联储将于 2013 年晚些时候逐步缩减资产购买规模，并大概在 2014 年中期终止资产购买。这是美联储首次公布量化宽松退出计划，并引发市场预期资产购买放缓将伴随利率上行，引起十年期美国国债收益率和美元汇率飙升，股票指数和资产价格下降。①缩减恐慌使美联储对量化宽松退出渐趋谨慎。在确定经济情况可以实施缩减资产购买后，美联储在 2013 年 12 月 18 日正式宣布，自 2014 年 1 月起，每月资产购买额度从 850 亿美元减少到 750 亿美元，其中长期国债和抵押贷款支持证券购买额度分别为 400 亿美元和 350 亿美元。此后美联储多次缩减债券购买规模，并于 2014 年 10 月 29 日终止资产购买。

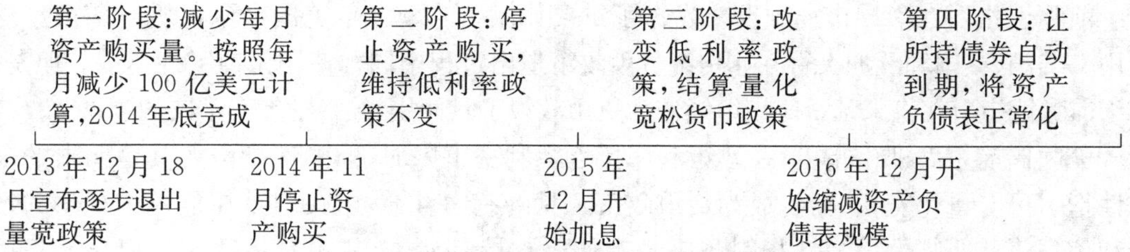

第一阶段：减少每月资产购买量。按照每月减少 100 亿美元计算，2014 年底完成	第二阶段：停止资产购买，维持低利率政策不变	第三阶段：改变低利率政策，结算量化宽松货币政策	第四阶段：让所持债券自动到期，将资产负债表正常化
2013 年 12 月 18 日宣布逐步退出量宽政策	2014 年 11 月停止资产购买	2015 年 12 月开始加息	2016 年 12 月开始缩减资产负债表规模

图 9.6 美国量化宽松政策退出的时间安排和分阶段实施

第二步，停止量化宽松但维持低利率政策。这项工作在 2014 年 12 月开始，至 2015 年 12 月结束。

第三步，改变长期低利率政策，全面结束宽松，实现货币政策正常化，2015 年 12 月首次加息。在劳动力市场状况良好、通胀预期在中期维持在 2%的既定目标的前提下，美联储于 2015 年 12 月 17 日提高联邦基金利率 25 个基点，同时提高超额准备金利率和贴现率，美国长达 7 年的零利率政策正式结束。在此之后，美联储于 2016 年 12 月、2017 年 3 月、2017 年 6 月、2017 年 12 月、2018 年 3 月、2018 年 6 月、2018 年 12 月分别加息 25 个基点，在 2019 年 6 月底，联邦基金利率区间升至 2.0%—2.25%。

第四步，致力于逐渐实现美联储资产负债表正常化。在首次加息后 1 年即 2016 年，美联储开始考虑缩减资产负债表规模。2014 年 12 月底，美联储总资产超过 4.5 万亿美元，创历史新高，资产结构也由危机前的短期、中期国债为主，转变为以长期国债、抵押支持证券和联邦机构债为主。美联储没有主动抛售资产，而是让所持债券自动到期。

① 这一现象被称为“缩减恐慌”(taper tantrum)。

美联储的量化宽松操作使其资产负债表规模从2008年初的近8 500亿美元增加至2014年底的4.5万亿美元。美联储在2017年6月公布的《政策正常化原则和计划附录》显示，美联储没有直接出售持有的证券，而是通过减少证券到期收回本金的再投资数额来缩减资产负债表规模。具体操作方法是设定上限额度，超过上限额度的到期本金进行再投资。对于美国国债，最初的上限额度为每月60亿美元，在12个月内每3个月增加60亿美元，直至每月达到300亿美元。对于机构债券和抵押贷款支持证券，上限额度为每月40亿美元，在12个月内每3个月增加40亿美元，直至每月达到200亿美元。2017年10月，美联储启动缩表计划。2019年12月26日，美联储资产负债表规模为4.17万亿美元。

3. 其他经济体的非传统货币政策退出操作

类似于美联储，其他央行也实施了非传统货币政策渐进退出计划。①英国央行在2017年11月2日上调基准利率至0.5%，2018年8月2日进一步上调至0.75%。英国央行在货币政策委员会会议记录中明确表示"继续维持资产存量规模，直至基准利率达到某个可以允许资产存量大幅削减的水平"。

欧洲央行与英国央行相反，在三次延长量化宽松期限以后，于2018年6月14日公布的货币政策决定中宣布在2018年9月后降低净资产购买数额至150亿欧元，并在2018年12月结束净资产购买。欧洲央行表示"关键利率保持在目前水平至少到2019年夏季"。

4. 前瞻性指引

前瞻性指引在引导市场预期中发挥了重要作用，在2008年美国金融危机时期被广泛使用。美国、英国和欧洲央行在非传统货币政策退出过程中同样使用了前瞻性指引。但是，对于前瞻性指引在将来是否应该继续作为货币政策工具使用，经济学界有不同的意见。

美联储前主席耶伦指出，在政策利率接近零利率下限时，前瞻性指引尤其是明晰的前瞻性指引可与量化宽松一起，成为货币政策工具的有力补充，中央银行在危机中积累的经验和信誉将使明晰的前瞻性指引越来越有效。支持者认为，货币政策透明度提高是不可逆的过程，前瞻性指引应当继续使用，更明晰以及状态依赖的前瞻性指引应当成为未来默认的货币政策。反对者认为，前瞻性指引虽然有助于货币政策实施，但央行更应该使用熟悉的、传统的货币政策工具，对于前瞻性指引的使用应以定性指引为主；②前瞻性指引可能会面临以下风险。(1)央行信誉风险，即央行能否在正常时期克服"时间不一致性"问题。(2)市场理解风险，即市场可能会过度聚焦甚至误解央行传达的前瞻性指引，导致金融市场不稳定增加。

5. 已经停止使用的非传统货币政策工具

2008年金融危机期间，美国采取了一系列的非传统货币政策工具，这些工具截至2019年底大多已停止使用。③这些停止使用的创新型货币政策工具有以下几个方面。

定期拍卖便利(term auction facility, TAF)。TAF由美联储于2007年12月12日设立，即通过招标方式向财务健康的存款类金融机构提供贷款。每次TAF拍卖的资金总量由美联储预先确定并公布，利率通过投标确定，投标利率最高的存款机构获得资金。TAF

① 由于经济情况仍然与政策目标有一定距离，截至2018年8月，日本仍维持负利率以及量化宽松政策。

② 万志宏：《货币政策前瞻指引：理论、政策与前景》，《世界经济》2015年第9期。

③ 刘胜会：《金融危机中美联储的货币政策工具创新及启示》，《国际金融研究》2009年第8期。

的目的是为存储类金融机构提供流动性支持，在2010年3月8日停止使用。

一级交易商信贷便利(primary dealer credit facility, PDCF)。PDCF是美联储于2008年3月16日推出的一种隔夜贷款工具，可以为一级交易商提供贷款，贷款利率与存款机构的贴现率相同。PDCF的目的是改善一级交易商的融资能力，维护金融市场稳定，在2010年2月1日停止使用。

定期证券借贷工具(term securities lending facility, TSLF)。TSLF是美联储于2008年3月11日推出的针对一级交易商的固定期限借贷便利。TSLF定期举行公开拍卖，允许一级交易商以缺乏流动性的证券作为抵押品，交换高流动性的国债。TSLF的目的是提高金融市场中抵押品融资市场的流动性，为持有低流动性证券的一级交易商提供资金周转渠道，在2010年2月1日停止使用。

资产支持商业票据货币市场共同基金流动性便利(asset backed commercial paper money market mutual fund liquidity facility, AMLF)。AMLF是美联储于2008年9月19日设立的贷款工具，允许存款机构、银行控股公司和外国银行在美国的分支机构以高质量资产支持商业票据(asset backed commercial paper, ABCP)为抵押，从美联储获得资金。AMLF的目的是帮助恢复ABCP市场的流动性，稳定金融市场，2010年2月1日停止使用。

货币市场投资者融资便利(money market investor funding facility, MMIFF)。MMIFF由美联储于2008年10月21日设立，授权纽约联邦储备银行为美国货币市场投资者提供流动性支持。美联储通过提供资金支持特殊目的公司(special purpose vehicle, SPV)，从货币市场共同基金及其他货币市场投资者那里购买美元存款凭证和高信用级别金融机构发行的商业票据，为货币市场提供资金。MMIFF在2009年10月30日停止使用。

商业票据融资便利(commercial paper funding facility, CPFF)。CPFF是美联储在2008年10月27日设立的短期融资窗口，美联储通过特殊目的公司给美国商业票据的发行者提供流动性支持。特殊目的公司使用纽约储备银行提供的资金从符合条件的商业票据发行者那里直接购买三个月无担保商业票据和资产支持商业票据，向有资金需求的发行者融出资金。CPFF在2010年2月1日停止使用。

定期资产支持证券信贷便利(term asset backed securities loan facility, TALF)。TALF是美联储于2008年11月25日设立的针对所有拥有合格资产支持证券(asset backed securities, ABS)的金融机构的融资便利措施。金融机构可以将近期发行的以美元计价的AAA级的资产支持证券(包括汽车贷款、学生贷款、信用卡贷款和其他中小企业贷款等)抵押给美联储，从而获得融资支持。TALF的目的是帮助这些金融机构满足家庭和小企业的信贷需求，在2010年6月30日停止使用。

本章小结

本章分析了中央银行货币政策最终目标，以及实现货币政策最终目标的分步实施战略，并分析了货币政策操作目标和中间目标的选择问题。中央银行在实现货币政策最终目标过程中，主要是运用公开市场操作、贴现政策和法定准备金等工具。本章比较了这三种货币政策工具的优点和缺点，以及这些货币政策工具的具体使用。本章讨论了世界上重要经济体的货币政策实施经验，以及在美国金融危机后发达经济体实施的非传统货币政策。

1. 中央银行实施货币政策要达到的最终目标包括六个方面：(1)高度就业；(2)经济增长；(3)物价稳定；(4)利率稳定；(5)金融市场稳定；(6)外汇市场稳定。这六个货币政策最终目标中，高度就业目标与经济增长目标相对比较一致，但高度就业目标与物价稳定目标之间往往是一对矛盾关系。其他货币政策最终目标之间也有这样的特点。各国中央银行所确定的货币政策最终目标多根据本国经济发展的实际情形加以取舍。

2. 中央银行掌握的货币政策工具难以直接作用于货币政策最终目标，必须通过货币政策操作目标和中间目标分步骤实施，才能达到货币政策最终目标。使用中间目标和操作目标，中央银行能够较为迅速地判断货币政策是否处于正确的运行轨道当中，可进行中途修正，而不必等着看货币政策对劳动就业和物价水平这些政策目标的最终作用结果。中央银行货币政策工具可直接影响操作目标，而操作目标又可影响中间目标，中间目标再影响货币政策最终目标。

3. 由于利率目标和货币总量目标并不互相一致，中央银行难以同时选择这两个指标作为货币政策中介目标，并需要按照三个标准来选择中间目标变量和操作目标变量：(1)可计量性；(2)可控制性；(3)能预见到其影响。

4. 公开市场操作是中央银行用来控制货币供应量的基本工具。公开市场操作的主动权在于中央银行，具有操作灵活、易于改变方向，能迅速实施等优点。贴现贷款数量取决于贴现利率和道义劝告。除了影响基础货币和货币供应量外，贴现政策还可使中央银行发挥最后贷款人的作用。贴现政策会带来贴现贷款数量以及货币供应量频繁波动，加大中央银行控制货币供应量的难度。有人建议将贴现率同市场利率绑定，以减弱贴现贷款数量的非意向性波动。变动法定准备金比率对宏观经济实施管理时，由于过于粗笨，在市场机制比较健全的正常情形下很少被使用。

5. 在政策利率降低至接近于零的水平时，传统货币政策工具无以为继，为了刺激经济需要使用非传统货币政策。非传统货币政策工具有前瞻性指引、量化宽松、负利率政策和收益率曲线控制等。

中文关键词

货币政策最终目标　货币政策中间目标　货币政策操作目标　货币政策中介目标　自然失业率　真实票据学说　公开市场操作　能动性公开市场操作　保卫性公开市场操作　贴现窗口　回购协议　法定准备金管理　中性货币政策　非传统货币政策　前瞻性指引　量化宽松　负利率政策　收益率曲线控制

英文关键词

MP final targets MP middle targets MP operating targets
MP intermediate targets natural unemployment rate real-bills doctrine
open market operation dynamic open market operation
defensive open market operation discount window repurchase agreement
legal reserve management neutral monetary policy
unconventional monetary policy forward guidance quantitative easing
negative interest rate policy yield curve control

思考题

1. 货币政策最终目标有哪些内容？举例说明这些目标之间的联系。

2. 为什么需要选择货币政策中间目标和操作目标？对货币政策中间目标和操作目标的选择标准加以讨论。

3. 为什么中央银行不能同时选择货币总量目标和利率目标？简述中央银行对三个月期国库券利率的控制方法。

4. 简述一般性货币政策工具与选择性货币政策工具的异同。

5. 对中央银行货币供应量管理与利率管理方法进行比较。结合中国人民银行的实践加以说明。

6. 简述公开市场操作类型、实施条件和具体方式。结合中国经济和美国经济进行讨论。

7. 中央银行以短期国库券作为公开市场操作对象的原因有哪些？请结合理性预期理论进行分析。

8. 简述商业银行从中央银行那里申请贴现贷款的成本和收益。讨论将贴现贷款利率与市场利率绑定的政策效应。

9. 何谓中央银行贴现政策的信号效应？简述中央银行贴现政策的最后贷款人作用。

10. 结合中国货币政策实践，简述法定存款准备金比率调整的优点和缺点。

11. 何谓零利率下限？简述非传统货币政策的实施背景和非传统货币政策对经济的作用机制。

12. 何谓前瞻性指引？对不同类型前瞻性指引的实施条件加以讨论。

13. 结合美国、英国、日本和欧元区等重要经济体的非传统货币政策实践，简述非传统货币政策实施前提、目标设定、实施策略和工具类型，并与传统货币政策进行比较。

14. 结合历史数据和典型事实，分析比较中国和美国货币政策最终目标的变动特点。

15. 比较公开市场操作、贴现政策和法定准备金管理三种常用货币政策工具的优点和缺点，结合中国和美国实践加以讨论。

16. 对2008—2014年全球金融危机时期和2020年全球新冠肺炎蔓延时期美联储实施非传统货币政策的合理性加以评价；分析美国、英国、日本和欧元区非传统货币政策的异同，总结美国非传统货币政策退出步骤和实施依据。

17. 以下是某家银行的资产负债表(单位为百万元)，3亿元以内交易性存款的法定准备金比率是3%，超过3亿元的交易性存款的法定准备金比率是10%。(以下问题不考虑其他银行。)

资　　产		负债和所有者权益	
准备金	15.9	交易性存款	180.0
证券	34.1		
贷款	150.0	所有者权益	20.0
总资产	200.0	总负债和所有者权益	200.0

(1)计算银行的超额准备金。(2)假设银行出售了500万元的证券并获得现金。给出这笔交易发生后银行的资产负债表，并计算银行的超额准备金。(3)假设银行将(2)中的超额准备金贷给客户，给出客户用掉这笔贷款之前银行的资产负债表，并计算银行的超额准备金。(4)假设客户用掉了这笔贷款，给出银行的资产负债表，并计算银行的超额准备金。

18. 银行A拥有300万元的超额准备金，它与企业B签署了贷款协议，将这笔准备金贷给该企业，并在该企业的支票账户上增加300万元，要求该企业承诺在以后三年归还本金并支付利息。如果法定准备金比率为10%，贷款发放以后这家银行还有多少超额准备金？它应该发放另一笔贷款以减少超额准备金吗？为什么？

19. 中央银行选择货币政策中间目标的标准是(　　)。(多选)

A. 被选作中间目标的变量可以计量

B. 被选作中间目标的变量易于控制

C. 被选作中间目标的变量对货币政策操作目标的影响可以预测

D. 被选作中间目标的变量对货币政策最终目标的影响可以预测

20. 中央银行公开市场操作的实施对象是(　　)。(多选)

A. 财政部发行的证券　　B. 政府机构证券

C. 企业债券　　D. 地方政府发行的市政债券

21. 如果中央银行国内业务的经理听说，中国东北地区即将受暴风雪袭击，因而递送支票要求支付会遇到困难，那么该业务经理会采取(　　)。(单选)

A. 公开市场购买的能动性公开市场操作

B. 公开市场出售的能动性公开市场操作

C. 公开市场购买的保卫性公开市场操作

D. 公开市场出售的保卫性公开市场操作

22. 如果中央银行不去管理贴现窗口以限制成员银行借款，并且贴现贷款利率低于市场贷款利率几个百分点，货币供应量会(　　)。(单选)

A. 增加　　B. 减少　　C. 不变　　D. 难以确定

23. 以下对贴现贷款政策说法错误的是(　　)。(单选)
A. 贴现贷款政策会产生信号效应
B. 贴现贷款利率低于市场存款利率
C. 贴现贷款政策会增加货币当局控制货币供应量的难度
D. 贴现贷款政策是货币当局发挥最后贷款人作用的重要机制
24. 关于存款准备金政策的以下说法正确的是(　　)。(单选)
A. 存款准备金政策会加剧金融市场波动
B. 存款准备金政策有助于稳定金融市场
C. 对金融市场影响猛烈很少被使用
D. 提高法定准备金比率时经常需要配合以适当的贴现贷款政策调整
25. 2008 年美国金融危机后以下哪一点不属于美联储量化宽松货币政策的实施理由?(　　)(单选)
A. 政策利率接近于 0　　　　B. 利率期限结构失灵
C. 风险溢价显著上升　　　　D. 金融危机爆发
26. 货币政策工具可以直接达到货币政策最终目标。(　　)(多选)
A. 正确　　　　B. 错误
C. 难以确定　　　　D. 取决于货币政策最终目标类型

阅读材料

Naape, Baneng, 2019, "An Analysis of the 2008 Global Financial Crisis: A Desktop Approach", University of Limpopo.

Bernanke, Ben S., 2015, *The Courage to Act*. *Norton & Company*.本・伯南克:《行动的勇气》,蒋宗强译,中信出版社 2016 年版。

Board of Governors of the Federal Reserve System, 2019, Quarterly Report on Federal Reserve Balance Sheet Developments. November.

迪恩・克罗绍(Dean Croushore):《货币银行学》,中国市场出版社 2008 年版,第 16 章第 382—415 页。

Fawley, Brett W., and Christopher J. Neely, 2013, "Four Stories of Quantitative Easing", *Federal Reserve Bank of St. Louis Review*, 95(1):51—88.

Federal Reserve Bank of San Francisco, 2004, US Monetary Policy: An Introduction.

Friedlaender, Ann F., 1973, "Macro Policy Goals in the Postwar Period: A Study in Revealed Preference", *Quarterly Journal of Economics*, 87(1):25—43.

Friedman, Benjamin M., 1988, "Targets and Instruments of Monetary Policy", NBER Working Paper 2668.

Friedman, Benjamin M., 1977, "Empirical Issues in Monetary Policy: A Review of Monetary Aggregates and Monetary Policy", *Journal of Monetary Economics*, 3:

87—101.

Friedman, Milton, 1982, "Monetary Policy: Theory and Practice", *Journal of Money, Credit and Banking*, 14(1):98—118.

Joyce, Michael, David Miles, Andrew Scott, and Dimitri Vayanos, 2012, "Quantitative Easing and Unconventional Monetary Policy", *Economic Journal*, 122(November), F271—F288.

Lachman, Desmond, 2014, "International Impact of the Federal Reserve's Quantitative Easing Program", American Enterprise Institute Working Paper.

Rogoff, Kenneth, 1985, "The Optimal Degree of Commitment to an Intermediate Monetary Target", *Quarterly Journal of Economics*, 100(4):1169—1189.

国家计委综合司赴英培训组:《英国的宏观经济管理》,《经济改革与发展》1996 年第 7 期。

郭田勇:《中国货币政策最终目标内涵研究》,《金融研究》2001 年第 7 期。

卢岚、邓雄:《结构性货币政策工具的国际比较和启示》,《世界经济研究》2015 年第 6 期。

秦嗣毅:《美国货币政策的演变轨迹研究》,《学术交流》2003 年第 3 期。

秦嗣毅:《日本货币金融政策的演变》,《现代日本经济》2003 年第 1 期。

王健:《还原真实的美联储》,浙江大学出版社 2013 年版。

张翠微:《中央银行货币政策工具变化评析》,《国际金融研究》2008 年第 4 期。

▶10

货币供应量管理

“几乎每位经济学家都认为，中央银行能够控制基础货币和货币总量，而几乎每位在中央银行的工作人员都认为这种观点完全错误。”①为什么中央银行更关注短期利率呢？中央银行为什么选择管理利率而不选择管理货币总量呢？对这些问题的回答涉及中央银行对货币供给控制问题。

外生变量和内生变量，是典型的计量经济学语言。“货币总量是外生变量”的涵义是，货币总量不是由国民收入、居民储蓄、企业投资、家庭消费等决定，而是决定于中央银行。“货币总量是内生变量”的涵义是，中央银行决定不了货币供给，货币供给取决于经济变量和微观主体的经济行为。货币供给外生学派和内生学派的争论聚焦在对货币范畴的理解方面。外生学派讨论非货币系统使用的货币，认为货币供给能够为货币系统（中央银行及存款性金融机构）控制；内生学派基于不同金融资产的相互替代关系，将货币系统和非货币系统中的金融资产一起讨论，对“流动性”与货币范畴不作严格区分。

货币总量内生或外生问题，在货币理论中有很强的政策涵义。如果认定货币总量内生，那就等于说，货币供给被动地决定于经济活动，中央银行不能有效控制货币总量，以货币总量为操作指标的政策调节有很大局限性。如果认为货币总量外生，则无异于说，中央银行能够通过对货币供给实施调节来管理经济运行。本章分析中央银行对货币供应量管理问题，讨论存款准备金和基础货币变化的影响因素，分析银行和非银行金融机构对货币供给影响，以及政府政策目标对货币供给影响。

通过本章阅读可以达到以下五个目标：(1)理解货币总量内生与外生的区别；(2)掌握影响基础货币变动的财政政策因素、开放经济因素；(3)理解商业银行和非银行金融机构对货币总量的影响；(4)掌握多资产货币供给模型；(5)掌握政府经济增长目标和劳动就业目标对货币总量的影响。

---

① Goodhart, C.A.E., 1994, “What Should Central Banks Do? What Should Be Their Macroeconomic Objectives and Operations?”, *Economic Journal*, 104(435):1424—1436.

10.1 中央银行对基础货币控制

10.1.1 货币总量外生与内生

货币供给外生论者认为,货币供给由中央银行决定。货币供给内生论者认为,货币供给决定于经济变量和微观主体的经济行为。

凯恩斯认为,货币供给是外生的。他认为,现代货币有三个特点:(1)生产弹性为零。(2)替代弹性接近于零。(3)周转灵活且保存费用低。此三个特点说明现代货币只能由政府通过中央银行来供给。

弗里德曼将现代货币划分为货币当局负债和商业银行负债两个部分,它们由非银行部门持有的通货和非银行部门在商业银行的存款构成。非银行部门持有的通货和银行部门持有的存款准备金共同构成了银行体系中的基础货币,也就是高能货币。

货币学派认为,决定货币供给的因素有三个:基础货币规模、银行存款准备金比率和非银行部门持有的通货占存款比率。这三个因素分别取决于货币当局、商业银行和非银行部门的行为。中央银行能够直接决定基础货币规模,通过改变基础货币数量,调节货币供给。

弗里德曼检验了1867—1960年美国货币数据,发现基础货币变动会引起广义货币存量发生长期变化和周期性变化;存款准备金比率(D/R)和存款通货比率(D/C)对金融危机条件下的货币供应量变化有决定性影响,存款通货比率对货币供给的周期性变化有重要作用。弗里德曼认为,中央银行可以采取措施抵消D/R和D/C波动对货币供给影响,货币供给函数稳定且可预测。货币学派对中央银行控制货币供应量的能力,抱有很大信心。

10.1.2 中央银行对基础货币管理

中央银行购买政府债券或向银行提供贴现贷款,肯定可以增加基础货币,但却不一定能够增加存款准备金。

1. 中央银行的公开市场操作

公开市场操作是指中央银行通过买进或卖出政府债券来改变基础货币规模,包括公开市场购买和公开市场出售。

(1) 公开市场购买。

假设中央银行向某银行购买100元债券并用100元的支票进行支付。该银行可将所得支票存在中央银行,也可将之兑现用于增加库存现金。我们用T型账户来表示银行体系和中央银行的资产负债表变化。

银行体系

资　产		负　债	
证券	−100元		
存款准备金	+100元		

中央银行

资产		负债	
证券	+100 元	存款准备金	+100 元

上述表明，银行体系中的存款准备金 R 增加了 100 元。由于流通中的通货(C)没有发生变化，所以基础货币($MB=R+C$)也增加 100 元。

现假设中央银行从非银行部门那里购买 100 元债券，向中央银行出售 100 元债券的非银行部门(个人或企业或政府机构)，将中央银行购买债券时签发的支票存入其开户银行，则非银行部门、银行部门和中央银行的资产负债表有如下变化。

非银行部门

资产		负债	
证券	−100 元		
支票存款	+100 元		

银行

资产		负债	
存款准备金	+100 元	支票存款	+100 元

中央银行

资产		负债	
证券	+100 元	存款准备金	+100 元

上述表明，当非银行部门把出售债券所得的中央银行支票存入其开户银行后，中央银行对非银行部门实施公开市场购买的结果与其对银行部门实施公开市场购买的结果相同，存款准备金增加额等于中央银行公开市场购买的债券数额，基础货币增加等于中央银行公开市场购买的债券数额。

如果向中央银行出售债券的非银行部门将中央银行购买债券时所开列的支票，在当地银行或向中央银行兑取现金获得 100 元通货，则非银行部门和中央银行的资产负债表会有如下变化。

非银行部门

资产		负债	
证券	−100 元		
通货	+100 元		

中央银行

资产		负债	
证券	+100 元	流通中的通货	+100 元

上述表明，当非银行部门把出售债券得到的中央银行支票兑现时，中央银行对非银行部门的公开市场购买使流通中的通货增加 100 元，但存款准备金没有变化。这与出售债券的非银行部门将中央银行支票存入开户银行的结果有所不同。

比较上述结果可以看出，中央银行公开市场购买对存款准备金的影响，取决于债券出售部门将所得款项以通货形式持有还是存入银行。将所得款项以通货形式持有时，中央银行公开市场购买对存款准备金没有影响。如果债券出售部门将所得款项以银行存款形式持有，则存款准备金增加额等于中央银行公开市场购买的债券数额。不论债券出售部门将所得款项以现金形式持有还是存入银行，中央银行公开市场购买对基础货币规模的影响都相同，基础货币增加额等于中央银行公开市场购买的债券数额。因此，中央银行公开市场购买时肯定可以增加基础货币，但却不一定能增加存款准备金。

(2) 公开市场出售。

假设中央银行向银行部门出售 100 元债券。银行向中央银行开出支票，存款准备金减少了 100 元。银行体系和中央银行的资产负债表变化表明，存款准备金和基础货币都减少了 100 元。

银行体系

资　产		负　债	
证券	+100 元		
存款准备金	−100 元		

中央银行

资　产		负　债	
证券	−100 元	存款准备金	−100 元

假设中央银行向非银行部门出售价值 100 元的债券，非银行部门以通货购买债券。非银行部门和中央银行的资产负债表变化表明，中央银行对非银行部门公开市场出售债券时基础货币减少 100 元，但存款准备金没有变化。

非银行部门

资　产		负　债	
证券	+100 元		
通货	−100 元		

中央银行

资　产		负　债	
证券	−100 元	流通中的通货	−100 元

假设中央银行向非银行部门出售价值 100 元的债券，非银行部门签发支票支付债券价款。非银行部门、银行体系、中央银行的资产负债表变化表明，中央银行对非银行部门

公开市场出售债券时，基础货币和存款准备金同时减少。

非银行部门

资　产		负　债	
证券	＋100 元		
支票存款	－100 元		

中央银行

资　产		负　债	
证券	－100 元	存款准备金	－100 元

银行部门

资　产		负　债	
存款准备金	－100 元	支票存款	－100 元

比较上述结果可以看出，中央银行公开市场出售债券时，基础货币肯定会减少，存款准备金可能会减少也可能保持不变。中央银行公开市场操作时，基础货币会发生数额和方向都很确定的变化，存款准备金不一定发生变化，中央银行公开市场操作对基础货币的控制效果超过对存款准备金的控制效果。

2. 存款转化为通货对基础货币及存款准备金的影响

假设存款人将其在银行中的 100 元支票存款提取现金。非银行部门、银行体系和中央银行资产负债表的变化表明：非银行部门的存款提现行为，使存款准备金减少 100 元，基础货币没有变化。

非银行部门

资　产		负　债	
支票存款	－100 元		
通货	＋100 元		

银行体系

资　产		负　债	
存款准备金	－100 元	支票存款	－100 元

中央银行

资　产		负　债	
		流通中的通货	＋100 元
		存款准备金	－100 元

3. 贴现贷款

假设中央银行向银行部门发放了数额为100元的贴现贷款。银行体系和中央银行的资产负债表变化表明，基础货币和存款准备金都增加了100元。

银行体系

资　产		负　债	
存款准备金	+100元	贴现贷款	+100元

中央银行

资　产		负　债	
贴现贷款	+100元	存款准备金	+100元

当银行部门向中央银行归还100元贴现贷款时。银行部门和中央银行的资产负债表变化表明，基础货币和存款准备金都减少了100元。

银行体系

资　产		负　债	
存款准备金	−100元	贴现贷款	−100元

中央银行

资　产		负　债	
贴现贷款	−100元	存款准备金	−100元

因此，当中央银行对银行部门的贴现贷款发生变动时，基础货币和存款准备金会随之发生数额和方向都很确定的变化。

4. 中央银行对基础货币的控制能力

中央银行对基础货币的控制能力优于它对存款准备金的控制能力。在实践中，中央银行实施公开市场操作和贴现政策对基础货币的控制效果也有差异。中央银行公开市场操作对基础货币的控制效果，由中央银行对债券市场交易商发出的订单决定，控制效果比较好。[①]利用贴现政策控制基础货币时，受到银行部门贴现借款决策影响，中央银行难以有效控制基础货币规模。

10.2 基础货币变动

除中央银行公开市场操作和贴现政策外，还有许多因素影响基础货币变动。这些因素对基础货币变动的影响具有短期特点。

① 中央银行公开市场操作的证券交易规模、交易时间、交易价格、交易方式等都可以自行决定；考虑到债券市场(比如国债)广度和深度，中央银行很容易达到预定的公开市场操作目标。

10.2.1 基础货币变动的影响因素

影响基础货币变动的因素，可通过对中央银行资产负债表中的项目做处理变换得到。我们将中央银行资产负债表的基本构成写成表 10.1 的形式。

表 10.1 中央银行资产负债表

资 产 A	负 债 L
$A1$：政府证券	$L1$：流通中的通货
$A2$：贴现贷款	$L2$：存款准备金
$A3$：外汇资产	$L3$：政府存款
$A4$：其他资产	$L4$：其他负债
合计 A	合计 L

资产负债表平衡关系表明，中央银行的资产总和 A 等于负债总和 L，也即式(10.1)成立。在流通中的通货全部由货币当局负责管理或不考虑财政部的铸币(硬币)发行时，基础货币 $MB=L1+L2$。由式(10.1)可得到式(10.2)，结合基础货币构成可得到式(10.3)。

$$L1+L2+L3+L4=A1+A2+A3+A4 \tag{10.1}$$

$$L1+L2=(A1+A2+A3+A4)-(L3+L4) \tag{10.2}$$

$$MB=(A1+A2+A3+A4)-(L3+L4) \tag{10.3}$$

将基础货币置于中央银行的资产负债表中，可说明基础货币受中央银行资产负债表其他组成部分影响的机制。换句话说，基础货币变化取决于中央银行资产负债表中其他项目变动。中央银行增持政府证券、增加对商业银行贴现贷款，以及买入外汇黄金等资产时，都会引起基础货币增加，政府存款和中央银行的其他负债项目增加会引起基础货币减少。在实践中，影响基础货币变动的因素有以下几个方面。

1. 政府财政赤字

当政府有财政赤字时，可以采用增加税收、发行债券或者向中央银行借款等方式来筹集资金。政府采取不同财政赤字融资方式时，基础货币受到的影响也不相同。政府向中央银行借款会直接增加基础货币规模。增加税收或发行公债对基础货币规模的影响，需要视具体情况确定。当公众支付税收或购买国债时，基础货币会暂时减少；当政府完成支出时，基础货币会恢复到原有水平。当政府财政有盈余时，政府在中央银行的存款增加会导致基础货币减少。

2. 国际收支状况

中央银行收购黄金、增加黄金持有时，基础货币增加。当国际收支出现持续顺差，中央银行为了调控本国货币对外汇率水平，在外汇市场上买入外汇时，也会增加基础货币。20 世纪 90 年代中期至 21 世纪初期，中国连续出现国际收支顺差，中国人民银行为了维持人民币对外汇率稳定，不断增加外汇储备积累，外汇占款成为这一时期中国银行体系中基础货币的重要投放渠道。

3. 中央银行的政策操作

中央银行可以通过政策工具来调节基础货币规模。中央银行对基础货币的调节工具包括再贷款利率、再贴现利率以及公开市场操作等。

在中国，中央银行再贷款主要用于农副产品收购、外贸出口商品收购、重点建设投资和重点企业技术改造项目。1994年之前，再贷款是中国中央银行增加基础货币投放的重要手段。受特殊体制背景下各商业银行倒逼机制影响，中国中央银行的再贷款曾在一定程度上失去控制，并曾多次引发通货膨胀，1993—1994年的通货膨胀率一度达到20%以上。1994年以后，中国成立了国家开发银行、国家进出口银行和中国农业发展银行三家政策性银行，对中央银行的再贷款投放体制进行了改革，中国中央银行对基础货币的管理得到了显著改善。

中央银行可以通过调节再贷款利率和再贴现利率来影响商业银行从中央银行申请贷款成本，进而影响基础货币规模。利率提高时，商业银行从中央银行的借款成本提高，可减少商业银行从中央银行的贷款数量；反之则反是。不过，当企业部门存在过高的利润预期时借贷需求很旺盛，商业银行会通过提高贷款利率来抵消中央银行对贴现贷款加息；另一方面，企业也可能对经营前景缺乏信心。这两种情况都会导致使用再贷款利率和再贴现利率调节基础货币规模的目标落空。

公开市场操作是中央银行可以直接控制的货币政策工具。中央银行通过买卖政府债券调节基础货币，可抵消其他因素变化引起的基础货币变动。就中央银行通过公开市场操作调控基础货币规模而论，基础货币可被看成是由中央银行控制的外生变量。

10.2.2 政府预算赤字

1. 政府预算约束与政府支出融资

政府对商品和劳务购买的支出来源包括三个方面：(1)通过征税取得收入。(2)发行政府债券借债融资。(3)创造货币来支付商品和劳务购买。假设政府有预算赤字 $DEF=G-T$，其中 DEF=政府预算赤字，G=政府支出，T=政府税收收入，ΔMB=基础货币变动，ΔB=非银行部门持有的政府债券变动。

假设政府采购1批价值1亿元的计算机(G=1亿元)。在没有预算赤字时，$DEF=G-T=0$。在有预算赤字时，政府可通过下列手段弥补财政收入的不足。①

第一，出售1亿元的政府债券(ΔB=1亿元)。

第二，发行1亿元的通货(ΔMB=1亿元)。

第三，征税1亿元(T=1亿元)。

第四，同时采用三种筹资方法。比如征税 T=5 000万元，发行通货 ΔMB=2 500万元，发行债券 ΔB=2 500万元，也即 $T+\Delta MB+\Delta B=G$=1亿元。

---

① 参见Mishkin，Frederic S.，2007，*The Economics of Money*，*Banking*，*and Financial Markets*，Boston：Pearson/Addison Wesley：643—645。

2. 政府支出融资方式与基础货币变动

(1) 税收融资。

增加税收并不直接缩减货币供给。从非银行部门那里交给财政部门的货币,在政府用于弥补赤字时会通过商品购买渠道,重新回到企业手中;当用于转移支出时,则会重新回到居民手中。在整个过程中货币供给保持不变。但是,增加税收会降低企业投资积极性,降低企业贷款需求,进而抑制货币供应量增长。当税收收入不是用于财政支出时,则会直接减少货币供应量。

假设非银行部门用支票缴纳税款。如果政府征税1亿元,非银行部门将1亿元的支票交给财政部。财政部在收到纳税支票后,先存入商业银行的税款账户,然后再转入中央银行的财政部账户。在此过程中,银行体系中的存款储备金减少1亿元,财政部在中央银行的存款增加1亿元。

非银行部门

资　产		负　债	
银行存款	−10 000 万元	应缴税款	−10 000 万元

财政部

资　产		负　债	
在中央银行的存款	+10 000 万元		
应征税款	−10 000 万元		

银行部门

资　产		负　债	
存款准备金	−10 000 万元	存款	−10 000 万元

中央银行

资　产		负　债	
		存款准备金	−10 000 万元
		财政部存款	+10 000 万元

如果财政部签发1亿元的支票交给计算机厂商,而计算机厂商将财政部开出的支票存入开户银行。非银行部门、财政部、银行体系和中央银行的资产负债表的变化表明,用征税方式对政府支出融资且居民使用支票缴纳税款时,在整个过程中基础货币的总体变化为零。

非银行部门

资　产		负　债	
银行存款	0	应缴税款	−10 000 万元
计算机	−10 000 万元		

财政部

资产		负债	
在中央银行的存款	0		
应征税款	−10 000 万元		
计算机	+10 000 万元		

银行体系

资产		负债	
存款准备金	0	存款	0

中央银行

资产		负债	
		存款准备金	0
		财政部存款	0

当非银行部门用现金缴纳税款时则情形有所不同。当非银行部门用1亿元现金而不是用支票缴纳税款时，财政部和非银行部门的资产负债表变化表明，非银行部门持有的通货减少了1亿元。

财政部

资产		负债	
通货	+10 000 万元		
应征税款	−10 000 万元		

非银行部门

资产		负债	
通货	−10 000 万元	应缴税款	−10 000 万元

当得到政府用通货支付的1亿元计算机货款后，非银行部门又收回通货1亿元，同时提交政府采购的计算机。①财政部和非银行部门的资产负债表变化表明，用征税方式为政府支出融资且非银行部门使用通货缴纳税款时，财政支出对基础货币的总体影响为零。

财政部

资产		负债	
通货	0		
应征税款	−10 000 万元		
计算机	+10 000 万元		

① 非银行部门将通货存入银行时，银行的存款准备金增加，基础货币保持不变。

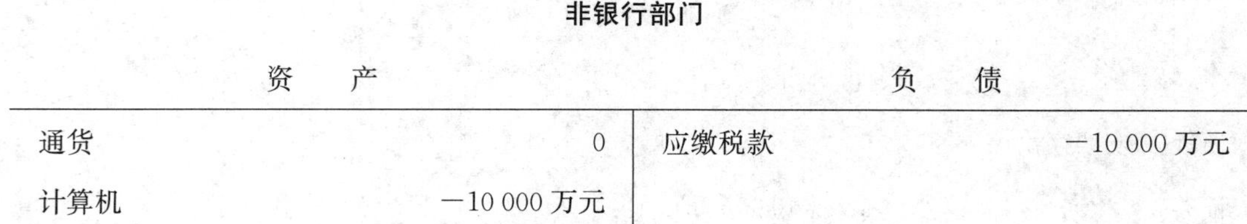

非银行部门

资　产		负　债	
通货	0	应缴税款	−10 000 万元
计算机	−10 000 万元		

上述分析表明,政府使用征税方式对财政赤字融资时,银行系统中的基础货币仅受短期影响,在长期保持不变。

(2) 债务融资。

政府用发行债券方式筹集资金时,债券购买者如果是非银行部门或商业银行,则不会发生货币供给增加。在政府发行债券取得货币以后,流通中的货币虽以同等数额减少,但当政府将出售债券获得的货币用于购买商品时,暂时退出流通的货币又会回到流通当中。其具体过程是:非银行部门通过开出商业银行支票或商业银行自己开列支票支付购买债券款项,会引起银行部门在中央银行中的存款准备金减少。在财政部门完成支出之后,这些存款准备金又会恢复到原先水平。在整个过程中,存款准备金保持不变,基础货币规模不发生变化。

财政部

资　产		负　债	
通货(或在中央银行存款)	+10 000 万元	证券	+10 000 万元

非银行部门

资　产		负　债	
通货(或在中央银行存款)	−10 000 万元		
证券	+10 000 万元		

假设政府向非银行部门出售 1 亿元债券,为计算机采购融资。非银行部门用 1 亿元现金(或支票)购买债券,财政部和非银行部门的资产负债表变化表明,流通中的通货(或银行存款)减少了 1 亿元。

在财政部使用出售债券所得的通货支付计算机货款时,非银行部门得到 1 亿元的通货(支票),财政部和非银行部门的资产负债表变化表明,基础货币最终没有受到影响。因此,政府以发行债券方式筹资时,银行体系中的基础货币先减少后增加,总体上保持不变。

财政部

资　产		负　债	
通货(或在中央银行存款)	0	证券	+10 000 万元
计算机	+10 000 万元		

非银行部门

资　产		负　债
通货(或支票存款)	0	
证券	+10 000 万元	
计算机	−10 000 万元	

(3) 以创造货币的方式融资。

拥有通货发行权时,财政部可通过通货发行来满足政府开支需要,并会引起基础货币(高能货币)增加。财政部拥有发行通货权力时,财政赤字弥补就会演变为印钞机的加速运转。现金是基础货币的一部分。①现金增加相当于基础货币增加。但这种情形极其少见。

通常的情形是,财政部发行债券由中央银行直接购买,财政部用出售债券的收入支付商品、服务或其他支出。非银行部门将所得收入存放银行,银行存款准备金增加。另一种情形是,政府将债券出售给非银行部门或商业银行,非银行部门或商业银行再将债券抵押或出售给中央银行,存款准备金保持不变。但在财政部门将出售债券的收入用于支出时,仍然会引起存款准备金增加。如果财政部门直接向中央银行借款,则结果相同。存款准备金增加相当于基础货币增加,它会产生乘数效应,使货币供给增加。

不拥有通货发行权时,财政部可通过创造货币的方式融资。融资分两个步骤完成。第一步,财政部向非银行部门出售1亿元债券。第二步,中央银行通过公开市场操作从非银行部门手中购买与上述数额相当的政府债券。上述过程被称为债务货币化,是在政府向非银行部门发行债券以后,再由中央银行使用高能货币购买,而不是由财政部直接投放货币。政府以债务货币化方式融资增加了基础货币供给。

上述分析表明,政府完全依靠税收筹集资金时,对基础货币没有影响。当政府通过向非银行部门出售债券融资时,对基础货币也没有影响。②但政府以创造货币方式融资时,会直接增加基础货币供给。

当财政部以发行通货方式为财政支出融资时,肯定会增加基础货币供给。如果财政部没有通货发行权力,情形会怎样呢?在此情形下,财政部以创造货币方式进行融资的想法能否实现完全取决于中央银行并与中央银行的货币政策目标有关。财政部利用发行债券融资时会引起利率变化。当政府向非银行部门发行债券时,如果其他条件保持不变,债券供给增加以后,市场利率会上升,债券价格会下降。

在图10.1中,B^s 为债券供给线,B^d 为债券需求线,B 为债券数量。债券市场的初始

① 财政部拥有通货发行权时,它可以直接从中央银行借款,用于支付政府购买。有些国家的中央银行同财政部之间没有显著区别,中央银行甚至隶属于财政部。财政部直接从中央银行借款时,没有债券发行过程;财政部没有通货发行权时,它需要向市场发行债券筹集资金。财政部向市场发行债券时,所筹集资金先存入商业银行账户。财政部将资金从商业银行转移到中央银行后,商业银行的存款准备金减少。

② 政府发行债券融资与增加税收筹集财政赤字资金对基础货币的影响过程相似,都表现为基础货币先减少后增加,在整个过程前后基础货币保持不变。政府选择债券融资还是增加税收筹集资金,取决于政府对发行债券引起的利率变化考虑,以及对税收增加引起的企业经营负担考虑。

均衡位置为 B_1^s 与 B_1^d 的交点 1。此时，债券均衡价格为 P_1，市场均衡利率为 i_1。当政府发行债券筹集资金时，债券供给线由 B_1^s 移至 B_2^s。当债券需求线保持在 B_1^d 的位置时，债券市场的均衡位置为 B_2^s 与 B_1^d 的交点 2，此时债券均衡价格为 P_2，市场均衡利率为 i_2，且 $i_2>i_1$。当中央银行货币政策目标是维持相对不变的利率时，就需要提高债券价格，降低市场利率。为此，中央银行需要进行公开市场购买，进而引起银行体系中的基础货币增加。因此，政府通过发行债券筹集资金时，中央银行对债券市场的干预取决于利率变动情况。

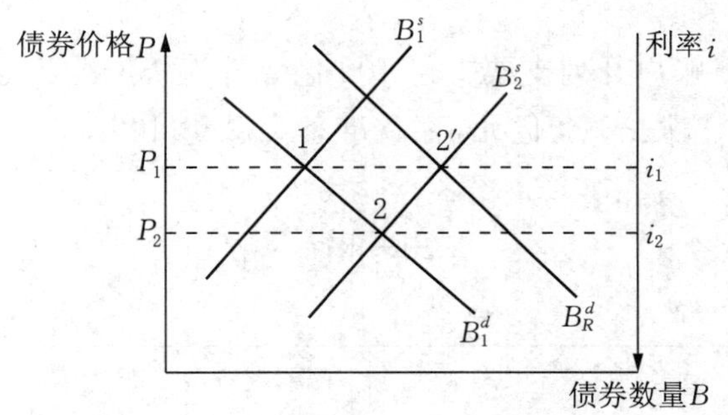

图 10.1　政府预算赤字与利率变化

政府发行债券筹集财政预算资金对利率的影响与李嘉图等价原理是否成立有关。当政府为弥补财政赤字发行债券时，如果非银行部门认为未来的税收负担会因政府偿还这些债券的本息而有增加，非银行部门就会倾向于为这些未来需要支付的税收增加储蓄。在这种情形下，政府发行债券融资与增加税收融资等价，都会引起非银行部门的消费支出减少，也即李嘉图等价原理成立。在李嘉图等价原理成立时，非银行部门对债券需求增加恰好等于政府新发行债券规模。债券价格不变，市场利率也不变。在图 10.1 中，B_1^d 线右移至 B_R^d，利率维持在 i_1 水平。由于利率保持不变，中央银行无须进行公开市场购买，也即基础货币保持不变。①所以，政府预算赤字对市场利率和货币政策的影响是有争议的，政府预算赤字对基础货币的影响不确定。

10.2.3　外汇市场干预

各国经济之间日益增长的相互联系表明，货币政策实施必须考虑国际因素。中央银行干预外汇市场往往会对基础货币产生影响。

1. 外汇市场干预

中央银行干预外汇市场的目的是通过购买或出售货币，来影响本国货币对外汇率水平。在有管理的浮动汇率制度下，货币对外汇率每天都在变化(dirty float)。

(1) 外汇市场干预与货币供给。

我们首先讨论中央银行在外汇市场上出售以外币计值的资产(称为国际储备或外汇

① 考虑到银行存款与债券之间的替代关系，债券利率变化时银行存款利率也会调整；但非银行部门增加储蓄时首先是购买利率比较高的财政债券。

储备)对基础货币的影响。假设中央银行决定出售价值100亿元的外汇资产,以取得100亿元的本国通货。当居民用手中的本国通货支付从中央银行购买的外汇资产时,中央银行购买本国货币会产生两种影响:(1)中央银行持有的外汇储备减少100亿元;(2)流通中的通货减少100亿元,基础货币下降100亿元。

中央银行

资　产		负　债	
外汇储备	−100亿元	流通中的通货	−100亿元

当购买者基于银行账户开列支票支付100亿元外汇资产购买时,中央银行从银行在中央银行的存款账户中减去100亿元,存款准备金减少100亿元,基础货币也减少100亿元。

中央银行

资　产		负　债	
外汇储备	−100亿元	存款准备金	−100亿元

上述分析表明,中央银行购买本国货币出售外汇资产时,中央银行的外汇储备和基础货币等值减少。同样,中央银行出售本国货币购进外汇资产时,中央银行的外汇储备和基础货币等值增加。中央银行出售外汇资产对基础货币的影响与其在公开市场上出售政府债券并无不同。公开市场出售导致基础货币等值减少,出售外汇资产也会导致基础货币等值减少。

(2) 中国货币当局的外汇市场干预。

20世纪90年代初期,随着中国经济快速发展,外汇需求不断增加,加上投机和心理预期影响,中国的外汇调剂市场波动幅度加大,人民币对外汇率呈加速下跌态势。从1993年2月下旬到5月底,中国实行外汇市场限价,控制人民币汇率下跌势头。但由于政策配套,外汇限价引起了场内交易场外加价,交易量萎缩等。直到1993年7月,国家出台宏观调控措施,中央银行积极介入外汇市场干预以后,人民币对外汇率才趋于稳定。

1994年1月,中国实行比较全面的外汇制度改革:实行市场汇率和官方汇率并轨,执行银行结售汇制度,建立银行间外汇市场,形成以市场供求为基础、单一的、有管理的浮动汇率制度。1994—2005年,美元兑人民币汇率维持在8.28左右。2005年7月21日,中国宣布改革人民币汇率形成机制,改钉住美元为参照一篮子货币,其中的一篮子货币按照中国与贸易伙伴国贸易额的权重决定。2008年,明确企业和个人可以按规定保留外汇或者将外汇卖给银行,取消强制结售汇制度;2015年8月,宣布调整人民币中间价形成方式,推进汇率市场化改革;2018年8月,重新将外汇风险准备金率调升为20%;宣布人民币对美元中间价重启"逆周期因子"。1994—2018年,中国中央银行对外汇市场的干预措施参见表10.2。

(3) 外汇冲销干预与未冲销外汇干预。

中央银行买卖外汇资产时,允许本国基础货币供给受到影响的外汇干预,称为未冲销外汇干预。中央银行买卖外汇资产时,为了抵消这项操作对本国基础货币供给影响而采取的公开市场反向操作(买卖本国政府债券),称为冲销外汇干预。

表 10.2　中国货币当局的外汇市场干预

时　间	内　容
1994 年 1 月	实行包括官方汇率与市场汇率并轨在内的外汇管理体制全面改革
1994 年 3 月	启动公开市场操作作为冲销手段,并仍旧以收回对银行再贷款以减少外汇占款增加的影响为主
1998 年 5 月	恢复扩大公开市场操作来冲销与外汇占款有关的货币投放量,手段包括回购交易、现券交易和票据发行
2003 年 3 月	将公开市场操作由每周一次增加到两次,建立公开市场业务一级交易商日报制度
2003 年 4 月	新增金融债券作为公开市场操作对象
2003 年 4 月	暂停回购业务,固定发行央行票据,初步形成较为完善的央行票据发行体系
2005 年 7 月	宣布改革人民币汇率形成体制,改为参照一篮子货币确定人民币汇率水平
2006 年 1 月	在银行间即期外汇市场上引入询价交易,同时保留撮合方式,并正式引入做市商制度
2007 年	取消账户限额管理,允许企业根据经营需要自主保留外汇
2008 年	明确企业和个人可以按规定保留外汇或者将外汇卖给银行,取消强制结售汇制度
2012 年	银行间即期外汇市场人民币兑美元交易价浮动幅度由 5‰扩大至 1%
2014 年	银行间即期外汇市场人民币兑美元交易价浮动幅度由 1%扩大至 2%,取消商业银行对客户美元挂牌买卖价差限制
2015 年 8 月	宣布调整人民币中间价形成方式,推进汇率市场化改革
2015 年 10 月	开展代客业务的远期售汇金融机构(含财务公司)应交存外汇风险准备金,准备金率暂定为 20%
2017 年 5 月	央行在人民币汇率中间价中引入“逆周期因子”
2017 年 9 月	央行宣布将外汇风险准备金率由 20%调整为 0*
2018 年 1 月	央行宣布“逆周期因子”回归中性
2018 年 8 月	重新将外汇风险准备金率调升为 20%;宣布人民币对美元中间价重启“逆周期因子”

注:* 中国人民银行要求金融机构按远期售汇(含期权和掉期)签约额的 20%交存外汇风险准备金,相当于让银行为应对未来可能出现的亏损而计提风险准备,通过价格传导抑制企业远期售汇的顺周期行为,属于透明、非歧视性、价格型的逆周期宏观审慎政策工具。

资料来源:中国人民银行。

中央银行

资　产		负　债	
外汇储备	−100 亿元	流通中的通货(存款准备金)	0
政府债券	+100 亿元		

例如,中央银行出售价值 100 亿元的外汇资产相应购入 100 亿元本国货币,银行体系中的基础货币减少 100 亿元。如果中央银行同时在公开市场上购买 100 亿元政府债券,使

基础货币增加 100 亿元。两相抵消以后，基础货币保持不变。

中央银行进行对冲性公开市场操作，目标是使基础货币和货币供给不受外汇交易影响。这里假定外汇资产和本币存款是完全替代品，当外汇资产和本币存款的预期收益相等时，外汇市场能够达到均衡状态。冲销外汇干预使货币供给保持不变，本币存款和外汇资产的预期收益率不受影响。①

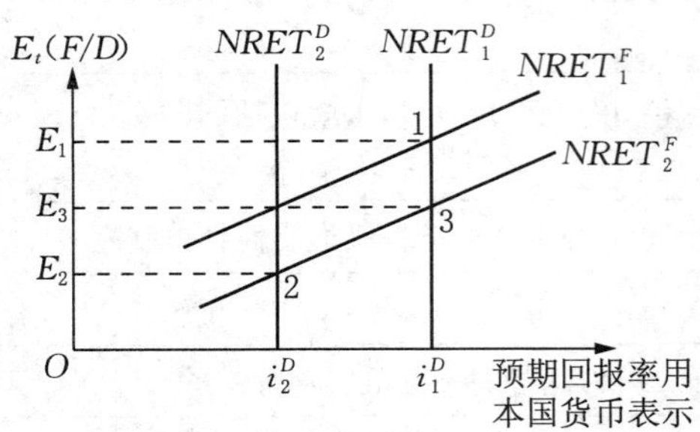

图 10.2　出售本币买进外币资产的影响

中央银行出售本国货币购买外汇资产，在未进行冲销操作时，本国国际储备持有增加，货币供给增加，本国货币对外贬值。在图 10.2 中，E_t 为使用外币 F 表示的本币 D 在 t 时期的汇率水平，$NRET^D$ 为使用本币 D 表示的本币资产预期回报率，i_D 为用本币 D 表示的本币存款利率，也即 $NRET^D = i_D$。$NRET^F$ 为使用本国货币 D 表示的外币资产预期回报率，$NRET^F \approx (E_t/E_{t+1}) + i^F - 1$，其中 i_F 为用外币 F 表示的外币存款利率，E_{t+1} 为 $t+1$ 期用外币表示的本币汇率。

当中央银行出售本国货币买进外币资产时，基础货币供给增加，本国货币对外币预期贬值，外币资产预期回报率上升，$NRET_1^F$ 右移至 $NRET_2^F$；同时，本国短期利率下降，本币资产预期回报率下降，$NRET_1^D$ 左移至 $NRET_2^D$，市场会卖出本币资产，购买外币资产，本国货币对外币出现贬值(参见图 10.2)。

2. 国际收支不平衡与外汇市场干预

(1) 国际收支账户。

国际收支账户是记录一定时期内一国(私人部门和政府)和外国之间，所有与资金移动直接相关的全部交易活动的一种簿记形式。国际收支账户包括收入栏(＋)和支付栏(－)。收入栏表示资本流入，支付栏表示资本流出。国际收支账户分为经常项目、资本项目和官方储备交易余额等部分。

经常项目涉及商品和劳务的国际交易活动。经常项目有四个部分构成：(1)贸易差额；(2)投资收入；(3)劳务购买；(4)单方面转移(包括礼品、年金和对外援助等)。经常项目顺差或逆差会引起资本项目交易(对外贷款或从国外借款)，或通过政府储备资产变动来平衡。经常项目＋资本项目＝政府储备资产变动。

资本项目用于记录资本在本国和其他国家之间的流动。资本项目有三个部分：(1)资本流出项目，表示本国居民购买外国资产。(2)资本流入项目，表示外国居民购买本国资产。(3)统计误差项目，表示未记录交易，比如走私和其他资本流动所产生的差错，它是国际收支账户的平衡项目。

官方储备交易余额，等于经常项目余额加上资本项目余额。国际收支顺差或逆差指的是官方储备交易余额的顺差或逆差。官方储备交易余额表示的是，在中央银行之间为

① 如果起初本币对外币存在升值压力，在中央银行购买外币进行冲销干预时，本国货币投放保持不变，影响本币对外币的升值因素仍然存在。外国资产收益率由于外币远期贬值，回报率曲线会向左上移动。

国际交易融通资金而必须转移的国际储备净额。国际储备变动对本国货币供给以及本国货币对外汇率有重要影响。

(2) 为国际收支逆差融通资金的方法。

国际收支逆差的融通资金操作与本国货币是否是国际货币有关。大多数国家的货币都没有被其他国家作为储备货币持有,必须通过向外国政府或中央银行提供国际储备的方式,为其支出超过收入部分(国际收支逆差)融通资金。国际收支逆差与国际储备减少相联系,国际收支顺差与国际储备增加相联系。

本国货币是国际货币的国家(比如美国),本币和以本币计值的资产是其他国家持有的国际储备的重要组成部分。本国国际收支逆差可通过本国国际储备减少或外国中央银行持有本币资产增加来解决,或者两种方式同时进行。比如,美国国际收支逆差可以通过美国持有的国际储备减少或外国中央银行持有的美元资产增加来解决,或者两种方式同时采用。

3. 国际货币制度与外汇市场干预

考察国际货币体系演变过程,可分析不同国际货币制度下国际收支失衡对外汇市场干预的不同要求。

(1) 金本位制度。

金本位(第一次世界大战以前的国际货币体系)时期,很多国家的货币都可以直接兑换成黄金。在金本位制度下,各国货币用黄金联系在一起,各国货币之间的汇率相对固定。金本位制度下的固定汇率,消除了汇率波动产生的不确定性。在金本位制度下,本币对外汇率有自动稳定机制。金本位制度下的汇率自动稳定机制与黄金在国际范围内的运输成本有关。

假设 1 美元=1/20 盎司黄金,1 英镑=1/4 盎司黄金,则有 1 英镑=5 美元。当市场汇率为 1 英镑等于 6 美元时,美国居民需要向英国商人支付 100 英镑的货款。[①]此时有两种选择。第一,将 600 美元直接兑换成 100 英镑进行支付。第二,用 500 美元向美国财政部购买 25 盎司黄金,再花上一笔运费,将重达 25 盎司的黄金运到英国,向英国财政部兑换成 100 英镑进行支付。在运费可以忽略不计时,美国居民会以第二种方式对英国商人支付货款。因此,英镑升值时会引起黄金流入英国,导致英镑供给增加,英镑出现贬值,直至 1 英镑=5 美元时为止。

所以,只要各国遵守金本位制度规则,保持各自货币以黄金作为担保并可自由兑换黄金,且黄金在不同国家之间可自由输出和输入,则不同货币之间的汇率就可自动保持稳定。在金本位制度下,尽管无须干预外汇市场,但由于黄金可以自由输出和输入,中央银行也不能有效地控制基础货币数量。

(2) 布雷顿森林体系。

布雷顿森林协定创立了国际货币基金组织(IMF)和国际复兴开发银行(即世界银行,World Bank)。美国在第二次世界大战后成为世界上最大的经济实体,拥有世界上处于绝对优势的商品制造能力和绝大部分的黄金储备。以汇率稳定为目标的布雷顿森林体系,

① 在金本位制度下,本币兑换黄金的比价由官方给定,市场可以按照这个比价自由兑换黄金。

强调美元可以与黄金自由兑换，且每盎司黄金的价格固定为35美元。在布雷顿森林体系下，各国货币与美元之间的汇率，由除美国之外的其他国家的中央银行通过实施外汇市场干预来维持。布雷顿森林体系实行的是“美元与黄金挂钩、各国货币与美元挂钩”的双挂钩制度。在布雷顿森林体系下，当本币对外汇率偏离最初确定的平价水平时，就需要中央银行进行外汇市场干预。

在图10.3中，E_t(使用外币F表示本币D的汇率)、$NRET^D$、$NRET^F$、i^D、i^F 的含义同图10.2。E_{Par} 为布雷顿森林体系下事先确定的本币对外平价，E_t 为外汇市场均衡时本币对外币的汇率。当本国货币对外平价 E_{Par} 被高估时，中央银行需要买入本国货币以使本币对外汇率保持稳定，结果会降低本国的国际储备水平；参见图10.3(a)。①当本国货币对外平价 E_{Par} 被低估时，本国需要买入外国货币，出售本国货币，这会引起本国利率下降，市场对本币资产需求下降，本币对外币出现贬值，本国国际储备增加；参见图10.3(b)。布雷顿森林体系下的汇率稳定机制存在难以克服的特里芬难题：美国贸易顺差时会出现美元供给不足，各国货币与美元之间的固定汇率水平难以维持；美国贸易逆差时会出现美元供给过多，美国黄金储备出现不足，难以维持美元与黄金之间的固定比价关系。

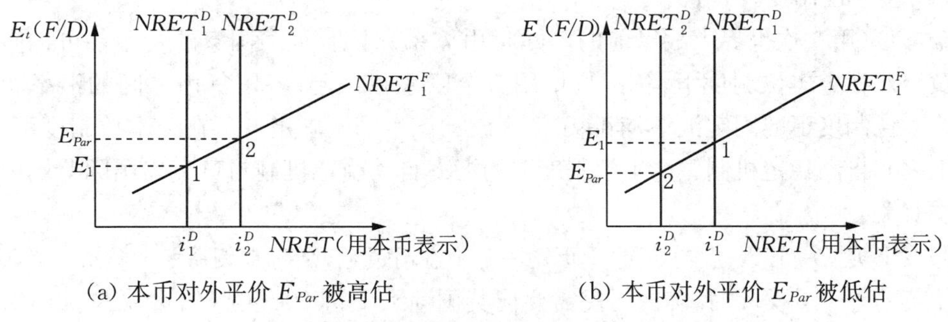

(a) 本币对外平价 E_{Par} 被高估　　(b) 本币对外平价 E_{Par} 被低估

图10.3　布雷顿森林体系下的外汇市场干预

但是，国际货币基金组织没有办法迫使顺差国的货币对美元升值，或者实行比较宽松的货币政策。在布雷顿森林体系下，即使美元已经被高估，美国也不能使其货币贬值。20世纪60年代，当美国通过推行扩张性的货币政策来降低其国内失业率时，被高估的美元的“根本性失衡”状况被进一步加深。因为顺差国不愿意提高其货币对美元的汇率水平，布雷顿森林体系也因此无法进行调整，最终于1971年退出了历史舞台。

(3) 有管理的浮动汇率制度。

1972年以后的国际货币制度是固定汇率制度与浮动汇率制度的混合。在有管理的浮动汇率制度下，中央银行干预外汇市场的压力有所下降。在有管理的浮动汇率制度下，虽然汇率被允许根据市场变化而随时变动，但中央银行往往不愿意放弃其在外汇市场中的干预。有效防止汇率的大幅度变动，能够使企业和个人更容易规划未来，更容易决定向国

① 本币对外平价被高估是相对本币均衡汇率而言。为了维持本币对外平价水平，中央银行需要购买本币，卖出外币。中央银行外汇市场干预维持平价水平时，我们假设外币资产的净投资回报率保持不变，$NRET^F$ 线不移动。

外买卖商品的数量。而且，国际收支顺差国家通常不愿意看到它们的货币对外升值，因为这会使它们的商品在国外变得相对昂贵，而外国商品在本国却变得相对便宜。本币对外升值会伤害本国企业的市场销售能力，使本国失业率提高；顺差国家通常会在外汇市场上出售它们的货币，以阻止本币对外升值，但会引起本国基础货币投放增加。

为了执行“有管理的浮动”汇率政策，在2000年前后，中国中央银行集中了大量外汇资产，基础货币投放显著增加。在此期间，中国中央银行采取了减少专项贷款和收回再贷款等“冲销干预”政策，但因为再贷款在全部货币投放中所占的比重有所下降，以及再贷款的计划性和外汇占款的随机性，利用再贷款进行操作的余地越来越小，对外汇占款实施冲销的效果不是很明显，因外汇占款而投放的货币显著增加。

相对于国际收支顺差国家而言，国际收支逆差国家往往不愿意看到它们的货币出现贬值，因为这会使进入本国的外国商品变得更加昂贵，易于引发通货膨胀。①为了维持本国货币较高的价值水平，逆差国通常会在外汇市场上购买本国货币，以阻止本币对外贬值。

在有管理的浮动汇率制度下，存在着许多形式的国际货币合作，比如曾经有过的欧洲货币体系(European Monetary System, EMS)。在欧洲货币体系下，各国货币之间维持固定的平价水平。当汇率偏离最初确定的平价水平时，就需要中央银行进行干预。

图10.4描述了1992年9月欧洲货币体系出现汇率危机时有关国家政府的外汇市场干预过程。在图10.4中，E_t为使用马克(DM)表示的英镑(£)汇率，其余变量E_{Par}、i^D、$NRET^D$、$NRET^F$的含义同图10.2和图10.3。假设英镑与德国马克之间的汇率维持在E_{Par}的水平上，德国马克资产的收益率预期上升，从$NRET_1^F$右移到$NRET_2^F$，英镑对德国马克有贬值压力，均衡汇率与图10.4中的$1'$点相对应。为了维持约定的平价水平E_{Par}，英国不得不提高利率水平至i_2^D，但这会加剧英国的经济衰退，从而进一步引起英镑的贬值预期，$NRET_2^F$会进一步右移到更右边的$NRET_3^F$，需要英国更多的提高利率，比如i_3^D。由于英国难以克服国内经济萧条，而德国又不愿意放弃通货膨胀目标，不愿意降低德国国内利率。最后，英国不得不退出欧洲货币体系。

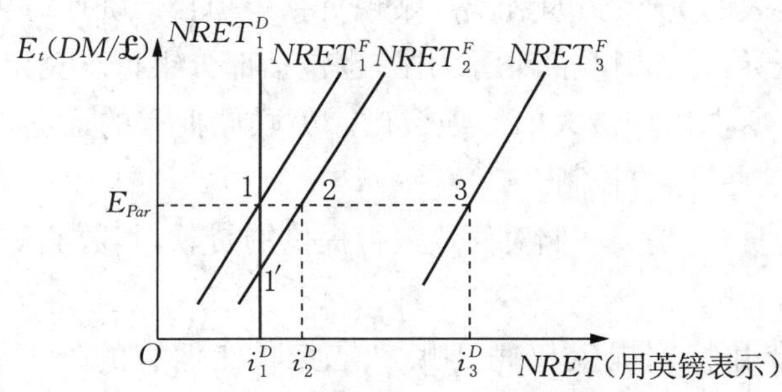

图10.4　英镑被攻击时的外汇市场变化

① 尽管本币对外贬值有助于提高本国商品国际竞争力，但本国国际收支逆差也可能是缘于资本流出。如果市场产生对本币贬值预期，资本会进一步流出，引起本国外汇储备减少，本国货币信用下降，这会引发更大程度的本国通货膨胀。

4. 国际因素与基础货币变动

以上分析表明,国际因素对一国基础货币的影响有三个方面。

第一,外汇市场干预对基础货币变动有直接影响。当中央银行干预外汇市场时,它们买进或者卖出外汇资产,基础货币会发生相应的变动;当本币为国际储备货币时,中央银行对基础货币的管理一般比较从容。

在现行的以美元为中心的国际货币体系下,美国以外国家的中央银行管理汇率水平的压力比较大,但即使是美国联邦储备体系也不可能超脱事外。1980 年至 1985 年初期,美元对外呈现强势,美国企业相对于外国企业的竞争力有所下降,由此产生的贸易保护主义浪潮不断高涨。美联储的国会批评者呼吁实施更加扩张的货币政策,以降低美元对外汇率,并在 1985 年 9 月的《广场协议》中确定了压低美元对外汇率的政策。在该协议中,来自当时最重要的五个工业国家(美国、日本、原联邦德国、英国和法国)的财政部长一致同意干预外汇市场,以使美元币值下降。

第二,国际收支因素。国际收支发生逆差时,会引起国际储备流失,导致基础货币投放规模下降。当本币是国际储备货币时,本国国际收支逆差会引起世界性的通货膨胀。①

第三,汇率因素。本币对外汇率变化对中央银行控制基础货币有重要影响,本国汇率维持目标与国际货币制度有关。在金本位制度下,尽管汇率有自动稳定的可能,但由于黄金可以自由输出和输入,中央银行难以控制基础货币数量。在布雷顿森林体系下,有维持本币汇率稳定的硬性要求,中央银行也难以有效控制基础货币数量。在有管理的浮动汇率制度下,中央银行对基础货币的控制比较从容,但在类似于欧洲货币体系的汇率合作中,中央银行仍旧难以有效地控制基础货币规模。

10.2.4 基础货币变动影响因素的美国事例

我们以美国联邦储备体系为例,具体分析影响基础货币变动的各种因素。美国联邦储备体系的资产负债表参见表 10.3。

1. 美联储资产负债表中的资产项目

美联储资产负债表的资产方包括证券、贴现贷款等项目。资产方中的证券项目,包括美联储持有的各种证券,并以财政部证券为主,也包括部分银行承兑票据。证券是美联储资产负债表资产方中所占比重最大的一项资产。美联储拥有的证券总额,由公开市场操作(联储购买和出售这些证券)控制。

资产方中的贴现贷款,是美联储对商业银行提供的贷款,其数额受美联储对这些贷款规定的贴现率等因素影响。

资产方中的黄金和特别提款权凭证账户是美联储拥有的外汇资产。特别提款权(SDR),是国际货币基金组织对各国政府发行的,用以清算不同国家之间债务的储备单位,在国际金融交易中发挥着类似于黄金的功能。当美国财政部向联储购买黄金或 SDR

---

① 当美国国际收支逆差时,美元流出美国。为了维持本币对外汇率稳定,其他国家基于美元的货币投放增加,通货膨胀压力增加。

表 10.3 美国联邦储备体系综合资产负债表

资产(亿美元)		负债(亿美元)	
黄金	110.37	联邦储备券、净负债	19 570.34
特别提款权	52.00	反向回购协议	2 534.90
硬币	16.61	存款	21 125.80
证券、回购协议和贷款	40 979.36	递延可用现金项目	1.67
证券持有	37 511.89	其他债权及累计未发放现金红利	26.04
财政部证券	23 288.62	其他资产和应计股利	41.61
联邦机构证券	23.47	实收资本	316.97
抵押担保证券	14 199.80	盈余公积	68.25
待收现金项目	1.03	其他资本账户	0
银行不动产	22.07		
中央银行流动性互换	37.29		
外币资产	205.71		
其他联邦储备资产	231.46		
总计	41 655.91	总计	41 655.91

注:为 2019 年 12 月 26 日数据。

资料来源:美联储;www.federalreserve.gov。

时,美国财政部需要向联储发行代表对黄金或 SDR 要求权的凭证,这些凭证所代表的黄金和 SDR 构成联储资产方中的一个项目。

资产方中的硬币项目,指的是美联储持有的由美国财政部铸造的硬币,在联储资产方中其数额比较小。

资产方中的待收现金项目产生于美国联邦储备体系的支票清算过程。当某商业银行将由其他银行签发的支票送交联储清算时,联储便把支票送交其签发银行,并通过从该银行在联储的存款(准备金)账户中减去支票金额的办法收回资金。美联储用支票对其签发银行收款时,往往需要经历一个过程。在资金收回以前,商业银行签发的支票便成为待收现金项目,构成联储的一项资产。

资产方中的其他资产,包括:(1)美联储拥有的外币存款和债券;(2)美联储拥有的实物资产(计算机、办公室设备或建筑物)等。

2. 美联储资产负债表中的负债项目

美联储资产负债表的负债方包括联邦储备券、美国财政部存款等项目。负债方中的联邦储备券,是指美联储发行的在外流通的通货,主要是各种面值的银行券(bank notes)。

负债方中的银行存款是指商业银行(不含其他金融机构)在联储的存款。银行存款加上各银行持有的库存现金等于存款准备金。

负债方中的国家财政部存款指美国财政部在联储的存款,这是美国财政部对外签发支票的依据。

负债方中的外国和其他存款,包括外国政府、外国央行、国际机构(如世界银行和联合国)和美国联邦存款保险公司等机构在联储的存款。

负债方中的待付现金项目产生于美国联邦储备系统的支票清算过程(表 10.3 中没有列出)。当商业银行收到由其他银行签发的支票并送交美联储要求清算时,如果美联储不立刻贷记送交支票的银行账户,而是承诺在将来一定时间内(不到两天)将资金记入该银行账户,这种承诺就产生了美联储资产负债表负债方中的待付现金项目。

负债方中的其他负债和资本项目,包括所有未在美联储资产负债表中列明的联储其他负债,如成员银行购买的联储股票。

3. 美国联邦储备体系的基础货币构成

基础货币 MB 由中央银行的货币性负债构成,等于非银行部门持有的通货 C 加上银行部门持有的存款准备金 R。在美国联邦储备体系中,基础货币等于联邦储备券加上商业银行在联储的存款,再加上由联储以外机构持有的美国财政部通货(等于财政部通货余额减去联储资产负债表中的"硬币"项目)。在美国联邦储备体系中,基础货币可以写成式(10.4)。

$$MB = C + R = \text{联邦储备券} + \text{银行在联储的存款} + \text{财政部通货余额} - \text{硬币} \tag{10.4}$$

式(10.4)右边给出了基础货币的来源。根据"资产总额"等于"负债总额"的基本原理,结合表 10.3,我们可得到基础货币的来源项目(此处将非银行部门持有的通货另外列出):

$$\begin{aligned}\text{联邦储备券} + \text{银行存款} = &\ \text{证券} + \text{贴现贷款} + \text{黄金和特别提款权} + \text{硬币} \\ &+ \text{待收现金项目} + \text{其他联储资产} - \text{美国财政部存款} \\ &- \text{外国和其他存款} - \text{待付现金项目} - \text{其他联储负债}\end{aligned} \tag{10.5}$$

为了得到基础货币影响因素表达式,我们对美联储资产负债表中的项目进行合并整理。第一,将美联储资产负债表中两个同支票清算有关的项目合二为一,记作在途资金(float),即在途资金=待收现金项目-待付现金项目。第二,引入财政部通货余额项目,财政部通货余额=美联储以外部门持有的财政部通货+美联储持有的财政部通货。然后,将表示"联邦储备券+银行存款"来源的式(10.5)右边部分代入式(10.4),得到经过变换以后的基础货币表达式。

$$\begin{aligned}MB = &\ \text{证券} + \text{贴现贷款} + \text{黄金和特别提款权} + \text{在途资金} \\ &+ \text{其他联储资产} + \text{财政部通货余额} - \text{财政部存款} \\ &- \text{外国和其他存款} - \text{其他联储负债}\end{aligned} \tag{10.6}$$

上述式(10.6)表明,在美国联邦储备体系中影响基础货币变动的有九个因素。在式(10.6)右边第一至第六个因素变大会使基础货币增加,第七至第九个因素变大会使基础货币减小。

4. 影响美国联邦储备体系中基础货币变动的因素

在以式(10.6)为基础,分析影响美国联邦储备体系中基础货币变动的因素时,我们假设美联储资产负债表中的其他因素保持不变。①

(1) 增大基础货币的因素。

第一,证券和贴现贷款。

① 弗雷德里克·米什金:《货币金融学》,中国人民大学出版社 2005 年版。

当美联储持有的证券或贴现贷款增加时，将导致美国联邦储备体系中的基础货币等额增加，相关讨论可参见本书第 9 章有关中央银行公开市场操作和贴现贷款管理等内容。

第二，黄金和特别提款权账户以及美联储持有的其他外汇资产。

美联储购入黄金、特别提款权、外币存款或其他任何资产，与从公开市场上购买债券对基础货币的影响相同。联储对黄金、特别提款权或其他外汇资产的持有增加，会引起美国联邦储备体系中的基础货币等额增加。

第三，在途资金。

当银行把它收到的支票存入其在美联储的账户时，联储会在该银行账户上贷记支票金额（准备金账户），在签发支票的银行准备金账户上借记同样金额。在支票清算过程中，美联储经常在借记支票签发银行账户之前，便将支票金额贷记存入持有该支票的银行账户，并引起银行体系中的存款准备金总量出现净增加。在途资金产生的原因是：①联储有时不能以它贷记存入支票的银行账户存款准备金的速度，把支票提交给签发银行要求付款，天气条件和其他因素会影响中央银行运送支票至支票签发银行，从而引起在途资金增加。

下述举例对此可作更为清楚的说明。假设某人将一张在美国第二国民银行（位于洛杉矶）签发的 100 美元支票，存入他在美国第一国民银行的账户（位于纽约）。在正常情形下，第一国民银行将该支票提交联储要求清算时，待收现金项目与待付现金项目均增加 100 美元，在途资金为零，美国联邦储备体系中的存款准备金数额和基础货币规模不发生变化。

联邦储备体系

资　产		负　债	
待收现金项目	＋100 美元	待付现金项目	＋100 美元

但如果天气不好，美联储无法按规定把支票及时送到洛杉矶，那么美联储仍有责任贷记第一国民银行存款准备金账户 100 美元，并销去联储的待付现金项目 100 美元的负债。联储资产负债表发生的变化表明，在途资金增加了 100 美元，在途资金＝待收现金项目－待付现金项目＝100－0＝100 美元＝准备金增加数额。此时，美国联邦储备体系中的存款准备金增加 100 美元，相当于美联储暂时贷给第一国民银行一笔相当于在途资金的无息贷款，从而增加了银行体系中的存款准备金，也增加了基础货币。

联邦储备体系

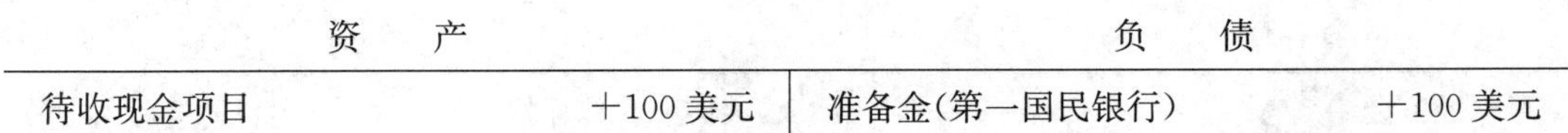

资　产		负　债	
待收现金项目	＋100 美元	准备金（第一国民银行）	＋100 美元

当美联储将第二国民银行签发的支票送达第二国民银行时，便从第二国民银行的准备金账户上减去准备金 100 美元，并销去 100 美元的待收现金项目。第二国民银行在美联

① 开出支票的银行如果故意不及时兑付支票，中央银行的待付现金项目一直不能实现，则在途资金会一直存在。

储中的存款减少 100 美元，基础货币恢复到原先的水平。

联邦储备体系

资　产		负　债	
		存款准备金(第一国民银行)	+100 美元
		存款准备金(第二国民银行)	−100 美元

可以看出，在支票清算过程中，美国联邦储备体系中的存款准备金和基础货币都只是暂时增加。在途资金增加时，将引起美国联邦储备体系中的基础货币等额增加。在途资金大多数为暂时波动，不会构成较长时期(如 1 个月)中基础货币的波动原因。

第四，财政部通货余额。

财政部通货余额增加时，会引起基础货币增大。财政部通货余额增加时，或是进入到了银行部门的金库，充当存款准备金(R)，或是到了非银行部门手中，成为流通中的通货(C)，都会引起美国联邦储备体系中的基础货币增加。

(2) 减少基础货币的因素。

第一，美国财政部在联储的存款。

美国财政部在联储的存款来自美国政府的税收收入加上出售政府债券获得的款项。美国财政部征税和出售政府债券所得的资金先存放于其设在商业银行的税款和存款账户，然后再转入其在美联储的账户。美国财政部在美联储的存款账户是其据以签发支票的基础。

美国财政部在联储的存款变动会引起基础货币发生变化。假设美国财政部准备购买计算机并被要求支付 1 亿美元，美国财政部将它在商业银行税款账户上的 1 亿美元转入到其在联储的账户。美国财政部、商业银行和联储的资产负债表变化表明，整个过程中美国联邦储备体系中的存款准备金减少 1 亿美元。美国财政部在联储的存款增加，会减少美国联邦储备体系中的存款准备金和基础货币。

美国财政部

资　产		负　债	
在商业银行存款	−10 000 万美元		
在联储存款	+10 000 万美元		

商业银行

资　产		负　债	
存款准备金	−10 000 万美元	美国财政部存款	−10 000 万美元

美联储

资　产		负　债	
		存款准备金	−10 000 万美元
		财政部存款	+10 000 万美元

当美国财政部购买计算机并支付计算机价款 1 亿美元时，其在联储的存款会减少 1 亿美元。计算机厂商将美国财政部签发的联储支票存入开户银行以后，该银行的存款储备金增加 1 亿美元。

由上可见，美国财政部在联储的存款变动，会引起美国联邦储备体系中的基础货币发生反方向变化。由于购买支出和收款变动很大，美国财政部在联储的存款也会有较大波动，并会引起基础货币发生变化。美国财政部可以事先知道其资金从商业银行账户转入联储账户的时间表，美国财政部在联储的存款变化引起的基础货币变动具有一定的可预测性。美国财政部在联储的存款变动引起的基础货币变动是暂时的，不会构成美国联邦储备体系中基础货币在较长时期(如 3 个月)内波动的主要原因。

美联储

资　产	负　债	
	存款准备金	+10 000 万美元
	财政部存款	−10 000 万美元

第二，外国和其他存款。

当资金从商业银行账户转入美联储账户时，或者对美国本地银行签发的支票存入联储账户时，美联储资产负债表中的外国和其他存款增加。在联储的外国和其他存款增加会引起美国联邦储备体系中的基础货币减少。

第三，资本账户和其他负债项目。

如果一家银行刚刚成为美联储的成员银行，并认购了规定数额的联储股票，则联储的资本账户余额会增加。商业银行认购了联储股票以后，该银行在联储的存款会相应减少，美国联邦储备体系中的存款准备金也相应减少。因此，联储资产负债表负债项目中的其他负债和资本账户增加时，会引起美国联邦储备体系中的基础货币减少。

5. 影响基础货币变动的因素总结

在对美联储资产负债表进行分析以后我们发现，影响美国联邦储备体系中基础货币发生变动的九个因素中，有六项因素在增加时会引起美国联邦储备体系中的基础货币增加，有三项因素在增加时会引起美国联邦储备体系中的基础货币减少。美联储的证券持有数量，对美国联邦储备体系中的基础货币规模影响最大，但联储所持有的证券数量完全可由其自身通过公开市场操作加以控制。不受联储控制的其他八个因素的短期变化构成了美国联邦储备体系中基础货币短期波动的重要原因，但这些波动可以预测，并可被联储的公开市场操作所冲销。因此，即使在途资金和美国财政部在联储的存款等项目有较大波动，并引起基础货币发生变化，也不会妨碍美联储对联邦储备体系中的基础货币实行准确控制。

10.2.5　中央银行基础货币管理困难

关于货币供给的基础货币模型认为，中央银行可以控制基础货币，并能引起货币总量按可预测的乘数倍发生变化；政策制定者也经常强调货币总量的重要性，认为有必要对货币总量的增长速度加以控制,但是,几乎所有的发达国家选择的货币政策工具都是短期利率。为什么有如此多的国家的中央银行放弃对基础货币控制呢?为什么有众多的中央银行选择短期利率,并以回购协议的方式来确定利率作为货币政策工具呢?基本原因是控制基础货币在实践中有许多困难。

银行对存款准备金的需求往往缺乏弹性。要求银行持有存款准备金相当于对银行征税,当货币市场很发达时,银行会尽可能少的持有存款准备金。中央银行向存款准备金支付利息,相当于减少对银行征税,可以减少中央银行对存款准备金实施管理给银行带来的负担。总体而言,中央银行对基础货币的控制能力受到以下四个因素影响。

第一,难以预测引起基础货币发生变化的市场流量因素,即使中央银行可以事后(ex post)掌握基础货币规模,也难以对基础货币进行事前(ex ante)控制。在货币市场操作中,中央银行经常由于事先的预测偏差而不得不进行多次操作。

第二,即使能够准确预测基础货币发生变动的影响因素,中央银行也难以进行准确操作。例如,为了抵消预料之中的货币需求扩张,有必要向非银行部门出售政府证券,但这需要进行连续的拍卖竞价,并要求公开市场操作能够引起利率发生相应的变化。

第三,为了防范存款准备金持有不足风险,银行会持有超额准备金(excess reserve)。在对存款准备金不支付利息时,这会提高银行经营成本,降低银行服务质量。

第四,包括针对基础货币在内的任何形式的直接数量限制,都会刺激金融创新。当资本可在世界范围内自由流动时,对基础货币实行控制会引起更多的离岸借贷。

10.3 货币内生供给

货币供给内生论认为,货币总量不是由中央银行决定的外生变量,而是由经济体系和经济主体决定的内生变量。①托宾(Tobin, 1970)认为,货币作为资产,其供给和需求与其他资产一样,由经济运行过程内生决定。②后凯恩斯主义认为,货币总量会内生地对信用需求变化做出反应。

10.3.1 内生货币供给理论

货币供给内生理论以托宾为代表。他们认为,简单的基础货币模型没有考虑两个因素:(1)银行资产调整行为;(2)居民(家庭和企业)资产偏好。货币供应量由银行和居民的行为共同决定,而银行和居民的行为取决于经济体系内的许多变量,中央银行很难有效地控制银行和居民的支出行为,更不可能支配银行和居民的其他经济行为。

后凯恩斯主义认为,通货存款比率(C/D)和存款准备金比率(R/D)会随经济环境变化而发生变动,不应该将之作为货币供给方程中的固定参数。从现实经济运行来看,通货

① Bain, K., and Peter Howells, 2003, *Monetary Economics: Policy and Its Theoretical Basis*, New York: Palgrave Macmillan: 89—92.

② Tobin, James, 1970, "Money and Income: Post Hoc Ergo Proper Hoc?", *Quarterly Journal of Economics*, 84: 310—317.

存款比率(C/D)并非始终处于稳定状态,常常会发生周期性变动。他们认为,商业银行以安全、盈利、保持流动性为基本原则,盈利率与风险偏好程度及与此相关的利率结构,是影响商业银行超额准备金比率发生变动的重要因素。在经济波动时期,存款准备金比率(R/D)与高能货币之间具有正向变动关系;中央银行增加基础货币投放时,商业银行会增加超额准备金持有。

我们知道,中央银行在制定了官方利率以后,就必须满足银行的存款准备金需求。银行对存款准备金的需求取决于银行的存款负债和由贷款需求引起的存款及利率变化。实证研究表明,名义收入、工资成本、进口成本和税收等因素都对企业的贷款需求有影响。

货币供应内生表明,货币供给不仅与利率是内生关系,而且与基础货币也是内生关系;基础货币供给增加时,如果商业银行持有的超额准备金增加,货币供应量可能会出现下降。假设货币供给由基础货币模型给出(参见图 10.5)。当基础货币发生变化时,货币供给线会发生移动。

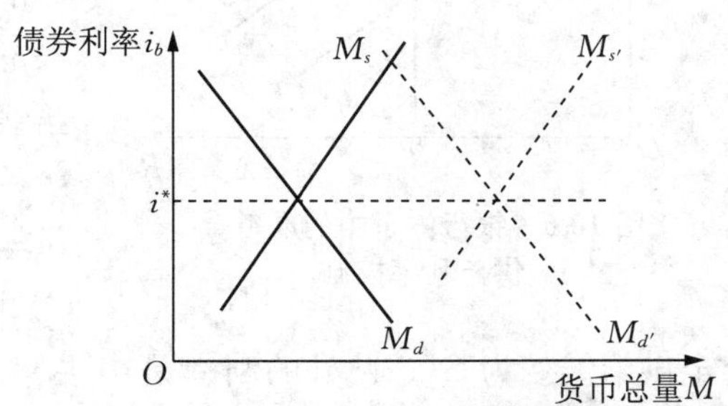

图 10.5 货币需求与货币供给线移动

在图 10.5 中,纵轴表示债券利率(i_b)。货币供给对债券利率的弹性大于零,货币供给线 M_s 向上倾斜,并使外生决定的货币供应量表现出一定程度的由利率内生决定的特征。①在中央银行确定了短期利率以后,存款准备金会自动调整到银行要求的水平。在图 10.5 中,货币需求从 M_d 增加到 $M_{d'}$,债券利率从 i^* 上升到 $M_{d'}$ 线与 M_s 线交点对应的水平。在此情形下,增加发放贷款可以给银行带来更高的收益。M_s 线会移动到 $M_{s'}$,进而产生存款创造。当由银行贷款增加引起的货币扩张比率正好与货币需求增长率相等时,债券利率(或者表示持有货币机会成本的其他利率)就会保持不变,M_s 和 M_d 的交点保持在一条水平线上。

因此,经济主体的借款决策,以及按照银行存贷款利率差幅调整货币持有量决策,都会引起货币供应量发生变化。

10.3.2 中央银行对利率管理

1. 存款准备金管理与利率管理比较

中央银行多以货币供给的资金流量模型为基础,把利率作为货币政策调控对象,而不是基础货币。比如,英国曾经使用过许多货币政策调控对象,但最终集中到了中央银行能够控制的官方利率方面。1971 年以前,英国调整过借款规模和其他信用指标及利率。1971—1981 年,英国的货币政策调控对象为利率加上补充性专项存款安排。从 1981 年起,英国的货币政策调控对象进一步集中为官方利率。

为了保证客户能够随时提取到存款,银行需要持有相当数量的现金,并需要在中央银

① 这时中央银行就不能自主地控制货币供应量,货币供应量由利率决定,表现出内生特征。

行持有存款准备金。在面临流动性紧缺约束时，银行往往求助于中央银行，中央银行因此可以通过调控存款准备金规模来控制货币供应量。

在图 10.6 中，假设法定准备金为 R^*，存款准备金需求从 D_1 增加到 D_2 时，存款准备金的供需缺口为 AB。在中央银行坚持将存款准备金供给控制在 R^* 时，利率从 i_1 上升到 i_2。如果存款准备金短缺属于银行体系中的普遍现象，那么利率将显著上升并会减少存款准备金需求。中央银行也可选择以利率 i^* 作为货币政策调控目标。在此情形下，中央银行必须按利率 i^* 向银行提供准备金。准备金供给线因此右移 AB 个单位，并与准备金需求线相交，由此可得到水平的准备金供给线 S_2。①

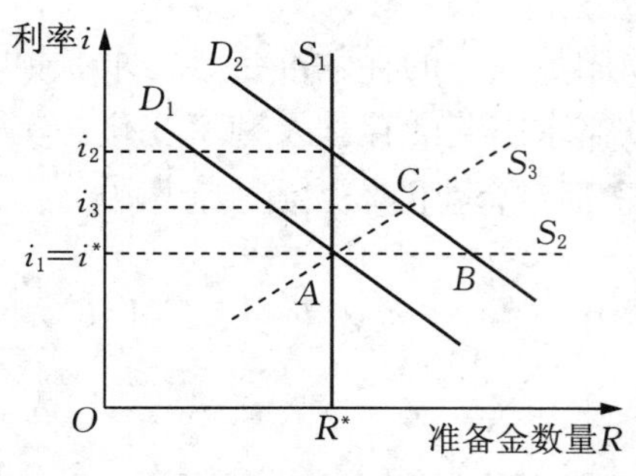

图 10.6　银行体系中的准备金供与利率控制

中央银行也可以部分调整准备金供给。准备金供给线仅向右部分移动（比如在 A 和 B 之间的点 C），此时利率提高到 i_3，在可以作反复调整时，准备金供给线变为 S_3。此处的利率是中央银行向银行体系提供准备金的利率，也就是再贴现率。

2. 中央银行的利率调控

中央银行往往通过国债回购方式来调控利率。债券回购协议是指从卖方买入一定数量的特定债券，并约定在一定时间以特定价格再售回的协议。在英国专门有政府债券回购市场。回购协议期限很短，至多三个月，属于货币市场工具。在回购协议中，证券买卖价格之差为回购协议中买方向卖方支付的利息。利率可由式(10.7)计算得到。

$$i=\frac{P_R-P}{P\cdot(n/365)} \tag{10.7}$$

在式(10.7)中，P_R＝债券赎回价格或回购价格，P＝债券出售价格，n＝回购期限(天)。假设中央银行以 100 万元(P)买入政府债券回购协议，赎回价格(P_R)为 100.19 万元，回购协议期限为 14 天，则回购利率被确定为：

$$i=\frac{100.19-100}{100\times(14/365)}=5\%$$

假设中央银行希望将利率提高 25 个基点(0.25%)，则需要将债券回购协议中的回购价格确定为 $P_R=5.25\%\times100\times(14/365)+100=100.199\ 5$(万元)。②也就是说，将 14 天期回购协议中价格为 100 万元的政府债券的回购价格提高 95 元时，相当于将利率提高 25 个基点(0.25%)。

① S 线的斜率刻画的是中央银行的准备金供给对利率变化的反应弹性；S 线水平时表明中央银行可以充分满足利率提高对准备金的任何需求增加。

② 通常情形下，债券回购价格 P_R 总是高于债券的现在价格 P。在 P_R 大于 P 的条件下，中央银行通过变动债券回购价格 P_R 就可以调节利率。在不同期限债券可以相互替代时，市场利率会随之发生调整。

10.4 金融机构的经营行为与货币供给

10.4.1 银行资产转换行为

资产转换理论认为，金融中介机构的货币负债构成货币存量，金融中介机构类似于生产厂商，产品为其创造的流动性。①货币供给创造是金融中介机构流动性创造的重要组成部分。经济活动中的流动性扩张(收缩)取决于银行持有的债权和债务特点。如果银行持有的债权(贷款)的流动性大于银行持有的债务(存款)流动性，经济活动中的流动性就会增加；反之，流动性会下降。当银行把货币资产作为准备金持有时，货币供给会减少。当银行接受长期存款，扩大短期贷款时，货币供给会增加。

银行的贷款、存款、准备金和自有资本都可以表示为银行自发存款(期初吸收的存款)的一定倍数，我们分别称之为相应的乘数。贷款乘数同货币供给有直接关系。银行贷款乘数取决于以下两个因素：(1)银行规模大小。较小规模银行的贷款总量变动小于存款变动，贷款乘数小于1。(2)自有资本比率。银行自有资本比率提高时会降低贷款乘数，存款持续增长要求银行提高自有资本比率。

银行作为金融企业，要追求利润最大化，并受到两种约束。(1)确定性约束。银行存款和贷款扩张，受银行投入的资本和劳动要素约束。(2)随机性约束。银行存款挤兑风险和贷款违约风险，会限制银行贷款发放规模。如果存款提取量超过银行的准备金水平，银行就需要借入资金来补充准备金，并被要求支付相应的利息。

银行经营行为的最优化取决于三个边际条件：(1)银行资本和劳动投入的边际成本相等。(2)贷款边际收益等于贷款边际成本(贷款边际成本由投入成本、使破产风险最小的自有资金成本和银行弥补准备金不足的筹资成本共同决定)。(3)准备金的边际收益(即准备金筹资成本降低部分)等于存款的边际成本。②

上述三个边际条件构成了银行经营活动利润最大化的必要条件，银行经营利润最大化的充分条件要求银行贷款的边际成本随贷款总量递增，且新增存款的边际成本超过存款的边际收益。根据银行经营利润最大化的条件，我们可以推知，利率和银行经营成本对银行的贷款规模、存款规模都有显著影响。

前文所述的存款创造仅考虑了资金供给方，即只考虑银行可以创造的最大存款数量。难道非银行部门对存款需求毫无作用，不管银行供给多少贷款都来者不拒吗？在现实经济中，银行只能贷出非银行部门所需要的数量，而不是更多。当新增贷款的边际收益等于边际成本时，银行存款就不再扩张。

我们可以考虑一种相反的极端情形。假定无论非银行部门希望持有多少存款，银行都能够创造出来，因此存款数量唯一地取决于非银行部门的存款需求。当非银行部门想要持有更多的存款时，银行按较低的成本，把存款"出售"给社会公众，增加银行的存款总

---

① Niehans, Jürg, 1978, *The Theory of Money*, Johns Hopkins University Press.

② 陈享光：《货币经济学》，经济科学出版社2000年版。

量。但是,银行怎样取得准备金呢?首先,非银行部门会将其持有的部分通货存入银行,进而增加银行系统中的准备金数量。其次,银行提高定期存款利率,吸引居民把活期存款转为定期存款。在定期存款的法定准备比率较低时,可降低相同规模存款的法定准备金要求。所以说,存款准备金供给对货币创造尤其对 M2 来说,并非特别重要。

因此,银行存款和贷款数量取决于边际成本与边际收益的对比。在银行存款扩张受到法定准备金限制,且银行贷款的边际收益大于边际成本,一旦有额外的准备金,银行就会扩张存款。只有对银行部门有更高的准备金要求或实行利率限制时,中央银行才能在一定程度上管理银行的货币创造过程。

银行体系创造存款货币的能力,并不完全取决于基础货币和法定准备金比率等外生变量,而是同时取决于银行贷款规模和投资机会。贷款和投资机会由经济运行状况和货币需求决定,中央银行无法直接控制。

此外,银行的资产负债规模及企业等非银行部门的货币需求具有很大的利率弹性。利率变动既会诱使银行调整其资产经营规模,也会引导企业等非银行部门改变资产偏好。中央银行扩大基础货币供给时,会增加商业银行中的存款准备金,货币供应量有增加趋势。与此同时,利率趋于下降,银行会减少贷款投放,而企业等非银行部门会增加通货持有。

10.4.2 非银行金融中介机构

传统意义上的非银行金融中介机构不接受活期存款,不具有货币创造能力,其职能是储蓄转移,不直接影响货币供给。随着现代金融业务创新和金融机构综合性发展,银行与非银行金融中介机构之间的业务界限开始被打破,非银行金融中介机构对货币供给的影响越来越不能忽视。

在金融创新背景下,传统的流动性范畴,不再只是一般意义上的货币供给,逐渐包括银行和非银行金融中介机构创造的所有短期流动性资产。美国经济学家格列和肖(Gurley and Shaw, 1960)从金融机构的类同性出发,分析了银行和非银行金融中介机构在信用创造过程中的作用,提出了现代金融中介机构理论。[①]他们认为,金融中介机构就是从最终借款人那里买进初级证券,并为最终贷款人持有资产和发行间接证券。银行和非银行金融中介机构,都属于通过购买初级证券创造自身债权的金融经营部门。

经济社会中盈余单位和赤字单位并存,这为金融中介机构利用规模经济和信息优势服务最终贷出者和最终借入者创造了条件。金融中介机构分为货币系统中的金融中介机构和非货币系统中的金融中介机构两种类型。中央银行和商业银行属于货币系统中的金融中介机构,储蓄贷款协会、互助储蓄银行、信用社等属于非货币系统中的金融中介机构。这两种金融中介机构都能够创造金融资产。

在有金融创新的条件下,非货币系统中的金融中介机构发行的非货币类证券会成为货币替代品。就交易动机、预防动机和投机动机的需求而言,人们既可以持有货币,也可

① Gurley, John G., and E.S. Shaw, 1960, *Money in a Theory of Finance*, Washington: Brookings Institution.

以持有由非货币类金融机构创造的非货币类证券。

货币系统中的金融中介机构和非货币系统中的金融中介机构的竞争关系，以及货币与非货币金融资产之间的替代性，使货币供给不再仅仅取决于银行体系的货币创造。货币系统中的金融中介机构的规模大小，部分取决于储蓄银行、人寿保险公司、养老基金和其他金融中介机构的竞争程度。

非银行金融中介机构并不能以对自身债权的形式创造信用（货币），它们只是把资金最终供给者提供给它们的资金转手贷给资金最终需求部门，并不能像银行那样通过金融资产创造来增加货币供应数量，但非银行金融中介机构确实能够影响社会信贷资金的流量水平。

第一，非银行金融中介机构通过提供金融服务，动员闲置资金，增加了信贷资金规模。

第二，非银行金融中介机构通过提供金融服务，改变居民消费倾向和储蓄倾向，增加了社会储蓄规模和社会信贷资金规模。

第三，非银行金融中介机构能够改变信贷资金的流向和分配结构。非银行金融中介机构的资金能够更多地投向长期资产，其吸收的货币资金规模对社会资金配置产生直接影响。

非银行金融中介机构虽然不能像银行那样创造货币和信用，但它们能够影响货币流通速度，同时也影响银行的货币和信用创造。由非银行金融中介机构动员的闲置的货币资金得以动员并流通，流入银行体系时银行存款会增加。非银行金融中介机构的经营活动也会减少银行系统中的存款规模。如果非银行金融中介机构将资金提供给资金的最终需求者，增加社会支出并引起收入增加，收入增加后增加的储蓄就会部分流入非银行金融中介机构，部分投资于政府债券，这会减少银行系统中的存款规模，银行体系的货币创造能力会下降。下面我们以商业银行的同业业务为例，说明非银行金融中介机构对货币供给的影响。

10.4.3 银行同业业务发展

银行同业业务是商业银行与金融同业间的各项业务往来，包括同业存放、同业拆借、债券回购等传统业务，以及转贴现、受益权信托、信贷资产转让与回购、同业代付等创新业务。银行同业业务能有效融通信贷、货币、证券、保险等几乎所有的金融市场。①

资金融通是同业业务的核心。非银行金融机构发展壮大，使企业或个人的原有部分存款转化为非银行金融机构在商业银行（尤其是中小银行）的同业存款。同业存款中的一部分在银行间市场通过资产回购（买入返售）、同业拆借等方式，回流到非银行金融机构和部分中小银行。

商业银行是货币创造的主体。同业业务发展拓宽了银行资金来源，丰富了银行资产运用手段，改变着银行经营发展模式。这些变化通过资产负债表传导作用于货币创造机制，并最终影响货币供给。

---

① 叶翔、梁珊珊:《银行同业业务发展及其对货币供给的影响》,《海南金融》2013 年第 1 期。

第一，同业业务能够优化资金配置，使货币供给更加高效。

缺乏有效贷款需求而头寸较充裕的银行可以通过同业业务，暂时让渡资金使用权并获得相应收益；有较多贷款需求而头寸短缺的银行可藉此扩大贷款规模，增加派生存款。就整个银行体系来说，同业业务发展使资金盈余银行和资金短缺银行的需求能得到及时融通和调剂，部分银行闲置资金能重新进入信贷领域，提高了信贷资金配置和周转效率，增强了整个银行体系的货币创造能力。当资金从非银行金融机构净流入商业银行时，银行可贷资金增多。当商业银行对非银行金融机构融出资金时，这些资金或由非银行金融机构投放到非金融部门，或仍以同业存款形式存放于银行体系中。前者创造了存款货币，表现为企业或个人存款增加；后者也创造了存款货币，表现为同业存款增加。

第二，同业业务能够规避货币创造管制，创造出额外的货币供给。

货币创造管制分为两类：以信贷限额为代表的直接管制；以存款准备金率、存贷比、资本充足率为代表的间接管制。以规避管制为直接目的，发端于票据、理财、信用证等银行表外领域，通过同业业务对接来实现的监管套利，在受限的规模之外创造了“额外的”货币供给。

以银行与农村信用社的票据转贴现—回购业务为例。假设银行将已贴现的票据转贴现给农村信用社，再将此票据回购。在此过程中，企业获得了票据贴现融资，企业存款增加；对银行而言，原本占用信贷规模的“票据贴现”减少，转化为不占用信贷额度且较低资本占用的“买入返售资产”；农村信用社可以将票据的转贴和回购都记入信贷规模之外的票据科目，隐藏票据(转)贴现规模。

再比如买入返售信托受益权业务。买入返售信托受益权属于同业合作理财业务。先由资产管理公司、财务公司等非银行金融机构出售投资信托计划，再将此信托计划的受益权转让给银行发行的理财产品。银行借助非银行金融机构通道就为企业提供了规模外的融资。与之类似的还有买入返售应收租赁款。当银行发行保本理财产品与信托受益权对接时，个人购买理财产品而减少的存款转化为企业得到融资而增加的企业银行存款。

10.4.4 多资产货币供给模型

托宾认为，金融机构之间和金融资产之间均不存在本质区别，对金融部门与实际经济加以区别才有意义。托宾关于货币供给的观点有四个方面：(1)强调货币供给的内生性；(2)认为银行与非银行金融机构、货币与其他资产具有同一性；(3)银行和非银行金融机构竞争，决定了货币供给对经济影响的资产替代性；(4)仅控制银行的货币创造并不能有效控制货币供给。

托宾考察了包括货币在内的各种形式的资产数量和资产价格的短期决定问题，以及多重资产市场和社会总财富增长同时达到均衡时的条件。[①]托宾的货币供给理论也称为多资产货币供给模型。

多资产货币供给模型包括四类资产：股票、政府债券、基础货币和外汇资产。托宾认

① Tobin, James, 1982, “Money and Finance in the Macroeconomic Process”, *Journal of Money, Credit and Banking* 14(2): 171—204.

为，私人财富的新增供给有三个来源：(1)存货和生产资本净积累形成的股权资产(I)。私人资本投资是实物资本的形成来源，新增资本的所有权多采取股票形式。(2)政府预算赤字(D)。政府预算赤字构成政府债券和基础货币的重要来源，并与财政政策和货币政策有关。(3)外汇资产(CAS)。在任何时期，总储蓄(S)为上述三项之和，即 $S=I+D+CAS$。托宾以总储蓄表达式为出发点，分别建立了上述四类资产的供给函数。

1. 股权资产

在托宾看来，总资本存量是指所有以前生产或购买且未被消费的耐用品或存货。资本品的市场价值不同于它们的重置成本，此偏差是投资加速或减缓的决定因素。当资本品的市场价值比重置成本更高时，会促使投资者加速资本积累，反之会减缓资本积累。由此可得净投资方程式(10.8)。

$$I_t=q_t^k \cdot \Delta K_t=q_t^k \cdot K_{t-1} \cdot f(q_t^k) \tag{10.8}$$

在式(10.8)中，I_t 表示 t 时期的净投资，q_t^k 表示 t 时期资本品的市场价值与正常重置成本的比率；ΔK_t 表示 t 时期的资本增量，K_{t-1}表示 t 时期期初按正常重置成本定价的资本存量，$f(q_t^k)$表示以 q_t^k 为自变量的投资增长率函数。

2. 政府预算赤字

托宾认为，财政政策关系到政府支出和税收收入规模，以及政府为弥补预算赤字发行的债券存量和流量；货币政策关系到货币发行和非货币公债的相对数量。非货币公债指永久性债券(永远每期支付 1 美元)，货币发行与基础货币对应。政府预算赤字通过发行基础货币、发行永久性债券和出售外币资产来弥补。

$$pD=\Delta H+q^B \Delta B-e\Delta F_G \tag{10.9}$$

在式(10.9)中，p 表示价格水平，pD 表示赤字总额，ΔH 表示基础货币增加量，q^B 表示永久性债券的市场价格，ΔB 表示债券发行量，e 表示汇率，ΔF_G 表示政府持有的外汇资产增加量，$e\Delta F_G$ 表示以本币计算的政府的国际收支余额变动。

以 γ^H 和 γ^B 分别表示基础货币增量和永久性债券增量占政府财政赤字的比重，$\gamma^H+\gamma^B=1$(假设不以外汇资产弥补赤字)。这样式(10.9)的右边三项可以写成式(10.10)、式(10.11)和式(10.12)。

$$\Delta H=\gamma^H pD+Z^H \tag{10.10}$$

$$q^B \Delta B=\gamma^B pD+Z^B \tag{10.11}$$

$$-e\Delta F_G=Z^F \tag{10.12}$$

上述式(10.10)、式(10.11)、式(10.12)分别表示基础货币供给函数、政府债券供给函数和政府外汇资产供给函数。Z^H、Z^B 和 Z^F 为政策参数，分别表示由政府政策引起的基础货币、债券和外汇资产供给的增加量。中央银行购买债券会减少债券供给，增加基础货币供给，反之则反是；中央银行卖出外汇将增加外汇供给，减少基础货币供给。因此，$Z^H+Z^B+Z^F=0$。

3. 外汇资产

外汇资产来源取决于本国国际收支盈余状况，由国际贸易盈余和本国持有的外汇资产收益两个部分构成。政府和私人部门的外汇资产增量之和等于国际收支盈余。

$$e\Delta F+e\Delta F_G=pX+e\rho^F F_{-1}+e\rho^F F^G_{-1} \tag{10.13}$$

在式(10.13)中，$e\Delta F$ 表示以本币计算的私人部门持有的外汇资产增量，X 表示以本币计算的贸易顺差，它是实际国民收入(Y)和实际汇率($e\rho^F/p$)的函数；ρ^F 表示外汇资产收益率，F_{-1}和 F^G_{-1}分别表示私人部门和政府部门在 t 时期期初持有的外汇资产存量。由式(10.12)和式(10.13)可得到外汇资产供给函数。

$$e\Delta F=pX+e\rho^F(F_{-1}+F^G_{-1})+Z^F=p\cdot CAS+Z^F \tag{10.14}$$

上述式(10.8)、式(10.10)、式(10.11)、式(10.14)分别给出了 t 时期股票、基础货币、政府债券和外币资产的供给函数。这四项资产新增供给之和等于总储蓄。四项资产的供给流量之和等于总储蓄表明，对四类资产的均衡模型汇总可得到总储蓄均衡模型。

假设家庭部门对 J 种资产的期末期望持有额为 $p^tA^J_t$($J=K$, B, F, H；$K=$资本品，$B=$债券，$F=$外汇资产，$H=$基础货币)，A^J_t 为证券管理和财富积累的函数。家庭部门在 t 时期期初的 J 资产持有量为 J_{t-1}，市场价值为 $q^J_tJ_{t-1}$；q^J_t 为 t 时期确定的 J 资产的价格，家庭部门在 t 时期对 J 资产的净需求 $q^J_t\Delta J_t$ 的市场价值为 $p^tA^J_t-q^J_tJ_{t-1}$。由此得到以下五个均衡方程。

股票市场均衡为式(10.15)，债券市场均衡为式(10.16)，外汇市场均衡为式(10.17)，基础货币市场均衡为式(10.18)。由此得到总财富均衡关系式(10.19)。在式(10.19)中，A^W 表示期末财富存量，等于 A^J 的总和；W^*_{-1}是式(10.15)至式(10.18)中左边第二项之和。

$$A^K_t-q^K_tK_{t-1}=q^k_tK_{t-1}f(q^k_t) \tag{10.15}$$

$$A^B_t-q^B_tB_{t-1}/p=\gamma^BD+Z^B/p \tag{10.16}$$

$$A^F_t-eF_{t-1}/p=X+e\rho^F(F_{-1}+F^G_{-1})/p+Z^F/p \tag{10.17}$$

$$A^H_t-H_{t-1}/p=\gamma^HD+Z^H/p \tag{10.18}$$

$$A^W-W^*_{t-1}=q^k_1K_{t-1}f(q^k_t)+D+X+e\rho^F(F_{-1}+F^G_{-1})/p \tag{10.19}$$

在 A^J 函数中的参数表示 J 资产的预期实际收益率，即向量 r^J。以 Eq^J_{t+1}表示资产的预期实际价格，p_t/Eq^J_{t+1}表示预期的币值变动率，则可分别得到股票、债券、外汇、基础货币的价格和预期实际收益率。

$$q^K_t(1+r^K_t)=R_t(Y_t,\ K_{t-1})+Eq^K_{t+1} \tag{10.20}$$

$$q^B_t(1+r^B_t)=(1+Eq^B_{t+1})/(p_t/Ep_{t+1}) \tag{10.21}$$

$$e(1+r^F_t)=(1+\rho^F)Ee_{t+1}(p_t/Ep_{t+1}) \tag{10.22}$$

上述式(10.20)表示，持有价值为 q^K_t 的股票从 t 到 $t+1$ 期可以获得 R_t 的收益(R_t 取决于资本存量 K_{t-1}在 t 时期的产出 Y_t)，并能以 Eq^K_{t+1}的预期实际价格出售。在式(10.23)

中，价格标准化为1。

$$(1+r_t^H)=p_t/Ep_{t+1} \tag{10.23}$$

基于式(10.20)至式(10.22)，我们可以将式(10.15)至式(10.18)中的资产价格(q^K，q^B，e)用向量 r^J 表示。将式(10.15)至式(10.18)以及式(10.20)至式(10.23)联立，可得到托宾的多资产货币供给模型。

多资产货币供给模型表明，资产市场相互联系，要脱离其他资产来考察任何一种特定资产的供求都不可能，任何一种资产的需求变化都会引起其他资产的需求发生调整，任何一种资产的收益率变化都会引起不同资产之间的相互替代，从而引起资产组合发生变化。讨论货币供给时我们不能把非货币资产归结为单独一种资产，用同样的利息率来衡量所有资产的收益率，难以对重要政策、制度、结构和事件进行深入分析，在分析货币供给时应把多种资产及其收益率纳入分析范围当中。

多资产货币供给模型认为，货币供给受公众资产偏好制约。公众资产偏好以及资产持有结构由包括整个金融体系(银行和非银行金融机构)在内的社会经济部门的共同活动决定，中央银行难以直接控制货币供给。现实经济出现的对一般均衡状态偏离，原因在于货币是共同的记账单位，是被普遍接受的交换媒介，具有公共产品性质，货币政策能够对宏观经济运行产生短期和长期影响。因此，多资产货币供给模型强调货币供给的内生性和货币传导过程中的资产替代性。

上文分析表明，货币供给过程有很强的内生特征。(1)货币数量内生于经济系统，而非货币当局可以控制。银行可以自主地创造活期存款，可为非银行部门提供透支安排。(2)货币流通速度没有上限。不稳定的货币流通速度破坏了货币数量与价格水平及名义收入之间的稳定联系。(3)货币供给对货币需求的"顺从"通过两种途径导致货币供给过程内生，其一为直接增加货币数量，其二为提高货币流通速度。

10.5 政府政策目标与货币供给

10.5.1 中央银行最后贷款人角色

卡尔多(Kaldor)的研究表明，中央银行在充当银行的最后贷款人角色时，会影响其对货币供给的控制能力。①假设货币需求是名义收入的函数，货币需求变化是由利率变动引起的生产和收入水平发生变化的结果。利率变动会直接影响企业投资活动，并通过乘数效应影响企业收入。收入水平变动会引起交易性的货币需求发生变动。在贴现贷款利率保持不变的条件下，增加的交易性货币需求由作为最后贷款人的中央银行来满足。

在图10.7中，纵轴表示中央银行外生决定的利率水平，横轴代表货币供应量，*DM* 为货币需求线，*SM* 为货币供给线。在利率与货币供给之间没有关联时，对应于每一个可能的利率水平存在一条与横轴平行的货币供给线。

① Kaldor, Nicholas, 1982, *The Scourge of Monetarism*, Oxford: Oxford University Press.

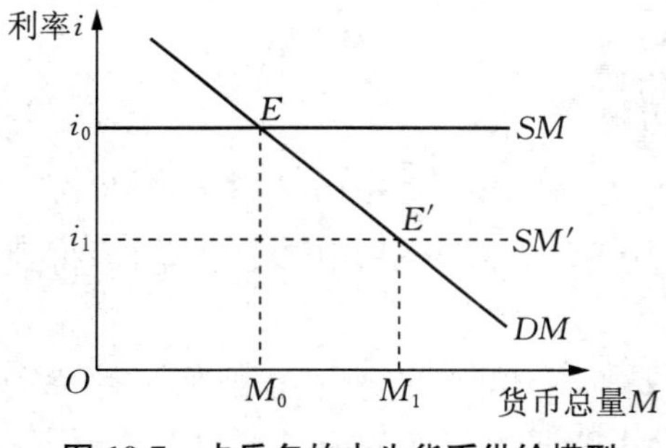

图 10.7　卡乐多的内生货币供给模型

利率为 i_0 时，由实际收入水平对应的货币需求线和货币供给线的交点为 E。当存在失业时，中央银行会将利率降低到 i_1 来刺激企业投资增加，推动经济达到充分就业时的产出水平。利率下降以后，企业投资增加，居民收入水平提高，交易性货币需求增加。在图 10.7 中，货币市场均衡点由点 E 沿 DM 线移动到 E' 位置，货币需求从 M_0 增加到 M_1。此时，中央银行作为最后贷款人需要增加同样数量的货币供给，以满足增加的货币需求。在图 10.7 中的点 E'，货币供给和货币需求达到了新的均衡状态。当然，在货币需求增加时，如果货币流通速度加快，货币供给线也可能不发生变化。

卡尔多模型表明，产出增加情形下银行要求增加贴现贷款时，中央银行必须加以满足，货币需求创造了自己的供给，且这种货币供给能完全满足货币需求。中央银行对货币供给没有控制能力，货币供给依赖于由收入水平支配的货币需求。货币政策的目标是确定利率水平，而不是控制货币供应总量。

10.5.2　劳动就业目标

温特劳布(Weintraub，1978)从工资定理中，推导出了货币内生供给的结论。①假设物价水平取决于劳动成本并由劳动成本的加成比例决定。

$$P=nW/q \tag{10.24}$$

在式(10.24)中，P=物价水平，n=单位劳动成本的平均加成率，W=平均货币工资，q=平均劳动生产率。单位劳动成本的平均加成率比较稳定，物价上涨幅度由货币工资上涨率和劳动生产率增长率共同决定。

$$\Delta P=\Delta W-\Delta q \tag{10.25}$$

在式(10.25)中，当货币工资增长超过劳动生产率增长幅度时，就会引起物价上升，使名义收入按比例增加。名义收入增加会带来既定产出水平下的交易性货币需求增加。在货币流通速度保持不变时，要使实际产出和就业水平保持不变，必须增加货币供给。

在管理宏观经济运行时，中央银行需要服从维持充分就业水平和实际产出增长的政策目标。只要货币工资是通过谈判外生决定，中央银行就只能通过保证货币的充分供给，来消除充分就业和经济增长所面临的金融障碍。在图 10.8 中，i 为市场均衡时的利率水平，M 为货币供应量，SM 为货币供给线，DM 为货币需求线。假定货币需求和货币供给相等时的最初均衡位置为点 E，对应的利率为 i_0，货币需求(DM)=货币供给(SM)=M_0。

① Weintraub, Sidney, 1978, *Keynes*, *Keynesians*, *Monetarists*, Philadelphia: University of Pennsylvania Press.

当货币工资增长率超过劳动生产率增长时，会引起物价上升和名义收入提高，货币需求线从 DM 位置右移到 DM'，在原来的利率水平上，货币需求大于货币供给，货币超额需求为 (M_1-M_0)。

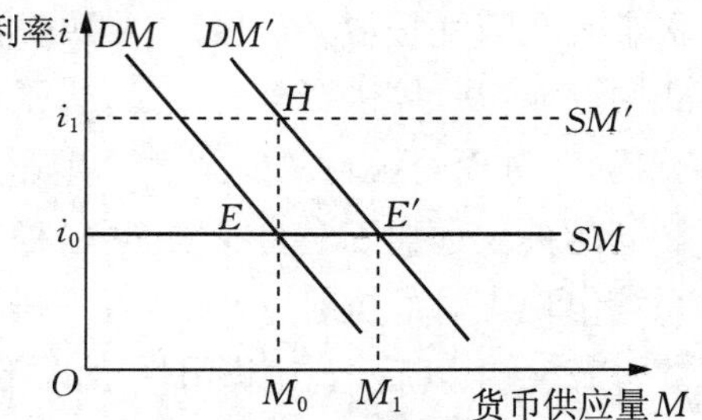

图 10.8 温特劳布的内生货币供给模型

在此情形下，当中央银行将利率提高到 i_1 水平来消除超额货币需求时，会引起实际产出下降。在物价上涨的条件下，名义收入会回到原来水平，不能满足保持充分就业和实际产出增长的政策目标。当货币需求因工资较快增长而移动至 DM' 位置时，中央银行不会提高利率，而是维持利率不变，增加货币供给，货币需求线与货币供给线在点 E' 达到新的均衡。

因此，如果政府能接受物价上涨而不能接受经济偏离充分就业，货币供给就为内生，中央银行不能有效控制货币总量。在物价由工资加成决定时，中央银行难以同时实现物价稳定和充分就业目标；采取紧缩性货币政策（比如货币供应量增长率低于物价上涨率）控制货币供应总量，将会增加劳动失业，但却不能减少工资上涨压力，会使经济陷入滞胀，偏离充分就业。在以实际产出和充分就业为政策目标的背景下，中央银行只能被动地充分满足增加了的货币需求。货币政策因此对经济活动承担着支撑职能，货币供给也相应地发挥着支撑作用，货币供给的内生特点最终可归结为政治因素。

10.5.3 中国的货币供给管理

1. 中国货币供给的内生特点

(1) 基础货币内生变动。

中国银行系统中的基础货币内生变动首先与银行信贷的倒逼机制有关。1994 年以前，中国经济中的银行信贷需求分为三类。第一类是企业对贷款的商业性需求；第二类是地方政府为追求经济增长速度，争项目、争投资而形成的政策性贷款需求；第三类是中央政府为支持农业、外贸等产业发展而形成的政策性贷款需求。①

商业性贷款受自身收益限制，如果不被挪用，则数量比较固定，对贷款使用者基本上不会形成扩张冲动，其波动一般比较平稳。但政策性贷款不同，在地方政府大量参与微观经济活动的情况下，其扩张性非常明显。在经济高涨时期，地方政府为了追求经济增长速度，争项目、争投资，会形成对政策性贷款的大量需求，造成其急剧扩张。由于商业性贷款是银行利润的主要来源，在利润目标考核的驱动下，银行不会减少贷款投放、甚至会通过增加商业性贷款来抵消政策性贷款扩张所产生的影响。

在存款准备金制度下，银行增加对外贷款需要相应地增加存款准备金持有。当银行持有超额准备金时，可以自行解决准备金要求增加的问题，反之必须向中央银行申请增加再贷款。商业银行可以通过两种方式迫使中央银行增加再贷款。第一，在信息不对称情况下，商业银行将中央银行支持的政策性贷款挪作他用。由于粮食收购、外贸、重点项目

① (1)李春琪：《中国货币政策的有效性》，上海人民出版社 2003 年版。(2)刘锡良、戴根有：《宏观经济与货币政策》，中国金融出版社 2001 年版。

资金等政策性贷款必须保证，中央银行为了保证这些政策性贷款到位，只能以再贷款的形式向商业银行提供资金。第二，为了发放更多的贷款，商业银行会尽量压低超额准备金持有比率，进而对银行的安全性产生影响，但在当时体制下银行没有破产压力，商业银行对利润的关注远大于对自身安全关注。中央银行必须承担维持金融体系稳定职能，当银行系统出现支付危机时，中央银行不得不再贷款给商业银行。

1994年以后，上述货币供给的"倒逼机制"趋于消失。中国成立了三家政策性银行，承担原有商业银行的政策性贷款功能，实现了政策性贷款与商业性贷款分离。但从实际运行情况来看，政策性银行成立并没有完全割断政策性贷款与基础货币投放之间的联系，这主要源自政策性银行的资金来源问题。比如，中国农业发展银行的资金主要来自中央银行的再贷款，国家开发银行和进出口银行的资金主要来自各类政策性金融债券发行，而商业银行只有在中央银行通过公开市场业务操作和再贴现等手段增加基础货币供应后，才能有资金购买金融债券。中央银行通过货币手段为政策性银行融通资金，源于政策性银行的"准财政"性质。在政府财力不足、无法对政策性贷款进行财政贴息时，更需要货币政策来补充财政政策职能。

中国基础货币的内生变动还与中国货币当局的外汇市场干预有关。1994年1月1日，中国完成了人民币汇率并轨，开始实行有管理的浮动汇率制度。在此之后，中国外汇市场的一个突出特点是持续的外汇供大于求。为了保持人民币汇率基本稳定，中央银行通过外汇公开操作业务入市干预，大量买入美元。比如，1994年4月—1996年12月，中国人民银行在外汇市场上累计买入外汇923亿美元。中央银行持有的外汇资产急剧增加必然会导致基础货币投放。据统计，在上述时期，中国货币当局累计净投放人民币7 775亿元，外汇占款成为中国经济中基础货币投放增加的主要来源。

（2）货币乘数内生变动。

1985年6月—1995年12月，中国金融体系中的货币乘数变动具有以下特征。

第一，狭义货币M1和广义货币M2的乘数具有明显的顺经济周期特征。

从狭义货币乘数变动来看，20世纪80年代中期至1996年，中国出现过两次经济过热，即1988年、1992—1993年。这两个时期狭义货币乘数都有明显放大。1988年，狭义货币乘数从年初的1.3左右逐步攀升，到8月达到相近年份的最高点1.467；1992年狭义货币乘数也从年初开始上升，到1993年的5月份达到最高点1.498。这两次经济过热之后，中央银行进行了调整，狭义货币乘数也相应回落。第一次经济过热时，经中央银行调整后，狭义货币乘数回落到1.1左右，到1992年初一直在1.15之下。第二次经济过热时，1993年7月中央提出整顿全国金融秩序，狭义货币乘数又迅速回落，到1993年年末狭义货币乘数回落到1.21左右，此后一直徘徊在1.2附近。广义货币乘数整体呈上升趋势，但周期性特征也很明显。在两次经济过热时期，广义货币乘数都显著放大，且都达到了局部的峰值水平；在随后的经济调整中，广义货币乘数也都出现了回落。

第二，超额准备金比率对货币乘数变动的影响最大。

统计数据表明，超额准备金比率变动对中国银行系统中的狭义货币乘数和广义货币乘数的影响占各因素综合影响比重的61.06%，超额准备金比率变动决定了货币乘数变动的基本趋势，且超额准备金比率变动具有逆经济周期特点，即在经济高涨时趋于收缩，经济调整时趋于扩张。

中国的货币乘数具有顺周期特征。货币乘数通过贷款利率的中介作用与经济周期同向波动，反映了中国货币乘数的内生特点。从以上对中国银行系统中基础货币和货币乘数的分析中，我们可以看出中国货币供给的内生特点。来自内部经济和外部经济的双重压力，显著影响了上述时期中国央行对货币供给的控制能力。

2. 中国货币当局对货币供给的控制措施

2007 年，针对银行体系中流动性持续偏多、货币信贷扩张压力较大的问题，中国人民银行通过多种手段对货币供应量进行了调整，以加强银行体系中的流动性管理，引导商业银行合理控制信贷投放规模和节奏。在中央银行各种措施的综合作用下，银行体系中的流动性得到了合理控制，货币信贷过快增长的势头得以改变。①

(1) 法定准备金比率调整。

中国人民银行在 2007 年共 10 次提高法定准备金比率。首先，每次 0.5 个百分点的存款准备金率提高幅度，减少了金融机构可用资金近 1 900 亿元。上调法定准备金比率，使一些商业银行感到了流动性不足，头寸资金吃紧。在中央银行房贷新政推出以后，一些商业银行大大压缩了住房按揭贷款规模。可用资金减少同样影响了同业拆借利率。同业拆借利率提高使银行之间的融资成本升高，从另一方面影响了商业银行的流动性投放。

其次，2017 年底的高达 14.5%的存款准备金比率，意味着商业银行在吸收的各项存款中要有 14.5%需要按照调整日期被冻结到中央银行。被冻结的 14.5%的存款，中央银行按照年利率 1.89%付给商业银行利息，超额储备金按年利率 0.99%付给商业银行利息。2007 年，中央银行五次提高存款基准利率以后，三个月期的存款利率达到 2.88%，一年期的存款利率达到 3.87%。这扩大了商业银行吸收存款利率与中央银行提供的存款准备金利率之间的差幅，增加了商业银行的经营成本，减少了商业银行的信贷投放。

(2) 公开市场操作。

针对流动性过剩问题，中国人民银行积极开展公开市场操作，发行特别国债和中央银行票据回收流动性。

一是保持央行票据的发行力度。配合上调存款准备金比率的政策实施，2007 年前 6 个月，中国人民银行共发行央行票据 2.6 万亿元，同比多发行 0.4 万亿元。2007 年 6 月末，央行票据余额为 3.8 万亿元，比 2006 年末增加 0.8 万亿元。二是适时延长央行票据的到期期限。为缓解央行票据集中到期的流动性投放压力，重启 3 年期央行票据，与 3 个月期和 1 年期的央行票据相互配合，以有效收回银行体系中多余的流动性。三是市场化发行央行票据与定向发行央行票据相结合。2006 年 3 月上旬、5 月中旬和 7 月中旬对部分贷款增长较快且流动性充裕的商业银行，定向发行 3 年期央行票据 3 030 亿元，既有效地收回了流动性，也对信贷增长比较快的银行机构起到了警示作用。

(3) 加强“窗口指导”和信贷政策引导。

2007 年上半年，中国人民银行继续加强对金融机构的窗口指导和信贷政策引导，提示商业银行贷款过快增长可能产生的风险，引导商业银行控制信贷投放的规模和节奏。同

① 中国人民银行货币政策分析小组:《2017 年第四季度中国货币政策执行报告》2018 年 2 月 14 日。

时，调整和优化信贷结构，引导金融机构加强对节能环保领域的金融服务工作，严格限制对高耗能、高污染和产能过剩行业中劣质企业的贷款投放，鼓励金融机构对“三农”、就业、助学、中小企业、消费等经济社会发展的薄弱环节提供信贷支持，并积极拓展中间业务，加强金融产品创新，转换盈利模式。

3. “新常态”时期的货币供给管理

2014 年，中国经济进入经济增速换挡、经济结构调整、增长动力转换的“新常态”阶段。为了适应经济发展新常态，中国人民银行坚持“稳中求进”的工作基调，实施稳健中性的货币政策，通过多种新型工具调控货币供给数量和结构，维护流动性合理稳定。①

(1) 常备借贷便利和中期借贷便利。

常备借贷便利和中期借贷便利是中国人民银行为了加强流动性管理、防范银行体系流动性风险而开设的货币政策工具。常备借贷便利(standby lending facility, SLF)由中国人民银行于 2013 年初创设，主要功能是满足金融机构的大额流动性需求，期限为 1—3 个月，使用对象为政策性银行和大型商业银行。2015 年初，中国人民银行在全国范围推广分支行常备借贷便利，为中小金融机构提供流动性支持。2018 年上半年，中国人民银行共开展常备借贷便利 2 494 亿元。另一方面，常备借贷便利利率作为中国人民银行利率走廊机制的上限，对调控市场利率和货币供给有重要意义。2018 年 3 月，中国人民银行考虑到美联储加息步伐，上调常备借贷便利利率 50 个基点，调整后隔夜、7 天、1 个月利率分别为 3.40%、3.55%、3.90%。

中期借贷便利(medium-term lending facility, MLF)由中国人民银行于 2014 年 9 月创设，是中央银行提供中期基础货币的货币政策工具，对象为符合要求的商业银行、政策性银行，需要提供国债、央行票据、高等级信用债等优质债权作为抵押品。中期借贷便利创设，对补充流动性缺口、增强流动性管理的灵活性和有效性起到了关键作用。2018 年上半年，中国人民银行共开展中期借贷便利 24 100 亿元，期限均为 1 年。

(2) 灵活运用存款准备金工具。

除了普适性的存款准备金比率调整，2014 年中国人民银行开始实行定向降准制度，目的是调整信贷结构，促进金融资源向“三农”、小微企业、“债转股”等重点领域倾斜。除此之外，中国人民银行在春节期间建立了临时准备金动用安排，促进货币市场平稳运行。

定向降准指的是中国人民银行针对某领域或项目，降低相关金融机构的法定准备金比率要求。2014 年 4 月和 6 月，中国人民银行分别对县域农村银行和“三农”或小微企业贷款达到一定比例的商业银行实施定向降准，鼓励金融机构提高此类贷款比例。在此之后，中国人民银行多次实施定向降准，加大对“三农”和小微企业等重点领域的支持力度。2017 年 9 月，中国人民银行宣布将原有对小微企业和“三农”领域实施的定向降准政策拓展并延伸至脱贫攻坚和“双创”等其他普惠金融领域，释放资金约 4 500 亿元。2018 年 4 月和 7 月，中国人民银行两次下调大型商业银行、股份制商业银行、城商行、非县域农商行以及外资银行的法定准备金比率，共释放资金约 11 000 亿元，用以偿还 MLF 贷款、支持市场化法治化“债转股”和小微企业融资等。

① 中国人民银行货币政策分析小组:《2018 年第二季度中国货币政策执行报告》2018 年 8 月 10 日。

为满足2018年春节前商业银行因现金大量投放而产生的临时流动性需求，中国人民银行建立了临时准备金动用安排。春节前后，凡符合宏观审慎经营要求、现金投放占比较高的全国性商业银行若存在临时流动性缺口，可使用不超过2%的法定准备金比率，使用期限为30天。临时准备金动用安排满足了春节期间的现金需求，保持了商业银行的流动性稳定。

(3) 支持国民经济重点领域和薄弱环节。

除了定向降准制度，中国人民银行积极运用再贷款、再贴现和抵押补充贷款等工具，引导金融机构加大对"三农"、小微企业、扶贫等国民经济重点领域和薄弱环节的支持力度。2018年上半年，中国人民银行扩大了MLF和再贷款的抵押品范围，把优质的小微、绿色和"三农"金融债和贷款等纳入担保品范围，有效地解决了中小金融机构贷款抵押品不足问题。同时，增加支持小微企业再贷款和再贴现额度共1 500亿元，下调支持小微企业再贷款利率0.5%，降低小微企业的融资成本。2018年6月末，全国支农再贷款余额为2 522亿元，支小再贷款余额为944亿元，扶贫再贷款余额为1 553亿元，再贴现余额为1 901亿元。2018年上半年，中国人民银行对政策性银行和开发性银行发放抵押补充贷款共4 976亿元，与2017年上半年相比增加近1 400亿元。

2019年，中国人民银行坚持金融服务实体经济的根本要求，加强逆周期调节，加强结构调整，用改革的办法疏通货币政策传导机制，促进降低社会综合融资成本，为实现"六稳"和经济高质量发展营造适宜的货币金融环境。[①]加大结构调整引导力度，支持民营、小微企业发展，发挥再贷款、再贴现等工具引导信贷结构优化的作用。2019年9月6日对仅在省级行政区域内经营的城商行额外降准1个百分点，释放资金约1 000亿元，发挥宏观审慎评估(MPA)的作用，将城商行使用定向降准资金发放民营和小微企业贷款的情况纳入MPA考核，引导中小银行回归基层、服务实体。

本章小结

研究货币经济问题的一个重要目标是提高中央银行的经济管理能力，而对货币供应量管理问题的讨论首当其冲。本章分析了货币外生供给问题与货币内生供给问题，讨论了商业银行经营行为对货币供给的影响，以及非银行金融中介机构经营行为对货币供给的影响，并就影响中央银行对货币供给实施管理的因素进行了比较。我们以货币供应量由基础货币和货币乘数两者共同决定这一论断为前提，给出了中央银行对货币供应量实施控制时面临的各种现实约束因素。

1. 在其他条件保持不变时，中央银行对基础货币的控制能力强于对存款准备金的控制能力。中央银行通过公开市场操作和贴现贷款政策，可有效地管理基础货币规模。在中央银行系统中，基础货币会受由中央银行参与的银行之间的支票清算过程短期影响，以

① "六稳"是指，稳就业、稳金融、稳外贸、稳外资、稳投资、稳预期。参见：(1)《2019年第三季度中国货币政策执行报告》，2019年11月15日。(2)《2019年第四季度中国货币政策执行报告》，2020年2月19日。

及受财政部通货余额变化和中央银行外汇储备规模、政府财政赤字等影响。当中央银行对外汇市场实施干预时，基础货币的规模会发生变化。中央银行是否有必要干预外汇市场与汇率制度、国际收支状况及本国货币的国际地位有关。在布雷顿森林体系下，出现国际收支失衡时，本国货币为非国际货币的国家的中央银行必须对外汇市场进行干预，以稳定本币对外汇率水平。

2. 货币供给内生变化与金融创新及金融机构的经营行为有关。商业银行同业业务发展和企业化经营行为，以及关于金融市场整体运行的多资产货币供给模型，均强调货币供给的内生变化特征。政府政策目标多元会限制中央银行对货币供给的控制能力。中央银行充当最后贷款人和维持劳动充分就业的政策目标，均不利于中央银行对货币总量实行有效控制。

中文关键词

内生货币　外生货币　外汇市场干预　国际收支　冲销干预　非冲销干预
国际货币　金本位制度　布雷顿森林体系　债务货币化　货币乘数
在途资金　银行同业业务　多资产货币供给模型　卡尔多模型　温特劳布模型
定向降准

英文关键词

endogenous money　exogenous money　foreign exchange market intervention
balance of payment　sterilized intervention　unsterilized intervention
international currency　golden standard　Breton Woods　debt monetization
monetary multiplier　floating　interbank business
multi-asset money supply model　Kardor model　Weintraub model　targeted RRR cut

思考题

1. 简述货币总量内生观点和货币总量外生观点。货币供给外生和货币供给内生的争论有何政策涵义？

2. 简述影响存款准备金变化的因素。影响基础货币变化的因素有哪些？

3. 简述政府财政赤字对基础货币的影响。政府提高税率增加财政支出对货币供给有何影响？

4. 简述国际收支不平衡对货币供给的影响。中央银行在外汇市场上出售美元购买人民币，但没有实施冲销干预。这对中央银行持有的外汇储备、货币供给和人民币对美元汇率有何影响？允许中国(上海)等自由贸易试验区开展人民币离岸金融业务对中国人民银行管理货币供给有何影响？从中央银行外汇市场干预角度进行讨论。

5. 比较金本位制度和固定汇率制度下中央银行对货币总量的管理能力。为什么说中央银行对本币汇率实施管理时必须在一定程度上放弃对货币供给控制？举例说明20世纪90年代英国退出欧洲货币体系的原因。

6. 结合最新的美联储资产负债表和中国人民银行资产负债表，列举影响中央银行基础货币变动的因素。

7. 简述在途资金产生原因。中央银行控制基础货币的困难有哪些？

8. 比较内生货币供给理论与基础货币模型的异同。举例说明中央银行的利率调节机制。

9. 简述商业银行经营行为对中央银行管理货币供给的影响。商业银行由国有银行转型为上市银行，会对中央银行的货币供给管理能力构成影响吗？结合银行利润最大化目标举例说明。

10. 简述证券公司等非银行金融中介机构对中央银行管理货币供给的影响。商业银行同业业务发展对货币供给管理的影响有哪些？

11. 简述多资产货币供给模型。金融市场发展以后，会有许多非银行金融中介机构参与经济活动。这对货币供给有影响吗？

12. 运用卡尔多模型论述中央银行"最后贷款人"职能与货币供给内生之间的关系。以劳动就业为宏观经济管理目标时，中央银行对货币供给的控制能力会受到显著影响。为什么？结合温特劳布模型加以说明。

13. 中央银行对货币供给实施控制时，需要兼顾商业银行业务、证券市场和房地产市场吗？

14. 为什么发达国家几乎都选择以短期利率作为货币政策操作对象，而不是存款准备金或基础货币？

15. 分析中国货币供给的内生特点，结合中国人民银行最新公布的《中国货币政策执行报告》，对中国人民银行管理货币供给的传统做法和创新做法进行比较。

16. 中央银行的外汇市场干预与公开市场操作有何异同？如果本国实行固定汇率制度安排，国际收支出现了100亿美元的顺差，本国货币供给会受到什么影响？假设本币对美元汇率为1∶1。用T型账户加以说明。

17. 假设中央银行以市场价格100万元(P)买入政府债券回购协议，赎回价格(R)为100.19万元，回购协议期限为14天，年回购利率为多少？假设中央银行希望将利率在上述基础上提高25个基点(0.25%)，需要将债券回购协议中的回购价格确定为多少？

18. 中央银行出售政府债券100元，则(　　)。(单选)

A. 流通中通货较少100元　　B. 存款准备金减少100元

C. 基础货币减少100元　　D. 法定准备金减少100元

19. 居民张某将100元现金存入中国农业银行，则(　　)。(单选)

A. 银行法定准备金增加100元　　B. 银行存款准备金增加100元

C. 银行超额准备金增加 100 元　　D. 银行基础货币增加 100 元

20. 在李嘉图等价原理成立的条件下，政府预算赤字增加时，(　　)。(单选)

A. 利率水平保持不变，基础货币保持不变　B. 利率下降，基础货币减少

C. 利率上升，基础货币不变　　D. 利率上升，基础货币减少

21. 货币供给外生的观点认为，(　　)。(单选)

A. 中央银行可以完全控制货币供应量

B. 货币供给决定于实际经济变量以及存款人、贷款人和商业银行的行为

C. 中央银行可以控制存款人的通货持有比率

D. 中央银行可以控制商业银行的超额准备金比率

22. 政府财政支出增加，(　　)。(单选)

A. 发行债券筹集资金时，会引起基础货币投放增加

B. 金融市场发达时，不会引起基础货币投放增加

C. 通过增加税收筹集资金时，会引起基础货币先减少后增加

D. 政府发行债券筹集资金时中央银行买入债券称为债务货币化

23. 中国国际收支有 1 000 亿美元顺差(1 美元等于 6 元)，则(　　)。(单选)

A. 中国基础货币增加 6 000 亿元

B. 人民币对美元有升值压力

C. 中国人民银行必须实施外汇市场干预

D. 中国出口比进口多出 1 000 亿美元

24. 其他条件保持不变时，中国人民银行从外汇市场上买进 100 亿美元，(　　)。(单选)

A. 人民币供给增加　　B. 人民币供给减少

C. 人民币供给不变　　D. 无法确定

25. 货币供给与商业银行的资产转换能力有关，(　　)。(单选)

A. 银行经营行为的三个边际条件满足时，银行的存款货币创造规模不再变动

B. 非银行部门对贷款需求的利率弹性越大，银行存款货币创造能力越强

C. 非银行金融机构创造金融资产的能力提升时，银行存款货币创造能力会出现下降

D. 金融资产品种越丰富，银行存款货币创造能力越强

26. 中央银行对货币供应量的控制取决于(　　)。(单选)

A. 中央银行能否自主控制基础货币规模

B. 中央银行的金融系统稳定目标

C. 政府的劳动就业增长目标

D. 中央银行是否独立于政府部门

27. 以下情形会引起货币供应量增加(　　)。(多选)

A. 政府减少公共开支　　B. 政府发行债券筹集资金

C. 中央银行外汇储备持有增加　　D. 中央银行发行的央行票据到期

28. 如果财政部能够更好地预测它何时需要动用在中央银行的存款，从而只在它签发支票支付商品和劳务价款时才在中央银行存入款项，那么，财政部在中央银行存款的平均水平和基础货币会怎样变化？(　　)(单选)

A. 财政部在中央银行存款的平均水平相对增加,基础货币相对减少

B. 财政部在中央银行存款的平均水平相对减少,基础货币相对增加

C. 财政部在中央银行存款的平均水平相对减少,基础货币相对减少

D. 财政部在中央银行存款的平均水平相对增加,基础货币相对增加

29. 如果人们向联合国儿童基金会捐款 100 万元,该基金会将这笔捐款存入中国人民银行,这将引起(　　)。(单选)

A. 基础货币减少　　　　B. 基础货币增加

C. 基础货币不变　　　　D. 难以确定

30. 如果中央银行国内业务的经理听说,中国东北地区即将受暴风雪袭击,因而递送支票要求支付会遇到困难,那么该业务经理会采取(　　)。(单选)

A. 公开市场购买的能动性公开市场操作

B. 公开市场出售的能动性公开市场操作

C. 公开市场购买的保卫性公开市场操作

D. 公开市场出售的保卫性公开市场操作

阅读材料

Ariff, Mohamed, Tin-fah Chung, and Shamsher M., 2012, "Money Supply, Interest Rate, Liquidity, and Share Prices: A Test of Their Linkage", *Global Finance Journal*, 23:202—220.

Kaparakis, Emmanuel I., Stephen M. Miller, and Athanasios G. Noulas, 1994, "Commercial Banks Inefficiency", *Journal of Money, Credit and Banking*, 26(4): 875—893.

Larry, R. Mote, 1988, "Looking Back: The Use of Interest Rates in Monetary Policy," *Economic Perspective*, (February) Federal Bank of Chicago.

Miller, Stephen M., and Athanasios G. Noulas, 1996, "Technology Efficiency of Large Bank Production", *Journal of Banking and Finance*, 20:495—509.

Stiglitz, Joseph, 1998, "Central Banking in a Democratic Society", *DE ECONOMIST*, 146(2).

Stiglitz, Joseph E., and Bruce Greenwald, 2005, Towards a New Paradigm in Monetary Economics.

Tobin, James, 1970, "Money and Income: Post Hoc Ergo Proper Hoc? ", *Quarterly Journal of Economics*, 84:310—317.

Yong, Cao, 2011, "The Persistence of Strong Money Supply Growth in China: The Forces of Endogenous Determinants", *Banks and Bank Systems*, 6(4):33—48.

黄武俊、陈漓高:《外汇资产、基础货币供应与货币内生性——基于央行资产负债表的分析》,《财经研究》2010 年第 1 期。

黄燕芬、顾严:《我国基础货币的来源及央行的调控能力分析:1998—2004》,《管理世界》2006 年第 3 期。

瞿强:《资产价格与货币政策》,《经济研究》2001 年第 7 期。

夏斌、廖强:《货币供应量已不宜作为当前我国货币政策的中介目标》,《经济研究》2001 年第 8 期。

约瑟夫·斯蒂格利茨、布鲁斯·格林沃尔:《通往货币经济学的新范式》,陆磊、张怀清译,中信出版社 2005 年版。

▶11

开放经济下的货币政策

汇率变动是货币政策影响经济运行的重要渠道。当货币政策引起汇率变动时，经济运行过程也会发生变化。本章讨论引起汇率长期变动和引起汇率短期变动的诸多因素，特别是货币供应量变动引起的汇率变化。在开放经济条件下，货币政策实施会引起资本跨境流动和本国货币对外汇率发生变化，进而通过进出口贸易等渠道影响经济运行。在开放经济条件下，货币政策的经济效应与汇率制度有关，①并取决于资本跨境流动程度。

通过本章阅读可以达到以下七个目标。(1)运用利率平价理论和购买力平价理论，分析货币总量和利率对汇率变动的影响；(2)理解开放经济下的货币供给机制；(3)基于IS-LM-MP模型分析开放经济下的货币政策；(4)掌握固定汇率制度下货币政策管理宏观经济的机制；(5)掌握汇率目标区管理与货币政策实施效果；(6)掌握浮动汇率制度下影响货币政策实施效果的因素；(7)理解改进开放经济下货币政策实施效率的各种建议；(8)运用哈马达模型分析开放经济下货币政策国际合作的重要意义。

11.1 汇率的长期变动

我们首先考察长期汇率决定，分析影响长期汇率变动的因素②。汇率长期变动反映了两国商品市场之间的均衡关系，即完全相同的商品在两国市场上同时达到供给和需求均衡时，本币和外币之间的比价关系。

11.1.1 一价定律

一价定律是指，相同商品在不同国家同时出售时，用同一种货币表示的价格相等这一判断。假设没有任何贸易壁垒也没有任何交易成本。在此情形下，中国和美国之间开展

---

① Bain, Keith, and Peter Howells, 2003, *Monetary Economics: Policy and its Theoretical Basis*, Palgrave Macmillan.

② Mishkin, Frederic S., 2007, *The Economics of Money, Banking, and Financial Markets*, Boston: Pearson/Addison Wesley: 435—461.

自由贸易。美国一台电视机卖1 000美元,1美元=7.5元人民币;完全相同的电视机在中国的出售价格如何呢? 答案是7 500元人民币,等于电视机的美元价格乘以人民币对美元的汇率。为什么呢? 让我们来仔细讨论这个例子。

如果你有1 000美元,在美国你可以买到一台电视机;如果你将1 000美元兑换成人民币,你能得到7 500元,在中国你也能买到一台同样的电视机。但是试想,如果汇率从7.5变为7.3,也就是说人民币对美元升值了,此时如果你有1 000美元,你会怎么选择呢? 显然,你会在美国市场上用1 000美元购买一台电视机,将它运到中国卖掉,换得7 500人民币,再将这些人民币换成美元,你将得到1 027.4美元,赚了27.4美元(注意这里不存在任何贸易壁垒和交易成本)。

如果所有的人都像你这样操作,那么供求关系的作用将导致美国电视机价格上升,中国电视机价格下降,直到两地的电视机价格用同一货币表示时相同为止。相反,如果1美元=7.8元人民币,你只需做相反的操作(即首先将1 000美元兑换成7 800元人民币,再用7 500元人民币在中国购买一台电视机运送到美国出售,重新得到1 000美元,此时你赚了300元人民币),从而使美国市场上的电视机价格下降,中国市场上的电视机价格上升,直到用同一种货币计量时同样的电视机在美国和中国的价格相等为止。

以上分析表明,在没有交易成本和贸易壁垒的完全竞争市场上,如果两个国家都生产某种完全相同的商品,则无论在哪国生产,该商品在世界范围内的价格都应相同(用同一种货币表示的价格)。因此,可用同种商品在两个国家的价格比来求解两国货币之间的汇率水平。比如,在美国1件衬衫售价为100美元,同样一件衬衫在中国售价为800元人民币,在不考虑运输成本等交易费用的情况下,我们可得到1美元=8元人民币。

一价定律之所以成立,因为在两个国家,如果某国某种商品价格高于另一国的同一种商品,则在该国该商品的需求量为零。一价定律可以用式(11.1)表示。

$$P_i = EP_i^* \tag{11.1}$$

在式(11.1)中,P_i表示商品i在本国国内出售价格,P_i^*表示商品i在国外出售价格,E为用本币表示的外国货币的汇率水平。一价定律为购买力平价理论的提出奠定了基础。

11.1.2 购买力平价理论

购买力平价理论认为,任何两种货币之间的汇率都会调整到与这两国价格变动相一致的水平。购买力平价理论是一价定律在一国整体价格水平而非个别商品价格水平上的应用。将一价定律应用于两个国家的整体价格水平时,就可得到购买力平价理论。购买力平价理论可写成式(11.2)。

$$P = EP^* \tag{11.2}$$

在式(11.2)中,P为本国商品价格指数,P^*为外国商品价格指数。购买力平价理论表明,如果一国价格水平相对于另一国上升,则该国货币将贬值(另一国货币会升值)。[①]在长

① 由于本国与外国之间存在生产率差异,本币对外币的实际贬值幅度比购买力平价理论预测的要低。

期，一国货币对外汇率会与该国价格水平保持相同比率的变动。假设本国货币供应量增加一倍，在长期，国内商品价格会与货币供应量保持相同比例的变动，国内价格也会上涨一倍。如果外国价格水平没有发生变化，就会要求本币贬值，且贬值幅度和本国价格上升的幅度一致，即本国货币对外币会贬值50%。

购买力平价有绝对与相对之分。前者为绝对购买力平价。相对购买力平价理论认为，两种货币比价变化的百分比等于两国价格水平变化的百分比之差；参见式(11.3)。

$$\Delta E=\Delta P-\Delta P^{*} \tag{11.3}$$

在式(11.3)中，ΔE 表示本币对外币的贬值率，ΔP 表示本国物价上涨率，ΔP^{*} 表示外国物价上涨率。相对购买力平价和绝对购买力平价的区别在于，前者反映的是两国绝对价格水平与汇率之间的关系，后者反映的是两国价格水平相对变化与汇率变化之间的关系。无论是相对购买力平价还是绝对购买力平价，很少能用于预测短期汇率变动，但对长期汇率变动有一定的预测作用。

购买力平价理论对汇率变动的预测功能受到限制与其前提假设有关：(1)认为两国商品完全同质，两国货币之间的汇率变化仅由两国商品之间的相对价格变动决定。(2)使用一般价格水平来决定汇率，但一般价格水平中包括了许多没有进行跨国交易的商品和劳务。这些商品和劳务的价格变化对汇率变动几乎没有直接影响。(3)假设商品市场完全竞争，市场主体为价格接受者，市场供需失衡时，仅有汇率进行调整，对微观主体来说商品价格不作调整。

11.1.3 购买力平价理论与汇率长期变动

购买力平价理论表明，影响本国货币对外汇率变动的是那些对本国商品国际竞争力构成影响的因素。这些因素包括四个方面。①

第一，本国(D国)相对于外国(F国)的价格水平发生变化②。当D国价格水平相对F国有明显上升时，D国商品的市场竞争力下降，D国商品价格使用汇率折算成F国价格时，会高于F国的价格水平，因此D国居民会用D国货币兑换成F国货币③，购买F国商品，F国居民会减少用F国货币兑换成D国货币来购买D国商品，结果，D国货币对F国货币出现贬值。反之，当D国价格水平相对于F国下降时，D国货币对F国货币会升值。

---

① 使用购买力平价理论分析长期汇率变化的要点是，汇率将调整到使本国和外国商品在所有市场上都有需求时为止。

② 当本国物价上涨10%，外国物价上涨3%时，本国货币对外国货币一般会有贬值，但是，贬值幅度并不必然等于两国物价水平变动的差幅7%。当本国物价上涨源于本国出口商品竞争能力提高以后引起本国物价出现结构性上涨时，本国货币对外币的贬值幅度会小于7%，比如为5%，甚至有出现升值的可能。参见：(1)Balassa, Bela, 1964, "The Purchasing Power Parity Doctrine: A Reappraisal", *Journal of Political Economy*, 72(6):584—596；(2)Samuelson, Paul A., 1964, "Theoretical Notes on Trade Problems", *Review of Economics and Statistics*, 4(2):145—154。

③ 外汇市场上F国货币需求增加，F国货币相对D国货币出现升值。

第二,关税和进口限额等贸易管理措施。当D国对进口商品征收进口关税时,F国商品要想以同样的D国货币价格在D国国内市场上销售,必须以低于D国市场上同样商品的价格出口给D国进口商,以不变的汇率换算以后,F国出口商出口所得的F国货币减少。当F国出口商品对出口商品加上D国进口关税对D国出口时,F国商品在D国市场上的售价会高于D国同样商品,F国商品在D国国内市场上就没有任何需求,F国原先用于D国销售的同样商品只能在F国国内销售,D国货币相对F国货币会升值①,直至考虑了进口关税以后,同样商品在D国和F国销售后F国企业可以得到同样多的F国货币收入。当D国对进口商品实行进口数量限制(或限额管理)时,F国商品在D国市场上供应减少,F国外汇市场上D国货币供应减少,D国货币相对于F国货币升值。因此,一国对进口商品征收关税或实行进口限额管理,会引起该国货币相对外币出现升值。

第三,消费者对本国(D国)商品相对于外国(F国)商品偏好发生变化。当D国消费者对同样商品的市场需求更加偏好于D国商品时,D国市场上同样商品的价格会上升。F国同样商品在D国市场上以同样价格出售时将没有需求,只能以相对较低的价格在D国市场上销售。为了使F国出口企业在D国销售的同样商品,能够获得与其在F国销售时得到的同样多的F国货币,D国货币对F国货币必须升值。因此,居民对D国的商品偏好相对于F国商品增加时,会引起D国货币相对于F国货币升值;反之,会引起F国货币对D国货币出现贬值。

第四,本国劳动生产率相对外国发生变化。当D国劳动生产率相对于F国提高时,由D国生产的同样商品在D国市场上的出售价格会低于F国同样商品在D国的出售价格,为此F国的同样商品在D国市场上必须降低价格出售。为了使F国出口企业获得其在F国出售同样商品时获得的同样多的F国货币,D国货币对F国货币必须升值。因此,当本国劳动生产率相对于外国提高时,本国货币相对外国货币会升值;反之,本国货币相对于外国货币会贬值。

11.2 汇率的短期变动

短期汇率决定于金融市场上本外币资产的预期回报率高低。当本国和外国金融市场同时达到均衡时,本币和外币之间的兑换比价就是短期汇率。分析短期汇率变动使用的是与资产需求理论相关的资产市场分析方法,可以与分析长期汇率时使用的进出口需求分析方法进行对照。②我们用资产市场均衡来分析短期汇率变动的依据是,在一年这样的较短时期内,持有本币资产还是外币资产决策在汇率决定中的作用,较进出口需求要大得多。

11.2.1 利率平价条件

利率平价理论在20世纪20年代由凯恩斯首次提出。1923年,凯恩斯在《论货币改

① F国对D国出口减少后,F国外汇市场上D国货币供给减少,D国货币对F国货币升值。

② Mishkin, Frederic S., 2007, *The Economics of Money, Banking, and Financial Markets*, Boston: Pearson/Addison Wesley:435—461.

革》中第一次系统地阐述了利率和汇率之间的关系，即利率平价理论。凯恩斯在《论货币改革》中指出："两国间的利差导致资本的国际流动，其对汇率，尤其是短期汇率具有决定性的作用。"利率平价理论有五个假设条件：(1)市场为有效市场；(2)市场主体服从理性预期假定；(3)市场主体属于风险中性；(4)各国资产具有同质性。(5)资产市场为完全竞争。

1. 本外币资产选择与利率平价条件

资产需求理论认为，影响人们对本币存款和外币存款需求的最重要的因素是两种资产之间相对的预期回报率。假设本国(D)的银行存款年利率用 i^D 表示，外国(F)的银行存款年利率用 i^F 表示，投资者初始资金为1单位本币，拟进行为期一年的投资。

投资者有两种选择：(1)直接将1单位本国(D)货币存入本国(D)银行，持有一年，年末时获得的全部投资回报以本币计量时为 RET^D；参见(11.4)式。(2)投资者将现有资金存入外国(F)的金融机构当中，持有1年。要完成此投资计划，投资者要分三步进行。第一，将1单位本币D以即期汇率 E_t 兑换成 $1/E_t$ 单位的外币(F)，E_t 为直接标价方法。[①]第二，将换得的 $1/E_t$ 单位的外币存入外国金融机构，并持有1年。1年后投资者获得的以外币计量的全部投资回报为 $(1+i^F)(1/E_t)$。第三，在持有期满后，将所获得的全部外币资产以1年后的汇率 E_{t+1}^e 兑换成 $E_{t+1}^e[(1+i^F)(1/E_t)]$ 单位的本币，也即用本币表示的1年期外国资产全部投资回报 RET^F 为式(11.5)。

$$RET^D=1+i^D \tag{11.4}$$

$$RET^F=\frac{1}{E_t}(1+i^F)E_{t+1}^e \tag{11.5}$$

投资者在本国和外国的投资达到均衡状态时，有 $RET^D=RET^F$，即式(11.6)成立。我们将式(11.6)加以变换以后，可得式(11.7)。

$$1+i^D=\frac{1}{E_t}(1+i^F)E_{t+1}^e \tag{11.6}$$

$$i^D=i^F+\frac{E_{t+1}^e-E_t}{E_t}\text{或}\, i^F=i^D-\frac{E_{t+1}^e-E_t}{E_t} \tag{11.7}$$

上述式(11.7)即为利率平价条件。[②]利率平价条件的含义是：当本币资产和外币资产投资均衡时，本币利率等于外币利率加上外币升值率，或者外币利率等于本币利率减去外币升值率。上述式(11.6)给出的本外币资产的投资均衡条件表明，E_{t+1}^e 可以是1年后的远期期汇汇率，也可以是1年后的远期现汇汇率，由此可分别得到有抵补的利率平价条件(covered interest parity)和无抵补的利率平价条件(uncovered interest parity)。

2. 有抵补的利率平价条件

各大金融机构除了公布即期汇率数据以外，还会根据市场供求状况公布远期汇率数

① 直接标价法是用本币D表示外币F价格，即1单位外币F可以兑换的本币D数量。

② 假设汇率为连续变化，在 t 时期至 $t+1$ 时期的间隔比较短时，$E_{t+1}\approx E_t$，因此可认为 $(E_{t+1}^e/E_t)i^F\approx i^F$。或者：$(1+i^F)(E_{t+1}^e/E_t)-1=i^F+(E_{t+1}^e-E_t)/E_t+i^F(E_{t+1}^e-E_t)/E_t\approx i^F+(E_{t+1}^e-E_t)/E_t$；理由是 $i^F(E_{t+1}^e-E_t)/E_t$ 为二阶小量。

据。当金融机构公布的远期汇率为 E^f 时,投资者在确定的时间以后就可按照 E^f 进行外汇远期交易。因此,可得到有抵补的利率平价条件式(11.8)。

$$1+i^D=\frac{1}{E_t}(1+i^F)E^f \tag{11.8}$$

有抵补的利率平价条件表明:投资者在国内和国外两个市场上选择不同的资产进行投资时,不存在套利空间,将一单位货币投在本国市场和外国市场的投资回报率相同。有抵补的利率平价条件也可以写成更为简单的式(11.9)。式(11.9)表明,汇率远期升水或贴水等于本币资产与外币资产之间的利率差额。

$$\frac{E^f-E_t}{E_t}=i^D-i^F \tag{11.9}$$

3. 无抵补的利率平价条件

购买远期外汇期货并不是确定下一期汇率水平的唯一方法。在不进行远期交易时,投资者也可以通过对未来汇率的预期来计算投资回报率。当投资者预期下一期的汇率水平为 $E^e(E^e=E^e_{t+1})$时,则可得到无抵补的利率平价条件式(11.10)。

$$1+i^D=\frac{1}{E_t}(1+i^F)E^e \tag{11.10}$$

11.2.2 利率平价条件与汇率短期变动

利率平价条件的含义是,当本币存款和外币存款的预期回报率相等时,投资者愿意同时持有本币存款和外币存款。以利率平价条件为基础,可以分析影响汇率短期变动的因素。

1. 外汇市场均衡

以无抵补的利率平价条件为例,我们使用本国货币 D 表示外币存款资产的净投资回报率 $NRET^F$;参见式(11.11)。

$$NRET^F=i^F+\frac{E^e_{t+1}-E_t}{E_t} \tag{11.11}$$

$$NRET^D=i^D \tag{11.12}$$

上述式(11.11)可用图 11.1 来表示。在图 11.1 中,E_t 上升时,表示外币 F 对本币 D 有升值,外币资产净投资回报率下降,即 $NRET^F$ 线向右下方倾斜。同样,我们给出用本币表示的本币资产净投资回报率 $NRET^D$;参见式(11.12)。

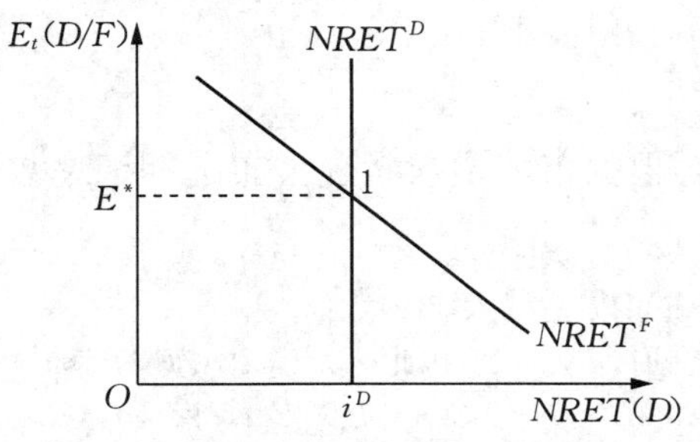

图 11.1 利率平价条件与汇率变动

在图 11.1 中,本币资产净投资回报率为一条与 E_t 无关的垂直于 $NRET$ 轴的直线。当外汇市场交易均衡时,$NRET^D=NRET^F$。在图 11.1 中表现为,$NRET^D$ 线与 $NRET^F$ 线相交于点 1。此时,$E_t=E^*$,$NRET^D=NRET^F=i^D$。外汇市

场上短期汇率 E^* 的大小取决于外汇市场上的套利行为。在 E^* 上方，$E_t > E^*$，$NRET^D > NRET^F$，投资者会抛售外币(F)资产，引起本币(D)升值，直至 $NRET^D = NRET^F$ 和$E_t = E^*$ 时为止。反之，当 $E_t < E^*$ 时，投资者会抛售本币资产，引起本币对外币贬值，直至 $NRET^D = NRET^F$ 和 $E_t = E^*$ 时为止。

2. 均衡汇率变动

(1) 外币(F)资产回报率线移动。

在图 11.1 中，i^F 和/或 E^e_{t+1}变化时，外币资产净回报率线 $NRET^F$ 会发生移动。当 i^F 上升时，$NRET^F$ 线向右上移动，并与 $NRET^D$ 相交于更高的位置。此时，$E_2^* > E_1^*$（参见图 11.2）。当 E^e_{t+1}上升时，表示本币 D 对外币 F 在长期有贬值。此时，外币资产净回报率线 $NRET^F$ 向右上移动，引起 E_t 上升（参见图 11.2），$E_2^* > E_1^*$，即本币对外币预期贬值时会引起本币对外币即期贬值。在这里，我们可将影响汇率长期变动的劳动生产率、消费偏好、价格水平等因素引入进来，用于分析汇率的短期变化。

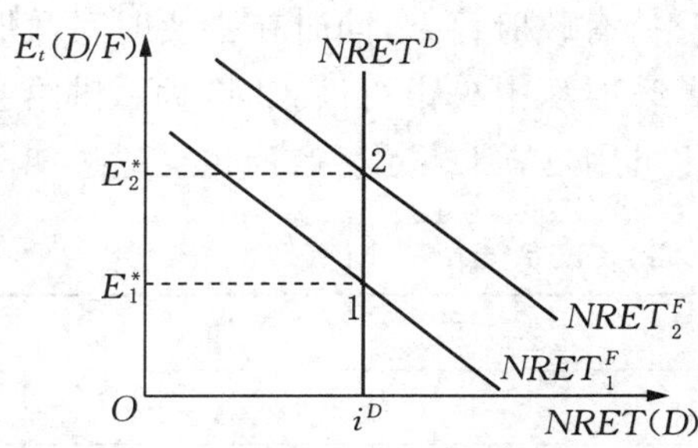

图 11.2 外币资产回报率变化与汇率变动

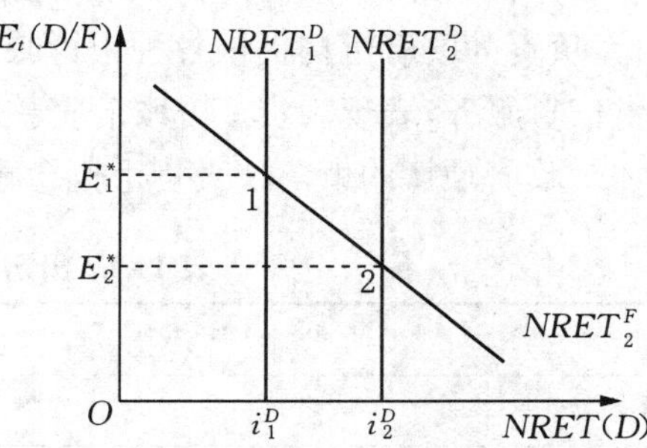

图 11.3 本币资产回报率变化与汇率变动

(2) 本币(D)资产净回报率线移动。

当本国利率 i^D 上升时，本币资产回报率线向右移动，本币对外币有升值。在图 11.3 中，$E_2^* < E_1^*$。

3. 货币供给变化与汇率超调

当本国增加货币供给时，本币利率 i^D 在短期会下降。货币中性命题表明，在长期，货币供给以一定比例增加时会导致物价出现相同比例上涨，真实货币供给(M^s/P)和实际利率等保持不变。

本币利率在长期会回到货币供给增加以前的水平 i_1^D（参见图 11.4）。此外，本币供给增加时，会引起本国物价上升，使本币对外币在长期有贬值预期，即 E^e_{t+1} 会上升。在图 11.4 中，表现为 $NRET^F$ 线向右上方发生了移动。以上两个方面表明，当本币供给增加时，在短期本币对外币的汇率贬值为 E_2^*，在长期本币对外币的汇率变为 E_3^*，且 $E_2^* > E_3^* > E_1^*$。

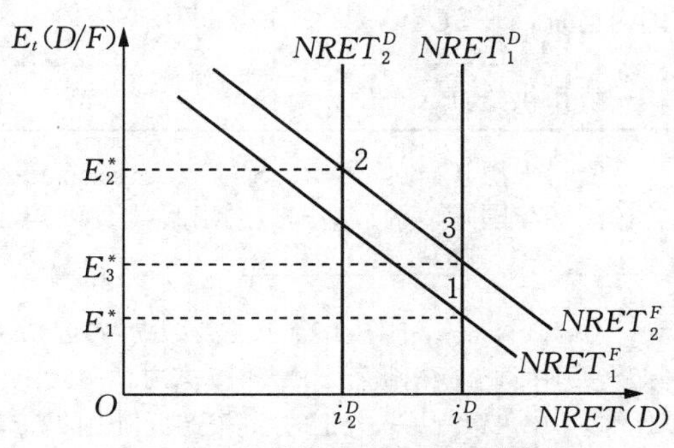

图 11.4 本币供给增加与汇率超调

本币供给增加后，引起的本币对外币先贬值后升值，但最终表现为贬值，这一现象被称为汇率超调。汇率超调现象表明,在浮动汇率制度下,本币资产与外币资产可完全替代,执行独立的货币政策会引起汇率波动增加,或者说,在以汇率稳定作为货币政策目标时,就不能随意变动货币供给数量。

11.3 开放经济下的货币供给

货币供给是指在某一时点上经济系统中现存的货币数量。狭义的货币供给等于流通中现金加上金融体系中的活期存款,货币供给过程就是货币存量变化过程。假设外国(foreign country)居民(包括机构)不持有本国(home country)货币,由中央银行和商业银行构成的银行体系资产负债表简化形式参见表 11.1。此表可用于说明国际资本流动对东道国货币供给的基本影响。①

中央银行的一个重要职能是管理货币供给过程。中央银行负责持有国家拥有的黄金和外汇储备,表现为其资产负债表中资产方的第一项内容 FX。②中央银行是政府的专门银行,负责为政府机构提供各种银行服务。中央银行持有政府存款,同时在必要时对政府提供信贷服务,表现为资产方政府贷款的 LG 内容。政府从中央银行借款时,货币供给会增加。政府预算约束与狭义货币概念相对应,其变化可用 ΔMB 表示。政府也会通过向非

表 11.1　开放经济下的银行体系资产负债

中央银行			
资产		负债	
黄金和外汇储备	FX	货币发行(基础货币)	MB
政府贷款(政府债券)	LG		
商业银行			
资产		负债	
货币加上商业银行在央行的存款	MB^b	私人部门存款	D
对消费者和企业部门的贷款	L		
银行系统汇总			
资产		负债	
黄金和外汇储备	FX	流通中货币:$MB-MB^b=$	MB^p
国内信贷:$L+LG=$	DC	公众存款	D
货币供给:$FX+DC=$	M^s	货币供给:$MB^p+D=$	M^s

资料来源:Copeland, L. S., 2002. Exchange Rate and International Finance.中文本,劳伦斯·科普兰:《汇率与国际金融》,中国金融出版社 2002 年版,第 119 页。

① Copeland, L. S., 2002, *Exchange Rate and International Finance*.中文本,劳伦斯·科普兰:《汇率与国际金融》,中国金融出版社 2002 年版,第 118—124 页。

② 中央银行买入外汇时,其资产负债表的资产方黄金和外汇储备增加,同时负债方的流通中通货或/和银行准备金存款增加,或/和外国机构的存款增加。

银行部门发行债券筹集资金。如果政府花费完发行债券筹集到的全部资金,政府债券发行对基础货币就没有影响;政府使用发行债券筹集到的资金来偿还其对中央银行的债务,会引起基础货币减少。

中央银行也被称作银行的银行。为了管理银行体系运行,所有的银行必须是中央银行的成员银行,并要求在中央银行存放一定数量的存款。商业银行在中央银行的存款是基础货币(MB)的重要组成部分。

对银行来说,非银行部门存款是其负债项目的主要部分。为了能够支付存款利息和弥补经营成本,银行必须有效运用存款。银行主要对企业部门发放贷款,有时也对消费者发放贷款。企业贷款和居民消费贷款构成银行资产的绝大部分。

从商业银行来讲,最好能够将全部存款都作为贷款投放出去。但是,为了满足客户提取存款需要,银行必须留有一定比例的现金储备。银行持有的储备包括银行库存现金和在中央银行存款两个部分,用 MB^b 表示。根据以上分析,将中央银行和商业银行的资产负债项目加总以后可以得到式(11.13)。在式(11.13)中,$LG+L$ 表示整个银行部门对政府和私人部门的贷款,属于国内信贷,用 DC 表示。将等式两边同时减去 MB^b,得到式(11.14)。

$$FX+MB^b+(LG+L)\equiv MB+D \tag{11.13}$$

$$FX+DC\equiv(MB-MB^b)+D \tag{11.14}$$

将基础货币减去银行在中央银行的存款和银行库存现金后所得差额,表示非银行部门持有的现金,我们将其设为 MB^p,因此得到式(11.15)。在式(11.15)中,等式右边等于流通中通货加上银行存款,为全部货币供应量 M^s。从式(11.15)可以看出,货币供应量等于银行体系创造的国内信贷加上中央银行持有的黄金和外汇储备,所增加的国内货币供给由国内信贷扩张或者由黄金和外汇储备增加引起。

$$FX+DC\equiv MB^p+D \tag{11.15}$$

国内信贷可以由中央银行间接或直接控制。中央银行的信贷投放取决于政府预算约束以及中央银行公开市场业务等活动,商业银行信贷规模则受到准备金数量制约。中央银行可以控制基础货币数量,或通过法律及其他方法控制商业银行贷款与准备金之间的比例(即 MB^b/L)。我们可以将基础货币假设为外生的政策变量,中央银行能够对此加以控制。

外汇储备不属于外生政策变量。外汇储备规模由中央银行为了维持本币对外汇率而决定购买的黄金和外币资产总额决定,外汇储备变化由货币市场需求和供给不平衡引起。如果存在国内货币超额供给(对外币有超额需求),通过动用外汇储备购买本币可以阻止本币对外贬值;反之,外币超额供给会导致本国外汇储备增加,为阻止本国货币对外升值,必须动用本币来购买外币。因此,如果不打算采用固定汇率制度,就没有必要持有外汇储备;或者讲,当汇率完全由市场决定时,也不需要持有外汇储备。当然,如果本国国际收支平衡,就不会引起外汇储备变化。根据上述讨论,我们可以将货币供给写成式(11.16)。式(11.16)表明,货币供给变化等于由银行体系投放的国内信贷总额变化加上外汇储备规模变化。如果中央银行不持有外汇储备,让其货币价值由市场供求关系自行决定,货币存量变化就完全取决于信贷扩张或者信贷收缩。

$$\Delta FX + \Delta DC \equiv \Delta M^s \quad (11.16)$$

由此我们可以得到结论：在固定汇率制度下，货币供给不能被视为独立的政策变量，它是由影响国际收支平衡的那些因素决定的内生变量。在浮动汇率制度下国际收支发生盈余时，外汇储备不会增加，汇率由市场力量内生决定，货币供给成为外生变量。在固定汇率制度下国际收支平衡时，外汇储备和货币供应量都是内生变量，只有汇率水平被外生决定。

11.4 固定汇率制度与货币政策

固定汇率制度是指货币当局官方规定和公布，并承诺维持本国货币与特定的国际参照物之间的固定兑换比价的一种汇率制度安排。被选定的参照物有黄金、某一外币或者一篮子货币等。固定汇率制度起源于金本位制度。在金本位制度下，各国根据本国货币的含金量来确定本国货币与其他国家货币之间的兑换比率，即法定平价。当比价偏离超过一定幅度（黄金运输成本）时，会引起黄金的输出或输入，市场套利会使货币之间的兑换比率稳定在一定的区间范围以内，并围绕法定平价上下波动，且波幅不会超过黄金的运输成本。在金本位制度崩溃以后，国际上的固定汇率比价多为官方规定，并经常调整。当纸币成为法定货币以后，并不存在完全意义上的固定汇率制度，所实行的固定汇率制度实际上是一种可调整的钉住汇率安排。

在固定汇率制度下，货币当局有义务为维持固定的汇率水平而对外汇市场实施干预。①在固定汇率制度下，当国际收支出现失衡时，货币当局需要实施相应的货币政策，通过调整货币供应量来维持本国货币对外汇率稳定。

11.4.1 固定汇率制度下货币政策的产出效应

在图 11.5 中，LM 为货币市场均衡线，IS 为商品市场均衡线，BP 为国际收支均衡线，Y 为总产出，i 为名义利率。BP 线向上倾斜表明有资本跨国流动。②BP 线斜率比 LM 线斜率平缓表明，资本跨国流动的利率弹性大于货币需求的利率弹性。

图 11.5 中，经济的初始均衡位置为 A 点。当货币当局增加货币供给实施扩张的货币政策时，LM 线从 LM_1 位置右移至 LM_2 位置，经济均衡点从 A 移至 B，本国利率下降，产

① Bain, K., and Peter Howells, 2003, *Monetary Economics: Policy and Its Theoretical Basis*, New York: Palgrave Macmillan: 276—288.

② 国际收支 BP 等于经常项目 CA 加上资本项目 KA；经常项目等于出口 EX 减去进口 IM。出口与实际汇率 EP^*/P 有关；E 是用本币表示的外币汇率，P^* 是用外币表示的外国商品价格，P 是用本币表示的本国商品价格。进口与本国国民收入 Y 正相关。KA 与本国利率 i 正相关。国际收支均衡时 $BP=CA+KA=0$；考虑到 $CA=EX(EP^*/P)-IM(Y)$，$KA=KA(i)$。因此 $EX(EP^*/P)-IM(Y)+KA(i)=0$，利率 i 与国民收入 Y 正相关。当实际汇率贬值时 EP^*/P 变大；在利率保持不变时，BP 向右平移，同样的利率下有更高的国民收入 Y。

出增加，资本流出本国，同时贸易项目出现逆差，本币对外有贬值压力。在固定汇率制度下，要求货币当局出售外币买入本币，以维持本国货币对外汇率稳定。因此，本国外汇储备减少，货币供给下降，本国货币对外汇率保持不变，LM 线从 LM_2 左移到 LM_1 位置，经济均衡位置从 B 点又回到了点 A，总产出仍旧为 Y_1。经济活动从点 B 向点 A 的移动过程取决于资本流动速度，以及中央银行的外汇市场冲销干预。

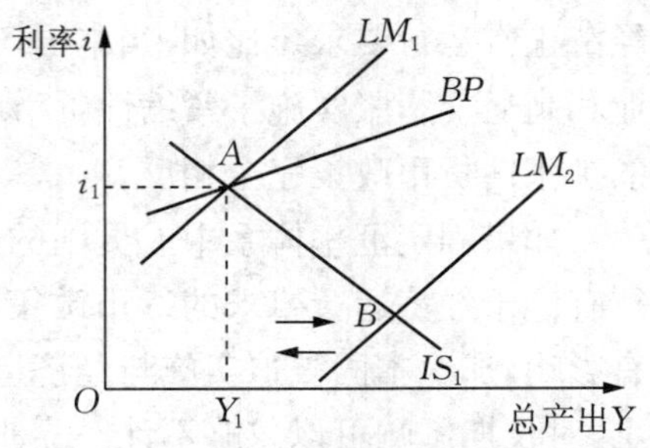

图 11.5　固定汇率制度下的货币扩张政策

货币当局对外汇市场实施冲销干预时会引起资本持续流出本国。在固定汇率制度下有资本流动时，货币当局无法独立地实施扩张性的货币政策。同样，在固定汇率制度下有资本流动时，货币当局也无法独立地实施紧缩的货币政策。

11.4.2　货币政策的主导国效应

固定汇率制度下资本自由流动对货币政策的影响是，本国不能够独立自主地行使货币政策调节总产出。资本自由流动要求本国债券（资产）和外国债券（资产）可以完全替代，本国利率相对于世界利率的任何变化都会引起资本跨国流动，并使本国利率朝相反方向调整，促使本国利率与世界利率始终保持一致，即使在短期，本国实施扩张性货币政策也无法引起产出增加。

在开放经济条件下，世界均衡利率（i^*）由固定汇率体系中的所有成员国协商确定，或由固定汇率体系中实力最强的国家（主导国）确定，且主导国只对自身货币政策作出选择。在资本自由流动时，主导国的货币政策会传导到固定汇率体系中的其他国家。

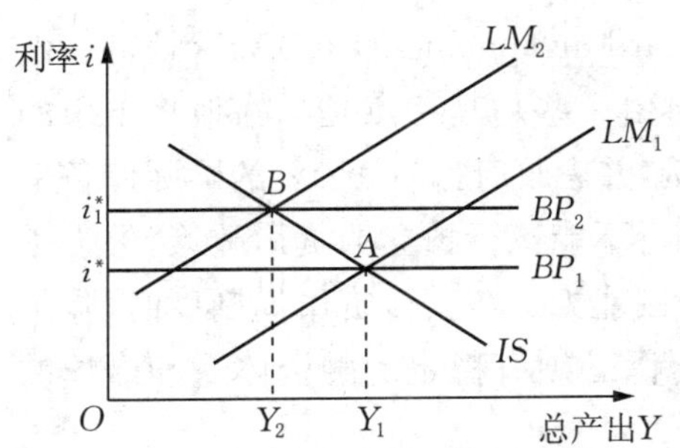

图 11.6　资本自由流动与固定汇率制度下的货币政府效应

图 11.6 中，有关 LM 线、IS 线、BP 线和 i、Y 的含义同图 11.5。假设本国经济的初始均衡位置为点 A，产出（Y_1）为充分就业时的水平。当主导国实施紧缩的货币政策时，世界范围内的利率会上升到 i_1^*。此时，本国货币当局必须采取措施进行干预，以维持固定的汇率水平。比如，进行有限度的公开市场出售（出售本国债券，降低债券价格使本国利率上升到 i_1^* 水平），或者在外汇市场上买进本国货币，出售外汇储备。货币当局干预会引起本国货币存量下降，利率 i 上升，LM 线从 LM_1 左移到 LM_2 位置，新的经济均衡为点 B，产出从 Y_1 下降到 Y_2，本国实施的货币政策取决于固定汇率体系中的主导国。

固定汇率制度下资本自由流动时，会迫使本国实行不符合本国经济发展要求的货币政策。当本国和其他国家（如主导国）经济周期不对称，或本国的短期菲利普斯曲线（反映通货膨胀与失业率之间的替代关系）不一致时，本国被迫实施的货币政策就不会符合本国经济正常运行要求。比如,当本国产出处于高失业和低通货膨胀水平,而主导国因为低失业和高通货膨胀实施了紧缩性货币政策时,就会使本国利率被动上升,这与本国希望实行的扩张性货币政策完全相反。

如果固定汇率体系中成员国的经济周期与外部冲击比较对称,就不会使本国被迫实行有悖于经济运行要求的货币政策。另一种情形是,如果货币政策在长期对实际经济没有影响,那么本国被迫实施与经济运行要求不相符合的货币政策时,只会引起经济短期困难,对长期影响可以忽略不计。除非存在失业的后遗效应(hysteresis effect),即当本国经历了较高失业后,短期失业引起居民对长期就业失去信心①,这时,本国在固定汇率制度下被迫实行的货币政策对经济长期运行就会有负面影响。

当然,主导国也可能会综合考虑固定汇率体系中其他成员国的经济运行要求,而选择兼顾其他成员国要求的货币政策。但是,主导国考虑其他国家需要,降低本国货币政策的通货膨胀信用时,也会恶化其他国家货币政策的通货膨胀信用,这会降低小国经济实行固定汇率制度的政策收益。

实际情形是,主导国在对反通货膨胀政策或扩张性货币政策作选择时,考虑的是主导国自己的经济运行。在以可调整钉住汇率为特征的布雷顿森林体系后期,美国实行的扩张性货币政策超过了该体系中其他成员国的通货膨胀承受能力,进而引起其他国家也发生了通货膨胀。美国的通货膨胀使美国商品竞争能力下降,利率降低又引起资本流出美国,进而使美国国际收支赤字大幅度上升。美国的贸易伙伴国则出现了大量国际收支盈余,外汇储备显著增加,货币存量上升,并相继出现了通货膨胀。

11.4.3 货币局制度

货币局制度最早由毛里求斯于1849年提出,后来约有70多个国家和地区相继采取了与之类似的制度,如阿根廷、爱沙尼亚、保加利亚、立陶宛等。

货币局制度全称是货币发行局安排(currency board arrangement, CBAs),是钉住汇率的最极端的形式,但比统一货币和货币美元化要自由一些。其特点是严格地将本币的对外汇率与某种外币,或特别提款权,或其混合物挂钩,并由政府持有100%的国际储备来对本国货币发行提供支持。在货币局制度下,中央银行不能执行独立的货币政策,失去了"最后贷款人"的功能,该国也会失去对货币供给的控制能力。在实行货币局制度时,除了固定汇率制度要求的条件必须满足以外,还要求执行国必须有稳定的融资体系和谨慎的财政政策。

中国香港地区实行的联系汇率安排属于典型的货币局制度。作为国际金融自由港,中国香港地区的经济活动高度对外开放,但其市场空间狭小,难以对付国际冲击,独立的货币政策对于其经济运行并非至关重要。

联系汇率制度是中国香港货币制度的基石,也是香港金融业发展的基础。香港联系

① 存在失业的后遗效应时,短期失业增加会降低劳动技能、引起劳动就业信心下降和企业雇用劳动的积极性下降,本国被迫实施的紧缩政策引起的经济增长下降会引起劳动失业增加,进而逐渐引起自然失业率增加,短期效应变为长期影响。

汇率制度的核心安排是：由政府成立外汇基金，货币发行银行（汇丰、渣打、恒生和中国银行香港分行）按照固定的汇率（1USD＝7.8HKD）将100%的外汇储备存入外汇基金，以换取零息“负债证明书”，并以此作为港币发行依据，其他挂牌银行则同样需要用100%的美元向发钞银行兑换港币。

联系汇率制度减少了汇率波动以及经济活动中的不确定性，可稳定个人、机构和政府预期，能够降低交易成本，并对政府行为有一定的约束作用。但是，这种安排同样存在固定汇率制度所固有的缺陷，那就是使香港货币当局丧失了对经济活动的自主调节能力，港币利率只能与美元利率保持基本相等的水平，否则会导致市场套利。这样，香港就无法根据实际经济情况，利用利率工具来调节经济过热或管理经济衰退。而且，公众预期发生变化时，港币极容易成为投机攻击对象。联系汇率制度的另一个缺陷是，发钞银行以100%的美元现钞作为外汇储备，出现存款挤兑时极有可能引发信用危机。

11.5　汇率目标区管理与货币政策

汇率目标区管理是指将汇率浮动幅度限制在一定的区域范围内的汇率制度安排。较之有管理的浮动汇率制度，其对汇率波动幅度的管理有更为明确的区间限制；较之可调整的固定汇率制度，其允许汇率波动的幅度更大。当目标区管理可信时，在市场预期作用下，事先确定的汇率水平会在区间内围绕中心汇率上下波动，政府只需在目标区的上限和下限进行干预，因此也被称为边界管理；但当市场预期发生根本性变化目标区变得不可信时，在预期作用下，市场汇率会大幅度偏离中心汇率，并会引发市场投机，汇率出现剧烈波动。允许汇率在目标区内浮动，可提高货币政策独立性。

11.5.1　汇率调整与货币政策自主权

为了在获得固定汇率好处的同时，使货币政策（通货膨胀水平）尽可能免受主导国影响，本国有以下两种选择：(1)根据固定汇率制度的规则或通过与固定汇率体系中的成员国协商，对本国货币实行官方贬值或升值（devaluing or revaluing）。(2)对来自主导国货币政策的影响实行冲销干预。

在固定汇率制度下本国对官方汇率实施贬值时，可以获得出口竞争优势，实现经常项目顺差。在从货币贬值到贸易效应显现过程中，货币政策扩张后本国可以在较低的利率水平上（i_2），维持总产出不变（Y_2）和国际收支平衡（参见图11.7）。在图11.7中，本国实施扩张性货币政策同时实施本币对外汇率官方贬值①，BP 线从 BP_1 向下移动到 BP_2，LM 线从 LM_1 移动到 LM_2，本国利率

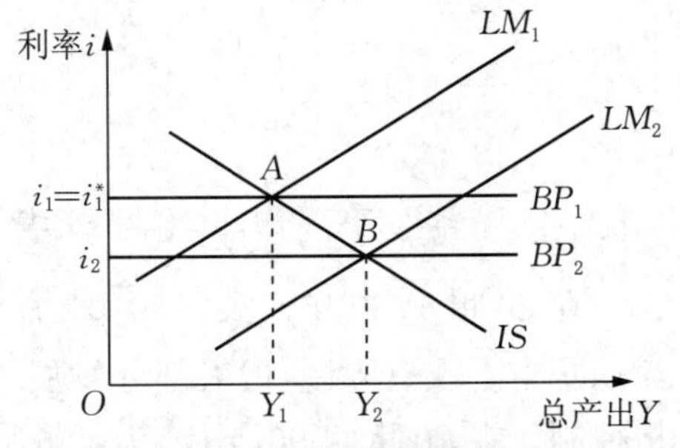

图11.7　货币贬值与货币政府的短期有效性

① IS 线也会因为本币对外官方贬值发生向右平移。为了重点展示本币对外官方贬值的货币政策扩张的总产出增加效应，此处没有画出向右平移后的 IS 线。

下降到 i_2，资本流出但因货币贬值经常项目顺差，本国国际收支仍旧保持平衡，本币对外汇率保持不变。

但是，本国物价会上升，并会破坏本国商品从本币对外贬值中获得的竞争优势，经常项目盈余最终仅仅是暂时增加。一旦经常项目盈余消失，国际收支就会出现赤字，为了阻止资本流出就需要提高利率。如果希望货币政策能连续地独立于固定汇率体系中主导国的货币政策，就必须进一步实行货币贬值。接连不断的货币贬值会降低现存的固定汇率制度的可信度，破坏政府利用固定汇率制度积累起来的反通货膨胀的信用基础。居民和企业在制定工资和商品价格时会加入通货膨胀预期，投资者会加入货币攻击队伍，由本币对外贬值产生的竞争边界仅在一段时间内可供政府选择利用。

本国希望实行比主导国相对较低的通货膨胀的货币政策时，需要不断地进行货币升值操作。本币一次性对外升值以后，支持外汇储备和货币供应量增加的经常项目余额会下降。但这也是暂时的。对本币进一步升值的预期，会引起资本从高通货膨胀国家流入本国。在资本项目顺差弥补经常项目逆差以后，国际收支达到总体平衡。本国通过货币升值暂时限制了主导国的通货膨胀输入，但会引起本国产出和劳动就业下降。

通过不时的汇率平价调整可以暂时获得货币政策自主权，并不是固定汇率制度下的常态。在固定汇率制度下，汇率平价经常调整会破坏固定汇率制度本身。第一，引起汇率不确定性增加，市场对有贬值预期的货币会提出风险溢价要求。第二，这会导致有关国家试图利用货币贬值获得政策好处。固定汇率制度常常规定，一国货币对外汇率水平的大幅度调整只能偶尔为之，并且仅仅在一国国际收支出现实质性不平衡(fundamental disequilibrium)时才可以考虑。在固定汇率制度下，调整汇率平价仅仅是面临严重经济困难国家的权宜之计(escape route)，而不是要寻求货币政策的独立性。

本国可以运用货币政策工具冲销主导国家通货膨胀对本国经济影响。货币当局可以从公开市场上卖出政府债券收回多余的货币余额。当货币当局卖出政府债券时，债券价格会下降，利率会上升，由外汇储备增加引起的货币投放，被公开市场出售引起的货币投放下降抵消。利率上升不利于企业的投资活动，并会影响劳动就业和产出增长。在面临通货膨胀输入威胁时，一些国家经常不得不选择冲销干预政策。在资本高度流动时，这种操作往往难以奏效，因冲销而引起的利率上升会进一步吸引资本流入，并重新引起通货膨胀输入。

11.5.2 资本流动控制与货币政策自主权

在 20 世纪 80 年代末期，美国、加拿大、联邦德国、英国和日本等发达国家对资本跨境流动基本上没有限制，但大部分发展中国家和许多工业化国家对资本跨境流动实行了严格控制。在 20 世纪 90 年代，为了解决货币危机和金融危机问题，拉美国家纷纷实施金融自由化改革，完全开放其资本市场。经济实践表明，实行资本控制可在开放经济条件下获得相当程度的货币政策自主权。

20 世纪 60 年代，美国实行了过度扩张的货币政策，使得资本大量从美国流向其他国家。由于资本流动速度很快,日本、瑞士和德国等国家在实行冲销政策时面临了重重困难。最后,这些国家不得不采取措施对资本流动实施控制。一些国家为了避免通货紧缩输入,在不改变汇率平价关系时,也会实行资本管制,不过执行的是资本流出管制。在无法进行汇率调整和无法对资本流动实行控制时,那些国家就只能放弃货币政策自主权,被动地输入通货膨胀或通货紧缩。

在实行固定汇率制度的同时对资本流动实施控制(capital control)不是完全没有可能。在1991年以前,欧洲货币体系一直采取资本控制的方法来管理经济运行。在1991年以后,也经常在紧急时期,运用资本管制手段。但是,离岸金融市场发展使得对资本实行有效控制的难度很大,资本管制也仅仅是权宜之计而已。

11.5.3 固定汇率制度下实现货币政策自主权的条件

资本自由流动程度与不同国家发行的证券在国际范围内的相互替代特征有关。由于政治和汇率风险不同,企业和政府信用评级存在差异,以及市场参与主体信息缺乏等原因,资本在不同国家之间往往难以充分流动,这就能使不同国家之间得以维持一定的利率差异,使得实行固定汇率制度的国家可以获得一定程度的货币政策自主权。

所有可调整的固定汇率体系都在设定的中间平价附近维持有一个波动带。在波动带内,汇率可按照市场供求关系自由变动。1945—1971年,布雷顿森林体系设定的波动带为±1%;1973年7月之前,欧洲货币体系设定的汇率波动带为±6%,之后又扩大为±15%。设立汇率波动带的目标是控制货币投机者的获利水平。1973年7月以前,欧洲货币体系规定的汇率波动带按照一篮子货币加权得到(为±2.25%),或对强势/弱势货币维持±6%的波动区间,并阻止货币汇率跌至底线以下,以避免引起可能的货币贬值预期而引发更多的货币投机。

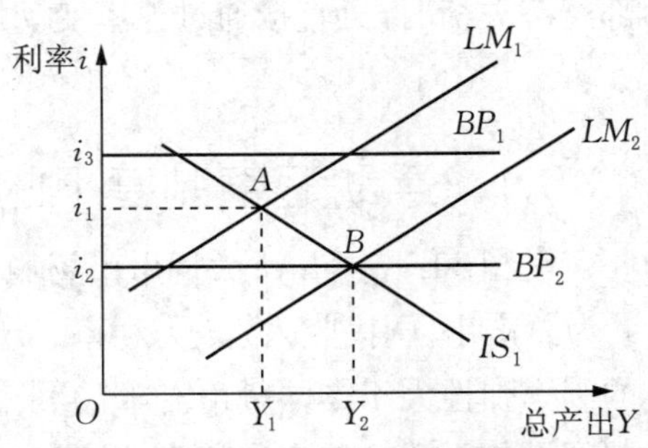

图 11.8 有汇率波动带的货币政府效应

汇率波动带设定可以在一定程度上获得货币政策自主权。在图11.8中,假设资本可以自由流动,IS、LM、BP三条线相交于点A。点A处于本国设立的固定汇率平价的中间水平。BP_1和BP_2分别表示设定的汇率平价的上限和下限。本国政府实行扩张的货币政策时,LM_1向右移动到LM_2,与IS线的交点为点B,均衡汇率低于固定平价的中间水平。当市场预期汇率将上升到点A时,本国利率下降引起的本币资产收益下降与本币对外升值预期引起的资产收益增加抵消,本币资产收益保持不变,经济均衡位置会暂时稳定在点B,本币汇率预期升值会使市场主体在较低的利率水平上持有本国货币。

当本币汇率升值一直高于固定汇率平价的中间水平时,市场会预期本币出现贬值。这样,本国货币政策的自主程度就受到了汇率波动带的保证,汇率波动带越大,本国货币政策的自主性越强。

在固定汇率制度下,货币政策自主性与本国政府使用贸易政策(关税、配额和其他非关税壁垒)保护本国经常项目的能力有关。①尽管资本项目是汇率不稳定的主要来源,但货币贬值预期经常源于经常项目的脆弱性。20世纪90年代,欧盟(EU)建立了统一大市场,限制成员国政府对经常项目的保护能力,取消了欧盟内的资本流动限制,结果使得欧洲货币体系遭遇到了多方面的严重挑战,包括1992年的英镑危机。

如果一国一直维持固定的平价水平,但商品对外竞争力在逐渐下降,为了恢复对外竞争力,该国货币对外贬值就难以避免,并有两种做法可供选择:(1)小幅调整汇率,使市场不产生大的通货膨胀预期;(2)将贬值和其他政策搭配使用,以维护政府的反通货膨胀声誉。

在固定汇率制度下资本自由流动时,本国获得货币政策自主权需要许多条件,但这不适用于固定汇率体系中的强势国家(主导国)。如果能够顶住其他成员国的政治压力,在固定汇率体系中,主导国仍旧可以自主决定自己的货币政策。

对固定汇率体系下的主导国来说,其取得货币政策自主权的关键是按照市场预期采取行动。比如,在布雷顿森林体系中,美国作为主导国的事例和欧洲货币体系中德国作为主导国的事例。在固定汇率制度下,其他成员国也会改变主导国的失业与通货膨胀替代关系。在通货膨胀传导到其他成员国时,会降低主导国的通货膨胀成本,因而会刺激主导国比在浮动汇率制度下更加积极地实行通货膨胀政策。布雷顿森林体系中的美国就是如此。

11.6 浮动汇率制度与货币政策

浮动汇率制度是指货币对外汇率完全由外汇市场的供求关系决定,管理当局对汇率不进行任何干预的制度安排。②各国不会完全放任本币汇率自由波动,会对外汇市场进行一定程度的干预和指导,也即多实行有管理的浮动汇率制度。在浮动汇率制度下,出现外部经济失衡时,可直接通过汇率变动加以调整。

11.6.1 浮动汇率制度下的经济均衡调节

在图11.9中,LM 为货币市场均衡线,IS 为商品市场均衡线,BP 为国际收支均衡线,Y 为总产出(国民收入),i 为利率。BP 线向右上倾斜且比 LM 线平缓表明,资本跨国流动的利率弹性大于本国货币需求的利率弹性。我们以货币供给增加为例,说明在浮动汇率制度下货币政策的产出效应,紧缩性货币政策的产出效应可由此类推。

在图11.9中,经济活动的初始均衡位置为点 A,均衡产出为 Y_1,均衡利率为 i_1。当货币当局增加货币供给实施扩张的货币政策时,LM 线从 LM_1 右移到 LM_2,经济的短期均

① 实施扩张性货币政策时本国利率低于国际市场利率,资本有流出压力,本币对外有贬值压力;在货币对外贬值的贸易顺差效应有限时,实施出口鼓励的贸易政策,有助于获得本国出口竞争优势,获得贸易项目顺差,引起本币对外升值预期,进而抵消本币对外贬值压力。

② Bain, K., and Peter Howells, 2003, *Monetary Economics: Policy and Its Theoretical Basis*, New York: Palgrave Macmillan:288—296.

衡位置为点 B，产出增加，利率下降。当产出增加和利率下降时，会引起本国经常项目逆差，资本流出本国；在浮动汇率制度下，本币对外贬值，BP 线右移至 BP_2，IS 线右移至 IS_2，经济活动的最终均衡位置为点 C，产出从 Y_1 增加至 Y_2，利率从 i_1 下降到 i_2。此处，点 B 为封闭经济下扩张性货币政策实施后的经济均衡位置，点 C 为浮动汇率制度下有资本流动时，扩张性货币政策实施后的经济均衡位置。在浮动汇率制度下有资本流动时，扩张性货币政策的产出增加效应大于封闭经济下扩张性货币政策的产出增加效应。

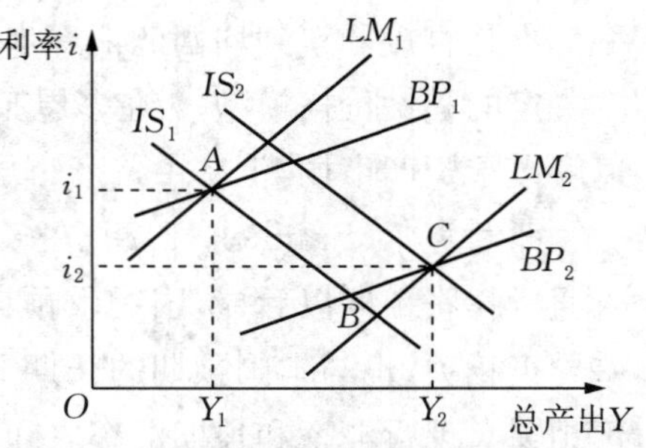

图 11.9　浮动汇率制度下的货币政策扩张

浮动汇率制度下资本完全流动时，货币政策对总产出的管理在开放经济下比在封闭经济下更加有效的原因有以下两点：(1)汇率自由浮动，使货币政策得以自主，允许货币当局选择国内的通货膨胀作为货币政策目标；(2)汇率变化会影响本国商品的国际竞争力，进而对实际经济活动产生影响。

如前所述，货币供给增加时，利率相对下降，产出有所增加。收入上升引起经常项目恶化，利率下降引起资本项目恶化。货币供给增加以后，有资本净流出，本币对外贬值，商品国际竞争力提高，收入进一步增加。货币供应量增加引起的汇率变化有助于恢复商品市场均衡和货币市场均衡，以及国际收支均衡。

需要说明的是，货币供给增加对实际产出的影响与本国物价上涨，以及货币对外贬值有关。当货币对外贬值水平与货币供应量同比例变化时，货币扩张会引起物价同比例上涨，实际产出保持不变，货币对经济活动的影响保持中性特征。

11.6.2　汇率均衡水平决定

理解浮动汇率制度下货币政策的产出效应，必须深入分析浮动汇率制度下的汇率决定过程。假定资本完全流动(本国债券和外国债券可完全替代)，市场完全竞争，交易成本忽略不计，投资者有确定的汇率预期，非抵补的利率平价(UIRP)关系成立，本币的预期贬值率等于本国债券和外国债券之间的利率差异，汇率变化决定于货币需求和货币供给之间的关系。如果价格调整具有完全弹性，购买力平价关系成立，货币市场连续出清，货币需求和产出及实际利率之间存在稳定的关系，本币对外贬值幅度就等于本国货币供应量的增加幅度。反映本国商品国际竞争力的实际汇率 $Q=SP^*/P$ 表明(P^* 为外国物价水平)，当名义汇率 S 和本国物价水平 P 同比例变化时，实际汇率 Q 保持不变，货币供给增加对实际汇率及本国产出不会有进一步的影响。

上述分析结论有赖于购买力平价和无抵补利率平价关系成立。在短期，购买力平价关系往往不能成立，货币供给增加会引起汇率出现过度调整。假设市场主体为理性预期，也即市场主体可以预测到长期汇率的均衡水平：当本币对外价值被低估时，本币对外汇率(用外币表示本币价值的间接标价法)会首先调整到均衡汇率水平以下；当本币对外价值被高估时，本币对外汇率会首先调整到均衡汇率水平以上。在此两种情形下，本币对外汇率都不是直接调整到均衡的汇率水平。这就是多恩布什(Dornbusch, 1976)提出的关于汇率决定的黏性价格模型。[①]在多恩布什的黏性价格模型中,商品市场和劳动力市场的调节速度慢于资产市场,汇率由资产市场决定,汇率变化和价格变动呈非对称关系。

弗兰克尔(Frankel, 1979)在多恩布什黏性价格模型中加入了通货膨胀预期因素。[②]加入通货膨胀预期以后,本国货币预期贬值率和本国货币现行汇率相对于均衡汇率水平的差异正相关,也与本国预期的长期通货膨胀相对于外国预期的长期通货膨胀之间的差异正相关。现行汇率和长期汇率之间的差异取决于本国与外国真实利率之间的差异。如果外国债券真实利率预期高于本国债券真实利率预期,本国货币将贬值并逐渐达到长期均衡汇率水平。最后,两国真实利率相等,名义利率差异由通货膨胀差异决定,本国未被预期到的货币扩张会引起汇率围绕长期均衡水平进行调整。

11.6.3 价格调节黏性与浮动汇率制度下的货币政策调节

为了说明浮动汇率制度下资本自由流动时的货币政策效应,还需要对贸易品和非贸易品价格的调整速度进行区分,以及对进口品和出口品数量与价格的调整速度加以区别(汇率贬值的J曲线效应)。[③]现实经济表明,货币当局在短期可以影响实际经济变量,在长期无效。货币政策的自主性取决于价格调整需要的时间和名义汇率偏离长期均衡水平后的调节过程。在一段时间内,扩张性货币政策可以降低失业率。如果价格调节黏性且劳动就业存在后遗效应,货币扩张的短期效应就可以变为长期效应。

黏性价格模型为实施渐进性货币政策提供了理论依据。当货币当局为了抑制通货膨胀,大幅度降低货币供应量增长率,引起利率上升而价格在短期保持不变时,名义汇率和真实汇率均会大幅度升值(相对长期均衡汇率出现超调),导致出口下降和进口上升,失业增加。当价格缓慢调整时,实际经济活动出现的问题就会持续一段时间。当本币对外升值引起本国企业有破产时,在一些重要行业,本国企业占有的市场份额会下降。抑制通货膨胀的短期成本很高,货币政策必须适应经济调节需要进行缓慢调整。

从黏性价格模型看开放经济下的货币政策仍旧有两个问题。第一,虽然购买力平价关系在长期比短期更符合事实,但在长期购买力平价关系也难以成立,开放经济条件下的货币政策在长期对实际经济也有影响。第二,需要区分公开市场操作和外汇市场操作两种情形。

当货币当局用本币购买外国债券时,本国货币供给增加并产生对外贬值,经常项目得以改善。货币供应量增加以后,本国通货膨胀压力也会增加。通货膨胀压力会抵消本国从货币贬值中得到的竞争优势。货币当局需要卖出本国债券,减少本币投放,减少国内通

① 黏性价格模型假设物价调节缓慢,资产市场价格具有充分弹性,可以及时调整。参见 Dornbusch, R., 1976, "Expectations and Exchange Rate Dynamics", *Journal of Political Economy*, 84(6):1161—1176。

② Frankel, J.A., 1979, "On the Mark: A Theory of Floating Exchange Rates Based on Real Interest Rate Differentials", *American Economic Review*, 69(4):610—622.

③ 本币对外贬值后由于贸易合同签署和执行滞后,用本币作为结算货币的原有出口合同使用本币贬值后的汇率结算成外币时,得到的外币数量减少,会出现本国国际收支短期恶化。

货膨胀压力。这种操作方式在汇率决定框架中往往难以奏效，因为本国债券和外国债券在一定程度上可以相互替代。卖出本国债券时，本国利率上升，而买入外国债券时，外国利率下降，即使在短期的黏性价格模型中，货币当局也难以影响实际利率水平。

11.6.4 资产不完全替代与浮动汇率制度下的货币政策操作

关于汇率决定的资产组合模型放弃了本国债券和外国债券可以完全替代假设，认为无抵补的利率平价关系不成立。假设外国债券风险高于本国债券，要求外国债券给予额外的风险补偿。在此情形下，货币当局公开市场操作和外汇市场操作会对利率和汇率产生不同影响，并且可以实施外汇市场冲销操作。在资产组合模型中，货币当局可以选择的货币政策工具要广泛得多。当本国债券和外国债券不能完全相互替代时，货币当局至少可以选择三种货币政策工具：(1)汇率操作；(2)公开市场操作；(3)外汇冲销操作。

对于政策工具(1)，货币当局可使用新创造的基础货币买入私人部门持有的外国债券，来达到经济扩张目的。由此，私人部门货币持有增加，对外国债券持有下降，本币对外贬值，本国利率下降，货币市场达到均衡。对于政策工具(2)，货币当局从私人部门买入本国债券，本币对外贬值，本国利率下降。对于政策工具(3)，货币当局可组合运用扩张性的汇率市场操作和紧缩性的公开市场操作，保持货币供应量不变，实现本币对外贬值，但本国利率也会上升。本国利率上升会引起投资者增加对本国债券持有，以弥补本币对外贬值时持有本国债券的收益损失。

在政策工具(1)和(2)中，虽然汇率(本币对外贬值)和利率(下降)出现了同向变动，但这两种操作的经济效应却有不同。汇率操作更多的是影响汇率变动，公开市场操作更多的是影响利率变动，两者对产出和就业的影响，取决于利率变化的投资效应与汇率变化的贸易余额效应之间的比较。

11.7 改进开放经济下货币政策实施效率的建议

在开放经济条件下有资本流动时，货币政策有下列特点：(1)在固定汇率制度下货币政策的目标是维持汇率稳定，通货膨胀由固定汇率体系的整体通货膨胀决定。(2)在浮动汇率制度下，货币政策可以将通货膨胀作为政策目标。在浮动汇率制度下，汇率也并非完全浮动，货币当局可以干预汇率水平。干预的目的有时是为了平滑汇率变动。当汇率偏离目标范围时，中央银行会联手进行干预，需要在货币政策内部目标和外部目标之间进行权衡。浮动汇率制度可以隔离外部冲击，允许货币当局在有资本流动的条件下追求相对自主的货币政策。

在布雷顿森林固定汇率体系崩溃以后，资本流动程度显著提高，离岸金融市场蓬勃发展，各国经济之间的依赖性明显增强，外国经济对本国货币政策的溢出效应明显。本国货币政策的自主权受到多种因素影响，包括：本国对外国产品及资产的边际支出倾向、外国商品及资产相对本国商品及资产的替代弹性，以及本国与外国之间的生产替代弹性和不同国家的经济活动规模，等等。

11.7.1 货币政策国际协调

库珀(Cooper，1985)将正常经济活动条件下，本国对外国经济冲击做出的调整称作"脆弱的自主权"(sensitivity independence)。①库珀认为，在开放经济下实施货币政策时，会涉及货币政策的国际协调问题。在分析国际货币政策协调时，需要使用博弈论方法，分析货币政策的可信性和声誉，以及可持续性和时间一致性等问题。

库珀(Cooper，1969)对固定汇率和不变价格水平下本国政策的溢出效应进行研究后发现，两国经济相互依赖程度越大(溢出效应越大)，非合作经济中的政策效应越差。②不断增强的经济相互依赖关系，会恶化本国政策效果，并可能使经济运行长期偏离均衡水平，需要付出更大的代价才能恢复到既定的期望水平。研究表明(Hughes-Hallett，1989)：③(1)本国货币政策的溢出效应和他国追求的政策目标有关；(2)本国货币政策的溢出效应发生机制有多个渠道；(3)本国货币政策净溢出效应和实际经济运行环境有关；(4)本国货币政策溢出效应取决于经济体规模大小，以及资产替代性、相对价格和工资灵活性、汇率弹性等因素。

采用规则型合作而不是采用斟酌行事型合作可以使成员国不选择违约。规则型合作表明，所有政府都事先承诺某项政策，可以避免部分执行而部分被放弃的风险。实证研究表明(Bain and Howells，2003)，扰动越持久，合作收益越高；在长期，出现永久性需求或供给冲击时，政策合作的收益会很大。④

对国际宏观经济合作有两个基本建议：(1)威廉姆森和米勒(Williamson and Miller，W-M)的目标区建议；(2)麦金农(McKinnon)的货币替代建议。W-M合作建议认为，在两国出现利率差异时，允许汇率在较宽的范围内波动，使目标区具有"柔性缓冲"(soft buffer)功能，在面对较大的不确定冲击时，货币当局无须参与管理，甚至可以按照汇率变化对目标区进行调整。本国财政政策应维持本国名义需求的增长目标，并可考虑将通货膨胀水平降低为0，在政策选择时灵活调整对通货膨胀和产能使用所给予的权重大小。

麦金农建议，将美国、日本和欧盟的货币汇率固定在购买力平价附近，由三方对组成的整体货币扩张比率进行协商。如果投资者增加持有其中的一种货币而放弃另一种货币，货币当局只需按照现行汇率水平满足这个要求。这样，被增加持有的货币会快速扩张，另一国货币的增长率会有下降。

---

① Cooper，R.N.，1985，"Economic Independence and Coordination of Economic Policies"，in Jones R.W. and Kennen P.B. (eds)，*Handbook of International Economics* Ⅱ，Amsterdam：North Holland.

② Cooper，R.N.，1969. "Macroeconomic Policy Adjustments in Interdependent Economics"，*Quarterly Journal of Economics*，83(1)：1—24.

③ Hughes，Hallett A.，1989，*Macroeconomic Interdependence and the Coordination of Economic Policy*，In Greenaway D (ed).

④ Bain，K.，and Peter Howells，2003，*Monetary Economics*：*Policy and Its Theoretical Basis*，Palgrave Macmillan：New York：301—302.

11.7.2 征收托宾税

资本跨境流动削弱了货币政策的自主权。在固定汇率制度下,货币政策最多只能在短期有效。在浮动汇率制度下,资本跨境流动加快会引起汇率波动加剧,增加了政策制定者面临的不确定性和决策难度。为了抑制资本流动,托宾(Tobin, 1978)给出了对国际资本流动实施征税的建议。①托宾建议,由所有国家对国际资本流动征收统一税收,以降低热钱跨境流动收益,减少资本项目变化对汇率影响。比如,税率为 0.1%或 0.5%。

在起初,托宾税建议受到了许多批评。但 1998 年亚洲金融危机发生以后,发展中国家的一些反全球化组织接受了这个建议,一些国家的政府也接受了这个方案。比如,1999 年加拿大议会对此作正式支持。对托宾税的批评意见认为,有长期投资目的的资本跨境流动是可取的、确定的,无须征税,应减少或者减速投机性资本跨境流动,但实际上难以区分这两种资本,而投机性资本经常被夸大。另一实际困难是,一些资本跨境流动并非由特定机构操作,难以被跟踪和被判断,许多资本跨境流动没有记录。②征收托宾税会鼓励资本跨境流动躲避监控,更加不进行正式记录,一些金融中心为了吸引业务,也不一定会参与对资本跨境流动征税。

新古典经济学家认为,征收托宾税不可取,认为这不是最优的政策,它有许多意料不到的负面影响。这会鼓励资本惰性和资本本地化,不利于帕累托效率改进,关键是找出资本跨境流动存在的问题并对具体问题直接采取措施。比如,如果商品的市场价格调节缓慢,最优政策应是解决价格刚性问题。只有此办法不可取时,再实施次优的托宾税。

后凯恩斯主义对此也有批评。他们将凯恩斯选美理论与外汇市场进行类比,认为市场行为由人们之间的相互猜测构成,这会引起疯狂的投机和恐慌。征收托宾税不但不能阻止短期投机,甚至会阻碍与贸易有关的投机和套利活动。阻止资本跨境流动的最好办法是,采取规则和结构改进办法,直接管理国际范围内的热钱流动。

11.7.3 新开放宏观经济模型

新开放宏观经济模型是建立在微观主体行为之上的动态一般均衡模型。③它具有明确的消费者效用方程和预算约束条件,以及厂商生产函数,并通过对消费者效用方程参数和对资本市场给出假设,将微观变量与货币供应量等宏观指标联系起来,通过在效用函数或生产函数中加入随机变量,考察外部冲击对经济活动的影响。

同以往的开放宏观经济模型相比,除纳入了微观因素以外,新开放宏观经济模型还具

---

① Tobin, James, 1978, "A Proposal for International Monetary Reform", *Eastern Economic Journal*, 4 (3—4):153—159.

② 我们可以通过对高频短期金融交易和低频长期金融交易区分频次,据此识别热钱资金流动征收托宾税,进而限制投机性资本国际流动。

③ 参见:(1) Obstfeld, Mauries, 1997, "Open-Macroeconomics: Development in Theory and Policy", NBER Working Paper 6319。(2)刘红忠、张卫东:《蒙代尔—弗莱明模型之后的新开放宏观经济学模型》,《国际金融研究》2001 年第 1 期。

有随机动态特点。它对汇率支出转换效应的分析,大大超越了以往的模型。它能够在价格黏性条件下,对不同汇率制度福利状况进行分析,定量比较不同汇率制度的福利水平,为研究不同国家间的货币政策协调问题提供了新的方法。

新开放宏观经济模型的不足之处是,它只能或多或少地模拟实际情况,在名义价格黏性假设、消费者效用函数形式选择或者资本市场和产品市场结构等不同时,会得到不同的结论,且模型结论对某些参数非常敏感,而使用的假设前提也多缺乏实证研究支持。因此,新开放宏观经济还有很大的发展空间。

11.7.4 哈马达模型

当两国分别在固定汇率制度下追求自己的通货膨胀目标和国际收支目标,都使用信贷作为政策工具时,如果缺乏合作,则都无法达到预期目标。①存在需求约束和价格刚性时②,纳什(Nash)非合作行为会产生通货紧缩倾向,合作才是最好的选择。

非合作决策能力受政策制定者的偏好、经济活动的政策反应,以及规模限制。合作政策能否在本国持久存在,取决于两个因素。第一,政府和私人部门之间的关系。私人部门存在理性预期时,政策效率取决于私人部门对政府政策的信任程度。反之,政策失效。第二,政府对协议的违背动机。在合作框架下,一国违背协议会引起另一国退出合约,并回到起初的非合作均衡,双方的收益都会下降。只要存在两个以上的国家,就会存在违约可能,政策合作难以维持。维持声誉的动机会使成员国不选择违约。一旦违约,该国将失去未来的谈判能力,还会丧失在其他领域国际谈判的主动权。哈马达模型可用于在相互依存条件下,③国际货币政策协调的博弈分析。该模型认为,国际经济政策协调可以达到帕累托效率增进。

1. 模型假设

在哈马达模型中,博弈参与者为两个国家(国家 1 和国家 2)。假定两国都以稳定物价、实现充分就业和国际收支平衡等作为货币政策目标,根据失业、通货膨胀和国际收支失衡等构成的社会福利损失程度来确定货币政策。社会福利损失越小,所选择的货币政策越好。

在图 11.10 中,横轴代表国家 1 的政策工具 I_1,纵轴代表国家 2 的政策工具 I_2。沿着横坐标向右移动,表示国家 1 的货币政策趋向扩张;沿着纵坐标向上移动,表示国家 2 的货

① (1) Hamada, Koichi, 1976, "A Strategic Analysis of Monetary Independence", *Journal of Political Economy*, 84:677—700. (2) Hamada, Koichi, 1985, *The Political Economy of Independence*, Cambridge Mass: MIT Press.

② 存在价格刚性时,经济无法利用自我校正机制恢复到均衡状态。纳什非合作均衡时双方都拒绝选择扩张性货币政策,因为担心扩张性货币政策引起本国物价上涨后无法实施控制。均衡的结果是双方都选择紧缩性货币政策,导致全球经济通货紧缩。

③ (1) Hamada, Koichi, 1976, "A Strategic Analysis of Monetary Interdependence", *Journal of Political Economy*, 84(August):667—700.(2) McCallum, Bennett T., 1996, *International Monetary Economics*, Oxford University Press:250—253.(3)袁鹰、涂志勇:《国际货币政策协调能带来社会福利的增加吗?》,《上海金融》2007年第3期。

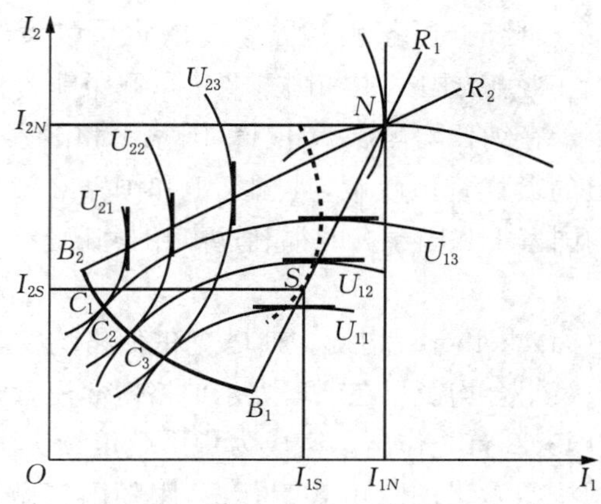

图 11.10　哈马达模型

币政策趋向扩张。由于相互依存，对一方而言，另一方的货币政策会影响它的福利，最佳货币政策选择受到对方货币政策影响。存在这样一点，它表示国家 1 最愿意采取的货币政策与国家 2 的货币政策组合，国家 1 的最佳福利点用 B_1 来表示。同样，国家 2 的最佳福利点用 B_2 来表示。

U_{11}、U_{12}、U_{13}为国家 1 的福利无差异曲线，U_{21}、U_{22}、U_{23}为国家 2 的福利无差异曲线。在同一条无差异曲线上，国家 1 和国家 2 的不同政策组合的福利水平相同。越接近 B_1 的政策组合，给国家 1 带来的福利越高，即 U_{11}的政策组合优于 U_{12}，U_{12}的政策组合优于U_{13}，以此类推。同理，越接近 B_2的政策组合，给国家 2 带来的福利越高，对国家 2 而言，U_{21}政策组合优于 U_{22}，U_{22}的政策组合优于U_{23}。①

2. 政策反应函数与帕累托契约线

国家 1 和国家 2 在实现各自的经济目标时，都面临在给定对方政策的情况下选择自身最优政策问题。因此，可得到国家 1 和国家 2 的政策反应函数。政策反应函数表示的是，一国最优政策是另一国政策的函数。给定国家 2 政策会决定国家 1 的最优政策，当国家 2 政策改变时国家 1 政策也相应改变。根据反应函数可以画出国家 1 和国家 2 的政策反应线。

在图 11.10 中，国家 1 的反应线是国家 1 的无差异曲线与给定的国家 2 政策（即水平线）切点的连线，即 B_1R_1。同样，国家 2 的反应线是国家 2 的无差异曲线与垂直线切点的连线，即 B_2R_2。B_1B_2 线为国家 1 和国家 2 无差异曲线一系列相切点的连线。②沿着 B_1B_2 移动，国家 1（国家 2）的福利水平在国家 2（国家 1）福利水平不降低的情况下不可能再提高，故 B_1B_2 线称为帕累托契约线。在契约线 B_1B_2 的区间内，越靠近 B_1 远离 B_2，国家 1 境况越佳，国家 2 境况越差。同理，越靠近 B_2 远离 B_1，国家 2 境况越佳，国家 1 境况越差。

3. 政策博弈与政策协调

第一，纳什均衡。假设国家 1 和国家 2 均在给定对方政策条件下，独立地、不受影响地

① 这种无差异曲线意味着本国货币政策保持不变时，外国货币政策扩张会导致本国经济遭受损失，福利下降；比如外国货币政策扩张引起其出口增加，本国贸易出现逆差，经济增长下降。因此无差异曲线凹向 B_1 点。

② 给定外国货币政策时本国达到福利最优时的货币政策，为本国货币政策与外国货币政策对应的无差异曲线的切点。

选择自己的最优货币政策。此时，国家 1 和国家 2 的货币政策均衡点为两国反应函数 B_1R_1 和 B_2R_2 的交点 N。N 点为国家 1 和国家 2 货币政策非合作纳什均衡点。N 点可以通过反复迭代方法得到。在纳什均衡点 N 位置，国家 1 和国家 2 都在对方国家货币政策给定的情况下选取自己的最优货币政策，且国家 1 和国家 2 没有动机改变其政策。但是，纳什均衡点 N 对应的国家 1 和国家 2 的福利远离帕累托契约线 B_1B_2，存在明显的福利损失。

第二，斯塔克尔伯格(Stackelberg)均衡。斯塔克尔伯格均衡是斯塔克尔伯格博弈下的国家 1 和国家 2 货币政策组合均衡。在斯塔克尔伯格博弈模型中，国家 1 和国家 2 进行货币政策合作，国家 1 或国家 2 首先作出承诺成为货币政策领头国，不作承诺的国家作为货币政策跟随国。领头国按照承诺的货币政策行事，跟随国在做货币政策选择之前知道领头国的承诺和货币政策选择，只需要作出相应的最优货币政策选择。领头国的最好承诺就是在跟随国政策反应函数上寻找能使领头国福利损失最小的那一点作为领头国的货币政策选择。

假设国家 2 为领头国，国家 1 为跟随国。国家 2 意识到自己采取某种政策选择后，国家 1 会用最佳政策反应函数 B_1R_1 选择最优货币政策，不考虑对国家 2 的影响，结果是在点 S 达到均衡。经济学上称点 S 为斯塔克尔伯格均衡。

在点 S，国家 2 的无差异曲线与国家 1 政策反应线 B_1R_1 相切在点 S。因此，I_{2S} 为国家 2 的最优政策选择。此时，国家 1 的货币政策选择为 I_{1S}，国家 2 的政策为 I_{2S}。没有国家愿意充当追随者时，这种博弈均衡会崩溃。

第三，政策协调。国家 1 和国家 2 非合作均衡点 N 和 S 都不在契约线 B_1B_2 上，都不具有帕累托效率。国家 1 和国家 2 公开信息，经过充分协调，采取比非合作均衡更能改善社会福利的货币政策组合时，均衡点处于帕累托契约线 B_1B_2 上。在合作均衡时，任何单方面违约都会招致另一方严厉报复，进而使双方利益蒙受更大的损失。通过货币政策协调，博弈双方的福利水平都可以提高，在契约线 B_1B_2 上双方都处在比非合作均衡点 N 和 S 更高的无差异曲线上。

至此，我们得到了国家 1 和国家 2 货币政策的合作均衡解、纳什均衡解和斯塔克尔伯格均衡解。对这三种均衡解进行比较可以发现，不进行任何协调的非合作解(纳什均衡解)效率最低，斯塔克尔伯格博弈通过承诺规则来协调两国货币政策，虽然结果好于没有协调时的纳什均衡，但两国得到的好处并不相同。领头国的好处可能多于也可能少于跟随国，即存在“先发优势”或“后发优势”问题。①在国际货币政策协调过程中，有时两个国家会争做领头国，有时又都不愿意出头做领头国。效率最高的还是合作解，协调产生的合作均衡有利于双方福利提高。在短期，协调产生的利益分配(即双方福利水平分别提高多少)取决于博弈双方的谈判力量。国家 1 和国家 2 通过协调使得双方货币政策都位于契约线 B_1B_2 上，均衡点在 B_1B_2 上的确切位置取决于双方的谈判力量。随着博弈双方地位的此消彼长，原有的利益分配格局会被打破，双方会开始一轮新的谈判与协调。哈马达模型表明，货币政策国际协调可以达到帕累托效率最优。

① 领头国根据自身福利目标确定货币政策后，跟随国确定货币政策。跟随国的货币政策福利可能会高于领头国，这就是所谓的后发优势。

本章小结

货币供应量变化会引起汇率变动,货币政策会通过引起汇率变动引起经济活动调整。在开放经济条件下,货币政策实施效率与汇率制度有关,取决于资本跨国流动程度。

1. 可用购买力平价理论分析汇率长期变化。购买力平价理论表明,所有影响本国商品与外国商品市场竞争力的因素,都会引起本币对外币的汇率发生变化。这些因素有:(1)本国相对外国的劳动生产率变化;(2)本国相对外国的价格变化;(3)本国居民对本国和外国商品的消费偏好变化;(4)本国实行的进口限制和关税等贸易促进政策,等等。

2. 可用利率平价条件来分析汇率短期变化。利率平价条件反映了投资者在本币资产和外币资产之间选择的均衡情形。利率平价条件表明,当本币资产相对于外币资产的投资回报率发生变化时,本币相对外币的汇率水平就会发生变动。引起本币资产相对于外币资产投资回报率发生变化的因素与利率、长期汇率均衡水平等有关。当本国相对外国货币供给增加时,本国利率会发生变动;在货币中性命题成立时,本币对外币会出现先贬值后升值但总体上表现为贬值的超调现象。所有会引起汇率发生长期变动的因素,均会通过长期汇率预期引起汇率进行短期调整。

3. 在固定汇率制度下有资本跨国流动时,货币政策的产出效应很不明显,固定汇率体系中的小国难以自主地实施货币政策。固定汇率体系中的货币政策可以由该体系中的主导国决定,也可以由组成该体系的所有成员国协商决定。当固定汇率体系中不同国家的经济周期不同步时,不恰当的货币政策会对小国经济产生长期的负面影响。

当在固定汇率平价上下维持汇率波动带时,本国货币政策可以获得一定程度的自主权。当政府能够在不损害固定汇率制度及保持反通货膨胀信誉的条件下,进行货币贬值或升值时,本国也可以获得一定程度的货币政策自主权。货币当局可以采用公开市场操作抵消外国资本流入对本国货币供给的影响,并获得一定程度的货币政策自主权。冲销干预政策在资本高度流动时难以长期维持,利用资本管制来获得货币政策自主权时也是如此。固定汇率体系中的主导国地位由固定汇率体系的形式决定,也可由政府或金融市场决定。在后一种情况下,只有那些能保持较低通货膨胀水平,保持本国货币价值稳定的国家才有可能成为主导国。

4. 在浮动汇率制度下有国际资本流动时,货币政策的产出效应更加明显,但这种有效性与决定汇率水平的多种因素有关。如果货币供给增加引起本币对外等比例贬值,购买力平价在短期和长期均成立,在浮动汇率制度下货币政策中性。如果购买力平价短期不成立,汇率波动幅度超过价格波动幅度,货币政策对产出短期有效,但在长期中性。在浮动汇率制度下,一国货币政策会对他国产生影响。当两国之间经济活动日益紧密时,这种影响会很明显。

5. 在开放经济条件下,提高货币政策实施效率的建议有很多,包括加强货币政策国际协调和对国际资本流动征收托宾税,以及威廉姆森等的汇率目标区建议和麦金农的货币替代建议。哈马达模型表明,货币政策国际协调可以达到帕累托效率最优。

中文关键词

一价定律　购买力平价　交易成本　进口关税　进口限额　利率平价　汇率超调　有抵补的利率平价　无抵补的利率平价　汇率制度　主导国　汇率目标区　国际资本流动　货币政策自主权　货币需求弹性　资本管制　冲销干预　货币政策国际协调　W-M合作建议　麦金农建议　托宾税　哈马达模型

英文关键词

law of one price　purchasing power parity　transaction cost　import tariff　import quotas　interest rate parity　exchange rate overshooting　covered IRP　uncovered IRP　exchange rate regime　leading country　exchange rate target zone　international capital flows　MP autonomies　money demand elasticity　capital control　sterilized intervention　MP international coordination　W-M coordination suggestion　Mckinnon suggestion　Tobin tax　Hamada model

思考题

1. 简述“一价定律”的内容,说明本国与外国商品市场套利对本币汇率形成的影响。

2. 推导利率平价条件。利率平价条件成立需要哪些前提条件?简述有抵补的利率平价条件与无抵补的利率平价条件之间的区别和联系。

3. 简述汇率超调的发生条件,给出其政策涵义。当本国相对于外国货币供给减少时,本币汇率会发生怎样变化?结合利率平价条件和购买力平价条件,用图示分析说明。

4. 在开放经济条件下,影响货币供给的因素与封闭经济下有哪些不同?说明外汇储备增加引起货币供应量变化的机制。

5. 简述固定汇率制度下扩张性货币政策的总产出效应。在固定汇率制度下货币供应量减少时,本国经济的调整过程和调整结果如何?区分国际资本自由流动和国际资本有限自由流动两种情形加以说明。

6. 简述固定汇率制度下扩张性货币政策的主导国效应,并将主导国与其他国家的货币政策调整进行比较。

7. 说明固定汇率制度、汇率目标区管理、货币局制度、美元化安排的区别和联系。

8. 在实行汇率目标区管理时,货币政策为什么会有较好的独立性?简述固定汇率制度下实施资本流动管制获得货币政策自主权的基本做法。在固定汇率制度下,货币政策有效调节本国经济运行的条件有哪些?

9. 在浮动汇率制度下,货币政策对总产出实施调节时受到的制约因素有哪些?比较资本自由流动时,固定汇率制度下和浮动汇率制度下货币政策的有效性。

10. 简述价格黏性时浮动汇率制度下扩张性货币政策的总产出变化,分析资本不完全替代时浮动汇率制度下货币政策的总产出效应。

11. 在开放经济条件下,如何提高货币政策自主权?对托宾税建议进行评价。在资本跨国流动条件下,通过征收托宾税来提高货币政策的自主权受到哪些因素制约?

12. 简述新开放宏观经济模型(NOEM)的基本内容。

13. 用哈马达模型对货币政策国际合作收益与非合作收益进行比较。

14. 为什么在完全自由浮动的汇率制度下,外汇市场变化对货币供给没有直接影响?这是否意味着外汇市场运行对货币政策没有影响?结合中国、日本和美国等经济体的货币政策事例加以讨论。

15. 当美联储降低利率且其他条件保持不变时,美元对欧元汇率(用欧元表示美元汇率)的长期变化与短期变化有何区别?基于汇率数据和美联储货币政策事例加以分析。

16. 对外开放程度不断提高的过程中,中国货币政策实施效果受哪些因素影响?给出开放经济条件下中国提高货币政策实施效率的政策建议。

17. 美国物价比英国物价多上涨3%,请问美元对英镑汇率变化多少?美国利率相对英国利率多下调1%,美元对英镑汇率变化多少?长期与短期有区别吗?

18. 假定你正在考虑在利率为5%的1年期美国政府债券和利率为1%的1年期日本政府债券之间选择其一进行投资。当前的汇率是1美元等于110日元,你预期一年后的汇率是1美元等于105日元。(1)你将购买哪种债券?为什么?(2)假定当前的汇率是1美元等于107日元,而不是1美元等于110日元。你会改变(1)中的投资决定吗?(3)假定当前的汇率是1美元等于110日元,你认为一年后的汇率有20%的可能性是1美元等于100日元,有80%的可能性是1美元等于108日元。你会改变(1)中的投资决定吗?

19. 假定利率平价关系成立。1年期德国债券的利率是7%,1年期美元债券的利率是4%。(1)预期一年后的汇率是1欧元等于1.2美元,计算欧元对美元的当前汇率。(2)假定相对购买力平价关系成立,德国下一年的预期通货膨胀是2%,美国的预期通货膨胀率是多少?

20. 如果其他条件保持不变,增加货币供给时本币汇率将(　　)。(单选)

A. 升值　　B. 贬值

C. 先贬值然后升值,但总体上是贬值　　D. 难以确定

21. 对本国商品消费偏好增加且本国征收更高的进口关税,本国货币汇率将(　　)。(单选)

A. 贬值　　B. 升值

C. 先贬值后升值　　D. 难以确定

22. 开放经济条件下,对货币政策产生明显影响的因素有(　　)。(单选)

A. 金融市场对外资开放　　B. 国际收支失衡

C. 货币对外汇率变动　　D. 中央银行参与外汇市场交易

23. 在固定汇率制度下实现货币政策自主权的现实条件包括(　　)。(多选)

A. 资本并非完全自由流动　　B. 汇率波动带设计

C. 贸易政策　　D. 主导国优势

24. 关于托宾税的说法正确的有(　　)。(多选)

A. 对热钱资本跨境流动征税

B. 会引起国际资本流动逃避监管

C. 有助于提高开放经济条件下的货币政策自主权

D. 会降低资源配置效率

阅读材料

Balassa, Bela, 1964, "The Purchasing Power Parity Doctrine: A Reappraisal", *Journal of Political Economy*, 72(6):584—596.

Clinton, Kevin, 1988, "Transactions Costs and Covered Interest Arbitrage: Theory and Evidence", *Journal of Political Economy*, 96(2):358—370.

Fernald, John, Thomas M. Mertens, and Patrick Shultz, 2017, "Has the Dollar Become More Sensitive to Interest Rates?", FRBSF Economic Letter 18(June).

Jefferis, Keith, 2012, "Exchange Rate Policy and Monetary Policy Implementation", International Growth Center.

Lane, Philip R., 2001, "The New Open Economy Macroeconomics: A Survey", *Journal of International Economics*, 54:235—266.

McKinnon, Ronald I., 1982, "Currency Substitution and Instability in the World Dollar Standard", *American Economic Review*, 72(3):320—333.

Rogoff, Kenneth, 1985, "Can International Monetary Policy Cooperation be Counterproductive?", *Journal of International Economics*, 18:199—217.

Romer, David, 1993, "Openness and Inflation: Theory and Evidence", *Quarterly Journal of Economics*, 58(4):869—903.

Samuelson, Paul A., 1964, "Theoretical Notes on Trade Problems", *Review of Economics and Statistics*, 4(2):145—154.

Stockman, Alan C., 1987, "The Equilibrium Approach to Exchange Rates", Federal Reserve Bank of Richmond Economic Review 73 (March/April 1987), 12—31.

Tobin, James, 1978, "A Proposal for International Monetary Reform", *Eastern Economic Journal*, 4(3—4):153—159.

Taylor, Alan M., and Mark P. Taylor, 2004, "The Purchasing Power Parity Debates", *Journal of Economic Perspectives*, 18(Fall 2004):135—158.

Taylor, Mark P., 1987, "Covered Interest Parity: A High-Frequency, High-Quality Data Study", *Economica*, 54(216):429—438.

何慧刚:《中国外汇冲销干预和货币政策独立性研究》,《财经研究》2007 年第 11 期。

康立:《中国外汇储备对货币政策的影响》,《中南财经政法大学学报》2007 年第 1 期。

李心丹、傅浩:《论开放经济对货币政策的影响及我国货币政策的调整》,《南京大学学报(哲学·人文·社会科学)》1998 年第 2 期。

杨子荣、肖立晟:《美联储降息会结束美元上涨周期吗》,《中国外汇》2019 年第 15 期。

▶12

货币政策规则

货币政策规则，是指为了实现事先设定的经济目标而需要坚持的货币政策安排。货币政策规则分工具规则和目标规则两种。货币政策工具规则以泰勒规则为代表，通货膨胀目标规则则是20世纪90年代以来在世界范围内最流行的货币政策目标规则。

20世纪70年代初期，以固定汇率制度为特征的布雷顿森林体系崩溃以后，货币与商品价值进一步脱钩，货币价值取决于中央银行实施的货币政策。布雷顿森林体系崩溃以后，发达国家的货币政策往往设定明确的直接目标，尤其是对通货膨胀实施控制，并深信物价稳定是获得经济增长的先决条件。

1992年，英国财政大臣明确宣布以维持物价长期稳定作为货币政策目标，通货膨胀率设定在1%—4%，并要求英格兰银行公布季度“通货膨胀报告”。1999年，英国形成了由政府确定货币政策目标，英格兰银行制定实施方案的货币政策目标独立性和操作独立性相分离的新型中央银行体制。20世纪90年代以后，加拿大中央银行的首要目标是实现物价稳定，把通货膨胀率控制在1%—3%的区间范围内，并用货币状况指数(MCI)作为货币政策监控指标，将隔夜贷款利率设定为能够达到MCI理想值的货币政策操作目标。

欧洲中央银行的首要工作目标是稳定物价，拥有对政治压力的完全独立性，并通过定期出版各种报告不断强化这种责任感。美国联邦储备委员会于1971年采用货币目标设定法，将狭义货币M1作为货币政策中间目标，1987年改用为广义货币M2，1993年又改为以实际利率作为货币政策中间目标，其后美国实施一种不明确公布目标的货币政策，并被描述为“隐蔽的通货膨胀目标”。为了达到通货膨胀控制目标，中央银行更愿意执行基于明确规则的货币政策，而不是相机抉择的货币政策。货币当局非常清楚它们行动的结果及应承担的责任，总是非常谨慎地操作货币政策以实现其目标。

经济政策分为积极政策(activist policy)和非积极政策(non-activist policy)两类。前者是指政策制定者坚持对经济状况的变化作出主动反应，而后者一般没有主动反应。典型的非积极政策是按规则办事；积极政策就是指相机抉择，即“逆经济风向而动”。有关政策规则和相机抉择问题的研究认为，中央银行可以执行某种货币政策规则，即预先确定相关指标变化时需要做出的反应。只要规则可信、透明且易于操作，中央银行拥有良好声誉，通货膨胀偏差就可以完全避免。这样一来，积极政策和非积极政策之争论就被按规则行事和相机抉择之争论取代。①

有关按规则行事优于相机抉择的两个论据是:第一,政策工具不稳定。经济政策实施以后,漫长且易变的政策滞后效应会导致积极的反周期政策出现不稳定。第二,动态不一致性。对动态不一致性问题的研究表明,对政策实施有预先承诺(pre-commitment)时,可以达到社会行动的更优均衡状态。在理性预期情形下,私人部门知道中央银行存在制造短期通货膨胀的诱惑,私人部门会调整他们的通货膨胀预期,从而使通货膨胀偏差成为纳什均衡结果。因此,消除通货膨胀的唯一办法就是根据既定的规则来实施货币政策。

通过本章阅读可以达到以下五个目标:(1)理解货币政策规则发展的原因;(2)掌握货币政策规则设计方法;(3)区分货币政策工具规则与目标规则;(4)掌握中央银行独立性分类和考察指标;(5)运用货币政策规则分析中央银行货币政策实施态势。

12.1 货币政策规则发展

对于货币政策规则的讨论可以追溯到金本位制度时期,但是,货币政策规则真正被世界各国广泛采纳却是20世纪70年代以后的事情。当时,以凯恩斯主义为基础的相机抉择政策在实施过程中暴露出了很多弊端,各国政府和经济学家不得不重新思考相机抉择和政策规则之间的关系。

12.1.1 相机抉择与政策规则

货币政策规则与相机抉择之争,可以追溯到19世纪中期的通货学派和银行学派之争。相机抉择概念的正式提出是在20世纪30年代经济大危机时期。凯恩斯认为政府可以采用积极的政策手段调节社会总需求,管理宏观经济运行。大部分国家接受了凯恩斯的相机抉择主张,通过实施刺激性政策增加总需求,帮助宏观经济走出衰退。凯恩斯的相机抉择思想很快被各国中央银行当作最为主要的货币政策操作依据。

相机抉择理论认为,政府对于整个宏观经济不能采取不作为的管理方式,而是应该"逆经济风向行事",通过总需求管理对经济活动进行干预,也即:在经济过热或者出现通货膨胀时,通过紧缩银根等货币政策来抑制总需求;在经济处在衰退阶段或者出现通货紧缩时,通过扩大货币供应量等货币政策来刺激经济。中央银行采取货币政策的原则就是根据具体经济状态,制定与之相适应的货币政策,政策制定者可以根据实际情况在每一期做出最优决策;"相机抉择"的含义就在于:政府在 t 时期制定货币政策时,只需要考虑 t 期的宏观经济状况,在给定宏观经济状态的前提下最优化社会福利函数,从而得出最优的政

① 中央银行是否在实施积极货币政策可以基于其货币政策立场来判断。货币政策立场是指相对于物价稳定和总产出稳定目标而言,货币政策是过松、中性还是过紧。衡量货币政策立场的最为广泛采用的方法,是将政策利率与基于泰勒规则计算得到的利率数值进行比较,取其差值来衡量货币政策立场。参见:(1)Fung, B.S.C., and M. Yuan, 1999, "Measuring the Stance of Monetary Policy", in "Money, Monetary Policy and Transmission Mechanism", Proceeding of Conference held by the Bank of Canada, November: 233—262。(2)Altunbas, Y., L. Ganbacorta, and D. Marquesibnez, 2014, "Does Monetary Policy Affect Bank Risk Taking?", *International Journal of Central Banking*, 10:95—135。

策选择。

相机抉择的政策体系在第二次世界大战以后相当长的一段时间内都运作良好，很多国家在运用相机抉择的策略时都取得了相当好的政策实施效果。但是，随着时间推移，相机抉择政策暴露出许多弊端。在1977年以前，对相机抉择问题的争论焦点集中于政策制定者的意图和能力方面。①弗里德曼认为，相机抉择的反周期政策不仅不能起到稳定经济的作用，甚至还会导致经济运行进一步不稳定。②

1977年，基德兰德(Kydland)和普雷斯科特(Prescott)发表了关于动态不一致性问题的论文，将关于相机抉择和政策规则的争论提升到了一个新的高度，并且使争论向着越来越有利于政策规则的方向发展。③

动态不一致性(dynamic inconsistency)也被称为时间不一致性(time inconsistency)，其基本思想是：在给定经济主体追求其效用最大化的条件下，政府政策制定是实现社会福利最大化；在t期为$t+i$期制定的政策，在第$t+i$期到来时继续实行不再是最优的政策选择时，政府就需要根据实际经济情况作出政策调整。

在动态经济中，相机抉择政策会出现动态不一致问题。假设在t期决定在$t+1$期需要采取的政策，以使社会福利最大。很显然，在$t+1$期的社会福利不但取决于$t+1$期的政府政策选择，也取决于私人部门在t期的储蓄等决策。私人部门在t期的决策又取决于其对$t+1$期的政府政策预期。在理性预期条件下，私人部门的参与者可以完全预测到政府在$t+1$期将要采取的全部政策内容。

在理性预期条件下，政府是否对$t+1$期的政策做出有效承诺就显得十分重要。预先对政策加以承诺时，政府在t期做出的$t+1$期的政策选择，在$t+1$期到来时就不能再有改变。因此，政府在t期为$t+1$期设计最优政策时，必须考虑该政策对私人部门预期的影响(因为私人部门在t期的决策是在对$t+1$期政府政策的预期下做出的，而其在t期的选择会影响到$t+1$期的福利水平)。如果没有对政策做出承诺，$t+1$期的政策在$t+1$期到来时做出，在制定政策时不考虑私人部门在t期的选择，且假定在$t+1$期时私人部门在t期做出的针对$t+1$期的决策为已知变量，不受$t+1$期的政策影响。在此情形下，政府就可以根据$t+1$期的经济条件，以社会福利最大化为目标，重新设计$t+1$期的政策。由于私人部门为理性预期，在t期作决策时会将政府在$t+1$期的这种相机抉择行为加以考虑，并会因此引起社会福利损失。

下面我们具体举例来说明相机抉择是如何产生动态不一致性的。实施低通货膨胀的货币政策往往是最优选择，然而，在相机抉择时，低通货膨胀政策却存在动态不一致问题(Barro and Gordon, 1983)。④宏观经济中存在的许多扭曲，会使失业率过高，政府需要实

① Barro. R.J., 1986, "Recent Developments in the Theory of Rules versus Discretion", *Economic Journal* 96:23—37.

② Friedman, M., 1959, *A Program for Monetary Stability*, The Millar Lectures, New York, Fordham University Press.

③ Kydland, Finn E., and Edward C. Prescott, 1977, "Rules Rather Than Discretion: The Inconsistency of Optimal Plans", *Journal of Political Economy*, 85(3):473—491.

④ Barro, R.J., and D.B. Gordon, 1983, "A Positive Theory of Monetary Policy in a Natural Rate Model", *Journal of Political Economy*, 91(4):589—610.

施扩张性的货币政策来增加产出水平。附加预期的非利普斯曲线表明，只有预料之外的通货膨胀政策才能达到增加产出的效果。当私人部门为理性预期时，公众就会意识到政府执行通货膨胀政策的倾向。公众在制定工资和签订合同时会把这部分通货膨胀预期考虑在内，结果是均衡产出和劳动就业仍然维持在原来的水平，而通货膨胀却有很大的提高。

存在动态不一致性时，能够预先承诺去实行某项政策的政府会收到较好的政策效果；相反，一个比较短视、每一期都做重新最优化的相机抉择的政府却得不到很好的政策效果。解决动态不一致问题的基本思想是改变政府的相机抉择行为，用一套在时间上比较稳定且有承诺的政策安排来代替相机抉择。

12.1.2 动态不一致与政策规则

设定货币政策规则时，要求在当期就对所有时期做出最优安排，并在以后各期坚持当期所确定的政策。相机抉择的政策会随着时间推移而改变，对每个时期的最优政策路径都可按照具体情形进行重新设计。在相机抉择的最优化过程中，逐期消除了过去时期中与之有关的信息因素。规则型政策是对未来政策做出一次性规定并加以坚持，相机抉择政策在每个时期都要制定新的政策。

基德兰德和普雷斯科特(Kydland and Prescott, 1977)对相机抉择政策和规则型政策进行了比较，对相机抉择政策的劣势进行了说明，并给出了数学推导。①假设决策者赖以决策的社会目标函数为式(12.1)。

$$S(x_1, x_2, \cdots, x_T, \pi_1, \pi_2, \cdots, \pi_T) \tag{12.1}$$

其中：$\pi=(\pi_1, \pi_2, \cdots, \pi_T)$，表示从第 1 期到第 T 期的所有政策序列；$x=(x_1, x_2, \cdots, x_T)$表示从第 1 期到第 T 期经济主体的决策序列。假设经济主体在 t 期的决策取决于所有的政策序列和他在过去的决策，即满足式(12.2)的关系。

$$x_t=x_t(x_1, \cdots, x_{t-1}, \pi_1, \pi_2, \cdots, \pi_T) \tag{12.2}$$

假设没有不确定性，经济行为主体在第 1 期开始时就能了解政府制定政策的全部信息。在不存在其他约束条件时，最优政策可以表示为在满足约束条件(12.2)时，最大化社会目标函数，并可表示成式(12.3)。

$$\max_{\pi_1, \pi_2, \cdots, \pi_T} S(x_1, x_2, \cdots, x_T, \pi_1, \pi_2, \cdots, \pi_T) \tag{12.3}$$

$$s.t.\ x_t=x_t(x_1, \cdots, x_{t-1}, \pi_1, \pi_2, \cdots, \pi_T)$$

令 $T=2$，则社会目标函数和个人的决策函数变为式(12.4)、式(12.5)、式(12.6)。政府采用规则型政策，在时期 1 货币当局需要决定 π_1 和 π_2 的水平。为了推导这两项指标的最优水平，将式(12.5)和式(12.6)代入式(12.4)，得到社会目标函数式(12.7)。

① Kydland, Finn E., and Edward C. Prescott, 1977, "Rules Rather Than Discretion: The Inconsistency of Optimal Plans", *Journal of Political Economy*, 85(3):473—491.

$$S(x_1, x_2, \pi_1, \pi_2) \tag{12.4}$$

$$x_1 = x_1(\pi_1, \pi_2) \tag{12.5}$$

$$x_2 = x_2(x_1, \pi_1, \pi_2) \tag{12.6}$$

$$S = S\{x_1(\pi_1, \pi_2), x_2[x_1(\pi_1, \pi_2), \pi_1, \pi_2], \pi_1, \pi_2\} \tag{12.7}$$

货币当局通过对上式求解 S 关于 π_1 和 π_2 的偏导数,得到第 1 期和第 2 期政策的最优水平 π_1^* 和 π_2^*。我们在这里只考虑 π_2 的一阶条件,因为对相机抉择型政策和规则型政策来说,在第 1 期两者具有相同的最优政策安排。对 π_2 求偏导后的一阶条件可以写成式(12.8)。对式(12.8)加以变换后可得式(12.9)。

$$\frac{\partial S}{\partial x_1} \cdot \frac{\partial x_1}{\partial \pi_2} + \frac{\partial S}{\partial x_2} \cdot \frac{\partial x_2}{\partial x_1} \cdot \frac{\partial x_1}{\partial \pi_2} + \frac{\partial S}{\partial x_2} \cdot \frac{\partial x_2}{\partial \pi_2} + \frac{\partial S}{\partial \pi_2} = 0 \tag{12.8}$$

$$\frac{\partial S}{\partial x_2} \cdot \frac{\partial x_2}{\partial \pi_2} + \frac{\partial S}{\partial \pi_2} + \frac{\partial x_1}{\partial \pi_2}\left[\frac{\partial S}{\partial x_1} + \frac{\partial S}{\partial x_2} \cdot \frac{\partial x_2}{\partial x_1}\right] = 0 \tag{12.9}$$

对相机抉择型的政府来说,在时期 1 仍然按照上述方法选择 π_1^* 和 π_2^*;但是,到了时期 2,π_1 和 x_1 已经成为过去,决策者在时期 2 做出的决策与 π_1 和 x_1 已经不再相关,即:$x_1 = \bar{x}_1$,$\pi_1 = \bar{\pi}_1^*$。因此,对于相机抉择型的政府而言,其社会目标函数变式(12.10)。一阶最大化条件变为式(12.11)。

$$S = S[\bar{x}_1, x_2(\bar{x}_1, \bar{\pi}_1^*, \pi_2), \bar{\pi}_1^*, \pi_2] \tag{12.10}$$

$$\frac{\partial S}{\partial x_2} \cdot \frac{\partial x_2}{\partial \pi_2} + \frac{\partial S}{\partial \pi_2} = 0 \tag{12.11}$$

假设式(12.11)的解为 π_2^{**},则式(12.10)将不同于式(12.7),除非满足式(12.12)。式(12.12)的条件一般不会满足。如果$(\partial x_1/\partial \pi_2)=0$,则意味着将来的政策对经济主体的决策没有影响;如果$[\partial S/\partial x_1 + (\partial S/\partial x_2) \cdot (\partial x_2/\partial x_1)]=0$,则意味着经济主体现在的决策对社会目标函数的直接影响和间接影响的总和为零。上述的可能性一般不会出现,π_2^{**} 将不同于 π_2^*。由于规则型的货币政策(π_1^*, π_2^*)是跨时效用最大化的解,因此可以断定(π_1^*, π_2^{**})只能产生一个较低的效用水平,为了获得跨期最优社会福利水平,货币当局应执行时间一致的货币政策规则,放弃相机抉择的行动模式。

$$\frac{\partial x_1}{\partial \pi_2}\left[\frac{\partial S}{\partial x_1} + \frac{\partial S}{\partial x_2} \cdot \frac{\partial x_2}{\partial x_1}\right] = 0 \tag{12.12}$$

我们也可以用图 12.1 来更好地理解货币政策规则和相机抉择的优劣关系。图 12.1 中,π 表示通货膨胀,U 表示失业率,SPC 表示短期菲利普斯曲线,LPC 表示长期菲利普斯曲线,椭圆可以理解为政府的损失函数,即政府的损失函数为二次方程的形式,参见式(12.13)。政府试图最小化总产出缺口($y_t - y^*$)和通货膨胀偏离($\pi_t - \pi^*$)的平方和;式(12.13)的 A 为调节系数。

$$L = A[(\pi_t - \pi^*)^2 + \lambda(y_t - y^*)^2] \tag{12.13}$$

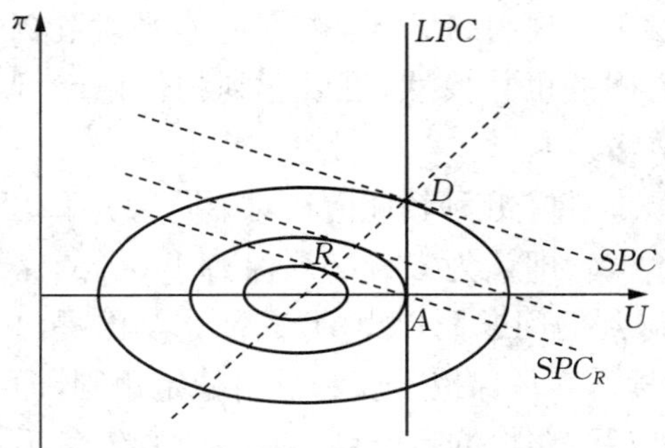

图 12.1 政策规则与相机抉择的优劣比较

假定政府通货膨胀的目标值为零，上述式(12.13)在图 12.1 中可表示为焦点在横轴上的椭圆，椭圆的面积越大表示社会福利损失越大，位于椭圆内侧的点社会福利优于椭圆外侧的点。假定低通货膨胀为最优选择。当公众形成了较低的通货膨胀预期时，短期菲利普斯曲线处在 SPC_R 的位置，但 SPC_R 线与损失函数相交于点 A 位置。此时，相机抉择的政府会利用意外的通货膨胀政策，来使失业率降低到自然失业率以下，也就是使均衡点从 A 移动到点 R。在理性预期条件下，私人部门会意识到政府行为，他们会形成较高的通货膨胀预期，使短期菲利普斯曲线升高，货币当局的相机抉择行为只是造成了较高的通货膨胀，对产出和失业率没有任何影响(最终的均衡位置在点 D)。①因此，政府采用按规则办事的策略所达到的均衡点 A 优于相机抉择的均衡点 D，货币当局以政策规则来指导自己行为对整个社会来说属于更好的选择。

12.1.3 20 世纪 70 年代以前的货币政策规则

历史上的货币政策规则有金铸币流通规则、费雪的补偿美元计划、狭义银行即 100% 储备规则、费雪—西蒙斯价格规则、货币供应量增长率不变规则、名义 GDP 目标规则、麦卡勒姆基础货币规则、泰勒规则以及通货膨胀目标规则、伯南克规则、耶伦规则等。

在弗里德曼以前的货币理论聚焦于货币政策对经济影响的间接传导机制，强调货币供应量变化对借贷利率的影响，以及由此引起的社会支出和通货膨胀变化；在货币政策规则方面，以借贷利率作为货币政策中介目标，其中最为典型的是魏克塞尔提出的利率规则。魏克塞尔的利率规则认为，在物价低于目标水平时，降低利率；在物价高于目标水平时，提高利率。

20 世纪 70 年代以前的许多货币政策规则都与金本位制度有关。比如，金本位制度本身就是一种有效的货币政策规则。实行金本位制度的国家，保证在任何时候通货都可以自由兑换成黄金。在金本位制度下，当经济过热经常项目出现逆差时，黄金(铸币)流出本国，进而使本国支出减少，产出下降，产出波动得以稳定。在金本位制度下，只要黄金价格保持相对稳定，在控制通货膨胀方面，严格钉住黄金的机制就会发挥作用。

补偿美元规则与金本位制度有关。补偿美元规则强调，通货能够与黄金兑换，黄金的

① 比如政府为了降低失业率，实施扩张性货币政策。在通货膨胀预期保持不变时，失业率下降到 R 点对应的失业率水平。随着市场形成通货膨胀预期，且通货膨胀预期等于货币政策扩张强度时，短期菲利普斯曲线 RA 会向右平移，并与长期菲利普斯曲线 LPC 相交。此时，失业率保持不变，通货膨胀率上升。政府反复操作会使得短期菲利普斯曲线最终平移到 SPC 位置，并与长期菲利普斯曲线 LPC 相交于点 D。点 D 的通货膨胀率高于点 A，失业率与点 A 相同，点 D 的福利损失超过点 A。点 A 的社会福利损失为最小。当价格调节黏性时，会存在位于点 R 的短期均衡，即短期失业率会低于长期失业率。

价值通过实际条款来(由CPI定义)加以固定。补偿美元规则的优点是物价总水平对黄金价格波动不敏感,中央银行通过保持通货和黄金之间的可兑换性,可以达到物价稳定目标。这个规则的缺点是它对黄金的投机行为相当敏感。

在20世纪30年代经济大萧条以后,芝加哥学派提出了几种较此前相对不同的货币政策规则,并以狭义银行(narrow banking)观点最为著名,即认为银行必须保持100%的储备。狭义银行观点是针对大萧条时期金融部门所遇到的问题而提出的,芝加哥学派提出的其他货币政策规则多受此影响,其中之一是人均货币存量保持不变和价格稳定规则,即要求在物价低于目标水平时,中央银行增加货币供应量,在物价高于目标水平时紧缩货币供应量。这种货币政策规则,也被称为费雪—西蒙斯价格规则。在实践中,该规则会引起实际GDP出现大幅波动,难以选择货币政策操作时机。

表12.1 货币政策规则的演变过程

提出时间	货币规则名称
1875年	金铸币流通规则(Gold-specie flow rule)(Viner, 1932)
1920年	费雪的补偿美元计划(compensated dollar proposal)(Fisher, 1920)
1933年	狭义银行:100%储备(Fisher, 1945)
1945年	费雪—西蒙斯价格规则(Fisher, 1945)
1960年	固定货币增长率规则(Friedman, 1970)
1983年	名义GDP目标规则(Taylor, 1985)
1988年	麦卡勒姆基础货币规则(McCallum, 1988)
1993年	泰勒规则(Taylor, 1993)
1996年	通货膨胀目标规则(Svensson, 2002)
2008年	伯南克规则(Bernanke, 2015)
2012年	埃文斯规则(Evans, 2012)
2015年	耶伦规则(Yellen, 2014)

资料来源:《世界经济》2005年第12期;Federal Reserve of Chicago。

12.1.4 货币供应量增长率不变规则

20世纪70年代,米尔顿·弗里德曼提出了货币供应量增长率不变规则。货币供应量增长率不变规则建议中央银行公开宣布并长期采用一个固定不变的货币供应量增长率,着重强调以下三点。(1)公开宣布。其目的是告示于众,减轻人们心理上的不安定感,避免因不同预期而引起的信息紊乱和信息矛盾,同时也将货币当局的行为置于公众的监督之下。(2)长期采用。其意图在于消除频繁的相机抉择变动而引起的经济波动,避免因人为因素导致的错误决策给经济运行造成扰动,消除政策时滞效应,使政策实施的初始效果和最终效果趋于一致。(3)固定货币供应量增长率。这样可加强货币政策的连续性和稳定性,并可以其自身的稳定性抵御来自其他方面的干扰。这三个要点需要相互呼应,紧密相连,缺一不可。弗里德曼认为,只有长期采用一个固定不变的货币供应量增长率①,才能确保币值稳定,实现物价稳定和经济长期稳定增长。

1. 弗里德曼的名义收入货币理论

弗里德曼在早期货币数量论的基础上,将其发展为现代货币数量论,其核心是货币供应量与名义收入之间的关系。②弗里德曼把他的货币理论叫做名义收入货币理论(monetary theory of nominal income)。

(1) 模型基础。

名义收入货币理论的基础为简单的货币理论和收入支出理论。以下式(12.14)至式(12.16)表示货币需求与货币供给,式(12.17)至式(12.19)为收入支出关系。其中:M^D=货币需求量,M^S=货币供应量,Y=名义收入,P=价格水平,r=利率,C=消费,I=投资。

$$M^D=P\cdot f\left(\frac{Y}{P},\ r\right) \tag{12.14}$$

$$M^S=h(r) \tag{12.15}$$

$$M^D=M^S \tag{12.16}$$

$$\frac{C}{P}=f\left(\frac{Y}{P},\ r\right) \tag{12.17}$$

$$\frac{I}{P}=g(r) \tag{12.18}$$

$$\frac{Y}{P}=\frac{C}{P}+\frac{I}{P} \tag{12.19}$$

上述式(12.14)至式(12.19)有 7 个变量但只有 6 个方程,我们需要增加第 7 个方程式,解决遗漏方程问题(missing equation)。

(2) 遗漏方程解决方案。

解决遗漏方程有三种方法。第一种方法,根据货币数量论,固定实际收入,假设收入保持不变,增加方程式(12.20)。第二种方法,根据收入支出理论,假设价格保持不变,增加方程式(12.21)。第三种方法,考虑到第一种方法和第二种方法都会导致无法对价格涨跌做动态分析,解决方法是增加名义国民收入决定方程,而不是给定价格或给定实际国民收入。

$$\frac{Y}{P}=y=y_0 \tag{12.20}$$

$$P=P_0 \tag{12.21}$$

第一步,讨论货币需求。弗里德曼指出,货币需求的实际国民收入弹性为 1,接近于实

---

① 固定不变的货币供应量增长率是指与潜在产出增长率一致的货币供应量增长率,而不是指货币供应量增长率为常数。当潜在产出增长率保持不变时,货币供应量增长率也不变。

② (1)Friedman, M., 1970, "A Theoretical Framework for Monetary Analysis", *Journal of Political Economy*, 78(6):193—238. (2)Friedman, M., 1971, "A Monetary Theory of Nominal Income", *Journal of Political Economy*, 79(2):323—37.

证研究结果。于是式(12.14)可改写为式(12.14.1)。

$$M^{D}=Y\cdot f(r) \tag{12.14.1}$$

第二步,讨论利率。弗里德曼借鉴了凯恩斯和费雪的观点。凯恩斯认为。现行市场利率 r 取决于对长期利率的预期 r^{*},即式(12.22)成立。费雪则强调名义利率 r 与实际利率之间的区分,认为名义利率 r 等于实际利率(设为 ρ)与价格变动率 $(1/P)(\mathrm{d}P/\mathrm{d}t)$ 之和,即式(12.23)关系成立。将式(12.22)和式(12.23)结合,可得到式(12.24),即名义利率＝预期实际利率＋价格变动率之和。

$$r=r^{*} \tag{12.22}$$

$$r=\rho+\left(\frac{1}{P}\cdot\frac{\mathrm{d}P}{\mathrm{d}t}\right) \tag{12.23}$$

$$r=\rho *+\left(\frac{1}{P}\cdot\frac{\mathrm{d}P}{\mathrm{d}t}\right)^{*} \tag{12.24}$$

$$\left(\frac{1}{P}\cdot\frac{\mathrm{d}P}{\mathrm{d}t}\right)^{*}=\left(\frac{1}{Y}\cdot\frac{\mathrm{d}Y}{\mathrm{d}t}\right)^{*}-\left(\frac{1}{y}\cdot\frac{\mathrm{d}y}{\mathrm{d}t}\right)^{*} \tag{12.25}$$

$$r=\rho^{*}+\left(\frac{1}{Y}\cdot\frac{\mathrm{d}Y}{\mathrm{d}t}\right)^{*}-\left(\frac{1}{y}\cdot\frac{\mathrm{d}y}{\mathrm{d}t}\right)^{*} \tag{12.26}$$

由 $P=Y/y$ 可知,价格变动率 $(1/P)(\mathrm{d}P/\mathrm{d}t)$ 等于名义收入变动率 $(1/Y)(\mathrm{d}Y/\mathrm{d}t)$ 与实际收入变动率 $(1/y)(\mathrm{d}y/\mathrm{d}t)$ 之差,即式(12.25)。将式(12.25)代入式(12.24)以后得到式(12.26)。弗里德曼认为,预期的实际利率(ρ^{*})与预期的实际收入变动率 $[(1/y)(\mathrm{d}y/\mathrm{d}t)]^{*}$ 由上述式(12.14)至式(12.19)构成的经济系统以外的因素决定,二者之差可以看作外生因素,记为常数 k_0。式(12.26)因此可改写为式(12.27)。

第三步,建立名义收入货币决定理论。将货币供给视为外生变量,同时引进时间 t,记 $M(t)$ 为外生决定的 t 时期的货币供应量,则由式(12.14.1)、式(12.15)、式(12.16)可得式(12.28)。其中,$V(r)=1/f(r)$,表示货币周转率,即货币流通速度。

$$r=k_0+\left(\frac{1}{Y}\cdot\frac{\mathrm{d}Y}{\mathrm{d}t}\right)^{*} \tag{12.27}$$

$$Y(t)=V(r)\cdot M(t) \tag{12.28}$$

由式(12.27)和式(12.28)式构成的两方程体系,可决定任一时点的名义收入水平,而不必对价格加以限制,包含了有价格涨跌的动态均衡关系。

弗里德曼认为,早期的货币数量论与凯恩斯的收入—支出理论存在一些共同的缺点,其中最主要的是,二者都没有讨论短期名义收入变化在价格与产量之间的分割问题。早期货币数量论认为名义收入变化完全为价格变化所吸收,即“实际产出不变”。凯恩斯主义认为名义收入变化完全是产量变化,存在“短期价格刚性”。弗里德曼避开了对名义收入在产量和价格之间分割的假定,他以货币供求均衡为基础,建立了名义收入货币理论结构模型,并用数学方法显示其动态含义和调节过程。

(3) 动态涵义。

为了考察货币供应量(M)变动率与名义收入(Y)变动率之间的动态关系,我们求解式(12.27)和式(12.28)对时间 t 的导数,得到式(12.29)和式(12.30)。假定预期收入增长率由适应性预期模型决定,即式(12.31)成立;其中 β 为系数。用 s 表示 $(1/V)(\mathrm{d}V/\mathrm{d}r)$,即货币流通速度保持稳定,联立式(12.29)、式(12.30)和式(12.31),可得到式(12.32)。在式(12.32)两边同时减去 $(1/M)(\mathrm{d}M/\mathrm{d}t)$ 可得到式(12.33)。

$$\frac{1}{Y}\cdot\frac{\mathrm{d}Y}{\mathrm{d}t}=\frac{1}{V}\cdot\frac{\mathrm{d}V}{\mathrm{d}t}+\frac{1}{M}\cdot\frac{\mathrm{d}M}{\mathrm{d}t}=\frac{1}{V}\cdot\frac{\mathrm{d}V}{\mathrm{d}r}\cdot\frac{\mathrm{d}r}{\mathrm{d}t}+\frac{1}{M}\cdot\frac{\mathrm{d}M}{\mathrm{d}t} \tag{12.29}$$

$$\frac{\mathrm{d}r}{\mathrm{d}t}=\frac{\mathrm{d}}{\mathrm{d}t}\left(\frac{1}{Y}\cdot\frac{\mathrm{d}Y}{\mathrm{d}t}\right)^{*} \tag{12.30}$$

$$\frac{\mathrm{d}}{\mathrm{d}t}\left(\frac{1}{Y}\cdot\frac{\mathrm{d}Y}{\mathrm{d}t}\right)^{*}=\beta\left[\frac{1}{Y}\cdot\frac{\mathrm{d}Y}{\mathrm{d}t}-\left(\frac{1}{Y}\cdot\frac{\mathrm{d}Y}{\mathrm{d}t}\right)^{*}\right] \tag{12.31}$$

$$\frac{1}{Y}\cdot\frac{\mathrm{d}Y}{\mathrm{d}t}=\left(\frac{1}{Y}\cdot\frac{\mathrm{d}Y}{\mathrm{d}t}\right)^{*}+\frac{1}{1-\beta s}\left[\frac{1}{M}\cdot\frac{\mathrm{d}M}{\mathrm{d}t}-\left(\frac{1}{Y}\cdot\frac{\mathrm{d}Y}{\mathrm{d}t}\right)^{*}\right] \tag{12.32}$$

$$\frac{1}{V}\cdot\frac{\mathrm{d}V}{\mathrm{d}t}=\frac{\beta s}{1-\beta s}\left[\frac{1}{M}\cdot\frac{\mathrm{d}M}{\mathrm{d}t}-\left(\frac{1}{Y}\cdot\frac{\mathrm{d}Y}{\mathrm{d}t}\right)^{*}\right] \tag{12.33}$$

假定 $0<\beta s<0$,上述式(12.32)表示名义收入增长率,式(12.33)表示货币流通速度变动率。式(12.32)表明,如果货币供应量增长率 $(1/M)(\mathrm{d}M/\mathrm{d}t)$ 等于长期名义收入增长率 $[(1/Y)(\mathrm{d}Y/\mathrm{d}t)]^{*}$,则名义收入增长率 $(1/Y)(\mathrm{d}Y/\mathrm{d}t)$ 将等于长期名义收入增长率 $[(1/Y)(\mathrm{d}Y/\mathrm{d}t)]^{*}$。如果货币供应量增长率大于预期的名义收入增长率,则名义收入增长率也将超过预期的水平,并且会导致货币流通速度加快;反之,低于预期名义收入增长率的货币增量,会导致货币流通速度降低,收入增速小于预期。这为如何制定货币供应量增长目标提供了理论依据。

2. 弗里德曼的货币政策主张

货币政策的重要性得到了经济学家和政策实践者的一致认同,但在具体实施上,不同经济学家的主张有明显分歧,并集中在以下三个方面:(1)货币政策的最终目标是什么?(2)应该以何种经济变量衡量货币政策效果?(3)货币政策与财政政策何者更重要?

弗里德曼认为,以物价稳定为最终目标,以货币供应量增长率为控制指标,货币政策应在国家干预中占主导地位。在弗里德曼看来,货币政策所能完成的首要任务是使货币不成为重大经济纷扰的根源,防止货币政策失误,尽可能为经济活动提供稳定的货币环境。弗里德曼主张的货币政策包括五个要点:第一,货币政策目标应是某一货币总量的增长率,至于选择何种货币总量指标则无关紧要;第二,货币当局应采取长期的、保证没有通货膨胀的货币供应量增长目标;第三,货币当局应通过逐步的、有规则的、事前宣布的方式来修订当前的货币供应量增长率,使之达到长期的货币增长目标;第四,货币当局应避免"微调"的做法;第五,货币当局应杜绝任何企图控制利率或汇率的尝试。弗里德曼将其上述主张称为"单一规则"(single rule),即通常所谓的"弗里德曼规则"。

弗里德曼反对相机抉择的货币政策干预。弗里德曼指出,虽然货币政策可以对由其他原因引起的重大的、明显的经济动荡发挥抵消作用,但人们对小的经济纷扰发生的时间、程度及采取何种政策都缺乏研究,且作用机制、时滞等无法把握,在这样的情况下进行反向政策操作反而容易增加扰动。

对于这一固定的货币增长率,其取值如何确定?弗里德曼为美国做出的估算是货币供应量每年增长4%—5%,这是基于1960年以前的数据给出的参考值。在1960年以前近一个世纪的时期内,美国GDP的平均增长率约3%。弗里德曼测算的货币供应量增长5%的目标中,3%—4%对应于GDP增长,1%为货币流通速度下降留出余地。此处的货币供应量包括通货和商业银行存款。弗里德曼指出,如果采用更为狭义的货币定义,那么略低的货币存量增长率或许更为合适;如果采用更为广义的货币定义,略高的货币存量增长率或许更为合适。

3. 货币供应量增长率不变规则的缺陷

弗里德曼坚持认为,货币政策必须保持单一性、长期性和稳定性。货币政策的首要目标是稳定货币、稳定经济、而不是维持既定的劳动失业率或其他目标;货币政策只能以货币供应量增长率为控制指标,而不能钉住利率、汇率、物价或其他经济变量;货币供应量增长率一经正确制定,就应该长期固定,而不能因经济波动或其他因素作随意调整。只有切实地坚决地实施单一规则,才能有效地稳定货币,克服货币政策的摇摆性和失误,赢得公众对货币政策信任,真正为经济社会提供稳定的货币环境。

弗里德曼提出的货币供应量增长率不变规则可用于解决货币政策工具的不稳定问题。当货币当局坚持货币供应量按照常数增长,且货币的收入流通速度保持不变,则会存在针对GDP变化的名义锚,有助于降低通货膨胀。

货币供应量增长率不变规则的主要缺陷是假定货币的收入流通速度保持不变。但是,支付制度改进,如ATM的使用,会引起货币的收入流通速度发生变化。此外,控制货币存量有很多困难,中央银行往往只能间接地影响货币供应量增长水平。为了克服货币供应量增长率不变规则的缺陷,在1988年出现了麦卡勒姆基础货币规则。麦卡勒姆规则是一个典型的工具规则,它引出了后来的泰勒规则和通货膨胀目标规则。

12.2 货币政策规则设计方法

12.2.1 货币政策规则设计原则

设计货币政策规则时必须考虑卢卡斯批判的问题,确保构成货币政策规则的政策参数不随货币政策变化而变化。①泰勒(John B. Taylor)给出了货币政策规则的基本设计

① 货币政策规则要求货币政策可以被预期,包括明确给定货币政策目标,或者依据现实条件可以明确得到中央银行应该实施的货币政策。比如,根据通货膨胀缺口和实际产出缺口,可以计算政策利率水平。政策参数稳定时表明市场行为比较稳定,有助于设计货币政策,并可以预测货币政策实施效果。政策参数稳定满足卢卡斯批判的基本要求。

方法。[①]货币政策规则设计可以从式(12.34)的宏观经济模型开始。

$$y_t = A(L, g)y_t + B(L, g)i_t + u_t \tag{12.34}$$

在式(12.34)中,y_t 是由内生变量组成的向量,可以把它理解成目标变量;i_t 是由工具变量组成的向量;u_t 表示独立分布的误差项;$A(L, g)$和 $B(L, g)$是包含滞后项 L 和政策参数 g 的多项式。其中 $L(y_t)=y_{t-1}$,包含滞后项的理由是,在 t 时期的目标变量取值也取决于该目标变量的上一期水平。在式(12.34)的基础上,可以得到关于工具变量 i_t 的解。

$$i_t = G(L)y_t \tag{12.35}$$

上述式(12.35)的意义在于,工具变量取值可以根据期望得到的目标变量求解得到。[②]当政府对宏观经济有充分的知识时,就可以通过最优控制试验求解出最优货币政策;参见式(12.36)。

$$i_t = G^*(L)y_t \tag{12.36}$$

政策制定者在确定货币政策规则时,需要选择最为合适的目标和工具。目标和工具选择相当复杂。在目标选择方面选择存量还是增量,对规则设计有很大影响。对选择以基础货币作为工具变量还是以短期利率作为工具变量,也一直有争议。

在设计货币政策规则时必须区分刚性规则和弹性规则。刚性规则是指政府在制定了规则之后必须严格地按照规则办事,避免向新的路径调整,哪怕是微调也不允许;弹性规则灵活很多,政府制定的货币政策规则在这种情况下可以被看作是一个指导方针,在实施过程中允许政府采用"倚靠经济风向"策略,对既定的规则进行微调,政府在制定政策时更具有灵活性,政策的作用范围也更大。

货币政策规则设计可以通过建立目标变量和工具变量之间的关系来完成。其中,工具变量是指某项货币政策工具(如短期利率),目标变量是指需要钉住的某项宏观经济目标。[③]通过最优控制方法可以找到货币政策规则最优解。在制定货币政策规则过程中,对货币政策工具和货币政策目标作出选择往往比求出最优解更为重要。

12.2.2 货币政策目标和工具选择

货币政策目标可以是社会福利水平,或是总产出和劳动就业,货币政策的作用对象可以是物价指数、名义收入或汇率等。由于 GDP 等数据的获取比较慢,而金融和货币数据能较快获取,因此后者可以作为货币政策目标的信号变量。货币政策工具就是中央银行

① Taylor, J.B., 1999, "A Historical Analysis of Monetary Policy Rules", in J.B.Taylor (eds.), *Monetary Policy Rules*, University of Chicago Press:319—341.

② 这里的 G 由政策参数多项式 g 变换得到。

③ 我们将货币政策工具可以直接操作实现的指标设计界定为货币政策工具规则,将同总产出、就业、物价等宏观经济指标密切相关的指标设计界定为货币政策目标规则。将弗里德曼货币供应量增长率不变规则看作货币政策目标规则更为贴切。货币政策目标规则可以运用不同的货币政策工具去实现。将"货币供应量"当做货币政策目标时,我们动用准备金政策、贴现政策等货币政策工具去实现。鉴于货币供应量目标的控制难度和实现方法的多样性,我们更倾向于把货币供应量增长率不变规则归类为货币政策目标规则。

经常操作的指标,如利率,或者是中央银行可以控制的某个货币范畴。对货币政策工具作出选择,需要在基础货币或准备金工具,以及短期利率工具之间加以区分。这些指标并不能被直接控制,将这些指标定义为操作目标会更好。

在货币政策目标选择过程中,最基本的问题是是否执行固定汇率制度安排。在封闭经济中,货币政策目标比较容易定义,比如通货膨胀、名义收入增长率或者对通货膨胀和实际产出作加总处理后得到的混合指标。货币政策目标选择的另一重要问题是,对设定增长率目标与设定增长水平目标的权衡问题。此问题的结论取决于该目标的趋势平稳(trend stationary)特点或差分平稳(difference stationary)特点。

被选择的货币政策目标可能不确定。不确定性可以区分为名义不确定性和非唯一结果两种情形:在第一种情况下,模型不能稳定所有的名义变量值;在第二种情况下,模型的求解方法很多,不存在唯一均衡解。

12.2.3 货币政策规则类型确定

我们需要对货币政策工具规则与货币政策目标规则进行区分。货币政策工具规则根据特定的货币政策工具设计;货币政策目标规则由最优化模型导出,最优化模型的特点是使中央银行预先确定的损失函数最小。货币政策目标规则比较普遍,中央银行只要按照目标规则办事,没有必要时刻关注可能的福利损失。对公众来说,货币政策工具规则的内容明确且易于交流。

我们需要区别货币政策规则制定时的信息运用问题。大多数货币政策规则在论证时,使用的是事后数据(ex-post data),当使用实时数据(real-time data)时会得到不同的结论。实时数据是政策制定者在做决策时观测到的数据,没有经过统计纠正。

使用事后数据设计货币政策规则时,政策工具前的参数必须保持稳定,这样才能满足卢卡斯批判要求。选择实时数据可以更好的掌握通货膨胀缺口和实际产出缺口,据此可以设计更为精准的货币政策工具。基于现实经济指标与目标水平的偏离,并不否定货币政策效应的滞后问题。我们基于实时数据设定货币政策,表明的是当前货币政策需要的调节方向和实施强度。使用前瞻性数据设计货币政策则最好,但我们无法及时准确地获得未来的实际产出指标、通货膨胀指标、劳动就业指标等。

12.3 货币政策工具规则

货币政策工具规则将货币政策工具表示成先定的或前瞻性变量,或两者兼而有之的先验方程(pre-described function)。如果货币政策工具仅取决于先定变量,就能得到显性工具规则;货币政策工具取决于前瞻性变量时,则可以得到隐性工具规则。泰勒规则、麦卡勒姆规则等都是显性工具规则。

12.3.1 麦卡勒姆规则

麦卡勒姆基础货币规则的提出是在20世纪80年代初期,当时整个世界经济存在比较大的波动。金融创新发展和银行系统变化，使货币需求函数表现出很大的不稳定性，传统意义上的货币供应量已经不能被政府有效控制，由弗里德曼提出的货币供应量增长率不变规则难以实施，而且很难达到稳定经济的货币政策目标。麦卡勒姆认为，弗里德曼的货币供应量增长率不变规则并不是表达货币主义政策的最优形式，政府应该通过控制基础货币来达到稳定经济目标，而不是通过控制货币供应总量来达到稳定经济目标。①

麦卡勒姆认为，政府选择的操作变量应该是基础货币。货币供应量本身并不是政府货币政策的最终调控目标，金融市场发展已经使货币供应量变得越来越难以被政府控制。在有制度变迁时，政府经常会改变事先设计在货币供应量增长率不变规则中的政策，货币供应量目标与货币政策最终目标之间的关系变得越来越不稳定。采用基础货币作为操作变量则可以避免这些问题。基础货币的可控性要强于货币供应量，以基础货币作为操作变量不会与其目标路径发生重大偏离。

在基础货币规则中，使用名义 GDP 作为货币政策最终目标。基础货币调整的依据不是产出的绝对水平或者产出增长率，而是名义收入实际增长率与政府设定的目标增长率之间的差额。基础货币规则的设定考虑了货币流通速度的影响。麦卡勒姆的基础货币规则可用式(12.37)表示。

$$\Delta b_t = \Delta x^* - \Delta v^a + \lambda(\Delta x^* - \Delta x_{t-1}) \tag{12.37}$$

上述式(12.37)被认为是麦卡勒姆规则的最基本的数学表达形式，其中：Δb_t 表示作为货币政策操作变量的基础货币增长率；Δx^* 是指名义 GDP 的目标增长率；$\Delta x^* - \Delta x_{t-1}$ 是指名义 GDP 目标增长率与在上一期名义 GDP 实际增长率之间的差额。在麦卡勒姆规则中，参数 λ 等于 0.5；Δv^a 代表基础货币流通速度平均增长率(麦卡勒姆采用的数据是政策实施前 16 个季度的平均值)，基础货币的流通速度为名义 GDP 与基础货币的比率，Δv^a 可以写成式(12.38)。式(12.37)和式(12.38)中的所有变量都取对数形式，②且假定基础货币的流通速度增长率能够准确反映技术进步和政府管制带来的货币流通速度变化。

$$\Delta v^a = \frac{1}{16}[(x_{t-1} - b_{t-1}) - (x_{t-17} - b_{t-17})] \tag{12.38}$$

在麦卡勒姆规则中，政府首先确定名义 GDP 的目标增长率 Δx^*，作为操作变量的基础货币增长率受两个因素影响。(1)上一期的产出缺口，在 t 期制定货币政策时当期的产出水平还是未知数，只能通过观察上一期名义 GDP 对其目标值的偏离程度来确定当期的政策安排。当产出缺口为正时，说明名义 GDP 还处在目标水平以下，需要提高基础货币增长率来刺激经济；当 $\Delta x^* - \Delta x_{t-1}$ 为负数时，说明经济处于过热阶段，需要政府紧缩基础货币来调控经济。(2)基础货币流通速度。在式(12.37)中 Δv^a 的系数为负，所有影响货币流通速度的因素都会影响政府对最优基础货币增长率的选择。

在使用名义收入作为目标的麦卡勒姆规则中，模型本身存在内在的稳定机制，即以名

---

① McCallum, Bennett T., 1984, "Monetary Rules in the Light of Recent Experience", *American Economic Review*, 74(2):388—391.

② 对 x 和 b 分别取自然对数后相减得到的是基础货币周转速度的自然对数。基础货币周转速度取自然对数后相减可得到基础货币周转速度增长率。

义 GDP 为目标变量可以产生自动补偿机制，可抵消由货币流通速度不稳定带来的影响：当货币流通速度加快时会带动名义收入增加，根据模型可知，基础货币在此时会受到来自货币流通速度增加和收入增加的双重压力（Δx_{t-1}和 Δv^a 的值都变大），这将导致基础货币大幅减少，最终使名义收入又回到目标范围以内；当货币流通速度放慢时，名义收入会随之减少，Δx_{t-1}和 Δv^a 的值都变小，基础货币会大幅度增加，其结果是使名义收入又回到目标值。

上述模型是麦卡勒姆规则的基本形式。在其基础上，有许多拓展①。麦卡勒姆在 1989 年的论文中构建了以通货膨胀为最终目标的基础货币规则；参见式(12.39)。

$$\Delta b_t = 0.007\,39 - \Delta v^a + \lambda(\Delta\pi^* - \Delta\pi_{t-1}) \tag{12.39}$$

其中，$\Delta\pi^*$ 表示中央银行的通货膨胀目标值，$\Delta\pi_{t-1}$表示上一期的通货膨胀，货币当局的操作变量仍然是基础货币增长率。②麦卡勒姆使用美国 1923—1941 年的数据，对上述模型模拟后发现，使用上述规则可以使美国在一定程度上避免在 1923—1934 年间的经济大萧条发生。但是，通过事后数据得到的模拟过程是否对未来的政策制定有所帮助，仍然存在许多争议。

在麦卡勒姆规则的基础上，居迪和默特里(Judd and Motley，1991)将名义收入目标分解成实际收入目标（Δy_t^*，$\Delta y_{t-1}{}^*$）和通货膨胀目标（$\Delta\pi_t^*$，$\Delta\pi_{t-1}{}^*$）两个部分，将式(12.37)写成式(12.40)。③

$$\Delta b_t = (\Delta y_t^* + \Delta\pi_t^*) - \Delta v^a + \lambda[(\Delta y_{t-1}^* - \Delta y_{t-1}) + (\Delta\pi_{t-1}^* - \Delta\pi_{t-1})] \tag{12.40}$$

他们还对式(12.38)、式(12.39)和式(12.40)的稳健性做了探讨，比较了前述基础货币规则选取不同政策目标时的表现。研究表明，式(12.39)和式(12.40)的稳健性不如式(12.37)，反应系数 λ 的取值超过一定范围后，模型会出现发散的结果。

麦卡勒姆规则的缺陷是基础货币指标本身。在美国，由于基础货币不稳定，这个规则只使用了很短的时间(1979—1982 年)。因此，麦卡勒姆基础货币规则被逐步修正成了利率(联邦基金利率)规则；参见式(12.41)。

$$i_t = r^* + \Delta P^T + \lambda'(\Delta y_t - \Delta y^T) \tag{12.41}$$

$$\Delta y_t - \kappa\Delta i_t = \Delta y^T - \Delta v^a + \lambda(\Delta y^T - \Delta y_t) \tag{12.42}$$

在式(12.41)中，i_t 是名义利率，P^T 是物价目标的对数值，r^* 为实际利率均衡值，Δy_t 为名义收入实际值，Δy_t^T 为名义收入目标值，λ'为调节系数。运用这个方程的理由是，基础货币流通速度和联邦基金利率之间存在稳定的联系。这一点可以从以下事实看出，即

① McCallum, Bennett T., 1989, "Targets, Indicator and Instruments of Monetary Policy", *NBER Working Paper* 3047.

② 这里的通货膨胀目标值 $\Delta\pi^*$ 和基础货币周转速度平均增长率 Δv^a 表示的是一段时间内稳定的通货膨胀目标和基础平均周转速度，都没有时间下标。

③ Judd, John P., and Brain Motley, 1991, "Nominal Feedback Rules for Monetary Policy", *Economic Review*, Federal Reserve Bank of San Francisco, Issue Sum:3—17.

$\Delta b_t = \Delta y_t - \Delta v_t$ 和 $\Delta v_t = \kappa \Delta i_t$（流通速度和利率之间的稳定关系），结合式(12.37)可得式(12.42)。整理后有 $\Delta i_t = [\Delta v^a + (1+\lambda)(\Delta y_t - \Delta y^T)]/\kappa$，这就是联邦基金利率的调整规则。①

12.3.2 泰勒规则

泰勒规则属于货币政策工具规则。该规则由泰勒在1993年提出。进入20世纪90年代以后，美国联邦政府通过了预算平衡法案，使得美联储之前一直实施的货币主义单一规则受到了挑战。预算平衡法案的通过意味着，在新的财政运作框架下，政府不能够再通过大规模的扩张性财政政策来刺激经济，削弱了财政政策调控经济运行的能力，对宏观经济的调控压力就自然而然地落到了货币政策方面。由于之前实行的钉住货币供应量的货币政策缺乏灵活性，于是，美联储开始采取通过实际利率来调控宏观经济的货币政策规则，这就是“泰勒规则”。

1. 泰勒规则的基本形式

泰勒使用多国理性预期模型，通过对7个工业国家的数据进行模拟分析，发现利率规则有利于中央银行保持总产出与物价稳定。他认为中央银行应根据当期通货膨胀与目标通货膨胀之间的偏差（通货膨胀缺口）、均衡实际利率、当期的总产出缺口等变量来调节实际利率。泰勒研究发现，在影响物价水平和经济增长的因素中，实际利率是唯一能够与物价水平和经济增长保持长期稳定关系的指标，实际利率可以作为货币政策中介目标。

泰勒建议根据通货膨胀的目标值与其实际值之间的差距以及总产出的目标值与其实际值之间的差距来调节名义利率，使名义利率在剔除物价因素后与实际利率相等，这样就能使利率保持中性，使之对经济既不起刺激作用，也不起抑制作用，形成稳定的利率环境，避免利率波动与经济走势背离，扰乱经济运行。这样，经济就可以以其自身的潜能在目标通货膨胀率下持续稳定增长，从而实现物价稳定和总产出稳定增长双重目标。

(1) 利率决定。

利率与通货膨胀之间的关系很密切。费雪效应表明名义利率与通胀预期之间存在式(12.43)的关系。②其中，i 为名义利率，r 为真实利率，p^e 为通货膨胀预期，β 为名义利率对于通货膨胀预期变化的反应。β 取值为1时，表示利率与通货膨胀预期之间存在一一对应关系。

$$i = r + \beta p^e \tag{12.43}$$

我们可以根据货币数量方程 $MV = PY$ 推导出利率，其中 M 表示货币存量，V 表示货币收入周转速度，P 表示一般物价水平，Y 表示总产出。将货币周转速度 $V = g(i, Y)$ 代入货币数量方程，可得 $M * g(i, Y) = PY$；当货币存量 M 为固定增长率时，两边取对数后

① 一般价格水平相当于物价平均水平。这里相当于对物价指数取自然对数后再取差分，得到的数值等于通货膨胀率。

② 费雪效应分为强费雪效应和弱费雪效应。当 $\beta=1$ 时，通货膨胀率为1%时名义利率也提高1%，为强费雪效应。当 $0<\beta<1$ 时，通货膨胀率为1%时名义利率提高小于1%，为弱费雪效应。当然，也有可能出现通货膨胀率为1%时，名义利率出现下降情形。

再差分可得到式(12.44)。式(12.44)表明,利率是价格和实际收入的函数。需要指出的是,当 M 不是以固定增长率变化而是根据利率或实际收入进行调整时,货币增长率变化会改变式(12.44)中价格 P 与收入 Y 前面的参数取值。

$$i=h(P,Y) \tag{12.44}$$

(2) 泰勒条件。

泰勒在对美国、英国和加拿大等发达国家货币政策的实施效果进行研究后发现,在各种能够影响物价和经济增长的因素中,实际利率是唯一能够与物价及经济增长保持长期稳定关系的指标,可以将短期利率作为货币政策操作指标,实行以利率作为目标的货币政策规则。泰勒认为,中央银行应该根据三个变量来调整实际利率:①(1)当期的产出缺口;(2)当期通货膨胀和通货膨胀目标之间的偏离;(3)均衡的实际利率。由此,可以写出泰勒规则的数学表达式,见式(12.45)。

$$r_t=r^*+h(\pi_t-\pi^*)+g(y_t-y^*) \tag{12.45}$$

其中,t 表示当期;r_t 代表当期实际利率,r^* 为均衡实际利率;π_t 表示当期通货膨胀率;π^* 表示事先设定的通货膨胀目标值;y_t 表示当期的产出水平;y^* 表示均衡(潜在)产出,y_t-y^* 为当期产出缺口。h 和 g 分别表示政府对通货膨胀缺口和产出缺口的反应系数,也称为政府对通货膨胀缺口和产出缺口的偏好程度,h 和 g 的数值可根据历史数据回归得到。

由于实际利率难以操控,所以政府多通过控制名义利率来调控宏观经济。根据费雪方程,可以将上述泰勒规则改写成名义利率的形式,得到式(12.46)。其中,i^* 为名义利率均衡值。将式(12.46)代入式(12.45)后得到式(12.47)。

$$i^*=r^*+\pi^* \tag{12.46}$$

$$i_t=i^*+(1+h)(\pi_t-\pi^*)+g(y_t-y^*) \tag{12.47}$$

在式(12.47)中,i_t 表示当期名义利率,也就是货币当局需要控制的操作变量;i^* 为在均衡实际利率和通货膨胀目标水平下确定的名义均衡利率。在给出了用名义利率表示的泰勒规则后,泰勒又进一步提出只有当 $h>0$ 时,式(12.47)才有稳定的均衡解,这就是"泰勒条件"。为了能更好地理解泰勒条件,我们用图 12.2 来说明在泰勒规则下的经济均衡状况。

我们以通货膨胀率 π 为横轴,利率 i 为纵轴建立直角坐标系。先画出在实际利率均衡时,名义利率与目标通货膨胀率之间的关系,即图 12.2 中的虚线,其斜率等于 1,因为想要保持均衡的实际收入不变,名义利率和通货膨胀率必须按照一对一的关系发生变化,并可写成 $i^*=r^*+\pi^*$ 的形式。接着,我们将式(12.47)在图 12.2 中表示出来。假定泰勒条件成立,也即对于名义利率来说,通货膨胀率的系数大于 1,名义利率规则线和均衡实际利率线在第一象限中有交点 1。由于名义利率不能为负数,当名义利率下降到 0 时,名义利

① Taylor, John B., 1993, "Discretion versus Policy Rules in Practice", *Carnegie-Rochester Conference Series on Public Policy* 39.

率线会出现一个明显的拐折，通货膨胀进一步下降不会再引起名义利率发生变化（名义利率保持在0的水平）。这样，名义利率规则线就在横轴的负半轴与均衡实际利率线产生第二个交点2。

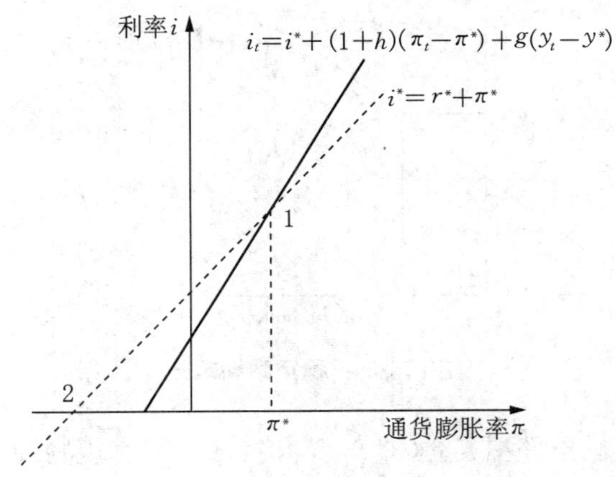

图 12.2 稳定的泰勒规则

在上述两个均衡点中，只有点1是稳定的均衡解，点2处于不稳定的均衡状态。在点1附近，当通货膨胀 π_t 小于目标水平 π^* 时，泰勒规则给出的名义利率低于名义利率均衡水平（实线在虚线下方，$i_t<i^*$）。费雪方程 $i^*=r^*+\pi^*$ 表明，在相同的通货膨胀水平上，泰勒规则给出的实际利率低于均衡时的实际利率（$r_t<r^*$），较低的实际利率会刺激经济增长，从而使通货膨胀恢复到目标值；同样，当通货膨胀 π_t 大于目标水平 π^* 时，由泰勒规则得到的名义利率高于名义利率均衡水平（实线位于虚线上方，$i_t>i^*$），费雪方程表明此时的实际利率高于经济均衡时的实际利率（$r_t>r^*$）。较高的实际利率会抑制经济增长从而使通货膨胀恢复到目标水平 π^*。因此，在点1附近，任何对均衡状态的偏离都会使经济向均衡状态进行调整，使通货膨胀恢复到目标值，点1位置的经济均衡为稳定均衡。

在点2的情况有所不同。当通货膨胀率低于点2水平时（在点2左边），名义利率规则线处在均衡名义利率线的上方，泰勒规则给出的名义利率高于名义利率均衡水平（$i_t>i^*$），实际利率也高于均衡时的实际利率，这会导致经济进一步萎缩，并会使通货膨胀进一步下降，通货膨胀离均衡点会越来越远；当通货膨胀在点2右侧时，泰勒规则给出的名义利率低于名义利率均衡水平（$i_t<i^*$），费雪方程表明实际利率也小于均衡时的实际利率，较低的实际利率会刺激经济增长，从而进一步提高通货膨胀，使通货膨胀离开目标值 π^* 越来越远。①通过比较均衡点1和2的稳定性，泰勒指出，货币当局应该将通货膨胀努力维持在一个小幅正值的水平上。

上述分析是基于泰勒条件成立的基础上展开的，如果泰勒条件不成立，模型可能会出现所有均衡点都不稳定的情形。如果 $h<0$，名义利率规则线 i_t 和名义利率均衡线 i^* 在第一象限的交点就会出现类似于上面分析中均衡点2的情形：当通货膨胀对目标水平发生

① 在点2位置，泰勒规则给出的政策利率使经济进一步偏离点2位置，难以达到均衡状态点2。泰勒规则不再适用。

偏离时，实际利率的作用会使得这种偏离程度加大，而不会恢复到目标值，式(12.47)就不存在稳定的均衡点。

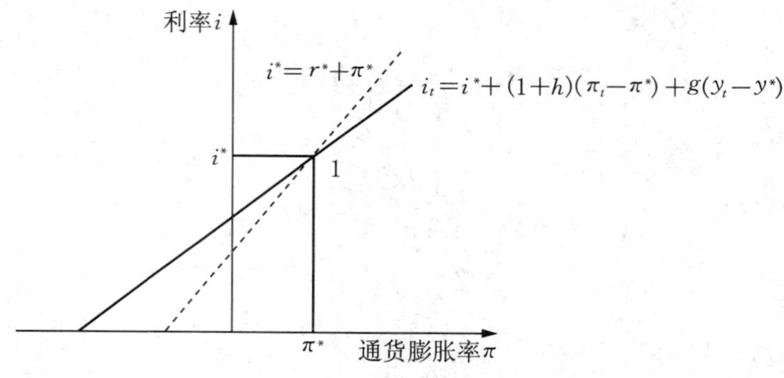

图 12.3　不稳定泰勒规则

在图 12.3 中，当泰勒条件不成立(即 $h<0$)时，名义利率规则线 i_t 和名义利率均衡线 i^* 在第一象限内仍然有交点 1，但在点 1 位置上，通货膨胀并非处于稳定状态。当通货膨胀低于目标值时(在点 1 左边)，由泰勒规则得到的名义利率 i_t 高于实际利率均衡时的名义利率 i^*，这就意味着此时的实际利率高于均衡时的实际利率，这会导致经济萎缩并引起通货膨胀进一步下降，经济偏离均衡点 1 越来越远；同样，当通货膨胀高于目标水平 π^* 时，由泰勒规则得到的名义利率低于实际利率均衡时的名义利率，实际利率低于均衡时的实际利率，这会导致经济进一步扩张，引起更高的通货膨胀。所以，均衡点 1 不稳定，泰勒条件的成立对于泰勒规则的有效性为必须。

(3) 现实中的泰勒条件。

泰勒对美国联邦储备体系从 1987 年到 1992 年的货币政策运行进行研究后发现，美国的实际利率均衡值和目标通货膨胀保持在 2%比较合适，经回归分析得到的 h 和 g 的数值都等于 0.5，于是泰勒规则可写成式(12.48)。对式(12.48)进行变换后可得式(12.49)。

$$i_t=\pi_t+2\%+0.5(\pi_t-2\%)+0.5(y_t-y^*) \tag{12.48}$$

$$i_t=i^*+1.5(\pi_t-\pi^*)+0.5(y_t-y^*) \tag{12.49}$$

其中，$\pi^*=2\%$，$i^*=\pi^*+2\%=4\%$。上述式(12.49)的含义是：对于美国来说，当通货膨胀高于美联储设定的目标值 1 个百分点时，名义利率就应该提高 1.5 个百分点；或者当产出低于潜在产出 1 个百分点时，利率就应该降低 0.5 个百分点。联邦基金利率应该顺应通货膨胀的变化来维持均衡的实际利率水平。当总产出或者通货膨胀冲击使实际利率 $i_t-\pi_t$ 偏离均衡时，中央银行就应利用货币政策工具调节名义利率，使实际利率重新恢复到均衡水平。

2. 泰勒规则的局限性

第一，参数估值困难。泰勒规则中的均衡实际利率、潜在产量水平、自然失业率等指标，经常会随时间变化，很难给予准确估值。

第二，无法实施前瞻性指导。泰勒规则未能给出通货膨胀预期和产出缺口预期对政策利率的影响，无法对货币当局实施前瞻性货币政策给出指导性建议。

第三，存在利率零下限约束。泰勒规则在实际操作中受到利率零下限限制。在政策利率接近于零且经济持续萧条时，泰勒规则给出的政策利率为负。尽管政策利率（比如美国联邦基金利率）在理论上可以为负值，但由于存款利率不可能低于零，短期名义利率低于零的货币政策在实践中难以推行。

3. 泰勒规则拓展

泰勒规则提出以后，引起了广泛关注。对于泰勒规则的讨论集中在以下几个方面。

（1）泰勒规则的原始形式可能会造成中央银行的过度反应。

考虑到中央银行不能得到经济运行中的精准信息，以及货币政策传导机制存在不确定，中央银行倾向于通过缓慢的利率调整来达到宏观经济目标。货币当局总是试图平滑利率的运动路径（interest rate smoothing）。最经常使用的利率平滑方法就是在基本的泰勒规则中加入利率的滞后项 i_{t-1}，因此可将泰勒规则写成式（12.50）。①

$$i_t=\lambda i_{t-1}+(1-\lambda)[i^*+1.5(\pi_t-\pi^*)+0.5(y_t-y^*)] \tag{12.50}$$

在式（12.50）中，赋予了 $t-1$ 期利率 i_{t-1} 以权重 λ，以达到利率平滑变动的目的。在利用式（12.50）对事后数据进行分析时，发现它能够很好地模拟实际观察到的政策。但是，由回归分析得出的结论显示，利率滞后项的系数接近于 1 且统计检验很显著。②此研究结果表明，利率变动有很强的可预测性，但实际经济中的债券回报率曲线却显示，对利率进行预测的难度很大。带有利率平滑效应的泰勒规则在实际设定时，可能会使中央银行做出过度反应。③

（2）考虑潜在产出的泰勒规则修正。

在泰勒规则中，中央银行利率调整按照产出高于或者低于潜在产出的水平（实际产出对数减去潜在产出对数），以及实际通胀高于或者低于目标通胀的水平加以调整。美联储短期内是使实际 GDP 稳定在其趋势左右，长期目标是控制通货膨胀；泰勒规则中的产出缺口为短期度量指标，通货膨胀缺口为长期度量指标。潜在 GDP 存在不确定性，尤其是技术发展以后，我们难以对潜在产出做出合理度量（Judd and Rudebuscht，1998 ）。④因此，在确定政策利率时需要考虑滞后产出缺口，泰勒规则需要调整为式（12.51）。

$$i_t^*=\pi_t+r^*+\lambda_1(\pi_t-\pi^*)+\lambda_2 y_t+\lambda_3 y_{t-1} \tag{12.51}$$

在式（12.51）中，i_t^* 表示有助于实现产出渐进调整的政策利率，r^* 表示均衡的实际联邦基金利率，π_t 表示前四个季度的平均通货膨胀，π^* 表示目标通货膨胀，y_t 表示实际 GDP 偏离其目标水平的百分比，即产出缺口。$y_t=100(Y_t-Y_t^*)/Y_t^*$，其中 Y_t 是真实 GDP，Y_t^* 是潜在的真实 GDP。

---

① Sack，Brain，and Volker Wieland，2000，“Interest Rate Smoothing and Optimal Monetary Policy：A Review of Recent Empirical Evidence”，*Journal of Economics and Business*，52(1—2)：205—228.

② 利率滞后项的系数接近于 1 时，政策利率由泰勒规则确定的调整部分很有限，当前的利率调整主要决定于上一期的利率。

③ Rudebusch，Glenn D.，2002，“Term Structure Evidence on Interest Rate Smoothing and Monetary Policy Inertia”，*Journal of Monetary Economics*，49：1161—1187.

④ Judd，John P.，and Glenn D. Rudebusch，1998，“Taylor's Rule and the Fed：1970—1997”，*Federal Reserve Bank of San Francisco Economic Review*，3：3—16.

上述式(12.51)作为货币当局政策利率反应函数,可适合不同的货币政策目标。以通货膨胀为目标时,$\lambda_2=\lambda_3=0$;以名义GDP增长率为目标时,$\lambda_1=\lambda_2=-\lambda_3$;对通货膨胀目标与实际GDP目标赋予不同权重时$\lambda_1\neq\lambda_2=-\lambda_3$。

$$\Delta i_t=\gamma(i_t^*-i_{t-1})+\rho\Delta i_{t-1} \tag{12.52}$$

$$\Delta i_t=\gamma\alpha-\gamma i_{t-1}+\gamma(1+\lambda_1)\pi_t+\gamma\lambda_2 y_t+\gamma\lambda_3 y_{t-1}+\rho\Delta i_{t-1} \tag{12.53}$$

假设联邦基金利率i_t对i_t^*的动态调整为式(12.52)。其中,Δi_t表示t时期的联邦基金利率变化,用于部分纠正$t-1$期利率i_{t-1}与t期的建议利率i_t^*之间的误差,并考虑$t-1$期联邦基金利率变化Δi_{t-1}。将式(12.51)代入式(12.52)可得式(12.53)。其中,$\alpha=r^*-\lambda_1\pi^*$。式(12.53)对通货膨胀、总产出、利率等的调整速度给予了不同权重。①

(3) 考虑前瞻性因素的泰勒规则修正。

克拉里达、加利和格特勒(Clarida, Gali and Gertler, 1998)对泰勒规则进行估计时,通货膨胀用按年计算的GDP平减指数季度增长率衡量,用美国国会预算办公室的结构方法测算潜在产出。在用未来的实际通胀数值代替通胀预期的同时,我们也可运用其他方法对潜在产出和通货膨胀进行衡量,比如用消费价格指数计算通货膨胀,用产出二次项去趋势方法代替美国国会预算办公室的结构方法估计潜在产出,用失业率实际值与趋势值之间的缺口代替产出缺口等。均衡实际利率为可观测的样本期内实际利率平均值。考虑前瞻性因素的泰勒规则修正参见式(12.54)。

$$r_t^*=\alpha+\beta(E[\{\pi_{t,k}\mid\Omega_t\}]-\pi^*)+\gamma E\{y_{t,q}\mid\Omega_t\} \tag{12.54}$$

其中,$r_t{}^*$为美联储政策利率;$\pi_{t,k}$为价格从t期到$t+k$期的变化率,π^*为美联储的通货膨胀目标,$y_{t,q}$为从t期到$t+q$期的平均产出缺口,表明实际产出对美联储目标产出的偏差。E为预期算子,Ω_t为时间t的信息集,α为通货膨胀和总产出都达到目标水平时的合理名义利率。

泰勒规则提出的美联储利率政策是对滞后通货膨胀和总产出作出反应而不是对其预期作出反应,泰勒规则是式(12.54)的特例。前瞻性规则可能更加适合于中央银行货币政策。格林斯潘认为,“当期情况不能作为货币政策的基础,仅能作为通货膨胀压力是否形成的指标。”美联储要做的是判断物价是否到达预期水平,而不是采取政策行动使最近的经济状态变得有效。

(4) 考虑汇率因素的修正泰勒规则。

原始形式的泰勒规则是针对封闭经济条件给出的。在封闭经济条件下,政府只要关注利率就可以调控经济。在开放经济条件下,需要把汇率引入到泰勒规则当中。汇率指标是重要的货币政策传导渠道。汇率变化会引起国际之间的套利活动,并会改变一国的

① Judd和Rudebusch(1998)运用价格指数(包括GDP平减指数、核心消费价格指数、个人消费支出指数)来衡量通货膨胀,并将价格季度变化的四个季度平均值作为通货膨胀率。在计算潜在产出时,除了利用美国国会预算办公室的结构方法外,他们也对实际产出进行分段线性分析和二次项去除趋势方法分析。他们将美国的经济数据按照美联储主席任期划分为伯恩斯时期(1970Q3—1978Q2)、沃尔克时期(1979Q3—1987Q2)和格林斯潘时期(1987Q3—1997Q4)等阶段。贾德和雷德布希(Judd and Rudebuscht, 1998)指出,格林斯潘时期的联邦基金利率接近于泰勒规则,泰勒规则可以解释联邦基金利率走向。

贸易条件，进而对国内的产出水平、利率和通货膨胀等产生影响。因此，需要改变传统泰勒规则中使用单一利率作为货币政策工具变量的方法，设计货币状况指数（Monetary Condition Index, MCI）作为货币政策工具变量（Ball, 1999）。[①]MCI是一个包含实际利率当期值和实际汇率变化值的线性组合，其表达式为式（12.55）。

$$MCI = A_R(r_t - r_b) + A_Q(q_t - q_b) \tag{12.55}$$

在式（12.55）中，r_t 和 q_t 分别为实际利率当期值和实际汇率当期值的自然对数，r_b 和 q_b 分别为选定的实际利率基期值和实际汇率基期值的自然对数。A_R 和 A_Q 分别代表对利率和汇率所赋予的权重。从理论上来说，引入汇率以后的泰勒规则在解释和控制各项经济指标的效果方面应该表现得更好，但对美国的实证研究表明，模型的表现没有明显改进。斯文森（Svensson, 2000）认为[②]，在货币政策规则中加入汇率因素会使通货膨胀的标准差下降，但却会使产出的标准差上升，也即在泰勒规则中引入汇率后会牺牲产出的稳定性。

汇率是重要的货币政策传导渠道，它通过国际套利活动和进出口贸易影响人们对利率和物价预期。泰勒认为，灵活的汇率政策并不意味着汇率在利率决定和货币政策规则中不发挥作用，忽略汇率的泰勒规则难以准确刻画开放经济下的货币政策规则。

在开放经济下需要考虑利率政策与汇率政策之间的协调运用。同时考虑利率政策与汇率政策的货币政策规则参见式（12.56）。

$$\omega r_t + (1-\omega)e_t = \alpha y_t + b(\pi_t + \gamma e_{t-1}) \tag{12.56}$$

Ball（1999）提出的式（12.56）与封闭经济下泰勒规则的显著差异有两个方面。第一，当产出缺口 y_t 和通货膨胀率 π_t 发生变动时，利率 r_t 和汇率 e_t 分别以权重 ω 和（$1-\omega$）作出反应。第二，为保持产出稳定和通货膨胀稳定，可以根据汇率变化情况反向调整利率。当实际汇率升值时，经常账户状况会恶化，出口减少并引起产出缺口扩大，而进口相对增加又会引起输入型通货紧缩，此时应实施降低利率的扩张性货币政策。相反，当实际汇率贬值时，应相应地提高利率。因此，将式（12.56）中的汇率因素移至等号右侧后，式（12.56）可进一步表示为利率反应规则。可以看出，利率对产出缺口和通货膨胀变动的反应系数为正，而对汇率变动的反应系数为负。

4. 泰勒规则与麦卡勒姆规则的比较和融合

尽管还存在许多争议，泰勒规则在实际应用中仍旧具有相当重要的现实意义。[③]泰勒规则将长期的通货膨胀目标具体化，不允许通货膨胀在经济周期中随机行走。中央银行以泰勒规则作为依据时，可防止产出在短期下滑到潜在产出以下，在产出实际水平相对于产出潜在水平的偏离扩大时，可加大货币政策调整力度。泰勒规则还能帮助公众了解货

① Ball, Lawrence, 1999, "Policy Rules for Open Economies", in John B. Taylor(ed.), *Monetary Policy Rules*, Chicago, IL: University of Chicago Press.

② Svensson, Lars E. O., 2000, "Open-economy Inflation Targeting", *Journal of International Economics*, 50(1):155—183.

③ 泰勒规则有后顾特征。货币政策对总产出的影响存在滞后期，根据通货膨胀和产出的当期水平来调整利率可能并不合适。

币政策的内在合理性,政府采用泰勒规则易于与公众交流,从而减轻公众心理上的不安定情绪,保证货币政策的顺利实施。实证分析表明,1987—1997 年,美联储在实施货币政策调节经济运行时,一直采用的是泰勒规则,而且在其他国家的货币政策实践中该规则也起到了相当重要的指导作用。

实施泰勒规则的前提条件之一是利率市场化决定。泰勒规则的核心是利率可以影响市场预期因此可被用来调控经济运行。只有在经济发达、利率形成机制完善、利率市场化程度较高且市场反应灵敏的国家(经济体),才有可能拥有相应的货币政策传导机制,以泰勒规则为指导的货币政策才有可能成功实施。在市场经济不发达或对利率管制较严格的国家,泰勒规则并没有太大的指导意义。

泰勒条件 $h>0$ 是泰勒规则成立的必要条件,在利率对通货膨胀的反应程度大于 1 时,泰勒规则才能有效。在中国,由于利率决定时常与市场脱节,很难反映资金供求状态,更不用说对通货膨胀做出及时反应,使用泰勒规则指导中国的货币政策实践还需要相应的前提条件。

随着金融部门易变性提高,以利率为导向的货币政策取代以基础货币为导向的货币政策的意愿程度会增强。在通货膨胀相对稳定时,使用泰勒规则比较好;通货膨胀很高或者存在通货紧缩时,使用麦卡勒姆规则比较好。比如,1995—1998 年日本的政策利率已经很低,泰勒规则无法发挥作用;而麦卡勒姆规则显示,日本当时的基础货币处于紧缩状态,需要增加基础货币供给。

12.3.3 美联储泰勒规则实践

1. 传统泰勒规则

20 世纪 90 年代,美国通过了《预算平衡法案》。财政政策对宏观经济调控作用减弱,货币政策成为重要调控工具。在新局面下,美联储放弃了以调控货币供应量来平衡经济运行的货币政策规则,而以调整实际利率来管理宏观经济。

表 12.2 美联储的货币政策规则

数量调控时期	1970—1993 年	弗里德曼规则(货币供应量增长率不变规则)
价格调控时期	1993 年—2008 年 11 月	传统的泰勒规则
	2008 年 11 月—2012 年 11 月	修订的泰勒规则(伯南克规则)
	2012 年 11 月—2015 年 12 月	埃文斯规则
	2015 年 12 月—2018 年 12 月	最优控制法(耶伦规则)

这一时期的泰勒规则内容为[①]:当通货膨胀率高于美联储设定的目标值 1 个百分点时,名义利率就升高 1.5 个百分点;或者当产出低于潜在产出 1 个百分点时,名义利率就降低 0.5 个百分点,即泰勒规则可写成式(12.57)。

① Taylor, John B., and John C. Williams, 1993, "Forecasting with Rational Expectations Models", Center for Economic Policy Research Discussion Paper.

$$i_t = \pi_t + 2\% + 0.5(\pi_t - 2\%) + 0.5y_t \tag{12.57}$$

传统泰勒规则导出的美国联邦基金利率的路径与1987—1992年该短期利率的实际路径高度吻合。其政策含义是，联邦基金名义利率要顺应通货膨胀变化以保持实际均衡利率稳定。如果实际产出水平超过潜在产出，或预期通货膨胀超过目标通货膨胀，从而使实际利率偏离长期均衡的实际利率，美联储就应当运用货币政策工具调节联邦基金名义利率，使实际利率恢复到长期均衡水平。

2. 伯南克规则

2008年爆发次贷危机，美国经济发生衰退，美联储修正了传统的泰勒规则，使利率抉择明确倾向于产出增长和劳动就业。次贷危机爆发后，美联储果断采取量化宽松政策为市场注入流动性。其中的关键修订项包括将产出缺口系数从0.5提高到1.0，将实际利率从2%降到0，以2.5%近期通货膨胀上限值替代2%长期通货膨胀目标值。由此形成以下修订版泰勒规则，即伯南克规则①；参见式(12.58)。

$$i_t = 0.5(\pi_t - 2.5\%) + (y_t - y^*) + \pi_t + 0 \tag{12.58}$$

在式(12.58)中，i_t 为名义利率，π_t 为通货膨胀率，y_t 为 t 时期实际产出增长率，y^* 为实际产出增长率目标值。自2008年末至2012年12月，美联储利率决策实际上采用的是比修订版泰勒规则更宽松的决策规则。在这段时间的美联储货币政策实践中，规则实际上已不再占主导地位，相机抉择占了很大比重。

表12.3 泰勒规则与联邦基金利率调整

规则	公式
1993年泰勒规则[Taylor(1993)rule]	$R_t^{T93} = r_t^{LR} + \pi_t + 0.5(\pi_t - \pi^{LR}) + (u_t^{LR} - u_t)$
经济平衡规则(Balance-approach rule)	$R_t^{BA} = r_t^{LR} + \pi_t + 0.5(\pi_t - \pi^{LR}) + 2(u_t^{LR} - u_t)$
1993年泰勒规则修订版本[Taylor(1993) rule]	$R_t^{T93adj} = \text{maximum}\{R_t^{T93} - Z_t,\ 0\}$
价格水平规则(Price-level rule)	$R_t^{T93adj} = \text{maximum}\{r_t^{LR} + \pi_t + (u_t^{LR} - u_t) + 0.5(PLgap_t),\ 0\}$
一阶差分规则(First-difference rule)	$R_t^{FD} = R_{t-1} + 0.5(\pi_t - \pi^{LR}) + (u_t^{LR} - u_t) - (u_{t-4}^{LR} - u_{t-4})$

注：R_t^{T93} 为根据1993年泰勒规则得到的联邦基金利率名义值；R_t^{BA} 为考虑经济平衡发展得到的联邦基金利率名义值；R_t^{T93adj} 为对1993年泰勒规则调整后得到的联邦基金利率名义值；R_t^{PL} 为基于价格水平考虑的联邦基金利率名义值；R_t^{FD} 为一阶差分联邦基金利率名义值；R_t 为 t 季度联邦基金利率名义值的观察数据；π_t 为 t 季度的物价变动比率年度值(four-quarter price inflation)；u_t 为 t 季度的劳动失业率。r_t^{LR} 为长期对经济影响中性的联邦基金利率实际值，该利率对应于就业率最高和通货膨胀等于长期水平2%。π^{LR} 为通货膨胀长期目标，美联储设定为2%。u_t^{LR} 为长期失业率。Z_t 为在泰勒规则给出的联邦基金利率低于0时，联邦基金利率相对于泰勒规则设定利率的偏离值累计。比如，泰勒规则给出的联邦基金利率为−1.25%，但现实中的联邦基金利率为1.00%，偏离幅度为2.25%。$PLgap_t$ 为物价变动比率相对于年度物价变动比率目标2%的偏离值。

资料来源：Fed, 2018, Monetary Policy Report, Feb 23:35—36.

① Bernanke, Ben S., 2015, "The Taylor Rule: A Benchmark for Monetary Policy?", www.brookings.edu, April 28.

3. 埃文斯规则

美联储在2012年12月公开市场操作委员会(FOMC)会议上进一步修订了泰勒规则,在新的前瞻性引导中,确定了采用预定经济指标及其临界值。该规则由芝加哥美联储总裁埃文斯(Charles Evans)提出,也称"埃文斯规则"。埃文斯规则参见式(12.59)。

$$i_t=2\%+\pi_{t+1}+0.5(\pi_{t+1}-2.5\%)+2(5.5\%-U) \tag{12.59}$$

其中π_{t+1}表示未来1年的预期通货膨胀率,U是实际失业率,5.5%是美联储确定的失业率目标,系数2根据奥肯定律关于失业率与GDP之间的关系得到。埃文斯规则中的联邦基金利率i考虑了2.5%的通货膨胀目标,强调美联储货币政策的前瞻性特点。埃文斯规则的关键内容是以5.5%的劳动失业率指标作为提升零利率的临界值,同时维持未来1—2年内通货膨胀预期低于2.5%且稳定。埃文斯规则与伯南克规则相比,有以下变化。①

(1) 伯南克规则将通货膨胀目标从长期目标值2%修改为近期上限值2.5%,但并未明确表述;而埃文斯规则作了明确表述。

(2) 传统泰勒规则和伯南克规则都采用GDP增长率作为利率调节依据;埃文斯规则采用劳动失业率取代GDP增长率,作为反映实体经济状态的增长指标。经济增长项变为:$\alpha(y_t-y_t^*)=2.0\times(5.5\%-U)$;其中$U$=实际失业率,5.5%=美联储的失业率目标。

(3) 传统泰勒规则和伯南克规则采用历史数据,埃文斯规则采用未来1—2年通货膨胀预期数据,具有前瞻性。旨在与联邦基金利率目标决策的前瞻性相适应,并且避免间歇性价格波动,例如能源价格暂时上升对决策的干扰。前瞻性是埃文斯规则的最主要体现。

埃文斯规则采用阈值作为升息指标,是美联储针对大衰退定制的过渡性规则,也是一次不成功的实验。但它实际上已包含了用最优控制方法突破零利率下限的思路。

4. 最优控制法与耶伦规则

2014年3月,耶伦接任美联储主席。考虑到金融危机之后美国劳动参与率明显下降,耶伦在伯南克规则的基础上,增加了劳动参与率指标并赋予0.5的权重,同时对通货膨胀率回升至2%保持信心。耶伦规则参见式(12.60)②。

$$i_t=0.5(\pi_t-2\%)+(y_t-y^*)+0.5(L-66.5\%)+\pi_t+2\% \tag{12.60}$$

其中,L表示劳动参与率。在式(12.60)中,66.5%是劳动参与率的正常水平,之所以设定这个指标,是因为在2008年金融危机发生之前的20年,美国劳动参与率的平均值大约为66.5%。当劳动参与率低于(高于)正常水平1个百分点时,美联储会选择降低(增加)联邦基金利率0.5个百分点。

耶伦规则关注的不仅仅是劳动失业率,更重要的是劳动参与率。耶伦规则承认自然

---

① Evans, Charles, 2012, Monetary Policy in Challenging Times, Federal Reserve of Chicago 11.

② Yellen, Janet L., 2014, Transcript of Chair Yellen's Press Conference, The Federal Reserve System, March 19.

失业率概念，并认为在自然失业率达到之前，货币政策可在短期内通过刺激总需求来促进就业直至达到自然失业率。耶伦规则实施的依据是最优控制法。最优控制法的核心是社会损失函数，目标是使通货膨胀和劳动参与率这两项指标与目标值之间的偏离程度最小。最优控制法采取跨阶段累积方法计算经济增长、劳动就业及通货膨胀实际数据与其目标之间的偏离值。

基于耶伦规则，2015 年 12 月 17 日，美联储宣布联邦基金利率加息 25 个基点。美联储称，对通胀率回升至 2%保持合理的信心，维持长期失业率预期在 4.9%不变。至此，美联储正式宣告进入加息周期，其目的是维持货币和信贷总量的长期增长与经济长期潜在增长一致，以有效促进充分就业、稳定物价和保持长期利率水平适度。耶伦指出，经典泰勒规则有以下局限：泰勒规则是单一阶段、相对短期的静态反应函数；无法反映政策滞后效应，未考虑政策对经济的传导机制及效果，以及物价、产出增长对利率政策的反馈机制。传统泰勒规则的最大局限为零利率下限约束。最优控制方法可在不改变零利率下限的条件下，通过期限调整来突破困境。最优控制方法与传统泰勒规则相比有以下几点异同。

(1) 目标相同。均旨在实现双重目标(失业率与通胀)均衡。但最优控制法的核心是损失函数，关注两项指标与目标值的偏离程度最小。

(2) 最优控制法采用复杂大型预测模型，找出最优利率路径。

(3) 采用长期的灵活通货膨胀目标。2%的通货膨胀目标并非上限而是 1.5%—2.5%区间的中间值，失业率目标则根据自然失业率调整。

(4) 不采用单一阶段，也不要求目标在每一阶段都被达到，而是寻找未来几年内利率的最优移动路径，使通货膨胀和失业率与目标值在长期内跨阶段达到。

(5) 由实际 GDP 加上通货膨胀得到的名义 GDP 目标与最优控制方法具有一致性，都注重长期、跨阶段目标。最优控制方法参考名义 GDP 目标，注重同时采用利率和货币供应量工具实现长期目标。

(6) 以美联储足以控制长期通胀预期为前提，美联储前瞻性指导是控制预期的关键工具，它必须让市场相信美联储不会为了充分就业目标而放弃通货膨胀目标。

5. 美联储泰勒规则实施经验

2008 年美国金融危机后的美联储货币政策实施表明，传统泰勒规则与修正后的泰勒规则存在以下不同。传统泰勒规则强调调节联邦基金名义利率，顺应通货膨胀变化以保持实际均衡利率稳定。伯南克规则使利率决策明确倾向于经济增长和劳动就业，实行的是更加宽松的货币政策；埃文斯规则的最主要特点是强调利率调整的前瞻性，包含了突破零利率下限的思路；耶伦规则更加关注失业率，特别是劳动参与率，采取跨阶段累积方法来计算经济增长和劳动就业及通货膨胀实际数据相对于目标的偏离值，并由此来安排均衡利率路径，核心是损失函数，注重同时采用利率和货币供应量工具实现宏观经济长期目标。

泰勒规则和其他货币政策规则通常以潜在产出与充分就业相对于实际水平偏离为基础设定。在上述货币政策规则中，产出缺口使用长期失业率与经济活动的现实失业率差幅替代(依据是奥肯定律)。就历史数据来看，实际产出缺口和失业率缺口之间具有很高的相关性。

12.4 货币政策目标规则

12.4.1 通货膨胀目标规则

在货币政策规则中，货币政策工具规则以麦卡勒姆规则和泰勒规则为代表，货币政策目标规则以通货膨胀目标规则为代表。货币政策目标规则分为一般目标规则和特定目标规则两种形式。特定目标规则包含通货膨胀目标规则、货币增长目标设定、名义 GDP 目标设定等，通货膨胀目标规则是应用比较广泛的货币政策规则。

1. 通货膨胀目标规则的设计方法

在通货膨胀目标规则的理论框架中，假定货币政策目标是使通货膨胀实际值与通货膨胀最优水平的偏差平方，加上总产出实际值与总产出最优水平的偏差平方后(取权重 λ)，所求得的两者偏差平方和的贴现值最小，由此构造出社会损失函数。在第 t 期，政府为 $t+1$ 期做规划时面临的损失函数参见式(12.61)。①

$$L^1=\delta^1[(\pi_{t+1}-\pi^*)^2+\lambda y_{t+1}^2] \tag{12.61}$$

其中：δ^1 为第 $t+1$ 期的贴现因子，y_{t+1} 为 $t+1$ 期时的总产出缺口，λ 为总产出缺口在损失函数中所占的权重；π^* 为通货膨胀目标，π_{t+1} 为 $t+1$ 期的通货膨胀。同样，可将第 $t+j$ 期的损失函数写成式(12.62)。当政府在第 t 期为 $t+1$ 期到 $t+j$ 期的所有时期制定政策时，其目标是将各期的损失函数总额最小化，政府面临的损失函数是对今后各期损失函数的加总，即式(12.63)。

$$L^j=\delta^j[(\pi_{t+j}-\pi^*)^2+\lambda y_{t+j}^2] \tag{12.62}$$

$$L=\sum_{j=1}^{\infty}\delta^j[(\pi_{t+j}-\pi^*)^2+\lambda y_{t+j}^2] \tag{12.63}$$

在上述损失函数中，当期通货膨胀 π_t 由上期总产出缺口 y_{t-1} 和上期的通货膨胀率 π_{t-1} 共同决定，当期的产出缺口 y_t 由上一期产出缺口 y_{t-1} 和实际利率决定。实际利率对总产出缺口和通货膨胀的影响分别滞后一期和两期，实际利率分别取 r_{t-1} 和 r_{t-2}。政府通过对式(12.63)求解关于实际利率的一阶条件得到最优利率，进而对通货膨胀实施控制。

典型的通货膨胀目标规则的操作流程包括以下步骤。政府首先在 t 期确定并且宣布合适的通货膨胀目标(或区间)，然后通过对未来几期的通货膨胀进行预测，再把预测值和目标通货膨胀比较。如果预测值与通货膨胀目标相符，那么货币当局的政策就不需要作

① 这里使用的是 $t+1$ 期的实际产出对目标值或潜在值的偏差，目的是得到未来的产出偏差贴现值来估计损失函数现值；前文货币政策规则设计时，用的是当前实际产出或上一期产出对实际产出目标值或潜在值的偏离。

表 12.4 货币政策规则的指标比较

	工具规则		目标规则	
	麦卡勒姆基础货币规则	泰勒规则	通胀目标规则	货币供应量增长率不变规则
政策指标	潜在名义收入、货币流通速度	通货膨胀率、产出缺口	社会损失函数	通货膨胀
调整目标	基础货币	实际利率	多样化的经济目标	货币总量
最终目标	名义收入	均衡利率	通货膨胀率	币值稳定
实践应用	基础货币内生导致规则失效	布雷顿森林体系解体后，被日本、美国等国采用，可有效抑制通货膨胀	被英国、新西兰等国采用，有效地控制了通货膨胀水平	随着金融深化，货币供给日趋内生化，央行对之控制能力减弱

任何改变；当预测值高于目标值时，政府需要运用利率工具（或其他工具）实行紧缩的货币政策，使得通货膨胀恢复到目标值；当预期值低于目标值时，政府需要通过调整利率（或其他工具），实行扩张的货币政策，使通货膨胀达到目标水平。由此，政府可以对未来的利率水平进行事先设定。在利率设定过程中，政府根据式(12.63)给出的模型做到跨期社会福利最大化，也就是使社会损失函数最小。政府在第 t 期制定了一整套的政策以后，就不能再对这套政策进行修改。

典型的通货膨胀目标规则包括以下四个特点：(1)政府必须规定一个数量化的通货膨胀目标，要么采取点目标形式，要么采取区间目标形式。(2)将通货膨胀控制作为货币政策的最主要目标，其他政策目标都居于次要地位。(3)根据通货膨胀预期和通货膨胀目标相一致的原则来选择货币政策工具。(4)货币政策有足够的透明度，中央银行对通货膨胀目标的实现承担责任。

2. 新西兰、加拿大和英国等国家实行的通货膨胀目标规则

世界上明确实行通货膨胀目标规则的国家有新西兰(1989 年 12 月)、加拿大(1991 年 2 月)、英国(1992 年 12 月)、瑞典(1993 年 1 月)、芬兰(1993 年 2 月)、澳大利亚(1993 年 4 月)、西班牙(1994 年 11 月)、瑞士(2000 年 1 月)、挪威(2001 年 3 月)、冰岛(2001 年 3 月)、以色列(1992 年 12 月)、韩国(1998 年 1 月)、捷克(1998 年 1 月)、波兰(1998 年 10 月)、南非(2000 年 2 月)、匈牙利(2001 年 5 月)、菲律宾(2000 年 1 月)、泰国(2000 年 4 月)、智利(1990 年 9 月)、秘鲁(1994 年)、墨西哥(1999 年 1 月)、巴西(1999 年 7 月)以及哥伦比亚(1999 年 9 月)、土耳其(2006 年 1 月)、塞尔维亚(2006 年 9 月)、加纳(2007 年 5 月)等。

这些国家采取通货膨胀目标规则的原因各有不同。20 世纪 90 年代，拉丁美洲国家处在高通货膨胀的重灾区，当通货膨胀目标规则在理论上成熟之后就纷纷将之付诸实施。同期，众多亚洲国家经历了金融危机冲击，爆发了恶性通货膨胀，加之政府信誉扫地，采用通货膨胀目标规则旨在稳定经济，同时使政府重新取得信誉。

新西兰作为第一个采用该规则的国家，通货膨胀率并不高，但在所有 OECD 国家中却最高，因此最先采用这一规则。1989 年，新西兰议会通过了《新西兰储备银行法》，于 1990 年 2 月 1 日生效。该法案提高了新西兰中央银行的独立性，承诺储备银行的唯一目标是维持物价稳定。如果《政策指标协议》中宣布的物价稳定目标没有实现，中央银行行长会被解职。1992年9月英镑受到投机性冲击之后,英国离开了欧洲货币体系,决定不再使用汇率作为名义锚。1992年10月8日,英国财政大臣宣布英国的货币政策采用通货膨胀目标规则。

实行通货膨胀目标规则的国家所采取的措施各有特点。①(1)大部分国家都以CPI作为通货膨胀目标的名义锚,但各国的CPI构成差异很大。新西兰的CPI不包括信贷服务,韩国的CPI不包括非谷物类农产品和石油,芬兰的CPI不包括间接税、补贴以及按揭利息,泰国的CPI不包括生鲜食品和能源价格。(2)各国在操作变量的选择上存在较大差异。新西兰的操作变量是隔夜现金利率,英国采用短期回购利率作为操作变量,澳大利亚采用现金利率,瑞士采用3个月LIBOR的实际值作为操作变量。此外,各国给出的通货膨胀目标也有差异。

新西兰第一份货币政策指标协议,由财政部长和储备银行行长在1990年3月2日签署。协议要求储备银行将通货膨胀率控制在3%—5%的区间范围内,后来又将通货膨胀区间范围缩小为0—2%;在1996年末,通货膨胀区间范围被再次调整为0—3%。

1991年2月26日,由加拿大财政部长和加拿大银行行长签署的联合公告正式确立加拿大货币政策的通货膨胀目标。1992年末,加拿大规定的通货膨胀目标区间是2%—4%,1994年6月为1.5%—3.5%,1996年12月为1%—3%。

英国的通货膨胀目标一直设定在1%—4%的区间范围内,直到1997年第一季度。1997年5月,新的工党政府上台以后,英国采用了单一通货膨胀目标2.5%,并赋予英格兰银行自主设定利率水平的权力,准允它在货币政策方面拥有更大的独立性。2018年,英格兰中央银行的通货膨胀目标是2%,但允许通货膨胀率在1%左右范围内变动。②

美联储在2012年以前没有对通货膨胀目标给出具体数值。美联储前主席格林斯潘在1996年7月对价格稳定给出的定义是,居民和企业在做决策时不考虑价格变化因素,就意味着实现了价格稳定。根据该定义,价格稳定对应的通货膨胀率应该低于3%。2012年美联储确定了2%的通货膨胀目标。

3. 对通货膨胀目标规则的评价

(1) 通货膨胀目标的实施要求。

通货膨胀目标规则分为严格通货膨胀目标规则和弹性通货膨胀目标规则两种。通货膨胀目标规则的最大问题是中央银行对通货膨胀的不完全控制,如传导机制滞后、传导机制不确定以及经济冲击等。这些因素会影响通货膨胀,但通货膨胀发生是源于货币政策还是其他因素却难以区分。

通货膨胀目标规则要求有一定的制度环境作为基础,包括:①公布货币政策目标;②以制度的形式保证物价稳定;③一个包含所有信息的货币政策实施战略;④透明性;⑤中央银行的责任感。在以通货膨胀目标规则作为货币政策的指导方针时,要求中央银行采用与之相适应的操作方法。

以通货膨胀为目标的货币政策包括以下五项内容:①公告中期通货膨胀指标数值;

① 发达国家宣布的通货膨胀目标通常是CPI或核心CPI的年度变化率在2%左右。

② 英格兰银行每季度发布《通货膨胀报告》(Inflation Report),对经济形势进行分析并对通货膨胀进行预测。

②在制度上承诺物价稳定是货币政策的首要和长期目标，以及承诺实现通货膨胀目标；③在货币政策决策时，同时考虑多个变量，而不仅仅是货币总量指标；④通过向公众传递货币政策制定者的计划和目标来提高货币政策透明度；⑤增强中央银行实现通货膨胀目标的责任感。

(2) 通货膨胀目标规则的优点。

作为货币政策实施策略，以通货膨胀为目标有以下几个方面的优点。

第一，使货币政策更能关注国内因素，并能处理本国经济受到的各种冲击。以通货膨胀为目标的货币政策的成功实施，并不严格要求货币总量与通货膨胀之间存在稳定的关系。通货膨胀目标规则允许货币当局使用所有的可用信息，来决定货币政策的最佳设置。

第二，易于为公众理解，高度透明。以货币供应量作为货币政策目标时，不太容易为公众理解，当货币总量和通货膨胀目标之间的关系出现不可预测的变动时，货币总量指标就不再能够准确地就货币政策状态发出信号。

第三，有助于将政治辩论引向探讨中央银行在长期内能够解决的问题，即控制通货膨胀，而不是探讨它在长期内不能解决的问题，比如通过实施扩张的货币政策永久地提高经济增长率和增加就业数量等。以控制通货膨胀作为货币政策目标，可减少要求中央银行实行易于导致通货膨胀的货币政策的政治压力，降低政策制定中的时间非一致性问题。

以通货膨胀为目标的制度强调货币政策透明度，以及定期与公众进行交流。以通货膨胀为目标的中央银行需要经常与其他政府部门沟通，中央银行的官员可利用一切机会向公众传达货币政策策略。

责任感增强与透明度和信息交流联系在一起。以通货膨胀作为货币政策目标，中央银行的责任感会不断被强化。在通货膨胀目标规则下，中央银行责任感得以增强的最典型的例子是新西兰：当通货膨胀指标没有完成时，即使只有一个季度，政府都有权解除中央银行行长的任职。

(3) 通货膨胀目标规则的缺点。

通货膨胀目标规则有以下缺点。第一，通货膨胀不易被货币当局控制。货币政策效应存在滞后性，在很长时间以后，通货膨胀的结果才会显露，通货膨胀指标难以向公众传递关于货币政策状态的及时信号。

第二，过于僵化。通货膨胀目标给货币政策的制定者提出了严格的规则要求，限制了他们对不可预见情形作出反应的判断能力。

第三，增加了产出波动的可能性。当通货膨胀高于规定目标时，只关注通货膨胀可能会导致过分紧缩的货币政策，进而可能导致较大的产出波动。通货膨胀目标制定者通常选择大于 0 的通货膨胀目标表明，特别低的通货膨胀会对实际经济活动造成巨大的负面影响，甚至会引起通货紧缩。在实践中，以通货膨胀为目标的中央银行也关注总产出和失业波动问题，并将实现经济短期稳定能力看作是以通货膨胀为目标的货币政策的组成部分。

第四，会引起较低的经济增长。以通货膨胀为目标，会导致产出和就业低水平增长。在控制通货膨胀过程中，通货膨胀降低与低于正常水平的产出联系在一起。在物价稳定目标达成以后，如果产出和失业至少可以回到和以前一样的水平，以通货膨胀为目标对实际经济就不会有明显的负面影响。

4. 以名义 GDP 为目标

以控制通货膨胀作为货币政策目标可能会导致较大的产出波动，因此中央银行也会选择名义 GDP(实际 GDP 乘以价格水平)增长率作为货币政策目标。以名义 GDP 增长率为目标的货币政策，在决策过程中可同时兼顾总产出和物价水平两个指标。在以名义 GDP 为目标时，实际产出增长预计下降时会要求中央银行提高通货膨胀指标，并会自动产生比较容易实施的货币政策。

以名义 GDP 为目标也有缺点：(1)名义 GDP 目标要求中央银行或者政府宣布潜在的(长期的)GDP 增长数值。(2)在价格信息比名义 GDP 数据更能被及时获取时，会降低以名义 GDP 增长作为货币政策目标的说服力。(3)以消费价格变化表示的通货膨胀概念比名义 GDP 概念更能被公众理解，名义 GDP 很容易与实际 GDP 混淆。(4)以通货膨胀作为货币政策目标时，可允许货币政策在短期有较大的灵活性，以名义 GDP 为目标的货币政策很容易使中央银行失去应有的独立性。

12.4.2 以汇率稳定为目标

以汇率稳定为目标的货币政策具有悠久的历史，其早期形式是把货币价值固定在黄金等实物上面。以汇率稳定为目标的货币政策多采用固定汇率制度的形式。在固定汇率制度下，货币价值往往与低通货膨胀的大国经济(比如美国)的货币价值联系在一起。

1. 以汇率稳定为目标的优点

以汇率稳定为目标的货币政策有以下优点。第一，在以汇率稳定为目标的货币政策中，贸易品的国外价格由全球范围内的供求状况决定，国内价格经固定汇率换算后不会有比较大的波动。

第二，有利于减轻货币政策的时间不一致性问题。比如，当本国货币有贬值趋势时，汇率稳定目标会要求实施紧缩的货币政策；当本国货币有升值趋势时，汇率稳定目标会要求实行宽松的货币政策。因此，货币当局难以根据经济形势做相机抉择，有利于树立货币政策的市场声誉。

第三，以汇率稳定为目标的货币政策具有简单、明晰的特点，易于被公众理解。那些坚持实施以汇率稳定为目标的货币政策的国家，大多比较成功地控制了通货膨胀。比如，当 1987 年法国首次将法郎汇率钉住德国马克时，它的通货膨胀率是 3%，高于德国通货膨胀率 2 个百分点。到 1992 年，法国的通货膨胀率降到了 2%，甚至低于德国的通货膨胀。到 1996 年，法国和德国的通货膨胀率十分相近。类似地，在 1990 年英镑钉住德国马克之后到 1992 年，英国将通货膨胀率从 10%降到了 3%。

2. 以汇率稳定为目标的缺点

以汇率稳定为目标的货币政策有许多优点，但也至少有以下三个方面的缺点。第一，实行固定汇率制度国家的货币政策对经济活动的调节自主权受到了限制，在资本可自由流动时，受到的限制尤其明显，主导国发生的经济扰动极易通过汇率渠道传导到固定汇率体系中的其他国家。

第二,实施以汇率稳定为货币政策目标的国家,为投机者冲击货币敞开了大门。投机者会对这些国家的汇率稳定承诺产生怀疑。投机者认为,在面临货币投机攻击时,这些国家会不得不提高利率,但提高利率会引起国内劳动失业增加。在对汇率稳定与国内失业两者加以权衡以后,这些国家多会放弃汇率稳定目标。

1992 年 9 月欧洲货币危机发生以后,法国法郎继续钉住德国马克,不能使用货币政策来管理国内经济,引起了 1992 年之后的经济增长缓慢,失业率提高。与法国不同的是,英国退出了欧洲货币体系(EMS)确定的钉住汇率制度,采用了通货膨胀目标,实现了较好的经济增长和失业下降,且通货膨胀没有法国那么严重。

3. 以汇率稳定为目标的货币政策国家适用性

(1) 以汇率稳定作为货币政策目标时要求有阻止货币政策过度扩张的机制。

以汇率稳定作为货币政策目标时,需要向社会公众及时发送货币政策信号。以汇率稳定为目标的货币政策存在放任货币扩张的可能性。在工业化国家,比如美国,债券市场会给出货币政策相关信号。过分扩张的货币政策,以及要求实施过分扩张的货币政策的强大政治压力,会引起通货膨胀恐慌,导致通货膨胀预期高涨,引起利率上升,长期债券价格急剧下降,这会反过来阻止货币当局实施过分扩张的货币政策。

在许多国家,特别是新兴市场经济国家,长期债券市场本来就不存在。但在浮动汇率制度下,当货币政策过分扩张时会引起本币对外贬值。在这些国家,本币对外汇率的日常波动能够像债券市场一样,给出货币政策过分扩张信号,并可阻止中央银行推行过分扩张的货币政策,也可阻止政治家向中央银行施加压力以实行过分扩张的货币政策,本币对外贬值的担忧可在一定程度上阻止货币政策过分扩张。

从外汇市场获得货币政策信号的需要对新兴市场经济国家来说可能更为强烈,因为其中央银行的资产负债表及中央银行行动不像发达工业化国家那样透明。在美国等工业化国家,以汇率稳定作为货币政策目标时更难判断中央银行的政策行动,难以监控中央银行行为,再加上政治家的压力,货币政策很容易变得过于扩张。

(2) 中央银行的独立能力与以汇率稳定作为货币政策目标。

在实行以汇率稳定为目标的货币政策以后,往往难以使用货币政策来调节国内经济。当中央银行缺少独立性,或因政治压力不得不经常实行具有通货膨胀倾向的货币政策时,以汇率稳定为目标放弃货币政策独立性,交由固定汇率体系中的主导国中央银行来决定通货膨胀水平,反而可以达到物价稳定目的。实行以汇率稳定为目标的货币政策还有助于促进本国经济与他国经济之间的合作关系。

新兴市场经济国家(包括转型经济国家)以汇率稳定为目标,放弃独立的货币政策时,可能不会损失太多。新兴市场经济国家缺乏可以熟练驾驭货币政策的组织机构,从独立的货币政策中获益会很少,却会失去很多。货币政策执行机构力量软弱且经常遭受恶性通货膨胀困扰的国家,实行以汇率稳定为目标的货币政策有助于改变公众通货膨胀预期,使经济活动进入稳定状态。

在以汇率稳定作为货币政策目标时,必须保持汇率稳定目标的透明性,否则易于引发金融危机。实行以汇率稳定为目标的货币政策时,会导致这些国家暴露在投机性冲击之下,这些冲击给其经济带来的后果,比起工业化国家,可能要严峻得多。国际炒家 1994 年对墨西哥的货币冲击和1997年对东亚国家的货币冲击,曾使这些国家陷入金融危机,严重破坏了经济的正常运行。是否存在可以尽可能避免金融危机的汇率稳定政策呢?回答是肯定的。这就是货币局制度和美元化安排。

4. 货币局制度和美元化安排

解决货币政策缺少透明度和不能保证汇率稳定的办法之一是采用货币局(currency board)制度。在货币局制度中,本国货币发行得到某种外国货币(比如说美元)100%的支持,由货币发行机构确定本币对这种外国货币的兑换比率,公众可随时以这个比价将本国货币兑换成外国货币。在货币局制度中,货币政策实施能够在一定程度上独立进行,并可使货币政策在相当的程度上脱离政府的非正常控制。典型的固定或钉住汇率制度仍旧允许货币当局在实施货币政策时有自己的判断,因为它们仍旧能够调整利率或货币发行水平。

货币局制度比起仅以汇率稳定为目标的货币政策有很大的优势。第一,本国货币供给只有当外国货币(美元)在中央银行被兑换成本国货币时才会出现扩张。本国货币供给增加和外汇储备增加额相当,中央银行不再拥有发行货币进而引起通货膨胀的能力。第二,货币局制度包含了中央银行更坚定地维持汇率稳定的承诺,可以有效地快速降低通货膨胀,以及减少货币投机性冲击引起汇率制度崩溃的负面影响。

虽然货币局制度解决了以汇率稳定为目标的货币政策的透明性和承诺问题,但它也有以下缺点。(1)本国货币政策的自主性基本丧失,本国经济遭受来自主导国冲击的风险增加。(2)中央银行创造货币和充当最后贷款人的能力基本丧失,必须采用其他手段来处理潜在的银行危机。(3)当发生对货币局制度的投机性冲击时,本国货币会被集中兑换为外国货币,导致本国货币供给急剧收缩,进而严重危害本国经济正常运行。

解决缺少透明度和不能保证汇率稳定问题的另一个方法是实行美元化(dollarization)安排,直接采用美元作为本国货币。美元化安排比货币局制度能提供更强的汇率稳定承诺机制。通过允许本币对外币的兑换比率变动,货币局制度仍旧存在放弃汇率稳定目标的可能。在美元化安排下,不论在美国还是在美国以外的地方,一美元始终等于一美元。2000年3月,厄瓜多尔采用了美元化安排,阿根廷也有过美元化安排的经历;另外,巴西在1999年1月本国货币雷亚尔对外贬值以后也讨论过美元化问题。

美元化安排使本国货币政策的独立性进一步丧失,本国经济受主导国经济冲击的风险进一步增加,中央银行自主创造货币供给和充当最后贷款人的能力进一步被削弱。美元化安排还会使一国失去大量的铸币税(seignorage)收入。①

12.4.3 以货币供应量为目标

许多国家不能选择以汇率稳定作为货币政策目标,因为这些国家的经济规模太大,难以找到另外一个国家的货币充当其名义锚。比如,以汇率稳定作为货币政策目标显然不适用于美国、日本或者欧洲经济联盟国家。这些国家必须寻求其他货币政策实施策略,其

① 对美国联邦储备体系来说,这个收入每年大约有200亿美元。

中之一就是以货币供应量控制作为货币政策目标。

20世纪70年代，以货币供应量为目标的货币政策实施策略被多数国家采用，比如德国、瑞士、加拿大、英国、日本，还有美国。此策略以货币总量作为货币政策中介指标，以实现物价稳定为货币政策最终目标。但这些国家的中央银行从来没有严格遵守过固定不变的货币供应量增长率规则。

以货币供应量作为目标的货币政策，能够使中央银行积极应付国内经济事务，选择不同于其他国家的通货膨胀目标，并对本国产出波动做出反应。因为货币总量数据通常在两周之内可以得到，这有助于中央银行及时掌握货币政策目标所达到的状态，并可以及时向公众发送货币政策运行动向和政府通货膨胀控制意图，这有助于稳定公众的通货膨胀预期，有助于物价稳定。以货币供应量为目标的货币政策使货币当局实行低通货膨胀的货币政策意图近乎直接公开，有助于防止货币政策制定者陷入时间非一致性陷阱。

以货币供应量作为货币政策目标的优点取决于一个很重要的假设，即目标变量（通货膨胀或名义收入等）和指标变量之间存在坚固且可靠的关系。如果货币总量和目标变量之间的关系很微弱，以货币供应量为目标的货币政策就难以发生作用。微弱的关系意味着钉住这个指标不会产生目标变量想要得到的结果，货币总量数据难以提供关于货币政策运行态势的足够信号。结果，以货币总量作为指标无助于稳定通货膨胀预期，也不是评价中央银行责任感的合适指标。另外，货币总量和目标变量之间的不可靠关系，会使以货币供应量为目标的货币政策难以提高货币政策的透明度，以及使中央银行对公众负责。

12.4.4 隐含名义锚的货币政策与直接行动策略

推行适当的货币政策对经济健康运行至关重要，过分扩张的货币政策会导致高通货膨胀，从而降低经济运行效率，阻碍经济增长。在拉美地区，曾经发生过年度物价上涨率超过100%的恶性通货膨胀，给经济活动造成了极大的破坏。过分紧缩的货币政策会引起产出下降，失业率提高，甚至引起通货紧缩，导致严重的经济萧条，这些情形在美国和日本都曾经发生过。

名义锚（nominal anchor），是指货币当局用来拴住物价的名义变量，比如通货膨胀、汇率或者货币供应量。以名义锚作为货币政策中介目标，有助于实现物价稳定，以及其他货币政策最终目标。①以汇率稳定为目标、以货币供应量为目标，以及以通货膨胀为目标的货币政策都或多或少地反映了隐含的（不是明确的）名义锚的特点。

钉住名义锚迫使货币当局必须实施恰当的货币政策，以保证名义锚变量（比如通货膨胀或货币供给）稳定在一个窄幅范围内，以防止物价过快的上涨或下跌，进而维持货币价值基本稳定。

实行钉住名义锚的货币政策可通过直接控制本国货币价值，把通货膨胀预期限制在较低的水平上，维持物价稳定。实行钉住名义锚的货币政策可限制建立在自由放任基础

① 选择的货币政策名义锚需要同货币政策最终目标有紧密联系。通过名义锚可以很好地观察货币政策最终目标实现情况，有助于调整货币政策实施。货币政策名义锚可以理解为货币政策中介目标。所有的货币政策中介目标都或多或少的含有名义锚的特征。

上的货币政策导致的长期不良后果，克服货币政策实施过程中的时间非一致性问题。

货币政策对实际经济的作用过程要经历很长的时间。在美国，货币政策需要经过 1 年多的时间才能影响产出，在 2 年以后才能对通货膨胀产生明显影响。通货膨胀预期会渗入到工资和价格制定过程，产生难以停止的通货膨胀动力。任由通货膨胀聚集动力时，较高的通货膨胀预期会根深蒂固地渗透到各种类型的长期合约和价格协议当中，那就更难控制通货膨胀。

为了防止通货膨胀发生，货币政策必须有远见和先发制人。货币当局需要根据货币政策和通货膨胀之间的时滞，在出现通货膨胀压力之前作出行动。比如，即使现在通货膨胀很低，如果认定在货币政策状态保持不变时通货膨胀会在两年以后上升，货币当局就必须立即实施紧缩的货币政策，阻止通货膨胀上升。因此，货币当局有时需要采取直接行动的方法，来控制即将发生的通货膨胀。

直接行动策略类似于以通货膨胀为货币政策目标，两者之间具有许多相同的优点。直接行动策略能使货币政策关注国内因素，而不依赖于货币和通货膨胀之间的稳定关系。直接行动政策已经被美国的实践证明可有效地用于通货膨胀控制。以直接行动策略为指导，美国联邦储备体系曾经成功地将美国通货膨胀率从 1980 年的两位数降低到 1991 年末的 3%左右。

直接行动策略的缺点是缺少透明度。直接行动策略会引起公众对货币当局行为的持续猜测，并会引起金融市场不必要的波动，在生产者和普通公众中间造成对未来通货膨胀和产出进程的疑虑。直接行动策略依赖于中央银行的偏好、技能和可信赖性，也在一定程度上违背了决策民主的原则。对中央银行来说，保持一定程度的独立性很有必要，特别是它应该远离短期的政治压力，但是仅由精英集团制定货币政策时，会滋生行政腐败和市场垄断。相反，以通货膨胀为目标能够使货币政策实施的制度框架与民主原则更加一致。以通货膨胀为目标的货币政策框架，赋予了货币当局设定货币政策目标并监督经济运行的职责，有助于促进中央银行独立实施货币政策。

12.4.5 中国货币政策目标

1984—2019 年，中国货币政策实施目标可划分为六个阶段。

第一阶段，1984—1992 年。这是中国货币政策实施的初级阶段，特点是不稳定：时而紧缩，时而扩张，变动频率快，目标不明确。具体表现为 1985 年“紧缩银根”、1986 年“稳中求松”、1987 年“紧中求活”、1988 年“从松到紧”、1989 年“紧缩银根”、1990 年“适时调节”、1991 年“优化信贷结构，盘活资金存量”、1992 年从严控制货币和信贷存量等不连贯的货币政策。

在此阶段，中国货币政策目标围绕经济发展与物价稳定之间的关系进行。在实践过程中，中央银行的货币政策目标在发展与稳定之间摇摆不定，形成了名义上以稳定物价为主，实际上是以经济发展为主的货币政策目标格局，反映出中央银行在执行货币政策时缺乏独立性，带有明显的计划经济特征。这一时期中国货币政策实施效果并不理想，货币政策实施结果呈现周期性变化，表现为经济增长和物价水平双高年份居多。

第二阶段，1993—1996年。中国货币政策的特点是将货币政策最终目标确定为反通货膨胀，“保持货币币值稳定，并以此促进经济增长”。

当1992年货币发行加快时，通货膨胀压力十分突出，全社会投资热潮高涨，1992年下半年物价指数逐月上升。中国中央政府吸取了1989年紧缩力度过大的教训，在1993年7月提出实现经济“软着陆”。随后几年，中国对货币供应量进行了适度控制。至1996年，物价涨幅下降到了6%左右，经济增长率为9.7%，实现了“软着陆”目标。

第三阶段，1997—2002年。中国货币政策的特点是反通货紧缩，将货币政策用于扩大需求，使国民经济走出低谷，保持经济较快增长。1997年亚洲金融危机之后，中国经济增长连续下滑，物价出现负增长。为了控制通货紧缩，中国人民银行坚持稳健的货币政策，适度增加货币供给，法定准备金比率一再降低，从13%降低到6%，且取消了备付金比率规定①，商业银行存贷款基准利率先后下调8次。货币政策带有明显的扩张性。

第四阶段，2003—2008年。此阶段可分为三个子阶段。第一个子阶段为2003年初—2005年初。此前几年的积极财政政策和稳健货币政策的效果开始显现，再加上世界经济复苏，中国经济逐渐走出了通货紧缩阴影，进入新一轮上升周期。虽经2003年“SARS”短期冲击，但经济快速增长的趋势得到确立。GDP、货币供应量和信贷增长迅速，物价止跌回升。企业投资增长迅猛，固定资产投资增长率在2004年初达到峰值，接近60%；房地产开发与投资热情高涨，房地产价格迅速攀升，泡沫现象严重。从2003年第一季度开始，中国宏观调控方向发生了较大转变，货币政策目标遵循“区别对待，有保有压”原则，通过结构调整，抑制投资需求过热，控制银行贷款过快增长，防止通货膨胀。

第二个子阶段为2005年至2007年初。中国经济的特点是内外发展不均衡，外贸进出口在内需不振和人民币升值预期推动下大幅上升。2005年，中国外贸依存度高达62.4%，外贸顺差更是实现创纪录的1 018.8亿美元，比此前贸易顺差最高的1998年全年高出超过一倍。针对这种情形，中国人民银行在2005年继续执行稳健的货币政策。针对国际收支顺差导致的持续流动性过剩压力，利用货币政策工具加强流动性管理，抑制货币信贷过快增长；中国人民银行从扩大内需、汇率调控、调整外资优惠政策等方面入手，采取中长期的综合措施促进国际收支趋于平衡。

第三个子阶段为2007年至2008年上半年。中国经济保持快速发展态势，GDP、货币供应量和信贷增长迅速，价格涨幅不断上升。中国人民银行把遏制经济增长由偏快转向过热作为首要目标，致力于控制物价上涨、抑制通货膨胀，货币政策从稳健转变为适度从紧。2007年，中国人民银行10次上调存款准备金比率累计达5.5%，6次上调人民币存贷款基准利率，并运用公开市场操作等政策工具控制流动性。

第五阶段，2008年下半年至2010年。中国经济先后遭遇冰雪、汶川地震等自然灾害和国际金融危机冲击，经济呈现较大的下行压力。内外部需求萎缩、失业率上升、部分企业面临产能过剩问题等。中国人民银行及时调整了货币政策目标和方向，以“保增长、扩内需、调结构”为目标，货币政策从适度从紧转为适度宽松。2008年9月以后，中国人民银行4次下调存款准备金比率，5次下调人民币存贷款基准利率，灵活开展公开市场操作以

① 备付金也称支付准备金。备付金比率(cash reserve ratio)也称超额准备金比率(excess reserves rate)，是指保证存款支付和资金清算的货币资金占存款总额的比率。资料参见中国人民银行。

确保适度的流动性;坚持"区别对待,有保有压"的原则,加强信贷引导,为"四万亿计划"、"三农"、中小企业、灾后重建等领域提供信贷支持,限制对高耗能、高污染和产能过剩企业贷款。积极财政政策和适度宽松货币政策有效地实现了扩张总需求、稳定通货膨胀预期、保持适度流动性等目标,经济保持平稳较快增长态势。

第六阶段,2011—2019 年。分为两个子阶段。第一个子阶段为 2011—2013 年。中国货币政策的特点是货币政策正常化。2011 年初,国际经济形势有所缓和,外需形势改善;中国经济增长形势良好,内外流动性充裕,通胀预期较强,中国人民银行决定重新采取稳健的货币政策,并把稳定物价作为首要目标。在此阶段中国人民银行增强了调控的前瞻性、针对性和灵活性,对关键利率适时适度进行预调微调:2011 年前三季度中国人民银行 6 次上调存款准备金比率累计 3%,3 次上调存贷款基准利率累计 0.75%,2012 年根据国内经济增长放缓、物价涨幅回落等变化,又 2 次下调存款准备金比率和存贷款基准利率;同时,合理运用公开市场操作、再贷款、再贴现及其他创新流动性管理工具组合,调节银行体系流动性,引导市场利率平稳运行。

表 12.5　中国人民银行货币政策目标

年　份	目　标	货币政策	年　份	目　标	货币政策
1984—1992 年	发展与稳定权衡	时而紧缩,时而扩张	2007—2008 上半年	防止经济过热	适度从紧
1993—1996 年	反通货膨胀	适度从紧	2008 下半年—2010 年	保增长、扩内需、调结构	适度宽松
1997—2002 年	反通货紧缩	稳健	2011—2013 年	稳定物价	稳健
2003—2005 年	防止经济过热	稳健	2014—2018 年	稳增长、调结构、抑泡沫和防风险	稳健中性
2005—2007 年	控制流动性、促进国际收支平衡	稳健	2019 年	稳就业、稳金融、稳外贸、稳外资、稳投资、稳预期	稳健灵活;逆周期调节

资料来源:根据 1984—2019 年《中国货币政策执行报告》整理。

第二个子阶段为 2014—2019 年。中国经济进入供给侧改革和新旧产业交替的"新常态"时期,经济增长逐渐平稳。中国人民银行保持稳健中性的货币政策,以"稳增长、调结构、抑泡沫和防风险"为总体目标,为供给侧改革、经济稳定("六稳")和经济高质量发展营造适宜的货币金融环境。中国人民银行坚持金融服务实体经济的根本要求,加强逆周期调节,在多重目标中寻求动态平衡,保持货币信贷合理增长,推动信贷结构持续优化,以改革的办法疏通货币政策传导,降低企业融资成本。①中国人民银行的货币政策有:(1)采用常备借贷便利、中期借贷便利、定向降准等新型货币政策工具,增强流动性管理的灵活性和有效性,维护流动性合理稳定。(2)完善宏观审慎框架,防范宏观金融风险。(3)加强信贷引导,为供给侧改革、小微企业发展、"一带一路"建设、"西部大开发"等国家战略

① 中国人民银行货币政策分析小组:《2019 年第四季度中国货币政策执行报告》,2020 年 2 月 19 日。

以及扶贫、助学、就业等民生领域提供金融支持。(4)继续推进利率和人民币汇率市场化改革。

在此阶段,中国人民银行稳健中性的货币政策取得了较好效果,银行体系流动性中性适度,货币信贷和社会融资规模平稳增长;利率水平总体适度,人民币汇率预期总体平稳,为经济保持平稳增长提供了良好的金融环境。

12.5　中央银行的独立性

中央银行的独立性是指在法律授权范围内,中央银行免受政府或其他政治力量干预,享有制定和执行货币政策自由的程度,反映的是中央银行和政府之间的关系。中央银行独立性会影响货币政策实施和货币政策工具使用。中央银行独立性衡量标准有以下四点:(1)组织机构和人事独立;(2)制定和执行政策独立;(3)经济独立;(4)业务独立。

12.5.1　中央银行独立性的历史演进

中央银行制度由自由银行制度演变而来。私人银行分散发行货币经常出现货币流通混乱,货币发行权因此逐渐由少数大银行掌控。随着发行权集中最后产生了唯一的货币发行银行,加上政府干预,最终逐步演变为中央银行。中央银行的核心任务是控制通货膨胀。

第一次世界大战之前,世界范围内普遍实行金本位制度,经济运行比较平稳,金融较为稳定,中央银行普遍享有较高的独立性。在第一次世界大战期间,政府为了筹措军费加强了对中央银行干预,通过中央银行融资,导致通货膨胀节节攀升,并在战后继续加强对中央银行控制。1920 年在布鲁塞尔和 1922 年在日内瓦召开的国际金融会议上,各方均呼吁政府减少对中央银行干预,强调中央银行应对政府保持独立性。1929—1933 年大萧条之后,凯恩斯主义兴起,强调政府加强对经济干预,财政政策有效而货币政策无效,国家重新加强了对中央银行的控制力度。

20 世纪 70 年代,布雷顿森林体系崩溃,发达国家普遍陷入滞胀,中央银行的独立性问题重新引起重视。社会各界普遍认为,中央银行应独立于政府,避免政府为了刺激经济通过中央银行融资,导致经济过热和产生通货膨胀压力。自 1989 年《新西兰储备银行法开始》颁布起,不断有国家对中央银行相关法律进行修改,将物价稳定确定为货币政策的首要目标。

2008 年美国金融危机之后,中央银行独立性重新受到挑战。这些挑战包括以下三点。[①](1)在后危机时代的低通货膨胀和低利率背景下,以控制通货膨胀为中心的中央银行独立问题已经无法适应经济环境变化。(2)中央银行进行了过度的政策扩张而非扩张不足。(3)中央银行保持独立性可以控制通货膨胀,但不利于财政政策与货币政策协调。

因此,中央银行的独立性不仅仅是反通货膨胀,而且应考虑经济活动的具体情况,并

① Bernanke, Ben S., 2017, *Monetary Policy in a New Era*, Peterson Institute for International Economics and Hutchins Center on Fiscal & Monetary Policy in Brookings, October 2.

适应新的经济环境。中央银行的独立性不应该排斥中央银行与政府部门进行协调，即中央银行应该相对独立。

12.5.2 中央银行独立性分类

1. 组织机构和人事独立性

人事独立性，是指政府影响中央银行决策人员的任免程序与任职期限的程度，表现为中央银行组织机构设立和主管人员提名和任免是否由行政机关或政府部门决定。

美国联邦储备体系采用三权一体、二元分级组织模式，包括联邦储备委员会、联邦公开市场委员会、联邦咨询委员和联邦储备银行。联邦储备委员会是最高决策机构。联邦储备体系理事会主席和副主席由总统从 7 名理事中指定 2 人担任，任期 4 年，可以连任。美国总统在理事会席位出现空缺时在征求参议院意见并获得同意后，可任命新理事和美联储主席，总统在公务上对他们没有任何约束权利。

英格兰银行采用三权合一组织模式。最高权力机构是英格兰银行理事会，集决策权、执行权、监督权于一身，负责货币政策制定和实施。理事会由正副总裁和 16 名理事构成，均由政府推荐，英国国王任命。正副总裁任期 5 年，可以连任。理事任期 4 年，轮流离任，每年更换 4 人。16 名理事中有 12 名由私营商业银行行长、实业家、工会领袖等兼职理事。

日本银行的决策机构、执行机构、监督机构分别行使权力。决策机构为日本银行政策委员会，执行机构为日本银行理事会。日本银行的总裁和副总裁由内阁任命，理事则由财政部长任命，任期分别为 5 年和 4 年，均可连任。

中国人民银行在国务院领导下制定和实施货币政策。中国人民银行实行行长负责制，副行长协助行长工作。行长由国务院总理提名，由全国人民代表大会决定，由国家主席任免，任期与国务院总理一致。

2. 制定和执行政策独立性

政策独立性，是指中央银行能够自行制定和执行货币政策。政策独立性包含两层含义：一是目标独立性，中央银行可以自主选择政策目标，在稳定物价和促进经济增长两者之间进行取舍、权衡；二是工具独立性，中央银行明确自身职责，能够自主选择货币政策工具和操作手段以实现既定的货币政策目标。

美联储的联邦储备体系理事会经国会授权，无需总统批准，有权独立制定货币政策，自行决定货币政策实施和货币政策工具运用。英格兰银行在《英格兰银行法》于 1998 年修改后取得了较大的法律独立性。在货币政策工具运用方面，英格兰银行有直接决定权力。新《英格兰银行法》规定，政府部长、依靠国会拨款的政府部门工作人员，以及英格兰银行理事会的理事不得担任货币政策委员会委员的职位。财政部向英格兰银行发出的有关货币政策目标的书面指示必须公开发布，并且要提交国会备案。新《日本银行法》第 3 条第 1 款规定："必须尊重日本银行进行货币金融调控的自主性"。日本银行独立于政府，处于中立地位，在自我责任负责原则下开展业务，制定并执行货币政策。中国人民银行在国务院领导下，制定和实施货币政策，对金融业实施监督管理。

3. 经济独立性

经济(财务)独立性,是指政府能否要求中央银行为其支出提供信贷融资。享有较强独立性的中央银行能够抵制政府任何不合理的融资需求。经济独立性表现为中央银行的财政独立性,即其是否依赖于政府拨款和财政支持。

美联储没有长期支持财政融资(包括发行债券)的义务。美联储盈余较大,业务经费独立,无需财政拨款,不受财政制约。英格兰银行一般不给政府垫款,只提供少量的隔夜资金融通。英格兰银行通过每周对国库券招标、卖出国库券筹集资金,来解决政府的融资需要。日本银行原则上不承担向政府提供长期贷款和认购长期政府债务义务,政府发行的短期债券大部分由日本银行认购。日本银行的利润在扣除规定的比例后,全部上交财政部,发生亏损时由国库弥补。中国人民银行实行独立的财务预算管理制度。执行法律、行政法规和国家统一的财务会计制度,并接受国务院审计机关和财政部门依法进行的审计和监督。

4. 业务独立性

业务独立性,是指中央银行是否可以自主决定业务实施,办理业务时是否受政府机关干预。美联储业务,不受美国财政部的制约。英格兰银行除了依照银行法执行对银行业监管之外,还承担金融市场的管理职能。财政部一般尊重英格兰银行决定,英格兰银行也主动寻求财政部支持而相互配合。新日本银行法废除了大藏省大臣对日本银行享有的广泛的业务命令权和监督命令权,取消了监理官制度。中国人民银行在国务院的领导下依法独立履行职责和开展业务,不受地方政府、各级政府部门、社会团体和个人干涉,具有相对的独立性。

依据上述标准,可以将中央银行与财政部的法律关系分为以下四种类型:(1)中央银行直接对国会负责,不隶属于财政部,具有较强的独立性,比如美国。(2)中央银行名义上隶属财政部,但具有相对独立性,比如英国。(3)中央银行隶属财政部,但独立性较小,比如日本。(4)中央银行隶属于政府,与财政部并列,比如中国。

12.5.3 央行独立性与货币政策目标选择

1. 社会损失函数

中央银行应该如何进行货币政策目标选择,是选择单一政策目标还是多重政策目标,是实行固定规则还是可以相机抉择?中央银行目标是把通货膨胀稳定在低水平还是以真实 GDP 尽可能向潜在产出靠拢为目标努力维持经济稳定?中央银行理论认为,央行应该有政策目标,但不要像政府那样重视产出稳定,应更加关注通货膨胀问题。①

假定中央银行货币政策目标是使通货膨胀实际值与通货膨胀最优水平的偏差平方,加上总产出实际值与总产出最优水平的偏差平方后,所求得的两者偏差平方和的贴现值最小,由此构造社会损失函数式(12.64)。

① Rogoff, Kenneth. 1985, "The Optimal Degree of Commitment to an Intermediate Monetary Target", *Quarterly Journal of Economics* , 100(4):1169—1189.

$$L=\frac{1}{2}E[\pi^2+b(x-\bar{x})^2] \tag{12.64}$$

其中，L 表示社会福利损失的期望值；π 表示通货膨胀缺口即真实通货膨胀水平相对于预期通货膨胀水平的偏差；x 表示真实产出缺口，$\bar{x}$ 表示产出缺口目标值，$x-\bar{x}$ 表示真实产出缺口相对于产出缺口目标值的偏差；b 是产出相对权重，$b\geqslant 0$。当产出缺口上升，超过目标值时，社会福利损失 L 上升；当通货膨胀偏差上升时，L 也上升。

通货膨胀缺口的平方项表明，通货紧缩对社会福利的影响和通货膨胀对社会福利的影响相同。政府为了提高产出，往往甘愿容忍更高的通货膨胀，但是由于高通胀对社会福利有不利影响，产出必须更快增长才能保证社会福利不变。式(12.65)为引入理性预期的菲利普斯曲线。

$$x=\pi-\pi^e+\varepsilon \tag{12.65}$$

其中，π^e 表示通货膨胀缺口预期，ε 表示均值为 0 的随机扰动项。用理性预期的菲利普斯曲线表示通货膨胀和产出缺口之间的消长关系，即通货膨胀为产出缺口和通货膨胀预期的函数。

2. 社会福利与中央银行目标权衡

将式(12.65)代入式(12.64)得到式(12.66)。对式(12.66)求导得到式(12.67)。求解社会损失函数最小化可得到具有时间一致性的政策。取期望值并考虑 $E(\varepsilon)=0$，得到式(12.68)。

$$L=\frac{1}{2}E[\pi^2+b(\pi-\pi^e+\varepsilon-\bar{x})^2] \tag{12.66}$$

$$\frac{\partial L}{\partial \pi}=\frac{1}{2}E[2\pi+2b(\pi-\pi^e+\varepsilon-\bar{x})]=0 \tag{12.67}$$

$$\pi^e=b\bar{x} \tag{12.68}$$

政府同样要使社会损失函数最小化，但其知道 ε 取值；因此有式(12.69)。将 $\pi^e=b\bar{x}$ 代入式(12.69)，可得式(12.70)和式(12.71)。将 $\pi=x+\pi^e-\varepsilon$ 代入式(12.71)，得到产出式(12.72)。

$$\frac{\partial L}{\partial \pi}=\pi+b\pi-b\pi^e+b\varepsilon-b\bar{x}=0 \tag{12.69}$$

$$\pi(1+b)=\bar{x}b(1+b)-b\varepsilon \tag{12.70}$$

$$\pi=b\bar{x}-\frac{b\varepsilon}{1+b} \tag{12.71}$$

$$x=\frac{1}{1+b}\varepsilon \tag{12.72}$$

上述式(12.68)和式(12.71)显示预期通货膨胀与实际通货膨胀之间存在偏差。$b\bar{x}$ 的存在表明平均通货膨胀率大于 0，最优的政策是在不减轻产出稳定的同时消除通货膨胀，所以有式(12.73)。

$$\pi'=\left(\frac{b}{1+b}\right)\varepsilon \tag{12.73}$$

显然，如果 $b=0$，就不存在通货膨胀。所以可以得出以下结论。当 $b>0$ 时，即多目标制下，政府有动力实施欺骗，会选择相机抉择的货币政策；当 $b=0$ 时，即单一目标制下，通货膨胀倾向消失，政府的额外通货膨胀收益等于 0，会选择固定规则的货币政策。

假设在 $t-1$ 期，社会选择保守的中央银行家在 t 期领导中央银行。在式(12.74)中用 β 代替 b。β 可由中央银行选择。在 β 给定时，将式(12.74)对 π 求解保守中央银行最优化问题，得到式(12.75)和式(12.76)。①

$$L_B=\frac{1}{2}E[\pi^2+\beta(x-\bar{x})^2] \tag{12.74}$$

$$\pi=\beta\bar{x}-\left(\frac{\beta}{1+\beta}\right)\varepsilon \tag{12.75}$$

$$x=\left(\frac{1}{1+\beta}\right)\varepsilon \tag{12.76}$$

将此结果代入全社会福利损失函数后，再将 L 对 β 求解最优化问题，得到式(12.77)和式(12.78)。②为保证式(12.78)的条件成立，要求 $\beta<b$ 且 $\beta\neq0$，或 $\beta=b=0$。

$$\frac{\partial L}{\partial\pi}=\frac{1}{2}\left[2\beta\bar{x}^2+2\left(\frac{\beta}{1+\beta}\right)\frac{1}{(1+\beta)^2}\sigma_\varepsilon^2-2b\left(\frac{1}{1+\beta}\right)\frac{1}{(1+\beta)^2}\sigma_\varepsilon^2\right]=0 \tag{12.77}$$

$$\beta\bar{x}^2+\frac{\sigma_\varepsilon^2}{(1+\beta)^3}\sigma_\varepsilon^2(\beta-b)=0 \tag{12.78}$$

以上分析表明：当 $b=0$ 时，中央银行的货币政策为单一目标，只关注通货膨胀；当 $b\neq0$ 时，中央银行的货币政策为双重目标，既注重通货膨胀也关注产出，但低于政府对产出关注。在有劳动力市场扭曲时，选择保守的中央银行家领导中央银行是最佳选择。中央银行的最优选择是介于保守立场与政府偏好之间，保守但不过分保守，中央银行对稳定通货膨胀有足够大的偏好但不是无限偏好。中央银行过于关注通货膨胀，就不能对随机冲击做出反应。保守的中央银行可以解决货币政策时间不一致问题，改善社会福利。出于对信誉考虑，中央银行会严格按照对公众承诺的货币政策目标执行低通货膨胀的货币政策；公众相信中央银行的信誉，会下调通货膨胀预期从而避免通货膨胀偏差。在动态反馈过程中，可以建立起中央银行的货币政策可信度，即通货膨胀目标可信度。

3. 提高中央银行独立性的更多证据

中央银行独立性有助于解决货币政策的时间一致性问题。伯南克认为，选择央行独立性并非完全基于时间不一致性观点，将货币政策委托给独立的中央银行还有以下几点理由。

(1) 货币政策制定具有高度技术性，需要专业人士决策才能避免政策执行的不良

---

① 此处利用 $\pi^e=\beta\bar{x}$ 关系，做了代入处理。

② 此处 ε 与 $\bar{x}$ 不相关，$E(\varepsilon^2)=\sigma_\varepsilon^2=$“$\varepsilon$ 的方差”。

后果。

(2) 货币政策时效性非常强,只有能够快速准确地应对经济和金融状况不断变化的机构才能更好地实施货币政策。

(3) 中央银行能够实现与市场之间的连贯且及时的沟通,从而保证货币政策的有效性①,政府干预中央银行政策制定会影响货币政策的有效性。

本章小结

本章讲解宏观经济管理时的相机抉择与政策规则问题,以及货币政策规则设计问题,讨论比较典型的货币政策工具规则和货币政策目标规则,并讨论中央银行的独立性问题。

1. 相机抉择和政策规则的优劣关系表明,在动态不一致性时,规则型货币政策优于相机抉择的货币政策。可以通过宏观经济模型,运用最优控制技术得到最优政策规则。成功的政策规则必须简单且易于沟通,运用最优控制技术得到的结果往往难以满足这一要求。

2. 货币政策规则分为工具规则和目标规则两种,前者以麦卡勒姆规则和泰勒规则为代表,它们分别将基础货币和短期利率作为货币政策中介变量;目标规则以通货膨胀目标规则为代表,它通过调节政策利率等方法直接钉住通货膨胀目标。2008 年金融危机以后,美联储基于泰勒规则先后实施了更加强调总产出的伯南克规则,以及实施引入失业率上限的埃文斯规则和考虑劳动参与率下限的耶伦规则。

3. 以货币供应量为目标的货币政策规则,使得中央银行能够通过调整货币政策来处理国内事务,以及能及时掌握与货币政策实施状况有关的指标信息。弗里德曼货币供应量增长率不变规则指出,坚持货币供应量增长率与总产出增长率一致,有助于实现物价稳定。以货币供应量作为货币政策实施目标时,要求货币总量和目标变量(通货膨胀)之间存在可靠的因果关系,而这种关系在许多国家并不存在。

4. 以汇率稳定为目标的货币政策总产出效果与固定汇率体系中主导国的行为密切相关。以通货膨胀管理为货币政策目标时,可以同时使用多种货币政策工具,易于沟通和评估。隐含名义锚的货币政策通过拴住通货膨胀预期,来限制时间非一致问题,有助于实现物价稳定。隐含名义锚的货币政策通过确定货币政策中介目标,提高了货币政策实施效率,但政策时滞问题会迫使中央银行采取专门用于控制通货膨胀的直接行动策略。

5. 从货币政策规则形式和最终关注的问题来看,各种货币政策规则实际上没有本质区别,仅是对不同宏观经济指标赋予的权重有不同而已。所有的货币政策规则都要求中央银行信息透明且有责任感,那些有利于稳定经济发展的货币政策规则比那些会使经济波动增加的货币政策规则更受欢迎。

6. 中央银行的独立程度对其实施货币政策有重要意义。中央银行独立性包括组织人

① 美国联邦储备委员会经国会授权有独立制定和执行货币政策的权利,无需总统批准,能够自主进行决策并决定货币政策工具。在货币政策重大事项方面,中国人民银行需上报国务院并获批准之后方可执行。

事独立、财务经济独立、日常业务独立、政策实施独立等。中央银行有时会迁就政府的经济增长目标,实施兼顾劳动就业的非保守的通货膨胀目标。

中文关键词

货币政策规则　动态不一致性　货币政策工具规则　货币政策目标规则　弗里德曼规则　麦卡勒姆规则　泰勒规则　泰勒条件　伯南克规则　埃文斯规则　耶伦规则　货币局制度　美元化安排　铸币税　通货膨胀目标规则　名义锚　直接行动策略　中央银行独立性

英文关键词

monetary policy rule　dynamic inconsistence　monetary policy instruments rule　monetary policy target rule　Friedman rule　McCallum rule　Taylor rule　Taylor condition　Bernanke rule　Evans rule　Yellen rule　currency board　dollarization　seigniorage　inflation target rule　nominal anchor　direct action tactics　central bank independence

思考题

1. 简述货币政策规则的演变过程。

2. 什么是动态不一致性(或时间不一致性)?它对相机抉择的货币政策实施结果有什么影响?

3. 推导货币供应量增长率不变规则,说明选择货币供应量增长率不变规则的前提条件。

4. 简述货币政策规则设计的基本方法。

5. 货币政策规则分哪几种类型?请举例说明。

6. 简述麦卡勒姆基础货币规则与弗里德曼货币供应量增长率不变规则之间的区别和联系。

7. 推导泰勒规则并简述泰勒规则的运行机制和实施条件。

8. 简述以汇率稳定为目标的货币政策与以货币供应量为目标的货币政策的差异,并对两者的运行条件和实施效果加以比较。

9. 实施货币政策时,使用隐含的名义锚目标对控制通货膨胀有什么好处?

10. 对货币当局实施通货膨胀目标规则的流程做分析说明。使用直接行动策略控制通货膨胀的可行性如何?请结合中国的实际情形加以讨论。

11. 简述中央银行独立性的内容，说明中央银行保持独立的优点和缺点。

12. 结合美联储货币政策实践特别是2008年美国金融危机和2020年新冠肺炎疫情蔓延时期的美联储货币政策实践，评价传统泰勒规则的应用效果，比较伯南克规则、埃文斯规则、耶伦规则与泰勒规则的异同，列举传统泰勒规则在实践中遇到的挑战。

13. 保守中央银行和非保守中央银行的社会福利损失函数有何异同？比较美联储与英格兰银行的独立性，说明将中国人民银行独立性提高到与美联储一样水平的具体条件。

14. 零利率下限约束会妨碍泰勒规则在经济严重衰退时期的应用。耶伦规则采用最优控制方法的直接动因是零利率下限约束。讨论货币政策规则设计时运用最优控制方法克服零利率下限约束的基本思路。

15. 假设中央银行设定的通货膨胀目标为2%，潜在产出增长率为3.5%，货币流通速度v的变动率$\Delta v=0.5\times(i-5\%)$，$i$为名义利率；真实利率$r=8.5\%-\Delta y$，其中$y$是实际产出水平，$\Delta y$是实际产出增长率。假设中央银行能够实现通货膨胀目标。(1)计算中央银行在长期达到通货膨胀目标时的最优货币供应量增长率。(2)如果产出增长率连续两年为2%，真实利率$r=4.5\%-\Delta y$；为了在当期达到通货膨胀目标，计算中央银行的最优货币供应量增长率。(3)如果中央银行保持(1)中的货币供应量增长率，则通货膨胀会有什么变化？

16. 中央银行的目标通货膨胀率为1%，潜在产出增长率为每年3%，中央银行预期货币流通速度每年增长2%。请根据弗里德曼货币供应量不变规则，求解最优货币供应量增长率。

17. 中央银行设定的损失函数为$Loss=\sum_{time}(\tilde{y}_t^2+w\times\tilde{\pi}_t^2)$。其中：$\sum_{time}$表示后面时期所有变量在时间上的加总，$w$表示在中央银行目标函数中通货膨胀相对于总产出的权重。$\tilde{y}$=[(实际产出－潜在产出)潜在产出]×100；$\tilde{\pi}$=(实际通货膨胀率－理想通货膨胀率)×100。

政策A与政策B的效果比较

年	产出			产出缺口(%)		通货膨胀率(%)		通货膨胀缺口(%)	
	潜在产出	政策A	政策B	政策A	政策B	政策A	政策B	政策A	政策B
1	( )	1 060.0	1 025.0	( )	( )	2.0	2.0	( )	( )
2	( )	1 120.0	1 075.0	( )	( )	3.0	1.75	( )	( )
3	( )	1 170.0	1 150.0	( )	( )	3.5	1.5	( )	( )
4	( )	1 220.0	1 210.0	( )	( )	3.5	1.5	( )	( )
5	( )	1 276.3	1 276.3	( )	( )	3.5	1.5	( )	( )

政策A在目标函数中的总损失(　　)
政策B在目标函数中的总损失(　　)

现假设在第0年，产出水平和潜在产出水平均为1 000，通货膨胀率为2%，潜在产出的增长率为每年5%，w等于1，即产出损失和通货膨胀损失的权重相等，理想通货膨胀率为1%。考虑备选政策A和B的效果。A政策将产出提高到潜在水平之上，并且提高通货膨胀率。B政策将产出限制在潜在水平之下，并且降低通货膨胀率。(1)请填写表格括号中的数据,并分别计算政策A和政策B的总福利损失。(2)当通货膨胀损失的权重取值为多少时,政策A优于政策B?

18. 考虑三个备选政策,每一个政策的产出和通货膨胀都不同,详见下表。潜在产出在时期1时为500且每年上升3%。中央银行损失函数为($w=1$,表示在中央银行损失函数中通货膨胀相对于产出的权重;通货膨胀目标为2.0%):$Loss=\sum_{time}(\tilde{y}_t^2+w\times\tilde{\pi}_t^2)$;其中:$\sum_{time}$表示后面所有变量在时间上的加总;$\tilde{y}$=[(实际产出-潜在产出)/潜在产出]×100;$\tilde{\pi}$=(实际通货膨胀率-理想通货膨胀率)×100。

	产出政策A	产出政策B	产出政策C	通货膨胀政策A	通货膨胀政策B	通货膨胀政策C
1	500.0	500.0	500.0	3.0	3.0	3.0
2	515.0	500.0	520.0	3.0	2.8	3.2
3	530.0	520.0	535.0	3.0	2.0	4.0
4	546.4	540.0	550.0	3.0	1.5	4.5
5	562.8	562.8	562.8	3.0	1.5	4.5

(1)分别计算三种政策5年期的目标函数值。(2)哪种政策为最佳?为什么?(3)如果$w=5$,(1)和(2)的结论是否会有改变?

19. 假设产出低于潜在水平3%,潜在产出每年增长3.5%。美联储遵循泰勒规则(均衡实际联邦基金利率为2%,通货膨胀缺口和产出缺口的权重均为0.5)。上一年的通货膨胀率为3%,当前的联邦基金利率为4%。(1)美联储的通货膨胀目标是多少?(2)假设一年过去了,现在产出仅低于潜在产出水平1%,过去一年的通货膨胀率为2.5%。在通货膨胀目标没有变化时,美联储现在应该将联邦基金利率定为多少?

20. 设定货币政策规则的最根本原因在于(　　)。(单选)

A. 提高货币政策实施效率　　B. 稳定市场预期

C. 减少动态不一致性　　D. 满足宏观经济持续发展需要

21. 货币政策规则分为(　　)。(单选)

A. 工具规则和目标规则

B. 短期规则和长期规则

C. 泰勒规则和麦卡勒姆规则

D. 通货膨胀目标规则和货币供应量增长率不变规则

22. 以下属于货币政策工具规则的有(　　)。(多选)

A. 弗里德曼规则　　B. 麦卡勒姆规则

C. 泰勒规则　　D. 通货膨胀规则

23. 以汇率稳定为目标的货币政策适用于(　　)。(单选)

A. 发达国家

B. 发展中国家

C. 货币政策时间不一致性比较严重的发达国家

D. 货币政策时间不一致性比较严重的发展中国家

24. 以下哪个不属于对泰勒规则的拓展形式(　　)。(单选)

A. 伯南克规则　　B. 埃文斯规则

C. 耶伦规则　　D. 麦卡勒姆规则

25. 中央银行的独立性表现为(　　)。(单选)

A. 中央银行与政府有不一致的宏观经济目标

B. 中央银行可以借助资产调节负债变化,创造货币供应量

C. 中央银行可以投放任何数量的货币

D. 中央银行可根据宏观经济情况,独立地决策和实施货币政策

阅读材料

Hofmann, Boris, and Bilyana Bogdanova, 2012, "Taylor Rules and Monetary Policy a Global Great Deviation", *BIS Quarterly Review*, September 2012:37—49.

Nikolsko-Rzhevskyy, Alex, David H. Papell, and Ruxandra Prodan, 2017, "The Yellen Rules", Lehigh University working paper May 24, 2017.

Chang, Chun, Zheng Liu, and Mark M. Spiegel, 2015, "Capital Controls and Optimal Chinese Monetary Policy", *Journal of Monetary Economics*, 74 (2015) 1—15.

Crowe, Christopher, and Ellen E. Meade, 2008, "Central Bank Independence and Transparency Evolution and Effectiveness", IMF Working Paper WP/08/119.

Kydland, Finn E., and Edward C. Prescott, 1977, "Rules Rather than Discretion: The Inconsistency of Optimal Plans", *Journal of Political Economy*, 85(3):473—492.

McCallum, Bennett T., 1988, "Robustness Properties of a Rule for Monetary Policy", *Carnegie-Rochester Conference Series on Public Policy*, 29:173—204.

Ostry, Jonathan D., Atish R. Ghosh, and Marcos Chamon, 2012, "Two Targets Two Instruments Monetary and Exchange Rate Policies in Emerging Market Economies", IMF Staff Discussion Note February 29, 2012.

Svensson, Lars E.O., 2002, "Inflation Targeting: Should It be Modeled as an Instrument Rule or a Targeting Rule?", *European Economic Review*, 46:771—780.

Taylor, L. B., 1998, "A Historical Analysis of Monetary Policy Rules", NBER Working Paper 6768.

Walsh, Carl E., 1994, "Is There a Cost to Having an Independent Central Bank", FRBSF Weekly Letter, Number 94—05, February 4, 1994.

范方志:《西方中央银行独立性理论的发展及其启示》,《金融研究》2005 年第 11 期。

陆晓明:《从泰勒规则到最优控制方法——耶伦货币政策主张及其影响》,《经济学动态》2014 年第 5 期。

彭兴韵、施华强:《伯南克变革的基本方向——兼论美国货币政策的演化》,《国际经济评论》2007 年第 5—6 期。

附录 12A 零利率下限与货币政策规则

常规的货币政策规则(如泰勒规则)在零利率下限(ZLB)时会失效。伯南克(Bernanke, 2017)基于影子利率(shadow rate),给出了受 ZLB 限制时的政策利率决定方法。①假设中央银行遵循的常规货币政策规则(远离 ZLB)是加入利率滞后项的泰勒规则;参见式(12A.1)。

$$i_t = r + \pi_t + a(\pi_t - 2) + by_t + ci_{t-1} \tag{12A.1}$$

在式(12A.1)中,i 是政策利率,π 是通货膨胀率,r 是实际利率均衡值,y_t 是产出缺口,a, b 和 c 分别是中央银行对通货膨胀缺口、总产出缺口和前一期政策利率的反应系数,下标 t 表示时间,以季度衡量。

此规则没有明确给出当式(12A.1)得到的名义利率为负时政策利率的设定方法。通常做法是在式(12A.1)所给出的利率与 0 两者之间选择最大值作为政策利率。然而,当名义利率较低时,式(12A.1)的政策规则只受非负约束调整,会经常遇到 ZLB 情形且经济表现不佳。伯南克认为,处理 ZLB 约束的方法是寻找影子政策利率。影子利率在正常时期为 0,在实际政策利率受 ZLB 约束时为负值。影子利率 i_t^* 定义为式(12A.2)。

$$i_t^* = d(\pi_t - 2) + ey_t + i_{t-1}^* \tag{12A.2}$$

在式(12A.2)中,d 和 e 是类似于式(12A.1)中的系数 a 和 b。影子利率不能直接观测,它是可以决定何时提高政策利率 i(从 0 开始)的工具。政策利率与影子利率之间有以下关系:经济始于"正常"(非 ZLB)状态时,政策利率高于零并由泰勒规则给出,即式(12A.1)。在正常状态下,当 $i>0$ 时设定 $i^*=0$。随时间推移,经济状态会不断变化,直到泰勒规则在某个时候给出负政策利率。此时出现了状态转换:$i=0$ 时 i^* 由式(12A.2)决定,i^* 初始滞后值等于 0。在这个状态中,通货膨胀和总产出都很低,i^* 是负值。

假定经济处于 ZLB 状态(即政策利率 $i=0$),直到影子利率从 0 以下回到 0。这时泰勒规则再次适用:$i>0$ 时 i 由式(12A.1)给出,否则 $i=0$;同时影子利率重新设定为 0。简而言之,泰勒政策适用于政策利率远离 0 的情形,影子利率决定了退出 ZLB 的时间。影子利率的引入延缓了 ZLB 的退出,相对于纯粹的前瞻性政策规则而言显著改善了货币政策实施效果。

在实践中,以影子利率向公众传播政策会遇到挑战。影子利率不能被公众直接观察到,取值决定于式(12A.2)的形式和参数值。更好的选择是表达中央银行退出 ZLB 的宏观经济条件,而不是影子利率。伯南克给出了两种方法。假设经济体在 t_0 时期进入 ZLB。对式(12A.2)递归求解可知,ZLB 退出时期 k 由影子利率上升达到 0 的时点决定。

$$i_k^* = d\sum_{t=0}^{k}(\pi_t - 2) + e\sum_{t=0}^{k} y_t \geqslant 0 \tag{12A.3}$$

假设决定影子利率的总产出缺口权重为 0(即 $e=0$),当 ZLB 时期平均通胀率为 2%

① Bernanke, Ben S, 2017, *Monetary Policy in a New Era*, Brookings Institution October 2.

时，或者当累积通胀缺口被弥补时，式(12A.3)成立。$e \neq 0$ 时退出 ZLB 的标准是通货膨胀缺口和累积总产出缺口的加权平均值(附以明确的权重)。更简单的方法是为退出标准加上劳动失业率条件。例如，通货膨胀和总产出在 ZLB 时期都下降到低于目标水平或潜在水平，在 k 时期退出的条件为 $y^k \geqslant 0$，或 $u^k \leqslant u^{NAIRU}$(即失业率不大于自然失业率)。在实践中，中央银行可以提前给出退出 ZLB 的必要条件。(1)ZLB 时期的平均通胀率(至少)回到目标值。(2)劳动失业率不高于中央银行(公开宣布的)对 $NAIRU$ 的估计。这一条件类似于美联储公开市场委员会的(明晰的)前瞻性指引，它将政策利率提高同通货膨胀目标和劳动失业率绑定在一起。影子利率将 ZLB 退出时点和通货膨胀目标绑定在一起。在 ZLB 退出后，政策利率由标准的泰勒规则决定。

另一种方法是自 ZLB 开始时将累积的通货膨胀缺口直接加入泰勒规则，即式(12A.4)。其中 t_1 是 ZLB 状态的进入时点(末项是 ZLB 时期的平均通货膨胀缺口)，f 是系数。

$$i_t = r + \pi_t + a(\pi_t - 2) + by_t + f\left[\sum_{n=t_1}^{t} \pi_n - 2\right]/(t - t_1) \qquad (12A.4)$$

式(12A.4)并不要求计算影子利率，政策利率为式(12A.4)与 0 两者之间的最大值。式(12A.4)中的通货膨胀缺口在 ZLB 时期或在其之后的短暂时间会存在，其余时间都不会存在。也就是说，中央银行在 ZLB 时期或者在其之后的短暂时期会将累积通货膨胀率缺口作为附加的货币政策考虑因素。

参考文献

Adam, C.S., 1991, "Financial Innovation and the Demand for M3 in the UK: 1975—1986", *Oxford Bulletin of Economics and Statistics*, 53:401—424.

Adrian, T., and H. S. Shin, 2009, "Money, Liquidity and, Monetary Policy", *American Economic Review*, 99(2):600—605.

Adrian, T., and H.S. Shin, 2009, " Prices and Quantities in the Monetary Policy Transmission Mechanism", *International Journal of Central Banking*, 5(4):131—142.

Aghion, P., P. Bacchetta, R. Ranciere, and K. Rogoff, 2009, "Exchange Rate Volatility and Productivity Growth: The Role of Financial Development", *Journal of Monetary Economics*, 56(4):494—513.

Alesina, A., and L. Summers, 1993, "Central Banking Independence and Macroeconomic Performance: Some Comparative Evidence", *Journal of Money, Credit*, and Banking, 25(2):151—162.

Allen, F, E. Carletti, and D. Gale, 2009, "Interbank Market Liquidity and Central Bank Intervention", *Journal of Monetary Economics*, 56(5):639—652.

Arminio, Fraga, 1994, "Central Banking after the Latin America Debt Crisis", *Columbia Journal of World Business*, 29(2):66—70.

Artis, M.J., and M.K. Jewis, 1990, "Money Supply and Demand", in *Current issues in Monetary Economics*, Tavadas Bandyopadhyay, and Subrata Ghatak(editors), Hemel Hempstead: Harvester Wheatsheaf.

Bain, K., and Peter Howells, 1991, "The Income and Transactions Velocities of Money", *Review of Social Economy*, 3:383—395.

Bain, K., and Peter Howells, 2003, *Monetary Economics: Policy and Its Theoretical Basis*, New York: Palgrave Macmillan.

Balassa, Bela, 1964, "The Purchasing Power Parity Doctrine: A Reappraisal", *Journal of Political Economy*, 72(6):584—596.

Ball, Lawrence, 1999, "Policy Rules for Open Economies", in *Monetary Policy Rules*, John B. Taylor (editor), Chicago, IL: University of Chicago Press.

Ball, Lawrence, 2012, "Short-run money demand", *Journal of Monetary Economics*, 59(7):622—633.

Bank of England. Inflation Report. August 2019.

Barnett, W.A., E.K. Offenbacher, and P.A. Sprindt, 1984, "The New Divisia Monetary Aggregates", *Journal of Political Economy*, 92(6):1049—1085.

Barro, R.J., and D.B. Gordon, 1983, "A Positive Theory of Monetary Policy in a Natural Rate Model", *Journal of Political Economy*, 91(4):589—610.

Barro. R.J., 1986, "Recent Developments in the Theory of Rules versus Discretion", *Economic Journal*, 96(supplement):23—37.

Barsky, Robert, Alejandro Justiniano, and Leonardo Melosi, 2014, "The Natural Rate of Interest and Its Usefulness for Monetary Policy", *American Economic Review*, 104(5):37—43.

Bauer, M.D., and G.D. Rudebusch, 2013, "The Signaling Channel for Federal Reserve Bond Purchases", *International Journal of Central Banking*.

Baumol, William A., 1952, "The Transactions Demand for Cash: An Inventory Theoretic Approach", *Quarterly Journal of Economics*, 66(4):545—556.

BCBS, 1998, "Risk Management for Electronic Banking and Electronic Money Activities", Basle Committee on Banking Supervision.

Berkelmans, L., G. Kelly, and D. Sadeghian, 2016, "Chinese Monetary Policy and the Banking System", *Journal of Asian Economics*, 46:38—55.

Bernanke, Ben, 2013, The Federal Reserve and the Financial Crisis, Princeton University Press.

Bernanke, B.S., and Mark Gertler, 1995, "Inside the Black Box: The Credit Channel of Monetary Policy Transmission", *Journal of Economic Perspectives*, 9(4):27—48.

Bernanke, B.S., and I. Mihov, 1998. Measuring Monetary Policy, *Quarterly Journal of Economics*, 113 (3):869—902.

Bernanke, Ben S., Vincent R. Reinhart, and Brian P.Sack, 2004, "Monetary Policy Alternatives at the Zero Bound: An Empirical Assessment", FEDS Working Paper, 2004—2048.

Bernanke, Ben S., 2015, "The Taylor Rule: A Benchmark for Monetary Policy?", www. brookings. edu, April 28.

Bernanke, Ben S., 2017, "Monetary Policy in a New Era", Peterson Institute for International Economics and Hutchins Center on Fiscal & Monetary Policy in Brookings, October 2.

Bernanke, Ben S., and Vincent R. Reinhart, 2004, "Conducting Monetary Policy at Very Low Short-Term Interest Rates", *American Economic Review*, 94, 2:85—90.

Blanchard, Olivier, 1981, "Output, the Stock Market, and Interest Rates", *American Economic Review*, 71(1):132—143.

Blenman, Lloyd P., 1991, "A Model of Covered Interest Arbitrage under Market Segmentation", *Journal of Money, Credit and Banking*, 23(4):706—717.

Blinder, A. S., M. Ehrmann, M. Fratzscher, J. De. Haan, and D. Jansen, 2008, "Central Bank Communication and Monetary Policy: A Survey of Theory and Evidence", *Journal of Economic Literature*, 46(4):910—945.

Bohanon, Cecil E., Gerald J. Lynch, and T. Norman van Cott, 1985, "A Supply and Demand Exposition of the Operation of a Gold Standard in a Closed Economy", *Journal of Economic Education*, 16(1): 16—26.

Bohn, Henning, and Linda Tesar, 1996, "U. S. Equity Investment in Foreign Markets: Portfolio Rebalancing or Returning Chasing?", *American Economic Review*, 86(2):77—81.

Boivin, J., M.T. Kiley, and F.S. Mishkin, 2010, "How Has the Monetary Transmission Mechanism Evolved Over Time?", *Handbook of Monetary Economics*, 3:369—422.

Bomberger, W. A., and G. E. Makinen, 1980, "Money Demand in Open Economies: Alternative Specifications", *Southern Economic Journal*, 47(1):30—39.

Borio, C., and H. Zhu, 2008, "Capital Regulation, Risk-Taking and Monetary Policy: A Missing Link in the Transmission Mechanism", BIS Working Paper, 268.

Brainard, William C., and James Tobin, 1968, "Econometric Models: Their Problems and Usefulness;

Pitfalls in Financial Model Building", *American Economic Review*, 58(2):411—425.

Brainard, William C., and James Tobin, 1968, "Pitfalls in Financial Model-Building", Cowles Foundation Discussion Papers, 244.

Branson, William H., 1969, "The Minimum Covered Interest Differential Needed for International Arbitrage Activity", *Journal of Political Economy*, 77(6):1028—1035.

Browne, F., and D. Cronin, 2010, "Commodity Prices, Money and Inflation", *Journal of Economics and Business*, 62(4):331—345.

Brunner, K., and A.H. Meltzer, 1972, "Money, Debt and Economic Activity", *Journal of Political Economy*, 80(5):951—977.

Brunner, Karl, 1968, "The Role of Money and Monetary Policy", *Federal Reserve Bank of ST Louis Review*, 50(July):8—24.

Bruno, V., and H.S. Shin, 2015, "Capital Flows and the Risk-Taking Channel of Monetary Policy", *Journal of Monetary Economics*, 71:119—132.

Bryant, R.C., P. Hooper, And C.L. Mann, 1993, "Evaluating Policy Regimes: New Research in Empirical Macroeconomics", Washington: Brookings Institution.

Cacciatore, M., G. Fiori, and F. Ghironi, 2016, "Market Deregulation and Optimal Monetary Policy in a Monetary Union", *Journal of International Economics*, 99:120—137.

Cagan, Phillip, 1965, "Determinants and Effects of Changes in the Stock of Money, 1875—1960", New York: *National Bureau of Economic Research*:8—15.

Calvo, G.A., L. Leiderman, and C. Reinhart, 1996, "Inflows of Capital to Developing Countries in the 1990s", *Journal of Economic Perspectives*, 10(2):123—139.

Campbell, J.R., C.L. Evans, J.D.M. Fisher, and A. Justiniano, 2012, "Macroeconomic Effects of Federal Reserve Forward Guidance", *Brookings Papers on Economic Activity*, (1):1—80.

Carlstrom, C.T., T.S. Fuerst, and M. Pautian, 2010, "Optimal Monetary Policy in a Model with Agency Cost", *Journal of Money*, *Credit*, and Banking, 42(1):37—70.

Capie, F., and A. Weber, 1985, *A Monetary History of the United Kingdom, 1870—1982, Volume 1, Data, Sources, and Methods*, Boston: Allen & Unwin.

Carpenter, S., and S. Demiralp, 2012, "Money, Reserves, and the Transmission of Monetary Policy: Does the Money Multiplier Exist?", *Journal of Macroeconomics*, 34(1):59—75.

Chang, C., Z. Liu, and M.M. Spiegel, 2015, "Capital Controls and Optimal Chinese Monetary Policy", *Journal of Monetary Economics*, 74:1—15.

Chen, Hongyi, K. Chow, and P. Tillmann, 2017, "The Effectiveness of Monetary Policy in China: Evidence from a Qual VAR", *China Economic Review*, 43:216—231.

Chowdhury, I., and A. Schabert, 2008, "Federal Reserve Policy Viewed through a Money Supply Lens", *Journal of Monetary Economics*, 55(4):825—834.

Chu, A.C., and G. Cozzi. 2014, "R&D and Economic Growth in a Cash-in-Advance", *International Economic Review*, 55(2):507—524.

Chung, H., J.P. Laforte, D. Reifschneider, and J.C. Williams, 2012, "Have We Underestimated the Likelihood and Severity of Zero Lower Bound Events?", *Journal of Money, Credit, and Banking*, 44(s1):47—82.

Clarida, R., J. Gali, and M. Gertler, 1999, "The Science of Monetary Policy: A New Keynesian Perspective", *Journal of Economic Perspective*, 37(4):1661—1707.

Clinton, Kevin, 1988, "Transaction Costs and Covered Interest Arbitrage: Theory and Evidence", *Journal of Political Economy*, 96(2):358—370.

Cochrane, J. H., 2017, "The New-Keynesian Liquidity Trap", *Journal of Monetary Economics*, 92 (December):47—63.

Cogley, T., 2008, "Trend Inflation, Indexation, and Inflation Persistence in the New Keynesian Phillips Curve", *American Economic Review*, 98(5):2101—2126.

Coibion, Olivier, Yuriy Gorodnichenko, and Michael Weber, 2019, "Monetary Policy Communications and Their Effects on Household Inflation Expectations", NBER Working Paper, No.25482.

Coibion, Olivier, Yuriy Gorodnichenko, and Johnanes Wieland, 2012, "The Optimal Inflation Rate in New Keynesian Models: Should Central Banks Raise Their Inflation Targets in Light of the Zero Lower Bound?", *Review of Economic Studies*, 79(4):1371—1406.

Cooper, R. N., 1969, "Macroeconomic Policy Adjustments in Interdependent Economics", *Quarterly Journal of Economics*, 83(1):1—24.

Cooper, R.N., 1985, "Economic Independence and Coordination of Economic Policies", in *Handbook of International Economics II*, R.W. Jones, and P.B. Kennen(editors), Amsterdam: North Holland.

Cottrell, A., 1986, "The Endogeneity of Money and Money-Income Causality", *Scottish Journal of Political Economy*, 33(1):2—27.

Cramer, J.S., 1986, "The Volume of Transactions and the Circulation of Money in the United States: 1950—1979",*Journal of Business and Economic Statistics*, 2(4):225—232.

Crowe, C., and E. E. Meade, 2008, "Central bank Independence and Transparency: Evolution and Effectiveness", *European Journal of Political Economy*, 24(4):763—777.

Curdia, V., and M. Woodford, 2011, "The Central-bank Balance Sheet as an Instrument of Monetary Policy", *Journal of Monetary Economics*, 58(1):53—79.

Curdia, V., and M. Woodford, 2016, "Credit Frictions and Optimal Monetary Policy", *Journal of Monetary Economics*, 84:30—65.

Curdia, V., A. Ferrero, G.C. Ng, and A. Tambalotti, 2015, "Has U.S. Monetary Policy Tracked the Efficient Interest Rate?", *Journal of Monetary Economics*, 70:72—83.

Cuthbertson, K., and M.P. Taylor, 1987, "Journal of Business and Economic Statistics The Demand for Money: A Dynamic Rational Expectations Model", *Economic Journal*, 97(388a):65—76.

Davis, J.S., and L. Presno, 2017, "Capital Controls and Monetary Policy Autonomy in a Small Open Economy", *Journal of Monetary Economics*, 85:114—130.

Delis, M.D., and G.P. Kouretas, 2011, "Interest Rates and Risk Taking", *Journal of Banking and Finance*, 35:840—855.

Diamond, D.W., and R.G. Rajan, 2012, "Illiquid Banks, Financial Stability, and Interest Rate Policy", *Journal of Political Economy*, 120(3):552—591.

Dornbusch, Rudiger, 1976, "Expectations and Exchange Rate Dynamics", *Journal of Political Economy*, 84(6):1161—1176.

Dornbusch, Rudiger, 1976, "The Theory of Flexible Exchange Rate Regimes and Macroeconomic Policy", *The Scandinavian Journal of Economics*, 78(2):255—275.

Dornbusch, Rudiger, Paul Krugman, Richard N. Cooper, and Marina V.N. Whitman, 1976, "Flexible Exchange Rates in the Short Run", *Brookings Papers on Economic Activity*, 3:537—584.

Edwards, S., and R. Rigobon, 2009, "Capital Controls on Inflows, Exchange Rate Volatility and

External Vulnerability", *Journal of International Economics*, 78(2):256—267.

Eggertsson, G. B., N. R. Mehrotra, and L. H. Summers, 2016, "Secular Stagnation in the Open Economy", *American Economic Review*, 106(5):503—507.

Eichengreen, B.J., and J. Sachs, 1985, "Exchange Rate and Economic Recovery in the 1930s", Journal of Economic History, 45 (4):925—946.

Engel, C., 2011, "Currency Misalignments and Optimal Monetary Policy: A Reexamination", *American Economic Review*, 101(6):2796—2822.

Evans, Charles, 2012, "Monetary Policy in Challenging Times", Federal Reserve of Chicago 11.

Fawley, Brett W., and Neely, Christopher J., 2013, "Four Stories of Quantitative Easing", *Federal Reserve Bank of St. Louis Review*, Vol.95(1):51—88.

Federal Reserve System, "Monetary Policy Report", February 7, 2020.

Filardo, A., and B. Hofmann, 2014, "Forward Guidance at the Zero Lower Bound", *BIS Quarterly Review*, March.

Fisher, Iving, 1911, *The Purchasing Power of Money*, New York: Macmillan. Reprinted(1963) New York: Augustus M. Kelley.

Fisher, Iving, 1920, *Stabilizing the Dollar*, New York: MacMillan.

Fisher, Iving, 1945, *100% Money*, New Haven, Conn.: City Printing Company.

Fleming, J. Marcus, 1962, "Domestic Financial Policies under Fixed and under Floating Exchange Rates", IMF Staff Papers, 9(3):369—380.

Frankel, Jacob A., 1979, "On the Mark: A Theory of Floating Exchange Rates Based on Real Interest Rate Differentials", *American Economic Review*, 69(4):610—622.

Frederic S. Mishkin, 2007, "Monetary Policy and the Dual Mandate", Speech Delivered at Bridgewater College, Bridgewater, Va., April 10.

Frenkel, Jacob A., and Michael L. Mussa, 1981, "Monetary and Fiscal Policies in an Open Economy", *American Economic Review*, 71(2):253—258.

Frenkel, Jacob A., and Richard M. Levich, 1975, "Covered Interest Arbitrage: Unexploited Profits?", *Journal of Political Economy*, 83(2):325—338.

Friedman, Milton, 1959, *A Program for Monetary Stability*, The Millar Lectures, New York: Fordham University Press.

Friedman, Milton, 1948, "A Monetary and Fiscal Framework for Economic Stability", *American Economic Review*, 38(3):245—264.

Friedman, Milton, 1956, "The Quantity Theory of Money: A Restatement", in *The Optimum Quantity of Money*, Milton Friedman(editor), Chicago: Aldine Publishing Company.

Friedman, Milton, 1968, "Dollars and Deficits; Living with America's Economic Problems", Englewood Cliff, New Jersey: Prentice Hall.

Friedman, Milton, 1970, "A Theoretical Framework for Monetary Analysis", *Journal of Political Economy*, 78(2):193—238.

Friedman, Milton, 1970, "Controls on Interest Rates Paid by Banks", *Journal of Money, Credit, and Banking*, 2(1):15—32.

Friedman, Milton, 1986, "The Resource Cost of Irredeemable Paper Money", *Journal of Political Economy*, 94(3):642—647.

Friedman, Milton, 1988, "Money and the Stock Market", *Journal of Political Economy*, 96(2):

221—245.

Friedman, Milton, and A. Schwartz, 1982, *Monetary Trends in the United States and the United Kingdom: Their Relation to Income, Prices and Interest Rates*, 1867—1975, Chicago: University of Chicago Press.

Frydman, C, E. Hilt, and L.Y. Zhou, 2015, "Economic Effects of Runs on Early 'Shadow Banks': Trust Companies and the Impact of the Panic of 1907", *Journal of Political Economy*, 123(4): 902—940.

Gabaix, X., and M. Maggiori, 2015, "International Liquidity and Exchange Rate Dynamics", *The Quarterly Journal of Economics*, 3(1):1369—1420.

García-Schmidt, Mariana, and Michael Woodford, 2019, "Are Low Interest Rates Deflationary? A Paradox of Perfect-Foresight Analysis", *American Economic Review*, 109(1):86—120.

Gali, J., 2014, "Monetary Policy and Rational Asset Price Bubbles", *American Economic Review*, 104(3):721—752.

Gali, J., 2015, *Monetary Policy, Inflation, and the Business Cycle: An Introduction to the New Keynesian Framework and Its Applications, Second edition*, Princeton University Press.

Gambacorta, L., 2009, "Monetary Policy and the Risk-Taking Channel", *BIS Quarterly Review*, December:43—53.

Gambacorta, L., and F.M. Signoretti, 2014, "Should Monetary Policy Lean Against the Wind?", *Journal of Economic Dynamics and Control*, 43:146—174.

Garcia, Gillian, and Simon Pak, 1979, "Some Clues in the Case of the Missing Money", *American Economic Review*, 69(2):330—334.

Gaspar, Vitor, and Frank Smets, 2002, "Monetary Policy, Price Stability and Output Gap Stabilization", *International Finance*, 5(2):193—211.

Gavin, M., 1989, "The Stock Market and Exchange Rate Dynamics", *Journal of International Money and Finance*, 8(2):181—200.

Gerdrup, K.R., F. Hansen, T. Krogh, and J. Maib, 2017, "Leaning against the Wind When Credit Bites Back", *International Journal of Central Banking*, 42(s1):107—141.

Goldfeld, S.M, 1976, "The Case of the Missing Money", *Brookings Papers on Economic Activity*, 3: 683—739.

Goldfeld, S.M., 1992, "Demand for Money: Empirical Studies", in *The New Palgrave Dictionary of Money and Finance*, Vol.1, P. Newman, M. Milgate, and J. Eatwell(editors). London: Macmillan.

Goodfriend, M., 2007, "How the World Achieved Consensus on Monetary Policy", *Journal of Economic Perspectives*, 21(4):47—68.

Goodfriend, M., and B.T. McCallum, 2007, "Banking and Interest Rates in Monetary Policy Analysis: A Quantitative Exploration", *Journal of Monetary Economics*, 54(5):1480—1507.

Goodhart, C.A.E., 1994, "What Should Central Banks Do? What Should Be Their Macroeconomic Objectives and Operations?", *Economic Journal*, 104(435):1424—1436.

Greenspan, Alan, 2008, *The Age of Turbulence: Adventures in a New World*, Penguin Books.

Greenwald, Bruce and Joseph E. Stiglitz, 2003, *Towards a New Paradigm of Monetary Economics*, Cambridge University Press.

Gu, C, H. Han, and R. Wright, 2016, "The Effects of Monetary Policy and Other Announcements", Working papers from Department of Economics, University of Missouri. No.1621.

Guerron-Quintana, P.A., 2009, "Money Demand Heterogeneity and the Great Moderation", *Journal of Monetary Economics*, 56(2):255—266.

Gupta, P., D. Mishra, and R.Sahay, 2003, "Output Response to Currency Crises", IMF Working Paper, 03/230.

Gurley, John G., and E. S. Shaw, 1960, *Money in a Theory of Finance*, Washington: Brookings Institution.

Hafer, R.W., 1985, "Monetary Stabilization Policy: Evidence from Money Demand Forecasts", *Federal Reserve Bank of St Louis Review*, May:21—26.

Hafer, R.W., and S.E. Hein, 1979, "Evidence on the Temporal Stability of the Demand for Money Relationship in the United States", *Federal Reserve Bank of St Louis Review*, December: 3—14.

Hamada, K., 1976, "A Strategic Analysis of Monetary Independence", *Journal of Political Economy*, 84(1):677—700.

Hamada, K., 1985, *The Political Economy of Independence*, Cambridge Mass: MIT Press.

Hamburger, Michael, 1977, "Behavior of the Money Stock: Is There a Puzzle?", *Journal of Monetary Economics*, 3(3):265—288.

Hamilton, J.D., and J.C. Wu, 2012, "The Effectiveness of Alternative Monetary Policy Tools in a Zero Lower Bound Environment", *Journal of Money*, Credit, and Banking, 44(s1):3—46.

Hancock, D., and W. Passmore, 2011, "Did the Federal Reserve's MBS Purchase Program Lower Mortgage Rates?", *Journal of Monetary Economics*, 58(5):598—514.

Heller, H., and Moshin S. Khan, 1979, "The Demand of Money and the Term Structure of Interest Rates", *Journal of Political Economy*, 87(1):109—129.

Heller, H.R., 1965, "The Demand for Money: The Evidence from the Short-run Data", *Quarterly Journal of Economics*, 79(2):291—303.

Hicks, J.R., 1937, *Critical Essays in Monetary Theory*, Oxford: Clarendon Press.

Hoffman, D.L. and R.H. Rasche, 2012, *Aggregate Money Demand Functions: Empirical Applications in Cointegrated Systems*, Kluwer Academic Publishers.

Hughes-Hallett A., 1989, "Macroeconomic Interdependence and the Coordination of Economic Policy", in *Current Issues in Macroeconomics*, David Greenaway(editor), Basingstoke: Macmillan.

Iacoviello, M., 2005, "House Prices, Borrowing Constraints, and Monetary Policy in the Business Cycle", *American Economic Review*, 95(3):739—764.

IMF, 2007, "Regional Economic Outlook-Western Hemisphere", in *World Economics and Financial Surveys*, November.

IMF, 2015, "Monetary Policy and Financial Stability", IMF Working Papers, June 10.

Jack, W., and T. Suri, 2014, "Risk Sharing and Transactions Costs: Evidence from Kenya's Mobile Money Revolution", *American Economic Review*, 104(1):183—223.

Jordan, Jerry L., 1969, "Elements of Money Stock Determination", *Federal Reserve Bank of St. Louis Review*, 51(1):10—19.

Judd, John P., and Brain Motley, 1991, "Nominal Feedback Rules for Monetary Policy", *Federal Reserve Bank of San Francisco Economic Review*, Summer, (3):3—17.

Judd, John P., and Glem D. Rudebusch, 1998, "Taylor's Rule and the Fed: 1970—1997", *Federal Reserve Bank of San Francisco Economic Review*, 3:3—16.

Kaldor, Nicholas, 1982, *The Scourge of Monetarism*, Oxford: Oxford University Press.

Kaplan, G., B. Moll, and G.L. Violante, 2018, "Monetary Policy According to HANK", *American Economic Review*, 108(3):697—743.

Kashyap, A.K., and J.C. Stein, 2000, "What Do a Million Observations on Banks Say about the Transmission of Monetary Policy?", *American Economic Review*, 90(3):407—428.

Klomp, J., and J. De. Haan, 2010, "Central bank Independence and Inflation Revisited", *Public Choice*, 144(3—4):445—457.

Kollmann, Robert, 2001, "Explaining International Co-movements of Output and Asset Returns: The Role of Money and Nominal Rigidities", *Journal of Economic Dynamics and Control*, 25(10): 1547—1583.

Korinek, A., and A. Simsek, 2016, "Liquidity Trap and Excessive Leverage", *American Economic Review*, 106(3):699—738.

Kouri, Pentti J.K., 1982, "Macroeconomics of Stagflation under Flexible Exchange Rates", *American Economic Review*, 72(2):390—396.

Krugman, Paul R., and Maurice Obstfeld, 2006, *International Economics: Theory and Policy*, Pearson: Addison Wesley.

Kulish. M., J. Morley, and T. Robinson, 2017, "Estimating DSGE Models with Zero Interest Rate Policy", *Journal of Monetary Economics*, 88:35—49.

Kydland, Finn E., and Edward C. Prescott, 1977, "Rules Rather Than Discretion: The Inconsistency of Optimal Plans", *Journal of Political Economy*, 85(3):473—491.

Lane, Philip R., 2001, "The New Open Economy Macroeconomics: A Survey", *Journal of International Economics*, 54(2):235—266.

Lucas, R.E., and J.P. Nicolini, 2015, "On the Stability of Money Demand", *Journal of Monetary Economics*, 73:48—65.

Lucas, Robert E.Jr, 1972, "Expectations and Neutrality of Money", *Journal of Economic Theory*, 4(2):103—124.

Lucas, Robert E.Jr, 1976, "Econometric Policy Evaluation: A Critique", Carnegie-Rochester Conference Series on Public Policy, 1:19—46.

Mayer, Thomas, 1978, "Money and the Great Depression: A Critique of Professor Temin's Thesis", *Explorations in Economic History*, 15(2):127—145.

Mayer, Thomas, 1978, *The Structure of Monetarism*, W.W. Norton & Company.

McCallum, Bennett T., and E. Nelson, 1999, "Nominal Income Targeting in an Open Economy Optimizing Model", *Journal of Monetary Economics*, 43(3):553—578.

McCallum, Bennett T., 1984, "Monetary Rules in the Light of Recent Experience", *American Economic Review*, 74(2):388—391.

McCallum, Bennett T., 1987, "The Case for Rules in the Conduct of Monetary Policy: A Concrete Example", *Federal Reserve Bank of Richmond Economic Review*, 73(September/October):10—18.

McCallum, Bennett T., 1988, "Robustness Properties of a Rule for Monetary Policy", Carnegie-Rochester Conference Series on Public Policy, 29:173—204.

McCallum, Bennett T., 1989, *Monetary Economics: Theory and Policy*, New York: Macmillan.

McCallum, Bennett T., 1989, "Targets, Indicator and Instruments of Monetary Policy", NBER Working Paper, 3047.

McCallum, Bennett T., and M.S. Goodfriend, 1987, "Demand for Money: Theoretical Studies", in *The*

New Palgrave: A Dictionary of Economics, Stockman:775—781.

McCallum, Bennett T., and M.S. Goodfriend, 1987, "Money: Theoretical Analysis of the Demand for Money", NBER Working Paper, W2157.

Mckinnon, R.I., 1982, "Currency Substitution and Instability in the World Dollar Standard", *American Economic Review*, 72(3):320—333.

McKinnon, R.I., 1988, "Monetary and Exchange Rate Policies for International Financial Stability: A Prospect", *Journal of Economic Perspectives*, 2(1):83—103.

McKinnon, R. I., 2010, *Money and Capital in Economic Development*, Washington D. C.: The Brookings Institution.

Milbourne, Ross, 1986, "Financial Innovation and the Demand for Liquid Assets", *Journal of Money, Credit and Banking*, 18(4):506—511.

Miles, W., Ted Juhl, and Marc D. Weidenmier, 2004, "Covered Interest Arbitrage: Then vs Now", NBER working paper, 10961.

Miller, M., and D. Orr, 1966, "A Model of the Demand for Money by Firms", *Quarterly Journal of Economics*, 80(3):413—435.

Miller, M., and D. Orr, 1968, "A Model of the Demand for Money by Firms: Extensions of Analytical Results", *Journal of Finance*, 23(5):735—759.

Minsky, H.P., 1991, "The Financial Instability Hypothesis: A Clarification", in *The Risk of Economic Crisis*, M. Feldstein(editor), Chicago: University of Chicago Press.

Mishkin, Frederic S., 2001, *The Economics of Money, Banking, and Financial Markets*, Boston: Pearson/Addison Wesley.

Mishkin, Frederic S., 2007, *The Economics of Money, Banking, and Financial Markets*, Boston: Pearson/Addison Wesley.

Modigliani, Franco, 1986, "Life Cycle, Individual Thrift, and the Wealth of Nations", *American Economic Review*, 76(3):297—313.

Mundell, R. A., 1963, "Capital Mobility and Stabilization Policy under Fixed and Flexible Exchange Rates", *Canadian Journal of Economics*, 29(4):475—485.

Nabeel, Al-Loughani E., and Imad A. Moosa, 2000, "Covered Interest Parity and the Relative Effectiveness of Forward and Money Market Hedging", *Applied Economics Letters*, 7(10): 673—675.

Niehans, Jurg, 1978, *The Theory of Money*, Johns Hopkins University Press.

Obstfeld, Maurice, 1981, "Macroeconomic Policy, Exchange-Rate Dynamics, and Optimal Asset Accumulation", *Journal of Political Economy*, 89(6):1142—1161.

Obstfeld, Maurice, 1997, "Open-Economy Macroeconomics: Developments in Theory and Policy", NBER Working Paper, 6319.

Obstfeld, Maurice, and Alan M. Taylor, 2002, "Globalization and Capital Markets", NBER Working Paper, 8846.

Obstfeld, Maurice, and Kenneth Rogoff, 1995, "Exchange Rate Dynamics Redux", *Journal of Political Economy*, 103(3):624—660.

Obstfeld, Maurice, and Kenneth Rogoff, 2000, "New Directions for Stochastic Open Economy Models", *Journal of International Economics*, 50(1):117—153.

Officer, Lawrence H., and Thomas D. Willett, 1970, "The Covered-Arbitrage Schedule: A Critical

Survey of Recent Developments", *Journal of Money, Credit and Banking*, 2(2):247—257.

Ohlin, Bertil, 1937, "Some Notes on the Stockholm Theory of Savings and Investment", *Economic Journal*, 47(185):53—69.

Okun, Arthur M., 1962, "Potential GNP: Its Measurement and Significance", *American Statistical Association, Proceedings of the Business and Economics Statistics Section*: 98—104.

Paoli, B.De, 2009, "Monetary Policy and Welfare in a Small Open Economy", *Journal of International Economics*, 77(1):11—22.

Patinkin, Don, 1996, "Indirect Convertibility and Irving Fisher's Compensated Dollar: A Note", *Journal of Money, Credit and Banking*, 28(1):130—131.

Phillips, C.A., 1920, *Bank Credit*, New York: Macmillan.

Phillips. A.W., 1958, "The Relationship between Unemployment and the Rate of Change of Money Wages in the United Kingdom 1861—1957", *Economica*, 25(100):283—299.

Pigou, A.C., 1917, "The Value of Money", *Quarterly Journal of Economics*, 32(1):38—65.

Poole, William, 1970, "Optimal Choice of Monetary Policy Instruments in a Simple Stochastic Macro Model", *The Quarterly Journal of Economics*, 84(2):197—216.

Ragot, X., 2014, "The Case for a Financial Approach to Money Demand", *Journal of Monetary Economics*, 62:94—107.

Reifschneifer, D., and J.C.Williams, 2000, "Three Lessons for Monetary Policy in a Low-Inflation Era", *Journal of Money*,Credit *and Banking*, 32(4):936—966.

Rey, H., 2018, "Dilemma not Trilemma: The Global Financial Cycle and Monetary Policy Independence", NBER Working Paper, 21162.

Robertson, D.H., 1937, "Alternative Theories of the Rate of Interest", *Economic Journal*, 47(186): 428—434.

Rocheteau, G., R. Wright, and S.X. Xiao, 2018, "Open Market Operations", *Journal of Monetary Economics*, 98(October):114—128.

Rogoff, Kenneth, 1985, "Can International Monetary Policy Coordination Be Counter-productive?", *Journal of International Economics*, 18(3—4):199—217.

Rogoff, Kenneth, 1999, "Monetary Models of Dollar/Yen/Euro Nominal Exchange Rates: Dead or Undead?", *Economic Journal*, 109(459):655—659.

Rogoff, Kenneth, 2017, "Dealing with Monetary Paralysis at the Zero Bound", *Journal of Economic Perspective*, 31(3):47—66.

Roldos, Jorge E., 1997, "Potential Output Growth in Emerging Market Countries: The Case of Chile", IMF Working Paper, 97/104.

Romer, C., and D. Romer, 2018, "Why Some Times are Different: Macroeconomic Policy and the Aftermath of Financial Crises", *Economica*, 85:1—40.

Roubini, Nouriel, and Vittorio Grilli, 1995, "Liquidity Models in Open Economies: Theory and Empirical Evidence", NBER Working Paper, 5313.

Rudebusch, Glenn D., 2002, "Term Structure Evidence on Interest Rate Smoothing and Monetary Policy Inertia", *Journal of Monetary Economics*, 49(6):1161—1187.

Ryou, J.W., 2001, "Capital Inflows, the Stock Market and Macroeconomic Policy in Emerging Market Economics: The Experience of Korea", ESRI Working Paper Series No1.

Sack, Brain, and Volker Wieland, 2000, "Interest Rate Smoothing and Optimal Monetary Policy: A

Review of Recent Empirical Evidence", *Journal of Economics and Business*, 52(1—2):205—228.

Samuelson, Paul A., 1964, "Theoretical Notes on Trade Problems", *Review of Economics and Statistics*, 4(2):145—154.

Samuelson, Paul A., and R. Solow, 1960, "Analytical Aspects of Anti-Inflationary Policy", *American Economic Review*, 50(2):177—194.

Sargent, T.J., and P. Surico, 2011, "Two Illustrations of the Quantity Theory of Money: Breakdowns and Revivals", *American Economic Review*, 101(1):109—128.

Sargent, Thomas, and Neil Wallace, 1975, "Rational Expectation, the Optimal Monetary Instrument, and the Optimal Money Supply Rule", *Journal of Political Economy*, 83(2):241—254.

Schmitt-Grohé, Stephanie, and Martín Uribe, 2017, "Liquidity Traps and Jobless Recoveries", *American Economic Journal: Macroeconomics*, 9(1):1335—1350.

Smets, F., 2014, "Financial Stability and Monetary Policy: How Closely Interlinked?", *International Journal of Central Banking*, 10(2):263—300.

Stein, J.C., 2013, "Monetary Policy as a Financial Stability Regulation", *The Quarterly Journal of Economics*, 127:57—95.

Siklos, P.L., 1993, "Income Velocity and Institutional Change: Some New Time Series Evidence: 1870—1986", *Journal of Money, Credit and Banking*, 25(2):377—392.

Silva, M.,2017, "New Monetarism with Endogenous Product Variety and Monopolistic Competition", *Journal of Economic Dynamics and Control*, 75:158—181.

Simons, H.C., 1948, *Economic Policy for a Free Society*, Chicago: Chicago University Press.

Slegin, G, 2015, "Synthetic Commodity Money", *Journal of Financial Stability*, 17:92—99.

Smith. A., 1776, *An Inquiry into the Nature and Causes of the Wealth of Nations*, London: Oxford University Press.

Stanley, T.D., 2000, "An Empirical Critique of the Lucas Critique", *Journal of Socio-Economics*, 29(1):91—107.

Stein, J. C., 2012, "Monetary Policy as Financial Stability Regulation", *Quarterly Journal of Economics*, 127(1):57—95.

Svensson, Lars E.O., 2000, "Open-economy Inflation Targeting", *Journal of International Economics*, 50(1):155—183.

Svensson, Lars E. O., 2002, "Inflation Targeting: Should It Be Modeled as an Investment Rule or a Targeting Rule?", *European Economic Review*, 46(4—5):771—780.

Svensson, Lars E.O., 2017, "Cost-Benefit Analysis of Leaning against the Wind", *Journal of Monetary Economics*, 90:193—213.

Svensson, Lars E. O., 2018, "Monetary Policy and Macroprudential Policy: Different and Separate?", *Canadian Journal of Economics*, 51(3):802—827.

Swanson, E., and J. Williams, 2014, "Measuring the Effect of the Zero Lower Bound on Medium- and Longer-Term Interest Rates", *American Economic Review*, 104(10):3154—3185.

Taylor, John B., 1993, "Discretion versus Policy Rules in Practice", *Carnegie-Rochester Conference Series on Public Policy*, 39:195—214.

Taylor, John B., 1995, "The Monetary Transmission Mechanism: An Empirical Framework", *Journal of Economic Perspectives*, 9(4):11—26.

Taylor, John B., 1985, "International Coordination in the Design of Macroeconomic Policy Rules",

European Economic Review, 28(1—2):53—81.

Taylor, John B., 1999, "An Historical Analysis of Monetary Policy Rules", in *Monetary Policy Rules*, John B.Taylor (editor), Chicago: University of Chicago Press.

Taylor, John B., 2001, "The Role of the Exchange Rate in Monetary Policy Rules", *American Economic Review*, 91(2):263—267.

Taylor, Mark P., 1987, "Covered Interest Parity: A High-Frequency, High-Quality Data Study", *Economica*, 54(216):429—438.

Taylor, Mark P., 1987, "Financial Innovation, Inflation and the Stability of the Demand for Broad Money in the United Kingdom", *Bulletin of Economic Research*, 39(3):225—233.

Telyukova, I.A., and L. Visschers, 2013, "Precautionary Money Demand in a Business-Cycle Model", *Journal of Monetary Economics*, 60(8):900—916.

The Economist, 2006, "The Nobel Prize for Economics: A Natural Choice", October 14th: 81.

Tobin, James, 1947, "Liquidity Preference and Monetary Policy", *Review of Economics and Statistics*, 29(2):124—131.

Tobin, James, 1958, "Liquidity Preference as Behavior towards Risks", *Review of Economic Studies*, 25(2):65—86.

Tobin, James, 1969, "A General Equilibrium Approach to Monetary Theory", *Journal of Money, Credit and Banking*, 1(1):15—29.

Tobin, James, 1970, "Money and Income: Post Hoc Ergo Proper Hoc?", *Quarterly Journal of Economics*, 84(2):301—317.

Tobin, James, 1978, "A Proposal for International Monetary Reform", *Eastern Economic Journal*, 4(3—4):153—159.

Tobin. James, 1956, "The Interest Elasticity of the Transactions Demand for Cash", *Review of Economics and Statistics*, 38(3):241—247.

Viner, Jacob, 1932, "International Aspects of the Gold Standard", in *Gold and Monetary Stabilization*, Q. Wright(editor), Chicago: University of Chicago Press.

Volcker, Paul A., and Christine Harper, 2018, *Keeping at It: The Quest for Sound Money and Good Government*, New York: Public Affairs.

Vroey, Michel De, 2001, "Friedman and Lucas on the Phillips Curve: From a Disequilibrium to an Equilibrium Approach", *Eastern Economic Journal*, 27(2):127—148.

Walsh, C.E., 2010, *Monetary Theory and Policy*, Cambridge: The MIT Press.

Weintraub, Sidney, 1978, *Keynes, Keynesians, Monetarists*, Philadelphia: University of Pennsylvania Press.

Werner, R.A., 2014, "How do Banks Create Money, and Why can Other Firms not do the Same? An Explanation for the Coexistence of Lending and Deposit-taking", *International Review of Financial Analysis*, 36:71—77.

Whalen, E.L., 1966, "A Rationalization of the Precautionary Demand for Cash", *Quarterly Journal of Economics*, 80(2):314—324.

Wicksell, K., 1934, *Lectures on Political Economy*, London: Routledge.

Wicksell, K., 1983, *Value, Capital and Rent*, New York: Augustus M. Kelley.

Williamson, J., and M. Miller, 1987, "Targets and Indicators: A Blueprint for the International Coordination of Economic Policy", Washington: Institute for International Economics.

Woodford, Michael, 2003, *Interest and Prices: Foundations of a Theory of Monetary Policy*, Princeton, N.J. Princeton University Press.

Woodford, Michael, 2009, "Optimal Inflation and the Zero Lower Bound. Comment and Discussion", *Brookings Papers on Economic Activity*(Fall 2009):38—49.

Woodford, Michael, 2007, "The Case for Forecast Targeting as a Monetary Policy Strategy", *The Journal of Economic Perspectives*, 21(4):3—24.

Yellen, Janet L., and Alan S. Blinder, 2001, *The Fabulous Decade: Macroeconomic Lessons from the 1990s*, Century Foundation Inc.

Yellen, Janet L., 2014, "Transcript of Chair Yellen's Press Conference", The Federal Reserve System, March 19.

Zanetti, F., 2012, "Banking and the Role of Money in the Business Cycle", *Journal of Macroeconomics*, 34(1):87—94.

阿尔弗雷德·马歇尔:《经济学原理》,华夏出版社 2005 年版。

艾伦·格林斯潘:《动荡的年代:在新世界中的冒险》。

保罗·霍维慈:《美国货币政策与金融制度》,中国财政经济出版社 1980 年版。

保罗·沃尔克等:《坚定不移:稳健的货币和好的政府》,中信出版集团 2019 年版。

本·伯南克:《行动的勇气》,中信出版社 2016 年版。

本·伯南克:《金融的本质》,中信出版社 2014 年版。

卞志村,《转型期货币政策规则研究》,人民出版社 2006 年版。

卞志村、孙俊:《中国货币政策目标制的选择——基于开放经济体的实证》,《国际金融研究》2011 年第 8 期。

布赖恩·摩根:《货币学派与凯恩斯学派——它们对货币理论的贡献》,商务印书馆 1984 年版。

蔡跃洲、吉昱华:《规则行事、泰勒规则及其在中国的适用性》,《经济评论》2004 年第 2 期。

陈创练、龙晓旋、姚树洁:《货币政策、汇率波动与通货膨胀的时变成因分析》,《世界经济》2018 年第 4 期。

陈享光:《货币经济学》,经济科学出版社 2000 年版。

陈学彬:《中央银行概论》,高等教育出版社 2007 年版。

戴根有:《中国央行公开市场业务操作实践和经验》,《金融研究》2003 年第 1 期。

戴根有:《中央银行票据:提高政策倾向有效性》,《金融时报》2003 年 5 月 14 日。

戴金平、阮君:《中国货币政策障碍机制中的货币流通速度分析》,《南开经济研究》2000 年第 2 期。

戴维·里维里恩:《国际货币经济学前沿问题》,中国税务出版社 2000 年版。

董书城:《中国商品经济史》,安徽教育出版社 1990 年版。

多明尼克·萨尔瓦多:《国际经济学》,清华大学出版社 2004 年版。

范从来、高洁超:《银行资本监管与货币政策的最优配合:基于异质性金融冲击视角》,《管理世界》2018 年第 1 期。

冯煜:《1978—1996 年中国经济波动》,经济科学出版社 1998 年版。

冯肇白:《论德国的货币政策工具》,《经济学家》1995 年第 4 期。

弗雷德里克·米什金:《货币金融学》,中国人民大学出版社 2005 年版。

高鸿业:《西方经济学(宏观部分)》,中国人民大学出版社 2007 年版。

葛奇:《金融稳定与央行货币政策目标——对"杰克逊霍尔共识"的再认识》,《国际金融研究》2016 年第 6 期。

格哈德·伊宁:《货币政策理论——博弈论方法》,社会科学文献出版社 2002 年版。

郭田勇:《中国货币政策体系的选择》,中国金融出版社 2006 年版。

郭田勇:《中国货币政策最终目标内涵研究》,《金融研究》2001 年第 7 期。
郭田勇等:《基于 DSGE 模型的货币政策对银行风险承担影响研究——兼论货币政策的应对》,《经济理论与经济管理》2018 年第 6 期。
韩平等:《我国 M2/GDP 的动态增长路径、货币供应量与政策选择》,《经济研究》2005 年第 10 期。
韩文秀:《1994 年通货膨胀趋势分析》,《中国工业经济》1994 年第 9 期。
胡海鸥、马晔华:《货币理论与货币政策》,上海人民出版社 2004 年版。
胡庆康:《现代货币银行学》,复旦大学出版社 2005 年版。
黄达:《宏观调控与货币供给》,中国人民大学出版社 1997 年版。
黄达:《货币银行学》,中国人民大学出版社 2004 年版。
姜波克:《国际金融学》,高等教育出版社 2003 年版。
江曙霞、陈玉婵:《货币政策、银行资本与风险承担》,《金融研究》2012 年第 4 期。
杰格迪什·汉达:《货币经济学》,中国人民大学出版社 2005 年版。
金中夏、洪浩:《国际货币环境下利率政策与汇率政策的协调》,《经济研究》2015 年第 5 期。
卡尔·沃什:《货币理论与政策》,中国人民大学出版社 2001 年版。
康书生、鲍静海:《货币银行学》,河北人民出版社 2003 年版。
劳伦斯·科普兰:《汇率与国际金融》,中国金融出版社 2002 年版。
李春琦:《中国货币政策有效性分析》,上海财经大学出版社 2003 年版。
李杰等:《通货膨胀和通货紧缩》,中国财政经济出版社 2003 年版。
李晓西、余明:《货币传导机制与国民经济活力》,《金融研究》2002 年第 7 期。
林继肯、夏德仁:《货币供应管理学》,中国金融出版社 1996 年版。
刘斌、黄先开、潘虹宇:《货币政策与宏观经济定量研究》,科学出版社 2001 年版。
刘斌:《我国货币供应量与产出、物价间相互关系的实证研究》,《金融研究》2002 年第 7 期。
刘洪钟、杨攻研:《货币政策共识的演化及反思:来自金融危机的启示》,《经济学动态》2013 年第 2 期。
刘金全:《货币政策的有效性作用和非对称性研究》,《管理世界》2002 年第 3 期。
刘利:《我国经济是否出现了流动性陷阱》,《国际金融研究》1999 年第 10 期。
刘明:《货币金融学导论》,科学出版社 2006 年版。
刘胜会:《金融危机中美联储的货币政策工具创新及启示》,《国际金融研究》2009 年第 8 期。
刘锡良、戴根有:《宏观经济与货币政策》,中国金融出版社 2001 年版。
陆军、钟丹:《泰勒规则在中国的协整检验》,《经济研究》2003 年第 8 期。
马骏等:《利率传导机制的动态研究》,《金融研究》2016 年第 1 期。
马涛:《货币经济学》,河北人民出版社 1999 年版。
米尔顿·弗里德曼、安娜·施瓦茨:《美国货币史》,北京大学出版社 2009 年版。
莫瑞斯·奥博斯特弗尔德、肯尼斯·若戈夫:《高级国际金融学》,中国金融出版社 2002 年版。
牛筱颖:《通货膨胀目标制与实践评述》,《经济评论》2006 年第 2 期。
彭兴韵、包敏丹:《改进货币统计与货币层次划分的研究》,《世界经济》2005 年第 11 期。
邱崇明:《现代西方货币理论与政策》,清华大学出版社 2005 年版。
日本经济新闻社:《外汇一百题》,上海远东出版社 1994 年版.
盛松成:《现代货币供给理论与实践》,中国金融出版社 1993 年版。
石建民:《股票市场、货币需求与总量经济:一般均衡分析》,《经济研究》2001 年第 5 期。
苏平贵:《现代货币经济学》,东北财经大学出版社 2003 年版。
孙宝祥:《货币政策传导效应研究》,湖南大学出版社 2007 年版。
孙伯银:《货币供给内生的逻辑》,中国金融出版社 2003 年版。

孙国峰、蔡春春:《货币市场利率、流动性供求与中央银行流动性管理——对货币市场利率波动的新分析框架》,《经济研究》2014 年第 12 期。

孙国峰等:《电子货币对信用货币体系的影响——基于自由竞争市场》,《金融研究》2014 年第 10 期。

孙国峰、贾君怡:《中国影子银行界定及其规模测算——基于信用货币创造的视角》,《中国社会科学》2015 年第 11 期。

孙婉洁、臧旭恒:《试析外资对我国通货膨胀的影响》,《经济研究》1995 年第 9 期。

谭小芬:《通货膨胀目标制与宏观经济绩效:最新研究进展与评述》,《经济评论》2007 年第 5 期。

谭正勋、王聪:《房价波动、货币政策立场识别及其反应研究》,《经济研究》2015 年第 1 期。

唐毅亭、白静:《目前通货膨胀的性质、特点和趋势分析》,《宏观经济研究》2007 年第 9 期。

田素华:《东道国国际资本流入结构的成因与管理》,经济科学出版社 2003 年版。

田素华:《国际资本流动与货币政策效应》,复旦大学出版社 2008 年版。

田素华:《货币经济学——理论与实践》,上海人民出版社和格致出版社 2008 年版。

田素华:《试析人民币利率下调的景气效应》,《金融研究》1999 年第 10 期。

托马斯·梅耶等:《货币、银行与经济》,上海三联书店和上海人民出版社 2007 年版。

万志宏:《货币政策前瞻指引:理论、政策与前景》,《世界经济》2015 年第 9 期。

王爱俭、王璟怡:《宏观审慎政策效应及其与货币政策关系研究》,《经济研究》2014 年第 4 期。

王洪斌、董凤斌:《内生货币与经济增长——理论假说与中国经验事实》,《经济科学》2004 年第 3 期。

王明舰:《中国通货膨胀问题分析——经济计量方法与应用》,北京大学出版社 2001 年版。

王胜、邹恒甫:《新开放经济宏观经济学发展综述》,《金融研究》2006 年第 l 期。

王曦等:《我国货币政策是否关注资产价格》,《金融研究》2017 年第 11 期。

王晓天:《开放条件下的货币政策规则研究》,中国金融出版社 2007 年版。

吴汉洪:《新古典宏观经济学与宏观经济政策理论的发展》,《宏观经济研究》1999 年第 6 期。

吴晶妹:《评货币政策的中介目标——货币供应量》,《经济评论》2002 年第 3 期。

伍戈、李斌:《货币数量、利率调控与政策转型》,中国金融出版社 2016 年版。

伍海华:《西方货币金融理论》,中国金融出版社 2002 年版。

武剑:《储蓄存款分流与货币结构变动》,《金融研究》2000 年第 4 期。

武康平:《货币银行学教程》,清华大学出版社 2003 年版。

谢富胜、戴春平:《中国货币需求函数的实证分析》,《金融研究》2000 年第 1 期。

谢平、焦瑾璞:《中国货币政策争论》,中国金融出版社 2002 年版。

谢平、罗雄:《泰勒规则及其在中国货币政策中的检验》,《经济研究》2002 年第 3 期。

谢平、尹龙:《网络经济下的金融理论与金融治理》,《经济研究》2001 年第 4 期。

谢平:《货币监管与金融改革》,生活·读书·新知三联书店 2004 年版。

熊鹭、郝联峰:《中国货币供应量政策实证评析》,《数量经济技术经济研究》2003 年第 12 期。

徐琼、孙崎岖:《我国货币政策效果的非对称性实证研究》,《数量经济技术经济研究》2003 年第 5 期。

徐忠:《经济高质量发展阶段的中国货币调控方式转型》,《金融研究》2018 年第 4 期。

许志伟、樊海潮、薛鹤翔:《公众预期、货币供给与通货膨胀动态——新凯恩斯框架下的异质性预期及其影响》,《经济学(季刊)》2015 年第 3 期。

薛万祥:《中国货币调控模式选择与制度设计》,上海财经大学出版社 1998 年版。

姚树洁等:《中国银行业效率的实证分析》,《经济研究》2004 年第 8 期。

叶欣、冯宗宪:《外资银行进入对本国银行体系稳定性的影响》,《世界经济》2004 年第 1 期。

约瑟夫·斯蒂格利茨、布鲁斯·格林沃尔德:《通往货币经济学新范式》,《中信出版社》2005 年版。

珍妮·耶伦、艾伦·布林德:《令人惊艳的十年:二十世纪九十年代的宏观经济经验与教训》,法律出版社

2014 年版。
易纲、王召:《货币政策与金融资产价格》,《经济研究》2002 年第 5 期。
易纲、吴有昌:《货币银行学》,上海人民出版社 2004 年版。
易行健:《经济转型与开放条件下的货币需求函数:基于中国的实证研究》,中国金融出版社 2007 年版。
殷孟波:《货币金融学》,中国金融出版社 2004 年版。
尹龙:《网络金融理论初论——网络银行与电子货币的发展及其影响》,西南财经大学出版社 2003 年版。
余永定:《M2/GDP 的动态增长路径》,《世界经济》2002 年第 12 期。
余永定:《理解流动性过剩》,《国际经济评论》2007 年 7—8 月。
袁志刚、欧阳明:《宏观经济学》,上海人民出版社 2003 年版。
约翰·凯恩斯:《就业、利息和货币通论》,商务印书馆 1963 年版。
曾令华:《论我国 M2 对 GDP 的比例》,《金融研究》2001 年第 6 期。
张成思:《通货膨胀、经济增长与货币供应:回归货币主义?》,《世界经济》2012 年第 8 期。
张成思:《央行沟通与前瞻性货币政策》,《中国金融》2015 年第 22 期。
张文:《经济货币化进程与内生性货币供给——关于中国高 M2/GDP 比率的货币分析》,《金融研究》2008 年第 2 期。
张翔、何平、马菁蕴:《人民币汇率弹性和我国货币政策效果》,《金融研究》2014 年第 8 期。
张晓慧:《关于资产价格和货币政策问题的一些思考》,《金融研究》2009 年第 7 期。
张亦春、郑振龙:《金融市场学》,高等教育出版社 1999 年版。
张亦春、胡晓:《宏观审慎视角下的最优货币政策框架》,《金融研究》2010 年第 5 期。
赵长茂:《现代金融通论》,中国财政经济出版社 2002 年版。
郑联盛:《货币政策与宏观审慎政策双支柱调控框架:权衡与融合》,《金融评论》2018 年第 4 期。
郑先炳:《货币、银行与经济问题分析》,东北财经大学出版社 2001 年版。
郑先炳:《西方货币理论》,西南财经大学出版社 2001 年版。
中国人民银行:《稳定推行利率市场化报告》,2005 年 1 月 31 日。
中国人民银行货币政策分析小组:《2019 年第四季度中国货币政策执行报告》2020 年 2 月 19 日。
中国人民银行稳定分析小组:《中国金融稳定报告》,中国金融出版社 2017 年版。
周小川:《金融政策对金融危机的响应——宏观审慎政策框架的形成背景、内在逻辑和主要内容》,《金融研究》2011 年第 1 期。
朱德林、胡维熊:《储蓄理论求索》,上海人民出版社 2003 年版。
庄子罐、崔小勇、赵晓军:《不确定性、宏观经济波动与中国货币政策规则选择——基于贝叶斯 DSGE 模型的数量分析》,《管理世界》2016 年第 11 期。

思考题参考答案(部分)

1 导论

18. 提示:可按照古典经济学派、凯恩斯学派、货币学派、新凯恩斯学派分类列举。

19. 提示:《货币论》《货币改革论》《就业、利息与货币通论》;《美国货币史》《资本主义与自由》。

20. 提示:通货膨胀;经济波动;量化宽松。

21. 提示:内容和结构安排;宏观经济指标;货币政策目标;货币政策工具;对经济形势判断。

23. ABC

2 什么是货币

20. 提示:第三方支付平台;数字货币。

21. 提示:贸易发展;企业全球化经营;人口全球流动;信用货币基础;货币职能。

22. 提示:比特币使用条件;使用比特币的负面影响;比特币是否能替代主权国家货币;国际货币多中心趋势;数字货币的价值稳定特点。

23. AC

25. ABCD

27. BD

29. C

31. A

3 利率和汇率

13. 提示:利率风险溢价缘由;债券发行主体应对经济衰退冲击的承受能力;美国金融危机时期中央银行量化宽松操作。

14. 提示:美国 1 年期国债与 10 年期国债利率比较;居民投资偏好;企业融资需求;长期利率高于短期利率的前提条件。

15. 提示:汇率变动对中国国际贸易和吸引外商直接投资的适应性;1981—1984 年官方汇率双轨;1985—1993 年市场与官方汇率双轨;2005 年 7 月 21 日从钉住美元到参考一篮子货币;2015 年 8 月 11 日人民币对外汇率形成机制改革。

16. 答案:4.66%

17. 答案:7.27%; 6.96%

18. 答案:5.83%

19. 答案:93.43 元

20. 答案:4%; 4.5%; 4.67%; 5%; 5.2%

21. 答案:(1)不成立。(2)两年期投资无套利机会;三年期投资有套利机会。净获利 0.5%。

22. 答案:5.25%

23. A

25. B

27. B

29. B

4 货币供给

18. 提示:从货币形态变化、政府与市场关系、经济和金融发展等角度展开。

19. 提示:计算资产负债表重要项目的比重变化;结合中国和美国 GDP、人口数据等,考察资产负债表的总量变化;详细交代数据来源和数据单位,运用图形和表格分析,并加以准确说明。

20. 提示:计算资产负债表重要项目的比重变化,考察资产负债表的总量变化;分析这些变化与商业银行存贷业务之间的关联。

21. 提示:运用基础货币模型,分析银行危机发生前后存款人行为变化和商业银行行为变化等,及其对通货比率影响和超额准备金比率影响。

22. 提示:运用货币供给的资金流量模型,结合中小企业经营特点和典型商业银行贷款审批要点进行分析。

26. 答案:5 000 万元;9 000 万元;10 000 万元

27. 答案:240 万元

28. 答案:1 000 万元

29. 答案:2.14; 10 192 亿元

30. 答案:(1) MB=6 000 亿元,M1=24 000 亿元,M2=96 000 亿元;

(2) $m_1=4$, $m_2=16$;

(3) $ER=-2\ 400$ 万元,$m_1=3$, $m_2=12$;

(4) $ER=-2\ 100$ 万元,$m_1=3$, $m_2=12$;

(5) MB=4 500 亿元,$m_1=5$, $m_2=21$。

31. B

33. C

35. A

37. C

39. D

41. D

5 货币需求

16. 提示:当前市场利率等于正常利率;市场利率高于预期的正常利率;债券投资与持有货币权衡;流动性陷阱。

17. 提示:给出货币交易需求平方根方程、货币预防需求立方根方程、货币投机需求方程,取对数后再求货币对利率的一阶导数;金融市场发展影响货币持有。

18. 提示:中央银行调节货币总量的前提是精准预测货币需求;中央银行具体管理哪些货币范畴;如何分析货币需求函数影响因素;美联储货币总量管理实践;中国货币总量管理实践。

20. 答案:10 天;200 元;72 次/年

21. 答案:0.05; 0.06

23. A

25. ABC

27. B

29. A

6 货币需求检验

17. 提示:微信支付等金融业务创新;混业经营等金融监管创新;投资者资产选择行为;持有货币的机会成本。

18. 提示:货币替代;汇率浮动;资产替代;国际贸易发展;国际投资发展;境内需求和境外需求;同美元比较。

19. 提示:确定解释变量;确定被解释变量;检验时间序列的平稳性;协整方法。

21. A

7 总需求变动与货币政策传导机制

15. 提示:政策利率内涵;利率期限结构;居民消费、企业投资、进出口贸易的利率弹性;股票市场变化;资产负债表效应;劳动就业、经济增长、物价变动;美国联邦基金利率历次调整,每次 25 个基点;中国调整存贷款基础利率。

16. 提示:是否充分就业;通货膨胀压力;财政赤字;财政支出结构和规模;中央银行独立性。

17. 答案:3 个月;5 个月

20. 答案:$Y=800+550/P$; 106.25

21. C

23. ABCD

8 经济均衡与宏观经济管理

12. 提示:经济自我调节效率;货币内涵界定;金融市场发展;中国与美国货币政策比较。

13. 提示:各种价格指数变动;存量财富调整、新增收入分配、交易成本和信息不确定;结合国际经验和历史经验,列举通货膨胀与货币供应量之间的关系;结合通货膨胀发生的条件。

14. 提示:古典模型、凯恩斯主义模型、新古典模型、新凯恩斯主义模型的假设前提比较;市场化程度;价格是否可以灵活调整;经济结构;信息不对称、有限理性、行为偏差等微观主体的非理性行为;美国经济与中国经济比较。

15. 提示:经济增长变化;总需求冲击;劳动就业变化;货币政策强度;利率调整与货币供应量调整比较。

18. 答案:6%;7.5%;4.5%

19. D

21. C

23. BCD

9 货币政策工具

14. 提示:货币政策工具对宏观经济目标的间接影响;货币政策宏观经济目标的长期一致性和短期冲突;货币政策多目标和单一目标比较;物价稳定、劳动就业、金融稳定、经济增长等目标选择的现实条件。

15. 提示:中国货币政策工具使用实践;美国货币政策工具使用实践;科技进步和金融发展对货币政策工具使用的影响;经济全球化对货币政策工具使用的影响。

16. 提示:零利率下限约束;银行融资和证券融资差异;先停止扩表、再提高利率,最后缩表,直至实现资产负债表正常化。

17. 答案:(1)1 050 万元;(2)1 550 万元;(3)0;(4)1 503.5 万元

18. 答案:270 万元

19. ABD

21. A

23. D

25. CD

10 货币供应量管理

13. 提示:借鉴多资产货币供给模型的逻辑思路;考虑商业银行信贷配给行为;分析货币供应量变化的总需求传导机制;区别经济正常时期和金融动荡时期的货币政策操作;列举中国和美国等经济体的实践。

14. 提示:列举美国、英国、欧元区、日本、加拿大等经济体的事例;考虑金融创新和金融市场发达程度、存款准备金和基础货币范畴界定和管理的难度;考虑短期利率特别是政策利率的操作便利、长期与短期资产替代的利率期限结构。

15. 提示:考虑对企业拨款改为贷款改革;考虑外汇市场干预与外汇占款投放货币问题;分析地方融资平台和 2008 年"4 万亿财政刺激计划"对货币供给的影响;考虑中国货币政策的目标和中央银行独立性。

16. 答案:100 亿美元

17. 答案:5%; 100.199 5 万元

19. B

21. A

23. B

25. B

27. CD

29. A

11 开放经济下的货币政策

14. 提示:中央银行不以本币汇率稳定作为货币政策目标时不需要干预外汇市场;本币对外贬值或升值会影响进出口贸易和国际资本流动,进而引起本国经济出现调整;借鉴开放经济下的货币供给理论。

15. 提示:结合货币供应量、物价、利率等变化进行图示分析;基于利率平价理论和购买力平价理论;收集高频数据,分析美联储利率下调后美元对欧元汇率变化的特征。

16. 提示:考虑汇率制度、国际资本流动程度、货币中性;联系贸易政策、财政政策;结合 1979—2020 年的中国事实举例。

17. 答案:美元相对英镑会有 1%的贬值

18. 答案:5.81%>5%; 购买日元债券。2.92%<5%;购买美元债券。4.42%<5%; 购买美元债券。

19. 答案:1.234 6; −0.8%

21. B

23. ABCD

12 货币政策规则

12. 提示:回顾泰勒规则在美国的使用历史;从联邦基金利率确定角度比较泰勒规则与伯南克规则、

埃文斯规则、耶伦规则之间的异同,对照美国经济变化和泰勒规则实施条件展开分析。

13. 提示:借鉴肯尼思·罗格夫(Kenneth Rogoff)模型说明非保守中央银行的决策依据;列举美联储和英格兰银行的机构设置和货币政策实施流程,说明中央银行独立程度提高的成本和收益;讨论中国人民银行提高独立程度的现实条件和发展趋势。

14. 提示:比较泰勒规则和耶伦规则的联邦基金利率决定方法;说明耶伦规则考虑劳动参与率对零利率下限约束的适应性;结合 2008 年金融危机后美联储货币政策实践进行讨论。

15. 答案:4.5%;4.25%;2.5%

16. 答案:2%

17. 答案:28.5;14.8;0.36

18. 答案:5,15.32,21.04;25,24.47,96.80

19. 答案:2%;4.25%

21. A

23. D

25. D

图书在版编目(CIP)数据

货币经济学:理论、实践与政策/田素华编著.—
2版.—上海:格致出版社:上海人民出版社,2021.3
(当代经济学系列丛书/陈昕主编.当代经济学教
学参考书系)
ISBN 978-7-5432-3207-5

Ⅰ.①货… Ⅱ.①田… Ⅲ.①货币主义-高等学校-
教材 Ⅳ.①F091.353

中国版本图书馆CIP数据核字(2021)第002571号

责任编辑 郑竹青 忻雁翔
装帧设计 敬人设计工作室
吕敬人

货币经济学(第二版)
——理论、实践与政策
田素华 编著

出　　版 格致出版社
上海三联书店
上海人民出版社
(200001 上海福建中路193号)
发　　行 上海人民出版社发行中心
印　　刷 浙江临安曙光印务有限公司
开　　本 787×1092 1/16
印　　张 31.5
插　　页 2
字　　数 716,000
版　　次 2021年3月第1版
印　　次 2021年3月第1次印刷
ISBN 978-7-5432-3207-5/F·1353
定　　价 108.00元

当代经济学教学参考书系

货币经济学——理论、实践与政策(第二版)/田素华编著
经济理论中的最优化方法(第二版)/阿维纳什·K.迪克西特著
公共经济学/安东尼·B.阿特金森等著
公共经济学(第二版)/吉恩·希瑞克斯等著
公共经济学习题解答手册(第二版)/尼格尔·哈希　马沙德等著
《微观经济学:现代观点》题库(第九版)/H.范里安等著
金融经济学十讲(纪念版)/史树中著
宏观经济学数理模型基础(第二版)/王弟海著
金融学原理(第六版)/彭兴韵著
货币理论与政策(第四版)/卡尔·瓦什著
精通计量:从原因到结果的探寻之旅/乔舒亚·安格里斯特等著
鲁宾斯坦微观经济学讲义(第二版)/阿里尔·鲁宾斯坦著
机制设计理论/提尔曼·伯格斯著
博弈论/迈克尔·马希勒等著
金融市场学/彭兴韵著
信息与激励经济学(第三版)/陈钊著
经济增长导论(第三版)/查尔斯·I.琼斯等著
劳动经济学:不完全竞争市场的视角/提托·博埃里等著
衍生证券、金融市场和风险管理/罗伯特·A.加罗等著
劳动和人力资源经济学——经济体制与公共政策(第二版)/陆铭等著
国际贸易理论与政策讲义/理查德·庞弗雷特著
高级微观经济学教程/戴维·克雷普斯著
金融基础:投资组合决策和证券价格/尤金·法玛著
环境与自然资源经济学(第三版)/张帆等著
集聚经济学:城市、产业区位与全球化(第二版)/藤田昌久等著
经济数学引论/迪安·科尔贝等著
博弈论:经济管理互动策略/阿维亚德·海菲兹著
新制度经济学——一个交易费用分析范式/埃里克·弗鲁博顿等著
产业组织:市场和策略/保罗·贝拉弗雷姆等著
数量金融导论:数学工具箱/罗伯特·R.雷伊塔诺著
微观经济学:现代观点(第九版)/H.范里安著
《微观经济学:现代观点》练习册(第九版)/H.范里安等著
现代宏观经济学高级教程:分析与应用/马克斯·吉尔曼著
政府采购与规制中的激励理论/让·梯若尔等著
集体选择经济学/乔·B.史蒂文斯著
市场、博弈和策略行为/查尔斯·A.霍尔特著
公共政策导论/查尔斯·韦兰著
宏观经济学:现代原理/泰勒·考恩等著
微观经济学:现代原理/泰勒·考恩等著
微观经济理论与应用:数理分析(第二版)/杰弗里·M.佩洛夫著
国际经济学(第七版)/西奥·S.艾彻等著
新动态财政学/纳拉亚纳·R.科彻拉科塔著
全球视角的宏观经济学/杰弗里·萨克斯著
《微观经济学》学习指南(第三版)/周惠中著
《宏观经济学》学习指南/大卫·吉立特著
法和经济学(第六版)/罗伯特·考特等著
宏观经济理论/让-帕斯卡·贝纳西著
国际经济学(第五版)/詹姆斯·吉尔伯著
博弈论与信息经济学/张维迎著
计量经济学(第三版)/詹姆斯·H.斯托克等著
微观经济学(第三版)/周惠中著
基本无害的计量经济学:实证研究者指南/乔舒亚·安格里斯特等著
应用微观经济学读本/克莱格·M.纽马克编
理性的边界/赫伯特·金迪斯著
合作的微观经济学/何维·莫林著
策略:博弈论导论/乔尔·沃森著
博弈论教程/肯·宾默尔著
经济增长(第二版)/罗伯特·J.巴罗著
宏观经济学/查尔斯·琼斯著
经济社会的起源(第十三版)/罗伯特·L.海尔布罗纳著
政治博弈论/诺兰·麦卡蒂等著
发展经济学/斯图亚特·R.林恩著
宏观经济学:现代观点/罗伯特·J.巴罗著
合同理论/帕特里克·博尔顿等著
高级微观经济学/黄有光等著
货币、银行与经济(第六版)/托马斯·梅耶等著
全球市场中的企业与政府(第六版)/默里·L.韦登鲍姆著